ecu039 Foto: peko

Wolfgang Falkenberg
Ecuador und Galápagos

Impressum

Wolfgang Falkenberg
Ecuador und Galápagos

erschienen im
Reise Know-How Verlag Peter Rump GmbH
Osnabrücker Str. 79, 33649 Bielefeld

8., neu bearbeitete und komplett aktualisierte Auflage Sept. 2008

Gestaltung:
Umschlag: G. Pawlak, P. Rump (Layout); M. Luck (Realisierung)
Inhalt: G. Pawlak (Layout); M. Luck (Realisierung)
Karten: E. Egginger, Th. Buri, C. Raisin, der Verlag
Fotos: P. Korneffel (peko), Jorge Vinueza (vinu)
Titelfoto: P. Korneffel (Anfahrt zum Cotopaxi)

Lektorat: M. Luck

Druck und Bindung: Wilhelm & Adam, Heusenstamm

ISBN 978-3-8317-1709-5

Printed In Germany

Dieses Buch ist erhältlich in jeder Buchhandlung Deutschlands, Österreichs, der Niederlande, Belgiens und der Schweiz. Bitte informieren Sie Ihren Buchhändler über folgende Bezugsadressen:

Deutschland
Prolit Verlagsauslieferung GmbH, Siemensstr. 16,
D-35463 Fernwald (Annerod)
sowie alle Barsortimente
Schweiz
AVA/Buch 2000
Postfach, CH-8910 Affoltern a.A.
Österreich
Mohr-Morawa Buchvertrieb GmbH
Sulzengasse 2, A-1230 Wien
Niederlande, Belgien
Willems Adventure
www.willemsadventure.nl

Wer im Buchhandel trotzdem kein Glück hat, bekommt unsere Bücher auch über unseren **Büchershop im Internet:**
www.reise-know-how.de

Wir freuen uns über Kritik, Kommentare und Verbesserungsvorschläge.

Alle Informationen in diesem Buch sind von den Autoren mit größter Sorgfalt gesammelt und vom Lektorat des Verlages gewissenhaft bearbeitet und überprüft worden.

Da inhaltliche und sachliche Fehler nicht ausgeschlossen werden können, erklärt der Verlag, dass alle Angaben im Sinne der Produkthaftung ohne Garantie erfolgen und dass Verlag wie Autoren keinerlei Verantwortung und Haftung für inhaltliche und sachliche Fehler übernehmen.

Die Nennung von Firmen und ihren Produkten und ihre Reihenfolge sind als Beispiel ohne Wertung gegenüber anderen anzusehen. Qualitäts- und Quantitätsangaben sind rein subjektive Einschätzungen der Autoren und dienen keinesfalls der Bewerbung von Firmen oder Produkten.

Wolfgang Falkenberg
Ecuador
und Galápagos

Vorwort

Ecuador, das Land am Äquator, vermittelt auf vergleichsweise kleinem Gebiet einen umfassenden Eindruck von der landschaftlichen Vielfalt, dem breiten klimatischen Spektrum und der abwechslungsreichen Flora und Fauna Südamerikas insgesamt.

Die bis zu 6300 Meter hohen Vulkane sind teils noch aktiv. Sie bilden die Kronen der andinen Gebirgsketten. Die eindrucksvolle Fahrt vom Hochland ins Küstentiefland ist in Stunden zu bewältigen, an der Küste laden Fischerdörfer und ausgedehnte Strände zur Erholung ein. Östlich der Anden breitet sich das Amazonastiefland aus – eine einzigartige Gelegenheit, die Faszination der Regenwälder zu erleben. Last but not least ist die unvergleichliche Inselwelt des ecuadorianischen Galápagos-Archipels nach einer guten Flugstunde erreicht.

Kulturell zählt Ecuador zu den Ländern Lateinamerikas mit dem höchsten indianischen Bevölkerungsanteil. Von den zehn Ethnien des Landes bilden die Quichuas die mit Abstand größte Sprachgruppe. An der nördlichen Küste und im nördlichen Hochland von Chota haben sich afro-ecuadorianische Traditionen erhalten. In den meisten Städten aber dominieren die Mestizen das Bild, Mischlinge aus Indianern und meist spanischstämmigen Weißen.

Die touristische Infrastruktur erlaubt es, das Land hautnah auf Wanderungen oder Busfahrten kennen zu lernen, oder auch mit dem Flugzeug mittlere Distanzen schnell zu überbrücken.

Das vorliegende Reisehandbuch richtet sich in erster Linie an all diejenigen, die Ecuador in Eigenregie entdecken wollen. Ohne weiteres dürfen sich aber auch Pauschalreisende angesprochen fühlen.

Fünf thematische Schwerpunkte gliedern das Buch und erleichtern den Gebrauch: Den praktischen Tipps für die Reise(vorbereitung) folgt die Vorstellung von Land und Leuten, das Land als Reiseziel wird in drei Kapiteln erläutert: Den Städten, Routen und Sehenswürdigkeiten auf dem Festland schließt sich die Beschreibung der ecuadorianischen Bergwelt für Andinisten an. Das abschließende Kapitel widmet sich den Galápagos-Inseln.

Dank an unsere Leser

Die Resonanz auf das Buch war und ist großartig. Allen Schreibern und Schreiberinnen an dieser Stelle ein herzliches Dankeschön. Auch ihrer Mitarbeit ist es zu verdanken, dass der vorliegende Reiseführer jedesmal aktualisiert, erweitert und überarbeitet in regelmäßigem Turnus erscheinen kann – das Reisehandbuch als interaktives Medium, so soll es sein!

Leserstimmen zu diesem Buch: „Eine hervorragende Quelle" (Jörg Haas). „Saubere Arbeit, Empfehlungen sind Empfehlungen" (Werner Peer). „Er war eine super Unterstützung" (Michael Kreuz). „Gesamteindruck, Aufteilung, Tipps und Routen super gut" (Marina Köhlbrandt). „Ich bin jetzt seit einem halben Jahr in Ecuador, und nach wie vor begeistert von Ihrem Ecuador-Reiseführer" (Michaela Steinhauser). „Es ist einzigartig, mit so einem Buch an der Hand fremde Länder zu bereisen" (Johanna Horn). „Für Rucksacktouristen eine unentbehrliche Hilfe und Informationsquelle" (Nady Novak). „Wir hatten drei unvergessliche Urlaubswochen, und Ihr Reiseführer Ecuador-Galápagos hat nicht unwesentlich dazu beigetragen" (Peter Heiler-Kleine). „Traumurlaub dank Ihres Führers" (Astrid Steinau und Stefanie Putz). „Großartige Arbeit!" (Hannes Krakolinig). „Wichtige und detaillierte Informationen zu jeder Stadt" (Uta Lindinger). „Andere Südamerikaführer sind bei weitem nicht von der Qualität des Reise Know-How (Ecuador) – insbesondere für Individualreisende" (Rita und Reinhold Stern). „Unverzichtbar, ein konkurrenzloses Pflichtwerk auf dem deutschsprachigen Markt" (Andreas Drouwe in: Hispanorama August 2004, Buchbesprechungen).

Allen Ecuador-Besuchern einen schönen Aufenthalt und bleibende Erinnerungen an ein liebenswertes Land!

Internetadressen

Im Buch aufgeführte Internet- und Mailadressen, die über zwei Textzeilen verlaufen, sind evtl. mit einem **Bindestrich** geschrieben, der nicht zur Adresse gehören muss.

ecu115 Foto: peko

Inhalt

Praktische Tipps A–Z

(unter Mitarbeit von *Elfi H. M. Gilissen*)

Land und Leute

Unterwegs in Ecuador

Exkurse

ecu113 Foto: peko

ecu074 Foto: peko

Praktische Tipps A–Z

ecu090 Foto: peko

ecu091 Foto: peko

Beim Friseur in Quito

Imbisswagen in Coca (Amazonien)

Am Strand in Cojimíes

An-/Einreise nach Ecuador

Mit dem Flugzeug

Die Auswahl des Fluges nach Ecuador ist eine der wichtigsten Entscheidungen bei der Reisevorbereitung. Routen, Komfort, Service und Preise der Fluglinien, die Ecuador von Europa aus anfliegen, unterscheiden sich dabei teils erheblich.

Meteorologisch bedingt kommt es immer wieder zu **Sperrungen des Flughafens Quito.** Flüge werden dann nach Guayaquil umgeleitet, manchmal auch auf den Militär- und Frachtflughafen Cotopaxi bei Latacunga. In solchen Fällen sind teils erhebliche Verspätungen oder sogar eine Übernachtung in Guayaquil einzukalkulieren. Nehmen Sie daher das Nötigste für einen solchen Stopp bei der Anreise im Handgepäck mit, denn auch das Gepäck verspätet sich im Zuge solcher Umleitungen schon mal. Aktuelle Infos über Starts, Landungen, Verspätungen sowie alle Adressen und Telefonnummern der in Quito landenden Airlines finden Sie auf der übersichtlichen Internet-Seite **www.quitoairport.com.**

Da es **keine Direktflüge** aus dem deutschsprachigen Raum nach Ecuador gibt, werden hier alle wichtigen Airlines mit ihren Umsteigekonzepten Richtung Ecuador vorgestellt.

- **Air Comet** baut seit einigen Jahren seine Lateinamerika-Verbindungen ab Madrid aus und zählt zu den günstigsten Quito-Direktverbindungen ab Spanien.
- **Avianca** verbindet Madrid mit Quito und Guayaquil. Der Zwischenstopp in der kolumbianischen Hauptstadt Bogotá liegt jedoch sehr ungünstig, sodass die Reisezeit ab Madrid schon mal auf 20 Stunden steigt.
- **Iberia** fliegt täglich ab Düsseldorf, Frankfurt, München, Berlin, Zürich und Wien über den T4-Terminal in Madrid nach Quito und Guayaquil.
- **KLM** fliegt über Amsterdam-Schiphol und macht meist auch noch einen nächtlichen Karibikstopp auf Aruba.
- **LAN Ecuador** verbindet Madrid mit Guayaquil direkt. Achtung: Je nach Flugtag fliegt man über Santiago de Chile. LAN unterhält auch eine Frankfurt-Madrid-Verbindung, bei der auf dem Hinweg eine Übernachtung in Madrid auf eigene Kosten erforderlich ist und auf dem Rückweg in Madrid eine Wartezeit von 8 Stunden bis zum Weiterflug nach Frankfurt überbrückt werden muss.
- **Lufthansa** fliegt in Lateinamerika nur noch Argentinien, Brasilien und Caracas in Venezuela an. Trotzdem lässt sich mit der deutschen Airline weiterkommen bis Quito. Doch beim Anschlussflug trifft man dann auf Partnerairlines wie Santa Barbara Airlines und Avianca und einen weiteren Zwischenstopp.
- **Santa Barbara Airlines** fliegt mit einer Zwischenlandung in Caracas von Madrid und sogar Teneriffa nach Quito und Guayaquil.
- Die US-Linien wie z.B. **American, United, Continental Airlines** und **Delta Airlines** müssen laut Luftfahrtgesetz beim obligatorischen Umsteigen in den USA eine komplette Einreise samt Passkontrolle, Zollkontrolle, Einreisegebühren und Befragung durch die örtliche Polizei durchführen lassen.

Spanien unterhält die in Europa häufigsten Flugverbindungen mit Lateinamerika, so auch mit Ecuador. Gleichzeitig sind **Madrid und Barcelona** auch von Deutschland aus für relativ wenig Geld erreichbar. Zum Beispiel mit Germanwings, Air Berlin, Spanair, Easyjet und selbst Lufthansa lassen sich Madridflüge häufig für 50–100 Euro pro Strecke finden, eine gewisse Zeitflexibilität im Billigpreissegment vorausgesetzt. Es kann somit auch interessant sein, die Spanienverbindungen nach Ecuador zu prüfen. Eines muss man dabei jedoch berücksichtigen: Billigflüge von Deutschland, Österreich und der Schweiz nach Madrid und Weiterflüge von dort nach Ecuador sind völlig unabhängig voneinander, mit der Folge, dass bei Flugunregelmäßigkeiten wie verpassten Anschlüsse bei Verspätungen oder Streiks keine der Fluggesellschaften für entstehende Mehrkosten haftet. Es ist schon wiederholt vorgekommen, dass sich bei einem verpassten Anschluss in Madrid die Fluggesellschaft für den Weiterflug nach Ecuador geweigert hat, den Flug auf einen anderen Tag umzubuchen, oder das nicht möglich war, weil spätere Flüge ausgebucht waren. Dieses Risiko muss man bei getrennter Buchung von Flügen nach/von Madrid kennen.

Die **Dauer eines Fluges** von Madrid nach Quito liegt bei etwa elf Stunden, je nach Anreiseort aus Deutschland, Schweiz oder Österreich und Umsteigen entsprechend mehr.

Flugpreise

Je nach Fluggesellschaft, Jahreszeit und Aufenthaltsdauer in Ecuador bekommt man ein Economy-Ticket von Deutschland, Österreich und der Schweiz hin und zurück nach Quito oder Guayaquil **ab etwa 1000 Euro** (inkl. aller Steuern, Gebühren und Entgelte). Am teuersten ist es in der Hochsaison in den Sommerferien sowie rund um Weihnachten und Neujahr, wenn die Preise für Flüge nach Ecuador durchaus auf bis zu 1500 Euro steigen können.

Gabelflüge (z.B. Hinflug nach Quito, Rückflug ab Guayaquil) sind in der Regel etwas teurer, können aber für die Reiseplanung von Vorteil bei der Gestaltung von Rundreisen sein.

Preiswertere Flüge sind mit **Jugend- und Studententickets** (je nach Airline alle jungen Leute bis 29 Jahre und Studenten bis 34 Jahre) möglich. Außerhalb der Hauptsaison gibt es einen Hin- und Rückflug von Frankfurt nach Quito oder Guayaquil ab ca. 900 Euro.

Kinder unter zwei Jahren fliegen ohne Sitzplatzanspruch für 10% des Erwachsenenpreises, ansonsten werden für ältere Kinder die regulären Preise je nach Airline um 25–50% ermäßigt. Ab dem 12. Lebensjahr gilt der Erwachsenentarif oder ein besonderer Jugendtarif (s.o.).

Von Zeit zu Zeit offerieren die Fluggesellschaften **befristete Sonderangebote.** Dann kann man z.B. mit KLM für etwa 800 Euro von vielen Flughäfen in Deutschland, Österreich und der Schweiz nach Quito oder Guayaquil und zurück fliegen. Diese Tickets haben in der Regel eine befristete Gültigkeitsdauer und eignen sich nicht für Langzeitreisende. Ob für die gewünschte Reisezeit gerade Sonderangebote für Flüge nach Ecuador auf

Buchtipps:
- Frank Littek, **Fliegen ohne Angst**
- Erich Witschi, **Clever buchen, besser fliegen**

(beide erschienen in der Praxis-Reihe des Reise Know-How Verlages)

dem Markt sind, lässt sich im Internet auf der Website von Jet-Travel (www.jet-travel.de) unter „Flüge" entnehmen, wo sie als Schnäppchenflüge nach Mittel- und Südamerika mit aufgeführt sind.

In Deutschland gibt es von Frankfurt aus die häufigsten Verbindungen nach Ecuador. Tickets für Flüge von und nach anderen deutschen Flughäfen sind oft teurer. Da kann es für Deutsche attraktiver sein, mit einem **Rail-and-Fly-Ticket** per Bahn nach Frankfurt zu reisen (entweder bereits im Flugpreis enthalten oder nur 30–60 Euro extra). Man kann je nach Fluglinie auch einen preiswerten **Zubringerflug** der gleichen Airline von einem kleineren Flughafen in Deutschland buchen. Außerdem gibt es **Fly & Drive-Angebote,** wobei eine Fahrt vom und zum Flughafen mit einem Mietwagen im Ticketpreis inbegriffen ist.

Reist man viel per Flugzeug, kann man als Mitglied eines **Vielflieger-Programms** auch indirekt sparen, z.B. im Verbund der www.star-alliance.com (Mitglieder u.a. Lufthansa, Spanair, United Airlines), www.skyteam.com (Mitglieder u.a. Continental Airlines, Delta Air Lines, KLM) oder www.oneworld.com (Mitglieder u.a. American Airlines, Iberia, LAN Ecuador). Die Mitgliedschaft ist kostenlos, und mit den gesammelten Meilen von Flügen bei Fluggesellschaften innerhalb eines Verbundes kommt man in den Genuss eines Freifluges bei einer der Partnergesellschaften. Bei Einlösung eines Gratisfluges ist langfristige Vorausplanung nötig.

Buchung

Folgende **zuverlässigen Reisebüros** haben meistens günstigere Preise als viele andere:

- **Jet-Travel,** Buchholzstr. 35, 53127 Bonn, Tel. 0228-284315, Fax 284086, info@jet-travel.de, www.jet-travel.de. Auch für Jugend- und Studententickets. Sonderangebote auf der Website unter „Schnäppchenflüge".
- **Globetrotter Travel Service,** Löwenstr. 61, 8023 Zürich, Tel. 044-2286666, www.globetrotter.ch. Weitere Filialen siehe Website.

Die vergünstigten Spezialtarife und befristeten Sonderangebote kann man nur bei wenigen Fluggesellschaften in ihren Büros oder direkt auf ihren Websites buchen; diese sind jedoch immer auch bei den oben genannten Reisebüros erhältlich.

Last Minute

Wer sich erst im letzten Augenblick für eine Reise nach Ecuador entscheidet oder gern pokert, kann Ausschau nach Last-Minute-Flügen halten, die von einigen Airlines mit deutlicher Ermäßigung **ab etwa 14 Tage vor Abflug** angeboten werden, wenn noch Plätze zu füllen sind. Diese Last-Minute-Flüge lassen sich nur bei Spezialisten buchen:

- **L'Tur,** www.ltur.com, (D)-Tel. 01805-212121, (A)-Tel. 0820-600800, (CH)-Tel. 0848-808088; 140 Niederlassungen europaweit.
- **Lastminute.com,** www.de.lastminute.com, (D)-Tel. 01805-777257.
- **5 vor Flug,** www.5vorflug.de, (D)-Tel. 01805-105105.
- **Restplatzbörse,** www.restplatzboerse.at, (A)-Tel. 01-580850.

Mini „Flug-Know-how"

Check-in

Nicht vergessen: Ohne einen **gültigen Reisepass** kommt man nicht an Bord eines Flugzeuges nach Ecuador. Bei Flügen über die USA muss man zudem berücksichtigen, ob der Reisepass für den Transit anerkannt wird.

Bei den meisten internationalen Flügen muss man **zwei bis drei Stunden vor Abflug** am Schalter der Airline eingecheckt haben. Viele Airlines neigen zum Überbuchen, d.h., sie buchen mehr Passagiere ein, als Sitze im Flugzeug vorhanden sind, und wer zuletzt kommt, hat dann evtl. das Nachsehen.

Wenn ein **vorheriges Reservieren** der Sitzplätze nicht möglich war, kann man einen Wunsch bezüglich des Sitzplatzes äußern.

Das Gepäck

In der Economy Class darf man in der Regel nur **Gepäck bis zu 20 kg pro Person** einchecken (steht auf dem Flugticket) und zusätzlich ein Handgepäck von 7 kg in die Kabine mitnehmen, welches eine bestimmte Größe von 55 x 40 x 23 cm nicht überschreiten darf. In der Business Class sind es meist 30 kg pro Person und zwei Handgepäckstücke, die insgesamt nicht mehr als 12 kg wiegen dürfen. Für Flüge über Nordamerika (USA, Kanada und Mexiko) gibt es bei den meisten Fluggesellschaften eine Sonderregelung, der zufolge man zwei Gepäckstücke bis jeweils 23 kg ohne Mehrkosten als Freigepäck aufgeben kann. Man sollte sich beim Kauf des Tickets über die Bestimmungen der Airline informieren.

Aus Sicherheitsgründen dürfen **Taschenmesser, Nagelfeilen, Nagelscheren,** sonstige Scheren und Ähnliches nicht mehr im Handgepäck untergebracht werden. Diese Gegenstände sollte man unbedingt im aufzugebenden Gepäck verstauen, sonst werden sie bei der Sicherheitskontrolle einfach weggeworfen. Darüber hinaus gilt, dass Feuerwerke, leicht entzündliche Gase (in Sprühdosen, Campinggas), entflammbare Stoffe (in Benzinfeuerzeugen, Feuerzeugfüllung) etc. nichts im Passagiergepäck zu suchen haben.

Flüssigkeiten oder vergleichbare Gegenstände in ähnlicher Konsistenz (z.B. Getränke, Gels, Sprays, Shampoos, Cremes, Zahnpasta, Suppen) dürfen nur in der Höchstmenge von jeweils 0,1 Liter als Handgepäck mit ins Flugzeug genommen werden. Die Flüssigkeiten müssen in einem durchsichtigen, wiederverschließbaren Plastikbeutel transportiert werden, der maximal einen Liter Fassungsvermögen hat.

Rückbestätigung

Bei den meisten Airlines ist heutzutage die **Bestätigung des Rückfluges** nicht mehr notwendig. Allerdings empfehlen alle Airlines, sich dennoch telefonisch zu erkundigen, ob sich an der Flugzeit nichts geändert hat, denn kurzfristige Änderungen der genauen Abfluguhrzeit kommen beim zunehmenden Luftverkehr heute immer häufiger vor.

Wenn die Airline allerdings eine Rückbestätigung *(reconfirmation)* **bis 72 oder 48 Stunden vor dem Rückflug** verlangt, sollte man auf keinen Fall versäumen, dort anzurufen, sonst kann es passieren, dass die Buchung im Computer der Airline gestrichen wird; der Flugtermin ist dahin. Das Ticket verfällt aber nicht dadurch, es sei denn, die Gültigkeitsdauer wird überschritten, aber unter Umständen ist in der Hochsaison nicht sofort ein Platz auf einem anderen Flieger frei.

Adressen der o.g. Airlines in Ecuador und weitere nationale und regionale Fluglinien im Land finden sich im Serviceteil von Quito und Guayaquil.

Ankunft am Flughafen

Der mittlerweile modern ausgebaute Flughafen **Mariscal Sucre de Quito** ist recht überschaubar. Direkt hinter der Passkontrolle, wo auch das ausgefüllte **Einreiseformular** vorzulegen ist, laufen die Gepäckbänder. Daran schließt sich die Zollkontrolle an, und schon gelangt man über einen meist vollen Warteraum ins Freie zu den Taxis. Toiletten befinden sich im Wartebereich vor der

Passkontrolle. Sie können hinter dem Zoll bereits einen Taxiservice am Kiosk buchen oder draußen eines nehmen. Passen Sie beim Herausgehen durch die wartende Menge zum Taxi auf Ihre Wertsachen auf und nehmen Sie keinen Stadtbus, wenn Sie Ihr Reisegepäck bei sich haben. In Guayaquil läuft es ähnlich ab wie in Quito. Ein Taxi in die Innenstadt kostet etwa 5 Dollar.

Bei der Ausreise per Flugzeug wird eine **Flughafen- und Ausreisesteuer (Tax)** verlangt. Diese Gebühr beträgt zur Zeit in Quito 40,80 $, in Guayaquil 26 $ in bar, am Flughafen zu entrichten. Ausgenommen davon sind Ausreisen mit **TAME** nach Cali in Kolumbien.

Auf dem Landweg

Viele Rucksacktouristen, die länger unterwegs sind, kommen über Peru oder Kolumbien nach Ecuador. Flüge von Europa nach Venezuela an die Nordküste Südamerikas sind manchmal um einiges billiger als Flüge direkt nach Quito oder Guayaquil. Auf Grund der bedrohlichen Sicherheitslage in Kolumbien ist von Busreisen durch das nördliche Nachbarland dringend abzuraten.

Grenzübergänge auf dem Landweg

Die drei wichtigsten Grenzübergänge Ecuadors sind in der Regel an 365 Tagen im Jahr durchgehend geöffnet. Allein bei der Zollabwicklung kann es zeitliche Einschränkungen geben. Nach **Kolumbien** gelangt man über den Grenzübergang von **Rumichaca,** nördlich der Provinzhauptstadt Tulcán auf der Panamericana. Nach **Peru** gelangt man entlang der Küste über den für den Handel wichtigen Übergang **Huaquillas,** ebenfalls auf der Panamericana, oder über den mittlerweile schnellen und bequemen Übergang von **Macará** im nach Westen abfallenden Andenhochland Südecuadors. Daneben gibt es weitere Grenzübergänge, die für Touristen nur bedingt (besondere Erlaubnis) passierbar und teils auch nicht ungefährlich sind.

Die lange geplante Fracht- und Passagierverbindung im Regenwald von Coca nach Iquitos (Peru) existiert mittlerweile, aber der „Fahrplan" schwankt wegen der Regenzeit.

Auf dem Seeweg

Selten erfolgt die Anreise mit einem Passagierschiff, weil sie weder zeitlich noch preislich mit dem Flugzeug konkurrieren kann. Reisen mit Frachtschiffen werden hingegen immer populärer, obwohl Ecuador nur auf zeitaufwendigen Routen angefahren wird. Wer sich für eine Mitfahrt auf einem Frachter interessiert, kann sich an mehrere **Vermittler von Frachtschiffreisen** wenden, beispielsweise Frachtschiff-Touristik, Kapitän *Zylmann* (Exhöft 12, 24404 Maasholm, Tel. 04642/96550, Fax 6767, info@zylmann.de, www.zylmann.de) und Frachtschiff-Reisen (Ost-West-Str. 59–61, 20457 Hamburg, Tel. 040/ 4037052593, Fax 4037052420, kronai @hsdgham.hamburg-sued.com, www.freighter-voyages.com). Dabei sind für eine Fahrt (hin und zurück) von Europa durch den Panamakanal nach Guayaquil etwa 5000 Euro zu veranschlagen.

Für die Verschiffung des eigenen Fahrzeugs nach Ecuador kommen als deutsche Ausgangshäfen Kiel, Bremerhaven und Hamburg in Frage.

Ein empfehlenswertes **Buch zur Thematik** ist „Reisen mit Frachtschiffen" von *Hugo Verlomme* (Umschau-Verlag). Darin werden 123 Routen zu 300 Häfen in aller Welt vorgestellt (mit Infos zu Reedereien, Agenturen, Konditionen, Preisen usw.)

Zollbestimmungen

Zollfrei nach Ecuador **eingeführt** werden dürfen 300 Zigaretten (bzw. 50 Zigarren oder 200 g Tabak), 1 Liter Spirituosen sowie alle persönlichen Bedarfsartikel für die Reise. Wegen der Gefahr einer BSE-Übertragung (span. *aftosa* oder *vaca loca*) ist die Einfuhr pflanzlicher und tierischer Produkte streng reglementiert. Siehe auch Kapitel „Zollbestimmungen".

Ausrüstung

Wohl das leidigste Problem eines jeden Reisenden vor der Reise ist die Frage: Was nehme ich mit? Zunächst besteht nur eine Beschränkung: die Gepäckmenge. Während **20 bis 30 Kilo Gepäck** zuzüglich Handgepäck von allen Fluglinien erlaubt werden, wenden einige Linien das **„piece concept"** an, d.h. mit dem Eintrag „pc" im Gepäckfeld des Tickets werden zwei Gepäckstücke meist zu je 23 Kilo erlaubt. Einige Linien haben gute Sonderkonditionen für Sportgeräte, etwa Fahrrad, Tauchausrüstung oder Surfboard.

Grundsätzlich hängen **Umfang und Zusammenstellung der Ausrüstung** von zwei Überlegungen ab: Wie lange bin ich unterwegs, und was will ich auf der Reise unternehmen?

Wer sehr **viel Gepäck für unterschiedliche Aktivitäten** mitnehmen will, sollte sich – aus Bequemlichkeits- und Sicherheitsgründen – an einem gut ausgewählten Ort im Land ein Basislager suchen und einrichten, zu dem er immer wieder im Verlauf seiner Reise zurückkehren kann, um dort die eine gegen die andere Ausrüstung tauschen zu können. **Quito** bietet sich **als Basislager** an. Die Hauptstadt ist über öffentliche Verkehrsmittel schnell und relativ problemlos erreichbar und verfügt über zahlreiche Hotels, Pensionen, Familien oder Clubs – z.B. den South American Explorer's Club –, die einen sicheren Stauraum bereitstellen können.

Die **Auswahl der Reisekleidung** ist ebenfalls nach der Reisedauer und der Reiseplanung vorzunehmen. In der Hauptsache sollte die Kleidung bequem sein und den klimatischen Umständen entsprechen, an das eine oder andere „elegante" Teil für Abendunternehmungen, Aufenthalte in Luxushotels – wenn beabsichtigt – oder den Besuch von Kirchen, öffentlichen Gebäuden etc. ist zu denken. Im Übrigen: In Ecuador ist so ziemlich alles, was der/die Reisende benötigt, in Geschäften oder auf Märkten zu haben, von der Unterwäsche bis zum warmen Wollpullover.

In diesem Zusammenhang sei darauf hingewiesen, dass die **Kleidung des**

ecu075 Foto: peko

Ecuadorianers in der Stadt formell ist. Es kann noch so heiß sein, nie würde ein Ecuadorianer auch im voll besetzten und stickigen Bus die lange gegen eine kurze Hose tauschen oder Sandalen anstelle der festen Halbschuhe tragen. Auch wenn das vom Touristen nicht unbedingt erwartet wird – Zurückhaltung und eine gewisse Anpassung der Kleiderordnung sind erwünscht.

In allen größeren Städten gibt es **Wäschereien** *(lavanderías)* mit 24-Stunden-Service. Viele Hotels und Pensionen haben ebenfalls einen Wasch-Service. Wer nicht 24 Stunden auf seine Wäsche warten kann oder will, der hat die Möglichkeit, sie in Pensionen in dafür vorgesehenen Becken mit dem Waschbrett eigenhändig zu waschen. Waschsalons mit Self-Service gibt es in Ecuador nicht.

Wer in Ecuador reist, wird in den wenigsten Fällen aus dem Koffer leben. Die meisten Touristen reisen mit dem **Rucksack** an, weil er das bequemste Gepäckstück für längere, v.a. individuell gehaltene Reisen ist. Unterwegs in Ecuador kann man den Rucksack in einen großen Kornsack stecken, der auf allen Märkten zu bekommen ist. Der schützt das Gepäck vor Schmutz und neugierigen Blicken.

Die Mitnahme eines kleinen **Tagesrucksacks** für Stadt- oder Tagesexkursionen ist empfehlenswert.

Fahrradladen im Hochland

Ausrüstungsliste

Aufgelistet sind die wichtigsten Dinge für Reisende, die, ohne in Ecuador groß einzukaufen, sich für ein paar Wochen im Land umsehen wollen und dabei die Küste, das Hochland und auch den Regenwald im Programm haben.

- Rucksack/Seesack
- Tagesrucksack
- ungefütterte Jacke aus wasser- und windabweisendem Gewebe
- lange Hosen
- Hemden
- T-Shirts
- ein paar Shorts
- leichter und warmer Pullover
- Treckingschuhe
- Sportschuhe
- Badehose/-anzug/Bikini
- Badeschuhe zum Duschen
- Unterwäsche
- Strümpfe/Wandersocken
- Hut als Schutz vor der intensiven Sonnenstrahlung und vor Regen

Als sehr nützlich haben sich ferner erwiesen:
- Geldgürtel oder Bauchgurt-Tasche
- Taschenlampe (Stromausfall!)
- Taschenmesser
- kleines Vorhängeschloss
- Reisewecker
- Klappspiegel
- Nähzeug
- Feuerzeug
- Kerze
- Tagebuch mit Schreibzeug und Kopien von Ausweispapieren in wasserdichter Schutzfolie
- Moskitonetz (wird bei mehrtägigen organisierten Touren in den Dschungel üblicherweise gestellt, auch in den Unterkünften in Malariagebieten)
- Jugendherbergsschlafsack

Tipp: In Ecuador sollte man an die Mitnahme von **WC-Papier** denken, da es vielerorts Mangelware ist.

Eine gute **Landkarte** ist im Rahmen des world mapping project bei Reise Know-How erschienen: **„Ecuador/Galapagos“** im Maßstab 1:650.000/1:1 Mio. Die Karte ist GPS-tauglich, hat ein ausführliches Ortsregister und farbige Höhenschichten.

Botschaften und Konsulate

Botschaften von Ecuador

- **Deutschland:**
Joachimstaler Str. 10–12, 10719 Berlin,
Tel. 030-8009695, Fax 800969699
- **Österreich:**
Goldschmiedgasse 10/II/24, 1010 Wien,
Tel. 01 53532-08/-18, Fax 535-0897
- **Schweiz:**
Kramgasse 54, 3011 Bern,
Tel. 031-3516254, Fax 3512771

Vertretungen in Ecuador

In Quito

- **Deutsche Botschaft** (Embajada de Alemania), Edificio Citiplaza, piso 14, Av. Naciones Unidas y República de El Salvador, Tel. 02-2970820, in dringenden Notfällen außerhalb der Öffnungszeiten Tel. 09-9497967
- **Österreichisches Honorarkonsulat** (Consulado Honorario de Austria), Av. Gaspar de Villarroel E9-53, entre Av. de los Shyris y 6 de Diciembre, Tel. 02-2469700
- **Schweizerische Botschaft** (Embajada de Suiza), Av. Amazonas 3617 y Juan Pablo Sanz, Edificio Xerox, 2do piso, Tel. 02-2434113, 02-2434948, 02-2434949

In Guayaquil

- **Deutsches Honorarkonsulat** (Consulado Honorario de Alemania), Av. Las Monjas No. 10, Edificio Berlin, Tel. 04-22068-67, -68
- **Österreichisches Honorarkonsulat** (Consulado Honorario de Austria), Av. Jorge Pérez Concha 718, Urdesa, Tel. 04-2384886
- **Schweizerisches Generalkonsulat** (Consulado General de Suiza), Edificio Conauto, 5to piso, Av. Juan Tanca Marengo, km 1.8 y Santiago Castillo (Diagonal a Dicentro), Guayaquil, Tel. 04-2681900 (ext. 034)

In Cuenca

- **Deutsches Honorarkonsulat** (Consulado Honorario de Alemania), Transoceánica Cia. Ltda., Calle Bolívar 9-18 y Calle Benigno Malo, Tel. 07-2822783

In Manta

- **Deutsches Honorarkonsulat** (Consulado Honorario de Alemania), Av. 102, Los Esteros, Tel. 05-2923577

Wird der **Reisepass oder Personalausweis** im Ausland **gestohlen,** muss man dies bei der örtlichen Polizei melden. Darüber hinaus sollte man sich an die nächste diplomatische Auslandsvertretung seines Landes wenden, damit man einen Ersatz-Reiseausweis zur Rückkehr ausgestellt bekommt (ohne kommt man nicht an Bord eines Flugzeuges!).

Auch in **dringenden Notfällen,** z.B. medizinischer oder rechtlicher Art, Vermisstensuche, Hilfe bei Todesfällen o.Ä. sind die oben genannten Auslandsvertretungen bemüht, vermittelnd zu helfen.

Hinweis: Da sich die **Einreisebedingungen kurzfristig ändern** können, raten wir, sich kurz vor Abreise beim Auswärtigen Amt (www.auswaertiges-amt.de bzw. www.bmaa.gv.at oder www.dfae.admin.ch) oder der jeweiligen Botschaft zu informieren.

Dokumente und Einreisebestimmungen

Die **Einreise** nach Ecuador ist für Deutsche, Schweizer, Österreicher und Holländer **unproblematisch.** Alleinige Voraussetzung ist ein mindestens sechs Monate gültiger Reisepass. Wer als Tourist ins Land kommt, benötigt keinerlei Visum. Bei der Einreise erhält man den nötigen Stempel und das Einreisepapier (T-3), die einen maximalen **Aufenthalt von 30, 60 oder 90 Tagen** ermöglichen. Die Beamten fragen in der Regel, wie lange man in Ecuador zu bleiben beabsichtigt. Man gibt am besten 90 Tage an (auch wenn nur vier Wochen vorgesehen sind – wer weiß, ob man nicht doch länger als geplant bleiben will). Achten Sie auf die gute Lesbarkeit des maschinellen Einreisestempels (im Zweifelsfall eine zweite Stempelung verlangen). Eine Verlängerung der Aufenthaltsgenehmigung beantragt man bei der „Migración" in Quito oder Guayaquil. Die Behörde verlängert allerdings nur während der zwei letzten Geltungstage des Einreisestempels. Daher ist dieser Akt zeitlich genau zu planen. Zuständig in Quito ist die Dirección Nacional de Migración, Av. Amazonas 3149 y Rio Coca, Tel. 2451222, 2247510, 2450578. Die Gebühr für die Verlängerung liegt bei 1 $. Ein Überschreiten der Aufenthaltsgenehmigung führt zu Problemen mit den bürokratischen Beamten. Diese Regelung nach dem Tourismusgesetz von 1997 (Ley Especial de Desarrollo Turístico, Art.

35) wird in Quito am unkompliziertesten angewandt, da hier auch die meisten Verlängerungsanträge gestellt werden. Damit hat das Ermogeln von Visum-Verlängerungen durch kurze Kolumbien-Ausreisen, wie es früher Langzeiturlauber öfters taten, ein Ende. Ecuador hat sich mit dem 1997er Gesetz spürbar geöffnet und touristenfreundlicher gemacht.

Der maximale Aufenthalt in Ecuador mit einem T-3-Touristenvisum ist auf 180 Kalendertage binnen eines Zwölfmonatszeitraums begrenzt und wird landesweit elektronisch erfasst. Unterbrechungen durch Ausreisen sind dabei möglich. Die Umwandlung eines Touristenvisums in ein anderes Visum, z.B. eines als Voluntär, ist in aller Regel während des touristischen Aufenthaltes in Ecuador nicht möglich. Ein anderes Visum als das T-3 muss also im Vorfeld im Heimatland beantragt werden.

Wichtig ist, dass man während des Aufenthaltes **in Ecuador den Pass mit Einreisepapier (zumindest als Kopie) immer bei sich führt!** Von allen wichtigen Papieren, Ausweisen, Tickets etc. sollte eine Kopie angefertigt werden, die getrennt aufbewahrt wird! Man kann sich die Kopie von Reisepass und Stempel auch in der Botschaft beglaubigen lassen; diese Kopie wird von Geldwechsel-Büros, aber auch bei Polizei- und Militärkontrollen in der Regel akzeptiert. In Städten wie Quito, unterwegs im Überlandbus oder in der Nähe von Militärstandorten, vornehmlich im Oriente, kann jederzeit eine polizeiliche bzw. Militärkontrolle erfolgen. Hat man dann keine Papiere (Kopien) bei sich, kann es sein, dass man zurückgewiesen wird oder zu einer Vernehmung mitgenommen wird. Auch wer abends ausgeht, sollte stets ein Dokument mit Lichtbild bei sich haben, denn die Polizei kontrolliert Drogenbesitz und das Alter von Nachtschwärmern.

Ein verlorenes Einreisepapier bekommt man auf jeder Migración ersetzt. Sollte man den Pass verloren haben, ist die Botschaft aufzusuchen, wo ein Ersatzpapier ausgestellt wird.

Europäer, die von Ecuador nach Kolumbien oder Peru ausreisen wollen, benötigen keinerlei Visum.

Die genannten Einreisebestimmungen sind Stand März 2008. Man sollte sich vor der Reise bei der Botschaft oder beim Auswärtigen Amt erkundigen, ob sie noch gelten.

Arbeiten in Ecuador

Wer in Ecuador arbeiten will, benötigt grundsätzlich eines von fünf verschiedenen **Arbeitsvisa** mit begrenzter Aufenthaltsgenehmigung (zu beantragen bei der jeweiligen diplomatischen Vertretung Ecuadors). Wer sich als (ungelernter) **Sprachlehrer** (Englisch, Französisch, Deutsch) mit Touristenvisum um Arbeit bemüht, der wird in den vielen Sprachschulen wahrscheinlich recht schnell einen schlecht bezahlten Job finden. Besser ist es, wenn man sich als Lehrer ausweisen kann und versucht, an Schulen und Universitäten eine besser dotierte Arbeit zu finden. Dort wird einheimisches Lehrpersonal gern behilflich sein, im Falle eines längeren Aufenthalts ein Arbeitsvisum zu besorgen. Die Casa Humboldt in Quito nimmt ebenfalls Sprachlehrer auf.

In der **Entwicklungshilfe** arbeiten sowohl der Deutsche Entwicklungsdienst (DED) als auch die Gesellschaft für Technische Zusammenarbeit (GTZ) in zahlreichen Projekten und Beratungskooperationen im Land. Die Arbeitsfelder dieser beiden staatlichen Institutionen sind vielfältig: ländliche Entwicklung, Infrastrukturförderung in den Gemeinden, Förderung von Kleinbetrieben, Umweltschutzmaßnahmen, nachhaltige Forstwirtschaft bis hin zur Regenwaldforschung. Auch der Österreichische Entwicklungsdienst (ÖED) und der schweizerische Entwicklungsdienst COSUDE arbeiten in Ecuador. Darüber hinaus betreuen zahlreiche Nichtregierungsorganisationen (NGOs) Projekte und Partnerschaften im Land. Die deutschen Parteistiftungen Friedrich-Ebert-Stiftung (SPD), Hanns-Seidl-Stiftung (CSU) und Konrad-Adenauer-Stiftung (CDU) sind ebenfalls präsent.

Einige der Organisationen und Stiftungen stellen auch **Praktikanten** oder Hospitanten ein, sei es in ihren Zentralen in Quito oder in einem ihrer zahlreichen Projekte vor Ort. Grundsätzlich ist Interessierten empfohlen, sich zunächst an die jeweilige Zentrale in Europa zu wenden. Dort erhält man nähere Informationen über das Land, die Projekte und mögliche Einsatzmöglichkeiten in Ecuador bzw. den richtigen Ansprechpartner im Land.

Unzählige kleine Organisationen und Stiftungen sind auch ohne große Organisationsstruktur in Ecuador aktiv. Der vorliegende Reiseführer gibt entsprechend bei den Ortsbeschreibungen Hinweise auf Kontaktadressen und Einsatzmöglichkeiten. Für die meisten Einsätze sind Spanischkenntnisse Voraussetzung.

Andere Dokumente

Studenten kommen mit einem Studentenausweis der Heimat-Universität in Verbindung mit einem **Internationalen Studentenausweis** (der allein in Ecuador nicht mehr genügt, weil er zu leicht für jedermann im Land zu kaufen ist) in den Genuss von Vergünstigungen. Oft allerdings werden nur ecuadorianische Studentenausweise anerkannt. Ausländischen Studenten gewähren Geschäfte mit dem „ISIC"-Zeichen Rabatte.

Da es seit geraumer Zeit auch einen Jugendherbergsverband in Ecuador gibt, schläft man mit einem **internationalen Jugendherbergsausweis** aus dem Heimatland auch bei den ecuadorianischen Jugendherbergen zum günstigeren Tarif, sonst muss man eine Tagesmitgliedschaft erwerben. Die Jahresmitgliedschaft bei den Jugendherbergsverbänden daheim kostet 12–20 Euro in Deutschland (www.jugendherberge.de), 10–20 Euro in Österreich (www. oejhv.or.at) und 22–55 SFr in der Schweiz (www.youthostel.ch). Tipp: Kann man auch als Familie beantragen.

Beliebt an der Küste sind Limonaden auf Eis

ecu076 Foto: peko

Essen und Trinken

Die ecuadorianische Küche ist verglichen mit denen der Nachbarländer Peru und Kolumbien kein großer Wurf. Im Alltag manifestiert sich der **Sparzwang** der Mehrheit der Bevölkerung auch auf den Tellern.

Das **Mittagessen (Almuerzo)** ist die wichtigste Mahlzeit des Tages: Große Reisteller mit kleinen Fleisch- und Salatportionen bilden dabei meist das Hauptgericht in den zahllosen Restaurants. Die Suppe als Vorspeise ist oft kräftiger und schmackhafter. Dazu gibt es einen frischen Saft und gelegentlich einen süßen Nachtisch. Als **Abendmenü** heißt das Essen **Merienda.**

Die in den Anden traditionelle **Kartoffel** und ihre vielen Sorten werden zusehends vom **Reis** verdrängt.

Auf fast jedem Tisch steht **Ají,** eine sehr scharfe Gewürzsoße auf Basis der Cayenne-Pfefferschoten.

Gewöhnungsbedürftig für Europäer ist der **Koriander** *(cilantro),* ein Gewürzkraut, das vielen Speisen zugefügt wird, auch dem Ají.

Dominieren an der Küste Meeresfrüchte und tropische Beilagen wie Kochbananen, so sind in der Sierra Huhn, Rind und Ziege die wichtigsten Fleischsorten. Etwas teurer sind Lamm und Schwein. Das Meerschweinchen *(cuy)* ist bereits ein Festtagsschmaus. Regional gibt es natürlich die unterschiedlichsten Rezepte.

Hinweis: In einfachen Restaurants wird häufig nicht am Tisch bezahlt, sondern beim Verlassen des Lokals an der *caja*, der Kasse, oft eine Theke nahe dem Ausgang.

Speisen

Vorspeise (entrada), Snacks

- **Bolas de verde** sind Bällchen aus grünen Kochbananen, die zu einem Püree geschlagen und mit Käse und Speck gefüllt werden.
- **Ceviche (cebiche)** ist ein in Limonen- und Orangensaft marinierter roher Fisch *(corvina)*, der, mit Zwiebeln, Salz, Pfeffer und ají gewürzt, meist mit Brot oder geröstetem Mais serviert wird. Es gibt verschiedene Arten der Zubereitung: *ceviche de camarones* (mit Garnelen), *de conchas* (Muscheln), *de langostas* (Langusten), *de langostinos* (Krabben), *de ostiones* (Austern).
- **Empanadas** sind unterschiedlich zubereitete Teigtaschen mit diversen Füllungen, wie z.B.: *empanadas de arroz* (Reismehlteig mit Hühnerfleischfüllung), *empanadas de morocho* (Weißmehl- oder Morochomehlteig mit Schweinefleisch gefüllt), *empanadas de queso* (Weizenmehlteig mit Käse gefüllt), *empanadas de verde* (Kochbananenteig mit Hackfleisch oder Käse gefüllt).
- **Humitas** bestehen aus einem süßen Maisteig, der mit gemahlenen Erdnüssen, Eiern und geriebenem Käse gefüllt ist. Die äußere Schale ist ein in heißem Wasserbad gedämpftes Bananenblatt.
- **Tamales** werden ähnlich wie humitas zubereitet, doch haben sie zusätzlich eine Fleischfüllung. Statt in ein Bananen- wird die Teigmasse in ein Achira-Blatt eingeschlagen.
- **Tortillas de maíz** sind mit Kartoffelbrei und Käse gefüllte Maismehltaschen, die im Ofen gebacken werden.

Suppe (sopa, caldo, locro)

- **Caldo de gallina** – die Hühnersuppe ist die populärste Suppe Ecuadors.
- **Caldo de pata** ist eine Kartoffelsuppe mit Schweinshaxe, Kartoffeln, Yucca, Lauch und gekochtem Mais *(mote)*. Geschmacklich abgerundet wird die Suppe mit *ají*.
- **Chupé de pescado** ist eine Fischsuppe mit Kartoffeln, Tomaten und Paprika.
- **Fanesca** ist eine fleischlose, traditionelle Suppe (in der Karwoche), bestehend aus verschiedenen Getreidekörnern *(granos)*, Mais, Linsen, Bohnen und Fisch.
- **Locro de queso** ist eine gelbe Suppe aus Kartoffeln, Mais, Zwiebeln, Käse und Milch, die häufig unter der Woche serviert wird.
- **Sancocho** ist eine Fleischbrühe mit Mais, Yuca und Kochbananen.
- **Yaguarlocro** ist eine Suppe aus Kartoffeln, Avocado, Blut und Rinderinnereien.

Hauptgericht (plato fuerte)

- **Arroz colorado** ist eines der vielen Reisgerichte mit Bratbananen *(maqueños)*, Hackfleisch, hart gekochten Eiern, Erbsen und Karotten.
- **Carne colorada** ist Beefsteak, meist mit gekochtem und geschältem Mais *(mote)*, Bratbanane *(maqueño)* oder Pommes und Avocado serviert.
- **Carne en palito** ist Ziegen- oder Rindfleisch auf dem Schaschlik-Spieß und wird oft auf der Straße angeboten, bekannt auch als *pincho*.
- **Chancho hornado** ist gebackenes Schweinefleisch, das mit gekochtem und geschältem Mais *(mote)*, Bratbanane *(maqueño)*, Avocado, Tomaten und neuerdings mit einem Sahnedressing serviert wird.
- **Churrasco** ist ein Schweine- oder Rindfleischstück, das mit Reis, Spiegelei und Salat gereicht wird.
- **Cuy** ist gegrilltes Meerschwein, das weniger im Restaurant, sondern mehr an Straßenständen angeboten wird.
- **Fritadas** sind Schweinefleischstückchen, die in der *paila* (Riesenpfanne ähnlich dem Wok) mit Knoblauch angebraten werden.
- **Guatita** sind Innereien vom Kalb mit einer Erdnusssoße, Avocado und Kartoffeln.

- **Llapingachos** sind frittierte Käse-Kartoffelpuffer, die oft mit *fritadas* serviert werden.
- **Lomo fino** ist zartes Rinderfilet, das zumindest in besseren Restaurants den Ansprüchen an zartes Fleisch genügt.
- **Lechón** ist das gebratene *(hornado)* Spanferkel, das auf Märkten und an Straßenständen angeboten wird.
- **Parrilladas** ähneln einem Barbecue, bei dem verschiedene Fleischsorten und Würstchen auf den Holzkohlengrill gelegt werden. Dazu werden in der Regel Salat, Bratbanane und Maiskolben *(choclos)* gereicht.
- **Seco de chivo** ist ein Fleischgericht aus Hammel- oder Ziegenfleisch, das mit Bier und *Naranjilla*-Saft zubereitet wird. Dazu gibt es gelben Reis. Daneben gibt es noch andere Secos wie *Seco de cordero* (Lammfleisch) oder *Seco de gallina* (Hühnchen).

Nachtisch (postre)

- **Quimbolitos** sind Teigtaschen aus gesüßtem Maismehl, dem Zuckerrohrschnaps *majorca* und Rosinen.
- **Helado** ist Speiseeis, das in diversen Variationen, teils mit Kompott, angeboten wird. Unbedingt probieren muss man das grüne Eis der *Naranjilla!* Der Geschmack erinnert an einen Mix aus Grapefruit und Limonen.
- **Torta de maqueño** ist ein Bananenkuchen. Er ist nicht überall zu bekommen, sicher aber in Otavalo. Garantiert der beste Kuchen, seit es Bananen gibt!

Trinken

Kaffee/Tee

Der **cafecito,** das „Kaffeechen", oder der Tee **(té** oder **agua aromática)** werden gerne nach dem Essen getrunken und sind überall im Land erhältlich. Für europäische Geschmacksnerven ist der Kaffee in Ecuador nur selten gut. Einfache Restaurants brühen immer noch einen hochkonzentrierten Sud, der mit

ecu089 Foto: peko

heißem Wasser oder heißer Milch übergossen und dann serviert wird. So gibt es den **café con leche** (eine Tasse Milch, mit Kaffeepulver/-sud), den **café negro** bzw. **café con agua** (schwarzer Kaffee) oder den **pintado** (Kaffee mit etwas Milch). Espresso und Filterkaffee sind in manchen Cafébars zu bekommen. In Restaurants steht der Kaffeesud manchmal noch auf den Tischen, und wer Kaffee bestellt, verlangt nur nach heißem Wasser oder heißer Milch.

Der Tee wird mit Zitrone und Zucker getrunken. Bestellt man den Tee mit Milch, bekommt man eine Tasse Milch mit Teebeutel. Schwarzen Tee kann man nur vereinzelt in Quito trinken.

Heiße Schokolade bekommt man nur in manchen Restaurants und Cafés.

Mineralwasser

Das Mineralwasser **(agua mineral)** ist entweder mit Kohlensäure versetzt *(con gas)* oder ohne *(sin gas)*. Güitig (gesprochen „witik") ist die beste Marke in Ecuador.

Säfte

Es gibt unverdünnte Säfte **(jugos puros)** und solche, die mit Wasser „gestreckt" sind **(jugos con agua)** und denen meistens Zucker zugesetzt ist. Wer sie ungesüßt möchte, bestellt sie ohne Zucker *(sin azúcar)*. Gängige **Geschmacksrichtungen** sind Papaya *(papaya)*, Orange *(naranja)*, Maracuya *(maracuya)*, Banane *(plátano)*, Ananas *(piña)*, Grapefruit *(toronja)*, Wassermelone *(sandía)*, Baumtomate *(tomate)* und Brombeere *(mora)*. Das Ganze als **Milchshake** heißt **batido.**

Alkoholfreie Getränke

Alle nichtalkoholischen Limonaden-Getränke werden in Ecuador **colas** genannt. Getränke in Pfandflaschen sind deutlich preiswerter als in Wegwerfverpackungen. Der Preis für das Flaschenpfand ist mitunter höher als der Inhalt der Flasche selbst und variiert von Geschäft zu Geschäft.

An der Küste wird die grüne, „frühreife" **Kokosnuss** angeboten. Die Frucht wird vor den Augen des Kunden mit der Machete angeschlagen, mit einem Strohhalm saugt man die Milch aus der Nuss. Das Fruchtfleisch ist arg weich, aber durchaus genießbar.

Alkoholische Getränke

Bier (cerveza) ist auch in Ecuador weit verbreitet, die führenden Marken sind Pilsener, Club und Biela. Zunehmende Verbreitung finden „Light-Biere", von denen die Werbung behauptet, man könne doppelt soviel trinken – zum Wohl!

Wein (vino) ist in Ecuador verhältnismäßig teuer, da fast alle Sorten importiert werden. Empfehlenswert sind spanische, argentinische und vor allem chilenische Rotweine *(vino tinto)*. Ecuadorianischer Wein hingegen ist meist ungenießbar süß.

Cocktails *(cocteles)* und **Drinks** *(tragos)* sind in Ecuador in den verschiedensten Variationen und überall zu bekommen. Beliebtester Cocktail ist der Cuba Libre, Rum mit Cola. Wer der Wasserqualität nicht traut, sollte den Drink im Zweifelsfall *sin hielo* (ohne Eis) bestellen. Auch dann sind die Cocktails nicht warm, denn die Zutaten kommen aus dem Kühlschrank oder der Eisbox. Es schadet nicht, wenn man den Drink *helada(o)* (kalt) bestellt.

Weit verbreitet unter den **Schnäpsen** ist der billige Zuckerrohrschnaps *Aguardiente* oder einfach *trago* (wörtlich: Schluck).

Chicha wurde ursprünglich von den Quechua-Indianern gebraut und ist ein Maisbier, bei den Indianern des Regenwaldes ein Maniokbier aus Yucca.

In Restaurants

In den Restaurants Ecuadors gibt es **zu allen Tageszeiten sowohl üppige als auch kleine Mahlzeiten.** An der Costa kommt in der Regel frischer Fisch auf den Tisch, in der Sierra ein Stück Fleisch.

Frühstück

Zum Frühstück **(desayuno)** isst man in Ecuador häufig Spiegeleier *(huevos fritos)*, Rühreier *(huevos revueltos)* oder gekochte Eier *(huevos duros/a la copa)*, die entweder mit Toast *(tostada)* oder mit Brötchen *(pancito)* serviert werden. Zum Toast gibt es Butter *(mantequilla)* und Käse *(queso)*, manchmal auch Honig *(miel)* und Marmelade *(mermelada)*. Kaffee und Fruchtsaft sind obligatorisch.

Mittagessen

Als Mittagessen **(almuerzo)** werden in allen Restaurants eine *sopa* (Suppe) und ein *segundo* (das „zweite" Hauptgericht) gereicht, das in der Regel mit Fleisch/Fisch und viel Reis serviert wird. Dazu gibt es einen Saft. Wer sparsam unterwegs ist, fragt in den kleineren Restaurants nach dem *almuerzo* und isst für 1–2 $ zu Mittag.

Abendessen

Zum Abendessen **(merienda)** gibt es Ähnliches wie zu Mittag. Meist wird ein Salat gereicht, der vor der Mahlzeit auf dem Tisch steht. Wer nicht nach *almuerzo* oder *merienda* fragt, kann von der Karte *(la carta)* wählen.

Internationale Küche

Die **„chifas"** sind fast überall im Land verbreitete **chinesische Restaurants,** nicht nur in der Küstenstadt von Quevedo. Andere asiatische Küchen sind selten. In den Metropolen finden sich Thais, Japaner und Araber. **Italienische Pizzerias** haben auch vor den Toren Ecuadors keinen Halt gemacht und bringen teils hervorragende Teigwaren auf den Teller. Beliebt sind auch die fleischlastigen **kolumbianischen „Asados".** Darüber hinaus finden sich Spezialitäten aus Argentinien, Afghanistan, Brasilien, Deutschland und anderen Ländern bevorzugt in den großen Städten – auf dem Land kennt kaum jemand ein „Wiener Schnitzel". Und inzwischen breiten sich auch **US-Fastfood-Ketten** erfolgreich aus, darunter Burger King, Kentucky Fried Chicken, Pizza Hut, Taco Bell und McDonald's.

Feiertage, Feste und Märkte

Staatliche Feiertage

An den nachfolgenden festen Feiertagen haben **öffentliche Einrichtungen** (zumindest regional) **geschlossen:**

- **01.01.** - Neujahr *(Año Nuevo)*
- **06.01.** - Heilige Drei Könige
- **12.02.**- Tag der Entdeckung des Amazonas *(Día del Oriente)*
- **27.02.** - Schlacht von Tarqui *(Batalla de Tarqui)*
- **01.05.** - Tag der Arbeit *(Día del Trabajo)*
- **24.05.** - Schlacht am Pichincha *(Batalla de Pichincha)*
- **24.07.** Geburtstag von Simón Bolívar *(Nacimiento de Bolívar)*
- **10.08.** - Unabhängigkeitstag von Quito *(Primer Grito de Independencia)*
- **09.10.** - Unabhängigkeitstag von Guayaquil *(Independencia de Guayaquil)*
- **12.10.** - Entdeckung Amerikas *(Día de la Raza)*
- **02.11.** - Allerseelen *(Día de los Difuntos)*
- **03.11.** - Unabhängigkeitstag von Cuenca *(Independencia de Cuenca)*
- **06.12.** - Gründung Quitos *(Fundación de Quito)*
- **25.12.** - Weihnachten *(Navidad)*
- Ferner existieren **bewegliche Feiertage** wie der Karfreitag *(Viernes Santo)*.

Feste/Events

Der **Calendario de Eventos (Veranstaltungskalender)** in Ecuador ist voller Termine. Zu den meisten Festen spielt die „banda", die Dorfkapelle, auf oder sogar eine Militärkapelle. Stierkampf und jede Menge „tragos" (Schnaps) zählen vor allem im Hochland zum Standard.

Die wichtigsten und interessantesten Feste für den Ecuador-Besucher sind nachfolgend aufgeführt:

- **01. Januar:** Landesweit Neujahrsfeste mit Tanz und Verkleidung.
- **06. Januar:** Im ganzen Land Fest der Heiligen Drei Könige mit Folkloretänzen.
- **01. Februar:** Mira (nördl. von Ibarra): Rodeos, Ballspiele, Tänze, Feuerwerk zu Ehren der Jungfrau Maria *(Virgen de la Caridad)*.
- Der **Karneval** von Guaranda, Hauptstadt der Provinz Bolívar, ist vielleicht der lebendigste und traditionellste im Land.
- In Ambato findet Ende Februar das große **Blumenfest** *(Fiesta de las Frutas y de las Flores)* statt. Es fällt nicht selten mit dem Karneval zusammen.
- **02.-05. März:** Atuntaqui (südl. von Ibarra): Zuckerrohrfest mit Tanz.
- **04.-10. März:** Gualaceo: Pfirsichfest (Ausstellung von Blumen und Früchten) mit Umzügen und Tanz.
- **12. April:** Cuenca: Stadtgründungsfest
- **19.-21. April:** Riobamba: Fest der Landarbeiter mit Umzügen und Folkloretanz.
- **02. Mai:** Quito: Fest von La Cruz in den Straßen Prensa y Sumaco mit Maskerade, Musik und Tanz.
- Checa (nordöstlich von Quito): Fest des *Señor de la Buena Esperanza* mit Musik, künstlerischen Darbietungen und Feuerwerk.
- **11.-14. Mai:** Puyo: Industrie- und Landwirtschaftsausstellung.
- **24. Juni:** Otavalo und Guamote: Johannisfest mit Tanz und anderen Vorführungen.
- **16. Juli:** Ibarra: Fest der *Virgen del Carmen* mit Musik, Verkleidung und Feuerwerk.
- **22. Juli:** Pelileo (zwischen Ambato und Baños): Fest der Heiligsprechung mit Folkloretanz und Stierkampf.
- **23.-25. Juli:** Guayaquil: Fest der Stadtgründung mit Schönheitswettbewerb, Kulturveranstaltungen, Tanz und Kunstausstellungen.
- Im **August:** Quito: Im *Mes del Arte* veranstaltet die Stadt Quito alljährlich ein Kultur-

Maskenverkauf zu Silvester, dem „año viejo"

spektakel mit Ausstellungen, Theater, Filmreihen und Open-Air-Veranstaltungen.

- **03.–05. August:** Esmeraldas: Fest der Unabhängigkeit mit Marimbas und afro-ecuadorianischer Folklore.
- **10. August:** Pillaro (nordöstl. von Ambato): San Lorenzo-Fest mit Verkleidung und Stierkampf.
- **02.–05. September:** Otavalo: Yamor-Fest mit vielen Attraktionen, Hahnenkampf, Folklore, Musik und Tanz.
- **05.–12. September:** Loja: Fest der *Virgen del Cisne* mit vielen Attraktionen, Verkleidung und Folkloretanz.
- **06.–14. September:** Cotacachi: Jora-Fest mit Folkloretanz und Musik.
- **08.–09. September:** Sangolquí: Tanz und Stierkampf.
- **20.–26. September:** Machala: internationales Bananenfest.
- **23.–24. September:** Quito und Latacunga: Fest der *Virgen de las Mercedes* (in Latacunga eher als *Fiesta de la Mama Negra* bekannt) mit vielen Attraktionen, Tanz, Andenmusik und Feuerwerk.
- **24.–28. September:** Ibarra: Fest der Seen mit Industrie- und Landwirtschaftsmesse, Folkloretanz und Musik.
- **14.–18. Oktober:** Portoviejo: Industrie- und Landwirtschaftsausstellung.
- **03. November:** Cuenca: Stadtfest der Unabhängigkeit mit Musik und Tanz.
- **Ende November bis 06. Dezember:** Stadtgründungsfest in Quito, u.a. internationaler Stierkampf.
- **31. Dezember:** Silvester *(año viejo)* wird im ganzen Land nur moderat gefeiert. Eine Besonderheit ist die Verbrennung von Politikerpuppen. Am späten Abend gibt es in den Familien das traditionelle Silvestermahl.

Praktische Tipps A–Z

ecu077 Foto: peko

Märkte

In der ecuadorianischen Sierra werden allerorten Märkte abgehalten, auf denen ein lebendiges und buntes Treiben herrscht.

Auf den Märkten hört man bisweilen noch **altspanische Maße und Gewichte** wie eine *libra* (ca. 450 g), ein *quintal* (ca. 45 kg), ein *barril* (159 l) und ein *galón* (3,785 l), im Allgemeinen aber gilt das auch uns geläufige Maßsystem.

Große und bekannte **Wochenmärkte** werden abgehalten in (Auswahl):

- **Ambato**
Montagsmarkt (Auto-, Tier- und andere Märkte).
- **Cotocollao**
Großer Straßenmarkt in Nord-Quito (Anfahrt mit dem Metrobus).
- **Cotacachi**
Auf dem Wochenendmarkt entlang der Hauptstraße werden Lederwaren angeboten. Unter der Woche sind viele Läden geöffnet.
- **Gualaceo**
Großer Sonntagsmarkt.
- **Latacunga**
Samstagsmarkt, auf dem es u.a. die beliebten *shigras* (bunte Netztaschen aus Agave-Fasern) gibt.
- **Otavalo**
Auf dem größten Samstagsmarkt in Ecuador wird vor allem das Kunsthandwerk der Otavalo-Indianer angeboten. Auf dem „Poncho-Platz" wird die ganze Woche über gehandelt.
- **Pujilí**
Großer Sonntagsmarkt, u.a. Keramiken
- **Riobamba**
Großer bunter Samstagsmarkt.
- **Salasaca**
Sonntagsmarkt, auf dem handgewebte Wandteppiche der *Salasaca*-Indianer verkauft werden.
- **Sangolquí**
Sonntags großer landwirtschaftlicher Markt im ganzen Ort.
- **Santo Domingo**
Großer Sonntagsmarkt.
- **Saquisilí**
Großer Donnerstagsmarkt nahe Quito, am Dorfrand Viehmarkt.

Fotografieren

Unter der Äquatorsonne sind Fotografen mit einer sehr **hohen Lichtstärke** konfrontiert. UV-Filter können dann ebenso nützlich sein wie lichtschwache Filme von 50–100 ASA. Gleichzeitig erzeugt das Licht sehr stark kontrastierende Schatten. Bei Sonnenlicht sind schon Gesichter extrem schwer zu fotografieren oder aber entsprechend zu positionieren. Bewölkung verhängt zwar den blauen Himmel, schafft aber besseres Licht zum Fotografieren auf dem Äquator. Es dämmert am Äquator übrigens extrem schnell.

Digitale Kameras sind dem starken Licht gegenüber meist weniger empfindlich. Dafür reflektiert der eingebaute Monitor hell bis zur Unkenntlichkeit. Bei Digitalkameras stellt sich auf Grund des Motors für das Zoom und andere elektrisch betriebene Komponenten eine höhere Gerätetemperatur ein. In kälteren Regionen und bei Temperaturabfall kommt es daher häufiger zur Bildung von Kondenswasser auf der Linse. Lösung: vorübergehend abschalten und abwarten, bis eine Temperaturangleichung eintritt.

Da es auch überraschend zu starken Niederschlägen kommen kann, da Sie womöglich mit dem Boot unterwegs sind oder aber Starkwinde feinsten Sand durch die Täler blasen, empfiehlt sich ein **wasserfester Fotosack** zum Transport von Kamera, Filmen und Speicherchips. Die gibt es bei jedem Ausstatterladen in Deutschland zu kaufen. Tipp: Eine Kamera im wasserdichten Sack versinkt auch nicht im Meer oder Fluss, wenn Sie genügend Luft im Sack lassen.

Häufig wollen die **Menschen,** die wir besuchen, nicht fotografiert werden. Das ist zum Schutz ihrer Privatsphäre dringend zu beachten. Kommunizieren Sie mit ihnen und fragen Sie im Zweifelsfall um Erlaubnis; Absagen sind zu respektieren. Manchmal erwarten Menschen gerade auf dem Land eine Motivgebühr von „one Dollar". Auch hier heißt es: zahlen oder das Fotografieren unterlassen. Manchmal freundet man sich aber gerade über den Umweg einer kleinen Fotoshow auf dem Bildschirm der digitalen Kamera an.

Militärische und polizeiliche Einrichtungen dürfen nicht fotografiert werden.

Fotokameras sind begehrte Objekte von **Dieben.** Es gibt einen regen Hehlermarkt mit gestohlener Ausrüstung jeglicher Art in Ecuador. Passen Sie in allen Reiselagen besonders gut auf Ihre Kamera auf!

Frauen allein unterwegs

Nicht jeder Annäherungsversuch ist gleich eine Anmache. Deshalb sollte frau sich nicht grundsätzlich belästigt fühlen, wenn sich ihr ein Südamerikaner auffällig nähert. Viele Latinos suchen den Kontakt, weil sie neugierig und offen sind und ein Gespräch führen wollen. So wird frau häufig angesprochen. Aber für so manchen Latino-Macho sind die „Gringas" aus den fernen Ländern natürlich schlicht sexuelle Beuteobjekte.

An das **Hinterherpfeifen** auf der Straße, häufig aus vorbeifahrenden Autos heraus, sollte sich frau schnell gewöhnen, sonst findet sie sich in einem Zustand der Dauerempörung wieder – einfach ignorieren!

Die **Kleidung** sollte angemessen und zurückhaltend sein. Blusen ohne BH zu tragen, fordert anzügliche Blicke heraus. Shorts und Miniröcke sind an der Küste wiederum gang und gäbe. Baden oben ohne ist in ganz Lateinamerika verpönt, so auch in Ecuador.

Buchtipps:
- Helmut Hermann, **Reisefotografie**
- Volker Heinrich, **Reisefotografie digital**
- Birgit Adam, **Als Frau allein unterwegs**

(alle erschienen in der Praxis-Reihe des Reise Know-How Verlages)

Fremdenführer

Nicht jeder Führer in Ecuador hält, was er verspricht. Eine Buchung über eine Agentur ist in der Regel die beste Garantie für eine gute Führung. Meist sprechen die Führer zumindest akzeptabel Englisch und verstehen ihr Metier.

Gewarnt sei vor den preiswertesten Anbietern auf den Galápagos-Inseln, gar lebensgefährlich kann die Wahl eines billigen selbst ernannten Bergführers werden. Seriöse Anbieter dienen sich nicht auf der Straße an. Wer z.B. nach Latacunga kommt, wird möglicherweise von Einheimischen darauf angesprochen, ob er nicht einen Führer für den Cotopaxi-Aufstieg benötigt. Ein höfliches, aber bestimmtes „no, gracias" (Nein, danke) ist in solchen Fällen die einzig richtige Antwort.

Das **Angebot eines Fremdenführers** muss genau überprüft werden: Was enthält es, wirkt der Führer glaubwürdig, kann evtl. jemand (andere Reisende) seine Angaben bestätigen? Gegebenenfalls ist eine schriftliche Fixierung vorzunehmen. Ecuadorianer sind sehr redegewandte Menschen und finden immer auch eine Ausrede für fehlgeschlagene Projekte.

Das Tourismusministerium und weitere Institutionen bemühen sich in den vergangenen Jahren redlich, durch Weiterbildung und Zertifizierung das Niveau lokaler Führer zu heben und landesweite Standards einzuführen. Ist eine Exkursion logistisch aufwendig, ist eine geführte Tour in einer Gruppe oftmals preiswerter und zeiteffizienter als die Organisation auf eigene Faust. In einigen Nationalparks und Reservaten ist ein Führer zum Besuch sogar Pflicht.

Auch in Ecuador gilt: Gute Dienste sind nicht billig. Mit der Zeit stellt sich vielleicht der „Riecher" ein, der eine(n) in die Lage versetzt, die richtige Wahl zu treffen.

Gastfreundschaft

Wer mit dem Flugzeug in Ecuador gelandet ist, hat es zunächst nicht selten mit einem grimmigen Grenzbeamten zu tun, der misstrauisch fragt, wie lange man zu bleiben gedenke; vom Gepäckkontrolleur ist nur ein gegrummeltes „Ticket" zu vernehmen. Dann rufen einem um Umsatz bemühte Frauen „money change" aus einem kleinen Glashäuschen zu, bevor man an den manchmal flehend und weinend wartenden Angehörigen ecuadorianischer Reisender vorbei in das Wortgewitter von Fahrern der gelben Flotte gerät: „Taxi, Taxi, Taxi, Taxi, Mister, Taxi, muy barato ...".

Die wahre Welt der ecuadorianischen Gastfreundschaft zeigt sich an weniger neuralgischen Punkten der Begegnung. Ecuadorianer im Hochland sind höflich, förmlich, respektvoll, etwas zurückhaltend, nur selten laut, aufbrausend oder gar frech. An der Küste kann das schon mal andersherum sein. Und da es keine besondere Kinderstube gibt, wie man Fremden begegnen möge, nehmen einen Ecuadorianer einfach so auf wie sie sind.

ecu078 Foto: peko

Selbst in der Gastronomie hält erst seit wenigen Jahren eine nach westlichem Muster geprägte Dienstleistungsmentalität Einzug.

Bekommt man engeren Kontakt zu Ecuadorianern, wird man herzlich aufgenommen, umsorgt und ausgefragt, denn Ecuadorianer lieben es, mit Ausländern zu reden, ist erst einmal das Eis gebrochen.

Gelegentlich hört man auf der Straße ein „Mister" oder **„Gringo"**, geleitet von der vorherrschenden Meinung, dass Ausländer in Ecuador eigentlich fast alle US-Amerikaner seien und entsprechend gerne in ihrer englischen Muttersprache angesprochen werden. Während das „Gringo" respektlos oder flaksig ist, kann das – durchaus nervige – „Hello Mister" auch sehr höflich gemeint sein. Viele Ecuadorianer versuchen dem Gast sprachlich einfach etwas entgegenzukommen. Andere hingegen wollen schlicht nur Ware an den Mann bringen.

Wer Ecuadorianern mit **Respekt** und **Neugier** begegnet, vielleicht die eine oder andere **Zurückhaltung** von ihnen übernimmt, wird sich wohl und aufgenommen fühlen.

Begrüßung

Das **Händeschütteln** zur Begrüßung ist in Ecuador üblicher als in Europa. Gelegentlich stellt man sich bloß vor und nickt sich zu.

Befreundete Männer reichen sich die rechte Hand und klopfen sich im selben Moment mit der linken Hand gegenseitig auf die Schulter. Befreundete oder verwandte Frauen untereinander sowie

Frauen und Männer begrüßen und verabschieden sich mit einem angedeuteten Kuss auf die Wange. Dabei nimmt man sich auch gern in den Arm.

Pünktlichkeit

Das bekannte **mañana** (morgen) kann auch *pasado mañana* (übermorgen) oder gar *próxima semana* (nächste Woche) bedeuten; Pünktlichkeit und das Einhalten von Terminen sind nicht gerade die Stärke der Ecuadorianer. Beliebt ist der Begriff *ya mismo* (sofort) für Dinge, die noch eine unbestimmte Zeit dauern können. Der/die Reisende sollte wissen, dass eine Verabredung in Ecuador nicht immer etwas Verbindliches, sondern eher als Vorschlag zu verstehen ist. Erst wenn eine Verabredung *confirmado* (bestätigt) ist, ist sie gültig. Auf Partys geht man übrigens niemals pünktlich. Das ist unhöflich. Mindestens eine Stunde nach dem Einladungszeitpunkt sollte man ankommen, wenn nicht ausdrücklich auf Pünklichkeit hingewiesen wird. Diese Kultur des Sichverspätens wird auch **„hora ecuatoriana"** genannt, „ecuadorianische Zeit/ Stunde". Staatspräsident *Gutiérrez* hatte dieser Unsitte 2003 in einer Kampagne den Kampf angesagt und u.a. einen staatlichen Gedenktag der Pünktlichkeit (!) eingeführt. Schließlich gingen der Volkswirtschaft Millionen durch Verspätungen verloren.

Geld und Finanzen

Währung

Die Landeswährung Ecuadors ist seit dem Jahr 2000 der **US-amerikanische Dollar** (Währungszeichen „$"). Der vorher gültige Sucre wurde 2001 gänzlich aus dem Verkehr gezogen. Vorausgegangen waren im Jahr 1999 eine Schwindel erregende Abwertung des Sucre und eine sehr hohe Inflation.

Achten Sie darauf, nur unbeschädigte **Banknoten** entgegenzunehmen, und prüfen Sie deren Echtheit, so gut Sie es vermögen. Es gibt Noten zu 1, 5, 10, 20, 50 und 100 Dollar sowie **Münzen** zu 1, 5, 10 (Dime), 25 (Quarter), 50 Cents und 1 $. Nicht bei den Banknoten, aber bei den Cents hat die Zentralbank gleichwertige und gleich große ecuadorianische Münzen mit spanischer Beschriftung prägen lassen.

Wechselkurse

Die Wechselkurse europäischer Währungen zum Dollar sind durch die Maßnahme der „Dollarisierung" auch in Ecuador uneingeschränkt gültig (d.h. bei schwachem Dollar entsprechend günstig). Wer Dollars bei sich führt, sollte kleine Noten bevorzugen.

Wechselkurse (Aug. 2008)

- 1 Euro = 1,47 US-$
- 1 US-$ = 0,68 Euro
- 1 SFr = 0,91 US-$

Geldwechsel

Wer Geld wechseln möchte, muss seinen **Reisepass vorlegen.** Die meisten **Banken und Wechselstuben** *(casas de cambio)* tauschen Mo bis Fr von etwa 9–16 Uhr Devisen. Neben den Banken mit ihren festen Geschäftszeiten gibt es allerdings in den großen Hotels der drei Städte Quito, Guayaquil und Cuenca auch die Möglichkeit, an Sonn- und Feiertagen zu tauschen. Der Kurs ist nur geringfügig schlechter. Auch an den internationalen Flughäfen befinden sich Wechselschalter mit ausgeweiteten Öffnungszeiten. Nach einem Geldwechsel sollte man nicht spazieren gehen, sondern erst das Hotel aufsuchen und das Geld sicher deponieren.

EC-/Maestro-Karte

Mit der EC-/Maestro-Karte lässt sich auch in Ecuador (in den Städten) bequem Geld am Automaten abheben. Führt die Karte das blaue Cirrus-Zeichen, gibt jeder Automat mit diesem Zeichen bei Eintippen der Geheimzahl Bargeld aus. Je nach Hausbank wird dafür pro Abhebung eine Gebühr von ca. 1,30–4 Euro bzw. 4–6 SFr berechnet. Automaten-Abhebungen bis 500 $ ermöglicht beispielsweise die *Banco del Pichincha* für Kunden der *Citibank.*

Schecks

Empfohlene Reisezahlungsmittel für Ecuador sind kleinere Mengen Dollar in bar sowie **Reiseschecks auf Dollar-Basis,** bei deren Tausch in Bargeld allerdings sowohl in Banken als auch Wechselstuben eine Gebühr erhoben wird, die beträchtlich variieren kann (nach Bank/Wechselstube und auch nach Ortschaft). Alle gängigen Reiseschecks werden in den Großstädten akzeptiert: Mastercard, VISA, American Express; die meisten Banken haben jedoch nur jeweils einen Scheckpartner im Repertoire, z.B. kooperiert die *Banco de Guayaquil* mit VISA, die *Banco del Pacífico* mit Mastercard. Die Supermarktkette „Supermaxi" nimmt beim Einkauf auch Dollar-Reiseschecks.

Kreditkarten

Für den potenziellen Dieb ohne Wert, werden Kreditkarten dem Besitzer bei Verlust ersetzt, sofern sie den Verlust binnen 24 Stunden anzeigen. Mit Kreditkarten gibt es Bargeld an zahlreichen **Geldautomaten** im Land. Für Barabhebungen per **Kreditkarte** kann das Kreditkartenkonto je nach ausstellender Bank mit einer Gebühr von bis zu 5,5% belastet werden, für das bargeldlose Zahlen dagegen werden nur 1–2% für den Auslandseinsatz berechnet. Also am besten viel bargeldlos bezahlen und für Bargeld gleich größere Summen mit der EC-/Maestro-Karte abheben.

Informieren Sie sich vor der Abreise bei Ihrer Bank über das **Auszahlungslimit** Ihrer Kreditkarte. Wenn Sie höhere Ausgaben tätigen wollen, beispielsweise eine Galápagos-Reise vor Ort mit der Karte bezahlen, ist das Limit ggfs. vor der Reise heraufzusetzen.

Mit Kreditkarten kann in Reisebüros, bei Fluglinien, in vielen Restaurants und

Geschäften bezahlt werden (i.d.R. überall dort, wo es an der Tür steht). VISA, Mastercard und Diners sind am weitesten verbreitet, etwas schwächer American Express.

In vielen Mittelklassehotels sind Kreditkarten jedoch noch nicht üblich.

Beim Einkauf mit Karte werden gelegentlich 10% des Preises zusätzlich verlangt – erkundigen Sie sich vorher!

Die *Banco de Guayaquil* ist auch bei den Karten Partner von VISA.

Auf den **Galápagos-Inseln** regiert die Mastercard, die Partnerkarte der dort ansässigen *Banco del Pacífico.* Andere Kreditkarten werden seltener akzeptiert. Die Banco del Pacífico ist im ganzen Land auch zuständig bei Verlust der Mastercard.

Verlust von Geldkarten

Bei Verlust oder Diebstahl der Kredit- oder EC-/Maestro-Karte sollte man diese umgehend sperren lassen. Für deutsche Maestro- und Kreditkarten gibt es die einheitliche **Sperrnummer 0049 116 116** und im Ausland zusätzlich 0049 30 40504050. Für österreichische und schweizerische Karten gelten:

- **EC-/Maestro-Karte,** (A)-Tel. 0043-1-2048800; (CH)-Tel. 0041-44-2712230, UBS: Tel. 0041-848-888601, Credit Suisse: Tel. 0041-800-800488
- **MasterCard,** internationale Tel. 001-636-7227111
- **VISA,** Tel. 0043-1-7111 1770; (CH)-Tel. 0041-58-9588383
- **American Express,** (A)-Tel. 0049-69-9797 1000; (CH)-Tel. 0041-44-6596333
- **Diners Club,** (A)-Tel. 0043-1-501350; (CH)-Tel. 0041-58-7508080

Geldtransfer

Wer dringend eine größere Summe ins Ausland überweisen lassen muss wegen eines Unfalles o.Ä., kann sich auch nach Ecuador über **Western Union** Geld schicken lassen. Für den Transfer muss man die Person, die das Geld schicken soll, vorab benachrichtigen. Diese muss dann bei einer Western-Union-Vertretung (in Deutschland u.a. bei der Postbank) ein entsprechendes Formular ausfüllen und den Code der Transaktion telefonisch oder anderwei-

ecu079 Foto: peko

Fußballfan mit den deutschen Farben und DFB-Aufnäher (im Tal von Intag)

tig übermitteln. Mit dem Code und dem Reisepass geht man zu einer beliebigen Vertretung von Western Union in Ecuador (siehe Telefonbuch oder unter www.westernunion.com), wo das Geld nach Ausfüllen eines Formulares binnen Minuten ausgezahlt wird. Je nach Höhe der Summe wird eine Gebühr ab derzeit 10,50 Euro erhoben.

Reisekosten

Weite Landesteile Ecuadors sind für europäische Verhältnisse **preiswert bis sehr preiswert** zu bereisen. In der Gastronomie vor allem der Großstädte und exklusiven Touristenorte erreichen die Preise allerdings fast mitteleuropäisches Niveau. **Die Galápagos-Inseln sind deutlich teurer als das Festland.**

Transportkosten

Die Transportkosten sind in Ecuador bisher noch **recht niedrig,** besonders auf den Straßen.

Flüge innerhalb des Festlandes kosten oneway zwischen 50 und 70 $. Die teureren von diesen stehen für längere Entfernungen wie Quito – Loja oder Flüge in den Regenwald, etwa Quito – Lago Agrio. Ziemlich teuer sind Flüge nach Galápagos. Deren Dollar-Tarife sind seit Jahren recht stabil: Hin- und Rückflug kosten ab Quito 330 $ in der Nebensaison und 400 $ zur Hauptsaison, von Guayaquil aus 295 bzw. 340 $. Hauptsaison ist vom 15.6. bis 15.9. und vom 1.12. bis 5.1.

Überlandbusse sind sehr preiswert. Als Faustformel gilt: Eine Stunde Fahrtzeit kostet ca. 1 $. Leser berichten, dass einige Busgesellschaften doppelte Fahrpreise bei Ausländern kassieren; das ist unzulässig.

Taxis in den Städten kosten ab 1 $ pro Fahrt. In Quito sollte tagsüber immer das *Taxímetro* eingeschaltet sein. Abends ist der Preis auszuhandeln; er liegt 25 bis 50% höher. Andere Städte kennen keine Taxometer. Die Preise haben ortsübliche Standards, die man besser unabhängig erfragt, bevor der Taxifahrer sie einem erklärt. Eine Fahrt vom Flughafen Quito in die Altstadt kostet bei eingeschaltetem Taxameter etwa 5 $. Die vom Flughafen registrierten Taxis direkt vor dem Ankunftsportal nehmen etwa 7 $. Wer Gepäck oder Wertsachen bei sich führt, sollte nach der Landung nicht den preiswerten Transport an der Hauptstraße suchen – Diebe warten nur darauf!

Stadtbusse kosten in Quito 25 US-Cent.

Lebenshaltungskosten

Hotels gibt es in allen Preisklassen. Billigste und sehr einfache Unterkünfte bekommt man auch in den großen Städten Quito und Guayaquil bereits ab 4 $. In den 5-Sterne-Hotels bezahlt man für ein Einzelzimmer 80 $ und deutlich mehr, üblicherweise wird noch ein 22%iger Service- und Steueraufschlag berechnet.

In kleinen **Restaurants** bekommt man das – durchaus sättigende – Tagesessen ab 1 $. Da bleibt dann die Küche in der Herberge gerne kalt. Gerichte von der Karte kosten in einfachen Restaurants 2 bis 4 $, in den besseren 5 bis 10 $.

Eine **Flasche chilenischen Weins** im Restaurant kostet zwischen 8 und 20 $. Für ein großes **Bier** (600 ml) zahlt man 1 bis 2 $, nicht alkoholische Getränke sind preiswerter. Die Kneipenpreise haben spürbar angezogen und erreichen in den schicken Szenelokalen bereits europäisches Niveau.

In den **Supermärkten** Ecuadors, etwa „Supermaxi", gibt es Jahres-Rabattkarten – lohnt sich für Vielkäufer! Beim Verlassen eines Supermarktes hat man übrigens immer den Kassenbon bei sich zu führen (Kontrollen!).

Für den Individualreisenden, der auf eigene Faust die **Galápagos-Inseln** bereist, ist das Leben auf den Inseln im Vergleich zum Festland teurer. Sämtliche Nahrungsmittel müssen per Schiff oder Flugzeug herangeschafft werden, wodurch die Preise entsprechend höher sind. Unterkünfte gibt es aber auch dort in allen Preisklassen.

Touren

Wollen Sie eine Berg-, Dschungel- oder Galápagos-Tour unternehmen, gilt grundsätzlich: Vor Ort buchen ist meist um mindestens 25% preiswerter als in Quito und oft nur halb so teuer wie eine in Deutschland gebuchte Tour. **Tipp:** Einige Agenturen wie etwa *Enchanted Expeditions* in Quito verkaufen ihre kurzfristig freien Galápagos-Plätze auf soliden Schiffen zu Last-Minute-Tarifen.

Nationalparks

Der Eintritt in die Nationalparks kostet in der Regel zwischen 5 und 10 $ je nach besuchtem Park, manchmal auch 20 $. Die Preispolitik der Behörden erzeugt dabei Schwankungen.

Für den Nationalpark **Galápagos** werden bei der Einreise 100 $ pro Person einschließlich einer Gemeindegebühr fällig.

Gesundheit

Eine Reise nach Ecuador bedarf einiger medizinischer Vorkehrungen, auch wenn keine größeren gesundheitlichen Risiken unterwegs zu befürchten sind. Umfassende und aktuellste Informationen können im Internet auf der Webseite des **Centrums für Reisemedizin** eingesehen werden: **www.travelmed.de** (siehe auch **„Reise-Gesundheitsinformationen Ecuador"** im Anhang). Die nachfolgenden Ausführungen sollen nur zur groben Orientierung dienen und ersetzen keine reisemedizinische Beratung durch den Facharzt.

Buchtipps

Zum Thema Gesundheit bzw. Krankheiten auf Reisen hat Reise Know-How nützliche Ratgeber im Programm:

- Dr. Dürfeld, Dr. Rickels, **Selbstdiagnose und -behandlung unterwegs**
- David Werner, **Wo es keinen Arzt gibt,** Gesundheitshandbuch zur Hilfe und Selbsthilfe
- Armin Wirth, **Erste Hilfe unterwegs**
- Werner und Jeanette Lips, **Schwanger reisen**

Impfungen

Impfvorschriften sind mit einer Reise nach Ecuador nicht verbunden. Gegebenenfalls sollten **Tetanus**- und **Polio-Impfung** aufgefrischt werden. Eine **Gelbfieber-Impfung** empfiehlt sich für bestimmte Regionen des Oriente und der Küste; sie ist in Ecuador übrigens wesentlich billiger als in Deutschland. Nach den landesweit schweren Regenfällen Anfang 2008 wuchs die Gefahr von Gelbfieber im ecuadorianischen Regenwald. Die Behörden verhängten daraufhin eine **Impfpflicht** vor der Einreise. Auch hierzu ist aktueller Rat einzuholen, etwa bei den Reiseagenturen.

Hepatitis A (Gelbsucht) ist in Ecuador – wie in allen tropischen und subtropischen Gegenden – aufgrund mangelhafter Hygiene weit verbreitet. Die Hepatitis A wird entweder über Nahrungsmittel, Trinkwasser, Kontakt mit infizierten Personen oder durch infizierte Spritzen übertragen. Die infizierte Person scheidet die Hepatitis-A-Viren bereits zwei Wochen vor Auftreten erster Symptome mit dem Stuhl aus.

Symptome der infektiösen Gelbsucht (Hepatitis A) sind Appetitlosigkeit, Abneigung gegenüber fetten Speisen, Alkohol und Nikotin, Abgeschlagenheit, Übelkeit; außerdem können Fieber (bis 39 Grad), Durchfälle und Schmerzen unter dem rechten Rippenbogen (Leber) auftreten. Im späteren Stadium kommen eine Gelbfärbung der Augen und die Dunkelfärbung des Urins bei gleichzeitiger Entfärbung des Stuhls (weißlich!) hinzu. Spätestens bei diesen Symptomen müssen Sie einen Arzt konsultieren! Der Kranke sollte jede körperliche Anstrengung vermeiden (Bettruhe!), keinen Alkohol zu sich nehmen und Schonkost aus gekochten, leichten Speisen (Gemüse, Obst, mageres Fleisch und gekochter Fisch, Reis, Haferflocken usw.) verzehren, keinesfalls gebratene, frittierte und fette Speisen. Aber alles, was der Kranke nicht essen sollte, schmeckt ihm normalerweise während der Krankheit ohnehin nicht.

Durch eine Blutuntersuchung kann man feststellen, ob bereits Antikörper im Blut vorhanden sind; wenn ja, kann mit einem lebenslangen Schutz gegen Hepatitis A gerechnet werden. Wahrscheinlich hat man dann bereits (unbemerkt) eine Hepatitis-Infektion durchgemacht.

Es gibt inzwischen eine wirksame **Impfung gegen** Gelbsucht/**Hepatitis A** mit dem Impfstoff Havrix. Es handelt sich um eine zweimalige Impfung im Abstand von 14 Tagen, nach einem Jahr ist die Impfung zu wiederholen. Eine Impfung gegen Hepatitis A ist auf jeden Fall empfehlenswert, wenn Sie häufig in tropische Länder reisen.

Ein eingeschränkter Schutz gegen eine Hepatitis A stellt eine **Gammaglobulin**-Spritze dar. Dieses Mittel erhöht die Widerstandskraft des Körpers gegen jede Art von Krankheitserregern, also auch gegen die meisten Arten der Hepatitis. Von Tropenärzten bei kurzen und seltenen Tropenaufenthalten empfohlen, ist kurz vor der Abreise eine Spritze zu setzen. Der Schutz hält ca. sechs Wochen bis drei Monate an und senkt das Risiko einer Infektion um die Hälfte.

Gegen die **Hepatitis-B-Serumhepatitis,** die auf dem Blutwege (z.B. durch Bluttransfusionen, durch ungenügend sterilisierte Spritzen, oral oder durch intimen Körperkontakt) übertragen wird, ist ein Impfschutz möglich, er ist jedoch verhältnismäßig teuer (ca. 60 Euro).

Erkrankungen unterwegs

Häufige Reisekrankheiten und durchaus „normal" sind in Ecuador **Magen- und Darmstörungen** (infolge der Nahrungsumstellung), **Hauterkrankungen** (hervorgerufen durch Flöhe, Läuse und anderes Getier), **Höhenanpassungsschwierigkeiten** (äußern sich als Müdigkeit, Kopfschmerzen oder Kreislaufprobleme) und **Erkältungen** (Klimawechsel!).

Ernsthafte Krankheiten sind in Ecuador allerdings selten bis unwahrscheinlich, wenn die nötige Vorsorge getroffen wird.

Reiseapotheke

- persönlich benötigte Medikamente
- Tabletten gegen Reisekrankheit
- Tabletten gegen Magen- und Darmerkrankungen
- Malaria-Prophylaxe-Mittel
- Schmerztabletten
- Insektenschutzmittel
- Sonnenschutzmittel (hoher Lichtschutzfaktor, mind. 12)
- (Wasser-) Desinfektionsmittel
- als Brillenträger: Ersatzbrille (analog im Falle von Kontaktlinsen)
- Kontaktlinsen
- Sonnenbrille
- Lippenschutzstift
- Nasentropfen *(gotas para la nariz)*
- Augentropfen *(gotas para los ojos)*
- Antibiotika
- Salben gegen Juckreiz und Hauterkrankungen, Wundsalben
- Kondome
- Pflaster
- Mullbinde; elastische Binde

Magen- und Darmstörungen

Probleme mit der Verdauung können durch Bakterien (Salmonellen), Parasiten, Viren (Darmgrippe) und Amöben verursacht werden.

Als **grundsätzliche Prophylaxe** in diesem Bereich gilt: Wasser (auch aus der Leitung) sollte abgekocht werden (ab 3000 m mindestens 15 Minuten lang!). Am besten verwendet man nur in Flaschen abgefülltes Wasser oder desinfiziert das Wasser mit Micropur, Romin oder Certisil (erhältlich in Ausrüsterläden, teils in Apotheken). Eiswürfel im Drink sind immer ein Risiko, ebenso Schnellimbiss-Mahlzeiten, die aus der Tiefkühltruhe stammen. Das Fett, das bei der Zubereitung von Pommes etc. Verwendung findet, kann sehr alt sein, also auch hier *cuidado* (Vorsicht)! Blattsalate und solche aus ungeschältem Gemüse sowie ungeschälte Früchte sollten nicht gegessen werden.

Als **Vorsorge** seien **scharfe Gewürze** (Chilli, Pfeffer oder Knoblauch) erwähnt, die das Risiko einer Darminfektion mindern, da sie die Sekretion des Magensaftes anregen, der keimtötende Wirkung hat.

Knoblauch wirkt nicht nur im vorbeugenden Sinne gegen Magen- und Darmerkrankungen, sondern hat auch

ecu080 Foto: peko

einen desinfizierenden Effekt, wodurch unerwünschte Bakterien und Parasiten sowie Fäulnisprozesse im Darm gehemmt bzw. verhindert werden.

Trinken Sie in den Tropen stets reichlich, bei Durchfallerkrankungen noch mehr! Achten Sie dabei jedoch auf die Aufnahme von Salzen.

Eine gefährliche Durchfallerkrankung ist die **Amöbenruhr.** Erreger sind einzellige Darmparasiten, die mit dem Stuhl ausgeschieden werden und v.a. durch Fäkaliendüngung und Schmierinfektion wieder auf andere Menschen übertragen werden. Vom harmlosen Reisedurchfall unterscheidet sich die Amöbenruhr durch den schleimigen, von Blut durchsetzten Stuhl. Die sonstigen Symptome ähneln einer Grippe, was die Gefahr einer falschen Behandlung in sich birgt. Denken Sie daher bei einer Grippe nach der Rückkehr immer an die Möglichkeit einer Amöbenruhr! Die Verschleppung von Amöben in die Leber und andere Organe kann zu erheblichen Komplikationen führen. Die Behandlung ist kein Problem, wenn die Krankheit rechtzeitig erkannt wird.

Bei einem „normalen" Reisedurchfall sollten Sie am besten Diät mit schwarzem Tee, Zwieback, Haferflocken und viel Salz halten. Kohletabletten helfen „stopfen". Bei starkem Flüssigkeitsverlust sollte der Tee mit einem Teelöffel Salz und zehn Teelöffeln Zucker pro Liter getrunken werden! Eine andere Möglichkeit, den Flüssigkeits-

In Höhenlagen über 1500 m besteht keine Malariagefahr

Hervir el agua es amor en los tiempos del cólera.

El cariño a los suyos manifiéstelo tomando las debidas precauciones para evitar el cólera.
1. Hervir el agua a utilizarse para beber, cocinar, lavar platos y utensilios domésticos.
2. Comer sólo alimentos bien cocinados o fritos. Hervir la leche.
3. Abstenerse de comer cebiches u otros alimentos poco o nada cocinados.
4. En las zonas de mayor riesgo, hasta que pase el peligro de epidemia, abstenerse de comer verduras y frutas excepto las que puedan pelarse sin topar la parte comestible.
5. Proteger los alimentos cubriéndoles apropiadamente, para evitar el contacto con insectos.
6. Abstenerse de comer alimentos que ofrecen los vendedores ambulantes.
7. Lavarse las manos con agua hervida y jabón antes de comer y después de defecar.
8. Rociar en las viviendas insecticida para evitar los insectos.
9. No defecar al aire libre. Si no hay otra alternativa tapar la deposición con tierra para evitar que se posen las moscas.
10. Al presentarse un cuadro de diarrea violento, avisar de inmediato al centro de salud más cercano y darle al enfermo mucho líquido.

Aplique las medidas preventivas y proteja su vida y la de los suyos del cólera.

Das Abkochen von Wasser ist Liebe in den Zeiten der Cholera.

Die Liebe zu Ihren Nächsten beweisen Sie, indem Sie die nötigen Vorkehrungen zur Vermeidung der Cholera treffen.
1. Wasser abkochen, bevor es getrunken wird; ebenso wenn es zum Kochen und Abwaschen von Geschirr und sonstigen Haushaltsutensilien benutzt wird.
2. Ausschließlich gekochtes oder gebratenes Essen zu sich nehmen. Milch kochen.
3. Keine „cebiches“ (roher Fisch in verschiedener Zubereitung) oder andere Nahrung konsumieren, die kaum oder gar nicht gekocht wurde.
4. In den Hochrisiko-Gebieten ist – bis die Epidemiegefahr vorüber ist – darauf zu verzichten, Gemüse und Obst zu verzehren, mit der Ausnahme von Obst, das geschält werden kann, ohne das Fruchtfleisch zu verletzen.
5. Nahrungsmittel sind in geeigneter Weise abzudecken, um die Berührung durch Insekten zu vermeiden.
6. Kein Essen zu sich nehmen, das von ambulanten Verkäufern angeboten wird.
7. Hände vor dem Essen und nach dem Gang auf die Toilette mit abgekochtem Wasser und Seife waschen.
8. In den Wohnungen zur Insektenabwehr Insektenvernichtungsmittel versprühen.
9. Nicht im Freien defäkieren. Lässt es sich nicht vermeiden, dann den Stuhl mit Erde zudecken, damit sich keine Mücken auf ihm niederlassen.
10. Im Falle schweren Durchfalls sofort die nächstgelegene Gesundheitsstelle benachrichtigen und dem Kranken viel Flüssigkeit zuführen.

Wenden Sie die Präventionsmaßnahmen an, und schützen Sie Ihr Leben und das Ihrer Nächsten vor der Cholera.

(Im spanischen Original aus der ecuadorianischen Zeitung „El Comercio“)

haushalt wieder auszugleichen, sind Glucose-Elektrolyt-Mischungen wie Elotrans, Oralpädon für Kinder oder GEM.

Greifen Sie nicht gleich zu schweren Geschützen wie Sulfonamiden und Antibiotika; die töten nämlich nicht nur die Bakterien, sondern schädigen auch die Darmflora. Heben Sie sich solche Mittel für wirklich ernste Fälle auf! Auch Medikamente wie Imodium oder Lopedium sind nur ultima ratio, denn Gegenanzeigen und Nebenwirkungen sind zu bedenken, so u.a. die (vereinzelte) Gefahr eines Darmverschlusses, keine Anwendung bei Kindern unter zwölf Jahren und nicht bei Durchfällen, die mit Fieber und/oder blutigem Stuhl einhergehen. Sollten die Durchfälle von Fieber, Benommenheit, Krämpfen begleitet werden, ist schnellstmöglich ein Arzt aufzusuchen. Der empfindliche Magen kann manchmal mit Sodbrennen auf die ungewohnt deftige und teils fettige Kost reagieren. Handelsübliche Mittel helfen meist.

Cholera

Es kommt unter schwierigen hygienischen Verhältnissen zeitweise auch in Ecuador zu Cholera-Fällen. Die Tagespresse und die medizinischen Dienste wie das Rote Kreuz informieren dann ausführlich darüber.

Die einheimische Bevölkerung wird durch Hinweisschilder an den Straßen und Zeitungsanzeigen mit den abgewandelten Worten eines Romans von *Gabriel Garcia Marquéz* „Higiene en los tiempos del Cólera" (Hygiene in den Zeiten der Cholera) informiert und zu gesundheitsbewusstem Verhalten aufgerufen (vgl. Seite zuvor).

Die Übertragung von Cholera erfolgt durch die Aufnahme von kontaminiertem Trinkwasser und/oder Nahrungsmitteln und führt meist zu endemischen Ausbrüchen, selten zu Einzelerkrankungen. **Symptome** können schon nach ein paar Stunden, aber auch erst in ein paar Tagen nach der Infektion auftreten und äußern sich vornehmlich in Form von starkem, schmerzlosem, wässrigem Durchfall evtl. in Verbindung mit Erbrechen, meist ohne Fieber. Gefährlich bei Cholera ist die schnelle Dehydratisierung des Körpers, der durch Flüssigkeitszufuhr entgegengewirkt werden muss.

Impfungen zur Vorsorge sind zwar möglich, doch nur bedingt wirksam.

Gelbfieber

Seit kurzem wird für den **Besuch des ecuadorianischen Regenwaldes** eine Gelbfieber-Impfung verlangt, die man auch günstig vor Ort in Quito bekommen kann, etwa im öffentlichen „Centro de Salud". Der Impfschutz beginnt 10 Tage nach der Injektion.

Hauterkrankungen

Sie werden durch **Flöhe, Läuse** und die **Sonneneinstrahlung** hervorgerufen. Flöhe und Läuse verursachen Hautreizungen. Besonders bei Insektenbissen oder -stichen muss man sich vor Entzündungen schützen, die zu Hautinfektionen führen können, welche in der tropischen Hitze sehr schlecht abheilen. Da Mücken kein Vitamin B mögen, kann ein Vitamin-B-Präparat nützlich sein; es ist ohne Nebenwirkungen, dünstet durch die Haut aus und hilft so, Mücken fernzuhalten. Wird die Intensität der Sonne am Äquator und ganz besonders in den Höhenlagen unterschätzt, ist ein Sonnenbrand die sichere Folge. Sonnen-Blocker sind im Hochland ein Muss. An der Küste hilft Sonnenschutzcreme ab Faktor 12.

Höhenanpassungsschwierigkeiten

Mit Anpassungsschwierigkeiten muss rechnen, wer von tieferen Lagen, gar von Meereshöhe nach Quito auf fast 3000 m hinauffliegt, wo die Luft wesentlich sauerstoffärmer ist. Das Verhalten ist darauf einzustellen: alles etwas ruhiger angehen, ausgiebig schlafen und strapaziösere Unternehmungen erst nach einer Umstellungsphase von mindestens fünf Tagen in Angriff nehmen.

Malaria

Das Wechselfieber ist die am weitesten verbreitete Infektionskrankheit (bis zu 500 Mio. Menschen erkranken jährlich, bis zu 3 Mio. sterben). Es wird durch die Stiche der Anopheles-Mücke übertragen, in Ecuador vor allem während der Regenzeit an der nördlichen Küste und in Teilen des Oriente. **Es gibt keine absolut sichere Malariaprophylaxe!**

Vorbeugungsmaßnahmen sollten im Rahmen einer **individuellen Nutzen-Risiko-Abwägung** erfolgen, die sich nach Faktoren wie der Aufenthaltsdauer, dem bereisten Gebiet, der dort vorherrschenden Malaria-Art, dem Reisestil, dem allgemeinen Gesundheitszustand des/der Reisenden usw. richtet. Nicht zuletzt dient eine sorgfältige Abwägung auch den Menschen, die Sie besuchen und die mit der Malaria tagtäglich konfrontiert sind: Jeder Tourist, der ein Medikament als Prophylaxe einnimmt, trägt zur Resistenz-Entwicklung der Mücken bei, erhöht mithin das Malaria-Risiko für die Einheimischen.

Die **Malaria-Vorbeugung** basiert auf **zwei Prinzipien:** dem Schutz vor Überträgermücken (Expositionsprophylaxe) und der Chemoprophylaxe.

Der **Schutz vor Mückenstichen** ist wichtig vor allem in den Abend- und Nachtstunden. Falls Sie nicht in vollklimatisierten Unterkünften übernachten, sollten Sie unter einem Moskitonetz schlafen; Räucherspiralen/-stäbchen (sog. Coils, in Ecuador z.B. das Palo-Santo-Holz, das es auf Märkten oder vor der Kirche San Francisco in Quito zu kaufen gibt) können unterstützend aufgestellt werden: Sie entwickeln einen Rauch, der die Mücken vertreibt.

Wenn Sie sich nach der Dämmerung im Freien aufhalten, ist anzuraten, möglichst hautbedeckende, helle Kleidung zu tragen und freie Hautstellen mit einem Mückenschutzmittel einzureiben. **Faustregel: Die Anopheles-Mücke sticht nicht vor 18 Uhr, meidet Wind und ist in Höhen ab 1500 m nicht mehr anzutreffen.**

Es gibt noch keine ideale, überall einsetzbare, völlig nebenwirkungsfreie und 100%ige **Chemoprophylaxe.** Das in seinen Nebenwirkungen nicht ganz unkomplizierte Lariam die wirksamste Prophylaxe. Als Therapeutikum sollte man es bei Malariagefahr allemal bei sich führen. Die Anwendung einer bestimmten Vorbeugung (mit Chloroquin-, Mefloquin- oder anderen Präparaten) muss individuell entschieden werden. Konsultieren Sie hierzu ein Tropeninstitut und/oder Ihren Hausarzt.

Zur **notfallmäßigen Selbstbehandlung,** wenn bei dem **Leitsymptom** Fieber, begleitet von Kopf- und Gliederschmerzen mit starkem Krankheitsgefühl, kein Arzt erreichbar ist, empfiehlt sich die Mitnahme von Medikamenten zur „stand-by"-Medikation. Auch dazu sollten Sie die Auskünfte eines Tropeninstituts und eines Arztes einholen.

Eine rechtzeitig erkannte Malaria ist heilbar. Bei jeder fieberhaften Erkrankung während oder nach einer Tropenreise ist an die Möglichkeit einer Malaria zu denken und sofort ein Arzt aufzusuchen. Etwa 90% aller importierten Malaria-Erkrankungen treten innerhalb von vier Wochen nach Rückkehr auf.

Tollwut

Tollwut ist in Ecuador durchaus ein Problem. **Streunende Hunde,** die es reichlich gibt, zählen zu den Überträgern. Wer in Ecuador von einem Hund gebissen wird, sollte unbedingt den Arzt aufsuchen. Inzwischen sind auch Tollwutimpfungen möglich. Informationen geben alle Tropen- und Hygieneinstitute.

AIDS

AIDS **(span. SIDA oder VIH)** ist auch in Ecuador ein Thema – Funk und Fernsehen berichten gelegentlich und klären die Bevölkerung auf. Es gibt Beratungsstellen in den Großstädten, in vielen Hotels sind Warnungen auf Hinweisschildern zu lesen.

AIDS wird v.a. durch ungeschützten Geschlechtsverkehr übertragen, im Falle intimer Kontakte sind Kondome *(condones)* daher oberstes Liebesgebot. Auch die Transfusion von infiziertem Blut ist eine Ansteckungsquelle; die Verwendung nichtsteriler Spritzen ist abzulehnen, bei Bedarf müssen Einweg-Spritzen gekauft werden (in Apotheken) oder Teil der Reiseapotheke sein.

Medizinische Versorgung in Ecuador

Im Bereich des Gesundheitswesens ist in Ecuador seit Mitte der 1980er Jahre lediglich **in den Großstädten** Quito, Guayaquil und Cuenca eine erhebliche Verbesserung der medizinischen Versorgung durch hochtechnisierte Krankenhäuser erzielt worden, während in ländlichen Gebieten die Fortschritte weiter auf sich warten lassen.

Die **Situation auf dem Land** ist durch eine unzureichende Trinkwasserversorgung und die mangelnde Abwasserbeseitigung gekennzeichnet. Hinzu treten schlechte Wohnverhältnisse in Verbindung mit klimatischen Extrembedingungen vor allem an der Küste und im Oriente, wodurch sich Krankheiten wie Malaria und Darminfektionen leichter ausbreiten können.

In den Krankenhäusern und Privatkliniken wird spanisch und manchmal englisch gesprochen.

Bei Verletzungen durch Gewalteinwirkung, bei schweren Erkrankungen, bei längerer stationärer Behandlung und wenn Sie besondere medizinische Hilfe brauchen, sollten Sie Ihre nächstgelegene diplomatische Vertretung informieren.

Apotheken (farmacias) führen einheimische und ausländische Medikamente. Sie sind rezeptfrei, allerdings erstattet die Reisekrankenversicherung nur ärztlich verordnete Medikamente.

Warnung: Lassen Sie sich im Falle einer kleineren Erkrankung nicht gleich Antibiotika verabreichen!

Auch wenn es ratsam ist, den Zustand der **Zähne** noch in der Heimat vor Reiseantritt klären zu lassen, kann man im Falle des Falles durchaus einen qualifizierten Zahnarzt *(dentista)* in Quito aufsuchen, ohne mehr Angst haben zu müssen als zu Hause.

ecu124 Foto: peko

Tropenmedizinische Institute (Auswahl)

- **Berlin:** Institut für Tropenmedizin, 14050 Berlin, Spandauer Damm 130, Tel. 030-301166, Fax 30116888
- **Dresden:** Städtisches Klinikum Dresden-Friedrichstadt, Referenzzentrum für Reisemedizin, 01067 Dresden, Friedrichstr. 39, Tel. 0351-4803801, 4803805, Fax 4803809
- **Hamburg:** Bernhard-Nocht-Institut, 20359 Hamburg 36, Bernhard-Nocht-Str. 74, Tel. 040-428180, Fax 42818400 (bei schriftlichen Anfragen einfach frankierten Rückumschlag beilegen, Reiseziele und als Betreff „Reiseprophylaxe" angeben); www.bni.uni-hamburg.de
- **Heidelberg:** Institut für Tropenhygiene am Ostasieninstitut der Uni, 69120 Heidelberg, Im Neuenheimer Feld 324, Tel. 06221-562905 oder 562999, Fax 565948
- **München:** Institut für Infektions- und Tropenmedizin der Universität und Landesimpfanstalt, 80802 München, Leopoldstr. 5, Tel. 089-333322; Impfauskünfte (durchgehend) für Mittel- und Südamerika: Tel. 333369; „Impfsprechstunde" (persönliche Impfberatung und Impfungen): Leopoldstraße 5/Ecke Georgenstraße, Mo bis Fr 11–12 Uhr, Mi, Do 16.30–18 Uhr, www.tropinst.med.uni-muenchen.de
- CH-4051 **Basel,** Socinstr. 57, Tel. 061-2848255, Fax 2848183
- A-1080 **Wien,** Lenaugasse 19, Tel. 01-40268610, Impfauskünfte: Tel. 4038343

Düsseldorfer Centrum für Reisemedizin

- **www.crm.de, www.travelmed.de**

Aktuelle Internetseite, wo man sich über Reiseland und Krankheiten informieren kann. Für ca. 8 Euro (+ Versandkosten) wird ein Reise-Gesundheitsbrief zugeschickt, der speziell auf die geplante Reise abgestimmt ist. Das Schreiben enthält Angaben zu den Gesundheitsrisiken im Reiseland, zu Impfvorschriften und -empfehlungen, Malaria-Prophylaxe, den Hygieneverhältnissen vor Ort und gibt Tipps zum richtigen Inhalt einer Reiseapotheke.

Informationen

In Ecuador

Reiseinformationen kann der Tourist in Ecuador in den **Touristenbüros** beziehen, die sich in allen größeren und touristisch attraktiven Städten und Orten finden (siehe dort).

Eine empfehlenswerte Anlaufstelle in Quito ist der **South American Explorer's Club (SAEC)** in der Calle Jorge Washington 311 y Plaza (Mo bis Fr von 9.30 bis 17 Uhr, Tel. 02-2225228, Mail: quitoclub@saeexplorers.org). Dort treffen sich Rucksackreisende aus aller Welt, um Erfahrungen und neueste Erkenntnisse auszutauschen. Es gibt zahlreiche Bücher über Ecuador, einen aktuellen Galápagos-Führer, Auskünfte über Dschungel-Touren können eingeholt werden. Daneben informiert ein **Schwarzes Brett** über jüngste Erfahrungen von Reisenden im Land (wo ist es billig und gut, wo gefährlich usw.), über Billigtickets für Nachbarländer, und es dient gleichzeitig als Flugbörse: Wer sein Ticket verkaufen will, der kann es hier versuchen. Der volle Service ist Mitgliedern vorbehalten. Man kann sich jederzeit einschreiben. Mitglieder (Beitrag 60 $ im Jahr) erhalten vierteljährlich die Clubzeitung.

Gute **Infobörsen** zu diversen Touren im Land bieten das Café Refugio Montaña in Quito, das Restaurant Casa Hood in Baños und das Hostal-Café El Cafecito in Cuenca.

Reportage-Tipp: Der deutsche Journalist *Peter Korneffel,* der sieben Jahre in Ecuador verbracht hat, veröffentlichte ca. 30 seiner besten Ecuador-Arbeiten aus ZEIT, FR, GEO u.a. Medien in seinem Buch **„Von Amazonien nach Galápagos"**.

Im Internet

- **www.vivecuador.com** (span., engl.)
Tourismusministerium Ecuador,
- **www.thebestofecuador.com** (engl.)
Touristische und praktische Informationen mit zahlreichen Adressen
- **www.mmrree.gov.ec** (span.)
Außenministerium Ecuadors
- **www.igm.gov.ec** (span.)
Staatl. karthographisches Institut Ecuadors
- **www.bce.fin.ec** (span.)
Zentralbank Ecuadors, Wirtschaftsdaten
- **www.embajada-quito.de** (dt.)
Deutsche Botschaft Quito
- **www.redculturalalemana.de** (dt., span.)
Deutscher Kulturkalender für Ecuador
- **www.auswaertiges-amt.de** (dt.)
Auswärtiges Amt Berlin, Informationen, Kontakte und Reisewarnungen
- **www.crm.de, www.travelmed.de** (dt.)
Centrum für Reisemedizin, länderspezifische Beratung
- **www.saexplorers.org** (engl.)
South American Explorer's Club, Traveller-Informationen (s.o.)
- **www.regenwald.org** (dt.)
Umweltschutzorganisation
- **www.urgewald.de** (dt.)
Umweltschutzorganisation

Medien

Zeitungen, Illustrierte

Ecuador hat keine eigene Presseagentur. Die meisten internationalen Agenturen wie dpa, AP, Reuters, AFP und EFE sind auch in Ecuador vertreten. Die großen **Tageszeitungen,** die man in den meisten Städten kaufen kann und die über Welt- und Landespolitik, Sport und Wirtschaft informieren, werden in Quito und Guayaquil gedruckt. Die größten sind El Comercio, Hoy und Ultimas Noticias in Quito und El Universo, Expresso und El Telégrafo in Guayaquil. El Comercio und Hoy veröffentlichen recht ausführlich Berichte und Termine zu Veranstaltungen aus Kultur- und Kinowelt. Daneben gibt es noch eine ganze Reihe kleinerer Zeitungen, die in der jeweiligen Provinz erhältlich sind, wo sie herausgegeben werden.

Ecuadorianische Magazine und Illustrierte sind rar gesät. Zu nennen sind Vistazo und Hogar, die teilweise ziemlich kritisch über die Probleme des Landes berichten.

Die wenigen **ausländischen Zeitungen und Magazine** bekommt man am besten an großen Zeitungskiosken wie Libroexpress auf der Av. Amazonas und bei Libri Mundi in Quito. Deutschsprachige Presseerzeugnisse sucht man vergeblich.

Rundfunk, Fernsehen

Ecuador hat ein fein gegliedertes **Radionetz,** das bis in die letzten Winkel des Landes reicht. Die Reichweite der einzelnen Sender ist infolge der Topografie des Landes mit extremen Berg- und Tal-Verhältnissen gering, so dass auf einer drei- bis vierstündigen Fahrt von Quito nach Baños z.B. alle halbe Stunde der Sender verschwindet und ein neuer gesucht werden muss. In abgelegenen Regionen ist häufig mehr auf Mittelwelle zu empfangen, die Städte zählen viele UKW-Sender. **Radiotipp:** Musik und Politik auf *Radio La Luna* in Quito auf Frequenz 99,3 MHz.

Die Programme der privaten **Fernsehsender** werden ständig durch Werbung unterbrochen. Auch CNN und die Deutsche Welle sind in Ecuador per Kabel zu empfangen. Spielfilme laufen im Kino und Fernsehen im Original, oft mit spanischen Untertiteln.

Notrufe und Notfälle

Notrufe

- **Zentraler Notruf:**
Tel. 911 (Quito), Tel. 199 (Guayaquil)
- **Polizei:** Tel. 101 (landesweit)
- **Feuerwehr:** Tel. 2231122 (Quito)
- **Rotes Kreuz:**
Tel. 131 (Quito), Tel. 2300674 (Guayaquil), Tel. 2822520 (Cuenca)
- **Blutbank:** Tel. 2582480/-481 (Quito)
- **Unfallwagen: UTIM,** Tel. 2562613/-614, **ADAMI,** Tel. 2463361 (beide Quito)

Krankenhäuser in Quito

- **Clínicas Pichincha**
Mit Notfallambulanz, in der Mariscal: Calle Veintimilla E3-30 y Páez, Tel. 2562408, Ambulanz: Tel. 2501565

- **Hospital Voz Andes**
Mit Notfallambulanz, Calle Villalengua 267 y 10 de Agosto, Tel. 2262142
- **Hospital Metropolitano**
Mit Notfallambulanz, Mariana de Jesús y Occidental, Tel. 2261520, Notfälle und Ambulanz: Tel. 2265020
- **Clínica de la Mujer** (Frauenklinik)
Av. Amazonas N39-216 y Gaspar de Villaroel, Tel. 2458-000/-372

Rückholflüge im Krankheitsfall

Da die Krankenkassen die Kosten für eventuell anfallende Heimflüge im Krankheitsfalle nicht zahlen, sollten Sie diesbezüglich Vorsorge treffen. Hilfreich ist z.B. eine **Auslandskrankenversicherung** oder eine **Zusatzversicherung** bei einem Auslandsschutzbrief eines Automobilclubs.

Notrufnummern der Automobilclubs

- **ADAC-Notrufzentrale**
Tel. 0049-89-767676, Fax 76762288
Der Notruf kann auch über das Internet versendet werden (www.adac.de).
- **AvD-Notruf**
Frankfurt/Main
Tel. 0049-69-6606600, Fax 6606666
- **ACE-Notrufzentrale**
Tel. 0049-1802-343536, www.ace-online.de

Wenn Sie regelmäßig Reisen ins Ausland mit schlechter medizinischer Versorgung unternehmen, ist die **Mitgliedschaft in einem** der **Ambulanz-Flugunternehmen** zu erwägen. Es gibt Einzel- und Familienmitgliedschaften. Die Bedingungen sind unterschiedlich, eine Familienmitgliedschaft kostet zwischen 25 und 40 Euro. Wenn Sie Mitglied beim Roten Kreuz, beim Malteser Hilfsdienst oder ähnlichen Organisationen sind, so ist bei manchen Landesverbänden der Flugrettungsdienst in den Leistungen enthalten und über Ihren Mitgliedsbeitrag abgedeckt. In der Regel wird eine ärztliche Bestätigung für die Notwendigkeit der Rückführung verlangt.

Rettungsflugdienste

- **IFA-Flugambulanz**
Tel. 0049-911-522077
www.flugambulanz.de; ca. 60 Euro Einzelmitgliedschaft pro Jahr
- **Deutsche Rettungsflugwacht**
Postfach 230127, 70624 Stuttgart/Flughafen
Tel. 0049-711-701070
www.rettungsflugwacht.de; Einzelfördermitgliedschaft mind. ca. 25 Euro
- **Flugdienst des Deutschen Roten Kreuzes**
Friedrich-Ebert-Allee 71, 53113 Bonn
Tel. 0049-228-230023, www. brk.de; für Rotkreuzmitglieder kostenlos
- **Malteser Hilfsdienst (MHD)**
Geschäftsstelle München-Stadt
Streitfeldstraße 1, 81673 München
Tel. 089-43608-500, Fax 4361215
www.malteser.de; für Maltesermitglieder kostenlos

Öffnungszeiten

Ämter und Behörden sind von 8 bis 16.30 Uhr geöffnet. Mitunter wird eine Mittagspause eingelegt, die von Amt zu Amt differiert. Die **Polizeireviere** (bei Überfällen aufzusuchen) haben eigene Zeiten. In Quito kann man bei den Hauptkommissariaten, z.B. in der Calle Juan Leon Mera y Washington, tagsüber durchgehend Anzeige erstatten.

Geschäfte sind Mo–Fr 9–13 sowie 15–19 Uhr geöffnet, Sa 9–13 Uhr. **Su-**

permärkte schließen (teilweise auch an Sonntagen) erst um 20 Uhr. **Apotheken** *(farmacias)* sind durchgehend 9–20 Uhr geöffnet, einige im „turno" (Wechsel) auch 24 Std.

Post

Post (correo) nach Europa ist **ein bis zwei Wochen unterwegs.** Erfreulicherweise hat sich der Service der Correos del Ecuador in den vergangenen Jahren deutlich verbessert.

Am schnellsten ist die Post ab Quito oder Guayaquil.

Die dunkelgrünen **Briefkästen** mit dem Emblem des fliegenden Briefes finden sich auch in den Foyers einiger Reiseagenturen. Sie sind allerdings recht selten.

Der beste Weg führt daher direkt über die **Postämter.** Deren **Öffnungszeiten** sind: Mo bis Fr 8.30–18 und Sa 8.30–13 Uhr.

Eine ausführliche **Liste der Postämter** in Ecuadors wichtigsten Städten samt ihrer Telefonnummern findet sich im Internet unter www.correosdelecuador.com.ec/ofcinas.html.

Postkarten sind bevorzugt in Quito, Guayaquil, Riobamba, Cuenca, Baños und auf Galápagos zu kaufen. Ein Luftbrief oder eine Karte nach Europa kostet 1 $.

Sie können in Ecuador auch **Post empfangen.** Am günstigsten (sichersten) ist dies postlagernd in Quito auf dem Hauptpostamt möglich, wo Briefe mindestens einen Monat lang aufbewahrt werden, wenn die Briefe den Vermerk *lista de correos* tragen. Noch einfacher sind private Adressen (die einer Familie, eines Freundes oder eines Hotels, in dem man wohnt).

Praktikumsstellen

Es gibt einige Organisationen, die sich auf die Vermittlung von **Praktikumsplätzen** im Ausland spezialisiert haben. Sie leisten Unterstützung bei der Vorbereitung und Durchführung eines Auslandsaufenthaltes und überzeugen potenzielle Unternehmen und Institutionen vor Ort von den Qualitäten der Bewerber. Auf den südamerikanischen Kontinent haben sich *Philip Schilling Sprachreisen* (www.pivianexchange.com) spezialisiert, von denen auch diese Informationen stammen. Schilling bietet Abiturienten, Studenten, Absolventen und jungen Berufstätigen im Alter zwischen 18 und 35 Jahren verschiedene Auslandsprogramme an. Dazu gehört die stark nachgefragte Vermittlung von qualifizierten Auslandspraktikumsplätzen genauso wie Work&Travel, Farmstay, Wildlife Experience und Voluntariatsprogramme. Wer sich um eines der begehrten Stipendien bewirbt, sollte mindestens sechs bis zwölf Monate Vorlaufzeit einkalkulieren. Hilfreiche Informationen gibt es beim Deutschen Akademischen Aus-

Paraglider an der Küste (Crucita)

tausch Dienst (www.daad.de) und der Internationalen Weiterbildung und Entwicklung GmbH (www.inwent.org). In den meisten Fällen muss zumindest ein Teil selbst finanziert werden. Es gibt die Möglichkeit, einen Bildungskredit (www.bildungskredit.de) aufzunehmen, der in den ersten Jahren zinsfrei ist.

Rauschgift

Kokain und andere Drogen

In drogenwirtschaftlicher Hinsicht spielt Ecuador in erster Linie als **Transitland** eine Rolle: Es ist Durchgangsstation vor allem für Kokain und Heroin, das in Kolumbien und Peru produziert wird. Auch in Ecuador wachsen in bescheidenem Umfang Kokasträucher und Hanfpflanzen.

Vom Konsum jeglicher Drogen (und dem Handel) **in Ecuador ist dringend abzuraten!** Selbst wenn nur wenige Gramm für den Eigenbedarf mitgeführt werden, drohen hohe Strafen. Die Behörden gehen rigoros vor, und man verfalle nicht der Illusion, von der Deutschen Botschaft entscheidende Hilfe erhalten zu können!

Das Strafmaß für Drogendelikte bewegt sich zwischen vier und 16 Jahren. Da zwischen Deutschland und Ecuador kein Auslieferungsabkommen besteht,

ecu082 Foto: peko

müssen die Strafen in Ecuador abgebüßt werden! Die Haftbedingungen spotten jeder Beschreibung ...

Alkoholkonsum ist in der Bevölkerung weit verbreitet. Besonders auf dem Land findet man Hinweise auf ernst zu nehmenden Alkoholismus.

Viele Hochlandindianer in Bolivien und Peru kauen regelmäßig **Kokablätter,** um Höhenkrankheit, Kälte und Hunger zu bekämpfen. Auch wenn der Anbau von Koka-Sträuchern in Ecuador verboten ist, wird hier und da der **Koka-Tee** einer unbedenklichen Sorte *(Té de Coca)* angeboten – in seiner stimulierenden Wirkung mit normalem Tee oder Kaffee vergleichbar.

Halluzinogene

Besonders im Oriente wird dem Touristen durch einen *brujo* oder *curandero* (so was wie ein Medizinmann/Pflanzenheilkundler) mit dem Zaubertrank des **Ayahuasca** ein Trip zu den Geistern angeboten. Schamanen der Shuar und anderer Indianer verwenden die halluzinogene Pflanze, um in Trance Kontakt mit der „echten" Welt der Geister und Dämonen aufzunehmen. Es handelt sich bei Ayahuasca um eine Lianenart, deren Sud, getrunken, einen unvergleichlichen (und wohl gefährlichen) Rauschzustand verursacht.

Eine ähnliche Wirkung erzielt der meskalinhaltige, stachellose Kaktus **Gigantón** oder **San Pedro** *(Trichocereus pachanoi)* aus dem Andenhochland.

Reisen in Ecuador

Flüge

Inlandsflüge bieten die **staatliche Fluggesellschaft** *TAME* sowie die kleinen privaten Linien *Icaro, Aerolitoral, Aerogal, Aeca, Aero Austro* und *Emtebe* an. Die Flüge auf dem Festland mit Tarifen von 50–70 $ pro Stecke sind recht preiswert. Wer größere Entfernungen schneller zurücklegen oder die Schneeberge Ecuadors aus der Luft sehen will, sollte das Angebot in Anspruch nehmen. Die Flugpläne sind relativ stabil.

- **AeroGal** verbindet Quito, Guayaquil, Coca, Cuenca sowie Baltra und San Cristóbal auf Galápagos (www.aerogal.com.ec).
- **Emtebe** verbindet auf Galápagos täglich Baltra, San Cristóbal und Isabela.
- **Icaro** verbindet Quito, Guayaquil, Coca, Lago Agrio, Cuenca und Loja. Service und Pünktlichkeit der Gesellschaft sind ausgezeichnet (www.icaro.com.ec).
- **TAME** vernetzt über Quito und Guayaquil die Städte Tulcán, Esmeraldas, Manta, Portoviejo, Machala, Macas, Coca, Lago Agrio, Loja, San Cristóbal/Galápagos und Baltra/Galápagos (www.tame.com.ec).
- **VIP** verbindet Quito und Guayaquil mit Lago Agrio und Coca im Regenwald sowie mit dem Strandort Salinas in der Küstenprovinz Santa Elena (www.vipec.com).

Überlandbusse

Der Überlandbus ist das **Fortbewegungsmittel Nr. 1** in Ecuador. Größere Städte haben einen zentralen Busbahnhof *(terminal terrestre)*, in Quito gibt es künftig sogar einen Nord- und einen Südterminal. Einige Kooperativen betreiben in Quito und Guayaquil zudem

ecu083 Foto: peko

einen eigenen Abfahrtsterminal jenseits der zentralen Busdepots.

Reservierungen können einen Tag vor der Abreise vorgenommen werden, bei modernen Kooperativen schon früher. Wer zu besonderen Märkten oder Fiestas fahren möchte, sollte rechtzeitig reservieren, da die Busse dann oft ausgebucht sind.

Überlandbusse fahren soweit das Straßennetz reicht und sind sehr billig. Einziges Handikap ist der manchmal **enge Abstand der Sitzreihen** in den Bussen, der für die kleinwüchsigen Latinos ausreichen mag, manch Europäer dagegen auf längeren Fahrten zu permanenten und letztendlich doch hilflosen Sitzhaltungswechseln zwingt. Sitze in den vorderen Reihen bieten mehr Fußraum und zudem eine bessere Aussicht. Plätze über dem Radkasten sind besonders eng und auf einer zehnstündigen Reise von Quito nach Cuenca schlichtweg eine Tortur. Ach ja: Sollte es Ihnen schon zuhause hin und wieder vom Auto- bzw. Busfahren übel werden, so sorgen Sie in Ecuador sicherheitshalber mit einer Reisetablette vor – die stundenlangen Schaukelfahrten sind wirklich kein Zuckerschlecken. Auch Ohrenstöpsel und Augenbinden helfen, denn das meist miserable Videoprogramm in den Überlandbussen raubt einem mit der Zeit den letzten Nerv.

Auf langen Fahrten legt der Fahrer alle drei, vier Stunden eine zwanzigminütige Pause ein. Auf den Hauptfahr-

AeroGal, die Fluglinie der Galápagos-Inseln

Entfernungs- und Fahrtzeitentabelle

Fahrzeit - km	Ambato	Cuenca	Esmeraldas	Guayaquil	Ibarra	Lago Agrio	Loja	Machala	Manta	Quito	Tena	Tulcán
Ambato		306 km	390 km	288 km	251 km	403 km	511 km	382 km	404 km	136 km	180 km	376 km
Cuenca	7 h		667 km	250 km	557 km	709 km	205 km	188 km	446 km	442 km	449 km	682 km
Esmeraldas	6 h	13 h		472 km	433 km	585 km	832 km	608 km	442 km	318 km	497 km	558 km
Guayaquil	7:30 h	4 h	8 h		535 km	687 km	415 km	191 km	196 km	420 km	428 km	660 km
Ibarra	5:30 h	12:30 h	7:30 h	11:30 h		382 km	762 km	633 km	505 km	115 km	271 km	125 km
Lago Agrio	11 h	18 h	13 h	16 h	10:30 h		911 km	785 km	657 km	267 km	243 km	483 km
Loja	12 h	5 h	18 h	8 h	17:30 h	23 h		235 km	611 km	647 km	598 km	887 km
Machala	7:30 h	5 h	11 h	3:30 h	13 h	18 h	6 h		387 km	518 km	523 km	758 km
Manta	9 h	7:30 h	7 h	3:30 h	10:30 h	16 h	11:30 h	7 h		390 km	584 km	630 km
Quito	2:45 h	10 h	5 h	8 h	3 h	8 h	15 h	10 h	8 h		186 km	240 km
Tena	6:30 h	10 h	11 h	12 h	8:30 h	8 h	18 h	13:30 h	14 h	6 h		396 km
Tulcán	8 h	15 h	10 h	14 h	2:30 h	13 h	20 h	15 h	13 h	5 h	11 h	

Zusätzliche Einzelstrecken

	Entfernungen (in km)/ Fahrtzeit (in Std.)
Quito – Otavalo	100 / 2:45
Quito – Baños	200 / 3:45
Quito – Santo Domingo	142 / 2:30
Quito – Coca	280 / 7
Quito – Puerto López	470 / 10
Ambato – Baños	50 / 0:45
Ambato – Riobamba	62 / 1
Ambato – Guaranda	93 / 1:30
Ambato – Puyo	115 / 3
Ambato – Macas	250 / 7

	Entfernungen (in km)/ Fahrtzeit (in Std.)
Guayaquil – Salinas	136 / 2
Guayaquil – Huaquillas	(Grenze) 270 / 4:30
Guayaquil – Riobamba	220 / 4
Loja – Vilcabamba	70 / 1
Loja – Macará	(Grenze) 190 / 5
Lago Agrio – Coca	95 / 2
Ibarra – San Lorenzo	250 / 4:30

strecken steigen regelmäßig **Händler** zu, die Getränke, Snacks und Süßigkeiten anbieten. Das Gepäck wird üblicherweise auf dem Busdach oder in unteren Gepäckfächern verstaut; ein Kornsack oder eine andere Schutzhülle schützen es vor Schmutz und Regen.

Es gibt auch **„Luxusbusse",** die etwas mehr kosten, dafür aber bequemeres Reisen (Beinfreiheit!) ermöglichen. Gesellschaften mit moderneren Bussen sind z.B. Flota Imbabura, Sucre Express und Panamericana sowie Transportes Ecuador mit stündlichen Shuttle-Verbindungen Quito – Guayaquil.

Fahrpreise im Überlandbus: Es hat sich eine Faustformel zum Kalkulieren der Fahrpreise als sehr brauchbar erwiesen: Pro Stunde Fahrzeit zahlt man durchschnittlich 1 $. Beispiele: Die Fahrt Quito – Otavalo dauert gut 2½ Stunden und kostet 2,50 $, von Quito nach Baños mit etwa 3.45 Stunden Fahrzeit sind es 3,50 $. So lässt sich auch erkennen, ob einem als Ausländer ein überteuerter „Sondertarif" berechnet werden soll. Bei Luxusbussen und direkt durchfahrenden Expressbussen können die Preise um etwa 20% höher liegen. Durch Umsteigen zahlt man meist nicht mehr als im Direktbus. Auf manchen Strecken, vor allem im Regenwald, nehmen Buskooperativen manchmal den vollen Fahrpreis auch für eine Teilstrecke.

Camionetas

Sammeltaxis *(Camionetas)* sind Kleinlastwagen oder Kombis, die (auch überregional) Dörfer miteinander verbinden. Sie überbrücken die Entfernungen schneller als ein Bus, weil sie das Fahrtziel direkt anfahren. Meist haben sie Platz für eine Handvoll Passagiere und fahren erst los, wenn sie voll sind. Das heißt, dass Wartezeiten einkalkuliert werden müssen.

Rancheros

Rancheros sind zu **kleinen Bussen** umgebaute, an den Seiten offene Kleinlastwagen, die zum Personentransport eingesetzt werden. Rancheros fahren im Oriente und an der nördlichen Küste (hier auch *chivas* genannt). Sie sind sehr unbequem, die Sitze hart und eng, das tiefliegende Dach provoziert geradezu ein Gefühl der Bedrängnis. Für eine mehrstündige Fahrt auf holprigen Pisten ist eine Sitzunterlage, bei Sonnenschein eine Fahrt auf dem Dach zu empfehlen.

Stadtbusse und Taxis

Im Nahverkehr und in den Städten verkehren Stadtbusse und Taxis. Die **Taxis** in Quito haben ein Taxameter, das tagsüber eingeschaltet sein muss. Andernfalls ist mit Wucherpreisen zu rechnen. Abends wird der Fahrpreis leicht angehoben, und das Taxometer bleibt ausgeschaltet. In dem Fall ist der Fahrpreis unbedingt vorher auszuhandeln.

Die **Busse** in den Städten halten auf Handzeichen fast an jeder Ecke. Auch aussteigen kann man eigentlich überall, wenn man es dem Fahrer rechtzeitig mit einem „gracias" klarmacht.

In Quito verkehren der **„Trole"-Elektrobus** entlang der Av. 10 de Agosto, der umweltfreundliche **„Ecovia"-Bus** auf der Av. 6 de Diciembre und der **Metrobus** auf der Avenida América. Diese drei städtischen Systeme haben separate Haltestellen und Terminals an ihren Endpunkten.

Eisenbahn

Die staatliche Eisenbahngesellschaft *Ferrocarriles Ecuatorianos* will die 100 Jahre alte **Hauptstrecke Quito - Guayaquil** bis Ende 2009 wieder instand setzen. Im Frühjahr 2008 haben dazu die Bauarbeiten, vor allem der Austausch der maroden Bahnschwellen, begonnen. Die Bahn verkehrt bis dahin mit Schienenbussen nur auf drei Abschnitten: Quito - Tambillo - El Boliche am Nationalpark Cotopaxi, Riobamba - Alausí - Nariz de Diablo (Teufelsnase) und Ibarra - Primer Paso. Die Passage San Lorenzo - Cachavi im Grenzgebiet zu Kolumbien ist für Touristen aus Sicherheitsgründen nicht zu empfehlen. Infos zu Fahrtzeiten und Preisen finden sich unter den jeweiligen Ortskapiteln sowie online unter www.efe.gov.ec. Bis zur Wiederherstellung der Hauptstrecke ist weiterhin mit Störungen und Fahrplanänderungen zu rechnen. Die steile Zickzack-Passage der Teufelsnase gehört zu den Klassikern südamerikanischer Bahnreisen. In Riobamba, Ibarra und in Durán/Guayaquil lassen sich in den Werkstätten noch immer die alten Dampfloks besichtigen. Das Fahren auf dem Dach des Zuges ist nach zeitweisem Verbot nun wieder erlaubt, die Bahngesellschaft hat dazu die Sicherheitsreling verbessert.

Hauptstadtbüro: Ferrocarriles Ecuatorianos, Calle Bolívar 443 y García Moreno, Mo–Fr 8–13 und 13.30–16.30 Uhr, Tel. 2582921. In diesem Büro sind auch Tickets für den Touristenzug zum Cotopaxi Nationalpark erhältlich.

Autostopp

Trampen („autostop") ist immer dort anzutreffen, wo keine Busse mehr verkehren. Für gewöhnlich zahlt man dem Fahrer nach dem Absetzen einen Obolus. Einige Fahrer haben quasi feste Tarife, funktionieren also wie ein Taxi. Meist sind es offene Camionetas (Pick-up), auf denen man dem zugigen Fahrtwind ausgesetzt ist.

Boot

Es gibt Strecken im Oriente und an der Küste, die nur mit dem Boot zurückgelegt werden können. Manchmal wird vor der Abfahrt eine Fahrgemeinschaft zusammengestellt und der Preis gemeinsam ausgehandelt. Die Sitzbänke sind alles andere als komfortabel, und auf einer sechsstündigen Fahrt von Misahuallí nach Coca sollte man sich ein Sitzkissen oder eine andere Unterlage mitnehmen. Andere Passagen, wie die Fähre über den Río Chone zwischen San Vicente und Bahía de Caráquez, haben feste Tarife.

Leihwagen

So wie die Fortbewegung mit öffentlichen Verkehrsmitteln, insbesondere den Überlandbussen, ein „echtes" und

„lebensnahes" Bild von Land und Leuten vermittelt, gewährleistet der Mietwagen am ehesten Unabhängigkeit, Zeitersparnis und größeren Komfort.

Ein Auto leiht man sich in den Städten Quito, Guayaquil und Cuenca. Voraussetzung ist ein gültiger **Internationaler Führerschein,** der bei polizeilichen Kontrollen (und die sind gar nicht so selten) verlangt wird. Das **Benzin** ist in Ecuador vergleichsweise **billig** (ca. 40 US-Cents pro Liter).

Das Ausleihen eines Autos ist mit **Risiken** verbunden. Anbieter wie Hertz, Budget, Ecuacar oder National Car Rental verlangen meist eine sehr hohe Eigenbeteiligung im Versicherungsfall. Und der kann schnell eintreten: Die Busfahrer in Ecuador fahren riskant, und kleinere Unfälle mit Blechschaden passieren häufig. Ein Auto, das als Leihwagen erkannt wird, weckt auch Begehrlichkeiten bei Ganoven. Der Versicherungsschutz greift oft nicht zufriedenstellend für den Mieter.

Hilfreich ist es, in Deutschland eine Travellerpolice (Erhöhung der Haftpflichtversicherung bei Mietwagen für einen bestimmten Zeitraum) abzuschließen. Wer eine Kreditkarte besitzt, die eine Erhöhung der Versicherungssumme beim Bezahlen eines Mietwagens enthält, benötigt diese Police nicht (bisher waren das Visa Gold, Mastercard Gold von der Berliner Bank und ADAC – erkundigen Sie sich). Die Travellerpolice kann ansonsten über den ADAC abgeschlossen werden.

Gute Erfahrungen werden mit den Wagen von Budget und Localiza berichtet. Die Autos von Localiza sind allerdings deutlich teurer als die von Budget. Ein weiterer Tipp: Fragen Sie auch in Ihrem Hotel nach. Viele Hotels haben Verträge mit Autovermietern und erhalten spezielle Rabatte.

Als Alternative bietet sich die **Miete eines Taxis** an, wobei der Preis auszuhandeln ist!

Wer dennoch auf den Leihwagen nicht verzichten will, muss mit Kosten ab 40 $ pro Tag rechnen. Wochenpreise sind günstiger.

Natürlich kann man sich auch ein **Motorrad** mieten. Nachts allerdings ist das Fahren wirklich gefährlich, und nur wer unbedingt muss, sollte sein Motorrad in dieser Zeit bewegen. Viele Straßen haben keinen Mittelstreifen, oft wird ohne Licht gefahren, und die Nachtbusse rasen über die ihnen bekannten Pisten, dass einem oft angst und bange wird. Also *cuidado!*

Das Netz der **Überlandstraßen** wird merklich verbessert. Besonders die Panamericana ist streckenweise in sehr gutem Zustand. Es werden jedoch Straßengebühren erhoben. Die schweren Regenfälle im Winter 2007/08 haben viele Straßen, vor allem an der Küste, stark in Mitleidenschaft gezogen, sodass sie einer Instandsetzung bedürfen.

Fahrrad

Die landschaftliche, klimatische und kulturelle Vielfalt auf vergleichsweise kleinem Raum macht Ecuador zu einem Land, das auch mit dem Fahrrad erkundet werden kann. Die langen Abfahrten vom Hochland an die Küste führen durch fantastische Landschaften und sind ohne größere Anstrengungen zu bewältigen. In umgekehrter Richtung kann man auf den Bus zurückgreifen, sollten einen die Lust und/oder Kondition verlassen.

In den touristischen Orten gibt es mittlerweile gute Fahrräder zu mieten und in Quito auch zu kaufen.

Grundsätzlich ist ein **Mountainbike** am geeignetsten, denn die Straßenverhältnisse sind nicht immer die besten: Schlaglöcher werden selten ausgebessert, oft sind die Straßenränder auch mit Glasscherben übersät. Gute Reifenmäntel sind Voraussetzung, will man nicht jeden Tag seinen Fahrradschlauch flicken.

Die **Beförderung** des Drahtesels in bzw. auf Bussen ist kein Problem, in der Regel muss man zum Fahrpreis einen kleinen Aufschlag zahlen. Die vielen Pick-ups, die unterwegs sind, bieten auch Mitfahrgelegenheiten, erwarten jedoch die Entrichtung des entsprechenden Buspreises.

Im **Hotel** sollte man das Fahrrad zum Schutz vor Diebstahl mit auf das Zimmer nehmen oder, wenn möglich, in einer Garage oder einem Unterstellraum absperren.

Regen- und winddichte **Kleidung** ist unbedingt erforderlich, sei es, dass man in einen Wettersturz gerät, kilometerweit nur bergab, in luftigen Höhen oder abends noch unterwegs ist.

In Nebelgebieten und abends ist eine **Beleuchtung** notwendig. Ein **Fahrradhelm** ist aus Sicherheitsgründen ratsam und zugleich idealer Sonnenschutz. Grundsätzlich sollte man auch ausreichend **Wasser** mitführen.

Reiseveranstalter

Mittlerweile haben nahezu alle deutschsprachigen Reiseagenturen, die Lateinamerika anbieten, auch Ecuador-Reisen im Programm. Hier fünf renommierte Agenturen mit empfehlenswerten Reiseprofilen und erfahrungsgemäß gutem Service:

- **Viventura,** www.viventura.de
- **América Andina,** www.america-andina.de
- **Windrose Fernreisen,** www.windrose.de
- **Aventoura,** www.aventoura.de
- **Studiosus,** www.studiosus.com

Reisezeit

Das landschaftlich-klimatische Spektrum Ecuadors ist sehr groß (vgl. hierzu auch die Kapitel „Naturraum“ und „Klima“). Dadurch kann **keine auf das gesamte Land anwendbare ideale Reisezeit** vorgeschlagen werden. Prinzipiell kann Ecuador das ganze Jahr über bereist werden.

Wie der Name schon verrät, liegt die Republik direkt am Äquator, also im Bereich der inneren Tropen. Das heißt in erster Linie: Es kommt im Jahresverlauf nicht zu großen Temperaturschwankungen, und damit existieren auch **keine Jahreszeiten** wie in Europa.

An der **Küste** und auf **Galápagos** herrscht von Januar bis April Regenzeit. Zum Reisen angenehmer ist an der Küste die Trockenzeit, auf Galápagos die Regenzeit.

Im **ecuadorianischen Hochland** ist es das ganze Jahr über feucht und kühl.

In den feuchtesten Monaten zwischen Dezember und Mai kommt es normalerweise zu folgendem Tagesverlauf: Am frühen Morgen ist es sonnig und warm. Bis zum Mittag steigen die Lufttemperaturen nochmals leicht an und die Sonneneinstrahlung erreicht ihre höchste Intensität. Nachmittags fällt Regen, manchmal sintflutartig. Die Nächte können empfindlich kalt werden. Der Monat April gilt als der feuchteste Monat in Quito. Ab 4000 m ist Nachtfrost die Regel. In der trockeneren Zeit von Juni bis Dezember dominiert die Sonne bei gelegentlichem Niederschlag am Nachmittag.

Im **Amazonastiefland** herrscht das ganze Jahr über eine feuchte Hitze vor, vielleicht am unangenehmsten in den Monaten Juni und Juli, welche aber andererseits die schönsten Monate für einen Aufenthalt in der nördlichen Sierra sind ... Ein Besuch des Amazonastieflandes erscheint in den regenärmeren Monaten von August bis November am sinnvollsten.

Buchtipp:
- Matthias Faermann, **Schutz vor Gewalt und Kriminalität unterwegs** (in der Praxis-Reihe des Reise Know-How Verlages)

Sicherheit und Kriminalität

Hatte es in den früheren Auflagen dieses Buches noch geheißen, Ecuador gehöre zu den sichersten Reiseländern Lateinamerikas, muss diese Aussage nun relativiert werden. Nicht nur in den beiden Großstädten Quito und Guayaquil hat in den letzten Jahren die **Kriminalität** spürbar **zugenommen,** auch im restlichen Land haben die schwere Wirtschaftskrise seit 1999 und Naturkatastrophen wie El Niño sozialen Schaden angerichtet. Verelendung, Hoffnungslosigkeit und damit eben auch Menschen, die kriminelle Auswege aus Not und Armut suchen, sind im ganzen Land anzutreffen. Reiche Touristen – und vor dem Hintergrund der ecuadorianischen Lebensrealität ist noch der „ärmste“ Rucksackreisende reich – müssen also immer ein Mindestmaß an Vorsicht und Umsicht und ein der jeweiligen Situation angemessenes Verhalten an den Tag legen. So gilt z.B., dass gerade da, wo viele Menschen auf engstem Raum zusammenkommen (große Städte, volle Busse, Bushaltestellen), Gepäck und Wertsachen nicht aus dem Auge zu verlieren sind. Die Diebe sind schnell und raffiniert und suchen sich das Opfer immer sorgfältig aus.

In Quitos Stadtteil Mariscal sowie in Guayaquil sind **robos (Raubüberfälle)** inzwischen keine Seltenheit mehr, und es ist deshalb deutlich vor Unachtsamkeit zu warnen. Nehmen Sie in Mariscal bei Dunkelheit immer ein Taxi, und seien Sie auch tagsüber auf der Hut! Qui-

ecu085 Foto: peko

Touristenpolizei in Quito

tos neue Touristenpolizei ist nur bedingt hilfreich im Falle eines bewaffneten Überfalls. Übrigens sind wir Touristen mit dieser Sorge nicht allein: Eine repräsentative Umfrage in der Hauptstadt Quito ergab im April 2006, dass 44% der Bevölkerung „Sicherheit und Kriminalität" als das dringlichste Problem ansehen. Erst mit großem Abstand folgen „Unordnung im Verkehr" und „Umweltverschmutzung" mit jeweils 14%.

Zur **Veranschaulichung der Vorgehensweise von Gaunern** sei eine Methode beschrieben, die an belebten Orten beliebt ist und die ich das „Auflaufenlassen" nennen will. Zu ihrem kriminellen Vorhaben schließen sich drei oder mehr Personen zu einer Gruppe zusammen. Im vollen Stadtbus z.B. kommt es dann zur Tat. Der Vordermann versperrt den Weg – man möchte meinen, der Typ ist einfach dumm, wenn ich ihm mehrmals sage: „Ich möchte aussteigen" und er es scheinbar nicht versteht –, seine Komplizen drücken von hinten und sind bei der Arbeit. Weil es ja voll ist im Bus und jeder davon ausgeht, dass von den hinteren Leuten auch welche aussteigen wollen, sorgt man sich nicht weiter um das Gedränge und Geschiebe und regt sich höchstens über den „Dummen", der alle behindert, auf (oder vielleicht ärgert man sich auch, weil das eigene Spanisch offensichtlich nicht ausreicht bzw. unverstanden bleibt). Jedenfalls denkt niemand an einen Diebstahl. Der „Dumme" allerdings macht erst Platz, wenn die Arbeit von hinten erfolgreich beendet worden ist; das Opfer merkt dann erst auf der Straße, dass die Uhr, Kamera oder gar das Geld weg ist. Der **Trole-** und der **Ecovia-Bus in Quito** sind leider Tummelplätze für Diebe, die Gepäck und Kleidung mit Rasierklingen aufschlitzen – Vorsicht im Gedränge!

Auf der Straße wiederum funktioniert die geschilderte Technik genau andersherum. Das Opfer wird durch Gruppenmitglieder von hinten auf einen Mann gedrückt und bevor sich der Knäuel auflöst, hat der Vordermann bereits, was er wollte. Vorsicht also vor Situationen, die den beschriebenen Fällen ähneln!

Wichtig ist und bleibt, dass Bargeld und andere Wertsachen immer am Körper, nach außen nicht sichtbar und nicht lose in der Hosentasche getragen werden. Der bewährte **Geldgürtel** ist immer noch der beste Aufbewahrungsort für wichtige Papiere und Zahlungsmittel, doch nützt er nichts, wenn er öffentlich zur Schau getragen wird. So was empfinden manche geradezu als Einladung, die man dem „dummen Gringo" auch nicht ausschlagen darf! Auch kleine, **eingenähte „Geheimfächer" in Kleidungsstücken** können ein probates Mittel zur Geldaufbewahrung sein.

Einige **Taschendiebe** haben sich auf den Schalterraum im nationalen Flughafen-Terminal spezialisiert. Opfer werden bevorzugt Galápagos-Reisende, da die immer Bargeld bei sich führen, allein schon wegen des Parkeintritts.

Besonders nachts kann es vor allem in **Quito, Guayaquil, Esmeraldas** und **Machala** auch zu **bewaffneten Raubüberfällen** kommen, die sogar lebensbedrohlich werden können. In so einem Fall heißt es: Kein Widerstand, keine Diskussion, Sie sind der/die Schwächere! Seien Sie sich im Klaren: Ecuador ist ein armes Land, und Leute, die plötzlich mit einer Waffe auftauchen, haben nichts zu verlieren! Das sicherste Mittel, derartigen Situationen aus dem Weg zu gehen, ist, die Gefahrenzonen nachts zu meiden bzw. sich im Taxi zwischen Lokalen zu bewegen.

Das alles mag zunächst wenig einladend klingen, sollte aber nicht grundsätzlich von einer Reise nach Ecuador abhalten: Mit einer sorgfältigen Reisevorbereitung und umsichtigem Verhalten im Land selber kann man in Ecuador immer noch relativ sicher reisen – Angst ist weder an der Riviera noch in Ecuador ein guter Reisebegleiter!

Aktuelle Reisehinweise zur allgemeinen Sicherheitslage erteilen:

- **Deutschland:** www.auswaertiges-amt.de und www.diplo.de/sicherreisen (Länder- und Reiseinformationen), Tel. 030-5000-0, Fax 5000-3402
- **Österreich:** www.bmeia.gv.at (Bürgerservice), Tel. 05-01150-4411, Fax 05-01159-0 (05 muss immer vorgewählt werden)
- **Schweiz:** www.dfae.admin.ch (Reisehinweise), Tel. 031-3238484

Souvenirs

Nicht nur auf Märkten, sondern auch in den **Kunsthandwerksläden** größerer Städte findet sich ein reichhaltiges Angebot. Einige Empfehlungen:

In Quito

Die Kunsthandwerksläden in Quito konzentrieren sich vor allem in der **Av. Amazonas** und der **Calle Juán León Mera.** Zahlreiche Läden bieten neben den Otavalo-Erzeugnissen alles an, was typisch für Ecuador und als Souvenir interessant ist.

- **Galería Latina**
Juan L. Mera 833 y Veintimilla, Tel. 2540380, glatina@attglobal.net, Mo bis Sa 10–20 Uhr, So 11–18 Uhr. Direkt neben der Buchhandlung Libri Mundi, bietet v.a. Keramik, Textilien und Otavalo-Erzeugnisse an.
- **La Bodega Artesanías**
J.L. Mera 614 y Carrión, Tel. 2225844, jortman@pi.pro.ec, Mo bis Fr 10–13 und 14–19 Uhr, Sa 9.30–13 und 16–18 Uhr. Reiches Angebot an Keramiken, Textilien, Schmuck, Wandteppichen und Otavalo-Erzeugnissen, daneben Panama-Hüte, Mineral- und Gesteinssammlungen und Balsaholzfiguren.
- **Tianguez**
Tel. 22570233, tianguez@andinanet.net, Mo bis Di 9.30–18.30 Uhr, Mi bis So 9.30–23.30 Uhr. Unterhalb der Kirche San Francisco ist in den Kolonnaden ein gut gegliedertes Angebot von Kunsthandwerk aus allen Teilen des Landes zu finden. Betreiber ist eine gemeinnützige Organisation namens **Tianguez** (Plaza de San Francisco) – sehr empfehlenswert!
- **Mercado Artesanal „La Mariscal"**
Reina Victoria y Roca, täglich, erweitert am Sa und So im Parque El Ejido. Dieser Kunstmarkt bietet Ähnliches wie der in Otavalo (s.u.), nur im wesentlich überschaubareren Rahmen.

In Otavalo

Der berühmte **Samstagsmarkt** oder auch jeder andere Tag locken jeden Touristen irgendwann auf seiner Tour nach Otavalo. Hier werden auf der Poncho Plaza vor allem Erzeugnisse der Otavalo-Indianer (Wandteppiche, Folklorekleidung, Pullover, Ponchos etc. aus handgefertigter Lamawolle) sowie einheimische Musikinstrumente aus Holz und Bambus angeboten. Daneben haben die Otavaleños (Einwohner von Otavalo) entlang der Straßen ihre kleinen Geschäfte, in denen man auch unter der Woche einkaufen kann.

In Cuenca

Die **Av. Gran Colombia** ist die Einkaufsstraße für *artesanías* (Kunsthandwerk) in Cuenca mit zahlreichen Geschäften, die auch immer wieder Goldarbeiten anbieten. Bekannt ist *Romero Ortega,* der hochwertige Panamahüte in die ganze Welt exportiert.

In Guayaquil

Hochwertiges Kunsthandwerk gibt es in Lo Nuestro und der Galería Guayasamín zu kaufen. Weitere Souvenirs sind im Stadtteil Bahia und am Palacio de Cristal zu erstehen.

Internetcafé in Guayaquil

Strom

In Ecuador beträgt die **Spannung 110 Volt;** für die Steckdosen wird ein Adapter benötigt, der in vielen Elektrogeschäften erhältlich ist.

Stromausfälle und Wasserknappheit kommen vor. In diesen Zeiten ist es z.B. mancherorts so gut wie unmöglich, Geld zu wechseln, weil die Banken infolge nicht arbeitender Maschinen schließen.

Telefonieren

Die **staatlichen Telefongesellschaften** *Andinatel* im Norden des Landes und *Pacifictel* im Süden bieten in ihren Agenturen neben nationalen auch internationale Telefonvermittlungen an, teils für Direktwähler, teils über den *Operador*. Die **Öffnungszeiten** liegen **zwischen 7 und 22 Uhr,** in kleineren Ortschaften reduzierter.

Noch verbreiteter sind **private Telefonkabinen,** sogenannte „cabinas", von denen aus, wenn auch häufig beengt, national wie international preiswert telefoniert werden kann. Vor allem auf dem Land sind diese Kabinen recht einfach und manchmal schlicht ein Telefon, das der Tiendabesitzer in den Türrahmen gehängt hat.

Die **privaten Telefongesellschaften** *Porta und Telefónica* bauen ihre Telefonzellennetze weiter aus. Sie funktionieren mit Telefonkarten, die in den jeweiligen Büros, aber auch in zahlreichen Supermärkten und Tiendas zu erstehen sind. Drei Konkurrenten auf dem priva-

ecu086 Foto: peko

ten Telefonmarkt teilen sich den wachsenden Markt für **Mobiltelefone** in Ecuador: Porta, Movistar (Telefónica) und Alegro. Das eigene Handy lässt sich in Ecuador nur betreiben, wenn es über ein **„Quadband"** oder ein **„Freeband"** verfügt, d.h. wenn es die in Ecuador gültige Frequenz GSM 850 empfangen kann. Die 850 MHz in Ecuador sind ansonsten nicht kompatibel mit den in Deutschland gängigen Frequenzen. Das 3G-Netz ist noch im Aufbau befindlich. **Achtung:** Selbst Quadband-Telefonierer können ihr Handy in Ecuador nur benutzen, wenn der heimische Dienstleister auch einen Roaming-Partner in Ecuador hat. Informieren Sie sich vor der Reise über Roaming und Tarife!

Wer von einem **Privatanschluss** international telefoniert, wählt direkt durch, z.B. 0049-89-12345678.

Die vielen **Internetcafés** in Ecuador bieten zumeist auch einen preiswerten **Net-to-Phone-Service** nach Europa an.

Gespräche von Deutschland nach Ecuador empfehlen sich über die **Call-by-call-**Dienste mit Tarifen ab 9,90 Cent/Min. (z.B. über die Vorwahl 01077 oder 010090, Tarife wechseln!). Während die Netze der Call-by-call-An-

Telefonnummern

Vorwahlnummern für die einzelnen Provinzen sowie Quito und Guayaquil:
- Pichincha, Quito: 02
- Bolívar, Cotopaxi, Chimborazo, Pastaza, Tungurahua: 03
- Guayas, Guayaquil: 04
- Galápagos, Los Ríos, Manabí: 05
- Carchi, Esmeraldas, Imbabura, Napo, Sucumbios: 06
- Azuay, Cañar, El Oro, Loja, Morona, Zamora: 07

- **Mobiltelefone** haben die Vorwahl 08 oder 09.
- Die **nationale Telefonauskunft** hat die Nummer 104.

Vorwahlen von/nach Europa:
- nach Ecuador: 00593 + entsprechende Inlandsnummer
- nach Deutschland: 0049
- nach Österreich: 0043
- in die Schweiz: 0041

Tipp: Wer länger im Land bleibt oder viel telefonieren möchte, sollte den Kauf eines ecuadorianischen Handys samt SIM-Card und Telefonguthaben in Betracht ziehen. Ein solches Paket ist schon ab etwa 30 $ in den Telefonläden zu erstehen. Eine Handy-Minute beispielsweise per Direktwahl nach Deutschland, selbst ins dortige Mobilfunknetz, kostet dann nur 50–60 US-Cent. Eine lokale Einheit kostet 15–25 Cent. Außerdem ist man in Notfällen oder bei Routenänderungen während der Reise stets in Kontakt mit der Außenwelt, zumal Ecuador eine sehr gute Mobilfunkabdeckung hat. Bringen Sie zum Erwerb von Handy und Nummer Ihren Pass mit in den Telefonladen.

● **Buchtipp:** Viele nützliche und Geld sparende Tipps zum mobilen Telefonieren bietet das Buch **„Handy global – mit dem Handy ins Ausland"** aus der Praxis-Reihe des REISE KNOW-HOW Verlages.

bieter nicht selten überlastet und auch nur vom Festnetz aus zu nutzen sind, gibt es eine weitere Alternative: die **„Calling Cards"** können sowohl vom Festnetz als auch vom Handy genutzt werden. Sie sind in Telefonläden und im Internet zu beziehen. Ein aktueller Preis vergleich mit hilfreichen Tipps über die Tarifrechner von www.tariftip.de und www.verivox.de lohnt sich immer!

Toiletten

Öffentliche Toiletten sind selten in Ecuador; oft sieht man Männer pinkelnd vor Hauswänden, Busrädern oder im Feld stehen.

In Restaurants frage man nach dem *baño* oder gehe zu den mit „SSHH" gekennzeichneten Örtlichkeiten.

In billigeren Unterkünften gibt es selten **Toilettenpapier,** so dass man seine eigene Rolle immer zur Hand haben sollte. Neben dem Klobecken stehen in Ecuador Eimer, in die das Toilettenpapier zu werfen ist, da andernfalls infolge des schwachen Wasserdrucks und der engen Abflussrohre eine Verstopfung der Toilette unvermeidlich ist.

Trinkgeld

Rechnungen **in Restaurants** enthalten in der Regel bereits 10% für den Service und 12% Mehrwertsteuer (IVA). In besseren Restaurants werden nochmals 5 bis 10% Trinkgeld erwartet.

Hotelboys, Autoaufpasser, Gepäckträger etc. rechnen immer mit einem Trinkgeld. **Bergführern** gibt man pro Gruppenmitglied 2 bis 5 $ pro Tag, ggf. mehr (je nach Qualität der Führung).

Unterkunft

In Ecuador gibt es eine **große Auswahl an Unterkünften.** Egal wo man wann ankommt – ein Dach über dem Kopf findet sich meistens.

Hotels

Die Hotels in Ecuador sind in **vier Kategorien** eingeteilt: **5 Sterne** *(lujo),* **4 Sterne** *(primera),* **3 Sterne** *(segunda)* und **2 Sterne** *(tercera).* Auch wenn das eine deutliche Einteilung ist, variiert der Komfort innerhalb einer Kategorie mitunter gewaltig: Mehrsterne-Hotels in größeren Städten können sehr teuer sein und einen ausgesprochen schlechten Service bieten, während in kleineren Städten Hotels derselben Kategorie billig und sauber sind. Hinzu kommt natürlich die **subjektive Beurteilung** als Ausdruck eigener Ansprüche und gemachter Erfahrungen: In Riobamba z.B. hatte im Hotel Imperial ein Leser mit

Kakerlaken zu tun, der andere bezeichnete es als „in Ordnung", ein dritter fand es das „beste Mittelklassehotel, das wir kennen lernten" ...

Unterkünfte mit mehr als 20 Zimmern heißen meist „Hotel", auf dem Land auch „Hostería". Kleinere Häuser nennen sich „Hostal" oder manchmal „Posada". Die „Cabaña" ist meist eine frei stehende Hütte oder ein Teil davon.

Einfache Unterkünfte

Die einfachen Unterkünfte heißen **Hostal** oder auch **Residencial,** manchmal **Pensión,** gelegentlich auch **Albergue,** auf dem Land und an der Küste nicht selten **Cabaña.** Wir haben versucht, nur saubere und, wenn schlichte und preiswerte, so doch gepflegte Unterkünfte aufzunehmen. Ein Zimmer mit eigenem Bad *(baño privado)* ist dabei unser Mindeststandard, wo es genügend Unterkünfte gibt. Nur selten haben wir Zimmer mit *baño compartido* (Gemeinschaftsbad) aufgenommen. Wir hoffen, dass die zusammengetragenen Unterkünfte möglichst weitgehend den vorgefundenen Standard beibehalten.

Abkürzungen im Buch

DZ = Doppelzimmer
EZ = Einzelzimmer
MBZ = Mehrbettzimmer
BP = eigenes Bad („baño privado")
BC = Etagenbad („baño compartido")
p.P. = pro Person
AC = Klimaanlage („aire condicionado")
TV = Fernseher im Zimmer

Jugendherbergen

Die *Asociación Ecuatoriana de Albergues,* der ecuadorianische Jugendherbergsverband, ist relativ neu im Land. Der/die Inhaber/in eines internationalen Jugendherbergsausweises kommt in den Genuss verbilligter Übernachtungen mit Frühstück oder Vollpension ab 5 $ in sicherer Umgebung (manchmal gibt es zum gleichen Preis auch ein Unterkommen ohne Ausweis). Oft bieten die sauberen Herbergen zusätzlich umfangreiche Touristeninfos, Waschmöglichkeiten, Cafeterias und Reiseagentur-Service in netter Atmosphäre, in der sich auch gern ecuadorianische Gäste einfinden. Es gibt Doppel-, Dreibett- und Mehrbettzimmer, die in der Ferienzeit häufig belegt sind, weshalb eine telefonische Voranmeldung empfehlenswert ist.

Ein **Hinweis** sei noch gegeben: Nicht alles, was sich in Ecuador „Jugendherberge" (Albergue Juvenil, Youth Hostel) nennt, ist auch unbedingt eine solche. Es kann sogar vorkommen, dass man plötzlich vor einem Luxushotel steht, und bei Vorzeigen des Jugendherbergsausweises werden auf einmal 10% Rabatt gewährt!

Liste der Jugendherbergen

- **In Cayambe:** *Cayambe*
  Bolívar 23 y Ascázubi
- **In Cuenca:** *Macondo*
  Tarqui 11–64 y Sangurima, Tel. 07-2840697, Fax 07-2830836

Luxushotel Finch Bay auf der Insel Santa Cruz im Galápagos-Archipel

- **Auf den Galápagos:** *Cabañas Don Jorge* Tel. 05-2231870, Isla San Cristóbal, Puerto Baquerizo 1661
- **In Guayaquil:** *Ecuahogar* Tel. 04-2240388, Sauces 1
- **In Ibarra:** *Casona de los Lagos* Calle Sucre 350 y Grijalva, Tel. 06-2951629
- **In Manabí:** *Hostería Alandaluz* Armero 710 y Santa Rosa, Tel. 04-2248357, 2248341
- **In Napo:** *Misahuallí* Ramírez Dávalos 251 y Páez, Tel. 02-2520043, Fax 02-2504872
- **In Otavalo:** *Jatun Pacha* Av. 31 de Octubre y Panamericana, Fax 06-2554936
- **In Quito:** *Quito* Pinto 325 y Reina Victoria, Tel. 02-2543995, Fax 02-2508221
- **In Riobamba:** *Posada la Estación* Tel. 03-2446220, Urbina Estacíon de Trenes; 17 km nördlich der Stadt: Der alte Bahnhof wurde zu einer Jugendherberge umfunktioniert.
- **In Santo Domingo de los Colorados:** *Valle Hermoso* Cocaniguas 289 y 29 de Mayo, Tel. 02-2759095
- **In San Vicente:** *Vacaciones* Malecón de San Vicente, Tel. 04-2674116
- **In Sucumbíos:** *Yuturi* Amazonas 1022 y Pinto, Tel. 02-2544166

Hinweise

Die in diesem Buch angegebenen Hotels stellen eine **Auswahl** dar. Das Angebot ändert sich ständig. Die Preise schwanken, Telefonnummern unterliegen einem permanenten Wandel. Die im vorliegenden Reiseführer genannten **Preise beziehen sich,** sofern nicht anders angegeben, **auf das Doppelzimmer mit Bad,** einschließlich Steuern und Service.

Wer beabsichtigt, eine besondere **fiesta** in einer Stadt zu besuchen, ist gut beraten, mindestens einen Tag vor dem Fest in der Stadt einzutreffen, weil in dieser Zeit oft viele Unterkünfte ausgebucht sind und es schwer ist, ein Zimmer zu finden.

Mitunter ist es auch schwierig, ein **Einzelzimmer** zu bekommen, weil nur Zimmer mit mindestens zwei Betten zur Verfügung stehen. Oft ist dann der Preis für das Doppelzimmer (zumindest annähernd) zu entrichten.

Grundsätzlich vor Ort zu überprüfen ist auch, ob in den genannten Preisen die in Ecuador vorgeschriebene Mehrwertsteuer (IVA) von 12% und der Service von 10% enthalten sind.

Selten wird der/die Reisende in abgelegenste Orte ohne Unterkünfte kommen. In diesem Fall aber macht sich ein **Schlafsack** bezahlt: In kleinen Orten kennt jeder jeden, und man spricht auf der Straße einfach jemanden an und fragt, wo man für eine Nacht unterkommen kann. In aller Regel findet man eine Familie, bei der man zumindest auf dem Fußboden schlafen kann.

Informationen zum **Camping** sind bei den praktischen Informationen zu den jeweiligen Städten, Bergen, Nationalparks usw. aufgeführt.

Vorsicht beim **Duschen:** In Ecuador sind die Wasserhähne für englischsprachiges Empfinden gefährlich gekennzeichnet: In aller Regel steht „C" nicht für „cold", sondern für „caliente" (heiß), „F" steht für „frío" (kalt).

Verhalten Bettlern gegenüber

Das Betteln ist in Ecuador sicher **weniger verbreitet als in den übrigen Ländern Lateinamerikas.** Natürlich trifft man vor Kirchen, in Stadtparks und in der Nähe von touristisch attraktiven und frequentierten Sehenswürdigkeiten gelegentlich auf **Greise und Behinderte,** die auch von den Einheimischen ihre Almosen bekommen.

In den großen Städten und besonders in Quito laufen kleine **Kinder** durch die Straßen und verlangen nach einer milden Gabe, die sofort zur *mamita* getragen wird, die irgendwo anders versucht, das nötige Geld für den täglichen Bedarf aufzutreiben. Die Av. Amazonas in Quito ist besonders beliebt, weil da viele Gringos rumlaufen, die am ehesten Mitleid für die Kinder empfinden und ein Almosen geben.

Sicher gehen die **Meinungen darüber** auseinander, ob man bettelnden Kindern etwas zustecken sollte oder nicht. Die einen sagen, mit einer Spende leiste man dem Betteln nur Vorschub und unterstütze die mangelnde Bereitschaft zu Schul- und Berufsausbildung, die anderen erklären, die Kinder lebten chancenlos in ärmsten Verhältnissen und eine Spende könne die Not lindern helfen. So oder so: Dahinter versteckt sich immer das ungute Gefühl des reichen Europäers im Anblick real existierenden Elends und die Schwierigkeit, damit umzugehen.

Eine allgemein verbindliche **Verhaltensregel** kann nicht aufgestellt werden: Letztlich liegt es an jedem selbst, ob, was, wieviel und warum er gibt oder nicht.

Viele Familien sind bettelarm, zahlreiche Kinder arbeiten bereits im Alter von vier oder fünf Jahren als **Schuhputzer.** Man kann sich deshalb auch ruhig mal die Schuhe putzen lassen, ohne „Wohlstands-Gewissensbisse" haben zu müssen. Geben Sie den Buben nur das, was sie verlangen. Einen „Gringo-Preis" werden Sie in den meisten Fällen sowieso bezahlen ...

Versicherungen

Egal, welche Versicherungen man abschließt, hier ein Tipp: Für alle sollte man die **Notfallnummern** notieren und mit der **Policenummer** gut aufheben! Bei Eintreten eines Notfalles sollte die Versicherungsgesellschaft sofort telefonisch verständigt werden!

Auslandskrankenversicherung

Die Kosten für eine ärztliche Behandlung in Ecuador werden von den gesetzlichen Krankenversicherungen in Deutschland und Österreich nicht übernommen, daher ist der Abschluss einer privaten Auslandskrankenversicherung **unverzichtbar.**

Bei Abschluss der Versicherung – die es mit bis zu einem Jahr Gültigkeit gibt – sollte auf einige Punkte geachtet werden. Zunächst sollte ein **Vollschutz ohne Summenbeschränkung** bestehen, im Falle einer schweren Krankheit oder eines Unfalls sollte auch der **Rücktransport** übernommen werden. Diese Zusatzversicherung bietet sich auch über einen **Automobilclub** an, vor allem wenn man bereits Mitglied ist. Diese Versicherung bietet den Vorteil billiger Rückholleistungen (Helikopter, Flugzeug) in extremen Notfällen.

Wichtig ist auch, dass im Krankheitsfall der **Versicherungsschutz über die vorher festgelegte Zeit hinaus** automatisch verlängert wird, wenn die Rückreise nicht möglich ist.

Schweizer sollten bei ihrer Krankenversicherungsgesellschaft nachfragen, ob die Auslandsdeckung auch für Ecuador inbegriffen ist. Sofern man keine Auslandsdeckung hat, kann man sich kostenlos bei Soliswiss (Gutenbergstrasse 6, 3011 Bern, Tel. 031-38 10 494, info@soliswiss.ch, www.soliswiss.ch) über mögliche Krankenversicherer informieren.

Zur Erstattung der Kosten benötigt man ausführliche **Quittungen** (mit Datum, Namen, Bericht über Art und Umfang der Behandlung, Kosten der Behandlung und Medikamente).

Der Abschluss einer **Jahresversicherung** ist in der Regel kostengünstiger als mehrere Einzelversicherungen. Günstiger ist auch die **Versicherung als Familie** statt als Einzelpersonen. Hier sollte man nur die Definition von „Familie" genau prüfen.

Andere Versicherungen

Ob es sich lohnt, weitere Versicherungen abzuschließen wie eine Reiserücktritts-, Reisegepäck-, Reisehaftpflicht-

oder Reiseunfallversicherung, ist individuell abzuklären. Gerade diese Versicherungen enthalten viele **Ausschlussklauseln,** sodass sie nicht immer Sinn machen.

Die **Reiserücktrittsversicherung** für 35–80 Euro lohnt sich nur für teure Reisen und für den Fall, dass man vor der Abreise einen schweren Unfall hat, schwer erkrankt, schwanger wird, gekündigt wird oder nach Arbeitslosigkeit einen neuen Arbeitsplatz bekommt, die Wohnung abgebrannt ist u.Ä. Nicht gelten hingegen: Terroranschlag, Streik, Naturkatastrophe etc.

Die **Reisegepäckversicherung** lohnt sich seltener, da z.B. bei Flugreisen verlorenes Gepäck oft nur nach Kilopreis und auch sonst nur der Zeitwert nach Vorlage der Rechnung ersetzt wird. Wurde eine Wertsache nicht im Safe aufbewahrt, gibt es bei Diebstahl auch keinen Ersatz; Kameraausrüstung und Laptop dürfen beim Flug nicht als Gepäck aufgegeben worden sein; Gepäck im unbeaufsichtigt abgestellten Fahrzeug ist ebenfalls nicht versichert – die Liste der Ausschlussgründe ist endlos ... Überdies deckt häufig die Hausratsversicherung schon Einbruch, Raub und Beschädigung von Eigentum auch im Ausland. Für den Fall, dass etwas passiert ist, muss der Versicherung als Schadensnachweis ein Polizeiprotokoll vorgelegt werden.

Eine **Privathaftpflichtversicherung** hat man in der Regel schon. Hat man eine **Unfallversicherung,** sollte man prüfen, ob diese im Falle plötzlicher Arbeitsunfähigkeit aufgrund eines Unfalls

ecu087 Foto: peko

im Urlaub zahlt. Auch durch manche (Gold-)**Kreditkarten** ist man für bestimmte Fälle schon versichert. Die Versicherung über die Kreditkarte gilt allerdings meist nur für den Karteninhaber!

Zeitverschiebung

Ecuador liegt in der **Zeitzone GMT -5.** Die Differenz zur Mitteleuropäischen Zeit (MEZ = GMT +1) beträgt daher minus sechs Stunden im Winter und minus sieben Stunden zur Sommerzeit (MESZ).

Galápagos liegt eine Stunde weiter westlich auf **GMT -6.**

Zollbestimmungen

Für die Zollbestimmungen bei Einreise in Ecuador siehe Kapitel „An-/Einreise nach Ecuador, Zollbestimmungen".

Die **Ausfuhr** von präkolumbischen Relikten und Souvenirs aus schwarzer Koralle ist streng verboten. Obst und Gemüse dürfen ebenfalls nicht ausgeführt werden. Für Kunsthandwerk aus Ecuador gibt es bei nicht-kommerziellen Mengen keine Ausfuhrbeschränkungen, bei der Ausfuhr von Antiquitäten und lebenden Tieren sollte ein zollerfahrener Rat eingeholt werden.

Bei der Rückeinreise gibt es auch **auf europäischer Seite Freigrenzen, Verbote und Einschränkungen,** die man beachten sollte, um eine böse Überraschung am Zoll zu vermeiden. Folgende **Freimengen** darf man zollfrei einführen:

- **Tabakwaren** (über 17-Jährige in EU-Länder und in die Schweiz): 200 Zigaretten oder 100 Zigarillos oder 50 Zigarren oder 250 g Tabak.
- **Alkohol** (über 17-Jährige in EU-Länder): 1 l über 22% Vol. oder 2 l bis 22% Vol. und zusätzlich 2 l nicht-schäumende Weine; (in die Schweiz): 2 l (bis 15% Vol.) und 1 l (über 15% Vol.)
- **Andere Waren für den persönlichen Gebrauch** (über 15-Jährige): nach Deutschland 500 g Kaffee, nach Österreich zusätzl. 100 g Tee, (ohne Altersbeschränkung): 50 g Parfüm und 0,25 l Eau de Toilette sowie Waren bis zu 175 Euro. In die Schweiz Waren bis zu einem Gesamtwert von 300 SFr pro Person.

Wird der Warenwert von 175 Euro bzw. 300 SFr überschritten, sind **Einfuhrabgaben** auf den Gesamtwert der Ware zu zahlen und nicht nur auf den die Freigrenze übersteigenden Anteil. Die Berechnung erfolgt entweder pauschal oder nach dem Tarif jeder einzelnen Ware zuzüglich sonstiger Steuern.

Einfuhrbeschränkungen bestehen u.a. für Tiere, Pflanzen, Arzneimittel, Betäubungsmittel, Feuerwerkskörper, Lebensmittel, Raubkopien, verfassungswidrige Schriften, Pornografie, Waffen und Munition; in Österreich auch für Rohgold und in der Schweiz auch für CB-Funkgeräte.

Nähere Informationen:
- **Deutschland:** www.zoll.de oder beim Zoll-Infocenter, Tel. 069-469976-00
- **Österreich:** www.bmf.gv.at oder beim Zollamt Villach, Tel. 04242-33233
- **Schweiz:** www.ezv.admin.ch oder bei der Zollkreisdirektion in Basel, Tel. 061-2871111

ecu107 Foto: peko

Land und Leute

ecu105 Foto: peko

ecu106 Foto: peko

Ländliches Ecuador (am Imbabura)

Am Malecón in Guayaquil

Gemälde von Oswaldo Guayasamin

Naturraum

Lage und Größe

Ecuador liegt im Nordwesten des südamerikanischen Subkontinents und ist nach seiner Lage am Äquator benannt (span. *ecuador* = Äquator). Das Land liegt beidseitig des Äquators etwa zwischen dem 2. Grad nördlicher und dem 5. Grad südlicher Breite und zwischen dem 81. (Westspitze der Halbinsel Santa Elena) und 75. Grad (Amazonastiefland) westlicher Länge. Es grenzt im Norden an Kolumbien, im Süden und Osten an Peru, und im Westen bildet der Pazifische Ozean die natürliche Grenze. In Westostrichtung erstreckt sich das Land über 600 km vom Pazifik bis in das Amazonastiefland hinein, wobei das Gebiet einst bis zur Río Napo-Mündung reichte.

Das **„Protokoll von Rio de Janeiro"** von 1942, mit dessen Unterzeichnung Ecuador über 170.000 km² Amazonasland an Peru abtrat, wurde erst 1999 in einem endgültigen Friedensvertrag auch von Ecuador anerkannt. Die seit 1942 fehlenden Grenzsteine wurden daraufhin feierlich gesetzt.

Zu Ecuador gehören die **Galápagos-Inseln,** die 1000 km vor dem Festland auf einer untermeerischen Plattform aus dem Pazifischen Ozean ragen. Der Archipel besteht aus 13 größeren und sechs kleineren Inseln sowie mehr als vierzig kleinsten Inseln, die zusammen eine Landfläche von 7882 km² haben.

Mit **251.081 km²** Fläche einschließlich der Galápagos-Inseln ist Ecuador etwa 35.000 km² kleiner als Westdeutschland vor der Wiedervereinigung. Im Vergleich zu Bolivien, Peru, Kolumbien und Venezuela ist das Land der **kleinste Andenstaat.**

Geologie und Landschaftsformen

Das **Landschaftsbild Ecuadors** zeigt scharfe **regionale Kontraste** sowohl im kontinentalen als auch im insularen Bereich. Seine Entstehung verdankt es dem komplexen Zusammenspiel von geologisch-tektonischen Bewegungen, die sich seit Millionen von Jahren vollziehen, und klimatisch-vegetationsgeografischen Faktoren, die das Land in verschiedene Lebensräume gliedern (siehe unter „Vegetation").

Das **Relief von Ecuador** lässt sich in **drei topographische Großräume** gliedern: **westliches Küstentiefland** *(Costa),* **zentrales Andenhochland** *(Sierra)* und **östliches Tiefland** *(Oriente),* das Teil des großen Amazonasbeckens ist. Hinzu kommen die **Galápagos-Inseln,** die vulkanischen Ursprungs sind. Sie werden in diesem Buch in einem eigenen Kapitel behandelt.

Geologie

Die zeitliche Dimension der Entstehung, Entwicklung und Veränderung der Erde (und ihrer Lebewesen) übersteigt menschliches Vorstellungsvermögen. Der Geologe, der sich mit den Phänomenen der Erdgeschichte befasst, rechnet in Jahrmillionen und -milliarden. Die **Unterscheidung verschiedener geologischer Formationen und**

Ecuador auf einen Blick

- **Staatsform:** Präsidiale Republik
- **Staatsname:** República del Ecuador
- **Staatsoberhaupt:** Staatspräsident *Rafael Correa*
- **Staatsflagge:** Gelb/dunkelblau/rot
- **Grenzen:** Seit dem Vertrag von Rio de Janeiro 1942: im Norden Kolumbien, im Osten und Süden Peru, im Westen Begrenzung durch den Pazifischen Ozean, in dem auch die Galápagos-Inseln liegen
- **Fläche:** Gesamtfläche mit den Galápagos-Inseln 251.081 km^2; weitere 174.565 km^2 mussten 1942 an Peru abgetreten werden
- **Höchste Berge:**
Chimborazo, 6310 m; Cotopaxi, 5897 m; Cayambe, 5790 m; Antisana, 5704 m
- **Hauptstadt:** Quito (ca. 1,8 Mio. Einwohner)
- **Gesamtbevölkerung:** 13,5 Mio. Einwohner
- **Bevölkerung – ethnische Zusammensetzung:** 36% Indianer, 42% Mestizen, 12% Weiße, 10% Schwarze und Mulatten
- **Mittlere Bevölkerungsdichte:** 47 Einw./km^2 (Deutschland: 217)
- **Bevölkerungswachstum:** 1,4%
- **Städtische Bevölkerung:** 61%
- **Lebenserwartung:** Männer: 68 Jahre, Frauen: 73 Jahre
- **Analphabetenrate:** in der Stadt 5%, auf dem Land 14%
- **BIP:** 44,7 Mrd. $, pro Kopf 3270 $ (2007)
- **Arbeitslosenquote:** 7,5% (2007, Unterbeschäftigung 46%)
- **Armut** in der Bevölkerung: ca. 40% (2007, auf dem Land 66%)
- **Staatlicher Mindestlohn:** 200 $
- **Inflationsrate:** 3,32% (2007)
- **Sprachen:** Spanisch (offiz. Landessprache), Quechua (wichtigste indianische Sprache)
- **Religionen:** über 90% römisch-katholisch, die Übrigen protestantisch, Juden, Anhänger von Naturreligionen
- **Internationale Mitgliedschaften:** UNO, OAS (Organisation Amerikanischer Staaten), ALADI (Lateinamerikanische Integrationsassoziation), BID (Interamerikanische Entwicklungsbank), UNCTAD (UN-Konferenz für Welthandel und Entwicklung), SELA (Lateinamerikanisches Wirtschaftssystem), Andenpakt, Amazonaspakt, Beobacherstatus beim GATT (Allgemeines Zoll- und Handelsabkommen)

Perioden dient der Erklärung von Vorgängen, die zur Ausbildung von Meeren, Inseln und Kontinenten führten. Diese Vorgänge setzen sich in der Gegenwart fort und werden begleitet von Erdbeben und Vulkanismus. Angetrieben durch energiereiche Strömungen im Erdinneren verändern sich die Oberflächenformen der Erde großräumig nach dem geologischen Modell der Plattentektonik (s.u. „Entstehung von Galápagos").

Ein Vorgang, der die Geologie des ecuadorianischen Festlandes und auch aller anderen Andenländer stark bestimmt(e), ist die **Auffaltung der Anden,** vergleichbar etwa der Auffaltung der europäischen Alpen. Die Entstehung eines Hochgebirges vollzieht sich infolge gewaltiger, einseitiger Druckbewegungen der Erdkruste, wodurch großdimensional Gesteinsmassen und Gesteinspakete einer vertikalen Positionsänderung unterworfen werden, was bei anhaltender Bewegung zum Bruch (dominierend in den Anden) oder zur Faltung (in den Alpen) der Gesteine führt (zur Veranschaulichung: Nehmen Sie ein Blatt Papier, legen Sie an zwei Seiten die Fingerspitzen auf das Papier und drücken Sie es mit einer Hand gegen die andere).

Die Auffaltung erfolgte in mehreren geologischen Phasen und erreichte ihren **Höhepunkt** beim Übergang der so genannten Kreidezeit in das Tertiär **vor ca. 65 Mio. Jahren.** Begleitet wurde die Auffaltung in den Anden einerseits durch die Heraushebung von einzelnen Bruchschollen bei gleichzeitiger Absenkung tektonischer Gräben, andererseits von Erdbeben und dem Aufstieg vulkanischer Schmelzen entlang Nord-Süd verlaufender Schwächezonen. An diesen türmten sich Vulkane auf, die teilweise noch heute aktiv sind und zeigen, dass sich geologische Bewegungen im Bereich der Anden bis in die Gegenwart fortsetzen. Der **Vulkan Cotopaxi** in Ecuador gilt mit 5897 m als **höchster aktiver Vulkan der Erde!** Größere Explosionen zeigt derzeit der Tungurahua (5016 m).

Vor der Auffaltung war der gesamte Bereich des heutigen Ecuador eine große Küstenebene, die mehrfach vom Meer überflutet wurde. Die heutigen **außerandinen Teile Ecuadors,** das westliche Tiefland der Costa und das östliche Tiefland des Oriente, bestehen aus einer großräumigen Verzahnung von flachem Tiefland mit mittelhohen Bergketten und Plateaus.

Den Kern dieser Berg- und Plateaugebiete bildet das so genannte präkambrische Grundgebirge, das sich vor über 2 Milliarden Jahren ausbildete. Überlagert wird es von über 225 Mio. Jahren alten, sog. paläozoischen und über 140 Mio. Jahren alten, sog. mesozoischen Deckschichten.

Im Tertiär und zu Beginn des Quartärs, vor ca. 1,8 Mio. Jahren, führten Senkungsvorgänge im Bereich des Oriente und in den Andenvorländern zu einer Zergliederung der Erdoberfläche in viele Teilstücke.

Infolge starker **Klimaschwankungen,** also dem Wechsel zwischen Warm- und Kalt-/Eiszeiten im Pleistozän (Periode im Zeitalter des Quartärs vor 1,8 Mio. bis 10.000 Jahren), wurden

Geografische Lage Ecuadors

diese Teilstücke durch die abtragende Wirkung von Wind, Wasser und Eis überformt. Große Flusssysteme beiderseits der Andenkette ließen an der West- und Ostabdachung tief eingeschnittene Täler entstehen, Bestandteile **zerklüfteter Berglandschaften,** die in Ecuador heute von ausgedehnten Regenwäldern überzogen sind. In der Tiefebene der Costa bedecken als Folge weit zurückliegender Meeresüberflutungen marine Sedimente ausgedehnte Flächen.

Andenhochland (Sierra)

Das Hochgebirge der Anden zieht sich in einer Länge von über 8000 km durch den gesamten südamerikanischen Kontinent und besteht im Zuge lang anhaltender Krustenbewegungen aus einer Vielzahl von Gebirgsketten in Form von Falten und Bruchschollen, aufgestiegener Tiefengesteine und jungvulkanischer Ablagerungen. In Ecuador durchziehen die Anden zentral das Land von Norden nach Süden und nehmen dabei **ein Viertel der Landesfläche** ein.

Sie teilen sich in zwei parallel laufende Hauptketten, die **West- und Ostkordillere,** die durch ein zentrales Längstal voneinander getrennt werden. Das Längstal wiederum wird durch Querrücken, im Spanischen sog. *nudos* (Knoten), in acht innerandine Hochlandbecken *(hoyas)* gegliedert. Diese Becken sind im Durchschnitt nicht breiter als 45 km und liegen in Höhen zwischen 2000 m und 3000 m.

In die Sedimente und jungvulkanischen Ablagerungen der Becken haben sich größere Flusssysteme eingeschnitten, die sich, da eine Entwässerung nach Norden oder Süden durch die Querrücken verhindert wird, quer zur Verlaufsrichtung der Anden ihren Weg nach Westen und Osten gesucht haben. Dadurch formten sie in den beiden Gebirgsketten so genannte **Durchbruchstäler** (beispielsweise den *Cañón* des Río Pastaza bei Baños), die heute verkehrstechnisch wichtige Ost-West-Verbindungen innerhalb des Landes darstellen.

ecu094 Foto: peko

Fluss im Nebelwald bei Intag (Hochland)

Entsprechend dem geologischen Bau und der Orografie (Beschreibung der Reliefformen eines Landes) lässt sich das Hochland in zwei Abschnitte gliedern: in das nördliche und das südliche Hochland.

Das **nördliche Hochland** ist **der junge, geologisch aktive Abschnitt der ecuadorianischen Anden** mit explosivem Vulkanismus, regelmäßigen Erdstößen *(temblores)* und gelegentlichen Erdbeben *(terremotos)*. In diesem Bereich liegt mit 5897 m die höchste Erhebung der Ostkordillere, der aktive Vulkan Cotopaxi, sowie die höchste Erhebung der Westkordillere und des gesamten Landes, der Chimborazo mit 6310 m. Durch den Querrücken Nudo del Azuay wird das nördliche Hochland vom südlichen Hochland getrennt.

Das **südliche Hochland** ist **der alte, geologisch nicht-aktive Abschnitt der ecuadorianischen Anden,** der bei weitem nicht die Höhen des nördlichen Hochlandes erreicht. Stattdessen befinden sich hier große Wassereinzugsgebiete wie z.B. der Río Paute, der wasserreichste Fluss der gesamten ecuadorianischen Sierra.

Küstentiefland (Costa)

Das im Durchschnitt 100 km breite westliche Küstentiefland nimmt ein weiteres **Viertel der Landfläche** ein und wird von einem durchschnittlich 300 bis 600 m hohen Küstengebirge durchzogen, das die Ebene in zwei Bereiche teilt: den maritimen Bereich westlich der Bergkette mit flachen Küsten und ausgedehnten Stränden und das zentrale Tiefland zwischen dem Mittelgebirge und der westlichen Andenkordillere, das durch drei große Flusssysteme, den Río Esmeraldas, den Río Santiago und den **Río Guayas** in Nord-Süd-Richtung entwässert wird und dadurch das Küstentiefland in verschieden große Beckenlandschaften gliedert. Der wichtigste Fluss ist der Río Guayas, größter Fluss im westlichen Südamerika.

Amazonastiefland (Oriente)

Östlich der ecuadorianischen Andenkette breitet sich das Gebiet des Oriente (span. = Osten) aus. Der offizielle Name des Oriente lautet Región Amazónica (Amazonien). Auf die größte Region Ecuadors entfällt beinahe die **Hälfte der Landesfläche,** die sich räumlich in einen nördlichen und einen südlichen Teil gliedern lässt, wobei die natürliche Trennungslinie durch den Río Pastaza gebildet wird. Geografisch teilt sich Amazonien in den **Hohen Oriente** (das Gebiet an den Ostflanken der Anden) und den **Tiefen Oriente** (das eigentliche Tiefland am Fuß der Andenkette). Dabei umfasst der Hohe Oriente die subandinen Bergketten *(cadenas),* namentlich Napo, Galeras, Cutucú und Cóndor einschließlich der Täler und Hügelländer *(piedemontes),* im Einzelnen Napo, Pastaza, Upano und Zamora. Der Tiefe Oriente umfasst die daran anschließende, im Durchschnitt 300 m „hohe" Ebene des westlichen Amazonasbeckens. Die Ebene besteht zu weiten Teilen aus der mannigfaltigen Vegetation des tropischen Regenwaldes, zwischen der sich mäandrierende, große Flusssysteme ihren Weg gesucht haben und in den Amazonas abfließen.

Klima

Temperatur, Niederschlag, Luftfeuchte und Windverhältnisse sind die bestimmenden klimatischen Faktoren. Die Klimazonen der Erde hängen in einem wesentlichen Teil von ihrer Entfernung vom Äquator ab, werden also von ihrem jeweiligen Breitengrad maßgeblich bestimmt.

Gemäß dieser äquatorparallelen Gliederung liegt **Ecuador** direkt in Äquatornähe **im Bereich der inneren Tropen.** Das heißt vor allem, dass **geringe Temperaturschwankungen** im **Jahresverlauf** und **große Temperaturschwankungen im Tagesverlauf** auftreten. Man spricht daher von einem **Tageszeitenklima.** Verantwortlich für das Klimageschehen ist die sog. Innertropische Konvergenz (ITC), die jahreszeitlich mit dem Stand der Sonne wandert. In ihr fließen die Passatwinde in einer Tiefdruckrinne zusammen (sie konvergieren), steigen auf und verursachen die oft mit Gewittern verbundenen sog. Konvektionsregen, wobei die jahreszeitlichen Maxima der Verschiebung der ITC entsprechen. Während in den Randtropenbereichen der Wechsel zwischen der Zeit der vorherrschenden (trockenen) Passatwinde und der Zeit der sommerlichen ITC zur Ausbildung einer ausgeprägten Trocken- und Regenzeit führt, treten in direkter Äquatornähe normalerweise beim Fehlen einer ausgeprägten Trockenzeit im Jahresverlauf im Normalfall lediglich zwei Niederschlagsmaxima auf, die mit dem Zenitstand der Sonne um die Mittagszeit zusammenfallen. In Ecuador werden diese Umstände durch das Relief, die Exposition und im Küstenbereich durch den kalten **Humboldt-Strom** abgewandelt, so dass es in Ecuador nicht ein Klima, sondern viele Klimate bzw. Mikroklimate gibt.

Klima im westlichen Tiefland

Im Küstentiefland bewirken einerseits die Präsenz des kalten Humboldt-Stroms, andererseits die Nähe des Andenhochlands als Klimascheide eine klimatische Teilung der Küste in **zwei Subregionen:** in eine **trockenheiße Randregion des südlichen Küstenabschnitts** und in eine **feuchtheiße Zwischenregion des nördlichen Küstenteils und des gesamten Küstenhinterlandes** bis zum Andenvorland. Dabei nehmen die Niederschlagsmengen an der Küste bei einheitlichen jährlichen Durchschnittstemperaturen von 26°C von Norden nach Süden ab. Im Norden liegen sie im Durchschnitt bei 1000–1200 mm, im Süden bei 500–700 mm. Damit bildet die *Costa* Ecuadors klimatisch eine Brücke zwischen der trockensten Region Südamerikas, der Küstenwüste Perus im Süden, und der feuchtesten Region des Subkontinents, der kolumbianischen Pazifikküste im Norden. Folglich ist das **Klima** besonders **an der südlichen Küste** eher **subtropisch** geprägt mit einer Regen- und einer Trockenzeit, wobei die **Regenperiode** in den Südsommer **zwischen Dezember und Mai** fällt.

Eine Sonderstellung nimmt dabei die **Halbinsel Santa Elena** ein. Da die

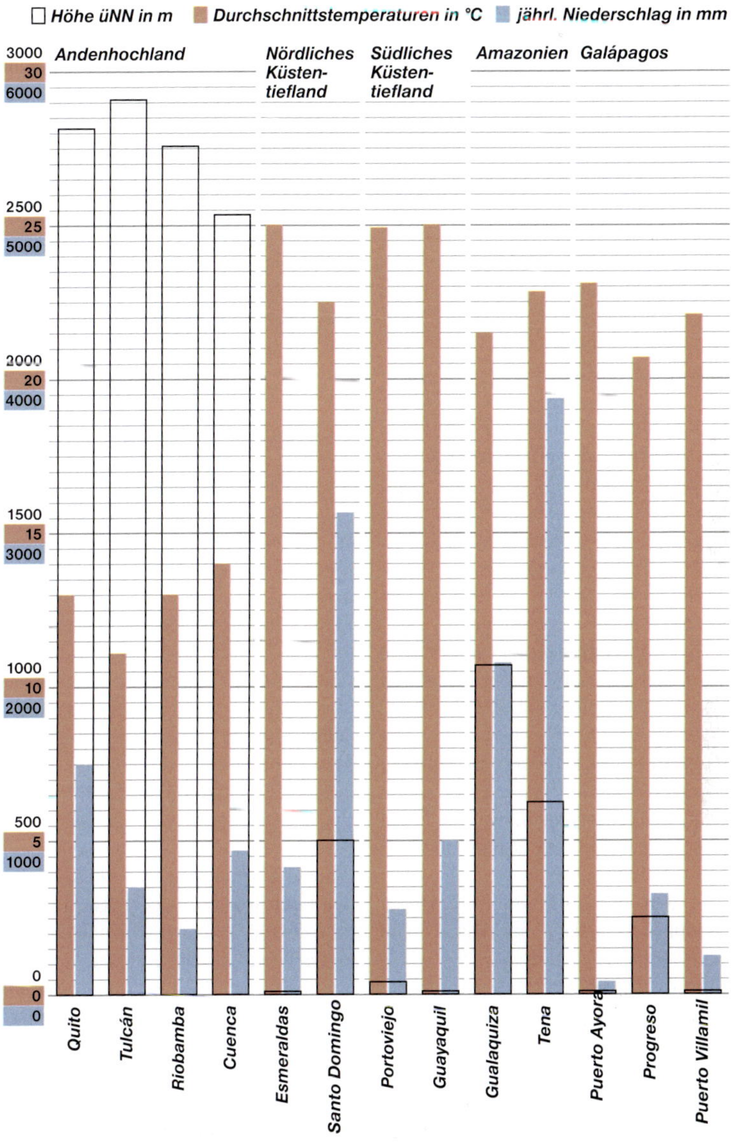
Höhe üNN in m
Durchschnittstemperaturen in °C
jährl. Niederschlag in mm
3000
30
6000
2500
25
5000
2000
20
4000
1500
15
3000
1000
10
2000
500
5
1000
0
0
0
Andenhochland
Nördliches Küstentiefland
Südliches Küstentiefland
Amazonien
Galápagos
Quito
Tulcán
Riobamba
Cuenca
Esmeraldas
Santo Domingo
Portoviejo
Guayaquil
Gualaquiza
Tena
Puerto Ayora
Progreso
Puerto Villamil

Halbinsel weit in den Pazifik ragt, gelangt sie nachhaltig unter den Einfluss des kalten Humboldt-Stroms. Dieser kühlt die von Westen kommenden Luftmassen so stark ab, dass sie ihre Feuchtigkeit bereits über dem Meer abgeben, so dass die Halbinsel mitunter jahrelang keine Niederschläge empfängt, was zur Ausbildung einer Halbwüste geführt hat. Die jährliche Niederschlagsmenge von Salinas liegt im Durchschnitt bei nur 188 mm.

Klima im zentralen Hochland

In der Sierra variiert das Klima v.a. mit zunehmender Höhe. Es reicht von gemäßigt-feuchten Regionen der Hochlandbecken über gemäßigt-nasse Regionen der Andenvorländer bis zu den feuchtkalten Regionen der Hochgebirge, die von schneebedeckten Bergspitzen überragt werden.

Die **Schneegrenze** liegt in der **Ostkordillere** mit **4500 m** gegenüber der der **Westkordillere** mit **4700 m** etwas tiefer, was auf die Einwirkung des Südostpassats zurückzuführen ist. Er bringt dem Hochland feuchte Luftmassen aus dem Amazonastiefland, die sich in den höchsten Lagen der Ostkordillere als Schnee niederschlagen.

In den gemäßigt-feuchten Hochlandbecken fallen im Jahresverlauf 700–1100 mm Niederschlag, wobei die Monate **Juni bis September trockener** sind als die übrigen Monate des Jahres. Die durchschnittlichen Jahrestemperaturen liegen zwischen 13,5° und 16°C mit maximalen Temperaturschwankungen von 1–2°C zwischen dem wärmsten und dem kältesten Monat. Es existieren also keine Jahreszeiten wie in Mitteleuropa. Im Tagesverlauf dagegen schwanken die Temperaturen gewaltig, krasse Temperaturstürze innerhalb weniger Minuten sind häufig.

Im feuchtkalten Hochgebirge ab 3500 m fällt im Jahresverlauf **viel Regen** (zwischen 1200–2000 mm), der häufig in Hagel- und Schneestürme übergeht. Die Jahrestemperaturen liegen im Durchschnitt bei 12°C und können in der Nacht unter den Gefrierpunkt fallen.

Klima im östlichen Tiefland

Das östliche Tiefland des Oriente hat durch den Einfluss der Südostpassate immer ein **feuchtheißes Klima mit den höchsten Niederschlagswerten des Landes.** Sie liegen im Jahresdurchschnitt zwischen 2000 und 3000 mm und in einigen Bereichen darüber (in Mera über 4800 mm), wobei der Niederschlag meistens am Nachmittag als kurzer, heftiger Regen auftritt. Im Oriente herrscht noch am ehesten das typische Regenwald-Klima der Tropen.

Die ergiebigsten Niederschläge fallen als Zenitalregen in den Monaten, wenn Sonneneinstrahlung und Verdunstung am höchsten sind. Über dem Äquator erreicht die Sonne im Verlauf eines Jahres zweimal, zur Tag- und Nachtgleiche, ihren Höchststand: im März bzw. im September. In diesen Monaten ist das Schema des Regenwaldklimas am besten zu erleben: Die Temperaturen steigen durch die Sonneneinstrahlung im Tagesverlauf langsam an, wassergesättigte Luftmassen steigen auf, kondensieren und bilden ein dichtes Wolkenband, aus dem am Nachmittag heftige Regengüsse niedergehen. Danach klart es dann meistens auf, und die Luft kühlt sich etwas ab, doch infolge der hohen Luftfeuchtigkeit bleibt es auch in der Nacht schwül.

Die Jahrestemperaturen liegen im Durchschnitt bei 26°C, doch können die Temperaturschwankungen an sonnigen Tagen im Tagesverlauf mitunter 8° bis 10°C betragen.

Pflanzenwelt

In Ecuador sind **über 20.000 Pflanzenarten** bekannt, und jedes Jahr kommen neue hinzu. Diesen prachtvollen Pflanzenreichtum erlebt am ehesten, wer zu Fuß unterwegs ist. Aber auch eine Fahrt entlang der Küstenstraßen vom südlich gelegenen Salinas hoch in den Norden, eine Fahrt von Ibarra in der Sierra nach San Lorenzo an die Küste oder eine Fahrt von Baños in der Sierra nach Puyo hinunter in das Amazonastiefland führen einem dieses in beeindruckender Weise vor Augen.

Um sich in der üppigen Vielfalt der Pflanzenwelt zurechtzufinden, haben Vegetationsgeografen und -ökologen die Flora entsprechend den gegebenen Umweltbedingungen in unterschiedliche Pflanzengesellschaften gegliedert und zu einheitlichen Lebensräumen zusammengefasst. Auf diese Weise lassen sich verschiedene Vegetationszonen unterscheiden, die durch Übergangszonen verbunden sind, diffusen Mischungen zweier Vegetationsgebiete.

Vegetationszonen

Das Vegetationsbild einer Landschaft steht in direktem Zusammenhang mit den lokalen Boden- und Klimaverhältnissen, wobei die jahreszeitliche Verteilung der Trocken- und Regenperioden einen entscheidenden Einfluss nimmt.

Entsprechend der äquatorparallelen Gliederung der Klimazonen lässt sich analog eine horizontale Vegetationszonierung vornehmen, nach der das Vegetationsbild Ecuadors ausschließlich tropisch geprägt ist. Schon 1802 beschäftigte sich *Alexander von Humboldt* auf seiner Amerikareise in Ecuador mit den Vegetationszonen und ihren vegetationsgeografischen Inhalten. Seither lässt sich auch eine Höhenstufung der tropischen Vegetation ausmachen, die in erster Linie von den zunehmenden Niederschlagsmengen mit steigender Höhe abhängt und ab 2000 m durch die Temperaturabnahme mitbestimmt wird. In den Anden Südamerikas und damit auch in Ecuador unterscheidet man eine Höhenstufung der Vegetation, die von der **Tierra caliente** („heiße Erde") bis zur **Tierra helada** („gefrorene Erde") reicht.

Ein Querprofil durch Ecuador vom Küstentiefland (Costa) über das Andenhochland (Sierra) bis zum westlichen Amazonasbecken (Oriente) zeigt, wie sich die Vegetation über das Land verteilt und sich in verschiedene Zonen gliedern lässt. Neben die immergrünen tropischen Regenwaldformationen der

Tief- und Bergländer treten im Küstenbereich die Formationen der laubabwerfenden Wälder und im Andenhochland das einzigartige, eher arktische Grasland der Páramo-Vegetation.

Nachfolgend werden die Vegetationszonen von Festland-Ecuador beschrieben (zur Vegetation der Galápagos-Inseln siehe im Galápagos-Kapitel).

Immergrüner tropischer Regenwald

Die immergrünen tropischen Regenwälder bilden einen schmalen Vegetationsgürtel rund um den Äquator. Nirgends auf der Erde ist das Pflanzenleben so artenreich wie im Regenwald der inneren Tropen. Bis zu 100 verschiedene Pflanzenarten können sich um den Stamm eines Regenwaldbaumes winden oder sich in seiner Krone festhalten. **Botaniker schätzen, dass zwei Drittel aller Pflanzen der Erde im immergrünen tropischen Regenwald gedeihen.** Hier steht die Sonne ganzjährig hoch am Himmel, die Temperaturen liegen das ganze Jahr über zwischen 20 und 28°C, und mindestens neun Monate lang regnet es reichlich mit jährlichen Niederschlagsmengen von 2000 mm und mehr.

Neben dem Klima tragen, wie bereits erwähnt, die Bodenverhältnisse entscheidend zum Vegetationsbild bei. Widersinnig erscheint, dass sich die ökologische Produktivität der Regenwälder auf einem Boden vollzieht, der so gut wie keine Nährstoffe enthält. **Die Böden der tropischen Regenwaldzone zählen zu den unfruchtbarsten der Erde überhaupt.** Die Regenwaldbäume wurzeln flach in tiefgründig verwitterten, leuchtend rot gefärbten Böden. Es sind tonreiche, lockere Rotlehme oder ausgelaugte, verhärtete Roterden, aus denen durch Jahrmillionen andauernde heftige Regenfälle bei permanenter Hitze beinahe sämtliche Nährstoffe ausgeschwemmt wurden. Phosphor, Calzium, Kalium und Magnesium sind in diesen über 40 m mächtigen Böden Mangelware. Zudem erodieren die Böden in Hanglagen sehr schnell. Durch die beschleunigte Zersetzung des Laubfalls im Regenwaldklima ist auch der Humusanteil der Böden gering, und so erfolgt die Nährstoffspeicherung nicht im Boden, sondern v.a. in den Baumkronen. Die Pflanzen müssen aus diesem Grund mit dem mageren Nährstoffangebot sehr gut haushalten. Das heißt, sie müssen einerseits den Verlust von Nährstoffen eindämmen und andererseits die bereitgestellten Nährstoffe rasch umsetzen. Das tropische Klima ist ihnen dabei behilflich, da Laubfall und andere Abfallstoffe sehr schnell verwesen und damit den Nährstoffkreislauf forcieren.

Zwei Drittel der Landfläche Ecuadors waren ursprünglich von tropischen Regenwäldern bedeckt. Noch immer bestehen einige zusammenhängende Primärwälder. Interessierte Touristen sollten auf jeden Fall eine mehrtägige Exkursion unter Leitung eines ortsansässigen erfahrenen Führers unternehmen. Ein Besuch des tropischen Regenwaldes wird so zu einem lehrreichen und unvergesslichen Erlebnis. Als weiterführende Literatur in Ergänzung zu den folgenden Ausführungen sei das Buch „Vegetation und Klimazonen" von *H. Walter* empfohlen.

Immergrüner tropischer Tiefland-Regenwald

Wie der Querschnitt zeigt, schließt die Zone des immergrünen tropischen Regenwaldes in Ecuador das gesamte Gebiet des westlichen Amazonasbeckens im Oriente und das pazifische Küstentiefland der Costa ein.

Nochmals veranschaulicht sei das auffälligste Merkmal des Regenwaldes, sein **enormer pflanzlicher Artenreichtum:** Im Nationalpark Yasuní zählten die Forscher 1260 Baumarten auf 25 ha Regenwald – das ist Weltrekord! Oft fällt es schwer, im Umkreis von mehreren hundert Metern auch nur eine Pflanze derselben Art zu entdecken.

Der Grund für den Artenreichtum liegt einerseits in der Vielzahl ökologischer Nischen, die einen großen Konkurrenzdruck der Arten begründet, andererseits in den ausgeglichenen klimatischen Bedingungen innerhalb der Tropen, die eine Anpassung an jahreszeitliche Änderungen erübrigen und stattdessen eine schnelle Spezialisierung fördern.

Regenwälder sind in **„Stockwerke"** gegliedert: Unterschieden werden eine **Baum-**, eine **Strauch-** und eine **Krautschicht.**

Baumschicht

Über 70% aller Regenwaldpflanzen sind Bäume, die weit über 200 Jahre alt werden können. Da den Bäumen Jahresringe fehlen, ist eine genaue Altersbestimmung jedoch unmöglich.

Das Fehlen der Jahreszeiten in den inneren Tropen hat zur Folge, dass es im Regenwald keine einheitliche Blütezeit gibt. So erscheint der Wald immer grün, obwohl durchaus jeder Baum seine individuelle Blütezeit hat und mitunter

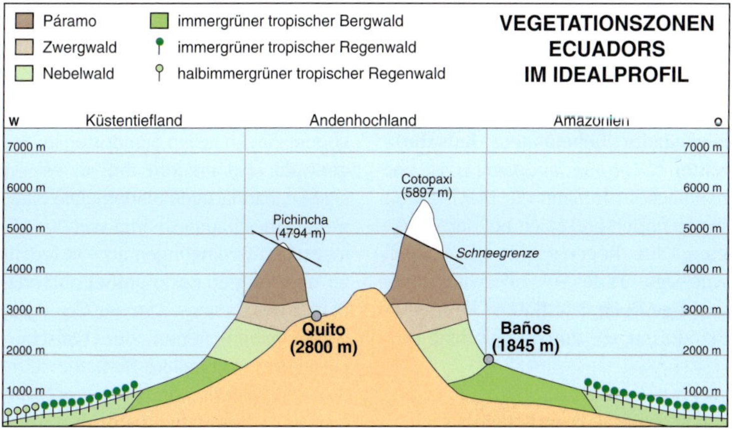

ecu092 Foto: peko

große Blüten hervorbringt. Die mittlere Baumschicht, die in Höhenlagen zwischen 20 und 30 m ein geschlossenes Blätterdach bildet, wird von regelrechten Baumriesen durchbrochen, die zum Licht vordringen und Wuchshöhen von 55 m und mehr erreichen können.

Aus den Regenwäldern stammen wertvolle Edel- und Nutzhölzer. Das **leichteste Nutzholz der Erde** liefert der in Ecuador beheimatete **Balsaholzbaum** *(Ochroma lagopus).* Er ist vornehmlich im Tiefland der Provinz Guayas zu finden und spielt bei der Verjüngung des Regenwaldes als schnellwüchsige Art des Sekundärwaldes eine wichtige Rolle. Die Bäume können an Standorten, die durch Kahlschlag oder durch natürliche Verjüngung plötzlich reichlich Licht bereitstellen, innerhalb eines Jahres Wuchshöhen von mehreren Metern erreichen. Balsaholz ist leichter als Kork. Viele Indianer beherrschen das Handwerk, daraus Holzfiguren zu schnitzen.

Páramo-Vegetation am Rumiñahui

Zur Cecropia-Familie gehört ein sehr auffälliger Baum, der sich ebenfalls zur schnellen Aufforstung eignet. Man begegnet ihm an hellen Standorten im Regenwald und erkennt ihn an seinen großen, handartigen Blättern. Die Blattgröße eines Baumes hängt von den klimatischen Bedingungen ab – je feuchter und wärmer, desto größer auch die Blätter des Baumes. Die der Cecropia-Arten haben neben der typischen Handform eine hellere Blattunterseite, was im Spiel des Windes eine geheimnisvolle Atmosphäre schafft.

Strauch- und Krautschicht

Die Strauch- und Krautschicht lässt sich schwer auseinanderhalten, da auch der Krautschicht zugehörige Pflanzen Wuchshöhen von mehreren Metern erreichen können. Je höher der Wuchs einer Pflanze, desto mehr Licht erhalten ihre Blätter. Pflanzen der Strauch- und Krautschicht müssen grundsätzlich mit weniger Licht auskommen als die sie überragenden Riesen. Die geringere Photosynthese-Aktivität erklärt das Phänomen, dass viele Gewächse samtartige, bunte (vorwiegend Rot- und Weißtöne) Blätter tragen.

Manche Pflanzen haben das Lichtproblem auf sehr elegante Weise gelöst. Die **Lianen** beispielsweise bilden keinen Stamm aus, sondern nutzen andere Bäume als Stütze, um sich an ihnen zum Licht „hinaufzuziehen". Dabei halten sie sich an dem Baum fest und wachsen praktisch mit diesem weiter, bis sie die Baumkronen erreichen. Stirbt der Stützbaum ab, verbleibt die Liane in den Baumkronen und hängt häufig wie ein langes Seil vom Kronendach herunter. Da Lianen sehr viel Licht benötigen, sind sie vor allem an hellen (verjüngten) Regenwaldstandorten der Sekundärwälder zu finden.

Zu den typischen Regenwaldvertretern zählen die Aufsitzerpflanzen oder **Epiphyten.** Da sie von gleichmäßigen Niederschlägen abhängig sind, stellen die immerfeuchten Bergwälder die am besten geeigneten Standorte dar.

Als auffälliger Vertreter des immergrünen Regenwaldes ist die **Würgefeige** zu nennen, die in Ecuador in den Ficus-Arten vorkommt. Die Würger keimen in den Astgabeln eines Baumes und bilden kräftige Wurzeln aus, die sehr schnell am Stamm des Wirts herunterwachsen, diesen umklammern, sein weiteres Dickenwachstum verhindern, ihn schließlich „erwürgen" und selbst einen Stamm ausbilden, der später eine große Krone trägt.

Immergrüner tropischer Bergwald

Die Zone der immergrünen tropischen Tiefland-Regenwälder geht an den Gebirgshängen des Andenhochlandes in den immergrünen Bergwald über, der die Höhengliederung im noch stärker durchfeuchteten Gebirgsland einleitet. Die feuchten Luftmassen des Südostpassats treffen auf die quer zur Windrichtung stehenden Kordillere, kühlen ab, steigen auf und kondensieren. Es kommt zur Wolkenbildung und Steigungsregen entsteht. Bei gleichen Niederschlagsmengen führt dieser Vorgang zu einer größeren Regenhäufigkeit im Bergwald gegenüber dem Tiefland-Regenwald. Zum Steigungsregen gesellt sich die Kondensation der Nebeltropfen auf Zweigen und Blättern, so dass die 5–15 m hohen Bestände des montanen Regenwaldes ganzjährig in kühlerem Klima extremer Feuchtigkeit ausgesetzt sind.

Die Regenwälder des Hochlands sind gegenüber den Tiefland-Regenwäldern noch artenreicher. Da mit zunehmender Höhe die Temperaturen sinken (alle 150 m etwa um 1 °C), wird die Photosynthese und damit der gesamte Stoffkreislauf der Vegetation herabgesetzt, was vordergründig einer größeren Artenvielfalt widerspricht. Das Ökosystem der Bergwälder allerdings ist weniger stabil als das der Tiefland-Regenwälder. So kommt es infolge der regelmäßigen Niederschläge in den Hanglagen z.B. zu häufigen Erdrutschen, die größere Schneisen in die Vegetationsdecke reißen, was letztlich neue Standorte für Pionierpflanzen schafft.

Vertreter des tropischen Bergwaldes sind lorbeerblättrige Bäume, **Palmen, Koniferen** (Nadelbäume, wie Podocarpus, Zedern und Zypressen) und **Epiphyten:** Farne, Moose, Flechten, Bromelien und **Orchideen** in nahezu 1000 Arten, besonders kennzeichnend für die Bergwälder.

Ein weiterer, typischer Vertreter des immergrünen Bergwaldes ist der **Eukalyptusbaum.** Ursprünglich aus Australien kommend, wurde er nach Ecuador eingeführt, und heute sind vor allem weite Teile der andinen Hochlandbecken von Eukalyptuswäldern überzogen. Das Holz des Eukalyptusbaumes wird als Brenn- und Bauholz genutzt.

Tropischer Nebelwald

Eine **besondere Form des tropischen Bergwaldes** ist der tropische Nebelwald. Im Prinzip ist Nebelwald ein Oberbegriff für verschiedene Stufen des Bergwaldes **zwischen 1000 und 3000 m** mit jährlichen Niederschlagsmengen von mindestens 2000 mm. Wird mit der Wolkenstufe die Zone der maximalen Luftfeuchtigkeit erreicht, breitet sich der Nebelwald aus, der an diese 100%ige Sättigung gebunden ist. Dabei nimmt die Wolkenstufe keine bestimmte Höhenlage ein. Je feuchter die Luft am Fuß der Anden, desto niedriger liegt die Wolkenzone. Die feuchtkühle Luft in Verbindung mit dem reichen Lichtangebot, das durch die Baumkronen dringt, lässt einen Pflanzenwuchs zu, der dem des Tieflandregenwaldes ähnelt, mit dem Unterschied allerdings, dass er artenärmer und sein Kronendach niedriger ist. Dominierende Pflanzen sind **Baumfarne** und **Epiphyten. Moos- und Lebermoosteppiche** breiten sich auf dem Boden aus, hängen von den ledrigen Blättern der Baumkronen herunter oder kleiden Baumstämme zusammen mit Flechten in einen grünen Mantel. Dazwischen leuchten farbenfrohe Blütenpflanzen wie **Begonien, Fuchsien, Geranien** und die epiphytischen **Orchideen.**

Feuchte Gebüsche (Zwergwald)

Mit zunehmender Gebirgshöhe (über der Wolkenzone) werden Niederschläge und Bäume weniger. Das Grün der Bäume, die sich nur noch aus **Podocarpus-Arten** zusammensetzen, wird spärlicher, und an die Stelle der Moose treten **Bartflechten.** Ist die Baumgrenze erreicht, dehnt sich in einem relativ schmalen Band die Zwergwaldzone aus. Sie besteht im Wesentlichen aus Grasbüscheln, Zwergsträuchern und Polsterpflanzen.

Páramo-Vegetation

Einzigartig auf der Welt ist die tropische Hochlandzone des Páramo in Lateinamerika, die eine feuchtkalte Graslandzone darstellt. Sie liegt zwischen 10° nördlicher und 10° südlicher Breite und reicht damit von den Hochländern Costa Ricas bis zu denen im Norden

Perus. In diesem rauhen, kalten und feuchten Tafelland, in Höhen **zwischen 3500 m und 4700 m,** weht ein kräftiger Wind, der sich oft zu Schnee- und Hagelstürmen steigert. Vorüberziehende Wolken können in diesen Höhen zu Temperaturstürzen von 15°C innerhalb von nur fünf Minuten führen. Im Verlauf von über 60 Mio. Jahren hat sich eine **Vegetation** entwickelt, die **aus heideartigen Formationen von Büschel- und Horstgräsern, loorbeerblättrigen Sträuchern, Wollschopfpflanzen und niederen Polster- und Rosenpflanzen** besteht.

Die Blätter der Páramo-Pflanzen sind klein, dick und in symmetrischen Rosetten angeordnet, wobei die Haut oft kleine Härchen besitzt. Die dicke, wachsüberzogene Haut der Blätter schützt vor der intensiven Sonneneinstrahlung, ihre Rosettenform für eine bessere Aufnahme des benötigten Sonnenlichts. Ihr Flachwuchs bedingt einen ausgeglicheneren Temperaturhaushalt und bietet weniger Angriffsfläche für Wind und Kälte. Zudem bilden die Härchen auf den Blättern eine Art Schutzfilm, der die nötige Wärme speichert. Ein auffälliger Vertreter des Páramo ist die stachelige *chuquiragua,* an ihren orangefarbenen Blüten zu erkennen.

Zu den größten blütentragenden Pflanzen aus der Familie der Korbblütler gehören die in Ecuador beheimateten **Espeletien,** die hier *frailejones* (Riesenmönche) genannt werden. Sie sind vor allem auf dem Páramo von El Angel im Norden der ecuadorianischen Anden anzutreffen. Ihr Pflanzenstiel ist eingebettet in abgestorbene, samtweiche Blätter, und die Krone bildet eine Rosette aus graugrünen, mit kleinen samtartigen Härchen überzogenen Blättern, die eine lanzettförmige Form aufweisen. Die Blüte ähnelt der Löwenzahnblüte. Die Pflanzen können bis zu 6 m hoch werden und bilden damit die einzige Ausnahme in der sonst flachen Páramo-Vegetation.

An die Páramo-Zone schließt sich die vegetationslose Zone der **Kältewüsten** unterhalb der Schneegrenze an. Darüber erheben sich die zeitweise bzw. kontinuierlich vereisten Gipfel der östlichen und westlichen Bergkette.

Halbimmergrüner tropischer Regenwald

Im westlichen Tiefland haben sich aufgrund spezieller mikroklimatischer Verhältnisse laubabwerfende Formationen ausgebildet, die unter dem Begriff des halbimmergrünen Regenwaldes zusammengefasst werden.

Der **bestimmende Faktor** zur Ausbildung des halbimmergrünen Regenwaldes ist der **Wechsel zwischen Regen- und Trockenzeit.** Dabei unterscheidet man entsprechend der Länge der Trockenperiode auf der einen Seite feuchtere laubabwerfende Wälder bzw. tropische Saisonregenwälder mit zwei bis drei Monaten Trockenzeit, und andererseits laubabwerfende Trockenwälder mit mehr als vier Monaten Trockenzeit.

In den Formationen des **tropischen Saisonregenwaldes** besteht nur die untere Baum- und Strauchschicht aus immergrünen Arten, während die oberste Baumschicht von laubabwerfenden Arten gebildet wird. Der auffälligste Baum, der die immergrünen Arten überragt, ist der **Weiße Kapokbaum** *(Ceiba pentandra)* aus der Familie der Bombacaceen, den die Ecuadorianer *ceibo* nennen. Er erreicht Höhen von über 40 m und ist an seinen Brettwurzeln zu erkennen, die radial von der Stammmitte 5 m nach außen laufen und mehrere Meter am Stamm hinauf reichen; so erhalten die Bäume ihre Standfestigkeit im Tropenboden. Der Stamm des Kapoks hat eine schlanke Form mit hochansetzenden Baumkronen. Die bananenförmigen Fruchtkapseln enthalten die gelbliche Kapokwolle, die als Polstermaterial genutzt wird.

Im **tropischen laubabwerfenden Trockenwald** werfen mit zunehmender Dauer der Trockenzeit alle Baumarten die Blätter ab, so dass der Wald über bestimmte Zeiten völlig blattlos ist. Das ist in Ecuador in den nördlichen Teilen des südlichen Küstenabschnittes zu beobachten. Hier sind die Wälder arm an Lianen, aber reich an Epiphyten (Farne, Kakteen, Bromelien, Orchideen).

Diese Zone leitet in die Savannenformationen des ecuadorianischen Südwestens über. Mit abnehmendem Niederschlag geht der halbimmergrüne tropische Regenwald in die **Savannenwälder** über, die die trockenste Form der laubabwerfenden Wälder mit einer Grasschicht im Untergrund darstellen. Sie bilden einen dichten Dornbusch mit Schirmkronen (Akazien) aus. In der Savanne wachsen u.a. Bursera, Guaiacum, Capparis, Croton und Agaven. Während der Trockenzeit sind diese Sträucher ohne Blätter.

In den Niederungen des Küstenhinterlandes und im Einzugsbereich von großen Flusssystemen haben sich in abflusserschwerten Gebieten **weitläufige Überschwemmungs- und Sumpfwälder** ausgebildet, die in Ecuador sehr oft von Palmen gesäumt sind und als Galeriewald die **Palmsavanne** charakterisieren. Daneben sind Gräser und halbtrockene Sträucher vorzufinden.

Eine vegetationsgeografische Sonderstellung nimmt der **südwestliche Küstenbereich bei Santa Elena** ein, der durch die Präsenz des kalten Humboldt-Stroms sogar den Charakter einer **Halbwüste** mit trockenliebenden Sukkulenten aufweist. Dabei speichern die Sukkulenten genügend Wasser, um eine Dürreperiode von über einem halben Jahr zu überstehen. Augenfälligster Vertreter ist der **Kandala-Kaktus,** der das Wasser über seine Flachwurzeln aufnimmt, speichert und so auch längere Dürreperioden überlebt.

Mangrovenwald

Im direkten Küstenbereich werden die tropischen Regenwälder Ecuadors häufig von Mangroven gesäumt. Mangroven treten entsprechend ihrer Ortsbestimmung in drei Typen auf: **Küstenmangroven** wachsen im flachen Uferbereich an Küsten, die mit keinem Flusssystem des Hinterlandes in Verbindung stehen. Sie bilden breite Bänder entlang der Küstenlinien und sind an den Küsten Ecuadors weit verbreitet.

Flussmündungsmangroven wachsen, wie der Name verrät, im Bereich von Flussmündungen, **Riffmangroven**

im Küstenbereich auf dem abgestorbenen Riffkörper tropischer Korallenriffe (Galápagos).

Mangrovenwälder gedeihen im Gezeitenbereich der Meere. Sie sind an das Salzwasser gebunden, und ihre Verbreitung ist damit im Gegensatz zu allen anderen Pflanzenformationen Ecuadors vordergründig nicht von den klimatischen Faktoren abhängig, sondern an das Auftreten von Salzböden gebunden. Bei Flut ragen die Baumkronen gerade mal aus dem Meerwasser hervor, bei Ebbe werden ihre Wurzeln sichtbar. Es gibt Arten, die **Stelzwurzeln** ausbilden *(Rhizophora sp.)* und solche mit **Atemwurzeln** *(Avicennia sp.)*. Etwa zwei Dutzend Mangroven-Arten sind bekannt.

In Ecuador am weitesten verbreitet ist die Stelzwurzeln ausbildende **Rote Mangrove** *(Rhizophora mangle)*. Die Stelzwurzeln stabilisieren die Bäume und geben ihnen einen sicheren Halt, besonders im oft lockeren und feinen Untergrund der Strandregionen. Verbreitungsgebiete in Ecuador sind die Buchten von San Lorenzo, Cojimíes und Bahía de Caráquez sowie der Golf von Guayaquil und die Gegend von Puerto Bolívar entlang der Küste bis nach Peru. Die Garnelen-Industrie hat viele Mangrovenbestände stark dezimiert, was gefährliche Auswirkungen auf die Brutgebiete von Seevögeln (Fregattvögel, Pelikane) hat, auf Weichtiere (Muscheln, Schnecken) und viele Fischarten.

Tropische Früchte

Zahlreiche tropische Früchte sind in Ecuador beheimatet: Neben **Ananas** *(piña)*, **Wassermelone** *(sandía)*, **Honigmelone** *(melón)* und **Baummelone** *(papaya)* ist die gelbe **Guave** *(guayaba)* zu nennen, deren Fruchtfleisch je nach Reifestadium rosa oder gelb ist und zuckersüß schmeckt. Weitere Früchte sind die **Passionsfrucht** *(maracujá* oder ihr Verwandter, die *granadilla)*, die **Kaktusfeige** *(tuna)*, die **Annone** oder Zimtapfel *(chirimoya)*, die birnenförmige süße **Mango** *(mango)*, das Tomatengewächs **Naranjilla,** das eher einer Zitrusfrucht gleicht und wie ein Mix aus Grapefruit und Limone schmeckt, die haarige, grüne **Zapote,** deren orangefarbenes

ecu104 Foto: peko

Opuntie auf Galápagos

Fruchtfleisch der Mangofrucht in Geschmack und Aussehen nahekommt, sowie die **Avocado** *(aguacate).*

Anbaupflanzen

Wichtige tropische Anbaupflanzen in Ecuador sind **Kakao, Baumwolle, Zuckerrohr, Reis,** die **Afrikanische Ölpalme, Tabak, Tee, Maniok** (Yucca), **Kaffee und Zitrusfrüchte.** Die wichtigste Exportfrucht ist die **Banane.** Etliche Sorten landen auch auf dem Binnenmarkt.

Unter den **Hochlandkulturen** sind die wichtigsten **Weizen** *(trigo),* **Gerste** *(cebada),* **Mais** *(maíz),* **Kartoffeln** *(papa),* **Hülsenfrüchte** *(leguminosas)* und **Obst** *(fruticultura)* (s.a. „Landwirtschaft") sowie **Schnittblumen.**

Tierwelt

(Zur Fauna auf den Galápagos-Inseln vgl. im Kapitel zum Archipel.)

Die Tierwelt Ecuadors ist aufgrund des vielfältigen Klima- und Landschaftsgefüges ausgesprochen artenreich. **In den Páramo-Regionen** haben sich die Tiere den Umweltbedingungen weniger gut anpassen können, weshalb sie auch selten in größeren Beständen anzutreffen sind.

ecu093 Foto: peko

Unter den Säugetieren ist das **Berg-Tapir** *(Tapirus pinchaque)* das größte und gleichzeitig eines der seltensten Tiere Südamerikas. Es lebt sehr versteckt und ist nur schwer zu beobachten. Die besten Chancen sind in den Páramo-Regionen des Sangay-Nationalparks und in der Region von Papallacta gegeben.

Neben wilden Pferden und Rindern begegnet man während einer Hochlandtour sehr wahrscheinlich Hasen und vielleicht dem **Anden-Pudu** *(Pudu mephistophiles)*, der zum seltensten Hochwild der Welt gehört. Ebenso selten trifft man auf den **Brillenbären.**

Mit etwas Glück hat man Gelegenheit, den größten aller Flugvögel, den **Anden-Kondor** *(Vultur gryphus)*, zu bestaunen. Das **Wappentier Ecuadors** trifft man am ehesten in den Nationalparks Cotopaxi und Cayambe an.

Neben dem Kondor ist der **Kolibri** ein charakteristischer Vertreter der Hochlandzone. Dieser **weltweit kleinste Vogel** kommt in Ecuador in über 130 verschiedenen Arten vor und besticht durch seine Fähigkeit, über einen längeren Zeitraum in der Luft auf ein und derselben Stelle verharren zu können. Dabei schlagen die Flügel entgegen dem „normalen" Flügelschlag der Vögel nicht von oben nach unten, sondern von vorne nach hinten, wobei die Bewegungen der Linienführung einer liegenden 8 folgen.

Traditionelle Finca
am Westhang der Anden

In den Regenwäldern Ecuadors leben unzählige Insekten wie Ameisen, darunter auch Riesenameisen *(Congas)*, Schmetterlinge, Amphibien (etwa 400 Froscharten), Spinnen (Vogelspinne, Tarantel) und Reptilien, darunter die größte Riesenschlange, die bis zu 10 m lange **Anaconda,** und die **Boa constrictor.** Die beiden genannten Riesenschlangen sind ungiftig, die ebenfalls in Ecuador beheimatete **Korallenschlange** *(coral)* ist dagegen giftig. Man erkennt sie an ihrem schwarzroten Ringelmuster. In den Flussbereichen des Regenwaldes leben der **Kaiman** *(caimán)* und das **Krokodil** *(cocodrilo)*.

Von den über 1500 Vogelarten Ecuadors sind noch der bunte **Tukan** *(tucán)* und der **Papagei** *(loro)* zu nennen, die bei mehrtägigen Dschungeltouren im Oriente zu sehen sind.

Unter den Großkatzen ist in den Regenwäldern Ecuadors der **Jaguar** *(jaguar)* zuhause, doch wird man ihn kaum zu Gesicht bekommen.

Von den Affen *(mono)* leben im Regenwald verschiedene Arten von **Kapuzineraffen,** die **Wollaffen** und die kleinen **Springaffen.**

An der Küste trifft man auf diverse Seevögel. Dazu zählen der **Fregattvogel** *(fragata)*, der **Kormoran** *(cormorán)* und der **Pelikan** *(pelícano)*. Weitere Landbewohner sind der **Puma** *(gato del monte)*, der **Ameisenbär** *(oso hormiguero)* und das **Gürteltier** *(armadillo)*.

Im Meer tummeln sich Kabeljau *(bacalao)*, Thunfisch *(atún)*, Zackenbarsch, Seezunge, Krusten- und Schalentiere: Langusten *(langosta)*, Krabben *(langostino)*, Garnelen *(camarón)* u.v.m.

Natur- und Umweltschutz

Das für Schutzgebiete und Nationalparks zuständige „Instituto Ecuatoriano Forestal y de Áreas Naturales y Vida Silvestre" (INEFAN) ist formal mittlerweile aufgelöst worden, seine Funktion hat das Umweltministerium übernommen. Doch INEFAN steht in Ecuador noch immer für Parkaufsicht.

Die ecuadorianischen Pazifik- und Oriente-Regionen, die von Biologen zu den artenreichsten der Erde überhaupt gezählt werden, sind mannigfachen Bedrohungen ausgesetzt.

Wasserkraft- und Ölförderprojekte zerstören das ökologische Gleichgewicht in vielen Gebieten. Die Erdölförderung und die unkontrollierte Besiedelung führen zum fortschreitenden Verlust von Primärwäldern. Das vorbildliche ecuadorianische Umweltschutzgesetz überfordert die Beamten und Parkwächter weitgehend. Der Regenwald im Osten des Landes ist zu einem Gutteil inzwischen vernichtet bzw. verseucht, die Bergwälder im Westen Ecuadors sind zu 90% verschwunden. Umweltschützer befürchten, dass neue Projekte im Straßen- und Pipelinebau weitere unberührte Wälder schädigen.

Die größten Umweltverschmutzer in den Ballungsgebieten sind **Industrie und Kraftfahrzeugverkehr.** In Quito jedoch ist die Luftverschmutzung in den vergangenen Jahren spürbar zurückgegangen, nachdem der Elektrobus und der „Öko"-Bus eingeführt wurden und gleichzeitig alle Busse mit mehr als 20 Jahren Fahrleistung aus dem Verkehr gezogen wurden. Gut ist die Luft jedoch noch nicht.

Auch wenn Flora und Fauna offiziell geschützt sind, scheiden sich die Geister in der Auslegung dessen, was mit den Begriffen „Nationalpark" und „Naturschutz" eigentlich gemeint sei. Die Umweltlobbyisten können sich bis heute nur punktuell gegen stärkere Wirtschaftsinteressen durchsetzen.

So wurde z.B. das 655.800 ha große **Naturschutzgebiet Cuyabeno** 1979 mit dem Zweck eingerichtet, sowohl die Flora und die Fauna des Gebietes zu erhalten als auch eine Art Reservat für die hier lebenden Siona- und Secoya-Indianer bereitzustellen.

Der Ölboom im Land ließ das Projekt zur Makulatur werden: Noch im Jahr seiner Eröffnung wurde Cuyabeno für die Ölförderung freigegeben. Im Naturschutzgebiet entstanden die **Ölstädte Tarapoa** und **Cuyabeno,** als Konsequenz ein leichterer Zugang in das Gebiet, auch für Touristen. Straßen wurden gebaut, denen der Regenwald zum Opfer fiel und fällt, Ölarbeiter ließen sich nieder. Es ereigneten sich Ölunfälle, die viele 1000 ha des Naturschutzgebietes verunreinigten. Ende 2003, kurz bevor Ecuadors neue Haupt-Pipeline in Betrieb genommen wurde, spitzte sich die Lage in den betroffenen Gebieten zu. Im Bergnebelwald von Mindo-Nambillo, aber noch dramatischer in den Indianergebieten um Sarayacu, eskalierte der Konflikt zwischen Bewohnern, Umweltschützern und Erdölindustrie. Nachdem die neue „Erdölpipeline für schwere Öle" (OCP) im Wesentlichen

Nationalparks und Naturschutzgebiete

Die Nationalparks und Naturschutzgebiete verteilen sich über ganz Ecuador und sind teilweise nur schwer zugänglich. Für das Betreten der Nationalparks wird eine Genehmigung benötigt, deren Erwerb in den meisten Fällen mit einer **Nationalpark-Gebühr von 10 $** verbunden ist.

- **Naturschutzgebiet El Boliche:** Hier handelt es sich um ein 1080 ha großes Seen- und Berggelände, das im Westen an den Cotopaxi-Nationalpark grenzt. Hiking über 4000 m um den Cotopaxi-Vulkan mit Übernachtungsmöglichkeiten auf dem refúgio José Ribas (4800 m) und Zelten im Gelände.

- **Naturschutzgebiet Cajas:** 28.800 ha großes Seengebiet 30 km westlich von Cuenca. Pampagras-Hiking in Höhen zwischen 3500 und 4500 m.

- **Naturschutzgebiet Cayambe-Coca:** 403.100 ha großes Urwald- und Hochlandgelände mit reicher Flora und Fauna.

- **Nationalpark Cotopaxi:** 33.400 ha großes Seen- und Berggelände im Andenhochland mit den Vulkanbergen Cotopaxi (5897 m), Quilindaña (4878 m), Sincholagua (4893 m) und Rumiñahui (4712 m); Hiking über 4000 m.

- **Naturschutzgebiet Cotacachi-Cayapas:** 204.420 ha großes Urwald- und Hochlandgelände. Zugang zum Urwald mit Booten von San Lorenzo oder ins Bergland (Laguna de Cuicocha) von Otavalo/Cotacachi aus.

- **Naturschutzgebiet Cuyabeno:** Überschwemmungswald mit Seenplatte (655.800 ha) im Regenwald von Tarapoa (85 km östl. von Lago Agrio).

- **Nationalpark Galápagos:** 727.800 ha großer Inselarchipel, der ca. 1000 km westlich vom ecuadorianischen Festland liegt. Einzigartige Inselflora und -fauna.

- **Nationalpark Machalilla:** Mit 55.000 ha Größe einziger Nationalpark an der Küste Ecuadors mit spezieller Flora und Fauna verschiedener Klimata sowie archäologischen Fundstellen.

- **Naturschutzgebiet Maquipucuna:** 3000 ha großes Gebiet ca. 30 km nordwestlich von Quito mit über 80% Primärvegetation.

- **Naturschutzgebiet Pasochoa:** 400 ha großes Gebiet um den Vulkan Pasochoa (4200 m) im Südosten von Quito. Hiking im Berggelände zwischen 2800 und 4200 m.

- **Nationalpark Podocarpus:** 146.300 ha großes Gebiet; Hiking im Berggelände über 3500 m in der Páramo-Zone, südlich von Zamora.

- **Naturschutzgebiet Pululahua:** 3400 ha großes Berggebiet.

- **Nationalpark Sangay:** 517.725 ha großer Nationalpark im Südosten von Baños, der die Vulkane Sangay, Altar und Tungurahua einschließt.

- **Nationalpark Yasuní:** Gebiet von 1.000.000 ha; größter Nationalpark Ecuadors, östlich von Coca; extrem hohe Artenvielfalt; Huaorani-Reservat; der Park ist touristisch kaum zugänglich.

von der nordrheinwestfälischen und öffentlichen Bank WestLB finanziert wurde, besuchte *Ute Koczy,* NRW-Landtagsabgeordnete der Grünen und Sprecherin für Europa- und Eine-Welt-Politik, wiederholt die Region und wusste Schockierendes zu ökologischen und sozialen Belangen zu berichten.

Ein weiteres Dauerthema im ecuadorianischen Umweltschutz ist der Fischfang in den ökologisch so sensiblen Gewässern von Galápagos. Die **illegalen Fischereien** dort sollten zwar der Vergangenheit angehören, gemäß dem „Ley de Galápagos". Auch eine Verfassungsklage gegen das „Galápagos-Gesetz" seitens der Industriefischer aus Manta wurde 2001 unwiderruflich abgewiesen. Doch das Fehlen konsequenter Kontrollen und einer Veränderung im Bewusstsein der Fischer lassen die weitere Jagd auf Haie und Thunfische und die Ausbeutung der Seegurkengründe befürchten.

Allerdings bilden sich immer mehr **ökologische Interessengruppen** im Land mit dem Ziel, ausgewählte Schutzprogramme für klar umrissene Gebiete und Vorhaben zu erarbeiten und durchzuführen. Dabei wird zur Finanzierung auch der („Öko-") Tourismus miteinbezogen und auf die Hilfe ausländischer Unterstützergruppen zurückgegriffen (vergleiche dazu das „Cerro Golondrinas Project" bei Tulcán).

Geschichte

Ein zumindest rudimentäres geschichtliches Hintergrundwissen ist für eine Ecuador-Reise kaum verzichtbar, da viele Sehenswürdigkeiten wie Ausgrabungsstätten und Baudenkmäler in enger Beziehung zu geschichtlichen Ereignissen stehen. Aus eigener Erfahrung möchte ich anmerken, dass das Wissen um die Zusammenhänge das Interesse steigert und aus dem langweiligen Abklappern von Museen und Kirchen eine echte Entdeckungsreise werden lässt.

Die Geschichte Ecuadors lässt sich in **drei große Epochen** gliedern: Die **indianische,** die **koloniale** und die **republikanische Epoche.** Jede dieser Epochen zerfällt in weitere Zeitabschnitte.

Indianische Epoche

Prähistorische Zeit

Am Anfang der Indianischen Epoche steht die Prähistorische Zeit (10.000–3500 v.Chr.). Älteste Funde zur Existenz von Menschen in Ecuador stammen aus dem Paläolithikum. An der Küste wie auch im Andenhochland zeugen Steinwerkzeuge (Faustkeile, Steinklingen, Wurfgeschosse) vom Leben aus dieser Zeit. Die größte Fundstelle ist **El Inga** (9000 v.Chr.) in der Nähe von Quito, die zu den ältesten prähistorischen Fundstellen ganz Lateinamerikas zählt. Es ist sehr wahrscheinlich, dass die ersten Menschen, die Ecuador erreichten, über Nordamerika kamen, doch ist es schwer zu sagen, welchen Weg sie genau nahmen. Historisch gesichert gilt die Nord-Süd-Route, die die Möglichkeit von Landungen an den Pazifikküsten und den Zugang über verschiedene Andenpässe (vom Amazonastiefland entlang der Flusssysteme) eröffnete. Ganz schwer zu beantworten ist die Frage nach der Herkunft polynesischer Volksgruppen, die heute Ecuador bevölkern.

Viele Volksgruppen haben in der so genannten Formativen Zeit (3500–600 v.Chr.) Ecuador erreicht; in dieser Zeit entstanden die ersten nennenswerten Kulturen.

Die älteste, die **Valdivia-Kultur,** ist benannt nach einem Ort an der Küste in der Provinz Guayas. Viele Wissenschaftler vermuten, dass die Kultur von hier ausging und auf die Küste beschränkt blieb. Sie brachte die ersten Keramiken Amerikas hervor. Älteste Keramikfunde stammen aus der Zeit um 3200 v.Chr. Untersuchungen an Menschenknochen zeigen, dass in dieser Zeit Kannibalismus verbreitet war. Ausgrabungen haben ergeben, dass die Menschen in der Zeit von Valdivia nicht nur von der Jagd und dem Fischfang lebten, sondern dass der Maisanbau bereits bekannt war und praktiziert wurde. Lange Zeit ist angenommen worden, dass dies erst für die viel spätere Chorrera-Kultur galt. Strittig bleibt die Frage nach der Herkunft der Valdivia-Kultur ebenso wie ihre Verwandtschaft mit der japanischen, also auf der anderen Seite des Pazifiks angesiedelten **Jomón-Kultur,** die sowohl in der Zeit nahe beieinander liegen als auch beträchtliche kulturelle Gemeinsamkeiten, v.a. im Handwerk, aufweisen.

Die **Machalilla-Kultur** (ab 2000 v.Chr.) kennt erste bemalte Keramiken, und ihre Herkunft geht mit ziemlicher Wahrscheinlichkeit auf Zentralamerika zurück.

Die **Chorrera-Kultur** (ab 1500 v.Chr.) brachte einen vielseitigen Keramikformenschatz hervor. Funde an der Küste, im Andenhochland und im Amazonastiefland deuten auf den expansiven Drang der Chorrera-Kultur. Wie diese andere Kulturen in Lateinamerika beeinflusste, ist nicht eindeutig zu sagen. Es ist durchaus möglich, dass sie ein Bindeglied zwischen den Kulturen Zentralamerikas und den Hochkulturen Perus darstellt. Im Verlauf von 1000 Jahren (500 v.Chr.–500 n.Chr.) teilte sie sich in verschiedene Kulturen mit regional unterschiedlichen Ausprägungen. Dabei kam es zur ersten Metallverarbeitung in Ecuador, es wurden Schmuck- und Gebrauchsgegenstände aus Gold, Silber, Kupfer und Blei gefertigt, wobei Silber

Land und Leute

und Blei nur als Gold- oder Kupferlegierungen verarbeitet wurden.

Die zentralamerikanisch beeinflusste **La Tolita-Kultur** brachte schließlich die ersten Platin-Gold-Legierungen Amerikas hervor.

In den folgenden 1000 Jahren (500–1500 n.Chr.) nahmen die menschlichen Eingriffe in die Naturlandschaft infolge des Bevölkerungswachstums stetig zu. Waffenfunde weisen darauf hin, dass Grenzstreitigkeiten zwischen einzelnen Völkern kriegerisch ausgetragen wurden, doch erlangte vor dem 11. Jahrhundert kein Volk eine hegemoniale Machtstellung. Dann aber wurden zwei Volksgruppen beherrschend: die aggressiven **Cara** in den Küstenbereichen und die friedlichen **Quitu** im ecuadorianischen Hochland. Beide Völker vermischten sich und bildeten den Staat des Herrschergeschlechts der **Shyri,** dem sich andere Völker, wie die Cañari, anschlossen. Bis zu Beginn des 14. Jahrhunderts regierten die Shyri-Potentaten über 150 Jahre lang das Land.

In der zweiten Hälfte des 15. Jahrhunderts folgte die Herrschaft der **Inkas,** die aus dem Süden kamen und das Gebiet des heutigen Ecuador *Chinchasuyo* (Land des Nordens) nannten.

Das Inka-Imperium (1450–1532)

Die Eroberungszüge der Inkas setzten im 12. Jahrhundert ein. Bis zum Ende des 15. Jahrhunderts hatte sich ein enormes Imperium entwickelt, das von Mendoza (Argentinien) und Concepción (Chile) im Süden über 5000 km nach Norden bis nach Pasto (Kolumbien) reichte.

Aus Peru kommend begannen die Inkas ihre Eroberungszüge ins heutige Ecuador in der zweiten Hälfte des 15. Jahrhunderts und festigten ihre Position gegen Ende desselben. Während der kurzen Zeit ihrer Herrschaft über Ecuador führten die Inkas eine politische, religiöse, sprachliche und (Anden-) kulturelle Einheit der Völker herbei, konstruierten Straßen, entwickelten ackerbauliche Kulturen und urbanisierten ihr Reich. Die Inka-Straße wurde von Cuzco (Peru) erst bis Cuenca und schließlich bis Quito erweitert. Am Río Tomebamba, im heutigen Cuenca, bauten sie die große Steinkathedrale Tumipampa, von der sich allerdings keine Überreste mehr finden.

Zu Beginn des 16. Jahrhunderts war das Inkareich zweigeteilt. Im Norden (Ecuador) wurde es regiert von dem **Inka-König Atahualpa,** im Süden (Cuzco) von dessen Bruder *Huascar.* Zwischen beiden brach Krieg aus, den Atahualpa 1530 in der Nähe von *Ambato* für sich entschied. Die Rivalität zwischen den verfeindeten Inka-Herrschern war letztendlich den spanischen *Conquistadores* (Eroberer) von Nutzen, die damit leichteres Spiel hatten.

Ende des 15. Jahrhunderts schickten sich Europäer an, die Welt zu erkunden. Europa war auf der Suche nach einem Seeweg nach Indien. Nachdem Portugal seine Unterstützung versagte, segelte der Genueser **Christoph Kolumbus** (in Südamerika als *Cristóbal Colón* be-

Indianer beim Goldwaschen

kannt) im Auftrag der spanischen Krone und „entdeckte" 1492 Amerika bzw. einige vorgelagerte Karibikinseln, die er für asiatisches Land hielt.

Der Portugiese **Vasco da Gama** entdeckte den Seeweg über Afrika nach Asien, und in der Folge wetteiferten Spanien und Portugal um die Entdeckung neuer, noch unbekannter Ländereien. Angetrieben von Goldrausch, christlichem Sendungsbewusstsein und politökonomischen Interessen erfolgte eine blutige **Ausbeutung und Kolonisierung Lateinamerikas.**

Der Spanier **Francisco Pizarro** landete im Jahr 1530 in Tumbés (Peru), nachdem er die spanische Krone davon überzeugen konnte, dass südlich des großen Aztekenreiches von Mexiko ein anderes Reich existieren musste, das weitere Goldfunde versprach. Pizarro traf auf ein Inkareich im Bürgerkrieg. Pizarro und Atahualpa trafen schließlich in Peru aufeinander, und 1532 wurde der letzte Inkaherrscher Atahualpa in Gefangenschaft getötet. Mit seinem Tod zerfiel der best organisierte Staat des präkolumbischen Amerika. Zwei Jahrzehnte nach Pizarros Eroberung lagen mit Ausnahme von Ingapirca (bei Cuenca) in Ecuador alle Steinbauten der Inkas in Trümmern. Atahualpas letzter General *Rumiñahui* war gleichzeitig der letzte Inka, der sich den spanischen Eroberern zur Wehr setzte. Ihm unterstand Quito, und als der von Pizarro entsandte Leutnant *Benalcázar* im Begriff war, mit seiner Armee die Stadt zu erobern, brannte Rumiñahui am 17. Juni 1534 die Stadt ab, um sie nicht den Spaniern aushändigen zu müssen.

Koloniale Epoche (1532–1810)

Sebastián de Benalcázar gründete am 6. Dezember 1534 die Stadt **San Francisco de Quito** auf den Ruinen der alten Inkastadt Shyris. Er und andere legten in kurzer Zeit den Grundstein für weitere Städte, die das sozioökonomische Fundament für eine erfolgreiche Eroberung schufen.

Die spanische **Conquista** rottete große Teile der indianischen Populationen aus. Der Einfall der Spanier, der Beginn der kolonialen Epoche, bedeutete eine soziale, kulturelle und ökonomische Zäsur. Die weitere Entwicklung wurde wesentlich von der katholischen Kirche mitbestimmt, ihr Einfluss schlug sich in Politik, Kunst und Bildung nieder.

Die spanische Krone teilte ihre Kolonien in **Provinzen** ein, die jeweils von einem Gouverneur verwaltet wurden. 1528 wurde die so genannte **Audiencia** eingerichtet, die die Verwaltungen der einzelnen Kolonien vereinigen sollte. Zur weiteren administrativen Festigung wurden Vizekönigreiche geschaffen: So entstand 1550 das **Vizekönigreich Peru,** dem zunächst die Provinz Ecuador unterstand.

1563 erlangte die Provinz Ecuador, die Teile des heutigen Kolumbien im Norden und Teile des heutigen Peru im Süden umfasste, den Status einer Real Audiencia de Quito. 1717 wurde im heutigen Kolumbien das **Vizekönigreich Neu-Granada** eingerichtet, dem 1739 die Audiencia unterstellt wurde. Zwischen Peru und Neu-Granada sollte in der Folgezeit eine ständige Rivalität um die politische Vormachtstellung in den Kolonien herrschen.

Im 18. Jahrhundert entwickelte sich in der Sierra Ecuadors die Textilproduktion zu einer bedeutsamen Industrie, während in anderen Regionen die Vieh- und Agrarwirtschaft durch die Spanier forciert wurde.

Die **soziale Kluft** zwischen den weißen Eroberern und den indianischen Ureinwohnern blieb unüberwindbar. Die weiße Elite hielt alle wichtigen Posten des Kolonialstaates besetzt und lebte in den „Festungen" der Kolonialstädte. Die mestizische Schicht der Mischlinge, in Cuenca etwa die *cholas,* verdanken ihre Existenz teilweise skrupellosen Vergewaltigungen an den Indianerinnen der jeweiligen Region durch spanische Eroberer. Von der ursprünglichen Kultur ging ebenso vieles verloren bei den Bekehrungen durch katholische Geistliche jener Zeit.

Afrikanische Sklaven wurden an der Nordwestküste eingesetzt, um die exportorientierten Zuckerrohr- und Kakaoplantagen zu bewirtschaften. Noch heute ist die unterentwickelte Provinz Esmeraldas von den Nachfahren afrikanischer Sklaven geprägt.

Kampf um Unabhängigkeit (1810–1830)

Zu Beginn des 19. Jahrhunderts führte die Unzufriedenheit der **Kreolen** (damals die privilegierte Oberschicht der Großgrundbesitzer) zu **Unabhängigkeitsbewegungen** mit dem Ziel der endgültigen Lösung von Spanien. Angetrieben durch die Nordamerikanische Revolution und den Krieg *Napoleons* gegen die spanische Krone wuchs der Patriotismus in allen südamerikanischen Kolonien. Mit der Autonomie von Quito am 10. August 1809 folgte eine Welle weiterer Befreiungsaktionen, die das spanische Imperium zweiteilte. **Simón Bolívar,** der als Führer der kreolischen Junta galt, befreite die nördlichen Südamerikastaaten, während **José de San Martín** von Süden her aus der argentinischen La-Plata-Region nach Norden vorstieß. Mit der Intervention Bolívars in Ecuador begann unter Mithilfe Großbritanniens die letzte Phase der Befreiung. Am 9. Oktober 1820 wurde Guayaquil unabhängig, am 3. November desselben Jahres erlangte Cuenca die Autonomie, und unter **Antonio José de Sucre** wurde in der berühmten Schlacht vom Pichincha am 24. Mai 1822 die koloniale Epoche in ganz Südamerika beendet. Mit Bolívar als Präsident entstand 1822 das **großkolumbianische Reich,** die Vereinigung der Länder Venezuela, Kolumbien und Ecuador. Bolívars Traum war ein vereinigtes Südamerika, doch schon 1829 verließ Venezuela die Union, und am 10. August 1830 folgte Ecuador. Am 23. September 1830 konstituierte sich die unabhängige Republik Ecuador.

Republikanische Epoche (ab 1830)

Mit der Auflösung Großkolumbiens entwickelte sich nicht nur ein südamerikanischer Regionalismus, sondern ebenso eine politische Teilung innerhalb Ecuadors zwischen der konservativen Sierra und der liberalen Küste, was zu einer bis in die heutige Zeit anhaltenden Rivalität beider Regionen führte. So sprechen die Andenbewohner gelegentlich von den „ungebildeten" *monos* (Affen) der Küste und die Küstenbewohner von den kalkulierenden *serranos* der Anden.

Generell lässt sich die **republikanische Epoche** als **Konsolidierung des Staates** beschreiben. In ihr wuchs das Nationalbewusstsein. Ein handlungsfähiger Staat und seine Verwaltung etablierten sich. In den ersten fünf Jahren der Republik regierte eine Militärdiktatur unter Fremdherrschaft des Venezolaners **Juan José Flores,** der somit als **Staatsgründer** gilt. Die grundlegende Aufgabe der ersten Republikjahre bestand in der Organisation des Staates und in der Verbesserung der materiellen Existenzbedingungen eines Großteils der Bevölkerung.

Der Guayaquileño **Vicente Rocafuerte** wurde 1835 nach zwei vorausgegangenen Putschversuchen zum zweiten Präsidenten Ecuadors ernannt, Juan José Flores ging ins Exil. Es folgte wiederum eine Militärherrschaft, und die politische Instabilität des Landes zeigte sich im ständigen Wechsel der Gouverneure. 1859 wurde das Land im Kampf zwischen Costa und Sierra um die staatliche Vormachtstellung sogar von vier Regierungen (Quito, Cuenca, Loja, Guayaquil) gleichzeitig regiert. 1860 übernahm **Gabriel García Moreno** die Präsidentschaft von Ecuador. Er regierte mit einjähriger Unterbrechung bis 1875, als er in Quito ermordet wurde.

Zwischen 1875 und 1895 rangen fanatische Liberale (der Küste) mit den Konservativen (der Sierra) um die Macht. Am Ende gewannen die Liberalen die Oberhand und regierten zwischen 1895 und 1920. Kopf der Liberalen in dieser Zeit war der aus Montecristi stammende **Eloy Alfaro.** Später regierte *Leonidas Plaza.* Alfaro initiierte eine Reformpolitik: Verbesserung der Staatsstruktur, Garantie der Menschenrechte, Teilung von Kirche und Staat. Letztes führte zur gleichberechtigten Anerkennung anderer Religionen und zur Enteignung der katholischen Großgrundbesitzer.

Alfaro gilt als Nationalheld, doch fand er ein eher unrühmliches Ende, als er 1912 vom Mob in Quito ermordet und im Ejido-Park verbrannt wurde. Wieder folgte eine **Zeit politischer Instabilität.** Zwischen 1912 und 1930 regierten das Land nicht weniger als 22 Präsidenten, Diktatoren oder Juntas.

Wirtschaftliche Ursache der Krise waren der **Kakao-Boom** und sein schnelles Ende in Ecuador. Mit der Industrialisierung Europas und dem dortigen Siegeszug des Kapitalismus Mitte des 19. Jahrhunderts setzte weltweit eine wirtschaftliche Dynamik ein, die die nichtindustrialisierten Länder ausschließlich in ihrer Funktion als Rohstofflieferanten integrierte. Die Kakaobohne Ecuadors galt als hochwertiges Produkt, und infolge der steigenden Nachfrage nach Genussmitteln in Europa wurde das Land zum wichtigen Kakao-Exporteur. An der Südküste entstanden große Kakaoplantagen, der Export wurde über den Hafen von Guayaquil abgewickelt. In den Jahren 1880 bis 1915 verdreifachte sich die Kakaoproduktion. Doch als spätestens 1920 die Nachfrage nach ecuadorianischem Kakao stagnierte (Afrika und Brasilien konkurrierten auf dem Weltmarkt) und schließlich dramatisch zurückging, brach die Wirtschaft des Landes ob ihres eindimensionalen Zuschnitts zusammen (noch 1920 entfielen 70% des Warenexports auf den Kakao!), eine hohe Inflation und eine erneute Staatskrise waren die Folge.

Die sozialistisch ausgerichtete **Juli-Revolution von 1925** erbrachte kaum politische Konsolidierung, immerhin

ecu095 Foto: peko

aber eine Modernisierung staatlicher Strukturen und die Verbesserung der Situation sozialer Minderheiten.

Die Jahre 1934 bis 1972 standen dann wieder im Zeichen eines Diktators: **José María Velasco Ibarra,** der in dieser Zeit fünfmal zum Präsidenten gewählt wurde, eine selbst für lateinamerikanische Verhältnisse einzigartige „Leistung". Am 1. September 1934 trat er seine erste Amtszeit als Präsident an. Als er sich rasch nach seiner Amtsübernahme zum Diktator erklärte, wurde er im August 1935 von den Militärs gestürzt und verbannt.

Unter der Präsidentschaft von **Carlos Alberto Arroyo del Río** brach zwischen Peru und Ecuador während des Zweiten Weltkriegs ein Krieg aus, in dessen Verlauf weite Teile des ecuadorianischen Oriente sowie die Provinzen El Oro und Loja von peruanischen Streitkräften besetzt wurden. Auf massiven Druck der USA, die vor dem Hintergrund des 2. Weltkriegs versuchten, alle amerikanischen Länder zu solidarisieren, wurden im Januar 1942 die Grenzstreitigkeiten im **Protokoll von Rio de Janeiro** offiziell beigelegt. Peru räumte die besetzten Gebiete, Ecuador überließ dem südlichen Nachbarn 175.000 km² Landfläche des Oriente.

Ecuador hat sich mittlerweile damit abgefunden, dass die abgetretenen Gebiete verloren sind. 1999 schlossen die Regierungen von Ecuador und Peru den entsprechenden Friedensvertrag.

Denkmal zu Ehren von Simón Bolívar und José de San Martín (in Guayaquil)

Zum Milleniumswechsel wurden die Landkarten angepasst.

1945 kehrte Velasco Ibarra zurück und regierte als Diktator bis 1948, bevor er erneut ins Exil musste.

Ende der 1940er Jahre zeichnete sich eine Wende in der schlechten Wirtschaftslage Ecuadors ab. Die **Banane** wurde für Ecuador zum bestimmenden Wirtschaftsfaktor. Mit der weltweiten Nachfrage stieg der Anteil der Banane am Gesamtexport von 5% im Jahre 1949 auf 42% im Jahre 1955: Ecuador wurde zum größten Bananenexporteur der Welt (vgl. „Die Banane – ein Exportschlager"). Weil man aber – in verhängnisvoller Analogie zum Kakao-Boom – versäumte, die Gewinne aus dem Bananengeschäft in die heimische Industrie zu investieren, kündigte sich mit dem Überangebot an Bananen auf dem Weltmarkt zu Beginn der 1960er Jahre die nächste Krise Ecuadors an. Velasco Ibarra tauchte wieder aus dem Exil auf, um für kurze Zeit zu regieren, bevor er erneut von den Militärs gestürzt wurde. Seine letzte Amtszeit dauerte von 1968 bis 1972.

Zuvor, im Jahre 1967, wurde im Oriente Erdöl entdeckt, und ein **Ölboom** bemächtigte sich des Landes. Besonderes Interesse zeigten ausländische Firmen, die die ecuadorianischen Militärs unterstützten, welche wiederum Ibarra 1970 zunächst zur diktatorischen Herrschaft verhalfen, ehe sie ihm zwei Jahre später Verrat und Korruption vorwarfen und ihn erneut ins Exil schickten.

Ibarra und im Anschluss *Galo Plaza* und *Camilo Ponce* waren die letzten Diktatoren der Republik. **1979** wurde

Geschichte in Zahlen

10.000 v.Chr.	Erste Besiedlung im heutigen Ecuador
3500 v.Chr.	Valdivia-Küstenkultur
2000 v.Chr.	Machalilla-Küstenkultur
1500 v.Chr.	Chorrera-Küstenkultur
1000 n.Chr.	Cara-, Quitu- und Cañari-Zivilisation in der Sierra
1450	Inka-Imperium
1532	Der Inka-Herrscher *Atahualpa* wird von Pizarro getötet
1534	Juni: Der letzte General der Inkas, *Rumiñahui,* brennt Quito ab Dezember: Neugründung durch *Sebastián de Benalcázar*
1550	Ecuador wird mit der Gründung des Vizekönigreichs Peru zur Provinz
1563	Ecuador wird zur Real Audiencia de Quito (als Teil Perus)
1739	Audiencia de Quito Teil des Vizekönigreichs Neu-Granada
1745	*La Condamines* französische Expedition kommt in Ecuador an
1802	*Alexander von Humboldt* bereist Ecuador
1809	Quito erlangt Autonomie; erste Rufe nach Unabhängigkeit in Südamerika
1810	*Simón Bolívar* und *José de San Martín* sammeln ihre Armeen
1822	Mai: *Antonio José de Sucre* befreit Quito in der Schlacht vom Pichincha
1830	August: Ecuador verlässt die Union Großkolumbiens September: Ecuador wird Republik unter *Juan José Flores*
1860–1875	*García Moreno* Diktator
1875–1895	Liberale Revolution
1895–1911	*Eloy Alfaro* Präsident (zwei Amtszeiten; er wird 1912 ermordet)
1920	Kakaoboom
1934–1972	1.–5. Amtszeit von *Velasco Ibarra*
1942	Protokoll von Rio de Janeiro, Gebietsverluste an Peru
1949	Beginn des Bananenbooms
1967	Im Oriente wird Erdöl entdeckt
1979	*Jaime Roldos* erster Staatspräsident unter der neuen Verfassung
1980	*Osvaldo Hurtado* Präsident
1984	*León Febres Cordero* Präsident
1988	*Rodrigo Borja Cevallos* Präsident
1992	*Sixto Durán Ballén* Präsident
1995	„Andenkrieg" zwischen Peru und Ecuador
1996	*Abdalá Bucaram* wird Staatspräsident (Absetzung 1997)
1997	Schwere Staats- und Verfassungskrise
1999	*Jamil Mahuad Witt* Präsident, schwerste Wirtschafts- und Finanzkrise, Friedensvertrag mit Peru, Verfassungsreform
2000	Einführung des US-Dollars als Landeswährung, schwere Regierungskrise, Sturz *Mahuads,* neuer Präsident wird *Dr. Gustavo Noboa*
2001	Tankerunglück auf Galápagos (verläuft glimpflich); Baubeginn der neuen, sehr umstrittenen Ölpipeline OCP aus dem Regenwald nach Esmeraldas
2003	*Lucio Gutierrez* wird Staatspräsident (Sturz 2005)
2006	Ecuador nimmt an der Fuball-WM in Deutschland teil
2007	*Rafael Correa* wird Staatspräsident, Absetzung des Nationalkongresses, Wahl zur verfassunggebenden Versammlung
2008	Militärschlag Kolumbiens gegen FARC-Guerilla in Ecuador, diplomatische Krise; September: Abstimmung über die neue Staatsverfassung

Jaime Roldós Aguillera als erster Präsident Ecuadors demokratisch gewählt. Aus diesem Jahr stammt die bis heute gültige, aber häufig reformierte Verfassung des Landes (s.u.). Mit Roldós verband die Bevölkerung die Hoffnung auf wirtschaftlichen und sozialen Fortschritt. Die Geburtsstunde der neuen ecuadorianischen Demokratie wurde jedoch überschattet vom Verfall der Erdölpreise. Es rächte sich die eindimensionale Entwicklung des Landes am Tropf des Erdölbooms der 1970er. Mangels wirtschaftlicher Alternativen geriet Ecuador in einen neuen Strudel der Abhängigkeiten vom Weltmarktgeschehen. Letztendlich hat das Land die ökonomische Fixierung auf das Öl und die Vernachlässigung alternativer Sektoren bis heute nicht überwunden, so dass auch die Demokratie weiter in schweren Wassern treibt. Viele Ecuadorianer halten sie schlichtweg für „schlecht", weil sie seither, seit 1979, zu einer fortschreitenden Verarmung geführt hat. Nach zwei Jahren Amtszeit zeigte sich, dass Roldós seine Versprechungen nicht halten konnte. 1981 kam er bei einem Flugzeugunglück, dessen Ursache nie geklärt wurde, ums Leben.

Sein Nachfolger **Oswaldo Hurtado Larrea** schließlich leitete zwar eine neue Periode in der Geschichte Ecuadors ein: die **Periode der demokratischen Konsolidierung,** aber der internationale Preisverfall für Erdöl ab 1981 erhöhte die Auslandsverschuldung, und die Inflationsrate lag 1983 über 50%.

Nächster Präsident wurde am 6. Mai 1984 durch Stichwahl der konservative *Léon Febres Cordero* und am 8. Mai 1988 der Sozialdemokrat *Dr. Rodrigo Borja Cevallos.* Auf *Sixto Durán Ballén* folgte das kurze Zwischenspiel der Präsidentschaft von „El Loco" *Abdalá Bucaram* (bis 1997). Zur weiteren Entwicklung s.u. „Aktuelle Politik seit 1998".

Politik

Staat und Parteien

Als **Verwaltungseinheit** setzt sich Ecuador aus **24 Provinzen** zusammen. In den vergangenen Jahren sind durch Teilungen einstmals größerer Provinzen drei neue hinzugekommen: Orellana im Regenwald, Santo Domingo de los Tchásilas im Binnenland der Costa und Santa Elena als einstiger Westteil von Guayas an der Küste. Die jeweils nachfolgenden administrativen Ebenen bilden 103 Kantone bzw. Munizipien und 746 Gemeinden. Der Staatspräsident ernennt für jede Provinz einen Gouverneur und für jeden Kanton einen Vorstand, die jeweils die Verwaltungsaufgaben wahrnehmen.

Staats- und verfassungsrechtlich gilt für Ecuador Folgendes: Seit der Verfassung vom 10. August 1979 ist Ecuador ein souveräne demokratische Republik mit einem präsidialen Regierungssystem. Die zuletzt 1999 reformierte Verfassung sichert die staatsbürgerlichen Grundrechte, darunter das Wahlrecht, von dem auch Analphabeten nicht ausgeschlossen sind. Die 2007 gewählte verfassunggebende Versammlung legte den Wahlberechtigten ihre neue Magna Carta am 28. September 2008 zur Abstimmung vor. Staatsoberhaupt, Regierungschef und Oberbefehlshaber der Streitkräfte ist der Staatspräsident, der direkt und geheim gewählt wird; die Amtsperiode ist auf vier Jahre beschränkt, eine direkt anschließende Wiederwahl des Präsidenten nicht möglich.

Seit **Staatspräsident** *Sixto Durán Ballén* (1992–1996) hat kein gewählter Staatspräsident Ecuadors seine Amtszeit zu Ende geführt. Sein Nachfolger, der Populist *Abdalá Bucaram,* floh nur wenige Monate nach seiner Wahl unter dem Druck der Bevölkerungsmassen und nach der Absetzung durch den Nationalkongress ins Exil nach Panama. Auch Bucarams Nachfolger, der vom Parlament eingesetzte Interimspräsident *Fabián Alarcón,* fand sich bald nach seiner Amtszeit wegen des Vorwurfs der Veruntreuung von Staatsgeldern hinter Gittern wieder.

Mit dem Christdemokraten *Dr. Jamil Mahuad,* dem bis dahin populären Bürgermeister von Quito, erhofften sich die Wähler 1998 eine Wende mit Blick auf die eingebrochene Wirtschaft und das marode Sozialsystem. Doch Mahuad war der Aufgabe nicht gewachsen. Am 21. Januar 2000 kam es zum Putsch, der bisherige Vizepräsident *Gustavo Novoa* wurde zum Staatspräsidenten bis zu den Wahlen im Jahr 2002 berufen, die **Lucio Gutiérrez** gewann.

Auch *Gutiérrez* wurde gestürzt und 2005 durch *Alfredo Palacios* übergangsweise ersetzt. 2007 schließlich gewann der erst 43-jährige und recht unbekannte **Rafael Correa** vom Wahlbündnis Alianza País die Wahl zum Präsidenten. Als Verfechter eines „Sozialismus des 21. Jahrhunderts" läutete *Correa* Staatsreformen ein und setzte sich mit der Wahl einer verfassunggebenden Versammlung durch. Der Nationalkongress wurde 2007 in *Correas* Sinne richterlich in seinen Funktionen lahmgelegt.

Die **Zahl der** auf vier Jahre gewählten **Abgeordneten** im Parlament ist seit 1998 auf 121 festgelegt. Es kommt in Ecuador häufig vor, dass Abgeordnete innerhalb einer Legislaturperiode die Partei oder Fraktion wechseln, was zu Verschiebungen der Mehrheitsverhältnisse führen kann.

Zwanzig Abgeordnete werden nach einer nationalen Liste gewählt und 101 weitere Mandatsträger nach Provinzlisten, die sich an der Einwohnerzahl der jeweiligen Provinz orientieren, aber Kleinstprovinzen eine Mindestvertretung von zwei Abgeordneten sichern.

Parteien müssen mindestens 27.000 Mitglieder durch Unterschrift nachweisen. Da es in Ecuador für Parteien, die sich zur Wahl stellen, keinerlei Sperrklausel (wie die 5%-Klausel in Deutschland) gibt, sind im Nationalkongress auch kleinste Parteien vertreten. Die Traditionsparteien des Landes sind der christlich-soziale PSC mit einer Hochburg in Guayaquil, der „roldosistische" PRE als zweite große Küsten-Partei (nach dem Präsidenten *Jaime Roldos* benannt), die sozialdemokratische ID

Rafael Correa, Staatspräsident seit 2007

ecu096 Foto: peko

und die christdemokratische DP als starke Kräfte in den Anden sowie das in den 1990ern erwachsene Bündnis von Indianern und Bauern, Pachakutik. Eine nicht unwesentliche Rolle dürfte bei künftigen Wahlen das Ende 2006 so erfolgreiche Bündnis Alianza País von Präsident *Rafael Correa* spielen.

Die Sitzverteilung im Nationalkongress ist bis zur Abstimmung über die Verfassung und voraussichtlich folgende Neuwahlen Ende 2008 in dieser Übergangsphase ohne Bedeutung.

Aktuelle Politik seit 1998

Das Jahr 2000 begann mit einem Paukenschlag. Zunächst erreichte der US-Dollar, den es Anfang 1999 noch für 6850 Sucres zu erstehen gab, am 9. Januar 2000 den dramatischen Kurswert von 25.000 Sucres. Der größte im Umlauf befindliche Geldschein, der 50.000er, hatte also nur noch einen Wert von zwei Dollar. Kurz darauf wurde Präsident Mahuad gestürzt.

Das Hauptproblem des **Währungsverfalls** waren nicht die Pakete und Säcke von Geldscheinen, die nun bei größeren Wechseln zu schleppen waren, sondern eine vom Dollaranstieg angetriebene Preisspirale. Die Preiserhöhungen erfassten gleichermaßen Grundnahrungsmittel, Medikamente und nationale Baustoffe. Die Löhne der Arbeiter auf dem Feld, im Bau oder in der Industrie stiegen dagegen kaum. Eine krasse Beschleunigung der **Verarmung** weiter Teile der Bevölkerung war die Folge.

Die Sucre-Abwertung stoppte Präsident Jamil Mahuad in einer seiner letz-

Die neue Verfassung – ein Kreuzzug zum „guten Leben"

von *Stephan Küffner*

Nichts weniger als eine Revolution versprach *Rafael Correa* den fast 14 Millionen Ecuadorianern, als der Außenseiter Ende 2006 die Präsidentschaftswahlen gewann. Er verzichtete gar darauf, Kandidaten für den Kongress aufzustellen, und setzte auf eine verfassunggebende Nationalversammlung, deren Werk all das erreichen sollte, was die 19 bisherigen Verfassungen nicht vermochten, nämlich die Massen aus der Armut zu führen. Mit seiner medienwirksamen und volksnahen „bürgerlichen Revolution" und höheren Unterstützungszahlungen an Bedürftige traf er den Nerv der Wähler. Ein überragender Erfolg bei der Wahl zur Nationalversammlung – seine Partei gewann 80 der 130 Abgeordnetenplätze – sicherten dem in den USA promovierten Volkswirt die größte Machtfülle eines Staatsoberhauptes seit den Militärdiktaturen von 1972–1978. Mitte 2008 schließlich stand die neue Magna Carta, ein Mammutwerk mit 444 Artikeln sowie zahlreichen Übergangsregeln, eine der längsten Verfassungen der Welt.

Die Absichten der neuen Gesetzesvorlage sind paradiesisch. Denn das Dokument ist ein Denkmal der politischen Korrektheit, verbietet ausländische Militärbasen, verspricht einen „gerechten Lohn" und verankert vielfältige Rechte für die Umwelt, für Jung und Alt, sowie für ethnologische und sexuelle Minderheiten. Mit Aufrufen an Gott und die Mutter Erde – „Pachamama" – soll die neue Verfassung ein „gutes Leben" – auf Kichwa „sumak kawsay" – für alle sichern, auch für die offiziell fast 40% Armen.

Fragt sich nur, ob sich dieses Versprechen in dem chronisch schlecht regierten Land halten lässt. Rafael Correa ist sich dessen sicher: Die neue, „soziale und solidarische" Verfassung überwinde den Neoliberalismus sowie die Oligarchie und ihre verhassten politischen Parteien. Dem Staat werden Privatisierungen nun nur in Ausnahmefällen gestattet, und Staatsunternehmen sollen Rohstoffe wie Öl und Kupfer vom Einfluss der Konzerne fernhalten. Die Verfassung erlaubt der Regierung auch, gegebenenfalls Preise und Zinssätze festzulegen. „Der Markt ist ein ausgezeichneter Diener, aber ein schrecklicher Herr," so Correa. Dieser linkslastige Tonfall ist beliebt bei den Millionen, die in der nie

ten Amtshandlungen per Dekret: Der Dollar wurde auf einen Wechselkurs von 1 zu 25.000 Sucres eingefroren. Eine Politik der **„Dollarisierung"** ähnlich wie in Panama und auf den US Virgin Islands begann. Im April 2001 wurde der Sucre nach über 100 Jahren abgeschafft. Landeswährung ist nun der US-Dollar.

Die Abwertung und letztendlich Abschaffung des Sucre stand am Ende einer dramatischen Wirtschaftsentwicklung: Die Jahre 1998 bis Anfang 2000 waren insgesamt geprägt von der wohl schwersten **Krise** der vergangenen siebzig Jahre. Nachdem 1998 die ecuadorianische Handelsbilanz erstmals deutlich negativ ausfiel, brach die Wirtschaft an mehreren Seiten gleichzeitig ein: Die Klimakatastrophe El Niño führte zu Milliardenschäden an der Küste, der Export von ecuadorianischem Erdöl litt unter ruinösen Preisen von zum Teil nur noch 7 US-Dollar pro Barrel (An-

richtig aufgearbeiteten Bankenkrise Ende der 1990er Jahre auf einen Schlag ihre hart erarbeiteten Ersparnisse verloren. Andererseits bleibt das Verfassungsmodell dem unbeliebten Regierungssystem der letzten 40 Jahre erstaunlich treu, anstatt es tatsächlich umzukrempeln. Es bleibt beim Präsidialsystem und dem Parlament mit einer Kammer, obwohl nunmehr in „Nationalversammlung" umgetauft. „Es fehlte in diesem Bereich an Innovationsfähigkeit," gesteht *Alberto Acosta,* ein an der Universität Köln ausgebildeter Volkswirt, der die Versammlung sieben Monate leitete. Es bleibt bei einem Wahlrecht, das Bürger an die Urne zwingt und das keine Prozenthürden kennt, was schon das Parlament der Weimarer zersplitterte. Einige Punkte dürften hingegen Krisen entschärfen: Nun können sämtliche Amtsträger, vom kommunalen Ratsmitglied bis zum Präsidenten selbst, auch wieder abgewählt werden, was den Druck der Straße kanalisieren könnte. Nachdem seit 1996 drei gewählte Präsidenten auf juristisch fragwürdige Weise vom Kongress abgesetzt wurden, stellt die neue Verfassung klarere Regeln für Amtsenthebungsverfahren auf. Aber es bleiben Ungereimtheiten. Bei nicht weiter definierten „inneren Unruhen" dürfen sich Nationalversammlung und Präsident gegenseitig nach Hause schicken. Und der Präsident erhält Befugnisse, die seine Macht gegenüber der Nationalversammlung stärken. Etwa eine starke Hand bei der Benennung der Mitglieder eines neuen Verfassungsgerichtes, das wie in Deutschland oder den USA die Verfassung auslegen und zudem über Amtsenthebungsverfahren entscheiden soll.

Kritiker werfen Correa vor, eine nach venezolanischem Vorbild für ihn maßgeschneiderte Verfassung anzustreben. Die einflussreiche katholische Bischofskonferenz sagte, das Recht auf Familienplanung öffne der Abtreibung die Tür. Dies weist der katholische Präsident als böswillige Unterstellung zurück. Andererseits polemisiert der streitbare Mitvierziger gerne, nicht immer zum Vergnügen der von jahrzehntelangen Machtkämpfen ermüdeten Bürger. Selbst Correa gesteht Fehler in der Verfassung ein. Im September 2008 fragten sich daher viele, ob Correas Revolution tatsächlich das Glück bringen wird oder ob es sich bei der zwanzigsten Verfassung seit 1830 abermals um Etikettenschwindel handelt.

Stephan Küffner ist freier Korrespondent und berichtet aus Ecuador u.a. für die Zeitschriften „Time" und „The Economist".

fang 1999), der Warenimport ging parallel dazu massiv zurück, und eine Welle von Bankenpleiten erschütterte die Anleger und das Finanzsystem. Ecuador begann sogar erstmals, Zinsen auf Schuldverschreibungen („Brady Bonds") nicht mehr zu zahlen.

Außenpolitisch konnte Präsident *Mahuad* die nach dem letzten Regenwaldkrieg von 1995 **mit Peru** begonnenen Friedensverhandlungen schließlich im Jahr **1999** mit einem verbindlichen **Friedensvertrag** abschließen. Damit ist für Völkerverständigung und Handel zwischen den beiden Staaten ein Meilenstein gelegt. Diesen international hoch anerkannten Erfolg der Regierung Mahuad konnte der ansonsten erfolglose Christdemokrat jedoch nicht in innenpolitische Durchschlagskraft umsetzen.

Am 15. Januar **2000** schließlich begannen Indígenas des Hochlands und andere soziale Gruppen **Protestmärsche** gegen die Regierung, aber auch gegen den Nationalkongress als Ganzem und gegen die seinerzeitige Justiz. Sie wollten alle Gewalten des Staates neu besetzt sehen, die Idee der „Dollarisierung“ verwerfen und eine nachhaltige Sozialpolitik für die arme Bevölkerung aufbauen. Die Proteste begannen zunächst schleppend und hatten bei weitem nicht die zahlenmäßige Dimension der Märsche wie einst gegen Bucaram. Überraschenderweise gesellten sich Militärs aus dem zweiten Glied im entscheidenden Moment zu den Demonstranten. Gemeinsam stürmten sie am 21. Januar den Nationalkongress, den Obersten Gerichtshof und den Präsidentenpalast. Ihre Anführer waren der Präsident des nationalen Indígena-Verbandes CONAIE, *Antonio Vargas,* der bis dahin unbekannte Oberst *Lucio Gutiérrez* und der ehemalige Präsident des Obersten Gerichtshofes, *Carlos Solórzano.* Nachdem sich die Putschisten bereits auf dem Balkon des Palastes feiern ließen, machte das Ausland klar, eine **Putsch-Regierung** auch nicht im Geringsten anerkennen zu wollen. Die Militärführung Ecuadors hatte auch nicht die Absicht oder die Kraft, zurück zur Diktatur zu gehen und verhandelte in den Hinterzimmern des Präsidentenpalastes mit den Putschisten. Spät in der Nacht schließlich zeigte sich auf dem Balkon ein **„Triumvirat“** aus *Vargas, Solórzano* und dem Oberbefehlshaber der ecuadorianischen Streitkräfte, General *Carlos Mendoza.* Dieses Triumvirat werde von nun an regieren und Gutierrez sei zum Regierungsminister ernannt, so die neuen Führer. Doch das stellte sich schon Stunden später als Coup der Militärs um Mendoza heraus: Das Triumvirat musste unter Mendozas Leitung abdanken und dem bisherigen Vize-Präsidenten Ecuadors, **Dr. Gustavo Noboa,** für die Präsidentschaft Platz machen. Der Nationalkongress und die internationale Öffentlichkeit atmeten durch und erkannten diesen Schritt an. Mit wechselnden Mehrheiten und in den wackeligen Gefilden der jungen Dollarisierung versuchte Noboa die Geschicke des Landes zu lenken.

Der **2002 gewählte Staatspräsident Lucio Gutiérrez** wurde im April 2005 bereits wieder gestürzt (siehe Exkurs oben). Sein Vize *Alfredo Palacios* trat die Nachfolge als „Interimspräsident“ an. *Palacios* hatte also das von Korruption und Drogengeldern gedüngte Chaos bis zu den Neuwahlen Ende 2006 zu verwalten. Und zwar ohne Mehrheit im Parlament. Sein liebstes Kind wurde der **„Tratado de Libre Comercio“** (TLC), das von den USA forcierte Freihandelsabkommen mit den Andenländern Kolumbien, Peru und Ecuador. Das Abkommen scheiterte. Als *Palacios* den US-amerikanischen Erdölkonzern *Occidental Petroleum* nach Nicht-Einhaltung des Konzessionsvertrages, so die ecuadorianische Seite, aus seinen Förderanlagen verwies, war das Tuch endgültig zerschnitten, ein umfassendes Handelsabkommen mit den USA ist seither in weite Ferne gerückt.

Die wesentlichen Probleme und Herausforderungen der ecuadorianischen Politik sind davon unbenommen die **Bekämpfung der Korruption** (Ecuador ist laut *Transparency International* eines der korruptesten Länder Südamerikas), die **Bekämpfung der Armut,** denn trotz leichter wirtschaftlicher Erholung ist die Verteilung des ohnehin geringen Wohlstands skandalös ungerecht, der **Schutz der Nordgrenze** vor weiteren Auswüchsen des kolumbianischen Bürgerkrieges, ein Eindämmen der wachsenden **Kriminalität** im Land, die Sanierung der **Staatsfinanzen** sowie die Rettung der schwer angeschlagenen **Sozialkassen.**

Mit dem Amtsantritt von **Rafael Correa** Anfang 2007 als Staatspräsident beginnt ein **radikaler Wandel:** Der Nationalkongress wird von den obersten Richtern abgesetzt, eine neue Verfassung wird ausgearbeitet, Privatisierungen werden erschwert und Staatsbetriebe gestärkt, die Regierung präsentiert sich stärker in den Medien, das Steuersystem wird zu Lasten der Reichen reformiert. Im Zuge des neuen „Sozialismus des 21. Jahrhunderts" nähert sich *Correa* an Venezuelas Präsidenten *Chávez* an, ohne in dessen populistische Radikalität zu verfallen und ohne die Beziehungen zu den USA aufs Spiel zu setzen. Allerdings verlängert *Correa* die US-Militärpräsenz in Ecuador ab 2009 nicht mehr (die USA unterhalten u.a. noch eine Luftwaffenbasis in Manta).

Wirtschaft

Ecuadors **Außenhandelsbilanz** ist geprägt von einer extrem hohen Abhängigkeit vom **Erdölexport:** Insgesamt 8,3 Mrd. $ des gesamten Auslandsexportes von 13,9 Mrd. $ im Jahr 2007 entfielen auf Erdöl und seine Derivate. Darüber hinaus exportiert das Land vornehmlich landwirtschaftliche und Fischereiprodukte, also Primärgüter und nur wenige Industriegüter (siehe Tabelle unten).

Bei den **Importen** musste Ecuador 2007 ebenfalls in erster Linie Erdöl aus Kolumbien einkaufen, um das schwere Erdöl der ecuadorianischen Regenwälder zu verdünnen und pumpen zu können: Knapp ein Drittel aller Importe von 12,6 Mrd. $ im Jahr 2007 war Erdöl.

Exporte 2007

Jahressumme: 13 900 Mio. $
Erdöl und Derivate: 8300 Mio. $
Nicht-Erdöl-Produkte: 5600 Mio. $

Exporte nach Produkten:

Rohöl	7428 Mio. $
Bananen	1303 Mio. $
Mineralölprodukte	851 Mio. $
Fischereiprodukte	599 Mio. $
Garnelen	597 Mio. $
Metall-Produkte	519 Mio. $
Blumen	450 Mio. $
Kakao	190 Mio. $
Chemie / Pharma	106 Mio. $
Kaffee	98 Mio. $
Textilien	72 Mio. $
Sonst. Primärgüter	574 Mio. $
Sonst. Industriegüter	955 Mio. $

(Quelle: Banco Central del Ecuador)

Hinzu kamen Importe von Treibstoffen und Derivaten im Wert von 2,6 Mrd. $. Mangels schwacher Industrie im Land importierte Ecuador ferner für knapp 6 Mrd. $ Konsum- und Kapitalgüter, darunter vor allem Kraftfahrzeuge, Mobiltelefone, Elektrogeräte und Medikamente.

Der **Handelsüberschuss** betrug 2007 1,6 Mrd. $. Dank des hohen Weltmarktpreises für Rohöl stieg Ecuadors **Bruttoinlandsprodukt** (BIP) im Jahr 2007 auf 44,7 Mrd. $ bzw. 3270 $ pro Kopf. Das ist eine glatte Verdoppelung binnen sechs Jahren. Die öffentlichen **Auslandsschulden** lagen zum Jahresende bei 10,6 Mrd. $ bzw. 23,9% des BIP. Weitere 3,2 Mrd. $ öffentlicher Verschuldung im Land kommen hinzu.

Dass das **Wirtschaftswachstum** 2007 trotz des Ölbooms nur bei 2,65% lag, ist auf teils marode Erdölanlagen zurückzuführen, welche die staatlichen Erdölförderung senkten. Für 2008 erwartete die Regierung ein kräftigeres Wachstum von 4,25%.

Die **Inflation** lag 2007 bei 3,32%, die **Arbeitslosigkeit** am Jahresende bei 7,5%, wobei die Quote der Unterbeschäftigung mit ca. 46% ungebrochen hoch ist. Man bedenke: Nur ein kleiner Teil der Bevölkerung ist formell beschäftigt – der **informelle Sektor** ist weiterhin das größte Beschäftigungsfeld des Landes.

(Alle Angaben aus der staatlichen Statistik der Zentralbank Ecuadors, www.bce.fin.ec.)

ecu098 Foto: peko

Die Banane – ein Exportschlager

Die Banane ist ein 2–5 m hohes Staudengewächs, wobei die Staude aus gewickelten Blattscheiden besteht. Die 2–3 m langen Blätter der Banane sind im Jungstadium glatt und werden erst später durch den Wind zerfranst. Ein einziges Mal im Leben eines Bananengewächses entwickelt sich ein großer, die Staude herunterhängender Blütenstand, der von wunderschön violettfarbenen Blättern umhüllt ist. Bevor die Mutterpflanze abstirbt, sorgt sie vegetativ durch Sprossbildung im Wurzelstock für Ableger. Der Blütenstand befindet sich unterhalb der unteren Tragblätter und besteht aus einer größeren Anzahl von zu doppelten Querreihen angeordneten Blüten. Aus den Fruchtknoten entwickeln sich vegetativ die Früchte. Die männlichen Blüten entfalten sich im Blattansatz der Tragblätter.

Im Verlauf von fünf Monaten entwickeln sich die Bananen. Ursprünglich nach unten zeigend, wachsen sie bald dem Sonnenlicht entgegen. Durch die zunehmende Verzuckerung der Stärke im Verlauf der Reifezeit bekommt die Banane schließlich ihre Süße. Nach fünf Monaten werden die noch grünen Fruchtstände von der Staude entfernt, in *manos* (Hände) geteilt, verpackt und zu den Häfen Guayaquil und Machala transportiert. Erst auf den Schiffen erhält die Banane die süße Reife für den späteren Verzehr.

Der Aufstieg Ecuadors zum größten Bananenexporteur der Welt wurde begünstigt durch das Auftauchen von Krankheiten in den Bananenplantagen anderer lateinamerikanischer Staaten gegen Ende der 40er Jahre, so dass mit der steigenden Nachfrage aus Europa und den USA Ecuador plötzlich ein bedeutender Platz am Weltmarkt zukam. Mit der großen amerikanischen Firma United Fruit Company setzte sich erstmals in der Geschichte ein ausländischer Investor in Ecuador fest und nahm die Organisation und Vermarktung der Plantagen in die Hand. In den Jahren 1948–1951 stieg der Bananenanteil am Gesamtexport von weniger als fünf auf fast 50%. Gewinne erwirtschafteten jedoch nur die großen Plantagen der United Fruit Company. Kleinere Plantagenbesitzer konnten mit den billigen Produktionskosten und dem niedrigen Verkaufspreis nicht konkurrieren, und so blieben nicht einmal 30% des Erlöses in Ecuador. Mit der großflächigen Kultivierung widerstandsfähigerer Bananen meldete sich die lateinamerikanische Konkurrenz auf dem Weltmarkt zurück. Ecuadors Exportrate ging enorm zurück, und schon 1956 war das Ende des großen Bananen-Booms erreicht und eine wirtschaftliche Krise vorprogrammiert. In den folgenden Jahren konnte Ecuador zwar seine Position als weltgrößtes Bananenexportland behaupten, musste aber mit den Importrestriktionen seitens der EU 1993 erneut einen wirtschaftlichen Tiefschlag hinnehmen. Im selben Jahr wurde die Banane sogar als zweitwichtigstes Exportgut des Landes (nach dem Erdöl) kurzzeitig von den Garnelen abgelöst.

Die Banane spielt auch eine gewichtige Rolle für den ecuadorianischen Ernährungshaushalt, da sie einen hohen Nährwert besitzt, reich an Vitaminen und sehr billig ist.

Nachdem die Nachfrage nach der Sorte „Gross Michel" auf dem internationalen Markt zurückging, wurde der Anbau der Sorten „Cavendish" und „Chiquita banana" forciert. Heute gibt es nahezu dreißig verschiedene Variationen der in Ecuador *plátano* und *banana* genannten Pflanze/Frucht. Eine *maqueño* genannte Abart ist eine kleine, dicke Banane mit einem ganz eigenen Aroma. Im grünen, unreifen Stadium werden aus ihr die runden Bananenchips *(chifles)* oder die größeren Chips *(patacones)* gewonnen, während die reife, süße maqueño als Bratbanane und in einem Bananenkuchen verarbeitet wird, der als „torta de maqueño" bekannt ist.

Die größten Bananen-Anbaugebiete des Landes sind die Provinzen Manabí, Guayas, Los Ríos und El Oro.

Wichtigste **Handelspartner** Ecuadors sind nach wie vor die USA, die Länder Lateinamerikas und die EU. Die wichtigsten Abnehmer ecuadorianischer Waren sind nach den USA der Reihe nach Peru, Kolumbien, Italien, Spanien, Chile und Deutschland.

Seit den 1990er Jahren erlebt Ecuador wie viele lateinamerikanische Staaten eine Welle von **Privatisierungen.** Besonders im Betrieb von Fernstraßen, in Teilen des Erdölsektors, im Postwesen und Mobilfunk sowie bei Gesundheit, Bildung und Sicherheitsdiensten übernehmen private Unternehmen zunehmend Marktanteile. Große Unternehmen wie die Telekommunikationsfirmen ANDINATEL und PACIFICTEL sind jedoch weiterhin in öffentlicher Hand. Auch das ecuadorianische Militär ist Besitzer zahlreicher Firmen unterschiedlichster Sektoren im Land, beispielsweise der größten nationalen Fluglinie TAME („Transportes Aéreos Militares del Ecuador") und riesiger landwirtschaftlicher Haciendas.

Die Regierung *Rafael Correa* bremst die Privatisierung nun seit 2007 und führt sogar Teile der Privatunternehmen zurück in die öffentliche Verantwortung bzw. in öffentliche Mehrheiten. Erdöl- und Minengesellschaften sowie Mobilfunkunternehmen werden strengeren Bedingungen und Kontrollen unterstellt. Die Trinkwasserversorgung bleibt gar komplett in öffentlicher Hand, so *Correas* Politik.

Dollarisierung

Ein Kuriosum der Wirtschaftsgeschichte ist die Einführung des US-Dollars als offizielle und einzige **Landeswährung Ecuadors.** Diese am 9. Januar 2000 von Staatspräsident *Jamil Mahuad* verordnete Maßnahme verblüffte die internationale Finanzwelt ebenso wie die Ecuadorianer. *Mahuad* trat damit der galoppierenden Inflation der Landeswährung Sucre entgegen. Trotz immer wiederkehrender Widerstände und Zweifel am Greenback hat sich der Dollar bis heute gehalten, und selbst Kritiker dieser Absage an eine eigene Währungspolitik wie Präsident *Correa* sehen aus volkswirtschaftlicher Sicht kurzfristig keine Möglichkeit, eine neue nationale Währung einzuführen.

Landwirtschaft

Der massive Ausbau von Erdölproduktion und -export seit den 1970er Jahren hat eine starke **Vernachlässigung der Landwirtschaft** nach sich gezogen. Seit dem Preisverfall des Erdöls Mitte der 1980er Jahre ist aber ein überdurchschnittliches Wachstum von Land- und Forstwirtschaft und Fischerei zu verzeichnen. Dennoch ist Erdöl noch immer das wichtigste Exportprodukt.

Agrarprodukte für den Export

Klassische Agrarprodukte in Ecuadors Export sind **Bananen, Kaffee, Kakao** und **Zuckerrohr.** Seit 1987 ist Ecuador zudem um die Pflanzung nicht traditioneller Exportprodukte wie Tabak, Tomaten, Blumen, Erdbeeren, Melonen und Spargel bemüht. Doch die Diversifizierung geht nach Meinung von Analysten zu langsam voran. Ecuador schöpft sein Potenzial nicht aus.

Bananenplantagen verteilen sich in Ecuador entlang der Küste und vereinzelt in den angrenzenden Tälern, wobei kleinere Plantagen zur Befriedigung des Eigenbedarfs arbeiten, die mittleren und großen für Exportzwecke.

Kaffee- und Kakaoplantagen befinden sich ebenfalls im Küstenbereich und dort vornehmlich in der Provinz Manabí. Die Kakaobohne war fast das ganze 19. Jahrhundert hindurch das wichtigste Exportprodukt. Mit der steigenden Nachfrage der Industriestaaten nach Genussmitteln breiteten sich die Plantagen an der südlichen Küste in den Teilen, die vom Humboldt-Strom beeinflusst werden, aus. Heute wird der Kakao, der jüngst eine Produktions- und Exportbelebung erfuhr, in den Provinzen Los Ríos, Guayas, Manabí und El Oro angebaut. Das Produkt aus Guayas ist unter dem Namen „cacao arriba superior" bekannt.

Zuckerrohranbau wird in den Küstenbereichen der Provinzen Manabí, Guayas und Los Ríos sowie vereinzelt in den wärmeren Beckenlandschaften des Hochlandes betrieben. Die Ausrichtung auf den Export ist gering.

Produkte für den Eigenbedarf

An der Küste ist **Reis** das Grundnahrungsmittel. Der Großteil des Reisanbaus erfolgt im Schwemmland des Río Guayas.

Neben den Reis treten an der Küste vor allem **Palmölpflanzungen** und **Baumwolle.** Letzte wird zu fast 100% in der Provinz Manabí (Portoviejo, Santa Ana, Chone) angebaut. Kultiviert wird neben der Kokosnuss und der Kaktusfeige Higuerilla auch Soja in Quevedo (Los Ríos). Die Afrikanische Ölpalme breitet sich in großen Monokulturen in rasantem Tempo an der Küste, aber auch im Oriente aus.

Im Hochland ist die **Kartoffel** das Grundnahrungsmittel. Sie wird jedoch vom Reis der Küste verdrängt. Auch **Getreide** (Weizen, Gerste, Mais), **Hülsenfrüchte, Obst** und **Gemüse** sind hier wichtige Nahrungsmittel.

In den Vegas (fruchtbare Ebenen) von Daule und Esmeraldas wird **Tabak** angepflanzt. Durch den Import ausländischer Zigaretten und von *tabaco en rama* (Rohtabak) ist die Nachfrage jedoch niedriger als das Angebot, so dass der Tabakanbau keine große wirtschaftliche Rolle spielt.

Ursprünglich aus China kommend, gedeihen **Teepflanzungen** im Oriente vornehmlich bei Puyo und Palora. Hier sind die klimatischen Verhältnisse so gut, dass das ganze Jahr über Tee angebaut werden kann. Die Firma Zulay sorgt für den Vertrieb. In den Provinzen Pastaza und Morona-Santiago teilen sich drei Firmen den Teehandel: Im Handel mit Kolumbien ist das die Té Zulay de Colombia S.A., die anderen beiden Firmen sind Té Zulay de Ecuador und Companía Ecuatoriana del Té. Letzte hat den größten Handelsanteil.

Viehwirtschaft

Die Viehzucht beschränkt sich weitgehend auf die Hochlandregionen der Sierra. Sie besteht im Wesentlichen aus Rinder- und Schweinehaltung sowie Schaf- und Geflügelzucht.

Fischerei

Ecuadors Fischereiflotte operiert im Wesentlichen vom **Hafen Manta** aus. Außer in den Küstengewässern fangen die Fischer - teilweise illegal - auch vor den Galápagos-Inseln. Der Fischerei in Ecuador kommt aber nicht so viel Bedeutung zu wie im Nachbarland Peru.

Wichtig für den Außenhandel ist hingegen die **Garnelen-Industrie.** Die Tiere werden an der Küste in großflächig angelegten Betrieben gezüchtet und neben Thunfisch, Makrelen, Sardinen und anderen Krustentieren (Krebse, Langusten etc.) zu Konserven oder tiefgekühlt verarbeitet. Die Garnelen-Produktion hat tiefgreifende Konsequenzen für das Ökosystem der Mangrovensümpfe. Wichtige Fortpflanzungsstätten von Seevögeln, Krebstieren und Fischen sind bedroht.

Forstwirtschaft

Ecuador verfügt über eine **Waldfläche von 17 Mio. ha.** 38% davon sind durch Naturschutzgebiete offiziell geschützt. Derzeit werden ungefähr 100.000 ha forstwirtschaftlich genutzt. Die Reservate liegen zu 70% im tropischen Regenwald des Oriente.

Nutzhölzer sind Balsaholz und der eingeführte Eukalyptusbaum, der Lorbeerbaum und der Chinarindenbaum. Genutzt werden ebenso die nussartige Taguafrucht, der Wildkautschuk und einige Edelhölzer, in begrenztem Umfang, etwa zum Köhlern und zum Bauen, auch die Mangrove.

Rosen für den Export

Erdöl

1967 wurden im Oriente reiche Erdölvorkommen entdeckt. Seit 1970 wird das Erdöl kommerziell gefördert und trägt heute zu etwa zwei Dritteln zu Ecuadors Exporterlösen bei. Durch den milliardenschweren Bau der neuen **„Schwerölpipeline" OCP** Anfang des 21. Jahrhunderts hat Ecuador seine Transportkapazitäten aus dem Regenwald nach Esmeraldas verdoppelt. Während die vornehmlich privaten Erdölkonzerne diese OCP betreiben und beschicken, kämpft die **staatliche Ölgesellschaft Petroecuador** gegen die immer marodere, bald 40 Jahre alte **SOTE-Pipeline** und ihre häufigen Lecks und Rohrbrüche. Mit 170.000 Barrel Tagesproduktion - Anfang 2008 - sind die staatlichen Anlagen schlecht ausgelastet, gegenüber früheren Jahrzehnten quasi halbiert. Angesichts der explodierten Weltmarktpreise entgehen dem Staat durch die veraltete Technologie hohe Gewinne. Zudem ist die SOTE nicht in der Lage, das schwere und etwas minderwertige Öl aus dem ecuadorianischen Regenwald über die Anden zu pumpen. Daher muss weiterhin in erheblichem Maße leichteres Rohöl aus Kolumbien zugekauft werden (s.o.). Wegen seiner minderen Qualität liegt der Preis von ecuadorianischem Erdöl etwa 15 $ pro Barrel unter dem Londoner Brent-Preis.

ecu097 Foto: peko

Marode und zu klein ist auch die alte **Raffinerie in Esmeraldas,** weswegen Ecuador auf den Import von Derivaten angewiesen ist. Die staatliche Erdölgesellschaft Petroecuador fördert vornehmlich in den alten Anlagen im Norden der Selva. Zugleich vergibt sie in regelmäßigen Ausschreibungsrunden gemeinsam mit der Regierung Förderkonzessionen an private Konzerne.

Die **Ölreserven** im Oriente reichen noch zwanzig bis 25 Jahre, ausländische Investoren sind auf der Suche nach weiteren Quellen. Nationale Umweltgruppen und internationale Organisationen versuchen durch Schaffung einer Umweltgesetzgebung die ökologischen Schäden zu bekämpfen.

Ein ambitionierter Plan der Regierung *Correa* ist es, ein großes Regenwaldgebiet im Nationalpark Yasuní vor der Erdölförderung zu schützen, wenn internationale Geldgeber das Land für den Einnahmenausfall entschädigen.

Die permanenten und teils heftigen bis gewalttätigen Auseinandersetzungen zwischen Ureinwohnern des Amazonasbeckens und den Erdölfirmen sowie den Behörden spiegeln sich beeindruckend in dem **offenen Brief der Huaorani-Indianer** an die Regierung von 2005 wieder (siehe nächste Seite).

Wasserkraft

Zur **Stromgewinnung** trägt in Ecuador in erster Linie die Wasserkraft bei. Das größte Wasserkraftwerk Ecuadors ist das Stauwerk von Paute, nicht weit von Cuenca.

OFFENER BRIEF DER HUAORANI AN DIE REGIERUNG VON ALFREDO PALACIO, AN DIE EINWOHNER VON ECUADOR UND AN DIE WELT. FÜR DIE SELBSTBESTIMMUNG DER HUAORANI UND GEGEN PETROBRAS IN BLOCK 31

Auszug aus dem im Sommer 2005 veröffentlichten Brief, in dem sich die Huaorani-Indianer im Nationalpark Yasuní gegen die Bedrohung durch den brasilianischen Erdölkonzern Petrobras wehren. Die Huaorani werden finanziell und politisch unterstützt u.a. von den Umweltschutzorganisationen „Rettet den Regenwald e.V." in Hamburg (www.regenwald.org), Urgewald e.V. bei Münster (www.urgewald.de) und Pro-REGENWALD in München (www.pro-regenwald.de).

„(...) Wir wollen keine weiteren Erdölunternehmen auf unserem Gebiet oder im Yasuní Nationalpark. Wir wollen nicht noch mehr Geld von den Unternehmen.

Unser Gebiet dehnte sich einst vom Fluss Curaray bis zum Napo aus. Wir verloren unser Gebiet durch die Ankunft der Missionare, die mit der Erdölindustrie zusammenarbeiteten. Das Wenige, was uns jetzt noch bleibt, wird nun von genau diesen Erdölunternehmen aufgeteilt und kontaminiert.

Heute ist das von Petrobras besetzte Gebiet der einzige Ort, der uns noch bleibt. Wir haben nichts mehr. Deshalb möchten wir sie nicht in unserem Gebiet. Was wird passieren, wenn unsere Kinder erwachsen werden? Wo werden sie leben, wenn sie älter sind? Unsere Flüsse sind ruhig und in den Wäldern finden wir die Nahrung, Arzneien und anderen Dinge des täglichen Bedarfs, die wir brauchen. Was wird passieren, wenn die Erdölunternehmen das zerstört haben, was uns noch geblieben ist?

In den Vereinbarungen, die wir mit anderen Unternehmen wie Repsol YPF unterzeichnet haben, haben sich die Dinge schlecht für uns entwickelt. Unser gesamtes Vermögen wird von Unternehmen wie etwa Entrix verwaltet, die sich daran bereichern. Sie verwenden unser Geld um uns zu entzweien. Sie schaffen und erhalten ein System der Abhängigkeit, das das Leben der Huaorani gefährdet.

Es ist 15 Jahre her, dass wir uns zu einer Nation zusammengeschlossen haben, aber die Unternehmen sind gekommen, um uns wieder zu trennen. Nun verlassen die Huaorani ihr Land um für die Unternehmen zu arbeiten. Und wir werden dabei ständig ärmer. Die Huaorani kaufen Alkohol von dem Geld, das sie von den Erdölunternehmen verdienen, und sie siedeln nach Puyo um. Andere haben sich am Maxus-Highway angesiedelt; sie leben nicht mehr, wie wir zuvor gelebt haben. Sie kaufen Waffen und verkaufen Tiere, und deswegen gibt es keine Affen mehr; es gibt nichts mehr zu essen. Sie gehen nach Coca und trinken Bier. Unsere Dschungel werden leer, und auf diese Weise wird unsere Nation getötet.

(...) Die Erdölindustrie schafft ein Klima der Gewalt zwischen unseren Gemeinschaften und den Nachbargemeinschaften, und das sollte nicht zugelassen werden.

Andere Menschen kommen entlang all dieser Ölstraßen auf unser Gebiet. Sie fällen Bäume, um sie zu verkaufen, und sie jagen auch die Tiere des Waldes. Es gibt niemanden, der das kontrolliert. Wir sind nur sehr wenige. Wir sind darauf angewiesen, dass sie uns respektieren, damit wir nicht verschwinden. Wir müssen uns mit unseren indigenen Brüdern des gesamten Amazonasgebiets vereinigen. Wir dürfen nicht gegeneinander kämpfen. Nur gemeinsam werden wir in der Lage sein, uns zu verteidigen, aber wir müssen dafür sorgen, dass niemand mehr in unser Gebiet kommt.

Wie viel Geld gibt Repsol YPF im Namen der Huaorani aus? Was wird geschehen, wenn diese Vereinbarung endet? Wir möchten sie nicht verlängern. Wir haben davon überhaupt nicht profitiert.

(...) Wir wissen nun, was die Erdölunternehmen tun, wenn sie unser Land betreten. Sie verunreinigen es, wie Texaco und andere Erdölunternehmen es getan haben, und nach den Erdölunternehmen kommen die Holzfäller. Wir können so nicht weitermachen. (...)

Im Yasuní Nationalpark leben viele Fremde, die mit den Wissenschaftsstationen gekommen sind. Sie sind Biologen, Anthropologen und andere Wissenschaftler, und sie bringen uns überhaupt keine Vorteile. Zuvor gehörte unser Gebiet uns selbst. Nun ist es ein Nationalpark und Huaorani-Gebiet, und alles ist in Blöcke unterteilt. Wir verstehen das alles nicht. Wir möchten unser gesamtes Gebiet verwalten. Wir möchten weiterhin als Huaorani leben.

Im Mai diesen Jahres besuchten zwei Repräsentanten der Huaorani das Treffen des Permanenten Forums für Indigenenangelegenheiten der Vereinten Nationen. Dort unterrichteten wir die Welt von unseren Problemen mit den Erdölunternehmen und vom Leid anderer Völker – Völker, die ins Nichts verschwinden. Wir möchten ihnen nicht folgen.

Angesichts all dessen fordern wir:

1. Dass die Regierung von Ecuador umgehend ein zehnjähriges Moratorium für die Suche und Förderung von Erdöl auf dem Gebiet der Indigenen erlässt.

2. Dass die Regierung von Ecuador, der Internationale Währungsfonds IMF sowie die Weltbank sich mit den Indigenen Ecuadors treffen, um über das Moratorium sowie über den teilweisen Erlass der Auslandsschulden Ecuadors zu sprechen.

3. Dass Lula da Silva, der Präsident Brasiliens, das Unternehmen Petrobras aus dem Yasuní Nationalpark und dem Gebiet der Huaorani entfernt.

4. Dass eine Delegation der Regierung Ecuadors hierher kommt und sich ansieht, was die Erdölunternehmen im Yasuní Nationalpark und auf dem Gebiet der Huaorani getan haben, so dass sie selbst die Verschmutzung und die Auswirkungen auf unser Gebiet sehen können.

5. Dass der Staat Ecuador seine Verpflichtung gegenüber den Huaorani erfüllt, was Ausbildung, Gesundheitsvorsorge und andere grundlegend notwendige Dinge betrifft, so dass unsere Abhängigkeit von den Erdölunternehmen beendet wird.

6. Dass die Regierung Ecuadors den UN-Sonderbeauftragten für Menschenrechte und Freiheit indigener Völker einlädt, Ecuador zu besuchen, so dass dieser sich ein Bild von dem Leben indigener Völker in der heutigen Zeit machen kann.

7. Dass die Regierung Ecuadors das Gebiet der Tagaeri- und Taromenani-Gemeinschaften unter ihren besonderen Schutz stellt.

8. Dass die Regierung Ecuadors die Huaorani beim Erhalt einer finanziellen Entschädigung für die von Texaco und anderen Erdölunternehmen verursachten Umweltschäden und sozialen Probleme unterstützt.

9. Dass die Regierung Ecuadors eine Untersuchung von Entrix und anderen Organisationen einleitet, welche Zahlungen im Namen der Huaorani erhalten.

10. Dass Milton Ortega und andere Sprecher von Unternehmen und Regierung unser Gebiet verlassen.

11. Dass die Regierung Ecuadors andere Formen der Energiegewinnung findet als Erdöl, die weder das Leben der Menschen noch die Umwelt zerstören.

Wir laden alle indigenen Nationen in Ecuador, in der Amazonasregion und auf der gesamten Welt ein, sich uns anzuschließen. Wir laden auch die Umweltschützer, Nichtregierungsorganisationen und Einzelpersonen dazu ein, sich uns in diesem Kampf um unser Leben anzuschließen, damit unsere Kinder und alle Lebewesen auf dieser Erde auf Dauer eine Zukunft haben." (Übersetzung: Pro REGENWALD, Petra Fischbäck)

Im **Energiesektor** sind in den vergangenen Jahren spürbare Verbesserungen vorgenommen worden. So sind die einst regelmäßig wiederkehrenden Stromabschaltungen von mehreren Stunden täglich heute fast vergessen. In langen Trockenzeiten sind sie jedoch noch immer nicht ganz auszuschließen.

Alecsey Mosquera, Ecuadors „Minister für Elektrizität und Erneuerbare Energien", will den Kraftwerksanteil der **Wasserkraft** mittelfristig auf 80% ausbauen. Dazu soll vor allem ein Großprojekt am Río Quipus nördlich von Baeza beitragen. Gleichzeitig will *Mosquera* die noch bescheidenen Ökoenergien ausbauen und die Energieeffizienz fördern. Diese Maßnahmen würden den fossilen Brennstoffverbrauch bei der Stromgenerierung erheblich senken.

Auf der Galápagos-Insel San Cristóbal ist 2007 bereits der **erste Windpark Ecuadors** ans Netz gegangen, um etwa 50% des Strombedarfs der Insel zu liefern. Die kleine Nachbarinsel Floreana ist derweil weitgehend mit **Solarkraft** versorgt, und auch die einwohnerstärkste Insel Santa Cruz erhält in den kommenden Jahren eine Stromversorgung aus Windkraft, die auf der vorgelagerten Flughafeninsel Baltra generiert wird.

Die Regierung in Quito, die lokalen Behörden auf Galápagos und internationale Institutionen und Unternehmen machen diesen Umbau der Energieversorgung auf dem Archipel möglich. Hintergrund ist die bislang veraltete und gefährliche Versorgung von Galápagos mit Dieseltransporten und -generatoren. Auch in der Festland-Provinz

ecu099 Foto: peko

Loja werden derzeit Windkraftprojekte vorangetrieben.

Bergbau

Der Bergbau spielte im ecuadorianischen Wirtschaftsgeschehen lange Zeit keine große Rolle. Zwar verfügt das Land über eine große Vielfalt an **Bodenschätzen** (Kupfer, Zink, Silber, Marmor, Magnesium, Phosphat, Kohle, Gold), aufgrund der fehlenden Infrastruktur blieben die Nutzungsmöglichkeiten eingeschränkt. Im Zuge der weltweiten Preisrallye bei Rohstoffen ist in den vergangenen Jahren auch der ecuadorianische Bergbausektor belebt worden. Zahlreiche internationale und nationale Minengesellschaften verhandeln derzeit Schürfkonzessionen für mehrere hundert Projekte oder beuten die Bodenschätze bereits aus. Schwerpunkte der Bergbauaktivitäten sind die südlichen Anden, teils auch ihre subtropischen Osthänge sowie im Norden das große Tal von Intag.

Industrie

Die Industrieproduktion insgesamt ist schwach ausgeprägt. Die Zentren der Industrie sind die beiden Großräume Quito und Guayaquil.

Hier sind neben der **Nahrungs- und Genussmittelindustrie** besonders die Pharma- und Textilindustrie von Bedeutung. Die **Pharmaindustrie** ist fest in ausländischer Hand (Merck, Bayer, Hoechst u.a.).

Ein Teil der **Textilindustrie** produziert folkloristische Kleidung, teilweise in Kleinbetrieben traditionell von Indianern hergestellt (Web- und Lederwarenhandwerk).

Zwei Drittel der Industrieproduktion entfallen auf die verarbeitende Industrie, ein Drittel auf die Lebensmittel- und Genussindustrie.

Indianerin und Mestizen auf einem Feuerwehrauto

Tourismus

Die Anfänge des Fremdenverkehrs in Ecuador reichen in die 1970er Jahre zurück. Seit Beginn der 1990er Jahre gewinnt der Tourismus im Wirtschaftsleben Ecuadors zunehmend an Bedeutung. Von der Pazifikküste über das Andenhochland bis in die Regenwaldgebiete des östlichen Amazonas-Tieflandes bieten sich dem Touristen in Ecuador vielfältige Möglichkeiten der Erholung und Entdeckung.

Hauptanziehungspunkt Ecuadors ist seit Jahren die **Inselgruppe der Galápagos** mit ihrer einzigartigen Tier- und Pflanzenwelt. 2005 kamen erstmals über 100.000 Touristen auf den Archipel.

Viele Ecuador-Besucher entscheiden sich für eine **organisierte Rundreise.** Dabei sind die Reisezeiten relativ gleichmäßig über das Jahr verteilt. Eine geringfügige Spitze ist im Juni, Juli und August zu beobachten und fällt mit der Ferienzeit des Gastlandes zusammen.

Hotels unterstehen einer ständigen Kontrolle durch das Tourismusministerium und sind in verschiedene Klassen eingeteilt. Daneben existieren zahlreiche private **Pensionen und Herbergen** im ganzen Land.

Hotels und Herbergen sind allerdings in unterschiedlicher Dichte über das Land verteilt. Billige, einfache Unterkünfte gibt es vornehmlich in den ländlichen Regionen, die luxuriöseren Hotels mit internationalem Standard haben sich zum größten Teil in den beiden Metropolen Quito und Guayaquil und weiteren Touristenzentren angesiedelt.

Die größte Zahl ausländischer Gäste stellen die US-Amerikaner, gefolgt von den Europäern (Deutsche, Franzosen, Spanier, Holländer, Schweizer). Dabei wählen die Besucher aus den Nachbarländern Ecuador in erster Linie als reines Erholungsland, während viele europäische Touristen Ausflüge in die Hochgebirgsregionen und Touren durch die Regenwaldgebiete in den Vordergrund ihrer Urlaubsaktivitäten stellen.

Experten beteuern wiederholt, dass Ecuador auf Grund seiner außergewöhnlichen Vielfalt auf kleinem Raum ein gewaltiges **touristisches Potenzial** aufweist. Regenwald und Geografie, Meeresfauna und indigene Kulturen in Ecuador seien auch im internationalen Vergleich spektakulär, allerdings sei keine konsequente und vorrangige Tourismuspolitik zu erkennen. Entsprechend seien die Infrastruktur im Land mäßig und die internationale Öffentlichkeitsarbeit blass.

Über eine große Anzahl von **Reiseagenturen,** die sich auf touristische Anziehungspunkte wie Quito, Cuenca oder Otavalo konzentrieren, hat der/die Reisende unendlich viele Gelegenheiten, Abenteuer und Kultur organisiert zu erleben. Bustouren führen zu allen Sehenswürdigkeiten des Landes, und mit Hilfe von Fremdenführern sind Trips in Hochgebirgs- und Regenwaldgebiete möglich.

Inwieweit sich die **Preissteigerungen** – in den Großstädten wie Quito und Guayaquil sind die Preise in Hotelgewerbe und Gastronomie stark gestiegen, auf dem Land nur moderat – negativ auf den Fremdenverkehr in Ecuador auswirken werden, bleibt abzuwarten.

2008 fing der chronisch schwache US-Dollar für „Euro-Reisende" so manche Preiserhöhung auf.

Bevölkerung

Ecuador hat etwa **13,5 Mio. Einwohner** und eine durchschnittliche **Bevölkerungsdichte von 47 Einwohnern je km²** (2008). Allerdings ist die Bevölkerungsverteilung recht ungleichmäßig. Der Verstädterungsgrad ist hoch. Weit mehr als die Hälfte aller Ecuadorianer lebt in den Städten, ein Drittel allein in den beiden größten Ballungsräumen von Guayaquil (ca. 2,5 Mio.) und Quito (1,8 Mio.). Relativ dicht besiedelt ist auch der Küstenstreifen. Der Oriente dagegen ist fast menschenleer. Hier beträgt die Bevölkerungsdichte etwa fünf Menschen je Quadratkilometer, dünner besiedelt sind nur noch die Galápagos-Inseln mit statistisch drei Einwohnern je Quadratkilometer.

In Ecuador hat es im 20. Jahrhundert recht große **Wanderungsbewegungen** gegeben. Drei Viertel der Bevölkerung lebten noch Ende des 19. Jahrhunderts im Andenhochland, doch der steigende Export von landwirtschaftlichen Gütern wie zunächst Kakao und in den letzten Jahrzehnten von Bananen lockte immer mehr Menschen in die Küstenregionen.

Das **Bevölkerungswachstum** in Ecuador ist recht hoch und beträgt zurzeit etwa 1,4%. Über 40% aller Ecuadorianer sind jünger als 15 Jahre, nur 5,7% älter als 60.

Die **Lebenserwartung** beträgt durchschnittlich 68 Jahre bei Männern und 73 Jahre bei Frauen.

Seit 1998 steigt die **Auswanderung** Richtung USA und Europa spürbar an. In Spanien z.B. arbeiten (teils illegal) schon Tausende von Ecuadorianern. In Quito gibt es Büros, die Arbeitskräfte für den Einsatz im Ausland anwerben.

Sprache

Die **Amtssprache** ist **Spanisch.** In der Sierra sprechen viele Indígenas allerdings noch ihr traditionelles **Quechua,** fast alle auch zusätzlich Spanisch. Das in Ecuadors Hochland weit verbreitete Quechua ist eine der zahlreichen Quechua (Ketschua)-Sprachen, die ursprünglich von den Chinchay, einem Volk aus Peru, stammen. Die Inka übernahmen die Sprache und verbreiteten sie während ihrer Eroberungszüge. Später nutzten die Spanier auch die verschiedenen Quechua-Dialekte, um sich mit den Indígenas zu verständigen. Quechua-Sprachen werden heute nicht nur in Ecuador gesprochen, auch in Peru sind sie weit verbreitet. Quechua-Worte werden auch ins Spanische übernommen. So nutzt man beispielsweise in Chile, aber auch in Ecuador, statt des spanischen Wortes „bebé“ für Baby das Quechua-Wort „guagua“.

Ursprünglich gab es in den Anden etwa **16 verschiedene Sprachen.** Die meisten drohen mittelfristig zu verschwinden oder sind bereits verschwunden, ein Ergebnis der spanischen Vorherrschaft, die das Spanische durch Gesetzgebung, Lehrer, Steuereintreiber und Priester durchsetzte. In der reformierten Verfassung von 1998 jedoch erhielten die Indígenas das Recht zurück, in ihren Gebieten die eigene Sprache als Hauptsprache in Schule und Alltag zu führen.

Bildung

Das Bildungssystem wurde in Ecuador seit dem Beginn des Erdölbooms im Jahr 1973 ausgebaut. Die Bildungsausgaben stiegen, vor allem **Alphabetisierungsprogramme** wurden durchgeführt. Der Anteil der Analphabeten an der Bevölkerung konnte so auf heute 14% gesenkt werden, in den Städten sogar auf 5%.

Buchtipps: Wer sich intensiver und praxisnah mit dem ecuadorianischen Spanisch und dem Quechua beschäftigen möchte, der sei auf die bewährten Kauderwelsch-Sprechführer aus dem Reise Know-How Verlag verwiesen:
- **Spanisch für Ecuador – Wort für Wort**
- **Quechua – Wort für Wort**

Das Schulsystem gliedert sich in **Vorschule, Grundschule und weiterbildende Schulen bzw. Hochschulen;** neben den konfessionellen existieren private und öffentliche Schulträger. Es gibt mittlerweile weit über zwanzig Hochschulen in Ecuador. Während staatliche Einrichtungen wie die traditionelle Universidad Central in der Hauptstadt unter chronischem Geldmangel leiden, gründen sich fast jährlich neue private Akademien.

Obwohl der Besuch der staatlichen Schulen kostenfrei ist, eine **allgemeine Schulpflicht** (seit 1870) für alle Kinder zwischen sechs und elf Jahren besteht und das öffentliche Schulsystem ausgebaut wurde, wachsen gerade auf dem Land noch viele Kinder ohne jede schulische Bildung auf.

Zum Jahresbeginn 2008 erschütterte eine Studie den ecuadorianischen Bildungssektor. Einem landesweiten Test zufolge verfügen weniger als 10% der rund 18.500 **Lehrer** an öffentlichen Schulen über ausreichende Grundkenntnisse und Allgemeinbildung.

Besonders benachteiligt durch die Bildungsmisere sind – wie in so vielen Lebensbereichen – **Frauen.** Ihnen werden oft – vor allem auf dem Land – nicht die gleichen Chancen eingeräumt wie Männern, sei es dadurch, dass sie schon sehr jung Kinder bekommen und ihnen die Sorge für den Nachwuchs weitestgehend aufgebürdet wird, oder sei es, weil „mann" in Ecuador weit verbreitet glaubt, dass Bildung für Frauen nicht so wichtig sei, da diese ja ohnehin eine andere Bestimmung hätten (siehe auch Kapitel „Zur Situation der Frau").

Sozialstruktur

Viele Ecuadorianer stehen im täglichen **Kampf ums nackte Überleben.** Obwohl das Land fruchtbar ist und über Gold- und Erdölvorkommen verfügt, betrifft die Armut im Land etwa 70% der Bevölkerung. Der massenhafte soziale Abstieg in den Städten war zwischen 1998 und 2001 besonders dramatisch, da die hohe Inflation und drastische Preiserhöhungen nicht annäherungsweise durch Lohnzuwachs aufgehoben wurden.

Ecuador ist eines der Länder mit den **größten Gegensätzen zwischen Arm und Reich** in Südamerika. Diese Tendenz hat sich in den 1990er Jahren und nach der Dollarisierung weiter verschärft. Die weiße und mestizische **Oberschicht** machen allenfalls 3 bis 5% der Ecuadorianer aus. Sie besteht weitgehend aus der traditionellen Elite – Familien, denen es gelungen ist, trotz aller Veränderungen ihre wirtschaftliche Macht zu behalten. Sie investierten in die Modernisierung der Landwirtschaft, als der Kakao- und Bananenboom begann, und in die Industrie, als Ecuador seine Erdölförderung startete. Insgesamt besteht die Oberschicht aus alteingesessenen Familien, einigen neureichen Unternehmern (besonders aus dem Dienstleistungssektor), den Spitzen des Staates und des Militärs.

Die **Mittelschicht** ist traditionell klein, auch wenn sie nach 1950 im Zuge des Wirtschaftsaufschwunges zunächst anwuchs. Zur Oberschicht besteht eine weitgehend starre Grenze, selten gelingt der Aufstieg. Stattdessen ist der typische Mittelschichtler immer sozial abstiegsgefährdet.

Ein Hauptproblem ist die **Erwerbslosigkeit.** Im Jahr 2007 waren es im Schnitt zwar nur 7,5% der formal Beschäftigten, doch durch den großen informellen Arbeitssektor des Landes registriert Ecuador eine Unterbeschäftigung von 46% der erwerbsfähigen Bevölkerung (s.u.).

Der durchschnittliche **Monatslohn** eines Ecuadorianers im Privatsektor halbierte sich in dem absoluten Krisenjahr 1998/1999 von 131 auf 64 US-Dollar; 2005 lag er bei immerhin 177 Dollar. 2007 setzte *Rafael Correa* den **staatlich garantierten Mindestlohn** auf 200 $ fest. Im informellen Sektor wird dieser Betrag jedoch weiterhin unterschritten.

Über die Hälfte der Erwerbstätigen arbeitet im so genannten **informellen Sektor,** d.h. als fliegender Händler auf der Straße, als Schuhputzer, Hauspersonal, in der Landwirtschaft oder in der Kleinproduktion. Alle Leistungen werden bar bezahlt, dem Staat entgehen Steuergelder, der Arbeiter ist nicht sozialversichert. So verwundert es kaum, wenn 2006 der damalige Präsident *Palacios* nach einer Studie des Gesundheitsministeriums einräumte, dass „80,8 Prozent der ecuadorianischen Bevölkerung keine gesundheitliche Versorgung" haben – eine der schlechtesten Quoten auf dem ganzen Kontinent.

Die **Indígenas** gehören fast ausschließlich den **unteren Klassen** an. Während die durchschnittliche Lebenserwartung zwischen 68 und 73 Jahren liegt, beträgt sie bei den Urwaldindianern nach Schätzungen der deutschen Welthungerhilfe nur etwa 40 Jahre. Mangelerkrankungen sind an der Tagesordnung. Bauern, die sich früher selbst mit Grundnahrungsmitteln und Gemüse versorgten, müssen heute immer häufiger Konserven mit geringem Nährwert kaufen, hinzu kommt, dass in ländlichen Gebieten – nach inoffiziellen Schätzungen – nur 10,5% aller Haushalte einen Trinkwasseranschluss haben.

Offiziell werden allen ethnischen Gruppen in Ecuador die gleichen Rechte eingeräumt, aber **Diskriminierung** ist integraler Bestandteil der ecuadorianischen Gesellschaft. Mit Ausnahme der Otavaleños, die durch ihre handwerklichen Künste einen sozialen Aufstieg vollzogen haben, gelten Indianer vielen Weißen und Mestizen als dumm und unsauber. Ihre Sprache und Kultur wurde über Jahrzehnte verachtet, und – Ironie der Geschichte – erst der Intensivierung des Fremdenverkehrs und damit auch der Wiederankunft von Europäern ist es zu verdanken, dass auch die überheblichsten Ecuadorianer den (Devisen-?) Wert der autochthonen Bevölkerung in ihrem Land anerkennen.

Volksgruppen

Hinsichtlich der **ethnischen Zusammensetzung** der Bevölkerung Ecuadors gibt es differierende Zahlen, je nachdem, wie zwischen den einzelnen Bevölkerungsgruppen unterschieden wird. Im Allgemeinen aber lässt sich sagen, dass **etwa 36% der Bevölkerung Indígenas** sind, **42% Mestizen,** also Nachfahren von Indígenas und Weißen, die restlichen 22% Weiße, Schwarze und

Nachfahren von Weißen und Schwarzen, von Schwarzen und Indígenas sowie Einwanderer aus arabischen Ländern und China.

Ecuador ist eines der Länder Lateinamerikas mit dem höchsten Anteil indigener Bevölkerung bei gleichzeitig niedrigstem Anteil Weißer an der Gesamtbevölkerung. Die meisten Indígenas leben nicht mehr streng nach ihrer überlieferten Kultur. Die starke Verstädterung, die spanische Amtssprache, ein anderes Wirtschaftsmodell und der ausländischer Einfluss haben zu einer Anpassung an die Welt der Mestizen geführt.

Indígena-Völker im Regenwald des Oriente

Die **Cofan** sind in der Provinz Orellana anzutreffen, ebenso an den Ufern der Flüsse Aguarico und San Miguel. Auch in Kolumbien leben Cofan. Im Cofan-Gebiet wurde Ende der 1960er Jahre mit der Förderung von Rohöl begonnen. Doch die erhofften Arbeitsplätze für die Indígenas blieben aus; was sich einstellte, war die Zerstörung ihrer Lebensgrundlagen und kulturellen Werte.

Zu den Cofan unterhalten die **Sionas** gute Beziehungen.

Die größte Gruppe aller Indígenas sind die **Quechua.** Die meisten leben in den Provinzen Napo und Pastaza.

Die **Secoyas** sind ebenfalls im Oriente, und zwar in der Provinz Napo, beheimatet.

Die Indígenas in Amazonien leben in Großfamilien, die meist in ein starres gesellschaftliches Regelsystem eingebunden sind. Sie haben normalerweise keinen Häuptling, stattdessen wird in Krisenzeiten dem Schamanen der Oberbefehl übergeben.

Die zweitgrößte Gruppe aller Indígenas sind die **Shuar,** die in den südlichen Provinzen des Oriente, in Morona-Santiago und Zamora-Chinchipe leben. Über die Shuar ist zu berichten, dass sie lange Zeit als **Schrumpfkopfjäger** gefürchtet waren. Dem toten Feind wurde der Kopf abgeschlagen, der Schädel wurde herausgenommen, die Muskeln entfernt. Das Ganze wurde verschnürt und über dem Feuer getrocknet. *Tsanta* nannten die Shuar ihre Schrumpfköpfe, und diese Tsanta beschützten den Besitzer: Mit jedem Schrumpfkopf, den ein Shuar besaß, wurden sein Leben und seine Seelenkraft erneuert.

Für weitere Informationen zu den Shuar siehe auch den Exkurs „Der Widerstand der Shuar" im Kapitel „In Amazonien (Oriente).

Nahe Verwandte der Shuar sind die **Achuar.**

Hinsichtlich der Indígena-Gruppen der **Tetetes** und der **Záparos** ist es fraglich, ob sie überhaupt noch als eigenständige Volksgruppen existieren. Schon 1970 wurde die Zahl der Tetetes auf nur noch drei Stammesangehörige geschätzt und gleichzeitig vermutet, dass auch die Zaparos von anderen Indígena-Völkern kolonisiert und akkulturiert wurden. Die letzten Záparos leben mit Quechua zusammen.

Indígena-Völker an der Küste

Im Übergang der esmeraldeñischen Küste ins Bergland, im kolumbianischen Grenzgebiet, leben die **Awa.**

Die **Cayapas** siedeln in der Provinz Esmeraldas, an der Küste und an den Flüssen Cayapa und San Miguel.

Die wenigen **Colorados** leben in der Provinz Pichincha an der Küste sowie an den Ufern der Flüsse Chihuipe, Baba, Tahuazo und Poste nahe der Stadt Santo Domingo de los Colorados. Spanisch als „colorados" bezeichnet, nennen sich diese Indígenas in ihrer Sprache **„Tsáchilas".** So heißt auch die 2007 neu gegründete Provinz, die in ihrem traditionellen Territorium liegt, Santo Domingo de los Tsáchilas.

Hochland-Indígenas

Die weitaus größte indianische Bevölkerung verteilt sich auf das Hochland: die **Quechua** (de la Sierra). Zu dieser bedeutenden Sprachfamilie zählen regionale Gruppen wie die Salasaca, Saraguro, Puruháes und die Otavaleños. Letztere sind berühmt für ihre Webkunst, die sie den Spaniern zu „verdanken" haben, die die Einwohner des etwa 100 km nördlich von Quito liegenden Otavalo-Tals zur Arbeit in ihren Webereien zwangen. Heute ist das Volk der **Otavaleños** zweigeteilt: Es gibt Angehörige der Otavaleños, die durch die Webarbeit genügend Geld verdienen und ihre eigene Kultur weitgehend bewahren können, andere leben als Campesinos im trockenen Hochland und fristen eine karge Existenz. Die meisten Otavaleños arbeiten inzwischen allerdings in der Textilindustrie, sei es als Weber, Spinner, Stricker oder im Verkauf der Waren (vgl. Exkurs „Die Otavalo-Indianer" bei Otavalo).

Die schwarzen Afro-Ecuadorianer

Sie leben vorwiegend in den Provinzen Esmeraldas und im Chota-Tal, das in

Schamanen und Heiler

Fast jede Gemeide hat in ihrer Mitte einen Heilkundigen. Die Naturärzte heißen Heiler oder einfach „kluge Mütter" und „kluge Väter". Hexer und Zauberer werden sie auf Spanisch oder von einigen Mestizen genannt, Bezeichnungen, die von den Indígenas wegen der ihnen innewohnenden negativen Implikationen abgelehnt werden.

Ihre Behandlungsmethoden sind regional unterschiedlich – eines ist aber allen gleich: Sie nutzen die heilenden Eigenschaften der Pflanzen, in „moderner" Terminologie könnte man sie als Heilpraktiker bezeichnen.

Die Heiler der Indígenas sind auch spirituell tätig. Körper, Geist und Seele bilden für die Indianer eine Einheit, es gibt daher für sie auch keine sichtbare Grenze zwischen einer körperlichen Krankheit und ihrer seelischen, kosmischen Herkunft. Deshalb finden parallel zur Medikamentation mit pflanzlichen Heilmitteln auch zeremonielle Rituale statt.

Die Schamanen sind gleichzeitig Träger der Überlieferungen, Mythen und Glaubensvorschriften ihrer Völker. Sie bilden selbst wieder Schamanen aus und geben ihr Wissen an die nachfolgenden Generationen weiter. Sie können nicht nur heilen, sondern auch Feinde verfluchen, Krankheiten auslösen, und sie sind diejenigen, die mit Initiationsriten die Jungen und Mädchen in die Erwachsenenwelt einführen.

der Provinz Imbabura liegt. Die Schwarzen im Chota-Tal sind überwiegend Nachfahren ehemaliger Sklaven von den Zuckerrohrplantagen, ebenso wie die Schwarzen, die heute in den Küstenstädten leben.

Die schwarzen Bauern in Esmeraldas sind – so vermuten zumindest einige Historiker – Nachfahren von Sklaven, die im 17. Jahrhundert nach Ecuador gebracht werden sollten. Ihre Schiffe jedoch kenterten vor der Nordküste, und die unvermutet Freien verteilten sich über die Provinz.

Lebensformen

Die Menschen im Hochland wirken eher verschlossen und zurückhaltend, während sie an der Küste ungezwungener, offener und durch das Klima bedingt offensichtlich lebenslustiger sind. In beiden Teilen des Landes hält die ältere Generation – besonders auf dem Lande – stark an Althergebrachtem fest, an Traditionen, Moralvorstellungen und religiösem Brauchtum, während sich die Jugend und wohlhabende Ecuadorianer mehr und mehr **an der westlichen Lebensart orientieren.** Ausländische Filme und das Verhalten der Ausländer bieten den Ecuadorianern vielfältigen Anschauungsunterricht. Jeans und Sweatshirts sind auch in Ecuador alltäglich, vor allem die Jugend kleidet sich nach westlichem Vorbild.

Trotz dieser Entwicklung (die nicht nur für Ecuador gilt, denn die Vereinheitlichung der Kultur- und Lebensstile ist ein globales Phänomen) wird der Besucher auf einer Rundreise durch Ecuador **vielen traditionellen Lebensformen** mit originären Sitten und Gebräuchen begegnen, erst recht, wenn er sich in touristisch unberührteren, ländlichen Gegenden wie der südlichen Sierra bewegt. Aber auch auf Märkten sind farbenfroh gekleidete Indígenas anzutreffen, die sich trotz des zunehmenden Tourismus (oder gerade deswegen!?) weiterhin in ihrer traditionellen Kleidung präsentieren.

Familie

Die Ecuadorianer leben traditionell in einem festen **Familienverband.** Der Familiensinn ist sehr ausgeprägt, und der enge familiäre Zusammenhalt hilft, manch Prüfung, die das Leben bereithält, zu bestehen.

In der typischen Mittelschichtfamilie leben die Ecuadorianer mitunter in mehreren Generationen zusammen unter einem Dach. Ledige **Frauen** stehen dabei unter strenger Beobachtung, bis sie verheiratet sind.

Unantastbare Autorität des Hauses ist oft der **Vater.** Der älteste Sohn wird in seiner Erziehung darauf vorbereitet, diese Rolle zu übernehmen, wodurch ihm schon im frühen Alter eine hohe Verantwortung zuteil werden kann.

Die Erziehung der **Kinder** und die gesamte Hausarbeit übernehmen in den höheren Schichten zum großen Teil Hausangestellte. Keine Mühe scheuen reiche Ecuadorianer, wenn es darum geht, ihre Zöglinge auf eine höhere Schule zu schicken. Viele reiche Famili-

Indígena-Mädchen im Hochland

ecu100 Foto: peko

en schicken ihre Kinder auf Schulen und Universitäten in den USA.

Die Bevölkerung der Indígenas lebt in Gemeinden, und jede Familie innerhalb einer Gemeinde muss Arbeiter stellen, die für **Gemeinschaftsprojekte** *(mingas)* zur Verfügung stehen. In einigen Gemeinden hat diese Vorschrift sogar Gesetzesstatus, so dass bei Missachtung ein Bußgeld verlangt wird. Doch prinzipiell helfen sich die Familien bereitwillig, da sie wissen, dass im Bedarfsfall die benötigte Gegenhilfe durch Mitglieder anderer Familien geleistet wird. Ausbesserungsarbeiten am Haus, Vorbereitungen für eine anstehende Festlichkeit oder gemeinnützige Arbeiten wie das Errichten einer Schule werden deshalb in der Regel kooperativ geleistet.

Vor der Conquista war das Geld als **Zahlungsmittel** unbekannt, und man zahlte mit Arbeitsleistungen oder im Wege des Tauschhandels. Heute bedeutet die Abschaffung der ecuadorianischen Währung Sucre im Jahr 2000 einen neuerlichen Kulturverlust.

Die Ecuadorianer legen großen Wert auf **soziale Anerkennung.** Um einen sozialen Abstieg zu vermeiden, wird vor einer Hochzeit z.B. sehr genau geprüft, was der Freier in die zukünftige Ehe „einbringen“ kann.

Zur Situation der Frau

Die Lebensaufgabe der Frau in Ecuador reduziert sich zum Glück nicht mehr darauf, ausreichend Kinder zu gebären, sie großzuziehen und eine gute Ehe- und Hausfrau abzugeben.

Früher las sich das noch so: „Schon als Kind in jungen Jahren hilft das Mädchen der Mutter, passt auf die jüngeren Geschwister auf, kümmert sich um die Wäsche, kocht und putzt das Haus. Sie muss lernen, dass ihre Bestimmung lautet, dem Mann solche Arbeiten abzunehmen. Die Gesellschaft erwartet von der Frau, dass sie im heiratsfähigen Alter von 16 Jahren einen Mann findet, mit dem sie in den Stand der Ehe tritt. Für die Eltern bleibt sie eine ökonomische Belastung, solange sie zu Hause ist, und deshalb kann sie gar nicht früh genug heiraten. Hat die junge Frau Glück, findet sie ihren Märchenprinzen. Wenn nicht, dann nimmt sie den Erstbesten, um eine Familie zu gründen. Wenn Frauen überhaupt so etwas wie Achtung entgegengebracht wird, dann nur in ihrer Funktion als vielfache Mutter.“ Auch wenn diese Zeiten vorbei scheinen, deutliche Benachteiligungen erfahren Frauen immer noch. Dabei ist ein ausgeprägtes Stadt-Land-Gefälle zu beobachten.

Stadtfrauen, die am ehesten traditionelle Strukturen aufbrechen können, und weibliche Angehörige vermögender Familien sind bevorzugt in der Lage, das – prinzipiell allen Frauen zustehende – **Schulrecht** und **Recht auf eine Universitätsausbildung** in Anspruch zu nehmen und sich dadurch Berufs- und Bildungschancen zu eröffnen.

Obwohl über 30% der arbeitenden Bevölkerung in Ecuador weiblich ist, ist die **Diskriminierung der Frau im Beruf** erheblich. Gut dotierte und verantwortungsvolle (Spitzen-) Posten in Politik, Wirtschaft und Verwaltung sind fast ausschließlich männliche Domäne, im sonstigen Arbeitsleben verdienen Frauen bei gleicher Tätigkeit im Durchschnitt 30% weniger als Männer. Nur: Sind diese Erscheinungen spezifisch ecuadorianisch?

Dieser harten Realität stellen sich viele Frauen entgegen. So ist nach Einführung des Scheidungsrechts die Zahl der **Scheidungen** in Ecuador stark gestiegen, denn auch die Frau kann die Trennung erwirken, doch setzt dies die schriftliche „Genehmigung" des Ehegatten voraus und gestaltet sich daher langwierig. Nach der Scheidung kehrt die Frau in das Haus ihrer Eltern zurück oder lebt, wenn sie über die nötige (finanzielle) Unabhängigkeit verfügt, ihr eigenes Leben, ohne sozial geächtet zu sein. Einer Wiederheirat steht nach der Scheidung nichts im Wege.

Festzuhalten bleibt: Die ecuadorianischen Gesetzestexte sprechen den Frauen die Gleichberechtigung zu; so trat 1995 ein Gesetz in Kraft, das psychische, körperliche und sexuelle Gewalt gegen Frauen unter Strafe stellt. In der Praxis aber tun sich Frauen schwer, die über Jahrhunderte gewachsenen patriarchalischen Strukturen aufzubrechen und den – auch für viele Frauen noch – selbstverständlichen Chauvinismus des ecuadorianischen Mannes zu bekämpfen.

Religionen

In Ecuador herrscht **Religionsfreiheit.** Kirche und Staat sind seit 1904 getrennt, allerdings übt die katholische Kirche wie in vielen lateinamerikanischen Ländern einen beträchtlichen politischen Einfluss aus. Sie stützt sich dabei auf konservative Kreise, die wiederum die Kirche unterstützen.

Offizielle Statistiken machen es sich einfach: Sie sprechen von einer katholischen Mehrheit in Ecuador. Einige schreiben sogar Zahlen, nach denen sich etwa 90% aller Ecuadorianer zum **Katholizismus** bekennen, Minderheiten dem protestantischen Glauben und so genannten Naturreligionen oder Kulten anhängen würden. Die Wirklichkeit stellt sich aber komplizierter dar. Traditionelle Vorstellungen mischen sich seit der spanischen Conquista mit katholischem Gedankengut. *Francisco Sharup,* der Bevollmächtigte für Landrechtsangelegenheiten der Federación de los Centros Shuar, machte das in einem Interview deutlich. Er sagte über die Missionstätigkeit der Salesianer: „Sie brachten uns einen unbekannten Gott, obwohl wir hier selbst einen Gott haben, der wahrscheinlich sowieso derselbe ist, den wir nur auf andere Weise verehrt haben." Und weiter: „Ich persönlich habe sehr eigene Glaubensvorstellungen, und viele Shuar denken ähnlich, aber ein großer Teil unseres Volkes praktiziert die katholische Religion. Das geschieht aber in einer sehr freien Form, denn unsere Leute lassen sich nicht gerne manipulieren, sie legen großen Wert auf ihre eigene Entscheidung."

Nicht erst heute vermischen sich bei vielen ecuadorianischen Festen traditionelle Inhalte mit katholischen Bräuchen. Um die katholischen Feiern begehen zu können, ohne die eigene Religion vollständig aufzugeben, wurden Darstellungsformen gesucht und gefunden, die zum größten Teil der traditionellen Kultur entnommen wurden. So wird z.B. im Otavalo-Tal das **Fest des Heiligen Johannes des Täufers** (24. Juni) auf ganz eigene Art gefeiert. Vermutlich wurde einem alten Sonnenwendfest aus vorchristlicher Zeit ein christlicher Inhalt gegeben. Eine Woche lang ziehen die verkleideten Männer tanzend und musizierend durch die Dörfer. Ähnlich wie auch zu anderen Anlässen hat der Schutzheilige des Tages nur wenig oder gar nichts mit dem Fest an sich zu tun.

Fern aller christlichen Anschauung ist auch der **Brauch der Heiligen Berge.** In Ecuador werden einige Andengipfel von den Indígenas als heilig angesehen, als männliche oder weibliche Wesen, die für die Fruchtbarkeit und das Wohlergehen der jeweiligen Region zuständig sind; als „Vater" wird der höchste Berg Ecuadors, der Chimborazo, bezeichnet. Den heiligen Status mancher Berggipfel nutzten die spanischen Eroberer und Missionare zur Dokumentation ihres Machtanspruchs, als sie auf ihnen kleine Kapellen erbauten.

Wie die Berge, so ist auch die Erde heilig. Heute noch ist es üblich, den letzten Tropfen eines alkoholischen Getränks auf den Boden zu gießen – als Opfergabe für die „Mutter" Erde.

Die **evangelischen Kirchen,** vor allem Pfingstkirchen, aber auch zahlreiche Sekten, verzeichnen seit den 1990er Jahren einen starken Zulauf. Mit dem Radiosender HCJB ist in Quito übrigens einer der ältesten Missionssender der Welt angesiedelt, einschließlich seiner deutschsprachigen Abteilung.

Kunst und Kultur

Der Besuch eines archäologischen Museums in Ecuador gewährt einen Einblick in die **präkolumbische Kunst.** (Bemalte) Keramiken und Skulpturen sowie Gold- und Silberarbeiten zeigen, wie versiert schon die frühen Kulturen das Kunsthandwerk praktizierten.

Im 16. Jahrhundert gelangte mit der spanischen Conquista Kunst aus Europa nach Ecuador. Die Unterjochung der indianischen Handwerker und Künstler durch die kolonialen Autraggeber führte zur Bildung der **Kunstschule Quito,** deren Schaffen in ganz Lateinamerika begehrte religiöse Kunst hervorbrachte.

Auf dem Gebiet der **Architektur** werden heute große Anstrengungen unternommen, alte, schützenswerte Baudenkmäler zu erhalten. Quitos Altstadt besitzt eine große Anzahl kolonialer Bauten; seit 1978 ist sie Bestandteil des UNESCO-Weltkulturerbes. 1999 kam auch Cuencas Altstadt zu dieser Ehre.

Frühe bildende Kunst

Die Kirchen und Klöster Quitos sind in der ganzen Welt bekannt, sowohl aus architektonischen Gründen als auch wegen der beispiellosen Kunstschätze, die sie beherbergen. Ihre Architektur basiert auf dem **spanischen Barock,** der **italienischen Renaissance,** der **byzantinischen Kunst** und einer Komposition aus spanischen und maurischen Stilelementen, die als **Mudéjar-Stil** bekannt ist. Die Kunstschule Quitos beeinflusste mit ihren religiösen Themen während des 17. und 18. Jahrhunderts die Architektur Quitos.

Zu den Bildhauern dieser Zeit gehört der Indígena *Manuel Chili,* besser bekannt unter seinem Spitznamen **Caspicara.** Besonderes Kennzeichen seiner Arbeiten ist die Ausdrucksstärke der Hände, die den Gesichtsausdruck seiner Skulpturen übersteigt. Viele seiner Werke können in der Kirche San Francisco in Quito bewundert werden. Zwei weitere bedeutende Bildhauer sind *José Olomos* und *Diego de Robles.*

Bekannte Maler sind **Miguel de Santiago** und seine Schüler *Niclás Javier de Gorívar, Manuel Samaniego, Bernardo de Legarda* und *Bernardo Rodríguez.* Während die Werke der letztgenannten in verschiedenen Kirchen und Klöstern zu bestaunen sind, wird der Großteil der Arbeiten Miguel de Santiagos im Konvent San Augustin in Quito aufbewahrt.

Mit der Unabhängigkeit zu Beginn des 19. Jahrhunderts starb die religiöse Motivkunst aus. An ihre Stelle traten Gemälde mit heldenhaften Bildnissen von wichtigen Schlachten und Heeresführern.

Mitte des 19. Jahrhunderts wuchs eine neue Künstlergeneration heran, die sogenannten **Formalisten.** Europäisch beeinflusst lag der Schwerpunkt ihrer künstlerischen Produktion in der Landschafts- und Porträt-Malerei. Bekannte Vertreter dieser Richtung sind *Joaquín Pinto* und *Antonio Salas.*

Bildende Kunst der Gegenwart

Zu Beginn des 20. Jahrhunderts wurde der Formalismus abgelöst von der **Schule des „Indígenismo"** (Indianerkunst).

Der wichtigste Vertreter der modernen Kunst Ecuadors war der weit über die Landesgrenzen hinaus bekannte **Oswaldo Guayasamín.** In seinen Arbeiten mit übergroßen, markanten Händen und leidenden Gesichtszügen kommen Trauer, Kummer und Schmerz zum Ausdruck. Seine Anhänger preisen ihn als großen künstlerischen Propheten mit sozialkritischem Hintergrund, Kritiker dagegen betrachten seine Werke als billigen Versuch, *Picasso* zu imitieren. Zu seinen bekanntesten Werken zählen neben dem überdimensionalen Wandbild im ecuadorianischen Kongress in Quito die „Hände des Bettlers" *(Manos del Mendigo),* „Die Arbeiter" *(Los Trabajadores),* „Die Gequälten" *(Los Torturados)* und „Die Köpfe" *(Las Cabezas).* Guayasamín gründete sein eigenes Museum in Quito, in dem ein Teil seiner Werke ausgestellt ist (siehe dort).

Ein anderer Vertreter des Indígenismo ist **Eduardo Kingmann.** Seine Ölbilder mit eher abstrakten Darstellungen von Menschen und ihren ebenfalls übergroßen Händen spiegeln Qual und Unterdrückung der Indígenas wider. Zu seinen bekanntesten Werken gehören „Der Maispflanzer“ *(El Maizal)* und „Die Frauen mit dem Heiligen“ *(Las Mujeres con Santo)*.

Der lange Zeit in den USA lebende **Camilo Egas** gehört wie auch **Manuel Rendón** ebenfalls zu den Vertretern des Indígenismo. Die Gemälde von Egas sind im Museo Camilo Egas in Quito (siehe dort) versammelt.

Von der jüngsten Künstlergeneration ist **Ramiro Jácome** zu nennen, dessen Werke „Stadtviertel“ *(Barrio)* und „Warteschlange“ *(A la Cola)* zu den bekanntesten des Landes zählen.

Der Maler und Bildhauer **Marcelo Aguirre** aus Quito gewann nicht nur den „Premio Marco“ in Mexiko, sondern ist vielleicht die Entdeckung der 90er in Ecuador.

Moderne ecuadorianische Kunstarbeiten werden in großer Anzahl in der Casa de la Cultura in Quito (siehe dort) aufbewahrt.

Kunsthandwerk und Souvenirs

Das Kunsthandwerk Ecuadors wird von staatlicher Seite gefördert. Die Organisation für Kunsthandwerk OCEPA (Organización Comercial Ecuatoriana de Productos Artesanales) kümmert sich wirksam um den Absatz im Ausland, vornehmlich in den USA. Sie unterhält mehrere Geschäfte in Quito, wo ein guter Überblick über Vielfalt und Güte kunsthandwerklicher Erzeugnisse geboten wird. Sicherlich sind dort die *artesanías* nicht gerade günstig zu erwerben, dafür aber stimmt die Qualität.

Wer zum Souvenirkauf die Indianer-Märkte oder den privaten Händler vorzieht, sollte die entsprechenden Fachkenntnisse und Preisvorstellungen mitbringen und sich vor allem gut aufs Handeln und Feilschen verstehen.

Das traditionelle ecuadorianische Handwerk befasst sich mit **Textilverarbeitung, Keramikherstellung** und der **Metallverarbeitung** (Schmuck).

ecu103 Foto: peko

Afro-ecuadorianisches Mädchen

Teppiche und andere Webstoffe

Die gewebten Teppiche *(tápices)* der Indígenas sind bekannt und beliebt. Dieser Handwerkszweig gehört zu den ältesten des Landes und ernährt bis heute viele Bewohner der Sierra.

Eine weit zurückreichende Tradition hat das **Teppichhandwerk in Otavalo.** Heute hängt der halbe Markt von Otavalo voller gewebter Teppiche und Wandbehänge.

Die Spanier führten den Webstuhl mit Fußpedal, das Spinnrad und die Seide ein. Inzwischen haben auch der elektrische Webstuhl und die synthetische Faser in Ecuador Einzug gehalten. Das Weben ist in erster Linie Aufgabe der Männer. Teppiche werden in kleinen und großen Manufakturen, aber auch in Heimarbeit hergestellt. Im Umland von Otavalo kann man der Arbeit der Teppichweber beiwohnen.

Gewebte Baumwollschals mit feinsten Makramee-Fransen, sog. *panos,* werden vor dem Webvorgang gefärbt. Die indigoblau gefärbten Textilien werden in Gualaceo nach der **icat-Färbetechnik** hergestellt. Der Färbe- und Webvorgang eines solchen Schals nimmt nur wenige Stunden in Anspruch, ganz im Gegensatz zum hochkomplizierten Knoten der Fransen.

Einer ähnlichen Prozedur werden die **Tragetücher** *(macanas)* von Salcedo unterworfen. Auch sie werden icat-gefärbt und sind entsprechend indigoblau, nur sind ihre Fransen wesentlich kürzer.

Die Schals sind aus der Mode gekommen und deshalb fast nur noch auf dem Sonntagsmarkt von Gualaceo zu finden. Die Tragetücher dagegen finden breite Anwendung unter der Sierra-Bevölkerung, sei es als Tragetuch für Babys oder für den Transport von Waren wie Obst, Gemüse oder Feuerholz.

Neben den „einfach" gewebten **Ponchos** gibt es auch icat-Ponchos, von der Bevölkerung nur zu besonderen, festlichen Anlässen getragen, und icat-**Decken** *(cobijas),* die, in zwei Lagen gewebt, im kalten Hochland besonders gut vor Kälte schützen. Gearbeitet werden sie in Natabuela (bei Otavalo), Chórdeleg und in Cañar.

Wollgürtel *(chumbis)* werden in sämtlichen Provinzen der Sierra gesponnen. Die Baumwollgürtel von Cañar und die „cochineal" gefärbten Gürtel von Salasaca gehören zu den kostbarsten in Ecuador.

Handgestrickte Kleidungsstücke

Aus handgesponnener (Baum-) Wolle werden Pullover *(chompas),* Westen *(chalecos)* und Mützen *(gorras)* gestrickt. Sie sind auf allen Märkten und in sämtlichen Souvenirläden des Landes zu finden und sehr preiswert. Gute, aus einer peruanischen Lama-Art gewonnene Alpaka-Materialien (peruan. *alpaco* = Kamelziege) findet man u.a. in Quito und Salinas de Bolívar.

Stickereien

Blusen, Kleider, Röcke, Tücher und Decken werden oft bunt bestickt. Angeboten werden Stickereien in der Hauptsache in Otavalo und in Ibarra, aber auch in La Esperanza und San Isidro de Cajas.

Keramik

Getöpfert wurde in Ecuador bereits in prähistorischer Zeit. Die ältesten Keramiken ganz Amerikas stammen aus Ecuador. Töpferwaren aus dem Oriente gehören heute zu den schönsten des Landes. Die erlesensten Stücke haben hauchdünne Wände und sind mit allerlei mythologischen Symbolen bemalt. Weitere Keramikzentren sind die Regionen von Latacunga und Saquisilí und La Pila in der Provinz Manabí.

Schmuck

Neben Ketten und Ringen aus Gold, Silber und Platin, die es im ganzen Land in unzähligen Juweliergeschäften *(joyerías)* und auf den Märkten zu kaufen gibt, sind in Ecuador die **Schalnadeln** *(tupus)* **der Saraguro-Indígenas** bekannt. Sie bestehen aus einer Silber-Nickel-Messinglegierung.

Zur traditionellen Tracht vieler Indígena-Frauen gehören Kugeln in den Farben Rot und Blau. Das Tragen dieser Kugeln an Armen und Beinen ist von alters her überliefert und schmückt die Frauen bereits in Kindesjahren.

Selten und begehrt ist der blaue Halbedelstein **Lapislazuli.**

Sonstige typische Souvenirs

Neben den bunt bemalten leichten **Balsaholzfiguren, Holzschnitzereien** (religiöse Statuen, Möbel und Wandbilder), **Musikinstrumenten** und **ecuadorianischen Malereien** gehören der **Panama-Hut** *(sombrero de paja toquilla)*

ecu102 Foto: peko

und der **Hut der Indígenas** *(sombrero de paño)* zu den beliebten Mitbringseln aus Ecuador.

Lederwaren aus Cotacachi – Jacken, Gürtel, Westen, Taschen und Brieftaschen – sind in der Verarbeitung gut, doch sollte man auf die Qualität der (Reiß-)Verschlüsse achten.

Flechtarbeiten wie **Körbe** *(canastas)* und **Korbmöbel** fehlen auf keinem Markt und sind auch in der einheimischen Bevölkerung sehr beliebt.

Shigras sind Umhängetaschen, die aus der Faser von Agaven und Palmen hergestellt werden und in Latacunga zu bekommen sind. **Figuren aus Brotteig** werden in Calderón und der **Tagua-Nuss-Schmuck** vor allem in Baños und Riobamba angeboten.

Traditionelle Musik

Die typisch ecuadorianische Musik hat ihre **Wurzeln in der vorgeschichtlichen Zeit.** In der Chorrera-Kultur wurden wassergefüllte Behälter aus Keramik erhitzt und der durch einen Resonanzkörper geleitete Wasserdampf erzeugte verschiedene Pfeiftöne. Vor der spanischen Eroberung entwickelten sich aus einer Nachahmung der Seemuscheln die ersten richtigen **Blasinstrumente.** In der rituellen, melancholischen Musik vieler Anden-Indianer, die bis heute nahezu unbeeinflusst von westlicher Musik geblieben ist, spielen Blasinstrumente eine wichtige Rolle. Darunter die Bambusrohr-Querflöten, der *pingullo* mit drei oder vier und die größere *quena* mit sechs Grifflöchern. Ein anderes Blasinstrument ist der *rondador*, eine Panflöte aus unterschiedlich langen, dünnen, geschnittenen Bambus- oder Zuckerrohren. Die Röhren werden so angeordnet, dass entsprechend ihrer Länge und Dicke die verschiedenen Töne zu einer Tonfolge kombiniert sind. Sehr tiefe Töne erzeugt die in zwei hintereinanderliegenden Bambusreihen zusammengebundene *zampona* Perus und Boliviens, die auch in Ecuador in keiner Musikgruppe fehlt.

Die Spanier führten die **Saiteninstrumente** wie Gitarre *(guitarra)*, Mandoline *(bandolín)*, Geige *(violín)* und *Charango* (gitarrenähnliches Instrument mit fünf Saitenpaaren, acht Griffleisten und einem Resonanzkörper aus Holz oder dem Panzer eines Gürteltiers) ein.

Aus der Vermischung der traditionellen Musik der Hochlandindianer und der Musik der Spanier entwickelte sich die **traditionelle Volksmusik** *(música folclórica)* der Sierra Ecuadors. Sie schallt auf mancher Busfahrt aus den Radios. Besonders die *sanjuanitos* (nationale Tanzmusik) und die *pasillos* (langsame Walzer) haben eine volkstümliche Ausformung erfahren wie in keinem anderen Land Lateinamerikas. Aber auch **afro-karibische und lateinamerikanische Tanz-Rhythmen** wie Cumbia, Rumba, Salsa, Merengue und Ballenato *(música tropical/costeña)* sind überall im Land und besonders an der Küste zu hören.

Die „Banda" spielt auf Patronatsfesten und Prozessionen

In der Küstenprovinz Esmeraldas lebt die schwarze Bevölkerung Ecuadors, deren Musik von einem Schlaginstrument, der **marimba,** bestimmt wird. Es besteht aus Tasten, die aus dem Holz der Chonta-Palme gefertigt sind und einem Resonanzkörper aus verschiedenen Bambusrohren aufsitzen.

Traditionelle Feste

Vgl. auch die Auflistung der wichtigsten Feste im Kapitel „Feiertage, Feste und Märkte".

Neben unzähligen Stadt- und Straßenfesten im ganzen Land werden vornehmlich in der Sierra zur Erntezeit im Frühling und Sommer Feste gefeiert, die vor allem bei den Indianern über eine lange Tradition verfügen. Einige Festivitäten erfahren mittlerweile eine zunehmende Kommerzialisierung und werden gezielt für Touristen abgehalten. Meist wird dabei zu Ehren einer Heiligen oder eines Schutzpatrons mit viel Verkleidung musiziert, gesungen, getanzt und getrunken. Wer daran teilnimmt, sollte wissen, dass es unhöflich ist, ein angebotenes Maisbier *(chicha)* oder einen Schnaps *(trago)* abzulehnen.

Zur Karnevalszeit beliebt sind fliegende Wasserbeutel.

Literatur

Vor dem 18. Jahrhundert wurde die Literatur Ecuadors vornehmlich von Mönchen und Priestern geschrieben. Sie behandelten in der Hauptsache religiöse Themen.

ecu101 Foto: peko

Unter den Literaten des 18. Jahrhunderts sind **Juan Bautista Aguirre** (1725–1786) und **Juan de Velasco** (1727–1792) zu nennen. Letzterer war Historiker und verfasste das erste Geschichtsbuch Ecuadors, *Historia del Reino de Quito,* das bis heute als Basiswerk der ecuadorianischen Geschichte gilt.

Ende des 18. Jahrhunderts übte der Mischlingssohn **Eugenio Espejo** (1747–1795) in seinen Werken (u.a. *El Retrato de Golilla)* massive Kritik an den Missständen im Land. Seine revolutionären Gedanken brachten ihn 1795 ins Gefängnis, in dem ihn auch der Tod ereilte.

Ähnlich wie Espejo erging es auch anderen Schreibern. **José Joaquín Olmedo** (1780–1847) musste wegen seines Einsatzes für die Unabhängigkeit in seinen Werken (u.a. *La Victoria de Junín o Canto a Bolívar)* schließlich ins Exil.

Juan Montalvo (1832–1889) gilt als anerkannter Schriftsteller während der Liberalisierung Ecuadors. Seine Werke (u.a. *El Dictador, La Dictadura Perpetua* und *Capítulos que se le olvidaron a Cervantes)* kritisierten die Politik des Diktators *García Moreno,* von dem er mehrfach ins Exil geschickt wurde.

Im 20. Jahrhundert entwickelten sich die **Schriftstellervereinigungen** Grupo de Guayaquil und Grupo de Quito. Erstere thematisierte die Diskriminierung der Montuvios an der Küste, letztere die der Indianer in der Sierra. **Enrique Gil Gilbert** von der Grupo de Guayaquil gibt in seinen Werken vor allem dem Lebensgefühl der Küstenbewohner Ausdruck. Sein Buch *Nuestro Pan* sei stellvertretend erwähnt, ein in ganz Lateinamerika viel gelesenes Werk.

Das in viele Sprachen übertragene Werk *Huasipungo* von **Jorge Icaza** (1906–1978) beschreibt die grausame Ausrottung einer indianischen Gemeinde durch die Sierra-Herrschaft.

Weitere Namen des 20. Jahrhunderts sind **Adalberto Ortiz,** der mit *Juyungo* aus dem Jahre 1940 zwischenmenschliche Probleme der weißen, schwarzen und indianischen Küstenbevölkerung behandelt, und **Gustavo Jácome,** dessen *Porqué se fueron las garzas* (1982) unter dem Titel „Auf der Suche ich nach mir" ins Deutsche übersetzt wurde und den inneren Zwiespalt eines Otavalo-Indígenas zwischen seiner indianischen Herkunft und zivilisatorischen Reizen schildert.

Weltschmerz kommt in sämtlichen Werken des bedeutendsten ecuadorianischen Lyrikers des 20. Jahrhunderts, **Jorge Carrera Andrade** (1902–1978), zum Ausdruck.

Der esmeraldeñische Schriftsteller **Nelson Estupiñan Bass** wurde 1998 für den Literaturnobelpreis nominiert.

Jugend-Sinfonieorchester Quito

ecu108 Foto: peko

Unterwegs in Ecuador

ecu109 Foto: peko

ecu110 Foto: peko

Laguna Cuicocha mit dem
Vulkan Imbabura im Hintergrund

Felsküste bei Canoa

Karfreitagsprozession in Quito

Routenplan und Nummerierung der Routen

Siehe hierzu auch die vordere Umschlagklappe! Anmerkung: Die im Reiseteil unter „Praktische Informationen – Unterkunft (bzw. Hotels)" verwendeten Abkürzungen zur Beschreibung der Ausstattung der Unterkünfte werden auf Seite 68 erläutert.

Quito

Im Hochland (Sierra)

Route A 1 – S. 204: Quito – Cayambe – Otavalo – Ibarra – Tulcán
Route A 2 – S. 229: Quito – Sangolquí – Machachi – Lasso – Latacunga – Ambato – Baños de Agua Santa – Riobamba
Route A 3 – S. 268: Riobamba – Alausí – Cañar – Azogues – Cuenca
Route A 4 – S. 303: Cuenca – Saraguro – Loja – Vilcabamba – Zumba

In Amazonien (Oriente)

Route B 1 – S. 319: Quito – Papallacta – Baeza – Lago Agrio
Route B 2 – S. 326: Baeza – (Coca) – Tena – (Misahuallí) – Puyo
Route B 3 – S. 345: Puyo – Macas – Sucúa – Zamora

An der Küste (Costa)

Route C 1 – S. 355: San Lorenzo – Limones – Esmeraldas – Tonsupa – Atacames – Súa – Same – Playa Escondida – Muisne – Mompiche – Pedernales
Route C 2 – S. 369: Quito – Santo Domingo de los Colorados – Bahía de Caráquez
Route C 3 – S. 379: Manta – Montecristi – (Portoviejo) – (Quevedo) – Jipijapa – Puerto López – Montañita – Manglaralto – La Libertad – Salinas – (Playas) – Guayaquil
Route C 4 – S. 424: Guayaquil – Machala – Huaquillas

ecu111 Foto: peko

Quito

Quito ist die **Hauptstadt Ecuadors** und mit **1,8 Millionen Einwohnern** nach Guayaquil die **zweitgrößte Stadt des Landes.** In **2850 m Höhe** gelegen, erstreckt sie sich, eingezwängt in ein schmales Hochtal, vom dicht besiedelten Süden über den kolonialen Stadtkern bis hin in die Geschäftszentren und Stadtteile des Nordens. Die Nord-Süd-Ausdehnung beträgt gut 40 km. Westlich und östlich wird die Stadt von den Ausläufern des Vulkans Pichincha (4794 m) bzw. von kleinen Hügeln begrenzt. Touristisch interessant sind die Altstadt und Teile der Nordstadt.

Quito verfügt über eine **gute Verkehrs-Infrastruktur** mit breit angelegten, mehrspurigen Avenidas, die die Altstadt mit der Neustadt verbinden. Der **Internationale Flughafen Mariscal Sucre,** einst außerhalb der Stadt gelegen, befindet sich mittlerweile mitten im Wohngebiet der Neustadt und birgt für dieses kein geringes Sicherheitsrisiko, wenngleich es ein Erlebnis ist, bei Nacht in das Lichtermeer der Hauptstadt einzutauchen. Um das steigende Verkehrsaufkommen besser in den Griff zu bekommen, wurden die **Umgehungsstraßen Avenida Oriental und Avenida Occidental** gebaut. Auf den Nord-Süd-Achsen der Stadt sind in den vergangenen Jahren außerdem drei Bussysteme mit Exklusivspuren eingeführt worden: Der elektrisch betriebene **„Trolebus“** auf der Avenida 10 de Agosto, die **„Ecovia“** auf der Avenida 6 de Diciembre und der **Metrobus** auf der Avenida América.

Die **Altstadt** war einst Sitz der kolonialen „High Society“, verkam seit den

1940er Jahren zusehends zum Wohn-, Lager- und Amüsierdistrikt einfacher Bürger und erlebt seit wenigen Jahren eine architektonische Renaissance – das „Centro" ist ganz groß im Kommen!

Die Oberschicht von heute zieht es weiterhin in die modernen Stadtteile des Nordens und in die Nachbartäler, vor allem nach Cumbayá und Tumbaco. Im Süden leben meist einfache und ärmere Menschen.

Das Klima Quitos wird stark von den Gebirgen beeinflusst und ist mild, weshalb Quito gern als **„Stadt des ewigen Frühlings"** bezeichnet wird. Trotz der extrem variablen Tageszeitenklimate (s.a. im Kapitel „Klima") teilt sich das Hauptstadtklima in zwei Jahreszeiten: den regenreichen Winter *(invierno)* zwischen Dezember und Mai und den trockenen Sommer *(verano)* zwischen Juni und November. Im Winter ist es zwischen 9 und 14 Uhr oft noch trocken, doch danach regnet es, manchmal mit Hagel und Graupelschauern, die die Stadt sogar in ein winterliches Weiß kleiden können. Im Sommer ziehen zwar oft Wolken auf, aber es regnet sehr viel weniger, und der Tag hat viele Sonnenstunden.

Bei klarer Witterung bietet die Stadt des ewigen Frühlings einen herrlichen **Panoramablick** auf die schneebedeckten Gipfel des Cotopaxi (5897 m), Antizana (5704 m) und Cayambe (5790 m).

Da Quito auf fast 3000 Höhenmetern liegt, wird dem Ankömmling anfangs ein wenig die Luft wegbleiben, und er sollte die ersten Tage langsam anlaufen lassen, damit sich der Körper an die sauerstoffärmere Luft gewöhnt.

Sehenswertes

Die Altstadt

Die Altstadt litt lange unter den Abgasen des Straßenverkehrs. Die Belastung der Luft mit Schadstoffen hatte ähnliche Dimensionen erreicht wie in Santiago de Chile oder Mexiko-City, als mit dem „Trole" und der „Ecovia" eine Verkehrswende eingeleitet wurde. 2001 führte der Bürgermeister zudem die **autofreie Altstadt am Sonntag** ein (9–16 Uhr). Eine beeindruckend foranschreitende Restaurierung, ein radikal neues Beleuchtungskonzept, die „Verlegung" tausender Straßenhändler, eine effektive und hilfreiche Touristenpolizei sowie die Rückkehr der guten Gastronomie markieren eine Wende zurück zu einer attraktiven und einzigartigen Altstadt, wie sie noch Ende der 1990er Jahre niemand für möglich hielt. Das „Centro" hat gar mehr Ausstrahlung als 1979, als die UNESCO die Altstadt zum Weltkulturerbe erklärte.

Einst eine bedeutende Stadt im Inka-Reich, wurde Quito am **6. Dezember 1534** von dem spanischen Offizier *Sebastián de Benalcázar* auf den Ruinen der alten Inkastadt **neu gegründet.** Etwa achtzig Häuser und Kirchen der kolonialen Epoche haben sich bis heute erhalten. Die Altstadt von Quito gilt als der Ort mit der **größten Ansammlung bedeutender Kunstschätze Südamerikas.** Die Baudenkmäler Quitos, meist sind es Klöster des katholischen Ordens, stammen alle aus der Kolonialzeit und verteilen sich im Altstadtkern. In relativ kurzer Zeit errichtet, wurden sie schließlich in jahrhundertelanger Feinarbeit verziert und ausgeschmückt.

Nach der spanischen Eroberung ist das alte Quito neu konzipiert und nach dem Vorbild eines Schachbrettmusters angelegt worden. Den Mittelpunkt des so entstandenen rechteckigen Grundrisses bildet die **Plaza de la Independencia,** auch kurz *Plaza Grande* genannt. Um sie herum verteilen sich die Kathedrale, der Regierungspalast, der erzbischöfliche Palast und das Rathaus. Es schließen sich Grundstücke an, so genannte *manzanas,* die von großen Plätzen mit Steinbrunnen unterbrochen sind, aus denen früher das Trinkwasser der Stadt entnommen wurde. Die Plätze waren (und sind teils noch) von Klöstern mit hohen Mauern und von Stadtwohnungen umgeben, die analog den Grundrissen eines Klosters entworfen worden sind. Neben mehreren Eingangstüren bekam man durch ein riesiges Hauptportal, dessen Rahmen mit Steinen beschlagen war und das ein Familienwappen trug, Zutritt zu einem Innenhof, dem *patio,* der von Rundbögen und achteckigen Säulen umgeben war. Nach oben hin bildeten die Säulen hölzerne Verlängerungen, die an drei Seiten als Stützpfeiler für das Dach dienten. An der vierten Seite, über der Eingangstür zur Straße hin, wurde in den meisten Fällen ein Balkon mit Holz- oder Metallgeländer angebaut. Manchmal gab es innerhalb eines „Wohnpalastes" mehrere Innenhöfe, die alle durch eine hintere Ausgangstür verlassen werden konnten. Die Außenfassade der ein- bis zweistöckigen Wohnhäuser war reichlich verziert mit Holzbalken, die verschiedene Schnitzereien aufwiesen und zusätzlich als Stütze dienten. Im 19. Jahrhundert wurde das koloniale Stadtbild klassizistisch überprägt, wobei die innere Struktur der meisten Gebäude bis heute erhalten blieb und dem Besucher bei einem Rundgang immer wieder begegnen wird.

Das architektonische Schmuckstück der Hauptstadt, Quitos **Centro Histórico,** hat seit der Jahrtausendwende eine unglaubliche Entwicklung durchgemacht. Das Renovieren der kolonialen und klassizistischen Bausubstanz geht in einem vollends unecuadorianischen Tempo voran, so dass selbst das Nationaltheater „Teatro Sucre", lange Zeit eine Dauerbaustelle, Ende 2003 neu eröffnet wurde. Auch neue Parkhäuser mitten im „Centro" machen Quito für Quiteños wieder attraktiv. Selbst die Hotelbranche entdeckt die Altstadt wieder. Diese Entwicklung geht wohl maßgeblich auf Bürgermeister *Paco Moncayo* zurück. Sie war vor wenigen Jahren noch überhaupt nicht zu erwarten. Heute ist das Centro Histórico von Quito für Hauptstädter und Touristen so attarktiv wie seit Jahrzehnten nicht mehr!

Ein **sehr guter** und in seiner Ausführlichkeit einzigartiger **Führer durch die Altstadt** in englischer und spanischer Sprache ist das 70 Seiten starke Büchlein des chilenischen Autors *Oscar Valenzuela-Morales* **„Walks through Colonial Quito – Quito Paseo Colonial".** Es beinhaltet auch eine übersichtliche Faltkarte zur Altstadt. Zu erhalten in fast allen Buchhandlungen.

Quito
Ausschnitt Altstadt
Av. Bahía de Caráquez
Av. 24 de Mayo
La Ronda
Rocafuerte
Bolívar
A. J. de Sucre
Espejo
Chile
Cuenca
Olmedo
S. de Benalcázar
García Moreno
Venezuela
Mejía
Guayaquil
Juan J. Flores
Montúfar
Luis Vargas
Torres
F. de Caidas
Av. Pichincha
Ecovia-Terminal La Marin
Busbahnhof
Av. Cumandá
Piedra
Ambato
Quijano
Av. Pedro Vicente Maldonado
ALTSTADT
Carchi
Guatemala
La Habana
Independencia
R. Alvarado
Av. Universitaria
Av. Mariscal
Asunción
Venezuela
Av. América
A. Ante
Río de Janeiro
Parque Alameda
Parque El Ejido
Av. Gran Colombia
Av. Tarqui
Av. Seis de Diciembre
Av. Doce de Octubre
Fray Vicente Solano
Paz y Miño
Av. Ladrón de Guevara
Av. Velasco Ibarra
Av. Gral. Rumiñahui
Karte nicht maßstabsgetreu
1 El Panecillo
2 Plaza Grande
3 Basílica
4 IGM und Planetarium
5 Casa de la Cultura
6 Mercado Artesanal La Mariscal
7 Santa Clara Markt
8 Einkaufscenter El Jardin
9 San Francisco
10 La Compaña
11 San Agustín
12 Santa Domingo
Trolebus (Elektrobus)
Ecovia (Bus)

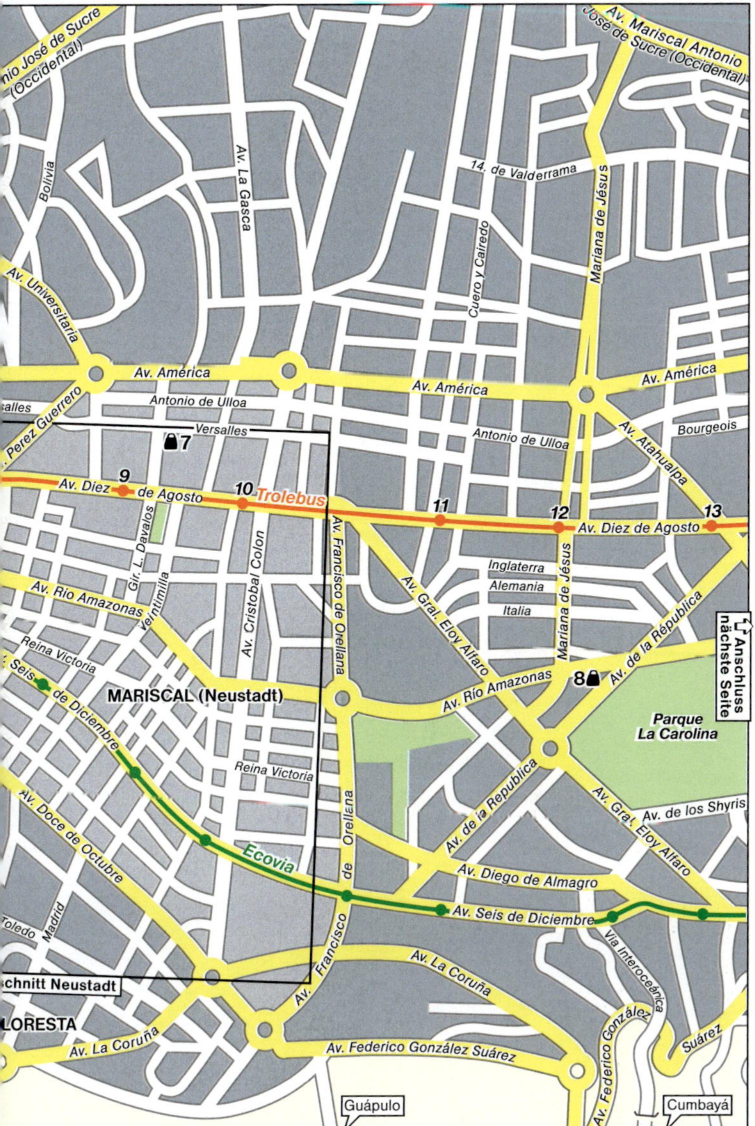
Av. Mariscal Antonio José de Sucre (Occidental)
nio José de Sucre (Occidental)
Bolivia
Av. La Gasca
14. de Valderrama
Cuero y Cairedo
Mariana de Jésus
Av. Universitaria
Av. América
Antonio de Ulloa
Versalles
Perez Guerrero
Bourgeois
Av. Atahualpa
7
9
10
11
12
13
Av. Diez de Agosto
Trolebus
Gir. L. Davalos
Veintimilla
Av. Cristobal Colon
Av. Francisco de Orellana
Av. Gral. Eloy Alfaro
Inglaterra
Alemania
Italia
Av. de la República
Av. Río Amazonas
8
Anschluss nächste Seite
Parque La Carolina
Reina Victoria
Seis de Diciembre
MARISCAL (Neustadt)
Av. Doce de Octubre
Ecovia
Av. de los Shyris
Av. Diego de Almagro
Av. Seis de Diciembre
Via Interoceánica
Toledo
Madrid
chnitt Neustadt
LORESTA
Av. La Coruña
Av. Federico González Suárez
Suárez
Guápulo
Cumbayá

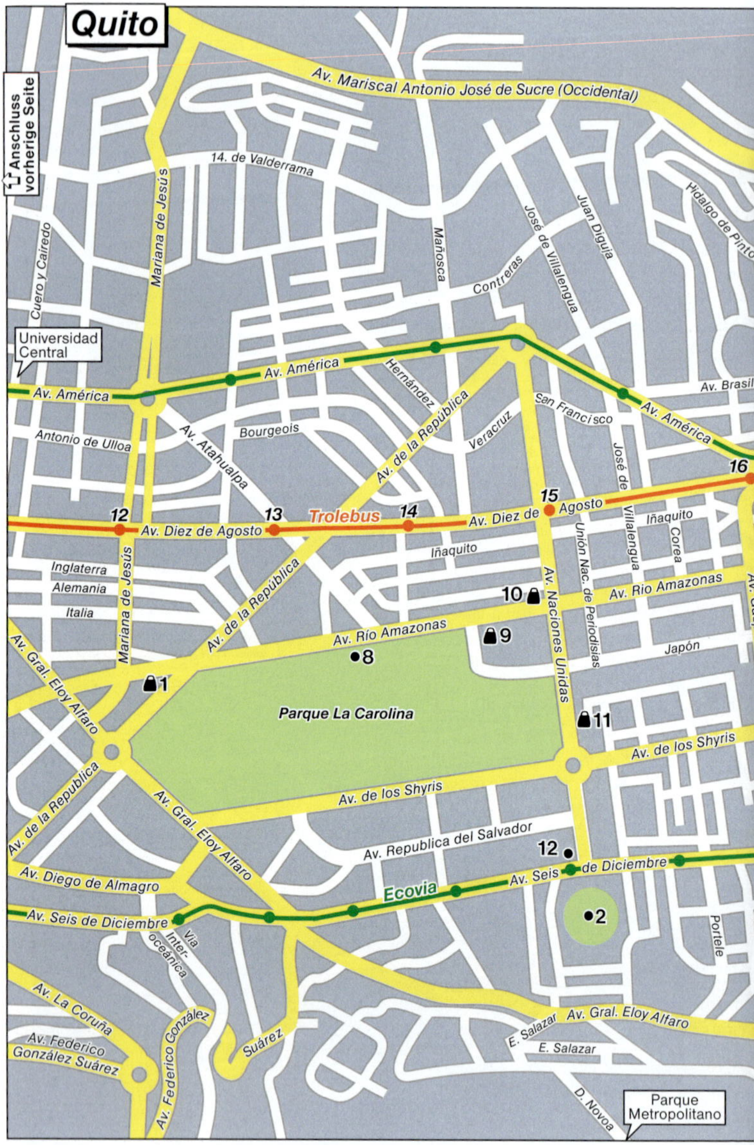
Quito
Anschluss vorherige Seite
Av. Mariscal Antonio José de Sucre (Occidental)
14. de Valderrama
Mariana de Jesús
Cuero y Cairedo
Mañosca
Contreras
José de Villalengua
Juan Diguja
Hidalgo de Pinto
Universidad Central
Av. América
Av. América
Av. América
Hernández
Av. Brasil
San Francisco
Av. de la República
Veracruz
Bourgeois
Av. Atahualpa
Antonio de Ulloa
José de Villalengua
16
15
12
13
14
Trolebus
Av. Diez de Agosto
Av. Diez de Agosto
Iñaquito
Iñaquito
Corea
Unión Nac. de Periodisias
Inglaterra
Alemania
Italia
Mariana de Jesús
Av. de la República
10
Av. Naciones Unidas
Av. Rio Amazonas
Av. Río Amazonas
9
8
Japón
Av. Gral. Eloy Alfaro
1
Parque La Carolina
11
Av. de los Shyris
Av. de la Republica
Av. de los Shyris
Av. Gral. Eloy Alfaro
Av. Republica del Salvador
12
Av. Diego de Almagro
Av. Seis de Diciembre
Ecovia
Av. Seis de Diciembre
2
Portele
Via Inter-oceánica
Av. La Coruña
Av. Federico González Suárez
Av. Federico González Suárez
Suárez
E. Salazar
Av. Gral. Eloy Alfaro
E. Salazar
D. Novoa
Parque Metropolitano

	1	Einkaufscenter El Jardin
•	2	Estadio Olímpico
•	3	Abzweigung "La Y"
★	4	Stierkampfarena
	5	Einkaufscenter El Bosque
✈	6	Flughafen-Terminal national
✈	7	Flughafen-Terminal international
•	8	Quito Expo Center
	9	Einkaufscenter Caracol
	10	Einkaufscenter CCI
	11	Einkaufscenter Naciones Unidas
•	12	Deutsche Botschaft

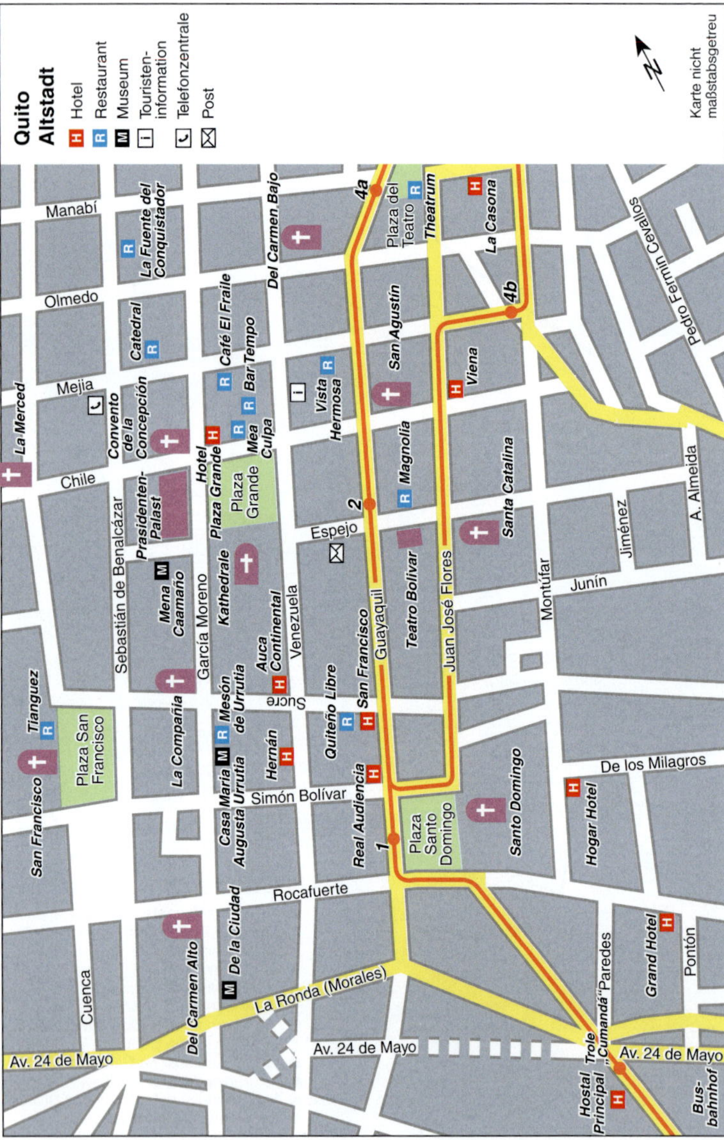
Quito
Altstadt
Hotel
Restaurant
Museum
Touristen-information
Telefonzentrale
Post
N
Karte nicht maßstabsgetreu
Manabí
Olmedo
Mejía
Chile
Espejo
Sucre
Simón Bolívar
Rocafuerte
Cuenca
Sebastián de Benalcázar
García Moreno
Venezuela
Guayaquil
Juan José Flores
Montúfar
Junín
Jiménez
A. Almeida
De los Milagros
Pedro Fermín Cevallos
Paredes
Pontón
La Ronda (Morales)
Av. 24 de Mayo
La Merced
La Fuente del Conquistador
Catedral
Convento de la Concepción
Café El Fraile
Bar Tempo
Del Carmen Bajo
Mea Culpa
Hotel Plaza Grande
Plaza Grande
Präsidenten-Palast
Mena Caamaño
Kathedrale
Auca Continental
Vista Hermosa
San Agustín
Plaza del Teatro
Theatrum
La Casona
Viena
Magnolia
Santa Catalina
Teatro Bolívar
San Francisco
Quiteño Libre
Mesón de Urrutia
Casa María Augusta Urrutia
Hernán
La Compañía
Tianguez
Plaza San Francisco
Real Audiencia
Plaza Santo Domingo
Santo Domingo
Hogar Hotel
Grand Hotel
De la Ciudad
Del Carmen Alto
Hostal Principal
Trole „Cumandá“
Busbahnhof
1
2
4a
4b

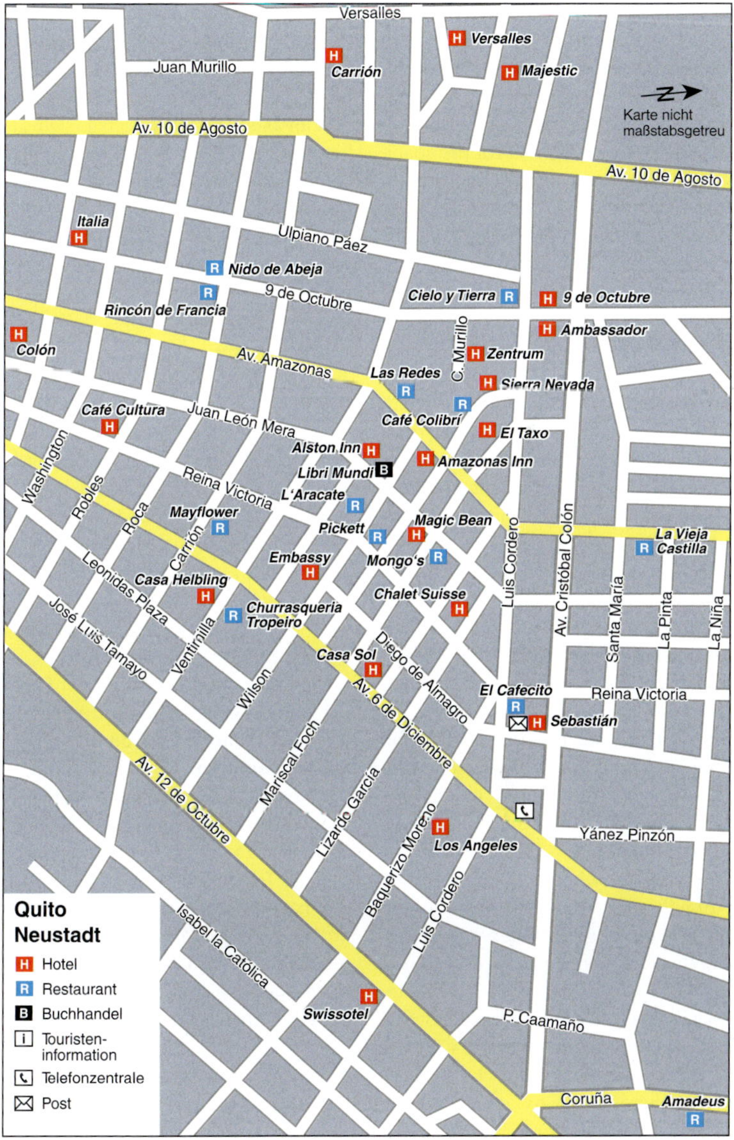
Versalles
Juan Murillo
Carrión
Versalles
Majestic
Karte nicht maßstabsgetreu
Av. 10 de Agosto
Av. 10 de Agosto
Italia
Ulpiano Páez
Nido de Abeja
9 de Octubre
Rincón de Francia
Cielo y Tierra
9 de Octubre
Ambassador
Colón
Av. Amazonas
C. Murillo
Zentrum
Las Redes
Sierra Nevada
Café Cultura
Juan León Mera
Café Colibrí
El Taxo
Alston Inn
Amazonas Inn
Libri Mundi
Washington
Robles
Reina Victoria
L'Aracate
Roca
Mayflower
Pickett
Magic Bean
La Vieja Castilla
Carrión
Embassy
Mongo's
Luis Cordero
Av. Cristóbal Colón
Leonidas Plaza
Casa Helbling
Chalet Suisse
Santa María
La Pinta
La Niña
José Luis Tamayo
Churrasqueria Tropeiro
Ventimilla
Casa Sol
Diego de Almagro
Wilson
Av. 6 de Diciembre
El Cafecito
Reina Victoria
Sebastián
Mariscal Foch
Av. 12 de Octubre
Lizardo García
Baquerizo Moreno
Los Angeles
Yánez Pinzón
Luis Cordero
Isabel la Católica
Swissotel
P. Caamaño
Coruña
Amadeus
Quito Neustadt
Hotel
Restaurant
Buchhandel
Touristen-information
Telefonzentrale
Post

• La Ronda

Prunkstück einer Wiederentdeckung der Altstadt ist die **Calle de la Ronda,** mit zweitem Namen auch Calle Morales genannt. Die schmale Kopfsteinpflastergasse war bereits vor der spanischen Eroberung ein wichtiger Handels- und Fluchtweg aus der Siedlung, die heute Quito ist, in das nach Südosten auslaufende Tal. Unter den Spaniern war die Ronda – die Straße der „Wachrunde" – ein entsprechend strategischer Korridor, um die wachsende Stadt nach Süden hin zu kontrollieren bzw. abzuschirmen. Die Moderne vergaß diese Geschichte lange Zeit: Bis etwa 2001 waren die Calle de la Ronda und ihre umliegenden Straßen um die **Plaza 24 de Mayo** ein Epizentrum der Prostitution. Sie beherbergten ein dunkles und übles Milieu, in das nachts noch nicht einmal die Taxifahrer eindringen wollten. Nach dem Verbot von Bordellen in der Altstadt durch den Bürgermeister und effizienter Überwachung der alten „zona roja" erlebt dieser Teil der Altstadt einen rasanten Wandel und könnte sich zu einem erstklassigen kulturellen Zentrum Quitos entwickeln. Die Calle de la Ronda mit ihren zahlreichen romantischen Cafés, Bars und Galerien ist schon heute eine der großen Attraktionen Quitos, vor allem in den lauschigen Abendstunden. Die anstehende Schließung des benachbarten schummrigen Busterminals wird weiter dazu beitragen, der historischen Befreiung von den Besatzern am „24 de Mayo 1822" eine zeitgenössische, kulturelle Befreiung folgen zu lassen. Internet: www.callelaronda.com.

An jedem zweiten Sonntag werden die Altstadt und angrenzende Stadtteile bis zum Parque El Ejido exklusiv für Radfahrer abgesperrt. Dieses Konzept des **„CicloPaseo"** orientiert sich an dem Erfolg der sonntäglichen „ciclovia" in der kolumbianischen Hauptstadt Bogotá. Die Sperrung gilt von 9–14 Uhr – auch eine hervorragende Gelegenheit für vollends abgasfreie und ruhige Rundgänge.

Zur Sicherheit

Die Sicherheitslage in der Altstadt hat sich in den letzten Jahren deutlich verbessert. **Allgemeine Vorsicht** ist natürlich geboten. Am sichersten bewegen Sie sich im Kern der Altstadt in dem Viereck der Straßen Cuenca/Olmeda/Flores/Bolívar sowie in der Calle Ronda. Vorsicht vor Taschendieben im Trolebus und an seinen Stationen!

Rundgang durch die Altstadt

Die Exkursion beginnt an der Plaza del Teatro (leicht mit dem Trolebus zu erreichen) **und endet an der Plaza Santo Domingo.** Für den Rundgang sollte ein Tag veranschlagt werden.

An der schön angelegten Plaza del Teatro mit zentralem Brunnen befindet sich das **Teatro Sucre,** das 1878 erbaut und nach Jahren der Restaurierung Ende 2003 wiedereröffnet wurde.

Gehen Sie die Calle Guayaquil drei Blocks weiter hinauf, treffen Sie links in der Calle Chile auf den

• Convento San Agustín

Der Architekt *Francisco de Becerra,* der sich von 1580 bis 1583 in Quito aufhielt, plante Kirche und Kloster. 1605 vollendete der Architekt *Juán del Corral* den Bau, von dem der gotische Grundriss mit den drei Schiffen und einige Teile der Vorhalle (Narthex) erhalten geblieben sind. Die Kirche wurde 1868 durch ein Erdbeben stark zerstört. Der anschließend restaurierte Bau besteht aus zwei Teilen: Im oberen Teil befinden sich ionische Säulen, gestützt auf geschmückte Basen, die in der Giebelregion oberhalb des großen Fensters mit der steinernen Skulptur des heiligen Augustinus abschließen, den unteren Teil bildet eine links und rechts von toskanischen Säulen umgebene Bogentür.

Kommt man in die Kirche hinein, richtet sich der Blick sofort auf den Narthex. Das Kreuzgratgewölbe des Mittelschiffs besteht aus Bambus, und an den Mittelschiffbögen befinden sich große Gemälde des Künstlers *Miguel de Santiago*. Das Kloster betritt man über einen großen Innenhof mit zentralem Brunnen, der von Säulengängen mit einer Gemäldegalerie desselben Künstlers umgeben ist. Alle Gemälde haben einen vergoldeten Rahmen und wurden 1950 restauriert. An der Ostseite des Klosters befindet sich die historische Sala Capitula, in der am 16. August 1809 die später rückgängig gemachte Unabhängigkeitserklärung von der spanischen Krone unterschrieben wurde. Im Kellergewölbe unterhalb des Saals, der von 1741 bis 1761 gebaut wurde, ist die Grabstätte der militanten Patrioten der damaligen Zeit. Die rechte Seite des Saals nimmt ein Altaraufsatz mit der Christusfigur, Maria und dem heiligen Johannes ein. Die linke Seite schmückt eine Empore mit einer von Blattgold überzogenen Muschel. Die im kreolischen Stil (weder vergoldet noch mit Stuck versehen) gefertigten Stühle im Saal bestehen aus Zedernholz. Die Kassettendecke mit Gemälden von *Antonio España* zählt zu den schönsten in Quito. Die Gemälde an den Wänden stammen wieder von *Miguel de Santiago*.

Geöffnet ist der Konvent Mo bis Sa von 9–13 und 15–18 Uhr, der Eintritt beträgt 2 $.

Folgen Sie jetzt der Calle Chile bis hinauf zur Calle Venezuela, stehen Sie direkt an der

ecu001 Foto: peko

Im Klostergarten des Convento San Agustín

Plaza de la Independencia

Wer sich nach dem Besuch des Convento San Augustín eine kurze Pause gönnen will, kann in dem schönen Café La Zamba Teresa (in der Calle Chile rechts, bevor sie auf die Calle Venezuela trifft) einen guten Kaffee trinken. Der Unabhängigkeitsplatz bildet den Mittelpunkt des historischen Zentrums von Quito. In der Mitte des schönen, parkähnlichen, sehr belebten Platzes steht die Figur der Unabhängigkeitsjungfrau.

Der Platz ist umgeben von der Kathedrale im Süden, dem modernen **Palacio Municipal** (Rathaus) im Osten, dem **Palacio Arzobispal** (Bischofspalast) im Norden und dem **Palacio de Gobierno** (Regierungspalast) im Westen. Auf den Regierungspalast schauen Sie direkt, wenn Sie die Plaza betreten. Zwei Wachsoldaten in historischer Uniform bewachen das Eingangsportal des weißen Gebäudes, über dem die Nationalflagge weht. Wer hineingehen will (vormittags, Öffnungstage können variieren), muss seinen Pass bei der Einlasskontrolle hinterlassen und darf sich im unteren Trakt des Palastes bewegen. Interessant ist ein Wandgemälde, das die Fahrt von *Francisco de Orellana* auf dem Río Amazonas zeigt.

Der **Erzbischöfliche Palast** verfügt über einen weiten republikanischen Patio in dem Teil, den das Erzbistum noch immer selbst nutzt. Zu kirchlichen Bürozeiten geöffnet: Mo bis Do 9–12.30 und 14–15.30 Uhr, Fr 9–10.30 und 14–16 Uhr.

Auf der Südseite der Plaza de la Independencia liegt

Die Kathedrale

Sie war ursprünglich ein Lehmbau, der ein Strohdach trug. Die heutige Kirche wurde von *Alfonso de la Peña y Montenegro* gebaut und diesem Herrn zu Ehren im Jahr 1667 geweiht. Durch ein Erdbeben im Jahr 1755 wurde sie schwer beschädigt und von *Baron de Carondelet,* dem Präsidenten der Audiencia, wiederaufgebaut. Der Schnitzer *Caspicara* sorgte für die Neugestaltung des Kircheninneren, das nach den Vorstellungen von *Carondelet* vollständig aus Holz bestehen sollte. An den Außenmauern der Kathedrale sind Tafeln eingelassen, die an die Stadtgründung erinnern und an den General *Sucre,* der in der Kirche begraben liegt. Der Haupteingang der Kathedrale befindet sich auf der Calle Moreno. Den Hauptbogen des Portals schmücken Engelsköpfe, die Blumenmotive voneinander trennen. Der interessantere Nebeneingang an der Platzseite weist ein Muster aus Totenköpfen auf.

Die Kathedrale besteht in ihrem **Grundriss** aus drei gotischen Schiffen, einem hohen Mittel- und zwei niedrigeren Seitenschiffen. Im rechten Schiff befinden sich vier Kapellen, im linken vier Retabeln (Altaraufsätze). Das Mittelschiff besitzt ein sehenswertes Satteldach im Mudéjar-Stil.

In der ersten Kapelle ist das Grab aus Pichincha-Gestein von General Sucre untergebracht. Daneben ruht *Juán José Flores,* der erste Präsident von Ecuador. Eine Statue desselben befindet sich links neben dem Hochaltar. Hinter dem Altar ist eine Tafel angebracht, die die Stelle anzeigt, an der der Präsident *Gar-*

cia Moreno am 6. August 1875 starb, nachdem er im Präsidentenpalast von tödlichen Schüssen getroffen und hierher gebracht worden war.

Die Kathedrale ist, gemessen an den Kirchenbauten der Franziskaner, Dominikaner und Augustiner, eher spartanisch ausgestattet.

Geöffnet ist die Kathedrale Mo bis Sa 8–10 und 14–18 Uhr.

Gehen Sie am Regierungspalast vorbei die Calle Moreno zurück zur Calle Chile, sehen Sie direkt gegenüber des Regierungspalastes das

• Kloster La Concepción

Das Kloster, 1636 fertig gestellt, galt als die am reichsten ausgestattete Kirche der Kolonialzeit, doch bei einem Brand im Jahre 1878 sind alle Kunstschätze vernichtet worden. Eine Figur der Virgen de Quito schmückt heute den Aufsatz des Hauptaltars, ferner enthält das Kloster noch wertvolle Skulpturen, darunter die Nuestra Señora de la Visitación von Diego de Robles. Die Öffnungszeiten des Klosters variieren.

Gehen Sie weiter die Calle Chile hinauf bis zur Calle Benalcázar. Biegen Sie nach rechts ab, kommen Sie an der ANDINATEL-Zentrale vorbei, passieren die Calle Mejía und treffen schließlich auf die Calle Olmedo. Gehen Sie diese nach rechts hinunter, befindet sich keine 20 m weiter auf der linken Seite die

• Casa de Benalcázar

Das Haus in der Calle Olmedo 968 y Benalcázar wurde 1967 komplett renoviert und beherbergt eine Sammlung kolonialzeitlicher Skulpturen, die durch ein Gitter betrachtet werden können. Daneben findet sich eine kleine **Bibliothek.** Der kleine Patio bildet eine Bühne, auf der gelegentlich klassische Klavierkonzerte stattfinden.

Der Eintritt ist frei, das Haus ist die ganze Woche **geöffnet** (Tel. 2285838).

Spazieren Sie die Calle Olmedo hinauf bis zur Marktstraße Calle Cuenca und gehen Sie diese nach links. An der Ecke Olmedo y Mejía befindet sich das

• Museo Nacional de Arte Colonial

Das Museum hat einen kolonialen Innenhof, lange Korridore und große Ausstellungsräume. Die Sammlung enthält neben großen Gemälden und Skulpturen Mobiliar aus dem 16., 17. und 18. Jahrhundert. Wichtige Namen sind (einmal mehr) *Miguel de Santiago* und *Caspicara*.

Geöffnet: Mo bis Fr von 10–18, Sa von 10–15 und So von 10–14 Uhr (Tel. 2283882).

Folgen Sie der Calle Cuenca, bis Sie die Calle Chile erreichen. Rechter Hand liegt der Innenhof des

• Convento La Merced

Der 30 m lange Innenhof ist mit Ziegelsteinen ausgelegt und wird von einer Backsteinmauer umgeben. In der Mitte befindet sich ein Brunnen, über dem Neptun, der Gott der Meere, thront. 1654 wurde das Noviziat gebaut, 1672 folgte der Bau eines zweiten Klosters. Der Architekt *José Jaime Ortiz* schließlich begann 1700 mit dem Bau der Kirche, die im Grundriss nach der Konzeption der Kirche La Compañía entworfen wurde: ein Mittelschiff mit Tonnengewölbe und Seitenkapellen, die mit Stuck verziert sind und kleine Kuppeln tragen. 1712 stand die Kirche im Rohbau, 1734 war sie fertig gestellt und 1754 begann der Schnitzer *Bernardo de Legardas* mit der Gestaltung des Hochaltaraufsatzes. Heute steht am Hauptaltar die älteste religiöse Statue Quitos, die Virgen de la Merced aus dem Jahre 1575. La Merced ist die letzte Kirche, die in der Kolonialzeit gebaut worden ist. Neben einem Gemälde des Malers *Manuel Samaniego* fallen im barocken Kircheninneren die vergoldeten Holzschnitzarbeiten der verkleideten Wände und die reich geschmückten Altäre ins Auge. Der Kirchturm ist mit 47 m der höchste im kolonialen Quito, die Kirchenglocken sind ebenfalls die größten der Altstadt.

Folgen Sie der Calle Cuenca bis sie sich verengt. Auf der Plaza San Francisco steht die gleichnamige Kirche:

• Iglesia San Francisco

Von der Plaza San Francisco gelangt man über eine breit angelegte Treppe zum Portal des Kirchenkomplexes, dem links die Kirche San Buenaventura, die Kapelle Cantuña und rechts das Kloster zugehören. Der Gründer von San Francisco ist der Flame *Fray Jodoco Rike*, der in der zweiten Hälfte des 16. Jahrhunderts das architektonische Wunderwerk errichtete. San Francisco gilt als die **größte und älteste Kirche der kolonialen Epoche Quitos.** Die vollständige Verkleidung der Wände, Säulen und Decken in der Kirche diente der späteren Architektur in Quito und auf dem gesamten Kontinent als Vorbild. Das Atrium der Kirche weist sowohl Elemente des Barock als auch der Renaissance auf. Damit wird schon die Besonderheit der Kirche deutlich, in deren Innerem verschiedene Stile aus verschiedenen Ländern und Epochen zusammenfließen. Über zwei große Fenster fällt Tageslicht in die beiden Seitenschiffe. Ein weiteres großes Fenster sorgt für Helligkeit in der Empore des Oberbaus. Das Mittelschiff hat eine Mudéjar-Holzdecke im maurisch-spanischen Stil, die durch das Erdbeben von 1755 stark in Mitleidenschaft gezogen wurde und umgestaltet worden ist. Das Mittelschiff wurde später mit vergoldeten Holzschnitzereien und reichen Stuckarbeiten verziert. Die Spitzbögen des Gewölbes enthalten spätgotische Elemente, der Hauptaltar ist barock, weitere Altäre in Form von chinesischen Pagoden verdeutlichen den fernöstlichen Einfluss. Wichtige Skulpturen stammen von *Bernardo de Legardas* (Virgen de Quito), *Diego de Robles* und *Caspicara* (die zwölf Apostel des Altarraums).

Geöffnet ist die Kirche Mo bis Sa von 9 bis 11 und 15 bis 18 Uhr.

Das **Kloster** im rechten Gebäudeteil betritt man über einen Haupthof, den dorische Säulen begrenzen. In der Mitte des Hofes befindet sich ein Brunnen, dessen Wasser aus den Quellen des Pichincha gespeist wird. Die Wände schmücken große Ölgemälde, die das Leben des heiligen Franziskus illustrie-

„Die **Cantuña-Kapelle** neben der Kirche hat ihren legendären Erbauer übrigens in arge Gewissensnöte gebracht, wie die Quiteños gern erzählen: Der Indianer Cantuña hatte versprochen, die Kapelle innerhalb kürzester Zeit zu errichten. Da es mit dem Bau aber nicht so richtig voranging, bat er schließlich verzweifelt den Teufel um Hilfe. Cantuña versprach seine Seele, wenn der **diabolische Baumeister** das Werk fristgerecht zu Ende führte. Darauf ging der Teufel gern ein und machte sich gleich tatkräftig ans Werk – die Kapelle nahm Form an und Cantuña begann, um sein Seelenheil zu fürchten. In seiner Not wandte er sich an die **Jungfrau von Quito.** Die Schutzheilige hatte Erbarmen und **bewirkte ein Wunder:** In der Nacht, in der die Frist ablief, krähte der Hahn eine Stunde früher, und der Teufel kam nicht mehr dazu, den letzten Stein einzusetzen. Die Kapelle blieb somit **unvollendet** und Cantuña hatte seine Seele in letzter Minute gerettet.

Wo aber fehlt der ominöse Stein? An der rechten Seite der Mauer zum Platz sind sieben steinerne Wasserabflüsse eingelassen, an der linken Seite nur sechs. Streng genommen gehört diese Mauer gar nicht zur Cantuña Kapelle, aber zu jener Zeit war der Teufel wohl noch ein Ehrenmann ..."

(erzählt von Leserin *Karin Offer*)

ren. An den vier Ecken des Hofes glänzt jeweils ein Altar mit vergoldeten Aufbauten. Das Kloster beherbergt ein **Museum,** das das Leben im Kloster während der Kolonialzeit durch Gemälde von *Miguel de Santiago, Caspacari* und *Bernado Legardas* veranschaulicht.

Führungen in Spanisch und Englisch finden Mo bis Sa 8–12 und 15–18 Uhr statt; 1,50 $.

Die **Kapelle Cantuña** ist ein Werk quiteñischer Kolonialkunst. Einer Legende zufolge wurde der Indianer *Francisco Cantuña* nach dem Brand, der die Inkastadt Quito vernichtete, von einem Spanier gerettet und aufgezogen. Da Cantuña den Ort kannte, wo die Schätze der Stadt versteckt waren, ließ er aus Dank für seine Rettung mit einem Teil des Inkaschatzes die Kapelle errichten.

Geöffnet ist die Kapelle Mo bis So von 8 bis 12 Uhr.

Werfen Sie an der Plaza/Calle Sucre einen Blick in die schönen, hinter den Läden versteckten Innenhöfe!

Verlassen Sie die Plaza San Francisco über die Calle Sucre, und biegen Sie links ein in die Calle Benalcazár. Einen Block weiter geht es rechts die Calle Espejo hinunter. Nach wenigen Metern findet sich rechts das

• Centro Cultural Metropolitano mit dem Museo Alberto Mena Caamaño

Das Museum enthält eine Kunstgalerie, die **wechselnde Ausstellungen** zeigt. Daneben findet sich hier das historische **Stadtarchiv** mit der Gründungsurkunde Quitos. In einem Kellergewölbe erinnern lebensgroße Wachsfiguren an die Hinrichtung eingekerkerter Führer der Unabhängigkeitsbewegung durch die Spanier. Es finden Veranstaltungen statt, ein Café lädt zum Verweilen ein.

Geöffnet ist das Museum Di bis So 9–17 Uhr (Tel. 2950272, 2584363). Eintritt 1,50 $.

Schlendern Sie die Calle Espejo hinunter zum Unabhängigkeitsplatz. Wenn Sie in der Calle Moreno nach rechts abzweigen, erreichen Sie neben dem Haupteingang der Kathedrale die

•Kirche El Sagrario

Ursprünglich war El Sagrario die Hauptkapelle der Kathedrale, weshalb sie eine bauliche Einheit mit ihr darstellt. Sie wurde 1660 von *Antonio Rodríguez* erbaut. Das barocke Eingangstor ist holzgeschnitzt und mit Blattgold überzogen. Die inneren Räumlichkeiten setzen sich zusammen aus einem hohen Mittelschiff mit Tonnengewölbe und zwei niedrigeren Seitenschiffen, die von kleinen Kuppeln abgedeckt werden. Am Eingang befindet sich die imposante *mampara* im Barock-Stil, die von *Bernardo de Legardas* im Jahr 1747 fertig gestellt wurde. Auffällig sind die überreich geschmückten Altäre.

Geöffnet ist die Kirche von Mo bis Sa 8–11 und 13–18 Uhr.

Der Calle Moreno weiter südwärts folgend, gelangen Sie an der Ecke Sucre zum „Goldstück" Quitos, der

•Jesuitenkirche
La Compañía de Jesús

Die Jesuiten waren die letzte Ordensgemeinschaft, die sich im heutigen Staatsgebiet Ecuadors ansiedelte. Der Bau aus Andesit (vulkanisches Gestein) zählt für Fachleute, Liebhaber und Gläubige **zu den schönsten Kirchen der**

ecu002 Foto: peko

spanisch-portugiesischen Baukunst. Er bildet einen rechteckigen Grundriss mit der Form eines lateinischen Kreuzes. Die Außenfassade der Kirche ist das Werk des Bamberger Jesuitenpaters *Leonhard Deubler.* Das Portal ist zu beiden Seiten von je drei fünf Meter hohen Säulen umgeben, die auf verzierten Stylobaten (Säulengrundfläche) sitzen. Der Fries ist verziert mit Blättern und Sternen. In der Mitte endet er in einem Bogen, unter dem, in eine Nische eingelassen, eine Skulptur der Virgen Inmaculada steht. Im oberen Teil des mittleren Fassadenabschnitts ist in den Bau ein großes Fenster eingelassen, über dem die Kirchen-Widmung *Divo Parenti Ignatio Sacrum* zu lesen ist. Auf dem Giebel thront das Rundtympanon (Giebelfeld) mit bronzenem Jesuitenkreuz. Über den Seitentüren zeigen komplizierte Arbeiten die beiden Herzen von Maria und Jesus. Die Giebelbögen der Seitentüren krönen jeweils zwei Engel.

Das **Kircheninnere** besteht aus drei Schiffen und einer Vierung. Das hohe Mittelschiff mit Tonnengewölbe wird von Rundbögen gestützt, die auf quadratischen Pfeilern stehen. Die niedrigeren Seitenschiffe mit kleinen Kuppeln sind mit quadratischen Laternen bestückt, die für das nötige Licht der sechs Seitenschiffkapellen sorgen. Anders als die römischen Kirchen besitzt La Compañía zwei Kuppeln: eine hohe über dem Vierungsraum und eine niedrigere über dem Altarraum. Wände und Säulen bestehen aus Naturstein, Bögen und Kuppeln dagegen aus Ziegelstein. Der Innenraum misst 58,5 m x 26 m x 16 m und stellt damit ein gigantisches Gotteshaus dar. Der Bau erfolgte in vier Phasen: 1605 entstanden das Fundament, die Mauern des Rundbogenwerks und die Sakristei. 1663 bekamen die Decken einen Überbau aus Kuppeln und Gewölben. Zu Beginn des 18. Jahrhunderts setzten die Stuckarbeiten an den Wänden ein, bis 1766 wurde das Hauptportal errichtet, und es kam zur Vollendung der Seitenkapellen und des dreiteiligen Hauptaltars. Diesen umgeben 14 mit Gemälden geschmückte Wände, die überreich mit vergoldeten Holzverzierungen verkleidet sind.

Die Kanzel des Vierungsraumes sitzt einem Tambour (zylinderförmiges Zwischenteil in Kuppelbauten) auf und wird in ihrer ganzen, reichen, goldverzierten Pracht durch große Fenster beleuchtet. Die im Renaissance-Stil angefertigten Altaraufsätze der Seitenkapellen im Vierungsraum sind ebenfallls eine einzige Augenweide. An den Seitenschiffwänden fallen die Emporen mit schön geschnitztem Holzgitterwerk auf, die natürlich auch mit Blattgold überzogen sind. Die Altaraufsätze der acht Seitenschiffkapellen sind im chiriguereco-Stil angefertigt und ... vergoldet.

Die beiden letzten Kapellen werden von großen, kopierten Ölgemälden geschmückt, die links die Hölle und rechts das Jüngste Gericht thematisieren. Am Kircheneingang befinden sich die *mamparas.* Ihre Tür ist mit quadratischen Ornamenten versehen. Die Empore ist mit schön geschnitzten Holzrosetten verse-

Buße bei der Karfreitagsprozession

hen, die von Skulpturen voneinander getrennt sind - alles (natürlich) vergoldet. Der gesamte Kircheninnenraum ist mit Ausnahme der steinernen Säulenverzierungen reich an Stuckarbeiten und - für meinen Geschmack - überladen mit Goldblatt. Alles in allem sollen für die Innenraumdekorationen **sieben Tonnen Gold** verwendet worden sein.

Geöffnet ist die Kirche werktags 9.30-11 und 13-18 Uhr sowie Sa vormittags; Eintritt frei.

ecu003 Foto: peko

Blick auf den Vulkan Antisana

Folgen Sie der Calle Sucre weiter hinunter, so treffen Sie an der Ecke Venezuela rechts auf die

•Casa de Sucre

Das Haus des Nationalhelden General *Antonio José de Sucre* wurde originalgetreu wiederhergestellt. Das Mobiliar stammt aus seiner Zeit (Beginn des 19. Jahrhunderts). Daneben gibt es eine kleine Ahnengalerie sowie einen kleinen Museumsbereich, in dem persönliche Wertgegenstände des Generals ausgestellt sind.

Geöffnet ist das Haus Di bis Fr von 9-12.30 und 14-16.30 Uhr sowie Sa von 9-12.30 Uhr (Tel. 2952860). Calle Venezuela y Calle Sucre, Eintritt 1 $.

Laufen Sie jetzt die Calle Sucre weiter nach unten. Sie passieren die Calle Guayaquil, und wenn Sie auf die Calle Flores treffen, biegen Sie nach rechts ab zur Plaza de Santo Domingo mit der gleichnamigen Kirche.

•Iglesia de Santo Domingo

Auf der Plaza steht eine Statue zu Ehren des Generals *Sucre,* die in Richtung Pichincha weist, wo im Jahre 1822 die entscheidende Schlacht um die Unabhängigkeit geschlagen wurde.

Die Kirche hat eine Besonderheit: Neben dem Kloster wurde über einem Torbogen die Rosenkranz-Kapelle Camerino de la Virgen del Rosario errichtet. Der Torbogen bildet eine Brücke, die von den zwei Kuppeln der Kapelle überragt wird. Das Kircheninnere wurde von dem Architekten *Francisco de Beccera* geplant. Von dem ursprünglichen Glanz mit schönen, barocken Stil-Elementen ist nicht mehr viel geblieben. Die Barockvertäfelungen mussten neugotischen Elementen weichen. Lediglich die Mudejár-Holzdecke im Mittelschiff ist erhalten geblieben.

Anders in der **Rosenkranz-Kapelle:** Die barocke Kirche besteht aus drei rechteckigen Räumen: der eigentlichen Kirche, dem Altarraum und der Sakristei, in der hochwertige Kultgegenstände gehütet werden. Die Wandverkleidung ist aus rot und gold bemaltem Eichenholz gefertigt. Augenfang der Kirche ist der reich geschmückte Altaraufbau mit der Muttergottesstatue, ein Geschenk des spanischen Königs *Karl V.*

Geöffnet ist die Kirche 7–12 und 15–19 Uhr; Eintritt frei.

Wer weitere Kirchen in der Altstadt sehen und besichtigen will, der spaziere von der Plaza Santo Domingo die Calle Rocafuerte hinauf: Dort findet er die Kirchen **San Juán de Dios** und **El Carmen Alto,** die durch den Arco de la Reina miteinander verbunden sind. Die **Iglesia El Carmen Alto** öffnet nur zu den Gottesdiensten: Mo bis Sa 6.45–7.30 Uhr, So 10.30–11.45 Uhr und 16.30–17.45 Uhr. Hinter dem Bogen liegt auch der Eingang zu dem architektonisch und wegen der Ausstellungen unbedingt sehenswerten Stadtmuseum **Museo de la Ciudad,** errichtet in dem alten Hospital der Stadt aus dem 16. Jahrhundet (geöffnet Di bis So 9.30–17.30 Uhr, Eintritt 2 $).

•Kultur in der Altstadt

Neben den zahlreichen Museen und architektonischen wie kirchlichen Juwelen wächst die zeitgenössische Kulturszene im Centro. Das **Nationaltheater Sucre** und das ebenfalls an der Plaza de Teatro liegende **Teatro de Variedades** zeigen ein großartiges Programm mit Theater, Tanz, Sinfonieorchester, Jazz und anderen Musikveranstaltungen sowie mit regelmäßigen Konzerten und Events auf der Plaza selbst. Das nach schwerem Brand wiedereröffnete **Teatro Bolívar** (Calle Espejo 847 y Guayaquil) schließt sich der Agenda an und kann nach Terminabsprache (Tel. 2583788) besichtigt werden. Das **Centro Cultural Metropolitano** ist ein republikanisches Schmuckstück mit modernen Bauelementen und bietet exzellente Ausstellungen von Kunst, Grafik und Fotografie. Es beherbergt ferner das Wachsfigurenkabinett **Museo Alberto Mena Caamaño.** Das Kulturzentrum **Mama Cuchara** am Ostende der traditionellen Wohnstraße Calle Rocafuerte bietet einmal wöchentlich Filmprogramm und andere Events. Häufige Konzerte und Ausstellungen erleben Sie in der **Calle de la Ronda,** etwa in der Casa 707.

Sakrale Musik und Kirchenkultur zelebriert Quito in der gesamten Altstadt vor und während der **Karwoche.** Das komplette Monatsprogramm **„Quito Cultura"** mit allen Adressen und ständigen Veranstaltungen finden Sie u.a. in der guten Touristeninformation an der Plaza de la Independencia sowie im Internet auf der Seite www.quitocultura.com.

Folgt man der Calle Rocafuerte bis zur Calle Cuenca und biegt links ab, erblickt man auf der rechten Seite die Kirche **Santa Clara.** Die Calle Cuenca weiter und rechts in die Calle 24 de Mayo kommt man zur Kapelle **El Robo.** An der Plaza 24 de Mayo beginnt auch die prächtige historische **Calle de la Ronda** (Beschreibung siehe oben).

Sonstige Sehenswürdigkeiten in der Altstadt

● El Panecillo

Auf dem Vulkankegel in der Altstadt erhebt sich eine überdimensionale **Statue der Virgen de Quito,** des Wahrzeichens von Quito. Hinauf geht es über eine Treppe am Ende der Calle Moreno (etwa 30 Minuten). Wegen der Gefahr, Opfer eines Überfalls zu werden, sollte man aber **besser mit einem Taxi** hinauffahren und das Taxi dort auch warten lassen (ca. 5–6 $, inkl. einer 15-minütigen Wartezeit). Vom Vulkankegel und der Aussichtsplattform in der Statue bietet sich ein herrlicher Blick über Quito. Bei guter Sicht kann man die schneebedeckten Gipfel von Cayambe und Cotopaxi sehen. Am besten fährt man am frühen Vormittag hinauf, dann ist die Sicht am besten.

An **Infrastruktur** gibt es an der Statue einen Souvenirladen und mehrere Souvenirstände, Snacks, Toiletten, ein Telefon und das **Panorama-Restaurant Pim's,** wo man nicht nur speisen, sondern bei gutem Wetter auch herrlich über der Stadt einen Kaffee trinken kann. Der hohe Sockel der Statue kann gegen 1 $ Eintritt bis zum Fuße der Jungfrau bestiegen werden.

Die geheimnisvollen Patios

„Machen Sie einen Streifzug durch das historische Zentrum, und suchen Sie abseits der großen Klöster und Kirchen nach außergewöhnlichen Details. Es gibt unzählige, **sehenswerte Patios.** Hier sind prächtige, gepflegte Anlagen mit bunten Blumen, blank polierte Säulen, mit schweren Gemälden vollgehängte Galerien und vielfach verzierte, steinerne Brunnen. Dort gibt es halb zerfallene schmuddelige Hinterhöfe, aus denen zwischen Wäscheleinen und Eisenschrott das Flair längst vergangener, glanzvoller Zeiten atmet; verwitterte Holzbalustraden, ein Festschmaus für Termiten. Ein paar **Entdeckeradressen** für alle die, die wenig Zeit für ihren Streifzug haben und schnell fündig werden wollen: Calle Venezuela 1129 und 1415, Calle Benalcázar 934, Calle García Moreno 784 und 884, Calle Mejía 774 und 680. Oder der Innenhof des empfehlenswerten Hotels *San Francisco,* Calle Sucre, Ecke Guayaquil, sogar mit Cafetería. Ganz besonders fotogen das Haus mit den 7 Patios im Häuserblock von Calle Rocafuerte und Calle Imbabura; mit ein bisschen Glück ist gerade eine **bunt gekleidete Indígena** Frau an einem steinernen Waschtrog zu Gange oder ein gebeugter Greis schlurft zwischen den Säulen längst vergangener Epochen dem Rest des einförmigen Lebens entgegen. Steigerung gefällig: das ehemalige *Museum Bonilla Cortés* auf der García Moreno 1334. Schon die Fassade und der Blick in den Innenhof sind beeindruckend, und mit ganz viel Glück zeigt der stolze Besitzer Ihnen einen Teil seiner Schätze."

Daniel A. Kempken ist Entwicklungshelfer und Schriftsteller. Er leitete viele Jahre das Büro des Deutschen Entwicklungsdienstes in Quito. Auszug aus seinem Buch: „Schlaglichter Ecuador. Highlights und Kuriositäten, Tipps und Geheimtipps", Norderstedt 2005. Tipp!

●Basílica del Voto Nacional
An der Av. Venezuela y Carchi erhebt sich diese Kirche; sie ist nicht zu übersehen dank ihrer beiden hoch aufragenden neogotischen Türme. Sie ist **eines der monumentalsten Gebäude der Stadt:** 115 m hoch ragen die beiden Türme auf. Der Bau ist 140 m lang und 35 m breit. Von 1892 an wurde an der Kirche gebaut, die Vollendung dauerte fast 100 Jahre: Erst am 30. Januar 1985 erfolgte die Weihe durch Papst *Johannes Paul II.* Auf die Türme führt ein Aufzug (2 $, Ticket seitlich in einem Geschäft zu erstehen), von oben hat man einen wunderbaren Blick über die Altstadt bis zur Figur der Jungfrau auf dem Panecillo. Turmbesucher können auch die kleine Cafeteria mit Panoramablick nutzen. Wer schwindelfrei ist, kann auf einem Holzsteg das Gewölbe überqueren und auf einer Außenleiter zum Vierungsturm hochklettern.

Museen

●Museo Camilo Egas
Das Museum in der Calle Venezuela 1302 y Esmeraldas wurde von der Banco Central subventioniert und restauriert. Das eindrucksvolle Wohnhaus, erbaut im kolonialen Stil, zeigt mehr als dreißig Bilder des modernen Malers *Camilo Egas* (1889–1962), der einen Großteil seines Lebens in den USA verbrachte und erst nach seinem Tod wiederentdeckt wurde.

Geöffnet: Di–Fr 9–17 Uhr, Sa, So und feiertags 10–16 Uhr, Eintritt 0,50 $ (Tel. 2572012, 2572811, Fax 2570391, Website der Banco Central: www.bce.fin.ec).

●Museo de San Diego
Museum und Konvent befinden sich in einem alten Gebäude, das vor 400 Jahren eine Hacienda war, bevor es zur Kirche wurde. Bis 1901 war es von Franziskaner-Mönchen bewohnt, ehe diese zur Kirche San Francisco umzogen. Die Deckenfenster der Kirche wurden von Indígenas hergestellt. Hinter dem Altar führt eine 1000 kg schwere Steintür zum Friedhof. Die Sakristei enthält eine **Jesus-Statue,** die mit dem Betrachtungswinkel ihren Ausdruck ändert: Von vorn besehen lächelt Jesus, von rechts scheint er tot, und von links macht er einen leidenden Eindruck.

Das Museum stellt Kolonialkunst aus. Im Esszimmer hängt ein Gemälde, das das Abendmahl zeigt. Im ersten Stock können Sie die Original-Wandbemalungen bewundern, die nur teilweise restauriert wurden. Daneben werden zwei Glocken aus den Jahren 1902 und 1926 regelmäßig von einer Nonne geläutet.

Geöffnet ist das Museum in der Carlicuchima 117 y Farfan (Friedhof) Di bis So 9.30–12.30 und 14.30–17.30 Uhr.

●Museo de la Ciudad
Im „Stadtmuseum“ mit Café in der García Moreno y Rocafuerte sind wechselnde Ausstellungen und Veranstaltungen zu sehen.

Geöffnet: Di bis So 9.30–17.30 Uhr, Eintritt: 2 $ (Tel. 2283882).

Die Neustadt

In der Neustadt befinden sich neben dem internationalen **Flughafen** und den Villen der Reichen die meisten großen **Einkaufszentren** *(Centros Comerciales),* die **Botschaften,** die **Büros der Fluggesellschaften,** exklusive **Hotels,** etliche **Pensionen, Restaurants, Banken** und das berüchtigte Vergnügungsviertel und touristische Zentrum Quitos, die **Mariscal.**

Die Avenida Amazonas, in der „Mittelstadt" gelegen, reicht als eine der längsten Straßen Quitos vom Parque Ejido bis zum Flughafen. Das Teilstück zwischen der Avenida Patria (am Parque Ejido) und dem Parque Carolina ist mit Restaurants, Reiseagenturen und Souvenirläden eine wichtige touristische Adresse. Zwischen dem Parque El Alameda im Süden und der Avenida Naciones Unidas (Parque Carolina) im Norden verteilen sich die Sehenswürdigkeiten der Neustadt.

Museen

In Quitos Neustadt gibt es zahlreiche Museen. Besonders interessant sind:

• Museo „Casa de la Cultura Benjamin Carrión"

Das **Nationalmuseum** (auch: „Museo Nacional del Banco Central del Ecuador") in der Calle 6 de Diciembre y Patria ist nicht zu übersehen. Es ist in einem riesigen, runden Glasbau untergebracht. Wer kein großer Museumsfan ist, sollte zumindest diesem einen Besuch abstatten (oft ist man sogar fast allein!). Das Gebäude enthält drei verschiedene Ausstellungsräume mit wissenschaftlichen, ethnologischen und kolonialen Stücken sowie eine Kunstgalerie mit Gemälden aus dem 17. bis 20. Jahrhundert, ferner eine Ausstellung ecuadorianischer Musikinstrumente und auch moderne Kunst. Die beste archäologische Sammlung der Banco Central ist ebenfalls hier untergebracht.

Geöffnet ist das Museum Di bis Fr 9–17 Uhr sowie Sa und So 10–16 Uhr. Eintritt: 2 $ (Tel. 2223258).

• Museo Guayasamín

Calle José Bosmediano 543, Barrio Bellavista el Batán, Tel. 2446455, 2452938, sowie nebenan die Capilla del Hombre, Calle Lorenzo Chavez EA 18-143 y Mariano Calvache, Tel. 2448492, guayasamin@uio.satnet.net. Das Museum enthält eine Bildgalerie des bekanntesten Malers Ecuadors, *Oswaldo Guayasamín* (1919–1999), sowie kunsthandwerkliche Exponate, Gold- und Silberarbeiten, eine Privatsammlung archäologischer Funde und Werke aus der Kolonialzeit. An das Museum angeschlossen ist die Capilla del Hombre mit letzten Exponaten des vor wenigen Jahren verstorbenen Malers.

Geöffnet: Di bis So 10–17 Uhr. Eintritt: 3 $ (Tel. 2446455 und 2446277, www.guayasamin.com).

• Museo „Jijón y Caamaño"

Das Museum befindet sich im 3. Stock der Universidad Católica, Calle 12 de Octubre. Es beherbergt ein größere archäologische Privatsammlung, darunter Funde der Sierra-Kulturen, Keramiken aus dem 18. Jahrhundert, indianische Werkzeuge, Gemälde und historische Dokumente.

Geöffnet: Mo bis Fr 8.30–16 Uhr. Eintritt: 60 Cent, Führung kostenlos (Tel. 2991683).

- **Vivarium**

Av. Amazonas 30-08 y Rumipamba, im Parque La Carolina, Tel. 2271820, fherpeto@pi.pro.ec, Di bis So 9.30–17 Uhr, Entritt: 2,50 $. Zu sehen sind 45 Arten von Reptilien und Amphibien, darunter eine *Boa Constrictor,* mit der man sich ablichten lassen kann.

- Am südlichen Ende des **Parque Alameda** steht die **Statue von Simon Bolívar** und rechts davon eine schöne Reliefkarte Ecuadors.

In der Mitte des Parks finden Sie die **Sternwarte.** 1864 eröffnet, gehört sie zu den ältesten Sternwarten Südamerikas. Geöffnet ist sie an Samstagen zwischen 9 und 11 Uhr. Der Eintritt ist frei.

Wer will, kann an den kleinen Seen am nördlichen Ende des Parks ein Ruderboot ausleihen.

Hinweis zu Hausnummern

Adressen werden in Ecuadors Städten normalerweise **mit zwei Straßennamen angegeben:** Dabei steht zuerst die Straße (mit Hausnummer), in der sich ein Hotel, Restaurant etc. befindet, und danach, mit dem Wort „und" (y) verbunden, die nächstgelegene Seitenstraße.

Die Verwaltung der Hauptstadt hat bei den Hausnummern ein flächendeckendes Chaos angerichtet. Früher stand z.B. Nr. 588 für „5. Querstraße, Nr. 88". Dann hat man die Straßen neu nummeriert und mit einem Buchstaben für die Himmelsrichtung versehen: z.B. „N-17-356". Mittlerweile gehen viele Hausbesitzer wieder zum alten System zurück. Das Durcheinander ist beeindruckend, zumal nicht alle Häuser überhaupt eine Hausnummer haben.

Praktische Informationen

- **Tel. Vorwahl: 02**

Touristeninformation

Die Stadt Quito hat mittlerweile eine Reihe von Büros aufgebaut, die tatsächlich engagiert und hilfsbereit arbeiten:

- **Hauptbüro Palacio Municipal**

Calle Espejo y Venezuela (esquina), Plaza de la Independencia, Tel. 2570786, tgl. 9–20 Uhr, am Wochenende ab 10 Uhr. Das freundliche städtische Tourismusbüro hat Tipps auf Lager, händigt Kulturprogramme wie *Quito Cultura* aus, verkauft Bildbände und Souvenirs, bietet Internet-Plätze und eine Gepäckaufbewahrung. Im Büro stehen ständig Ansprechpartner der Tourismuspolizei bereit.

- **Casa de la Cultura Ecuatoriana**

Av. 6 de Diciembre y Patria, im Museo Nacional del Banco Central, Tel. 2221116, Di bis Fr 9–17, Sa/So 10–16 Uhr. Karten, Broschüren und einfache Beratung.

- **Museo Mindalae**

Calle Reina Victoria y La Niña (esquina), im Museum, Tel. 2551566, Mo bis Sa 9–17, So 10–17 Uhr. Karten, Broschüren, Souvenirladen, Beratung.

- **Aeropuerto Mariscal Sucre**

Im Bereich der internationalen Ankunft des Flughafens, Tel. 2300163, tgl. 8–24 Uhr.

- **Telefériqo**

Im Geschäftszentrum der Talstation der Seilbahn. Tel. 2570786, Mo bis Do 10–18, Fr bis So 10–21 Uhr.

- **Verwaltungszentrale der Tourismusbehörde**

Calle García Moreno y Mejía, (esquina), 1. Stock, Tel. 2282646, 2959505, 2959632. Mail: info@quito-turismo.com

- Das **Militärgeografische Institut IGM** *(Instituto Geográfico Militar)* (Tel. 2229075, 2229074, 2229076) auf dem Berg der *Av. T. Paz y Mino* (zu erkennen an einem weißen Kuppelbau) verfügt über topografische Karten in verschiedenen Maßstäben, allerdings teils in schlechter Qualität: Einige Gebiete des Oriente z.B. sind schlecht oder gar nicht kartiert (s.a. „Karten" im Anhang).

- Im **South American Explorers Club** (SAEC) in der Calle Jorge Washington 311 y Leonidas Plaza tauschen Globetrotter ihre Reiseerfahrungen aus, so dass der Club in der Lage ist, neueste Infos über Land und Leute zu vermitteln (Mo bis Fr 9.30–17 Uhr). Schnupperbesuch möglich, besserer Service jedoch nur für Mitglieder (Jahresbeitrag 60 $).
- Im **Club de Andinismo** der Katholischen Universität (Universidad Católica) bekommt der spanischsprechende Bergsteiger hilfreiche Hinweise (s.a. im Kapitel „Bergwandern in Ecuador").
- Über **aktuelle Veranstaltungen** in der Stadt informiert neben den Tageszeitungen *El Comercio* und *Hoy* auch das Anzeigenblatt *El Explorador.* Es liegt kostenlos in Bars und Restaurants aus.
- Der beste **Kulturkalender** der Stadt ist *Quito Cultura,* u.a. bei der Tourismusinformation kostenlos zu erhalten. Exzellent ist auch die weit gestreut ausliegende **Zeitschrift des Programmkinos** *Ocho y medio.* Das Nationaltheater und angeschlossene Bühnen geben das **Monatsprogramm** *Desde el teatro* heraus.

Informative Internetadressen

- **Stadt Quito:**
www.quito.gov.ec
- **Tourismusministerium:**
www.vivecuador.com
- **Kulturkalender:**
www.quitocultura.com
- **Programmkino:**
www.ochoymedio.net
- **Fahrradfahrer-Organisation:**
www.biciaccion.org
- **Stadtentwicklung:**
www.innovar-uio.com
- **Tageszeitung El Comercio:**
www.elcomercio.com
- **Tageszeitung Hoy:**
www.hoy.com.ec
- **South American Explorers Club:**
www.samexplo.org

Hotels

Hinweis: Suchen Sie bei Dunkelheit besonders in der Altstadt, am Busbahnhof und in der „Mariscal" niemals zu Fuß eine Unterkunft, erst recht nicht mit Gepäck! Es kam dabei in der Vergangenheit zu Überfällen!

Einfache Hotels in der Altstadt

- *Hostal Principal*
Av. Maldonado 3063 y La Ronda, Tel. 2582782, EZ/DZ 10/16 $ mit Frühstück, einfaches, preiswertes, aber gepflegtes Hostal nur wenige Schritte von der Ronda und der Trolestation Cumandá entfernt. Zimmer mit TV. Internet: www.hotel-principal.com
- *Grand Hotel*
Rocafuerte E2-32 y Pontón, Tel. 2280192, Fax 2955474, nahe am Terminal Terrestre; Gepäck-Depot, Wäscherei, angegliederte Spanisch-Schule; EZ/DZ 11/15 $ Kabel TV.
Mail: grandhotelquito1@hotmail.com
- *Hostal Secret Garden*
Calle Antepara E 4-60 y Los Rios, Stadtteil San Blas, Tel. 2956704, gutes Frühstück, Trinkwasser frei, Dachterrasse mit tollem Ausblick. Schlafsaal 8 $ BC, Preise 20 $.
Internet: www.secretgardenquito.com
- *Hostal San Blas*
Caldas E1-38 y P. F. Cevallos, Plaza San Blas, (Treppe an der Calle Guayaquil / Hermano Miguel), Tel. 2281434, 8 $ p.P., TV, heißes Wasser, Wäscheservice, Faxservice, Schließfächer, Gepäckaufbewahrung, Küchenmitbenutzung.
Mail: hostal_sanblas@hotmail.com
- *Hotel La Casona*
Antepara 413 junto Plaza de toros, Tel. 2570626, EZ/DZ 6/12 $, hübsche Pension mit Restaurant, Zimmer zum Hof.
Mail: jimmynocho@hotmail.com
- *Hostal New Belmont*
Antepara E3-78 y León, an der Schnittstelle von Alt- und Neustadt (ehem. „Hostal Belmonte"), Tel. 2956235, entgegenkommender Besitzer, angeschlossene Sprachschule; freier Kaffee- und Teegenuss in einem Aufenthaltsraum, Dachterrasse mit Blick über Quito, Küche zur freien Benutzung, Waschmöglichkeit, Gepäckdepot, 16 $ p.P. Leserin-

nen berichteten, dass einige Zimmer hygienisch etwas heruntergekommen waren.
Mail: Belmonte12-99@yahoo.es

- *Hostal Chicago*
Calle Los Rios 1730 y Briceño (San Blas), Tel. 2281695, einfache, saubere Zimmer, EZ/DZ 9/17 $, inkl. Frühstück; Dachterrasse, Büchertausch, Wäscheservice, Küche, Internet, englischsprachig, Jobmöglichkeiten im Haus.
Mail: chicagohostel_ecuador@hotmail.com

Mittelklasse-Hotels in der Altstadt

- *Hotel Viena Internacional*
Flores 600 y Chile, Tel. 2954860, Fax 2954633, EZ/DZ mit BP (warme Dusche), Telefon, 16,80 $ p.P., englischsprachig, gute Ausstattung, Restaurant.
Mail: vienaint@interactive.net.ec
- *Hotel Real Audiencia*
Bolívar 220 y Guayaquil (Plaza Santo Domingo), Tel. 2950590, 2952711, DZ mit BP (warme Dusche), TV, Telefon, Internet 45 $, EZ/DZ 30/48 $ mit Frühstück, Panoramarestaurant auch sonntags 7.30–10.30 Uhr geöffnet. Internet: www.realaudiencia.com

Einfache Hotels in der Neustadt

- *Hostal L'Auberge Inn*
Av. Colombia 11-38 y Yaguachi, an der „Grenze" von Alt- und Neustadt, Tel. 255 2912, Fax 2569886, Sprachkurse, Reisebüro, Restaurant, Sauna, Billard, sauber, 3 warme Etagenduschen, schöner Aufenthaltsraum, Waschgelegenheit, schöner Innenhof, Gepäckdepot. Man spricht deutsch, französisch und englisch, EZ/DZ 10,50/18 $; viele Individualtouristen.
Internet: www.ioda.net/auberge-inn
- *Casa Bambú*
Vicente Solano E5-27 y Av. Gran Colombia, 5 $ mit BC, 8 $ mit BP, jeweils p.P.; Küche, schöne Stadtaussicht, frühzeitig reservieren.
Mail: zulubernnis@ yahoo.com
- *Hostal La Casona de Mario*
Calle Andalucía N24-115 y Galicia, Stadtteil La Floresta, Tel. 2544036, Fax 2230129, u.a. deutschsprachig, Gepäckdepot, schönes Haus, 9 $ p.P., Küchenmitbenutzung.
Mail: lacasona@casonademario.com
- *Centro del Mundo*
Lizardo García E7-22 y Reina Victoria, Tel. 2229050, lautes Hostal mit Café und Restaurant, Kochmöglichkeit, Dorm. 5,60 $ p.P., EZ 7,80 $ p.P., mit Frühstück, Küchenmitbenutzung, dreimal pro Woche Cuba Libre frei.
Internet: www.centrodelmundo.com
- *Residencial Marsella*
Los Rios 20-35 y Espinoza, Tel. 2955884, Fax 2580795, 7 $ p.P., schöner Ausblick.; sauber, professionell, Gepäckaufbewahrung und Safe für 1 $ pro 15 Tage; nur morgens und abends heißes Wasser zum Duschen.
Internet: www.cenfei1.org/marsella
- *El Cafecito*
Cordero E6-24 y Reina Victoria, Tel. 2234862, Herberge, Preise 7 $ BC, 25 $ BP., sauber, freundlich, sicher, mit beliebtem Travellercafé und Kamin im Haus.
Internet: www.cafecito.net
- *Hotel Viena*
Calle Tamayo 879 y Foch, Tel. 2235418, einfach, sauber und ruhig, Restaurant, EZ mit BP 10 $.
- *Hostal El Taxo*
Foch 909 y Cordero, Tel. 2225593, 8 $ p.P. BP, Kabel TV., Küchenmitbenutzung, kostenlose Wertsachen- und Gepäckaufbewahrung, sauber, TV, schöner Aufenthaltsraum mit Kamin.
Internet: www.hostaleltaxo.com
- *Hostal Magic Bean*
Foch 6-81 y J. Leon Mera, Tel. 2566181, Fax 2906105, EZ/DZ 25/30 $, Schlafsaal 10 $ mit Frühstück.
Internet: www.magicbean.com
- *Nuestra Casa*
De las Malvas 97 e Higueras (Monteserrin), Tel. 2248909, Handy 096035687, Fax 2549693, DZ mit BP 5–8 $ p.P.; sehr freundlich u. hilfsbereit, familiäre Atmosphäre, sauber, Küchenmitbenutzung, Garten, Wohnzimmer, auch Frühstück und Abendessen.
Mail: mlmo@uio.satnet.net
- *Hotel Amazonas Inn*
Calle Pinto 471 y Amazonas, Tel. 2225723, Fax 2908696, freundlich, sauber, Gepäckdepot, guter Kuchen im Café Al paso im Hause, 13 $ p.P.
Mail: amazonasinn@yahoo.com
Internet: www.amazonasinn.com

- *Casa de Eliza*
„Alternative" Pension in der Calle Isabel La Católica N24-679 y Coruña, Res. 06-2648679, 6 $ p.P.
Mail: manteca@uio.satnet.net
- *Café Pensión Parque Italia*
Calle Mosquero Narváez Oe5-12 y Carvajal, Tel. 2230194, Zimmer mit Terrasse, Aufenthaltsraum, deutschsprachig, Gepäckaufbewahrung und Wäscherei, gutes Frühstück und andere Speisen, EZ/DZ 8/12$.
Mail: parque.italia@ecuador.net
- *Residencial Santa Clara*
Gustavo Darquea 1578 y 10 de Agosto, Tel. 2507205, DZ mit BP 14 $ inkl. Frühstück.
- *Hotel Calima*
Cordero E121 y 10 de Agosto, Tel. 2540891, EZ/DZ 20/28 $, Kabel-TV, Parkplatz, Restaurant. Mail: vnburneo@interactive.net.ec

ecu004 Foto: peko

Garde am Präsidentenpalast

- *Backpackers Inn*
Calle Juan Rodríguez 245, zw. Reina Victoria und Almagro, Tel. 2509669. Freundlich, farbig, preiswert. EZ 8 $ ohne Frühstück, MBZ 4–5 $. Küchenmitbenutzung. Deutsch-ecuadorianische Leitung. Mail: gertschi@yahoo.de

Mittelklasse-Hotels in der Neustadt

- *Mansión Real (Quito)*
Vicente Ramon Roca 518 y Reina Victoria (esquina), Tel. 2234146, EZ/DZ 25/30 $, großzügige Zimmer mit TV, sehr freundlich, guter Service, Toplage innerhalb der Mariscal. Internet: www.hotelmansionreal.net
- *Hostal Charles Darwin*
La Colina N26-144 y Orellana, Tel. 2234 323, 2904049, 2529384, DZ 42 $, reichhaltiges Frühstück, sehr sauber, gemütlich, familiär, hilfsbereit, wunderschöner Innenhofgarten. Mail: chdarwin@ecuanex.net.ec
- *Hostal Tutamanda*
Av. Colón 2088 y Versalles, Tel. 2506508, Fax 2222964, 10 $ p.P. inkl. Frühstück, Wochenpreis 70 $, ruhig und sicher, Blick auf den Pichincha, nette Atmosphäre, Wäscheservice, Galápagos-Tourangebote, geführt von *Marcus* aus Dresden und *Fernando*. Sprachschule *Cristobál Colón* 5 $ pro Stunde.
Mail: info@colonspanishschool.com
Internt: www.colonspanishschool.com
- *Hostal Toa* (Tipp!)
Calle Lizarazu N23-209, zw Zorilla und Av. La Gasca. Familiäres Bed & Breakfast mit vier Zimmern und einer Suite am Westhang der Stadt, nicht weit von der Station des „Teleférico". Tolle Unterkunft mit schöner Aussicht. EZ/DZ 25/35 $ mit Frühstück, Suite 280 $ pro Monat, Menü 7 $.
Mail: info@hostaltoa.ec
Internet: www.hostaltoa.ec
- *Casa del Sol*
Calle Calama 127 y 6 de Diciembre, Tel. 2230798, 2223383, EZ 36 $, Waschgelegenheit, Transfer, Gepäckdepot, sehr schön, aber kleine, dunkle Zimmer, Internetanschluss.
Mail: info@lacasasol.com
Internet: www.lacasasol.com

• *Hostal Crossroads*
Calle Foch E5-23 y J.L. Mera, Tel. 2234735, Gepäckaufbewahrung, ab 12 $ p.P. im DZ.
Internet: www.crossroadshostal.com

• *Villa Nancy* (1)
6 de Diciembre 3-98 y Baquerizo Moreno, Tel. 2563084, sehr sauber, nettes und hilfsbereites Personal, gutes Frühstück, kostenloser Flughafentransfer, EZ mit BC (warme Dusche) 18 $, DZ mit BP (warme Dusche) 25 $ inkl. Frühstück – empfehlenswert.
Internet: www.villa-nancy.com

• *Villa Nancy* (2)
Calle Muros 146 y González Suárez, Tel. 2562473, Fax 2562483, gehobenere Klasse, Sauna, DZ 60 $, HP.
Internet: www.hotelvillanancy.com

• *Hotel 9 de Octubre*
Av. 9 de Octubre N24-171 y Colón, Tel. 2525715, 2903035, DZ mit BP 20 $; Frühstück im kleinen Hotelcafé, preiswert.
Mail: mccp68@yahoo.com

• *Hostal Zentrum*
Calle Murillo E4-18 y Av. 9 de Octubre, Tel. 2526263, EZ/DZ 28/45 $ mit großem Frühstücksbüffet, Suite 90 $, Backpacker-Schlafplatz ohne Frühstück 9 $. Der nette *Gerd* aus Hamburg hat eine alte Stadtvilla mit Terrasse und kleinem Garten zu einem schönen Hostal ausgebaut. Sehr große Zimmer, Gepäckaufbewahrung, Safe, W-Lan, Restaurant mit Almuerzos (3 $) und deutschen Speisen à la carte, Cafeteria, täglich frischer Kuchen, *Gerds* Motto: „Futtern wie bei Muttern". Abends bewachte Parkplätze. Unser Tipp: Zimmer 22 mit Kamin!

• *Hotel Pickett*
Wilson 712 y J. L. Mera, Tel. 2551205, Fax 2541453, 12 $ p.P. mit Frühstück, gut ausgestattetes Haus, für Rucksacktouristen zu empfehlen.
Mail: ecuapicketthotel@hotmail.com

• *Casa Helbling*
Veintimilla E8-152 y 6 de Diciembre, Tel. 256 5740, Fax 2500952, 10 Zi., Wohnzimmer mit offenem Kamin, Sonnenterrasse, Wintergarten, Gepäckdepot, Safe, deutschsprachig, Küchenbenutzung, EZ/DZ 20/30 $, Vermittlung guter und preiswerter Touren in den Regenwald.
Internet: www.casahelbling.de

• *Hotel Embassy*
Wilson E8-22 y 6 de Diciembre, Tel. 2563243, 2561990, Fax 2563192, EZ/DZ 42/48 $, Telefon und TV 35 $, solides Hotel, beliebt bei Geschäftsreisenden.
Mail: hembassy@hembassy.com
Internet: www.hembassy.com

• *Posada del Maple*
Rodríguez E8-49 y 6 de Diciembre, Tel. 2544507, Fax 2907367, DZ 30 $ mit BP (warme Dusche), Garage, Internet, inkl. sehr gutem Frühstück, Küchenbenutzung, ruhig und sicher.
Internet: www.posadadelmaple.com

• *Hotel Alston Inn*
J. L. Mera N23-41 y Veintimilla, Tel. 2508956, 2525789, EZ/DZ 17/24 $, mit Dusche.
Mail: alston@uio.satnet.net

• *Café Cultura*
Robles 513 y R. Victoria, Tel. 2564956, 2224271, EZ/DZ 79/99 $, Bau im Kolonialstil, mit Garage, hervorragendes Frühstück, englische Leitung; die Zimmer im Haupthaus sind schöner als die Garten-Cabañas; das Hostal und die Nebenkosten für Telefon und Safe sind etwas überteuert.
Internet: www.cafecultura.com

• *Hotel Ambassador*
9 de Octubre 1052 y Colón, Tel. 2562054, Fax 2503712, DZ mit BP, TV, Telefon ab 24 $, TV, Garage, sehr gute Unterkunft, Zimmer zur Av. Colón recht laut.
Internet: www.hotel-ambassador.com

• *Sierra Nevada*
Pinto E4-150 y Cordero, Tel. 2553658, Fax 2554936, alle Zimmer mit BP und Kabel-TV, EZ 33 $, DZ 48 $; neben dem Hotel befindet sich das sehr gute Frühstucks-Café Colibri.
Mail: info@hotelsierranevada.com
Internet: www.hotelsierranevada.com

• *Hotel Sierra Madre*
Veintimilla 464 y Tamayo, Tel. 2505687, Fax 2505715, EZ 47 $, DZ 59 $, sauber und sehr gepflegt.
Internet: www.hotelsierramadre.com

• *Posada Real*
Plácido Caamaño N26-19 entre Av. Colón y San Ignacio, Tel. 2552809, Fax 2224162, Zimmer mit BP, Telefon und TV, Café, Wächeservice, sehr freundlich, EZ 29 $, DZ 36 $.

- *Hostal Los Alpes*
Tamayo N21-39 y Washington, Tel. 2561110, Fax 2561128, EZ 59 $, DZ 72 $ mit BP, Telefon und Frühstück.
Internet: www.hotellosalpes.com
- *Hostal Fuente de Piedra*
Calle Wilson 211 y Tamayo, Tel. 2525314, EZ 38 $, DZ 45 $, mit TV und Telefon, Rest.
Internet: www.ecuahotel.com
- *Hostal Santa Barbara*
Av. 12 de Octubre 26-15 y Coruña, Tel. 2564382, Fax 2225121, EZ 46 $, DZ 58 $ inkl. Frühstück, Garage, Restaurant, Wäscheservice, familiäre Atmosphäre in einer liebevoll restaurierten Villa im Kolonialstil.
Internet: www.hotel-santabarbara.com
- *Hostal Los Quipus*
Calle Lérida E14-55 y Lugo (siehe unter „Apartments").

Luxus-Hotels

- *Hotel Sebastián*
Diego de Almagro N24-416 y Cordero, Tel. 2222400, Fax 2222500, EZ 73 $, DZ 86 $ mit BP, TV, Telefon, gutes Restaurant, Internet, Bar, Fitness, Parkplatz.
Internet: www.hotelsebastian.com
- *Hotel Chalet Suisse*
Reina Victoria N24-197 y Calamá, Tel. 256 2700, Fax 2563966, EZ 191 $ mit BP, Kabel-TV und Telefon; Restaurant, Casino und Diskothek.
Mail: hosuisse@access.net.ec
Internet: www.chaletsuisseecuador.com
- *Hotel Quito*
González Suárez N27-42 y 12 de Octubre, Tel. 2544600, Fax 2567284, DZ mit BP, TV, K, Telefon 140 $ (EZ 100 $), Traditionshotel mit gepflegtem Garten, tollem Pool und Panoramarestaurant, Casino, Diskothek.
Internet: www.hotelquito.com
- *Hotel Hilton Colón*
Av. Amazonas y Patria, Tel. 2560666, Fax 2563903, EZ ab 149 $ mit BP, Kabel-TV, Bar, Telefon, Garage; Luxushotel nach US-amerikanischem Vorbild, Geldwechsel zu gutem Kurs, internat. Zeitungen, bayerische Brezeln (!) in der Hotelbäckerei, gutes Buffet.
Mail: reservationsquito@hilton.com
Internet: www.hilton.quito.com
- *Hotel Swissotel*
12 de Octubre 1820 y Cordero, Tel. 2566497 und 2567600, Fax 2568080, Spitzenhotel mit BP, Kabel-TV, Telefon, DZ ab 180 $; mit Geldautomaten, Casino, Restaurants (u.a. japanisch), Sauna, Pool.
Internet: www.swissuio.com

Familienunterkunft

- *Casa Paxee (Martha de Ojeda)*
R. Navarro 326 y La Gasca, Tel. 2500441, DZ mit BC (warme Dusche), 6 $ p.P., ein ganzer Monat 130 $ p.P. ohne Frühstück; sehr beliebt, nicht nur unter Studenten; 3 DZ, 1 EZ, fast immer ausgebucht, Voranmeldung daher ratsam.
- *Lidice Paredes de Montúfar*
Francisco de Miranda N 48-94 y Nicolás López, Tel. 2241208, mit Dachterrasse, gutem Essen (3 Mahlzeiten), Wäscheservice, 6 $ p.P. mit BC, sehr freundlich, mit Tourismuskontakten.
Mail: josemontufar@gmacro.com
- *Danilo und Beatriz Zuniga*
Calle Caldas 2-21 y Los Rios (San Blas), Tel. 09-8341503, 08-8356923. Gute Verpflegung mit vitaminreicher Kost und selbst geröstetem Kaffee (!), Wäscheservice. Kost und Logis 15 $ pro Tag.
Mail: Zular_Rocha@yahoo.com

Jugendherberge

- *Centro Hostelling International Quito*
Pinto E6-12 zwischen Reina Victoria y J. L. Mera, Tel. 2543995, Fax 2508221, DZ und MBZ mit BP, Café, Touristen-Info, Waschmaschine, EZ/DZ 15/24 $ mit Frühstück, sehr sauber.
Internet: www.hostelling-ecuador.org

Apartments

Auch einzelne Apartments für einen Monat sind in Quito zu bekommen. In den Tageszeitungen sind regelmäßig Anzeigen geschaltet. Besonders zu empfehlen sind:

- *Apartamientos Los Quipus*

Calle Lérida E14-55 y Lugo, Stadtteil Floresta, Tel. 2224037, Fax 2561140, Apartments für 2 bis 7 Personen mit Küche, Kamin, TV; Cafeteria, Büroservice (Fax, Internet), Wäschedienst etc.; App. ab 55 $ pro Tag, Langzeitrabatte. Angeschlossen ist auch ein Hostal: EZ 34 $, DZ 42 $, App. ab 45 $ pro Tag (40% Rabatt bei Monatsmiete!).
Mail: a.quipus@accessinter.net

Hostal am Flughafen

- *Hostal Puerto Aereo*

Calle La Prensa y Juán Holguín, quasi gegenuber dem nationalen Flughafen-Terminal, Tel. 2457983, EZ/DZ 10/25 $, einfach, aber sauber, nachts ruhig, preiswert.

Restaurants

In Quito gibt es eine große Auswahl an nationalen und internationalen Restaurants. Und zur Verblüffung der von wahren Reisbomben des klassischen **„almuerzo"** zunehmend gelangweilten Esser kehrt gute Küche in Quito ein. Vor allem in der Altstadt etablieren sich einige First-Class-Restaurants.

Ein wahres **Schlemmer-Mekka** entwickelte sich an der Avenida Eloy Alfaro, wenige hundert Meter oberhalb der Av. 6 de Diciembre. Das alles hat allerdings seinen – dollarisierten – Preis. Im preislichen Mittelfeld finden sich vor allem in der Mariscal ein paar ganz passable bis gute Restaurants. Die einfachen Almuerzo-Restaurants mit einem Mittagessen zwischen 1,20 und 2,50 $ verteilen sich auf die ganze Stadt.

Restaurants in der Altstadt

- *Restaurant Quiteño Libre*

Calle Sucre Oe3-17 y Guayaquil, Tel. 2288403, Mo bis Sa 12–16 Uhr. Almuerzo-Restaurant (1,50 $, Vorkasse) in etwas schummrigen Gewölben, aber mit einigen Tischen im schönen Patio.

- *Restaurant Catedral*

Calle Mejía Oe6-34 y Benalcazar, Tel. 2954191, tgl. 8–21.30 Uhr. Einfaches, nettes Restaurant an einem kleinen Patio, mittags mit *almuerzos* (2 $), Fleisch wie auch Meeresfrüchte.

- *Vista Hermosa*

Calle Mejía 453 y García Moreno, Tel. 2951401, 2288119, Mo bis Sa 13–24 Uhr, So bis 20 Uhr. Beheiztes Open-Air-Panorama-Restaurant über den Dächern der Stadt mit ecuadorianischer Küche und Pizza, bei Schlechtwetter mit Innenbereich. Am Wochenende Live-Musik auf dem Dach.

- *La Fuente del Conquistador*

Calle Benalcazar N7-44 y Olmedo, Tel. 2959712, 09-9025912, Mo bis Mi und Sa 8–17 Uhr, Do bis Fr (abends Live-Musik) 8–22 Uhr. Patiorestaurant mit historischen und Stierkampf-Fotografien, Frühstück, creolische Küche à la carte ca. 5–7 $, *almuerzos*, Grillplatte.

- *Querubin*

Palacio Arzobispal, Plaza Grande, Local 6, Tel. 2953470. Freundliche, gemütliche und preiswerte Frühstücks-, Pizza- und Snackbar mit hausgemachtem *Mousse de Maracujá*, tgl. 8–22, So nur bis 20 Uhr.

- *Mesón de Urrutia*

Calle García Moreno N2-60 entre Sucre y Bolívar, Tel. 2584173, Mo bis Sa 10–20 Uhr. *Almuerzos, ejecutivos* für ca. 3,50 $ und Weinkarte.

- *Cafe Restaurant Magnolia*

Calle Mejía Oe5-36 y García Moreno (hoch liegender Patio), Tel. 2955628, tgl. 9–17 Uhr. Exzellente ecuadorianische Küche mit gutem *almuerzo* (4 $) und Gerichten à la carte in einem wunderschönen Patio (die Chefin wird leider bald wechseln, doch der Patio unter der großen Magnolie bleibt magisch).

- *Theatrum*

Plaza del Teatro, Calle Manabí y Guayaquil, 1. Stock des Nationaltheaters, Tel. 2571011, 2289669. Exzellentes Restaurant mit Top-Service und Weinbar an der Plaza, Hauptgerichte um die 15 $, tgl. bis ca. 23 Uhr geöffnet.
Internet: www.theatrum.com.ec

- *Mea Culpa*

Palacio Arzobispal, 2. Stock, Tel. 2951190, Fax 2573445, das neue Top-Restaurant Quitos in exzellenter Lage und mit hervorragender Küche, bestem Service, stattlichen Preisen und der Bitte um angemessene Gardero-

be; geöffnet Mo bis Fr 12–15.30 Uhr, So 19–23 Uhr.
Mail: reservaciones@meaculpa.com.ec

- *Las Cuevas de Luis Candelas*

Calle Benalcázar y Chile 713, Tel. 2287710, stilvoll im Souterrain gelegen, tgl. 10–23 Uhr.

Restaurants in der Neustadt

- *Las Redes*

Av. Amazonas 845 y Veintimilla, Tel. 252 5691, sehr gutes Fischrestaurant. Geöffnet: Di bis So 9–22 Uhr.

- *Restaurante Barlovento*

Av. 12 de Octubre 1911 y Francisco de Orellana, Tel. 2224683, 2223751, Di bis So 9–23 Uhr, höhere Preise, aber „fantastische ecuadorianische Küche". Lesertipp.

- *La Choza*

12 de Octubre N24-551 y Cordero, Tel. 250 7901, nationale und internationale Küche. Geöffnet: Mo bis Fr 12–16 und 19–22 Uhr, Sa bis So 12–16 Uhr.
Internet: www.lachozaec.com

- *Aguanile*

Valladolid N24-438 und Cordero, Tel. 2226398, „neue ecuadorianische Küche", Bar, gelegentlich Konzerte, Programmkino und Theater, Mo bis Sa 12–2 Uhr.
Internet: www.aguanilerestobar.com

- *Mama Clorinda*

Reina Victoria 1144 y Calama, Tel. 2542523, traditionelle ecuadorianische Küche. Mo bis So 11–24 Uhr.
Internet: www.mamaclorinda.com

- *El Níspero*

Calle Valladolid N24-438 y Cordero, Tel. 222 6398, gute ecuadorianische Küche, schönes Haus in der Floresta, täglich 12.30–16 und Di bis Sa auch 19–23 Uhr.

- *Restaurante BOGA*

Calle Calama 217 y Diego de Almagro, preiswerter Mittagstisch, teils vegetarisch, Mo bis So 10–21 Uhr.

Internationale Küche

- *Café Colibri*

Joaquín Pinto E4-170 y Cordero, Tel. 2564011, bayerische Spezialitäten (Weißwürste, Leberkäse), ausgewanderter Allgäuer Wirt, ruhiger Garten mit Kolibris, sehr gutes Frühstück, guter Service, sehr zu empfehlen; geöffnet: täglich ca. 8–18.30 Uhr.

- *Siam*

Calama E5-10 y J. L. Mera, Tel. 2239404, Thai-Küche, sehr empfehlenswert, aufmerksame Bedienung, gelegentlich thailändischer Tanz; geöffnet täglich 11–23 Uhr.

- *Café Aladdin*

Calle Diego de Amagro y Cordero, arabische Küche, Wasserpfeifen, Tee und mehr.

- *El Árabe*

Reina Victoria y Carrión, Tel. 2549414, arabische Küche, Bauchtanz auf Video.

- *Adam's Rib*

Calle Calama E6-16 y Reina Victoria, Tel. 2563196. Amerikanisches Steakhouse seit 1986 mit exzellentem Fleisch, guten Beilagen und moderaten Preisen. Mo bis Fr geöffnet, sonntags Brunch.
Mail: adams_rib@excite.com

- *Restaurante Gruyere la Fondue*

Calle Foch y Reina Victoria, Plaza El Quinde, Tel. 2231461, tgl. 11–2 Uhr. Nomen est omen: schweizerische Küche im Epizentrum der Mariscal.
Mail: danielacuatro@hotmail.com

- *Mongo's*

Calama E5-10 y J.L. Mera, Tel. 2556159, mongolisches Restaurant, Fleisch, Fisch, Gemüsebuffet, auch All-you-can-eat-Service, 10 $ p.P.

- *La Boca del Lobo*

Calama 284 y Reina Victoria, Tel. 2234083, tgl. 17–24 Uhr, Hauptgericht ab 10 $, Café-Bar, blaues, liebevoll gestaltetes Haus, nur abends geöffnet, sehr gute Snacks, sehr gemütlich, aber teuer.

Brasilianisch

- *Churrasquería Tropeiro*

Veintimilla 546 y Av. 6 de Diciembre, Tel. 2548012, das Fußball-Stammlokal der Brasilianer in Quito mit entsprechender Stimmung, wenn die *Seleçao* stürmt, u.a. brasilianische Fleischgerichte, Feijoadas und Caipirinhas, tgl. 13–23 Uhr.

Dachterrassen-Café Vista Hermosa in der Altstadt

ecu005 Foto: peko

Italienisch

● *Le Arcate*
Baquedano 358 y J. L. Mera, Tel. 2237659, Leckere Pizza aus dem Steinofen, sehr guter Service, Kamin, Di bis So 11–16 Uhr.
Internet: www.le-arcate.com

● *Il Risotto*
Av. Eloy Alfaro y Portugal, 300 m oberhalb der Av. 6 de Diciembre, Tel. 2246850, sehr gute Küche, gemütlich, So bis Fr 12–15.30 und 18.30–23 Uhr, Sa Ruhetag.
Mail: risotto@interactive.net.ec

● *La Briciola*
Calle Toledo 1255 y Cordero, Tel. 2547138, Mo bis Sa 12.30–15 und 19.30–23 Uhr, feine italienische Küche, gelegentlich Folklore, Live-Musik.
Mail: samani@interactive.net.ec

Spanisch

● *La Viña*
Isabel la Católica 545 y Cordero, Tel. 2566033, internationale, teils mediterrane Küche, Mo bis Fr nur 12.30–15 Uhr, Sa 19–23 Uhr. Mail: lavina@andinanet.net

● *Costa Vasca*
Calle 18 de Septiembre y Páez, Restaurant mit ansprechendem Ambiente und ausgezeichneter Paella de Mariscos.

● *Cevichería Mediterranea*
Calle Carrión 974 y Páez 624 (esq.), Tel. 222 5585, sehr gute Küche und Sangria, Mo bis Sa 8–17 Uhr.

Französisch

● *Rincón de Francia*
Roca 779 y 9 de Octubre, Tel. 2225053, Mo–Fr 12.30–15, 19.30–23 Uhr, Sa 19– 23 Uhr.

● *Bistro 210*
Calle Pinto E7-85 y Diego de Almagro, Tel. 2229735, 09-2740148, sehr gemütliches Bar-Restaurant mit Crepes, Salaten und anderen französischen Gerichten, gute Weinkarte, stilvolles Haus mit Backstein-Interieur, jeden Mittwoch um 22 Uhr Jazz-Konzerte.
Mail: bistro210@gmail.com

Chinesisch

• *Restaurante Casa Hong Kong*
Wilson 246 y Luis Tamayo, Tel. 2222515, 2527717, Mo bis Sa 11–22.30 Uhr.

• *Restaurant Chifa China*
Calle Carrion Oe2-82 y Versalles, Mo bis Fr 11–23 Uhr, Sa 11–22 Uhr, So 11–18 Uhr. Großes China-Restaurant mit riesigen Portionen nahe dem Santa-Clara-Markt. Hauptgerichte ca. 4 $, üppiges Mittagsmenü 5 $.

Cafés und Bars

Cafés in der Altstadt

• *Cafeto*
Calle Chile 930 y Guayaquil, Tel. 2572921, Mo bis Fr 7–20 Uhr, Sa 8–19 Uhr, So 8–13 Uhr. Kleines, romantisches Café unter den runden Gewölben des Augustinerkonvents, liebevoll geführt, Frühstück, Sandwiches, Kaffee und Kuchen.

• *San Agustín*
Calle Guayaquil N5-59 y Mejía, Tel. 2285082, Mo bis Fr 9–17.30 Uhr, Sa 9–16 Uhr, So 10–15 Uhr. Traditionelles Eiscafé seit 150 Jahren, Mittagessen à la carte 5 $, hübsche kleine Balkone im 2. Stock.

• *Café del Teatro*
Plaza del Teatro, Tel. 2289079, Mo bis Sa 10–24 Uhr (schließt manchmal schon gegen 22 Uhr). Schönes Platzcafé mit Außenterrasse und Balkonen gegenüber dem Nationaltheater, Restaurantservice. Nur der Kaffee ist zu teuer.

• *Tianguez*
San Francisco Platz, Tel. 22570233, Mo bis Di 9.30–18.30 Uhr, Mi bis So 9.30–23.30 Uhr, mit Live-Musik, schönes Platzcafé in den Gewölben der Kirche mit Tischen auf der Plaza, Bücher und Kunsthandwerk einer Amazonasstiftung.
Mail: administracion@sinchisacha.org
Internet: www.sinchisacha.org

• *Café del Fraile*
Chile y Venezuela, Cafeteria unten im Palacio Arzobispal.

• *Café Modelo*
Calle Sucre 391 y García Moreno, Quitos traditionsreiche Eisdiele.

Cafés in der Neustadt

• *Café Refugio Montaña*
Calle Cordero E12-141 y Toledo (Floresta), Tel. 3227567, Mo bis Fr 10–15 und 17–23 Uhr (künftig auch am Wochenende). Schönes Bergsteiger-Café mit Kamin und kleiner Terrasse; *almuerzos* (2,50 $) und Speisen à la carte. Infobörse, Karten, Bücher und informelle Vermittlung von Bergführern.
Internet: www.mcr.ec

• *Café Mosáico*
Calle Manuel Samaniego N8-95 y Antepara, unterhalb des Kulturzentrums Itchimbía, Tel. 2542871, tgl. 11–23 Uhr. Das Café-Restaurant mit seiner Außenterrasse hat eine spektakuläre Sicht auf die Stadt, auf den Pichincha und auf den Panecillo. Service und Essen sind sehr gut, die Preise relativ hoch.

Bars in der Altstadt

• *El Café de San Francisco*
Calle Bolívar 517 y Benalcázar (Plaza San Francisco), Tel. 09-9034164, Mi bis Sa 18–24 Uhr, So 15–21 Uhr (Öffnungszeiten sollen erweitert werden). Schöne Bar im 1. Stock eines antiken Hauses mit zahlreichen Balkonen zur Plaza, preiswert, Snacks, in spe mit Restaurantbetrieb.

• *Vista Hermosa*
Calle Mejía 453 y García Moreno, Tel. 2951401, Mo bis Sa 13–24 Uhr, So 11–20 Uhr. Großes Panoramalokal über den Dächern der Altstadt mit Pizzas und ecuadorianischen Gerichten sowie Live-Musik am Wochenende, bei Regen auch mit Innenbereich und Bar, allerdings dann ohne besondere Aussicht.

• *Casa de la Peña*
Calle Galápagos y García Moreno, gemütliche Bar mit Kamin und Außenterrasse in einem 400 Jahre alten Gebäude, Do–Sa abends.

• *Papayanet Café*
Calle Chile entre Venezuela y Garcia Moreno, Internet-Café.
Mail: anamacc2@hotmail.com

Bars in der Neustadt

• *Karukera*
Calle Calama E6-19 y Reina Victoria, Tel. 2556234, tgl. ca. 18–1 Uhr. Sympathische

Musik-Bar mit kleiner Terrasse, Speisen und gutem Sevice.

- *Cats*

Calle Lizardo García 537 y Diego de Almagro, Tel. 2566461. Langjährige Rockkneipe, authentisch, aber recht verqualmt.

- *Coffee & Toffee*

Calle Calama entre Diego de Almagro y 6 de Diciembre. 24-Stunden-Bar mit großem Außenbereich an ruhiger Straße, Heizstrahler, großer Fernseher für Fußballspiele, frisches Fassbier, Speisekarte.

- *El Cafecito*

Cordero y Reina Victoria, Tel. 2234862, Mo bis So 8–23 Uhr, Frühstück, leckerer Kuchen, vegetarische Karte, Bar, Happy Hour 17–19 Uhr, Kamin, Gartencafé, Hostalbetrieb. Seit Jahren beliebter und gemütlicher Treff bei Quiteños wie bei Travellern.
Mail: admincafecito@gmail.com
Internet: www.cafecito.net

- *Cafélibro*

Calle Plaza N23-56, entre Wilson y Veintimilla, Tel. 2526754. Mo bis Fr 12.30–14.30 *(almuerzos)* und 17–1 Uhr, Sa 18–1 Uhr. Do bis Fr Live-Musik, Mi bis Sa 19.30 Uhr Tango. Engagiertes Kulturcafé mit Tangoabenden und anderen Veranstaltungen.
Internet: www.cafelibro.com

- *Este Café*

J. L. Mera N23-94 y Wilson, Tel. 2542488, sehr nettes und luftiges Café im 1. Stock.

- *Café Corfu*

Av. Portugal 959 y Av. de los Shyris, Tel. 224 3507, Eisdiele mit vielen köstlichen Eissorten. Geöffnet: Mo bis So 7–20.30 Uhr. Daneben befindet sich die **Bäckerei Cyrano** (Tel. 224 1667) mit großer Brotauswahl, darunter auch Vollkornbrot!
Mail: mfreire@cyrano.com.ec

- *Café Colibri*

Joaquín Pinto 619 y Cordero, Tel. 2564011, ruhiger Garten mit Colibris, sehr gutes Frühstück, deutsche Küche, guter Service, sehr empfehlenswert, täglich 8–18 Uhr.

- *El Pobre Diablo*

Isabel la Catolica E12-06 y Galavis esq., Tel 2235194, Konzerte, Ausstellungen und tolle Atmosphäre in einer alten Kaffeerösterei, Mo bis Sa 18–2 Uhr.
Internet: www.elpobrediablo.com

- *Zócalo*

Calle J. L. Mera E5-10 y Calama, Tel. 2233929; schöne Terrasse, am Wochenende Tanz.

- *Ghoz*

La Niña 425 y Reina Victoria, Billardbar, Fußballübertragungen, schweizerische Küche.

- *Varadero*

Reina Victoria 1721 y La Pinta, Tel. 2542575, kubanische Bar, Live-Konzerte von Mi bis Sa, kubanisches Restaurant nebenan: La Bodeguita Cuba.

- *Kizomba Bar*

Almagro y Lizardo García; brasilianische Bar, Samba-Rhythmen gemischt mit Salsa, leckere Caipirinhas, tgl. ab 20 Uhr.

- *No Bar*

Calama y J. L. Mera; bei Touristen und Ecuadorianern gleichermaßen beliebte Disco, wechselnde Musik, am Wochenende meist voll, moderate Preise.

- *Havanna Cuba*

Av. Portugal y 6 de Diciembre; Kellerlokal, am Wochenende kubanische Live-Musik, gutes Essen.

- *Kallari*

Calle Wilson und J. L. Mera, Mariscal, empfehlenswertes gemütliches Café von Quechua-Indianern, die auch Schmuck, Schokolade und Seife aus dem Amazonasgebiet vertreiben. Außerdem bieten sie Sprachkurse in Quechua an. Bei gutem Wetter auch zum Draußensitzen.

- *Café chiQUITO*

Camino de Orellana N27-630, Guápulo, Tel. 3237630, Mi bis So 12.30–22 Uhr, Kaffee, Kuchen. Besitzerin *Erica Guidon* wirbt mit „Best sandwiches in town und feinste hausgemachte Nusstorten!"
Mail: eguidon@yahoo.com

- *La Naranjilla Mecanica*

Tamayo N22-43 y Veintimilla, Tel. 2526468, Bar-Restaurat, Modern-Lounge, ecuadorianische und internationale Küche, gute Musik. Empfehlenswert!

- *Xocoa*

Foch y Reina Victoria, Plaza Quinde, Tel. 2553027, Café, Chocolaterie und Modern-Lounge, nette Atmosphäre. Empfehlenswert!

- *Gruyere La Fondue*

Reina Victoria y Foch, Tel. 2231461, schweizerische Küche. Empfehlenswert!

•*Pim's Itchimbia*
Palacio de Cristal in der Centro cultural Itchimbia, Tel. 2041333, Restaurant mit tollem Ausblick auf Quito. Empfehlenswert!
Mail: reservaciones@restaurantepims.com
•*The Turtle's Head*
La Niña 626 y Amazonas, Tel. 2565544, Irish Pub, Gutes Bier und Musik. Empfehlenswert!

Praktische Tipps A–Z

Apotheken

„Farmacias“ gibt es etliche in der ganzen Stadt. Das größte Angebot an Medikamenten haben die Filialen der Apothekenkette FYBECCA. Da **Abend- und Nachtdienste** häufiger wechseln, fragen Sie am besten abends im Hotel oder auch Taxifahrer nach einer gerade geöffneten Apotheke *(farmacia de turno)*.

Ärzte

Ärzte allgemein
•*Dr. Wilson Pancho*
Av. República de El Salvador 112 y Av. de los Shyris, Edificio ONIX, 4. Stock, Tel. 2463139, 2469546, Mail: wrpancho@hotmail.com; Allgemeinmediziner/Internist, spricht unter anderem Deutsch und war jahrelang, zuletzt als Oberarzt, in Deutschland tätig. Behandelt Privatpatienten auch im *Hospital Metropolitano*, siehe unten.
•*Dr. Martin Domski*
Av. República 574 y Eloy Alfaro, Edificio Complejo Médico La Salud, 1. Stock, Oficina 102, Tel. 2553206, Celular 9440611, privat: Tel. 2332729. Allgemeinmediziner/Internist, deutsch- und englischsprachig, sehr hilfsbereit.

Kinderarzt
•*Dr. Michael Broz*
Av. Republica El Salvador 34/0 y Shyris, Tel. 2463215.

Gynäkologie
•*Clinica de la Mujer*
Av. Amazonas 4826 y Gaspar de Villaroel, Tel. 2458000, Fax 2463932.
•*Frauenzentrum CEPAM (Centro Ecuatoriano para la Promoción y Acción de la Mujer)*
Spanischsprachige Frauenärztin, Calle Los Ríos y Gándara, Quito, Tel. 2230844 und 2546155.

Zahnarzt
•*Dr. med. dent. Pablo Proaño*
Av. 9 de Octubre 1770 y Eloy Alfaro, Edificio Cosneros, 7. Stock, Tel. 2230793, 2552089, deutschsprachig, empfohlen.

Augenärztin
•*Doctora Andrea Molinari Szewald*
Avenida Mariana de Jesus y Occidental s/n, Centro Médico Meditropoli, oficina 211, Tel. 2268173 und 2268174.
Mail: ams@pi.pro.ec

Autoverleih

•*Avis*
Av. Amazonas 49-67 y Río Curaray, gegenüber dem Flughafen, Tel. 2255890, Fax 2255895, Stadtbüro Av. de las Américas, CC Olímpico, Tel. 2285498, Fax 2285519, geöffnet 6–23 Uhr, Preise zwischen 36 (Kleinwagen) und 100 $ (großer Jeep) pro Tag.
Mail: www.avisecuador.com
•*Budget*
Av. Amazonas y Colón, Tel. 2237026, 2221814, Fax 2562705, und Av. de las Américas 900 y Calle N, Tel. 2284559, Fax 2283656, Mo bis Fr 8–20 Uhr, Sa 8–14 Uhr, Jeeps ab 53 $ pro Tag.
Mail: quito@budget-ec.com
Internet: www.budget-ec.com
•*Hertz*
Av. Amazonas y Río Arajuno, Tel. 2254257, 2254258, Fax 2408044, 10 de Agosto N57-152 y Murialto, Tel. 2411676, Mo bis So 7–23 Uhr, Autos ab 25 $ pro Tag, und am Flughafen, Mo bis Fr 8–20 Uhr, Jeeps 80 $ pro Tag.
Internet: www.hertz.com

Botschaften und Konsulate

•*Deutschland*
Embajada de Alemania: Av. Naciones Unidas y República de El Salvador, Edificio Cityplaza, 12. Stock, Tel. 2970820, Fax 2970815, nur in

Notfällen nach Dienstschluss: 09-9497967. Geöffnet Mo bis Fr 8.30–11.30 Uhr.
Internet: www.quito.diplo.de

- *Österreich*

Konsulat in Quito: Av. Gaspar de Villaroel E9-53, entre Av. de los Shyris y 6 de Diciembre, Tel. 2469700, Fax 2443276. Geöffnet Mo bis Fr 10–12 Uhr.

- *Schweiz*

Embajada de Suiza: Av. Amazonas N35-17 y Juán Pablo Sáenz, Edif. Xerox, Tel. 2434113, 2434949. Geöffnet Mo bis Fr 9–12 Uhr.
Mail: vertretung@qui.rep.admin.ch
Internet: www.culturasuiza.com

- *Niederlande*

Av. 12 de Octubre 1942 y Cordero, Ed. World Trade Center, Torre 1, 1. Stock, Tel. 2229229, 2229230, Fax 2567917, Botschafter *Kornelis Spaans*. Geöffnet Mo bis Fr 9–13 Uhr. Mail: Holgui@ibm.net

- *Kolumbien*

Av. Colón 1133 y Amazonas, Ed. Arista, 7. Stock, Tel. 2228926, 2222486, Fax 2567766, Botschafter: *Dr. Carlos Holguin*. Geöffnet Mo bis Fr 9–13 und 14–17 Uhr.

- *Peru*

Av. República de El Salvador N34-361 e Irlanda, Tel. 2468410, 2468389, Fax 2252560, Botschafter: *Vicente Rojas*. Geöffnet Mo bis Fr 9–13 und 15–18 Uhr.
Internet: www.embajadelperu.org

- *USA*

Av. 12 de Octubre y Av. Patria, esquina, Tel. 2562890, 2561634, Fax 2502052, Botschafterin: *Linda Jewell*. Geöffnet Mo bis Fr 8–12 und 13.30–17 Uhr.

Buchhandlungen

- *Libri Mundi*

J. L. Mera 851 y Veintimilla, Tel. 2234791, 2529587, sehr gute Buchhandlung in Quito, spanischsprachige Literatur, aber auch viele englische, französische und deutsche Romane; Reiseführer; Mo bis Sa 8.30–19.30 Uhr, Filialen im Quicentro Shopping, Mo bis Do 9.30–20 Uhr.
Internet: www.librimundi.com

- *Libroexpres*

Av. Amazonas 816 y Veintimilla; kleine Buchhandlung mit Reiseliteratur und Fotobänden, internationalen Zeitschriften und Magazinen; täglich der Miami Herald.

- *Librería Española*

Filialen u.a.: Av. Colón y J. L. Mera, Buchhandlungen mit wissenschaftlichem Schwerpunkt, Mo bis Sa 9–17 Uhr.
Internet: www.libreriaespañola.com

- *Centro Cultural Abya Yala*

Av. 12 de Oct. N23-116 y Wilson, ethnologischer Schwerpunkt und historische Reiseberichte, empfehlenswert. Kleines interessantes Museum *(Museo Amazónico;* nur nachmittags geöffnet), Buchhandlung, Verkaufskooperative, Bio-Laden und Cafeteria im Haus. Mo bis Fr 8.30–19 Uhr, Sa 9–15 Uhr.
Mail: libreria@abyayala.org
Internet: www.abyayala.org

- *Mr. Books*

Sehr gut sortierte Buchhandlung im Centro Comercial El Jardín, Tel. 2980281. Mo bis Sa 10–20 Uhr, Do 9–19.30 Uhr.
Mail: mrbooks@mrbooks.com
Internet: www.mrbooks.com

- *Confederate Books*

Calle Calama 410 y J. L. Mera (Mariscal), Tel. 2527890, große Gebrauchtbuchhandlung mit vornehmlich englischsprachiger Literatur.
Mail: billgrok@hotmail.com.

Diskotheken

Zahlreiche Treffs, Bars (s.o.) und Discos liegen östlich der Av. Amazonas zwischen Calle Veintimilla und Av. Orellana; die „angesagten" Treffs wechseln jedoch schnell. Sonntags und montags sind einige Bars, auch wenn die Ankündigungen anders lauten, geschlossen. (Fast) alle Diskotheken sind am Wochenende gut besucht.

Discos

- *Seseribó*

Veintimilla y 12 de Octubre im Souterrain; Quitos schönste und musikalisch beste Salsoteca, Do bis Sa ab 22 Uhr, Eintritt 4 $.

- *Mayo 68*

Lizardo García y J. L. Mera; nette kleine Salsa-Tanzbar, empfehlenswert.

- *La Chicharra*

Av. Orellana 899 y Pinzón, Do bis Sa 19–3 Uhr, gemischte Musik, teils live.

- *Stage*

Veintimilla y 12 de Octubre; Disco, Blues und Rock, direkt neben dem Seseribó.
- *Route 66*

Calle Santa María y J. L. Mera.

Peñas

Peñas sind Bars, in denen **Folklore-Musik** gespielt wird und **Tanzdarbietungen** stattfinden. In Quito gibt es etliche solcher Bars, auf saubere Kleidung wird Wert gelegt. Peñas sind kaum vor 21 Uhr geöffnet, das Programm beginnt meist erst um 22.30 Uhr.
- *Ñucanchi Peña*

Av. Universitaria 496 y Armero, Tel. 2540967, Do bis So ab 21.30 Uhr, mit artistischen Shows, Eintritt: 2 $.

Einkaufen

- **Tiendas,** die weit verbreiteten kleinen Lebensmittelläden, führen das Nötigste für den „Zwischendurch-Einkauf".
- Die **Supermarktketten** *SUPERMAXI* und *Mí Comisariato* führen ein reiches Lebensmittel- und Warensortiment einschließlich Importwaren. Sie sind sehr modern und zum Teil besser sortiert als Märkte in Europa!
- *Cyrano*

Av. Portugal E9-59 und Los Shyris (Parque Carolina); Tel. 2460690, Bäckerei mit großer Brotauswahl (auch Vollkorn).
- Gute Brotwaren führen auch die Filialen von *Arenas* und *Floralp* (beide unter anderem an der Kreuzung Av. Coruña y Orellana) sowie die Bäckerei im Hotel Hilton Colón.
- *Quesería Bolívar* und *Camari*

Calle Machena y Versalles, zwei Geschäfte von Landkooperativen nebeneinander am Santa Clara Markt; beste Auswahl an Käse, Schinken, Marmeladen, Getreide und vielen Bio-Produkten, gutes Brot; geöffnet meist bis ca. 11 Uhr – besonders empfehlenswert!
- *La Casa del Sol*

Robles y Reina Victoria; in diesem Laden kommen handgestrickte Pullover zum Ver-

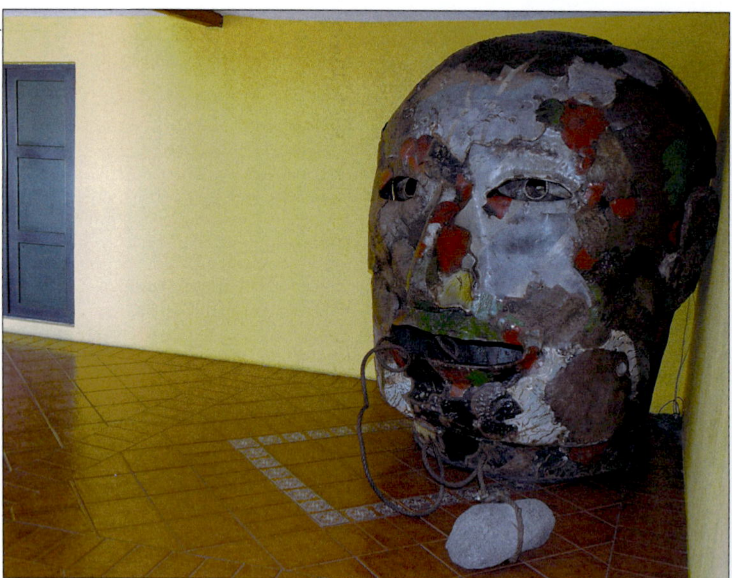
ecu006 Foto: peko

kauf, die der Finanzierung eines Beschäftigungsprojektes für Frauen und von Hilfsmaßnahmen für Kinder dienen (Fundación „Hogar el Consuelo" und Aktion „La Casa del Sol" von *Brigitte Schäfer*).

- *Markt von Ipiales*

In der westlichen Altstadt liegt ein populäres und nicht herausgeputztes Einkaufszentrum mit unzähligen kleinen Läden und Ständen. Hier findet man Haushaltswaren, Tabakwaren, Textilien, Kram und Kurioses. Calle Chile y Imbabura, geöffnet tgl. 9–18 Uhr.

- *Café Aguila de Oro*

Traditionsrösterei mit Hausröstung hinter dem Regierungspalast. Exzellenter Arábica-Kaffee, aber scharf geröstet, daher empfiehlt sich die milde Sorte. Calle Benalcázar N3-123 y Espejo, Tel. 2280523.
Internet: www.cafeaguiladeoro.com

Märkte

- *Mercado Santa Clara* (Versailles y Dávalos, empfehlenswert), *Mercado Central* (Av. Pichincha y Olmedo), Stadtteil Cotocollao (großer Markt).

Kunsthandwerksmarkt

- *Mercado Artesanal „La Mariscal"*, Reina Victoria y Roca, täglich. Sa und So im Parque El Ejido.
- *Kunstgalerie Ileana Viteri*

Av. Gonzales Suarez N31-150, Edif. Atrium, Tel. 2541270, Handy 098954287, Mo bis Sa 10–17 Uhr. Die beste Auswahl an Kunstwerken in Quito! Malerei und Bildhauerei.
Mail: ileanaviteri@uio.satnet.net

Einkaufszentren

Die **Centros Comerciales** mit Restaurants, Boutiquen, Plattenläden, Buchläden, Sportartikeln, Supermärkten, Geldwechsel und allen möglichen Geschäften verteilen sich über das gesamte Stadtgebiet. Sie haben auch sonntags geöffnet. Die wichtigsten sind:

Skulptur im Stadtmuseum

- *Camari*

Tel. 2567112, Internet: www.camari.org

- *Centro Comercial Iñaquito (CCI)*

Av. Amazonas y Naciones Unidas (mit Kino)

- *Centro Comercial El Bosque*

Stadtteil El Bosque, weit im Nordwesten, Tel. 2456333.

- *Centro Comercial El Recreo*

Direkt an der südlichen gleichnamigen Station des Trolebusses (mit Kino), Tel. 266500, Internet: www.ccelrecreo.org

- *Centro Comercial Quicentro*

Av. Naciones Unidas y 6 de Diciembre, Tel. 2464526, Internet: www.quicentro.com

- *Centro Comercial El Jardín*

Av. Amazonas y Eloy Alfaro, Tel. 2980298, Internet: www.malleljardin.com.ec

- *Galerie Exedra*

Carrión 246 y Tamayo; Handel mit Antiquitäten, Hazienda-Relikten, altem Geschirr und Kirchenkunst; ziemlich teuer, aber ein lohnenswerter Besuch; Restaurant und Cafelibro angeschlossen.

Geldwechsel

Die einfachste Art, Dollars zu beziehen, ist der **Geldautomat,** an dem es je nach Bank zwischen 100 und 600 $ pro Abhebung gibt. Die Gebühren der Heimatbank variieren. Für große Beträge wurde uns der Geldautomat am „Supermaxi" der Av. 12 de Octubre y Madrid empfohlen. Dort erhielt ein Reisender mit der Maestro-Karte dreimal 600 $ in wenigen Minuten. Geld wird in **Banken, Wechselstuben (Casas de Cambio)** und in größeren **Hotels** gewechselt. Die meisten Banken befinden sich entlang der Av. Amazonas nördlich der Av. Patria und an der Av. Naciones Unidas; Kernöffnungszeiten: 9–16 Uhr. Nicht in allen Banken werden **Reiseschecks** eingelöst. Die besten Kurse bekam ich in der Banco de Pichincha, Colón y Amazonas, und in der Banco de Prestamos, Av. Patria y 10 de Agosto. Wechselstuben tauschen Bargeld und Reiseschecks zu ähnlichen Konditionen wie die Banken. Im Folgenden eine kleine Auswahl:

- *Produbanco*

Av. Amazonas 300 in der Neustadt, Tel. 2236888, und im Hotel Hilton Colón und im

Centro Comercial El Jardín. **Am Wochenende** bekommt man Geld gewechselt bei *Produbanco* im Hotel Hilton Colón und am Flughafen.

- *Multicambio*
Av. Amazonas 363 y Robles, Tel. 2561734.
- *VAZ Corp.*
Amazonas y Roca, Tel. 2529169, 2529212, Mo bis Fr 9–18 Uhr, Sa 9–13 Uhr.

Mit einer **Kreditkarte** gibt es Geld bei den nachfolgend genannten Banken:

- *Visa*
Banco de Guayaquil, Av. Colón y Reina Victoria, Tel. 2566800.
- *MasterCard*
Banco del Pacífico, Avenida Naciones Unidas 680 (E7-95) y de los Shyris, Tel. 2982000, oder Amazonas 720 y Veintimilla, Tel. 2521586.
- *Diners Club*
Av. Amazonas 4545 y Pereira, Edificio Centro Financiero, Tel. 2981300.
- *American Express*
„Card Member Service", Av. Amazonas 329 y Washington, Tel. 2560488.

Internet

Quito zählt Hunderte von Internet-Cafés, vielleicht schon Tausend! Alle kosten etwa 1 $ pro Std. und sind mal schneller, mal langsamer. Einige bieten Net-to-Phone-Service. In der Mariscal empfehlen wir:

- *Papayanet*
Calama 413 y J. L. Mera, Tel. 2556574, Internet: www.papayanet.com, mit einem schönen Ableger direkt an der Plaza Grande in der Altstadt, Palacio Arzobispal.
- *Blue Net*
Calle Veintimilla y 6 de Diciembre.
- *Z@mbo Net*
Calle J. L. Mera 932 y Pinto.
- *El Punto*
Calle Wilson 718 y J. L. Mera.
- *Monkeys*
Calle J. L. Mera N24-200 y Calama.

Hinweis: Lassen Sie auch bei der herzzerreißendsten E-Mail-Korrespondenz Ihre Wertsachen nicht aus den Augen. Mögliche Taschendiebe tun das nämlich auch nicht.

Kinos

Seit Ende der 1990er Jahre verfügt Quito über **hervorragende Kino-Center europäischen Standards** mit internationalem und relativ aktuellen Filmangebot, allerdings sehr Hollywood-lastig. Von den weiteren rund 15 Kinosälen der Stadt seien hier nur die erwähnt, die attraktive Filme jenseits von Pornografie und trivialen Streifen präsentieren. Die meisten Spielfilme laufen **im Original mit spanischen Untertiteln.** Die Eintrittspreise variieren zwischen 2 und 4 $. Jedes Kinocenter hat einen Kinotag mit 50% Ermäßigung und andere Angebote. Entnehmen Sie aktuelle Hinweise zu Programm und Preisen den ausführlichen Ankündigungen in den Tageszeitungen *El Comercio* und *Hoy.*

- *Programmkino Ochoymedio*
Calle Valladolid N24 y Vizcaya (Stadtteil Floresta), Tel. 2904720. Ausgezeichnetes Programmkino – „cine arte" – mit mehreren Sälen und einer gemütlichen Cafeteria. Internationale Filmreihen, Sonderveranstaltungen und ecuadorianischer Film. Das Kino gibt gleichzeitig die gleichnamige, außergewöhnlich gute Programmzeitschrift heraus, die vielerorts kostenlos ausliegt. Dankenswert, dass die Kinosäle im Gegensatz zu den großen Kinocentern eine Popcorn- und Fastfood-freie Zone sind. Tipp!
Internet: www.ochoymedio.net
- *Cinemark 7*
Plaza de las Americas, Av. Naciones Unidas y América, 9 Säle, Bandauskunft unter Tel. 2260301, Reservierung nur für Besitzer einer Mastercard: Tel. 2262026.
Internet: www.cinemark.com.ec
- *Multicines CCI*
Centro Comercial Iñaquito, Av. Amazonas 3918 y Naciones Unidas, 8 Säle, Reservierung: Tel. 2259677.
Internet: www.multicines.com.ec
- *Multicines El Recreo*
Centro Comercial El Recreo, Trole-Terminal Süd „El Recreo", 10 Säle, Reservierung: Tel. 2643633. Internet: www.multicines.com.ec
- *Cine Casa de la Cultura*
Av. Patria y 6 de Diciembre, Casa de la Cultura, regelmäßig Festivals, Sonderprogramme.

- Beachten Sie in der Presse auch das oft attraktive, aber unregelmäßige **Filmprogramm anderer Kultureinrichtungen,** u.a. mit internationalen Retrospektiven: Casa Humboldt, British Council, Alianza Francesa u.a.

Krankenhäuser

- **Zentraler Notruf in Quito: Tel. 911**

Krankenhäuser mit Notfallambulanz

- *Hospital Metropolitano*
Av. Mariana de Jesús y Av. Occidental, Tel. 2261520, 2269030, Fax 2249247, Quitos bestausgestattete Privatklinik, in der auch der deutschsprachige *Dr. Pancho* Privatpatienten stationär betreut (siehe oben).
Internet: www.metro.med.net.ec
- *Hospital Voz Andes*
Villalengua 267 y Av. 10 de Agosto, Tel. 2262142, Fax 2269234.
- *Clinica Internacional*
Av. América 3520 y Atahualpa, Tel. 2227284, 2521140, 2540050, Fax 2561799.
- *Hospital de Clinicas Pichincha*
Calle Veintimilla, Calle Páez 738, Tel. 2561643, zentrale Notfallaufnahme im Stadtteil Mariscal.
- *Centro de Salud*
Rocafuerte entre Venezuela y García Moreno, u.a. für preiswerte Gelbfieberimpfung *(fiebre amarillo),* sterile Spritze (2 cc) aus der Apotheke mitbringen!

Live-Musik

- Konzerte finden regelmäßig statt in der **Bar Pobre Diablo** (Jazz, Ethno u.a.), im **Teatro Variedades** (Jazz, Klassik u.a.), **Bar Vista Hermosa** (ecuadorianische Musik und Gitarrenmusik, am Wochenende abends), **Plaza de Teatro** (Rock, open air u.a.), **Casa de la Música** (Philharmonie, Klassik, Brass u.a.), **Plaza Quinde** (diverses, open air), **Restaurant El Fuente del Conquistador** (ecuadorianisch). Die Adressen unter den jeweiligen Rubriken.
- Nicht zu vergessen das jährliche **internationale Kirchenmusikfestival Música Sacra** um die Karwoche herum an zahlreichen Orten der Altstadt.

Polizei

- Einen Diebstahl meldet man der *Policía Judicial* in der Calle Roca und J.L. Mera oder in der Calle Cuenca y Mideros (Altstadt, nahe Plaza San Francisco) oder auf anderen Polizeidienststellen. Öffnungszeiten: Mo bis Fr ca. 9–16 Uhr (Reisepass nicht vergessen!).
- Die *Policía de Turismo* befindet sich in der Reina Victoria y Roca.

Post

- Quitos **Hauptpostamt** liegt in der Av. Eloy Alfaro 354 y 10 de Agosto. Nebenstellen befinden sich in der Av. Colón y Reina Victoria (Neustadt) sowie in der Calle Guayaquil y Espejo (Altstadt). Weitere Postämter gibt es am Flughafen und im Centro Comercial Parque Alameda (Av. Colombia y Espinoza). Öffnungszeiten: Mo bis Fr 7–18 Uhr, Sa 7–13 Uhr. Tipp: Da Briefmarken gerade am Wochenende nicht leicht zu bekommen sind, hilft die Rezeption im Hotel Hilton bei freundlicher Nachfrage schon mal aus und bringt die Post auch gleich auf den Versandweg (hoffentlich nehmen sie uns diesen Tipp nicht übel ...).
- Alternativ dazu gibt es den **DHL (internationaler Paket- und Briefdienst)** in der Av. República 395 y Diego de Almagro, Tel. 2565059, 2508085, Fax 2564026.

Reiseagenturen

In Quito haben sich in den letzten Jahren **unzählige Reiseagenturen** niedergelassen. Die Preise für Touren zu den Galápagos-Inseln, in die Berge und in den Dschungel variieren je nach Ziel und Leistung deutlich, in der Nebensaison (Januar bis Mai) werden die Preise gesenkt.

Für Galápagos-Reisen empfiehlt es sich, bei einer Reiseagentur zu buchen, die auch Touroperator ist, d.h. mit eigenen Booten fährt. So geht man sicher, nicht noch eine zusätzliche Provision zahlen zu müssen, und auch Qualität und Ausstattung der Schiffe und die Schulung der Mannschaften sind eher garantiert. Im Falle von Dschungeltouren unterhalten viele Agenturen Urwaldlodges, die als Ausgangspunkt der Unternehmungen dienen. Die Preise für Galápagos-Kreuzfahrten sind in den vergangenen Jahren im Jahresschnitt um 20 % gestiegen, eine Entwicklung, die sich bis auf Weiteres wegen begrenzter Passagierplätze und hoher Nachfrage fortsetzen könnte.

Weitere (spezialisierte) Agenturen finden sich im Kapitel „Bergwandern".

- *Absolut Joy Expeditions*

Av. Amazonas 877 y Wilson, Tel. 2548450, Fax 2549107, Mo bis Sa 9–18 Uhr, empfohlene Galápagos-Touren.
Internet: www.absolutexp.com

- *Advantage Travel*

Calle Telégrafo 1063 y Juan de Alcantara, Tel. 2448985, Fax 2437645, zahlreiche Programme, u.a. Tauch-Operator vor Puerto López.

- *Agentur Dracaena*

Calle Pinto 446 y Amazonas, Tel. 2906643, Mo bis Fr 9–18.30 Uhr, Sa 9–14 Uhr, gute Unterkünfte, Ausrüstung, teils regionaltypisches Essen und Guides („Pablo") - Leserempfehlung.
Internet: www.theamazondracaena.com

- *Biking Dutchman*

(Früher als „Flying Dutchman" bekannt) Foch 714 y J. L. Mera, Tel. 2568323, Fax 2567008; Fahrradverleih sowie ein- und mehrtägige geführte Radtouren und Wanderungen.
Internet: www.bikingdutchman.com

- *Campus Trekking*

Av. Vargas 99 y Caldéron im Dorf Conocoto, Tel. 2340601, Fax 2345290; Trekkingspezialist mit deutschsprachigen Guides, von Lesern empfohlen.
Internet: www.campustrekking.com

- *Condor Trekk*

Calle Reina Victoria 1361 y Cordero, Tel. 2226004, Handy 09-9596083. Luis Moreno und seine Frau sind sehr nett und hilfsbereit. Gutes Preis-Leistungsverhältnis. Cotopaxi-Tour von Lesern empfohlen.
Mail: condortr@pi.pro.ec

- *Enchanted Expeditions*

De las Alondras N45-102 y De los Lirios, Stadtteil Monteserrín, Casilla (Postfach) 17-1200599, Tel. 334-0525, Fax 3340123. Eine der besten Galápagos-Agenturen in der

ecu007 Foto: peko

preislichen Mittelklasse. Gelegentlich lohnende Last-Minute-Tarife. Mehrere eigene Boote, u.a. Motorsegler „Cachalote" für 16 Pers., 2er-Kabinen, Gemeinschaftsduschen, sehr gute Verpflegung an Bord, englischsprachiger Führer – sehr zu empfehlen!
Internet: www.enchantedexpeditions.com

● *Enduro Adventure Ecuador*
Motocross-Touren der Agentur Sherpa Tours, Calle Toriaco Montes 2870, Tel. 2374893, mobil 09-9597749, Fax 2374280, deutschsprachig, Touren auf Honda XR 600 mit voller Ausrüstung und Tourprogramm; ein Leser bezahlte für ein 2-Wochen-Komplettprogramm durchs ganze Land 1400 $.
Internet: www.enduroecuador.com

● *Explorer Tours*
Calle Recalde 426 y Humberto Alborroz, Tel. 2505871; Regenwald/Misahuallí, La Casa del Suizo/Ahuano, Galápagos.

● *FerReisen*
Calle Azuay 147 y Amazonas, Tel. 2242682, Fax 2269907; deutschsprachige, individuell planende Agentur von *Fernando Lamiño*. Leserempfehlung. Internet: www.ferreisen.de

● *Galasam*
Av. Amazonas y Cordero N24-214, Tel. 250 7080, Fax 2567662, Mo bis Fr 9–16.30 Uhr, Galápagos-Kreuzfahrten; arbeitet mit Kultur- und Trekking Reisen.
Internet: www.galasam.com

● *Galextur*
Werner Silberstein, Calle Portugal 600 y 6 de Diciembre, Tel. 2250553, 2269626, Mo bis Fr 9–18 Uhr, Galápagos-Reisen u.a., betreibt auch das Hotel Silberstein in Puerto Ayora, Galápagos; Tauchreisen.
Mail: galextur@alo.satnet.net

● *Kem Pery Tours & Bataburo Lodge*
Ramírez Dávalos 117 y Amazonas, Edif. Turis Mundial, Büro 101, Tel. 2505599, 2226583; Galápagos-Törns auf dem Zweimaster *M/S Angelique* mit Kreuzfahrten von 4–8 Tagen (Wochenpreis 2008: 1880 $, Restplätze für 1550 $). Empfehlenswert im Regenwald *Kem Perys* Bataburo Lodge im Reservat von Cuyabeno hoch im Norden. Alternative auf dem Río Napo: Regenwald-Schiff *Jungle Discovery.*
Internet: www.kempery.com

● *Metropolitan Touring*
Hauptstelle Av. Las Palmeras y Orquideas esq., Tel. 2988200, in der Altstadt Calle Olmedo OE5-48 y Garcia Moreno, Tel. 2951640 (Veranstalter *Isabel II*), La Pinta (Luxus), Tel. 2463680, und Av. Amazonas 239 y 18 de Septiembre, Tel. 2506651, Fax 2560807; einer der besten und teuersten Veranstalter, landesweit gibt es weitere Zweigstellen; die Luxusjacht *Isabel II* ist vermutlich das Feinste, was in den Gewässern von Galápagos derzeit zu finden ist.
Internet: www.metropolitan-touring.com

● *Neotropic Tours*
Calle Pinto E4-340 y Av. Amazonas, Tel. 252 1212, Fax 2554902; Neotropic ist Betreiber der oft gelobten Cuyabeno Lodge an den Lagunen von Cuyabeno, Sucumbíos. Leser haben 5 Tage bei „höchstmöglichem Urwaldkomfort" biologisch orientierte Ferien direkt an der Lagune verbracht; Preis 300 $ plus Anreise nach Lago Agrio – Empfehlung!
Internet: www.neotropicturis.com

● *Nomadtrek*
Av. Amazonas N22-29 y Carrión, Piso 2, Tel. 2547275, Fax 2546376; Regenwald- und Trekkingprogramme, deutschsprachig.
Internet: www.nomadtrek.com

● *EcoAndes Travels & Adventures*
Calle Baquedano E5-27 y J. L. Mera, Tel. 2220892, Fax 2547576; *Hugo Torres,* ein erfahrener Bergführer, bietet ein vielfältiges Programm.
Mail: info@ecoandestravel.com
Internet: www.ecoandestravel.com

● *Positiv-Turismo*
Calle Jorge Juan N33-38 entre Atahualpa y Mariana de Jesús, Tel. 2600-9401, -9402 und -9403, engagierte schweizerische Agentur mit langjähriger Landeskenntnis; berät zudem Auslandsstudenten.
Internet: www.positivturismo.com

● *Rainforestur*
Amazonas 420 y Roca; gute Dschungeltouren mit erfahrenen und gut ausgebildeten Guides, „köstliche Verpflegung", so eine Leserin, Tour 33 $ pro Tag, Deutsch, Englisch, Französisch, auch in Baños.

Kulturzentrum Itchimbía

Mail: rainfor@interactive.net.ec
Internet: www.rainforestur.com

- *Rolf Wittmer*
Calle Foch E7-81 y Diego de Almagro, Tel. 2526938, 2563096, Fax 2228520; Galápagos-Touren auf der soliden Tip Top mit dem Sohn der legendären *Margret Wittmer.*
Internet: www.rwittmer.com

- *Safari Tours*
Calle Foch E5-39 y J.L. Mera, Tel. 2552505, Fax 2220426, oft empfohlen, manchmal geschmäht, Englisch und Französisch.
Internet: www.safari.com.ec

- *Sierra Nevada Expeditions*
Pinto E4-150 y Cordero, Tel. 2553658, 2528264, Fax 2554936, Mo bis Sa 9–14 Uhr, Rafting, Trekking, Galápagos, Bergsteigen usw. Mail: info@hotelsierranevada.com
Internet: www.hotelsierranevada.com

- *Surtrek*
Av. Amazonas 897 y Wilson, Tel. 2231534, Fax 2500540, Zusammenarbeit mit Hauser Reisen in München; deutschsprachig, im Angebot Trekking, Bergsteigen, Galápagos und Urwald-Touren. Internet: www.surtrek.com

- *Yuturi Jungle Adventure*
Av. Amazonas N24-236 y Colón, Tel. 2504037; Galápagos, Bergsteigen, Trekking, Regenwald Lodge u.v.m. (s.a. bei Coca/Ausflüge). Internet: www.yuturilodge.com

- *Ruta Cero*
Reina Victoria y Jerónimo Carrión (esq.), Fax 2549559, Handy 097480342/97479844, Mo bis Fr 9–19 Uhr, Sa 10–17 Uhr, Trekking, Bergradfahren, Klettern, Bergsteigen. Preise 40–130 $ p.P. Empfehlenswert!
Mail: contacto@rutacero.com.ec
Internet: www.rutacero.com.ec

- *Zenith Travel*
Calle J. L. Mera 453 y Roca, Edif. Chiriboga, 2. Stock, Tel. 2529993, Fax 2905595, Handy 09-9555951. Leserempfehlung.
Internet: www.zenithecuador.com.

Sprachschulen

Die vielen Sprachschulen Quitos bieten Anfänger- und Fortgeschrittenenkurse in Einzel- und Gruppenunterricht. Nach mehrwöchigen Kursen wird auf Wunsch des Schülers ein Zertifikat ausgehändigt.

Die **Unterrichtspreise** bewegen sich zwischen 4 und 8 $ pro Stunde, auch im „one-to-one"-Unterricht, wobei es noch preisgünstigere Wochen- und Monatstarife gibt, die teils auch Stadt- und Umlandexkursionen beinhalten.

Daneben sorgen viele Schulen bei Bedarf für die **Unterbringung in einer ecuadorianischen Gastfamilie,** was die Gelegenheit bietet, das gelernte Spanisch im Alltag anzuwenden. Im Arrangement inbegriffen sind in der Regel drei Mahlzeiten und ein Wäscheservice. Es empfiehlt sich mitunter, direkt bei Familien anzufragen (s.u.), da der Umweg über eine Sprachschule die Sache oft teurer macht.

- *Colonial Spanish School*
Calle Vargas 661 y Santa Prisca, Handy 09-8369103, Internet: www.colonialspanishschool.com, Unterrichtszeiten von 9–18 Uhr, Einzelunterricht 4 $ pro Stunde – sehr empfehlenswert! Wochenendkurse auf Anfrage. Vermittlung von Tagen mit ecuadorianischen Familien.

- *Quito Antiguo*
Calle Venzuela 1129 y Olmedo, Tel. 2957023 und 2288454. Kleine Sprachschule inmitten der Altstadt mit individuellem Service und Ausflugsprogrammen. Unterricht 5 $ pro Stunde. Mail: quitoantiguo@yahoo.es

- *APF-Languages*
Calle Mercurio 345 y La Razón, Nordstadt, Tel. 2254828, oder in der Schweiz: 0041-788230253, „exzellente Lehrer und sehr günstige Preise – 5 $ pro Stunde" (Leserzuschrift), inklusive Internet, Salsakursen, Ausflügen, Flughafenabholung, Vermittlung von Gastfamilien. APF vermittelt auch Freiwillige an soziale Einrichtungen.
Internet: www.apf-languages.com

- *Spanish Institute San Francisco*
Av. Amazonas N22-62 y Ramirez Davalos, Ed. Vasconez, 2. Stock, „kompetent und hilfsbereit" (Lesermeinung).
Internet: www.sanfranciscospanish.com

- *Instituto Superior de Español*
Darquea Terán 1650 y 10 de Agosto, Tel. 2223242, Fax 2221628, Unterrichtszeiten Mo bis Fr 8.30–19 Uhr, 7,45 $ pro Stunde (20% Nachlass gibt es bei Vorlage des Internationalen Studentenausweises), Unterbrin-

gung in einer Familie; sehr empfehlenswert ist *Familia Andrade Rovayo* in der Asunción 1031 y Canadá (Tel. 2238531, Fax 2224933), freundliche Atmosphäre, schöne Zimmer und gute Verpflegung.
Internet: www.instituto-superior.net

- *Ruta del Sol*
Av. 9 de Octubre N21-157 y Ramón Roca, Edif. Santa Teresita, 3. Stock, Tel. 2562045. Sehr empfohlener Einzelunterricht, zudem mit Exkursionen und Salsastunden. *Ruta del Sol* leitet außerdem ein ambitioniertes Straßenkinder-Projekt in Río Negro/Tungurahua, in dem ständig Volontäre gesucht werden.
Internet: www.proyecto-esperanza.org

- *Academía de Español Quito*
Marchena OE 1-30 y 10 de Agosto, Tel. 2553647, 2554811, Fax 2506474, 2504330, Einzelunterricht für 8 $ pro Stunde. Wochentarife sind billiger und enthalten Exkursionen; bei Bedarf Unterbringung in einer Familie.
Internet: www.academiaquito.com.ec

- *Sintaxis*
Av. 10 de Agosto 15 55 y Av. 18 de Septiembre, Edificio Andrade, 5. Stock, Tel. 2520006, 2547531, Unterricht ca. 5 $/Std. Mehrfache Leserempfehlung!
Internet: www.sintaxis.net (auch deutsch)

- *Adelante Spanish School*
Calle 9 de Octubre y Jorge Washigton, Tel. 2544505. Lesertipp.

- *Galápagos Spanish School*
Av. Amazonas 884 y Wilson, 1. Stock, Tel. 2565213, 2220939; alteingesessene Sprachschule mit solidem Ausbildungsprogramm nach einem eigenen 10-Stufenplan, 5 $ pro Stunde.
Internet: www.galapagos.edu.ec

- *Amazonas Spanish School*
Washington 718 y Amazonas, Ed. Rocafuerte, 3. Stock, Tel. 2548223, Fax 2504654, Unterrichtszeiten: Mo bis Fr 8.30–18 Uhr.
Internet: www.eduamazonas.com

- *Experimiento de Convivencia Internacional*
Hernando de la Cruz 143 (N31-37) y Mariana de Jesús, Tel. 2233528, 2233529, Fax 2229596, Spanisch, Englisch, Quichua, Preise 8 $ pro Stunde, Unterrichtszeiten Mo bis Fr 8–13 Uhr.
Internet: www.eilecuador.org

- *Bipo & Toni's Academia*
Jerónimo Carrión y Leonidas Plaza, Tel. 2547090, Fax 2500732, in der Schweiz: Hummelbergstraße 135, CH-8645 Jona, Tel. 055/2161151, Fax 055/2161155, Unterrichtszeiten Mo bis Fr 8–17 Uhr, 8 $ pro Stunde, gute Atmosphäre, Ausflugsangebote und Salsa-Stunden. Die Schule wird von zwei Schweizern betreut, die auch mehrere Entwicklungsprojekte ins Leben gerufen haben – zu empfehlen!
Internet: www.academia.bipo.net

- *Estudio de Español Pichincha*
Calle Jerónimo Carrión 437 y 6 de Diciembre, Tel. 2220478, Fax 2606930; alt eingesessene Sprachschule in Quito mit eigenem Lehrbuch, jetzt mit neuer Adresse.
Internet: www.pichinchaspanishschool.com

- *Universidad Católica*
Kurse für Ausländer an einer der besten (wenn auch teuren) Privathochschulen Ecuadors; Unterricht in Kleingruppen in sieben verschiedenen Stufen. Unterrichtszeiten Mo bis Do 9–12 Uhr, 6 Wochen à 3 Stunden täglich kosten 350 $.

Auch zu buchen über *Tucán Travel,* David Meyer, Bahnhofplatz 1, CH-8001 Zürich, Tel. 01/2111616, Fax 01/2113436, oder direkt bei der Hochschule (preiswerter): *Pontífica Universidad Católica del Ecuador (PUCE),* Av. 12 de Octubre y Patria, Tel. 2228781, Fax 2527348. Mail: tell@puceuio.puce.edu.ec

- *La Lengua*
Av. Colón 1001 y J. L. Mera, Edificio Ave María, Tel. 2543521; Unterrichtsstunden Mo bis Fr 8–16.30 Uhr, 6 $ pro Stunde, ab der zweiten Unterrichtswoche 6 $.
Internet: www.la-lengua.com

- *Escuela Español Atahualpa* (www.atahualpa.com, Tel. 0041-41-6601530, Schweiz), *Academia Kolumbus* (www.academia-kolumbus.com) und *Centro de Español Vida Verde* (Tel. 2568501, www.vidaverde.com) wurden jüngst von Lesern empfohlen.

Familien, die Spanisch-Studenten liebevoll beherbergen, sind neben anderen:

- *Lucy de Rodriguez*
Calle Palmeras 8-49 y Las Brevas, Ed. Aranjuez 1, App. 104c, Sektor El Inca. Unterkunft,

sehr gutes Frühstück, Vollpension, Wäscheservice, Mitbenutzung vom Schwimmbad und Dampfbad, 14 $ pro Tag.

● *Maruja Jeria de Narváez*
Calle Sevilla N24-399 y Vizcaya (La Floresta), Tel. 2237810, nette Familie, sauberes, schön eingerichtetes Haus; Maruja kocht auch ausgezeichnet, Frühstück und zwei Mahlzeiten, Wäschereiservice, 12 $ pro Tag. Empfohlen!
Mail: maruja_jeria@hotmail.com

● *Jenny Chavez (la Casa Amarilla)*
Selva Alegre No. 868, Tel. 2225620, Wäscheservice, Telefon, Fax und Internet, sauber und sehr hilfsbereit, 86 $ pro Woche mit Frühstück. Internet: www.lacasamarilla.com

Tanzschulen

● *Humanizarte*
Leonidas Plaza N24-226 y Lizardo García, Tel. 2506302, Fax 2507747, Unterrichtszeiten Mo bis Fr 9–19 Uhr; Ballet, Capoeira, Contemporaneo, gute Einzel- u. Gruppentanzkurse, 25 $. Mittwochs Live-Folkloretanz um 19.30 Uhr, Preise 15 $, mit Dinner 30 $.
Internet: www.humanizarte.com

● *Dance Academy*
Av Amazonas N24-155 y Calama, Tel. 2557094, Handy 08-4971169, „Ritmo Tropical" (Salsa, Cumbia, Merengue, Vallenazo) Unterrichtszeiten Mo bis Fr 9–20 Uhr, 50 $ pro Kurs.
Mail: ritmotropical5@hotmail.com

● *Son Latino*
Reina Victoria N24-211 y L. Garcia, Tel. 2234340, Salsa, Mo bis Fr 10–14 Uhr, Tango 5 $ pro Stunde, Merengue, Cumbia, Vallenato, Einzelstd. 4 $.
Mail: latinoson@yahoo.de

● *Universal Salsa*
Calle Joaquin Pinto E4-242 und Avda. Amazonas, Tel. 2908682, Handy 09-8317757, Mo bis Fr 10–21 Uhr, Salsa, Capoeira, Zamba, Marimba, Preise 6 pro Stunde, 50 $ für 10 Stunden, 80 $ pro Monat. Besondere Empfehlung einer Salsatänzerin aus der Schweiz.
Mail: universalsalsa@hotmail.com

● *Frente de Danza Independiente*
Av. 6 de Diciembre y Patria Casa de la Cultura Ecuatoriana, Edif. Espejos, 3. Stock, Tel. 5536602, Mo bis Fr 7.30–9 und 19.30–20.30 Uhr, Preise 42 $, aktueller Tanz, empfehlenswert!

Telefonieren

● **Ferngespräche** lassen sich von der **Andinatel-Zentrale** in der Av. 10 de Agosto y Colón (Neustadt) führen. Nebenstellen u.a. in der Calle Benalcázar y Olmedo (Altstadt), am Flughafen und Busbahnhof; 6–22 Uhr.

● Lesertipp: „Mit **Calling Cards** der amerikanischen Firma AT&T gab es keine Probleme in fast allen Städten".

● Auch *Porta, Bellsouth* und **Internetcafés** verbinden günstig ins Ausland (25–70 Cents pro Minunte).

Theater und Konzertsäle

● *Teatro Nacional Sucre*
Calle Manabí N 8-131 y Guayaquil, Plaza de Teatro, Altstadt mit Trolebus-Haltestelle. Karten-Telefon 2572823 sowie im Hotel Hilton. Das 1886 eröffnete Nationaltheater Ecuadors wurde vor einigen Jahren komplett restauriert und zudem mit feiner Gastronomie ausgestattet („El Theatrum"). Im Stile eines kleinen europäischen Opernhauses trägt es den Namen des Befreiers und Helden von Quito, Marschall *Antonio José de Sucre*.
Internet: www.teatrosucre.com

● *Teatro de Malayerba*
Plazoleta de Belén y Calle Sodiro 345, am Parque Alamenda, Tel. 2235463, sehr gutes Ensembletheater, Do bis So 18 Uhr, 7 $ p.P.,
Mail: teatromalayerba@gmail.com

● *El Socavón*
Stadtteil Guápolo, hinter der Kirche, kleines Theater, Gastspiele, empfehlenswert.

● *El Teatro Moderno*
12 de Octubre y Wilson, kleines Theater, moderne Stücke, Uni-Theaterensembles.

● *Casa de la Cultura*
Av. Patria y 12 de Octubre, zahlreiche Veranstaltungssäale, auch Kino.

● *Patio de las Comedias*
Calle 18 de Septiembre y Av. Amazonas, Tel. 2561902, Do bis So 20 Uhr, nettes Hinterhoftheater.

● *Casa de la Música*
Calle Valderama s/n y Av. Mariana de Jesús, Tel. 2267093, 2261965. Konzertsaal für klas-

sische Musik, Spielstätte des ecuadorianischen Philharmonieorchesters.
Internet: www.casadelamusicaonline.com
● *Folklore-Ballett Jacchigua*
Casa de la Cultura Teatro Demetrio Aguilera, Tel. 2952025, Handy 09-9010624, jeden Mi 19.30 Uhr.
Internet: www.jacchiguaesecuador.com

Sonstiges

Ausländerbehörden

● Für den Ecuadorbesucher sind zwei Behörden wichtig: die Migración und die Extranjería. Eine **Aufenthaltsverlängerung** als Tourist erteilt die **Dirección Nacional de Migración,** Av. Amazonas 3149 y Río Coca, Tel. 2451222, 2247510, 2450578, geöffnet Mo bis Fr 9–12 Uhr (siehe weitere Hinweise im Kapitel „Dokumente für Ecuador"). Wer schon drei Monate im Land ist und eine Aufenthaltsverlängerung braucht, bekommt laut Tourismusgesetz auf einfachen Antrag eine dreimonatige Verlängerung. Gegebenfalls auf die Einhaltung dieses Gesetzes bestehen!
● In anderen **Visa-Fragen** wende man sich an die **Extranjería** in der Carrión y 9 de Octubre. Geöffnet Mo bis Fr 9–12 Uhr.

Ausrüstungsläden

● *The Explorer*
Calle Recalde 426 y Humberto Albornoz, Tel. 2505871, 2222531; kauft, verkauft und vermietet Trekking-, Safari-, Bergsteiger-, Fisch- und Alpin-Ausrüstungen.
● *Alta Montaña*
Siehe im Kapitel „Bergwandern".
● *Adventure Travel*
J. L. Mera y Veintimilla, Trekking-Ausrüstung, auch Camping-Gas-Kartuschen.
● *South American Explorers Club*
Jorge Washington 311 y Leonidas Plaza, Tel. 2225228, Postadresse: Casilla 17-21-431, Quito, Ecuador; Mo bis Fr von 9.30–17 Uhr; als Adresse für Infos über Bergtouren und Reiserouten in Ecuador absolut empfehlenswert; einmalig freier Eintritt. Für weitere Nutzung der Informationsstelle und Zugang zu den Reiseberichtarchiven ist eine Mitgliedschaft erforderlich, Kosten etwa 50 $ pro Jahr mit lateinamerikaweiter Gültigkeit.

Kamera-Reparaturen

● Konika-Läden im Centro Comercial El Jardín (und andere Filialen); Leser berichten von gutem Canon-Service.
● *Ecuacolor*
Av. Orellana y 6 de Diciembre und Filialen.

Wäschereien

● *Lavandería Wash and Go*
Reina Victoria 340 y Pinto, chemische Reinigung, kein Self-Service.
● *Super Lavado*
Pinto 305 y Reina Victoria; gut und preiswert.
● *Martinizing*
Av. Almagro y Pradera.

Verkehrsmittel

Stadtbusse

Das Nahverkehrssystem der Hauptstadt hat sich in den vergangenen Jahren merklich verbessert. Die drei wichtigsten Verkehrsadern im nördlichen Teil der Stadt sind die **Avenida 10 de Agosto,** die so genannte „diez", die **Avenida 6 de Diciembre,** die „seis" und die **Av. América.**
● Auf der „diez" verkehrt der **„Trolebus"** auf einer Exklusivspur. Dieser Elektrobus mit etwa 20 Haltestellen fährt bis ca. 22 Uhr im 5-Minuten-Takt (abends weniger häufig) zwischen der „Estación La Y" an der „diez", Höhe Stierkampfarena, und dem Terminal El Recreo am gleichnamigen Einkaufszentrum im Süden Quitos. Trole-Stationen siehe Stadtplan.
● Auf der „seis" verkehrt der **„Ecovia",** ein sehr ähnliches Bussystem mit den gleichen Haltestellentypen wie der Trolebus, nur dass die feuerwehrroten Ecovia-Busse mit Diesel betrieben werden.

Der Ecovia fährt bis ca. 22 Uhr im 4-Minuten-Takt (abends seltener) zwischen dem Terminal Río Coca in der Calle Río Coca, gelegen zwischen der „seis" und der Av. Eloy Alfaro und dem Busterminal La Marín unterhalb der Altstadt. Ecovia-Stationen siehe Stadtpläne.
● Die dritte städtische Linie mit Exklusivspur ist der **„Metrobus".** Er fährt von der Universi-

dad Central über die Av. América nach Norden, tangiert nahe der „Estación La Y" die Trolebus-Linie und führt weiter über die Av. La Prensa am Flughafen vorbei bis weit in den Norden der Stadt nach Ofelia. Siehe auch Stadtplan.

- **Umsteigen:** An der Banco Central nahe der Altstadt treffen die beiden Systeme Trole und Ecovia aufeinander. Im Norden verkehrt zudem der Trole-Anschluss-Bus N-60 zwischen den beiden Terminals der Systeme.

Jeweils an den Endhaltestellen bieten die Systeme ein kostenloses Umsteigen in Anschlussbusse für ferner gelegene Stadtteile, die so genannten **„Integrado"-Busse.**

Einer der Trole-Integrados fährt auch zum Flughafen (s.u.).

- Der **Grundpreis** für Ecovia, Metrobus oder Trole beträgt jeweils 25 Cents.
- Vorsicht: Es gibt in diesen Bussen keine Sitzplatzgarantie. Das haben sich **Taschendiebe** zu Nutze gemacht, die regelmäßig im eng besetzten Bus Gepäck und Kleidung aufschlitzen.
- **Anschlüsse im Süden:** In La Marín, wo der Ecovia endet, finden Sie die privaten Buskooperativen, die das Valle de los Chillos im Südosten der Stadt bedienen, z.B. Conocoto, Sangolquí, San Rafael, El Tingo, La Merced und Amaguaña.

Fahrpreise ab 25 Cents, tagsüber Abfahrten alle 3–5 Minuten.

- **Anschlüsse im Norden:** Direkt neben dem Terminal Río Coca (100 Meter zu Fuß) finden Sie in einem eigenen Terminal die grünen Busse der Kooperativen Richtung „Valle". Gemeint ist das östlich und nordöstlich von Quito gelegene „Tal" mit den Vororten Cumbayá, Tumbaco, Puembo, Pifo, Quinche u.a.

Fahrpreis je nach Entfernung zwischen 26 und 95 Cents, Abfahrten tagsüber im Minutentakt.

- **Weitere Verbindungen:** Während Trole, Metrobus und Ecovia auf ihren Routen Exklusivrechte haben, vernetzen etliche private Buskooperativen die gesamte Stadt.

Die Schilder in den Fenstern der Busse weisen Route und Endziel aus. Die Hauptachsen verlaufen auch bei diesen Bussen in Nord-Süd-Richtung, also auf der Avenida Amazonas, Avenida 12 de Octubre oder auf der Avenida América, die noch Anfang 2006 eine Riesenbaustelle war und für die Zukunft ein neues Bussystem erwarten lässt.

- **Zum Flughafen** fahren neben dem Metrobus Busse über die Av. Amazonas sowie der blaue Bus Camal-Aeropuerto über die Av. 12 de Octubre. Auch der Trolebus mit Umstieg in einen „Integrado" im Nordterminal führt zum Flughafen.
- **Zum Busterminal** fährt ebenfalls der Trole, doch wir warnen davor, den Flughafen oder das Busterminal mit Gepäck per Bus anzusteuern – Taschendiebe lauern!

Neben dem Busterminal ist auch die Abfahrtsstelle der Busse nach Caldeón und Cayambe. Bedenken Sie, dass der zentrale Busterminal in Quitos Altstadt 2008 oder spätestens 2009 geschlossen wird und in Quitumbe im Süden Quitos neu eröffnet wird. Damit ergeben sich Fahrplanänderungen auch für einige Stadtbusse.

Taxis

Alle Taxis der Hauptstadt sind **gelb lackiert** und haben eine deutlich in der Windschutzscheibe sichtbare und **grün gerahmte Registriernummer.**

Ferner sind der Name der Kooperative und die Fahrzeugnummer derselben auf die Lackierung gesprüht. Im Fahrzeug befindet sich ein „taxímetro", das bei jeder Fahrt tagsüber eingeschaltet sein sollte.

Taxis, die nicht über diese Merkmale verfügen, sollten aus **Sicherheitsgründen** nicht benutzt werden.

Die **Taxameter** beginnen wie in Europa nach einem tariflich festgelegten Grundpreis; Strecke und Zeit werden dann im Takt hinzuberechnet. Bei aufwendigeren Strecken können Sie auch einen Festpreis aushandeln. Abends und nachts ist das ohnehin die Regel.

Kleingeld ist hilfreich, da Taxifahrer oft keine größeren Summen zum Wechseln bei sich führen.

Taxis hält man fast überall am Straßenrand durch Winken an, oder man begibt sich zu den größeren Hotels und einzelnen anderen Taxi-Ständen. Ferner bietet eine ganze Reihe von Kooperativen einen 24-Stunden-Service per Telefon an. Dort sind die genaue Abholadresse, der Name und die Telefonnummer, von aus man anruft, anzugeben.

Zu den renommiertesten **Taxiruf-Unternehmen** gehören:

- *Taxi Amigo:* Tel. 2333333
- *Citi-Taxi:* Tel. 2633333
- *Taxizentrale von 30 Kooperativen:* Tel. 2500600, 2521112

Überlandbusse

Vom zentralen Busbahnhof **Terminal Terrestre de Cumandá** in der Calle Maldonado 3077 (südlich der Plaza Sto. Domingo) in Quitos Altstadt fahren zahlreiche Busse in fast alle Ecken des Landes. Der Busbahnhof verfügt über kleine Restaurants, in denen es neben dem Tagesessen auch Gerichte von der Karte gibt.

Einkaufsmöglichkeiten bestehen in Lebensmittelläden, Stände offerieren Kaugummis, Cracker, Softdrinks, Bonbons, Früchte etc.

Die Toiletten werden mehr oder minder sauber gehalten.

Eine Polizeistation soll für **Sicherheit** sorgen, dennoch besteht die Gefahr, bestohlen oder überfallen zu werden. Tipp: Fahren Sie mit dem Taxi direkt bis in den unteren Bereich, wo die Fahrkartenschalter der Kooperativen liegen; so vermeiden Sie lange Fußwege im Terminal.

Über die **Abfahrtszeiten** der Busse informieren die Schalter der unzähligen Busgesellschaften, an denen ein Schild angebracht ist, das auf die einzelnen **Fahrtziele** hinweist. Kommt man knapp vor der Busabfahrt, steigt man bei Aufforderung ohne Fahrkarte ein und zahlt an Bord.

Zu den Entfernungen und Fahrzeiten siehe Tabelle im Kapitel „Reisen in Ecuador".

Neue Busterminals: 2008/09 ist die Schließung des **Terminal Terrestre Cumandá** vorgesehen. An dessen Stelle treten der neue **Terminal Quitumbe** südwestlich der Altstadt für alle Verbindungen in den Süden des Landes und der **Terminal Carapungo** weit im Norden für alle Verbindungen. Aktuelle Infos über diese Neuerungen sowie über Zubringerbusse sind zu erwarten auf der städtischen Homepage www.quito.gov.ec und auf der Seite des Tourismusministeriums www.vivecuador.com.

Buslinien im Internet: Alle Buslinien, die Quito ansteuern und verlassen, sind in einem übersichtlichen, zentralen Register samt Telefonnummern, Fahrtzielen und ggfs. Terminaladressen gelistet unter: www.quito.gov.ec/turismo/t_movilidad3_1.htm. Es bleibt zu hoffen, dass dieses Register auch nach der Verlegung des großen Busterminals aktualisiert wird.

Regionalbusse: „Interparroquiales" verlassen die Hauptstadt wie folgt: ins Valle de los Chillos (z.B. nach San Rafael, Sangolquí, Amaguaña/Pasochoa) ab La Marín/Süd; ins Valle de Cumbayá (z.B. nach Tumbaco und Pifo) ab dem neuen Terminal Río Coca im Norden der Stadt, wo auch die Ecovia endet (100 m Fußweg); nach Mitad del Mundo ab der Ecke Av. Pérez Guerrero y Bolivia; nach Mindo ab Calle Larrea. Am Busterminal **Ofelia,** Endhaltestelle des Metrobus, fahren weitere Busse gen Norden ab, etwa nach San José de la Minas und Nanegalito.

Als gute Alternative zum schmuddeligen und nicht ungefährlichen Terminal Terrestre de Cumandá empfehlen sich einige **kleine Busterminals** einzelner größerer Buskooperativen des Landes zum Ticket-Lösen und Zusteigen. Deren Busse zählen zudem zu den besten im Land. Folgende Empfehlungen:

- *Panamericana*
Av. Colón 852 y Reina Victoria, Tel. 2570425, 2559427, landesweit.
- *Transportes Ecuador*
J. L. Mera 330 y Washington, Tel. 2225315, stündlich nach Guayaquil.
- *Transportes Occidentales*
Juan Coronado y Rafael García, Tel. 2570042 und 2570429, Busse an die Küste nach Salinas, Esmeraldas, Atacames, Súa und Muisne sowie in den tiefen Süden u.a. nach Zaruma, Huaquillas und Machala.
- *Trans Esmeraldas*
Calle Santa María y 9 de Octubre, Tel. 2505099 und 2572 996. Busse nicht nur nach Esmeraldas.
Internet: www.transesmeraldas.com

● *Flota Imbabura*
Manuel Larrea 1211 y Portoviejo, Tel. 2572657, Busse nach Guayaquil, Ibarra, Cuenca, Manta und Tulcán.

● *Reina del Camino*
Calle 18 de Septiembre, Busse an die Küste, u.a nach Puerto López und Bahía de Caráquez.

Eisenbahn

2008 und 2009 verkehrt zunächst nur ein Schienenbus für 42 Personen Samstag und Sonntag morgens von Quito nach El Boliche, einem Naturpark am Nationalpark Cotopaxi.

Vorläufiger Fahrplan: Quito 7 Uhr – Tambillo 8 Uhr – El Boliche 11 Uhr; El Boliche 15 Uhr – Tambillo 17 Uhr – Quito 18 Uhr.

Fahrpreis: 4,60 $ für Hin- und Rückfahrt.

● Das **Hauptbüro** der Bahn liegt in der Altstadt. Es gibt aktuelle Infos zu allen Streckenabschnitten, verkauft werden auch Fahrkarten für Fahrten ab Quito: Ferrocarriles Ecuatorianos, Calle Bolívar Oe5-43 y García Moreno, Tel. 2656142, Internet: www.efe.gov.ec. Bürozeiten: Mo bis Fr 8–16.30 Uhr.

● Die **Reiseagentur Metropolitan Touring** unterhält einen eigenen Schienenbus auf der Strecke (siehe unter Agenturen in Quito).

● Der **Bahnhof** liegt in der Av. Sincholagua y Maldonado, Stadtteil Chimbacalle, Tel. 2582921, tgl. 8–16.30 Uhr, hier sind in den Bürozeiten sowie vor der Abfahrt Tickets erhältlich. Quito – Cotopaxi Sa/So 7,40 $, Riobamba – Alausi Mi bis Fr und So 7 Uhr, 11 $, Alausi – Sibambe – Alausi Mi bis Fr und So 8–14 Uhr 7,80 $, Ibarra – Salinas tgl. 8 Uhr, 7,60 $. Nehmen Sie ein Taxi zum Bahnhof.

Seilbahn Teleférico

Seit Sommer 2005 kann man die Hauptstadt auch mit dem **Teleférico** verlassen (Preis 4–7 $, Mo bis Do 10–19 Uhr, Fr bis So 9–21 Uhr). Er ist die **wohl höchste Seilbahn Südamerikas** und bringt einen von knapp 3000 auf über 4000 Meter Höhe zu den „Antenas" an der Flanke des Hausberges Pichincha. Von der dortigen Bergstation Cruz Loma bietet sich ein **spektakulärer Blick** über die Stadt und die Anden, wenn die Wolken es zulassen.

Die Reise in einer der Sechspersonengondeln dauert ca. 10 Minuten pro Strecke von 2500 Metern Länge, der Fahrschein hin und zurück kostet 7 $ pro Person. Die Bodenstation ist am Ende der Avenida La Gasca, westlich der Avenida Colón.

Für die Anfahrt zur Talstation empfiehlt sich das Taxi, ansonsten verlässt alle 2 Std. ein Transferbus das Einkaufszentrum Quicentro Shopping, Av. Naciones Unidas y 6 de Diciembre. Die Bahn wird ab ca. 9 Uhr morgens in Betrieb genommen.

Kontakt: Teleférico Quito, Calle Arnulfo Araujo s/n y Av. Occidental, Tel. 2222996, 2224424, Mail: info@grupo-status.com.

ecu008 Foto: peko

„Walking act" mit Sammelbüchse

Flüge

Der **Internationale Flughafen Aeropuerto Mariscal Sucre** in Quito (Tel. 2944900, 2944901) liegt **10 km nördlich vom Stadtzentrum** und ist mit dem Taxi (je nach Verkehr zwischen 4 und 5 $) gut zu ereichen (Av. Amazonas y Prensa).

Auch der Trolebus mit Umstieg in einen „Integrado" im Nordterminal führt zum Flughafen, ferner zahlreiche Busse auf der Av. Amazonas und Busse parallel zur Av. 10 de Agosto mit dem Schild „La Prensa".

Reisen Sie jedoch nicht mit Gepäck im Bus oder Trole (Taschendiebe)!

Der Flughafen unterteilt sich in einen **Terminal nacional** und einen **Terminal internacional,** die nebeneinander liegen. Der Flughafen verfügt über eine Andinatel-Nebenstelle, Kartentelefone, ein Restaurant (7–22 Uhr, guter Treffpunkt für Reisende und Wartende) in der internationalen Abflughalle, einen Fast-Food-Laden im nationalen Terminal, Souvenirläden, Post, Gepäckträger, Taxistand (Fahrten jedoch zu höheren Tarifen als außerhalb des Flughafens), eine Touristeninfo und Geldwechselmöglichkeiten. Gepäckwagen (internacional) kosten 1 $ Gebühr.

Der **Check-in** bei internationalen Flügen erfolgt mindestens zwei Stunden vor Abflug. Eine **Flughafensteuer** von zurzeit 40,80 $ ist am Linienschalter oder am „Tax"-Schalter zu entrichten (siehe dazu auch das Kapitel „Anreise").

Fluggesellschaften am Flughafen:

- *Air France/KLM,* Tel. 300301235
- *American Airlines,* Tel. 30301175
- *Santa Barbara Airlines,* Tel. 2279650
- *Avianca,* Tel. 3302259
- *Continental,* Tel. 3302259
- *Iberia,* Tel. 3302237
- *LAN Chile,* Tel. 3302216
- *Tame,* Tel. 3301484
- *Icaro,* Tel. 3301484

Folgende **Fluggesellschaften** sind mit einem **Büro in Quito** vertreten:

- *AEROGAL*
Verbindet Quito, Guayaquil, Cuenca, Manta sowie Baltra und San Cristobal auf Galápagos, international auch Miami. Av. Amazonas 607 y Carrión, Tel. 2566367, 1800-Aerogal.
Internet: www.aerogal.com.ec
- *Air France*
Av. 12 de Octubre N24-562 y Cordero, im World Trade Center, Torre A, of. 710, Reservierungen: Tel. 2524201, Flughafen: 2240444.
- *Air Comet*
Checoslovaquia 640 y Suiza, Edif. Ana Capri, Erdgeschoss, Tel. 2251198, 2250525, Mo bis Fr 8.30–17.30 Uhr.
Internet: www.aircomet.com
- *Alitalia*
Av. Eloy Alfaro N32-541 y Shyris, Edif. Nuevolar, of. 11W, Tel. 2272802.
Mail: alitalia.fj@andinanet.net
- *American Airlines*
Av. Amazonas y Naciones Unidas, Reservierungen: Tel. 2260900.
- *Santa Barbara Airlines*
Av. Portugal 794 y Av. República del Salvador, Tel. 2253972/3/4, Fax 2436845.
- *Avianca*
Av. La Coruña 1311 y San Ignacio, Reservierungen: Tel. 2561075.
- *Continental Airlines* und *COPA*
Av. 12 de Octubre y Cordero, World Trade Center, 11. Stock, of. 1108, Reservierungen: Tel. 2557164, Fax 2557294; weiteres Buchungsbüro: Ed. Citiplaza, Av. Naciones Unidas y 6 de Diciembre (Gebäude der deutschen Botschaft).
- *Iberia*
Eloy Alfaro 939 y Amazonas, Edificio Finandes, 6. Stock, Tel. 2566009, 2566013.
Mail: iberia@pi.pro.ec.
- *KLM*
Av. 12 de Octubre y A. Lincoln, Edificio Torre 1492, Reservierungen: Tel. 2986828 und 2986840, am Flughafen: Tel. 2263506.
Internet: www.klm.com
- *LAN Chile/LAN Ecuador*
Cordero y Reina Victoria, Edificio Diego de Almagro, Tel. 2992300, 3302213. LAN Ecuador, die jüngste LAN-Chile-Tochter, fliegt am Donnerstag von Madrid direkt nach Guayaquil und am Freitag direkt zurück; Flugzeit nur rund 11 Stunden.
- *Lufthansa*
Av. Amazonas 47 y Río Palora, Tel. 2940010, 2940047.

• *TAME*
Av. Amazonas 1354 y Colón (Hauptstelle), Tel. 2509375, 2907738, 2907675, 2231921, Flughafen 2257719. Staatliche Zivilluftfahrtgesellschaft der Militärs, größtes Netz in Ecuador, fast alle Flugziele landesweit sowie Cali, Havanna, Santiago, Lima und La Paz. Neben der Hauptstelle existieren mehrere Zweigstellen sowie ein Direktverkauf im Flughafen, nationaler Terminal.

Beim Internet-Kauf von TAME-Tickets, was gerade vom Ausland aus hilfreich ist, ist zu beachten, dass nur Kreditkarten von VISA und von Diners Club abzeptiert werden.

• *Varig*
Portugal 794 y República de El Salvador, Edif. Porto Lisboa, Reservierungen: Tel. 2250126/131.

• *Icaro*
Büro und Abflugterminal: Calle Palora 124 y Av. Amazonas (südwestl. von der Startbahn des Hauptflughafens), Tel. 2448626 und 2254891, Fax 2439867, sehr guter Service, Inlandsflüge. Internet: www.icaro-air.com.

Tipp: Bei *Icaro* kann man sowohl im Internet als auch über die nationale Toll-Free-Nummer 1800 883 567 Flüge reservieren, die man dann vor dem Abflug bezahlt. Merken Sie sich jedoch unbedingt die Reservierungsnummer! Fragen Sie auch nach dem günstigsten Tarif, der nicht immer auf der Internetseite steht.

Inlandsflüge werden von den Fluggesellschaften *TAME, Aerogal* und *Icaro* durchgeführt. Auch die Jets von *VIP* wollen in Zukunft für jedermann fliegen. Die Preisspanne liegt zwischen 50 und 70 $ pro Oneway-Flug. Die Flüge nach Galápagos kosten zwischen 290 und 390 $, je nach Saison und Abflughafen. Ab Guayaquil ist es meist etwa 50 $ preiswerter.

Ausflüge

Papallacta

1,5 Stunden von Quito in Richtung Baeza gelegen. Die **Termas de Papallacta** sind die wohl **schönsten und gepflegtesten Heilbäder Ecuadors** mit angeschlossenem Hotel und Naturpfad. Sehr gutes Wandergebiet. Der Eintritt liegt bei 7 $, geöffnet ist täglich 6–21 Uhr, Fr und Sa 6–22 Uhr.

Das **Hotel** (DZ ab 120 $) verfügt über eigene Becken innerhalb der Anlage. Neuerdings sind auch noch Cabañas in einem separaten Teil zu mieten; stilvoll mit Kamin und Küche sowie einer neuen Spa-Anlage.

Unterkunft

• *Hostería Termas de Papallacta*
Büro in Quito: Calle Foch E7-38 y Reina Victoria, 4. Stock, Tel. 2504747, 2568989.
Internet: www.termaspapallacta.com

• *Hosteria de Papallacta*
Rechts auf der Zufahrt zu den Termas de Papallacta, Tel. 06-2320624, kleiner, einfacher und preiswerter als der große Bruder. EZ/DZ 30/45 $ mit Frühstück und Bäderbenutzung.
Mail: pampallactatermales@hotmail.com

• *Hostal Choza de Don Wilson*
Im Dorf Papallacta am „Y", Tel. 06-2320627, eigene Bäder (tgl. 7–22 Uhr), Zimmer 15 $ mit BP, Frühstück und Bädernutzung.

• *Hostal Coturpa*
Zwischen der Abfahrt zu den Termas und dem Dorf Papallacta, gegenüber den Piscinas Santa Catalina, Tel. 06-2320640, EZ/DZ 15/21 $, Bäder tgl. 7–20 Uhr geöffnet, Eintritt: 2 $.

Die **Zufahrt** zu den Termas de Papallacta ist aus Quito kommend hinter einer kleinen Brücke, unübersehbar an

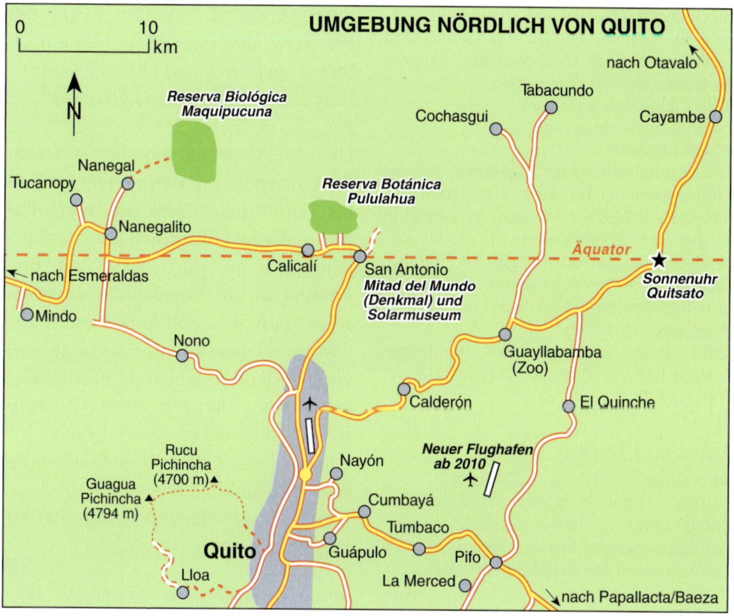

der (beschilderten) Stelle, wo eine mächtige Wasserleitung die Straße quert. Von dort sind es noch zwei zunächst steile Kilometer. Die Haupt-Bäder liegen am Ende dieser links abgehenden Piste.

Mindo (ca. 80 km)

Kurz hinter Santa Rosa zweigt links gut beschildert eine Seitenstraße von der Hauptstraße Mitad del Mundo – Los Bancos – Esmeraldas in Richtung Mindo ab. Nach etwa 7 km kommt man in das Dorf auf angenehmen 1300 Metern Höhe. Es ist umgeben von Nebelwäldern des **Naturschutzgebietes Mindo-Nambillo.** Dieses Reservat ist in den vergangenen Jahren auch in Deutschland bekannt geworden durch die internationalen Proteste von Umweltschützern gegen die Route der neuen Ölpipeline OCP, die genau durch diesen einzigartigen Schutzwald verlegt wurde (mehr Informationen unter www.urgewald.de und www.regenwald.org.).

Das Dorf hat viele Hostales und Restaurants. Es ist ein guter Ausgangspunkt für Vogelbeobachtungen, den Besuch einer Schmetterlingsfarm und Rafting-Touren.

Unterkunft

- *Hostal El Descanso*
Tel. 02-3900443, Handy 09-4829587, Preis 16 $ BP, 12 $ BC mit Frühstück. Hübsches

Blockhaus mit Garten und gutem Frühstück, sehr freundlicher Service. Im Garten sind zahlreiche Kolibris zu beobachten, Zugang für Gäste und Besucher.
Mail: info@eldescanso.com
Internet: www.eldescanso.net

• *Hostal Rubby*
Hinter dem Fußballplatz, zwei Blocks von der Kirche entfernt, Tel. 09-1931853 und 09-3406321, 8 $ p.P. mit Frühstück. Sehr gute Küche. Nebelwaldtouren für 35 $ p.P., deutschsprachige oder englische Führung, Ferngläser und Teleskop werden gestellt.
Internet: www.rubbyhostal.com.

• *La Posada de Mindo*
Calle Vicente Aguirre, 2 Blocks vom Parque Central entfernt, hübsche Zimmer, DZ mit Frühstück 14 $.

Essen und Trinken

• *Restaurant-Café Fuera de Babilonia*
Parque Central, vorzügliche Pastagerichte, Forellen und vegetarische Gerichte zu vernünftigen Preisen. Weitere Restaurants am Parque und an der Haupt-Zufahrtsstraße.

Information/Touren

• Am Parque Central öffnet am Wochenende das **„Centro de Información“** seine Türen mit allen nützlichen Adressen vor Ort. Geführte Nebelwaldtouren organisiert der Verband der lokalen Guides, Hauptstraße Nähe Ortseingang: *Miguel Patiño,* Tel. 02-3900478, 09-9476862. Kosten pro Führer und Tag ca. 30 $.

Der **Wald um Mindo** wird von den „Amigos de la Naturaleza“ („Freunde der Natur“) geschützt (Kontakt in Quito). Ca. 120 m hinter dem Ortseingang von Mindo befindet sich ein kleines Informationsbüro. Zelten im Wald ist möglich.

Ebenfalls in der Gegend von Mindo ist die kleine **Finca Mindo Lindo.** Man biegt von Quito kommend nicht links nach Mindo ab, sondern hinter der Kreuzung führt eine Abzweigung nach rechts (gelbes Schild „Mindo Lindo“). Hier leben *Heike Brieschke* und *Pedro Peñafiel,* ein deutsch-ecuadorianisches Ehepaar, Hauptbetreiber der *Fundación Ecológica para la Protección de los Puntos Verdes del Ecuador.* Sie bieten **naturkundliche Führungen** auf ihrer kleinen Finca an, dazu Kurse wie Einführung in die Vogelkunde, ökologischer Gartenbau und Ähnliches.

In der Region konnten mehr als 150 verschiedene Vogelarten nachgewiesen werden, darunter allein 22 unterschiedliche Kolibris.

In der Finca gibt es Unterkunftsmöglichkeiten für fünf Personen.

Pedro und Heike sind aktiv im Protest gegen die neue OCP-Pipeline.

• **Informationen** unter: *Finca Mindo Lindo,* Mañosca 1011, Residencias Altamira, Casa 7, Tel. 2455344 in Quito (dort spricht man nur Spanisch, auf der Finca selbst auch Deutsch und Englisch); Zimmervermietung auf der Finca für 25 $ pro Tag. Handy: 084580310.
Mail: puntos_verdes@hotmail.com

• *Resort Séptimo Paraiso*
Büro im Quito: Francisco de Orellana 310 y Pasaje Rodriguez, Cumbaya, Tel. 2893160, in Mindo: Handy 093684417, gediegenes, alpin anmutendes Hotel in einem satten grünen Tal, DZ 61 US$.
Mail: info@septimoparaiso.com
Internet: www.septimoparaiso.com

• *Bellavista Cloud Forest*
Büro in Quito: Jorge Washington E7-25 y 6 de Diciembre, Tel. 2903165, Handy 09-9490891, in Bellavista: Tel. 2116232, EZ 69 $ mit Vollpension, DZ 59 $ mit Vollpension, biologische Station 10 $ p.P.

Canopy-Fahrt bei Mindo

Mail: info@bellavistacloudforest.com
Internet: www.bellavistacloudforest.com
• *Hostal Cecilia*
Von einer Leserin als „Holzhaus inmitten herrlicher Vegetation" für 5 $ p.P. empfohlen (leider keine näheren Angaben).

Nanegalito

Nahe dem Dorf Nanegalito, bei Miraflores, liegt **eine der längsten Canopy-Strecken Ecuadors:** Über sechs Stahlseile und insgesamt 2150 Meter geht es mit einem Führer an der Stahlrolle durch Wälder und über Täler. Kontakt: Tucanopy, Via Calacalí – La Independencia, km 63,1, Tel. 08-4798986, 09-9665468, tucanopy@yahoo.com.mx).

Eine weitere Canopy-Strecke in der Gegend befindet sich bei Mindo, dort mit zehn, etwas kürzeren Seilen.

Mitad del Mundo (22 km)

Etwa eine Fahrstunde nördlich von Quito liegt inmitten eines trockenen Tales das berühmte **Äquatordenkmal** „Mitte der Welt". Nahe der Gemeinde **San Antonio de Pichincha** entstand damit ein künstlicher Touristenmagnet von internationalem Rang. Zu sehen gibt es

ecu119 Foto: peko

eine Menge, aber wenig Berauschendes (Eintritt zur Anlage 2 $).

Das Denkmal selbst beherbergt unter der krönenden Weltkugel einen Fahrstuhl zu einer Aussichtsplattform (Eintritt 1 $).

Von der Plattform geht man die mehreren Stockwerke eines ethnologischen Museums mit Figuren und Relikten indianischer Kulturen herab. Unten an dem obeliskartigen Gebäude stößt man wieder auf den Platz mit der Linie, die etwa 100 Meter neben dem Äquator liegt – man hatte sich leider etwas vermessen. Im benachbarten Solar-Museum verläuft die tatsächliche Nullgrad-Linie (s.u.).

Um das Denkmal herum hat sich ein rein **touristisches Dorf** etabliert: Restaurants, Souvenirläden, ein Postamt mit Äquatorstempel, Telefon, Toiletten und Platz für gelegentliche folkloristische Einlagen.

Ferner entdecken Sie auf dem Gelände eine **Skulpturenreihe** wichtiger Geografen, die Ecuador besuchten, ein Planetarium und ein beleuchtetes Modell der Stadt Quito (Eintritt 1 $).

Außerhalb des Dorfes, hinter dem großen Parkplatz und nahe des vorgelagerten Kreisverkehrs, finden Sie eine Reihe von ecuadorianischen **Restaurants** in allen Klassen zwischen hübschen Landgasthöfen und einfachen Straßenständen.

Mitad del Mundo ist ein guter Ort, um auch wochentags Meerschweinchen zu essen. Tipp: *Restaurante Cochebamba*. Weitere Restaurants liegen an der angrenzenden Dorfstraße nach San Antonio.

Unterkunft

- Eine gute Unterkunft ist die *Hostería Alemana* an der Av. Manuel Cordova Galarza, km 12½, Tel. 2394243, DZ 27,50 $ mit Frühstück, *Gerd,* der Wirt, ist deutschstämmig, lebt seit dreißig Jahren in Ecuador und hat 20 DZ mit BP, ein gutes Restaurant, einen schönen tropischen Garten, Pool, Sauna und Dampfbad für seine Gäste zu bieten.
Mail: hosteriaalemana@andinanet.net
Internet: www.hosteriaalemana-mitaddelmundo.com

Wesentlich interessanter, weil lehrreicher, hautnah und hervorragend geführt, ist das **Museo del Sitio Inti Ñan,** das eine private anthropologische Stiftung neben dem „offiziellen" Äquatordenkmal errichtet hat. Dieses wunderschöne **Solar-Museum** beherbergt Exponate indianischer Kulturen und traditioneller Lebensweise, darunter ein originales Haus einer Bauernfamilie aus dem 19. Jahrhundert. Zu bewundern sind Heilpflanzen, Lamas und zudem Geräte mit geografischen Messtechniken der indianischen Ureinwohner. Während der Führung wird auch der verblüffende Beleg für die **genaue Position der Äquatorlinie** geführt.

Am 21. März und am 23. September ist exakt hier die Tag- und Nachtgleiche und damit mittags der senkrechte Sonneneinfall zu beobachten. Das offizielle Denkmal liegt nicht auf der Linie, weil man sich da an den leicht fehlerhaften magnetischen Messungen der französischen Wissenschaftsexpedition aus dem 18. Jahrhundert orientiert hatte. Die Indianer wussten es genauer, was aber auch nicht verwundert. Der Eingang zum Museum liegt 200 m vom Kreisverkehr Richtung Calacalí entfernt,

Tel. 2395122, Mail: museo_intinan@ hotmail.com, Handy 09-7309508, Eintritt mit Führung: 3 $ – sehr empfehlenswert!

An dem Kreisverkehr und an der Zufahrt zu San Antonio lässt sich relativ einfach ein Taxi oder eine Camioneta mieten, die einen weiter zum Pululahua-Krater bringt.

Das Solar-Museum und der Krater bieten sich in Kombination für eine Tagestour ab Quito an.

Cochasquí (ca. 40 km)

Die **Ausgrabungsstätte aus der Präinkazeit** mit 15 überwachsenen Pyramiden und über 20 Grabhügeln gibt noch immer viele Rätsel auf. Sicher war es eine Zeremonienstätte, die zudem in direktem geografischen Bezug zu der antiken Äquatormauer auf dem Hügel Catequilla steht. Ein kleines Museum und eine liebevolle Führung bei sensationeller Fernsicht lassen einen eintauchen in die Welt der Quitu-Cara. Eintritt: 3 $, tgl. bis 16 Uhr geöffnet. Anreise über eine staubige Piste, zu empfehlen per Taxi oder Camioneta, z.B. ab Tabacundo.

Pululahua (ca. 40 km)

Der Krater des Vulkans Pululahua kann von der Südwest- und von der Südostseite her betreten werden, wobei der steilere Südost-Pfad besser geeignet ist, die Bandbreite der Vegetation und Vogelwelt zu studieren.

Auf der Straße nach Calacalí zweigt ca. 3 km oberhalb des Denkmals Mitad del Mundo rechter Hand ein asphaltierter Weg ab, der nach 1 km direkt am Kraterrand endet. Von hier führt links ein kleiner Saumpfad hinunter zum Kraterboden. Eine andere Möglichkeit bietet die Weiterfahrt Richtung Calicalí bis man nach weiteren 2,5 km rechts auf eine Piste stößt, die erst zum Kraterrand (2,5 km) und dann hinunter zum Kraterboden (6 km) führt.

Die Anfahrt mit der Camioneta kostet etwa 5 $ ab Parkplatz „Mitad del Mundo"; für den Parkeintritt werden noch einmal 5 $ verlangt.

Das **Naturschutzgebiet Reserva Geobotánica Pululahua** in der Provinz Pichincha umfasst ein 3300 ha großes Gebiet. Es liegt in der nördlichen Sierra auf einer Höhe zwischen 1800 und 3356 m. Das Klima ist teils immerfeucht, teils halbtrocken. Die jährliche Niederschlagsmenge liegt zwischen 500 und 3000 mm.

Größte Attraktion des Naturschutzgebietes ist zweifelsohne die **Caldera des erloschenen Vulkans Pululahua,** die mit 4 km Durchmesser als die größte Festland-Ecuadors gilt. Aus dem flachen Boden erheben sich zwei Parasitärkrater, der **Loma Pondona** (2975 m) und der **Loma el Chico.** Beide sind infolge einer tief hängenden Wolkendecke vom Kraterrand nur sehr selten zu sehen. An dessen Flanken und an den steilen Wänden des Kraterinneren hat sich eine Vegetation entwickelt, die unter Naturschutz steht. Der **fruchtbare Kraterboden** liegt auf einer Höhe von 2300 Metern und wird landwirtschaftlich genutzt. Die Region um den Krater Pululahua besteht aus kleinen Gebirgszügen mit bewegtem Relief, das Flusssysteme hervorgebracht hat wie den Río Blanco, der in der Cordillera el Bucal in nördliche Richtung fließt und in den Río Guayllabamba mündet. Das Wasser in der Umgebung ist von gut und wird als Trinkwasser genutzt.

Neben der erhaltenen Primärvegetation, die den Botaniker begeistert, ist das Naturschutzgebiet ein Paradies für Vogelliebhaber.

● Tipp: *The Green Horse Ranch* der Deutschen *Astrid Müller* ist der nächstgelegene **Reiterhof** bei Quito. Astrid hat sehr gut gepflegte Pferde und mit dem Krater Pululahua und seiner Umgebung zudem ein exzellentes Revier für Exkursionen hoch zu Ross. Ein Ganztagesausflug kostet 65 $. Die Ranch liegt am Kraterrand, bei Bedarf werden auch Unterkünfte vermittelt.
Reservierungen über: **Astrid Müller,** Casilla 17-12-602, Quito, Tel. 08-6125433.
Mail: ranch@accessinter.net
Internet: www.horseranch.de

● *Restaurante El Crater,* an dem oben genannten asphaltierten Weg Richtung Kraterrand gelegen, Tel. 2439254; schönes Restaurant mit neuem **Hotel** direkt am Krater; ecuadorianische, allerdings überteuerte Küche, besser geeignet als geruhsamer Aussichtsort für einen Kaffee oder eine heiße Schokolade.
Mail: monicabaca@elcrater.com, info@elcrater.com

● **Lesertipp:** Am Eingang zu Mitad del Mundo lassen sich an dem Häuschen mit dem

ecu125 Foto: peko

Schild *„Equinoccio Restaurante"* Touren organisieren. Lokale arbeitslose Indígenas haben sich zusammengeschlossen, um Touristen ihren Vulkan zu zeigen, spannend über ihr Leben zu berichten sowie in Medizinalpflanzen und in die Astrologie am Äquator einzuführen. Die Tour kostet 6 $, eine Parkgebühr fällt hingegen nicht an.

Aldea Salamandra

Das 300 Hektar große **private Naturschutzreservat** liegt bei Puerto Quito, etwa 140 km nordwestlich von Quito (4 Busstunden). Man wohnt in Bambushütten und Baumhäusern und genießt den Regenwald westlich der Kordilleren, geführte Touren durch Wälder und zu Wasserfällen. Allerdings fallen die Leserzuschriften sehr unterschiedlich aus – zuletzt nicht mehr unbedingt empfohlen.

Ein **Tagesprogramm** mit Unterkunft, Vollverpflegung und 3- bis 4-stündiger Exkursion kostet 24 $ p.P. (Anmeldung: Tel. 098737495). Busse ab dem Terminal, z.B. *Cooperativa Kennedy,* bis 2 km vor Puerto Quito. Der Fahrer hält auf Wunsch an der „Aldea Salamandra", von da sind es 10 Minuten zu Fuß in den Weg links hinein.

Reserva Los Cedros

Das 6400 Hektar große **Bergwaldreservat** liegt 70 km nördlich von Quito in Höhen **zwischen 1000 und 2800 Metern.** Der ausgewiesene Schutzwald liegt in einer Pufferzone zu dem großen Reservat Cotacachi-Cayapas (vgl. Ausflüge von Otavalo).

Anreise per Bus der *Coop. Transminas,* Abfahrt zweimal täglich in der Calle José Antepara y Cevallos, nahe der Kirche von San Blas/östliche Altstadt. Kosten: 25 $ (Studenten 15 $) für Übernachtung, Vollverpflegung und Vor-Ort-Transport.

Übernachtungsmöglichkeiten auch im **„Hostal Doña Aurora"** im Dorf Sanguangal, von dort aus wartet aber noch ein 5- bis 8-stündiger Marsch ins Reservat.

Vor dem Besuch ist Kontakt aufzunehmen mit dem *Centro de Investigación de Los Bosques Tropicales (CIBT)* in Quito, Alemania 339 y Eloy Alfaro, Tel. 2540346. Mail: cibt@uio.satnet.net.

Naturschutzgebiet Reserva Biológica Maquipucuna (ca. 73 km)

Über San Antonio bzw. das Denkmal Mitad del Mundo geht es bis nach Calicalí (7,5 km) und weiter nach Nanegalito (31 km). Auf einer unbefestigten Straße in Richtung Nanegal erreicht man nach 12 km den Ort Las Delicias. Am Departamento Forestal (kleiner Shop) biegt rechts ein Fußweg (1 Std.) zum Parkeingang ab.

Von Quito ist eine Anfahrt mit dem Bus in Richtung Mindo möglich (Bus Nr. 7 von der Plaza Marin zur Plaza Cotocollao; von hier mit dem Bus nach Nanegalito und weiter bis nach Nanegal/Las Delicias): Fahrzeit 2½–3 Std.

Lamas in der Ausgrabungsstätte von Cochasquí

Das Naturschutzgebiet liegt an der Flanke der Westkordillere ungefähr 30 km nordwestlich der Hauptstadt und umfasst eine 3000 ha große Region am Río Guayllabamba. Beinahe **80%** des Gebietes besteht aus **Primärvegetation,** der Rest ist Sekundärwald.

Das beeindruckende Nebelwaldgebiet liegt in Höhen von 1300–2800 m und wird von der **Fundación Maquipucuna** in Quito verwaltet (Calle Baquerizo E9-153 y Tamayo, Eintritt: 5,60 $, Tel. 2507200, 2507202, Fax 2507201, Mail: info@maquipucuna.com, Internet: www.maqui.org).

ecu112 Foto: peko

Das Naturschutzgebiet wird von Pflanzen- und Vogelliebhabern geschätzt. Über **2000 Pflanzenarten** und mehr als **250 Vogelarten** wurden in Maquipucuna gezählt.

Eine kleine Forschungsstation wurde eingerichtet mit dem Hauptziel, den noch intakten tropischen Regenwald zu untersuchen. Die Station ist mit Betten, Küche und Bad ausgestattet, so dass interessierten Biologen, die sich selbst verpflegen, gute Voraussetzungen für ihre Arbeit gegeben sind. Einmalige Übernachtungen kosten 10 $ (Studenten mit internationalem Ausweis kommen in den Genuss einer Ermäßigung); Zeltplatz vorhanden.

Daneben laufen Programme für Kinder und Erwachsene, die mögliche Schutzmaßnahmen aufzeigen und sich gegen eine unkontrollierte Nutzung des tropischen Regenwaldes wenden. Auch soll das Gebiet dem interessierten Touristen in Zukunft besser zugänglich gemacht werden, was z.Z. jedoch noch an der mangelnden finanziellen Ausrüstung scheitert.

Espeletien-Blüte

Im Hochland (Sierra)

Die **„Straße der Vulkane"** nannte *Alexander von Humboldt* das Stück der Panamericana, das von Tulcán im Norden bis hinunter nach Cuenca im Süden reicht. Die Straße passiert die lange Reihe von Tälern und Ebenen der Anden, eingerahmt von den Hauptketten der West- und Ostkordillere mit ihren imposanten, schneebedeckten Vulkanen. Unterhalb der Schneegrenze sind die Vulkanflanken schachbrettartig von leuchtend grünen Parzellen und gelb schimmernden Maisfeldern der Bauern überzogen, immer wieder unterbrochen von den matt glänzenden Gewächshäusern der Blumenproduzenten.

Durch **Querriegel,** sog. *nudos* (Knoten), wird das innerandine Tal in acht verschiedene **Becken** *(hoyas)* geteilt, die jeweils nach ihrer größten Stadt benannt sind. Durch diese Becken führen die Routen des Hochlands hinein ins Leben der Dörfer und Städte der Sierra, deren araukarien- und palmenbestandene Hauptplätze an Markttagen von den Campesinos aufgesucht werden.

Die Straßen säumen Agaven, an den Flüssen sind Frauen mit Wäsche beschäftigt, an Berghängen, etwas abseits der Hauptverkehrsadern, stehen Zypressen und Eukalyptushaine und alte Haziendas. Viele einfache Bauernhäuser sind auch heute noch aus getrockneten Lehmziegeln gebaut, einzelne in den Zentralanden haben noch grasbedeckte Dächer. Südlich von Cuenca führt die Panamericana in einen noch weitgehend unberührten Teil Ecuadors, wo die Zeit stehen geblieben zu sein scheint.

Die **Route 1** geht von Quito nach Norden in die Sierra-Provinzen Pichincha, Imbabura und Carchi. Die **Routen 2 und 3** starten von Quito in den Süden zu den zentralen Sierraprovinzen Cotopaxi, Tungurahua und Chimborazo. Die letzen drei **Routen 4, 5 und 6** erschließen den äußersten Süden der Sierra von Cuenca und führen in die Provinzen Azuay und Loja. Alle Reiserouten können beliebig unterbrochen werden. Abstecher zu nahe gelegenen Ortschaften sind häufig als Tagesausflug möglich.

Route A 1

- **Quito – Cayambe – Otavalo – Ibarra – Tulcán**
- **Routenlänge ca. 250 km**

Die Route führt von der Hauptstadt auf der Panamericana ins nördliche Andenhochland. Auf der ehemaligen Inkastraße geht es über 250 km bis zur kolumbianischen Grenze bei Tulcán.

Die **„Ruta de los Lagos“,** wie die Panamericana auf diesem Streckenabschnitt genannt wird, windet sich zwischen der West- und Ostkordillere hindurch, verengt sich stellenweise zu schmalen Passagen, links und rechts umgeben von tiefen Tälern. Flüsse stürzen sich in Wasserfällen die tiefen Schluchten hinab, große Seenlandschaften breiten sich aus, und die Gipfel der schneebedeckten Vulkane verschwinden im Wolkenmeer. Abenteuerlich ist die Fahrt im Überlandbus. Landwirtschaftlich dominieren auf der Strecke **Kartoffel-, Avocado- und Alfalfa-Kulturen,** die großflächig die Berghänge überziehen. An kleinen Verkaufsständen wird entlang der Panamericana die grüne Chirimoya-Frucht angeboten.

Die **Fahrt nach Norden** ermöglicht den Besuch des berühmten Samstagsmarktes in Otavalo und der ruhigen und äußerst charmanten Kolonialstadt Ibarra. Abstecher in die umliegenden Seen- und Vulkanlandschaften, die von den Einheimischen als Erholungsgebiete aufgesucht werden, bieten Gelegenheit für ausgedehnte und abwechslungsreiche Páramo-Wanderungen und Bergbesteigungen.

Verlässt man die Hauptstadt auf der Panamericana Norte, erreicht man nach 10 km das kleine Sierradorf Calderón.

Calderón

Das Dorf an sich ist nicht schön. Die Ortschaft ist bekannt für ihre **„Brotbabys“** *(guaguas de pan).* Diese Brotfiguren, die für den Touristen bunt angemalt und in vielen Geschäften entlang der Hauptstraße zum Verkauf angeboten werden, werden den Verstorbenen zu Ehren von den Indios der Ortschaft jedes Jahr am 2. November zum Día de los Difuntos (Allerseelen) auf dem Dorffriedhof geopfert. Früher noch eine ernste Zeremonie, ist der Tag heute für die Herren der Schöpfung eher ein willkommener Anlass für eine

Zuckerrohrschnaps-Feier, und nur ausnahmsweise dürfte der Besucher, der an den Feierlichkeiten dieser Totenverehrung teilnimmt, das Wehklagen der Trauernden hören oder gar die Seelen rettenden Worte des *rezador* (Prediger) vorgebetet bekommen. Vielleicht hat der Besucher das Glück, die sonst oft westlich gekleideten Indígenas an diesem Tag in ihrer traditionellen Tracht zu sehen.

Von Quito fahren **Otavalo-Überlandbusse** vom Busbahnhof auch durch Calderón. Da es **keinerlei Übernachtungsmöglichkeiten** in Calderón gibt, muss man nach einem Besuch entweder die Rückfahrt nach Quito oder die Weiterfahrt Richtung Otavalo antreten.

Hinter Calderón durchquert die Panamericana eine tiefe Schlucht, und alsbald geht es hinein in das Trockental des Río Guayllabamba. Die Vegetation ist vergleichsweise karg, denn heftige Aufwärtswinde verhindern die Bildung von Wolken, die über dem Tal abregnen könnten. Hier sieht man die dramatische Trassenführung der neuen OCP-Pipeline. Aus dem Río Guayllabamba-Tal herausfahrend, passiert die Wegstrecke das gleichnamige Dorf **Guayllabamba,** in dem an der Hauptstraße süße Früchte der Umgebung angeboten werden. Der Ort beherbergt den interessanten **Zoo von Quito,** geöffnet: 9–17 Uhr.

Kurz hinter Guayllabamba teilt sich die Straße, und die Panamericana knickt nach rechts ab. Rechts der Fahrstrecke taucht nun das Massiv des erloschenen Vulkans Cayambe (5790 m) auf, und bei guter Sicht begleitet Sie die ganze Herrlichkeit dieses Berges bis in den Ort Cayambe. Zuvor kommen Sie – kurz hinter dem Dorf **Otón,** nach etwa 23 km – noch an der Stelle vorbei, an der die Straße wiederholt den Äquator überquert, unübersehbar durch den riesigen, orangenen Zeiger einer Sonnenuhr.

Sonnenuhr von Quitsato

Vom Instituto Geográfico Militar mit neuester GPS-Technologie vermessen, liegt die **monumentale Sonnenuhr** „Quitsa To" südwestlich von Cayambe genau auf der Äquatorlinie. Die Schatten des Sonnenzeigers fallen auf ein weites Steinfeld mit den Markierungen für jeweilige Sonnenstände an den bedeutenden Tagen der **antiken Solarkultur der Anden:** die Sonnenwende am 21. Juni und am 21. Dezember sowie die Tagundnachtgleiche am 31. März und am 23. September. Zu diesen Tagen führt das Projekt „Quitsato – Mitte der Welt" Sonderveranstaltungen an der Sonnenuhr durch. Ganzjährig wird das Projekt vor Ort betreut, und Besuchern wird die Solarkultur der präinkaischen Bewohner dieser Andenregion erklärt. Der Eintritt zu der Anlage, deren Besuch in den nördlichen Anden nicht fehlen sollte, ist bislang frei. Adresse: Panamericana Norte, Via a Cayambe, Haltepunkt: Bola de Guachalá. Anfahrt mit dem Cayambe-Bus der Kooperative Flor del Valle in Quito vom Terminal in der Calle Larrea y Asunción, tagsüber Verbindungen etwa alle 30 Minuten. Kontakt: *Proyecto Quitsato,* Tel. 09-8146681, Internet: www.quitsato.org.

Cayambe

Die sympathische Kleinstadt Cayambe ist heute das **Handels- und Logistikzentrum** inmitten der zahllosen Rosenplantagen des Umlandes. Das einstige Viehzuchtzentrum der Region liegt am Fuße des gleichnamigen Vulkans auf 2511 m Höhe und hat 25.000 Einwohner. Sonntags findet der Markt statt, viele kleine Geschäfte bieten einen herzhaften Käse an. Man frage außerdem nach den *biscochos,* Biskuitplätzchen, die nur in dieser Region erhältlich sind.

Cayambe ist Ausgangspunkt für eine schöne Páramowanderung zur Schutzhütte des Vulkans Cayambe und für die Besteigung des dritthöchsten Berges in Ecuador.

- **Tel. Vorwahl: 02**

Unterkunft

- *Hosteria Mitad del Mundo*
Av. Natalia Jarrín 208 y Panamericana, Tel. 2360226, DZ mit BP 12 $, am Wochenende mit Schwimmbad, Sauna, Dampfbad (4 $).
- *Hotel Gran Colombia*
Av. Natalia Jarrín y Calderón, Tel. 2361238, Fax 2362421, gutes Restaurant, gepflegt, DZ mit BP 14 $.
- *Hotel Miraflores*
An der Panamericana, einfache, freundliche Unterkunft für 4 $ p.P.
- *Hacienda Guachala*
Hotel und Restaurant außerhalb des Ortes mit Blick auf den Vulkan. Adresse: Panamericana Norte km 45, Ingreso por el camino a Cangahua (2 km). Tel. 2363042, Fax 2362426. Ecuadors vielleicht älteste Hazienda von 1580, enge Kooperation mit dem Proyecto Quitsato. Überdachter Pool im Blumengarten, gute Küche (Spezialität Cuy), Reitmöglichkeiten, Wäscheservice. EZ 40 $, DZ 54 $. Yoga. Empfehlung!
Internet: www.guachala.com.

Essen und Trinken

- *Restaurante Café Aroma*
Calle Bolívar 253 y Ascázubi, gepflegte Atmosphäre, Gartenterrasse, europäisch-ecuadorianische Küche, großes Tortenangebot, preiswert, durchgehend ab 7 Uhr morgens geöffnet, deutsche Besitzer, die in Landwirtschaftsprojekten mitgearbeitet haben.
- *Shungu Huasi*
Camino a Granobles km 1, aus dem Zentrum kommend linke Straßenseite, Tel. 2792094, EZ 16 $, DZ 20 $, solides italienisches Restaurant, vermieten auch Cabañas und Pferde.
Mail: marcello@shunguhuasi.com
Internet: www.shunguhuasi.com

Busverbindungen

- Häufige Verbindungen **von Quito über Cayambe nach Otavalo** und umgekehrt. Abfahrt der Busse ab dem kleinen Terminal in der Calle Larrea, nahe dem Terminal von Flota Imbabura.

Fiesta de San Pedro

- Das große **Patronats-Fest von St. Peter** (29.6.) und das **Sonnenfest** (21.6.) formen den Rahmen für **zwei Festwochen** mit reichlich Tanz, Spiel und Essen. Unter den lokalen Festen in Ecuador eines der spektakulärsten und schönsten mit Höhepunkt am St.-Peter-nahen Samstag.

Ausflug

Zur Schutzhütte Cayambe

Ab Cayambe 25 km, 4800 Meter hoch, Übernachtung in der Schutzhütte für 8 $ mit Kochgelegenheit.

Anfahrt: Der Weg hinauf zur Schutzhütte ist mit Vierradantrieb problemlos zu bewältigen, doch reizvoller ist sicher eine **Hochlandwanderung.** Am südlichen Ortsausgang folgt man der Pflasterstraße nach Osten; wenn diese aufhört, geht ein Weg weiter zur Hütte. Bei klarer Sicht weist der herrliche Gletscher des Cayambe das Ziel der Wanderung (mit leichtem Gepäck und durchschnittlicher Kondition mind. 12 Stunden Gehzeit). Erkundigen Sie sich vor der Wanderung nach Zustand und Bewirtung der Hütte *(refugio).*

Der Cayambe liegt im **Naturschutzgebiet Reserva Ecológica Cayambe-Coca.** Das Naturschutzgebiet hat eine Fläche von 403.103 ha, die sich über die Provinzen Imbabura, Pichincha, Sucumbios und Napo ausdehnt. Es umfasst also Teile des Andenhochlandes und des Oriente. Dementsprechend groß sind die Höhenunterschiede und die Bandbreite der Vegetation.

Topografisch lässt sich das Gebiet in zwei Zonen gliedern: in eine obere Zone *(zona alta)* mit Höhen zwischen 1600 und 5790 m und eine untere Zone *(zona baja)* mit Höhen zwischen 750 und 1600 m. Die Vegetation reicht von den Formationen des Páramo über den tropischen Berg- und Nebelwald bis zu den Tiefland-Regenwäldern Amazoniens.

Im Bereich des Páramo existieren über achtzig Lagunen, von denen sich die meisten um Papallacta und im Einzugsgebiet des Vulkangletschers Cayambe ausdehnen. Neben dem erloschenen Vulkan Cayambe liegen im Naturschutzgebiet die Vulkane Puntas (4452 Meter) und El Reventador (3500 Meter).

Weiter in Richtung Otavalo steigt die Panamericana leicht an, bis man die Grenze zwischen den Provinzen Pichincha und Imbabura passiert. Nun bestimmen die Vulkane Cotacachi (4939 Meter) im Westen und Imbabura (4621 Meter) im Osten das Landschaftsbild. Am Fuß des Imbabura wird schließlich nach 34 km die Lagune San Pablo sichtbar, wo viele Otavalo-Indianer leben.

Otavalo

Der Ort liegt etwa 125 km nördlich von Quito in einer Höhe von 2530 m und hat 22.000 Einwohner. Geradezu berühmt ist der wöchentliche **Samstagsmarkt,** der alljährlich viele tausend Touristen anlockt. Früher wurde tatsächlich nur samstags ein Markt abgehalten, inzwischen findet er auch an den anderen Wochentagen – dann allerdings wesentlich kleiner – statt. Aufgrund des starken Touristenandrangs hat der Markt bedauerlicherweise viel von seinem traditionellen Charakter eingebüßt. Trotzdem hat der **größte Kunsthandwerksmarkt Ecuadors** noch seine Reize, etwa die Farbenpracht der Otavaleños und Salasacas in ihrer traditionellen Kleidung. Die Auswahl an Webarbeiten ist immer noch riesig. Auf den Markt bzw. die Webkunst einstimmen kann man sich im **Museo Obraje** (Sucre y Piedrahita; gute Führung für 2 $).

Instituto Otavaleño de Antropología

Das Institut (nördlich vom Zentrum an der Panamericana) beherbergt ein kleines anthropologisches **Museum der Otavalo-Kultur.** Hier wird an einem Webstuhl die Webtechnik der Otavaleños vorgeführt. Angegliedert sind eine kleine Bibliothek und eine Buchhandlung.

Geöffnet: Di bis Sa 8–12 und 14–18 Uhr, Eintritt frei.

● **Tel. Vorwahl: 06**

Sicherheitshinweis

Da Otavalo zu den touristischen Highlights Ecuadors zählt, hat leider auch der **Taschendiebstahl** zugenommen.

Touristeninformation

● In der Calle Bolivar 3-38 y Calderón, nahe dem Parque Bolívar, ist neben dem Iberia-Reisebüro eine Informationsstelle.

Unterkunft

Vor allem am Wochenende sind viele Hotels überfüllt, und die Preise liegen mitunter höher als unter der Woche.

Einfache Unterkünfte

● *Hostal Rincón del Viajero*
Calle Roca 11-07 zwischen Quiroga und Quito, Tel. 2921741, Zimmer mit BC 8 $ p.P., mit BP 10 $ p.P.; Lesertipp: „Familienbetrieb, sehr sauber, warmes Wasser 24 Std., gutes Frühstück, Wäscheservice, Kaminzimmer und Dachterrasse mit tollem Blick auf die Berge".
Mail: rincondelviajero@hotmail.com

● *Residencial Rocío*
Morales 11-70 y Egas, Tel. 2920584, DZ mit BP 5 $ p.P., EZ mit BP 5 $, gutes Frühstück, 4 Minuten vom Hotel entfernt liegen die *Cabañas de Rocío,* DZ mit BP, TV und Frühstück 20 $ p.P.

● *Hotel Samay Inn*
Calle Sucre 1009 y Colón, Tel. 2921826, EZ 10 $, DZ 20 $ mit BP und TV, Frühstück 2 $, Cafeteria. Modern, gepflegt, fairer Preis.

● *Residencial Riviera Sucre*
G. Moreno 380 y Roca, Tel. 2920241 und 2925682, EZ mit BC 7 $, DZ mit BP 14 $, bei Aufenthalten von über einer Woche gibt es als Rabatt eine Übernachtung gratis; mehrsprachiger Besitzer, Küchenbenutzung, von Lesern sehr empfohlen; organisiert auch Bergtouren und Reitausflüge.

● *Valle del Amanecer*
Roca y Quiroga, Tel. 2920990, EZ mit BC 10 $, DZ mit BP 20 $, sauber, kleines, gutes Restaurant, preiswert, tolle Atmosphäre, Verleih von Mountainbikes und Enduros.
Mail: valledelamanecer@yahoo.com

● *Hostal El Geranio*
Calle Ricaurte entre Colón y Morales, Tel. 2920185, EZ 4 $ ohne Bad, 6 $ mit Bad p.P., Frühstück 2 $. Familiär, hilfsbereit, vermittelt Spanischunterricht, Gepäckaufbewahrung.

● *Hostal María*
Jaramillo y Colón, Tel. 2920672, DZ mit BP 5 $ p.P., schön und sauber.

● *Hostal Chasqui*
Piedrahita 141 y Guayaquil, sehr guter Service, Gepäckaufbewahrung, Dachterrasse mit tollem Blick, ca. 3 $ p.P.

● *Residencial Santa Martha*
Cristóbal Colón y 31 de Octubre, Tel. 2920147, 4 $ p.P. mit BP.

Familienunterkunft

● Familie *Marisol und Germán Alvarado Galindo,* Calle Olmedo 421 y Roca, Tel: 2924678, Leserempfehlung: „sehr freundliche, hilfsbereite Familie, super feines Essen". Übernachtung mit Vollpension und Wäscheservice 20 $! Auch Vermittlung von Volontären für die Kinderbehindertenstiftung *Unión y Solidaridad.*
Mail: familiaalvarado_galindo@yahoo.com

Sisal-Weber im Kanton Otavalo

Mittelklasse-Hotels

● *Hotel Doña Esther*
J. Montalvo 4-44, Tel. 2920739, wunderschöne Zimmer, sehr freundlich, Innenhof im Kolonialstil, DZ 32 $ mit BP, mit im Haus ist die *Pizzeria de Roma* – empfehlenswert!
Mail: info@otavalohotel.com
Internet: www.otavalohotel.com

● *Hotel El Coraza*
Calle Abdón Calderón y Sucre, Tel. 2921225, modern, DZ mit BP, TV und Frühstück 30 $, EZ 15 $. Mail: coraza@andinanet.net
Internet: www.ecuahotel.com

● *Hotel El Indio Inn*
Bolívar 904 y Abdón Calderon, Tel. 2922922, Fax 2920325, DZ mit BP, TV und Telefon 48 $, sauber und freundlich.
Mail: hindioinn@andinanet.net
Internet: www.hotelelindioinn.com

● *Hotel Otavalo*
(Nicht zu verwechseln mit dem maroden Hostal Otavalo!) Roca 504 y Montalvo, Tel. 2923712, Fax 2920416, DZ mit BP, TV, 36 $, EZ 22 $ mit Frühstück, schöner Innenhof, Parkplatz, Bar, Café, Restaurant (Lesertipp: die „Hotdogs").
Mail: hotelotavalo-reservaciones@hotmail.com
Internet:www.hotelotavalo.com.ec

● *Hotel Ali Shungu*
Quito y Miguel Egas, Tel. 2920750, EZ 42 $, DZ 54 $ mit BP, TV; vegetarisches Essen, schöner Garten.
Internet: www.alishungu.com

● *Aya Huma*
Im alten Bahnhof von Peguche, 5 Kilometer außerhalb, guter Ausgangspunkt für Touren in die Umgebung wie zum Beispiel zu den Wasserfällen. Guter Treffpunkt, freundlicher Service, die Inhaberin ist Niederländerin, DZ 14–20 $.
Mail: ayahuma@uio.telconet.net

● *Hostería La Luna*
4 km oberhalb von Otavalo, mit herrlichem Blick, kostenloser Abholservice ab Otavalo, Campingmöglichkeit, preiswert.

ecu009 Foto: peko

Luxus-Hotel außerhalb

• *Hacienda Cusín*
San Pablo del Lago, 10 km südöstlich von Otavalo, von Quito auf der Panamericana kommend geht es am südöstlichen Ende der Lagune rechts ab auf eine asphaltierte Straße, der Rest ist ausgeschildert, Tel. 2918013, Fax 2918003, DZ mit BP ab 128 $, **ältestes Landgasthaus Ecuadors** (1602 erbaut), großzügige Zimmer, z.T. mit Kaminfeuer, Pferdeverleih. Mail: hacienda@cusin.com.ec
Internet: www.haciendacusin.com

Essen und Trinken

• *Pizzabar Rincón de Italia*
Calle Calderón y Bolívar, exzellente Pizza, Tel. 06-2922555.

• *Oraibi*
Sucre 1012 y Colón; Café/Restaurant mit schönem Innenhof und stimmungsvoller Teestube.

• *Cafeteria el Salinerito*
Calle Bolivar 10–17 entre Colón y Morales, Tel. 2927086, Mo bis Sa 8–21.30 Uhr; sehr gute Pizzas, Sandwiches und Säfte, zudem üppiges Frühstück (2 $) und zahlreiche Bioprodukte der landwirtschaftlichen Bergkooperative von Salinas bei Guaranda.

• *Shenandoah Pie Shop*
Leckerer Kuchen, verschiedene Sorten, auch „torta de maqueño".

• *Restaurante Vegetariano*
Calle Salinas, direkt am Markt gelegen; gutes Tagesmenü.

• *Restaurante Quino*
Roca 740 y Juan Montalvo, Fisch und Fleisch.

• *Cafetería Sahara*
Calle Simon Bolivar y Vicente Piedrahita, Tel. 2922212.

• *Ali Micuy*
Calle Bolívar y Salinas; vegetarische und arabische Spezialitäten, Live-Musik von Indígenas.

• *Peña Bar Amauta*
Morales 507 y Sucre; gute und preiswerte Cocktails, am Wochenende Tanz.

• *Kulturzentrum S.I.S.A.*
Av. Calderón 409, schönes Restaurant mit guter Küche, etwas teurer, ab und an Live-Musik (Sala de Imagen, Sonido y Arte).

• *Café Sol y Luna*
Calle Bolívar y Salinas, sehr leckere Fruchtsäfte, gemütlicher Hof.

Taxis

• Der **Taxistand** befindet sich an der Plaza Copacabana.

Überlandbusse

Busbahnhof im Osten der Stadt, Avenida Atahualpa:

• **Otavalo – Quito** (2½ Std.)
• **Otavalo – Agato**
• **Otavalo – San Pablo del Lago**
• **Otavalo – Cotacachi** (20 Min.)
• Von der Av. Calderón:
Otavalo – Ibarra (40 Min.)
• Von der Ecke Calderón y 31 de Octubre:
Otavalo – Apuela (2 Std.)

Von Quito nach Otavalo sind die Busgesellschaften *Transportes Los Lagos* und *Transportes Otavalo* vorzuziehen, denn nur diese fahren ins Stadtzentrum. Alle anderen Gesellschaften lassen die Gäste an der Panamericana aussteigen (noch 1 km ins Zentrum) und fahren weiter nach Ibarra.

Geldwechsel

• *Banco del Pichincha*
Calle Bolívar y Montalvo, Mo bis Fr 9–18 Uhr, Sa 9–12 Uhr.

• *Wechselstube*
Calle Colón y Sucre, Mo bis Sa 9–18 Uhr, So 9–13 Uhr.

Post

• Die Post befindet sich in der Calle Sucre y Salinas, 1. Stock, Ecke Poncho-Platz.

Telefon

• Die Zentrale der Telefongesellschaft Andinatel ist in der Calle Calderón y Sucre.

Reiseagenturen

• *Caballos Turaven*
Calle Morales 511 y Calle Sucre; veranstaltet werden vier verschiedene Exkursionen: Die

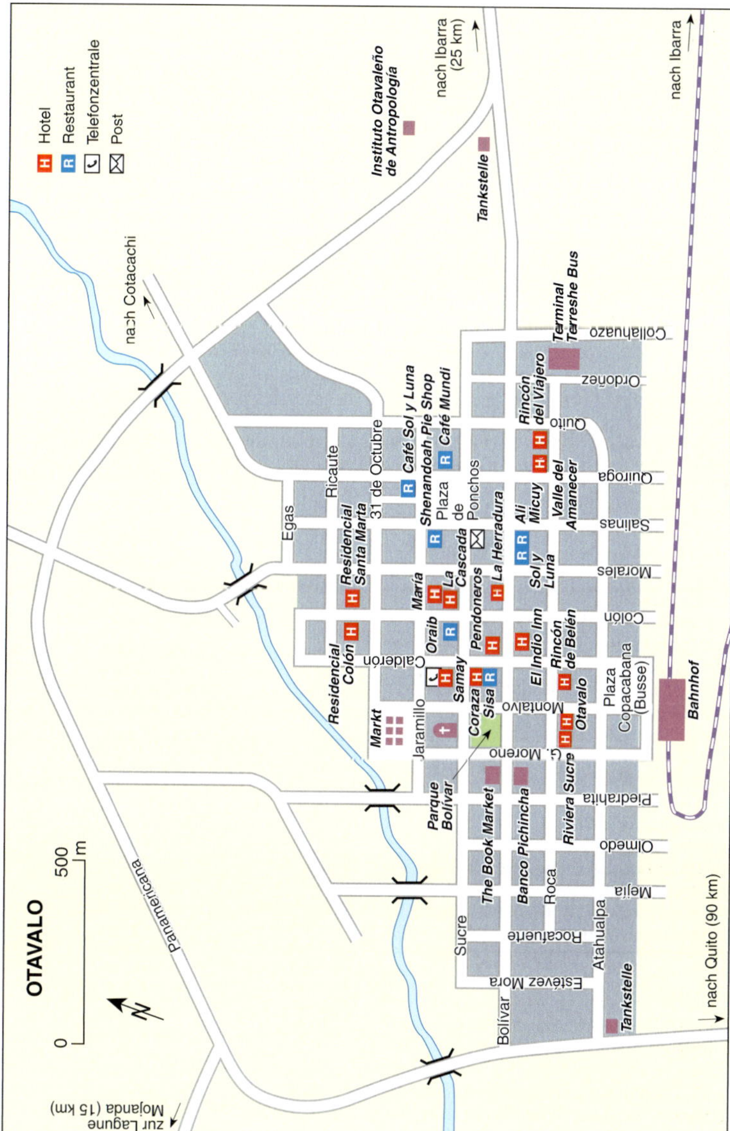
OTAVALO
0
500 m
H Hotel
R Restaurant
Telefonzentrale
Post
Instituto Otavaleño de Antropología
nach Ibarra (25 km)
nach Ibarra
Tankstelle
nach Cotacachi
Terminal Terreshe Bus
Collahuazo
Ordoñez
Quito
Quiroga
Salinas
Morales
Colón
Calderón
Montalvo
G. Moreno
Piedrahita
Olmedo
Mejía
Rocafuerte
Estévez Mora
Egas
Ricaute
31 de Octubre
Café Sol y Luna
Shenandoah Pie Shop
Café Mundi
Plaza de Ponchos
Residencial Santa Marta
Residencial Colón
María
La Cascada
La Herradura
Ali Micuy
Rincón del Viajero
Valle del Amanecer
Sol y Luna
Oraib
Pendoneros
El Indio Inn
Rincón de Belén
Samay
Coraza
Sisa
Otavalo
Markt
Jaramillo
Parque Bolívar
The Book Market
Banco Pichincha
Riviera Sucre
Plaza Copacabana (Busse)
Bahnhof
Sucre
Roca
Atahualpa
Bolívar
Tankstelle
Panamericana
nach Quito (90 km)
zur Lagune Mojanda (15 km)

fünfstündige Tour zu den Mineralquellen Tangalí beginnt täglich außer Sa morgens um 9 Uhr oder nachmittags um 13.30 Uhr. Bei einer Gruppe ab zwei Personen kostet der Ausritt 15 $ p.P. Für 20 $ wird eine halbtägige Exkursion zum Cerro Blanco mit Blick auf das Tal von Otavalo angeboten. An einem Tag kann man bis zur Laguna de Cuicocha reiten (Mo bis So, Beginn: 9 Uhr, 30 $). In zwei Tagen gelangt man bis zu dem Andendorf San José de Minas, wo man beim Pressen des Zuckerrohrs zuschauen kann (Beginn: 9 Uhr, 60 $ mindestens zwei Personen).

● *Intiexpress*
Calle Sucre 11-10 zwischen Morales und Colón, Tel. 2920737; Vielzahl von Touren in der Region, auch Reittouren, z.B. Tagesritt mit Mittagessen 35 $.

● *Ciclo Primaxi*
Calle Atahualpa y Moreno, nahe Bahnhof, empfohlener Mountainbike-Verleih.

● *ZULAYTOUR*
Sucre 1014 y Colón, Tel. 2922791; Touren zu Seen und Dörfern in der Umgebung von Otavalo; Fernwanderungen und Reittouren; empfehlenswert: „Indian Village-Touren" zu Handwerksdörfern; Tagestour „Indianische Kultur" für 22 $ p.P.
Mail: zulaytour@hotmail.com

● *Intipungo*
Abdon Calderón 409 y Sucre, Tel. 2921999 und 2921771.
Mail: intipungo.anitav@gglobal.com.ec

● *Runa Tupari*
Calle Sucre am Ponchoplatz, Fax 2925985; „native travel" zu indianischen Gemeinden im Umland für 25 $ p.P.
Mail: runatupari@hotmail.com
Internet: www.runatupari.com

● *Yarina Touring*
Modesto Jaramillo y Cristóbal Colón, Tel. 2926068 und 2926057.

Märkte

Der **Markt an der Poncho Plaza** beginnt samstags um 6 Uhr, der Platz ist dann schon vom einen zum anderen Ende mit bunter Ware überhäuft. Wandteppiche, Blusen, Lederwaren, Musikinstrumente und andere *artesanías* werden angeboten. Ab 11 Uhr (zu dieser Zeit treffen auch die Touristenbusse ein) füllt sich der Markt allmählich, so dass der, der in Ruhe begutachten und einkaufen möchte, früh auf den Beinen sein sollte. Eine Alternative ist der kleinere Markt an den anderen Wochentagen.

Beim Kauf von Kunsthandwerk müssen Sie handeln: Erstens entspricht es alter Tradition, und zweitens kann eine Ermäßigung herausspringen. Erwirbt man mehrere Kunstgegenstände, ist ein Preisnachlass von 20% und mehr zu erzielen.

Nicht so bunt und weniger touristisch sind die anderen Märkte, die vorwiegend von Einheimischen aufgesucht werden, so der **Markt an der Plaza 24 de Mayo** (Lebensmittel, „normale" Kleidungsstücke, Haushaltswaren) und der **Markt an der Plaza Copacabana** (Korbwaren in großer Auswahl). Etwas außerhalb der Stadt wird ein kleiner Tiermarkt abgehalten.

Feste

● *Fiesta de San Juan,* 24. bis 29. Juni

● *Fiesta de San Luis Obispo,* 15. bis 22. Aug.

● *Fiesta de Los Corazas y de Los Pendoneros*
19. August, an der Lagune San Pablo

● *Fiesta del Yamor*
1. bis 18. Sept.; nicht nur die Otavaleños nehmen am Yamor-Fest teil, sondern die gesamte Provinz feiert fast drei Wochen lang mit Musik, Tanz, viel Alkohol, Prozessionen und Feuerwerk. Krönung des Festes ist die Wahl der Yamor-Königin.

Schwimmbad mit Sauna

In der Calle Morales, Südende, nahe der Mariengrotte.

Hausspinnerei bei Otavalo

ecu010 Foto: peko

Die Otavalo-Indianer

Die Otavaleños Ecuadors unterscheiden sich von den anderen indianischen Gruppen der Anden zunächst durch ihre äußere Erscheinung. Die klein gewachsenen Frauen halten ihr langes schwarzes Haar oft mit einem im Nacken zusammengebundenen schwarzen, blauen oder weißen Tuch aus Wolle bedeckt. Über einem weißen Flanellrock tragen sie einen schwarzen oder dunkelblauen, seitlich offenen Überrock, der bis an die Knöchel reicht. Die meist weiße Bluse ist mit Blumenmustern bestickt, und fast immer wird ein schwarzer oder dunkelblauer Flanellumhang über die Schultern geworfen. Um die Taille sind zwei gewebte Gürtel geschnallt, von denen einer breiter als der andere ist. Um den Hals tragen die Frauen Ketten aus roten und gelben Glasperlen, um die Handgelenke rote Korallenketten, die zu einem Armband angeordnet sind. Die Männer haben traditionell schulterlange Zöpfe und tragen blaue Ponchos und weiße Hosen.

Einige Otavaleños sind durch ihr Textilhandwerk, die Webkunst, zu den **reichsten Indígenas Lateinamerikas** geworden. In Otavalo sind sie Besitzer von Hotels, Apartments, Restaurants, Reisebüros usw.

Der Reichtum hat seine Geschichte: Die Inkas, die während ihrer Eroberungen andere Völker versklavten und ihnen die Quechua-Sprache aufzwangen, forderten außerdem Tribute von den unterdrückten Völkern. Im Otavalo-Tal waren das Textilien. Nach den Inkas waren es seit dem 16. Jahrhundert die Spanier, die sich die Fähigkeiten der Indígenas am mitgebrachten europäischen Webstuhl zu Nutze machten. Der Fleiß der „Indios" hatte geradezu erste Massenproduktionen zur Folge. Auch im 18. Jahrhundert, in der Zeit der Leibeigenschaft, waren die Otavaleños weiterhin als **Meisterweber** aktiv.

Mit der Agrarreform und der Abschaffung der Leibeigenschaft 1964 fiel schließlich die Entwicklung des Fremdenverkehrs in Ecuador zusammen, Faktoren, die die Familienbetriebe des indianischen Textilhandwerks florieren ließen. Wolldecken, Wandteppiche, Ponchos, Tücher, Blusen und vieles mehr sind heute beliebte artesanías, die sowohl von Touristen als auch von Einheimischen gekauft werden.

Die Geschäftstüchtigkeit der Otavaleños zeigt sich auch darin, dass sie inzwischen manche Ware billig bei den Salasacas erstehen, um sie für ein Mehrfaches an Touristen zu veräußern. Anders als die übrigen ethnischen Gruppen in Ecuador haben die Otavaleños weniger Berührungsängste mit **Touristen** und sind ihnen **gegenüber aufgeschlossen und freundlich.**

Es gibt heute kaum eine Stadt in Ecuador, in der nicht wenigstens ein kleiner Laden oder ein Verkaufsstand der Otavaleños zu finden sind. Zudem blüht das Geschäft in Übersee, und regelmäßig reisen Geschäftsleute der Otavaleños nach Europa und in die USA, um ihre Ware anzupreisen.

Ausflüge

Laguna de San Pablo (5 km)

Der Ausflug ist eine etwa **vierstündige Wanderung** (als Alternative bietet sich an, in Otavalo ein Fahrrad zu mieten. Der flache See unter dem Bergpanorama des Imbabura wird gerade an Wochenenden von **Wassersportlern** in Anspruch genommen. Am Ostufer gegenüber der Panamericana gibt es einige Hosterías und Ausflugslokale.

•*Hostería Jatuncocha,* Büro in Quito: Av. de los Shyris y Río Coca, Edif. Eurocentro Nº 10, Handy: 09-2720472, Tel. Hostería: 06-2918191. Schöne Cabañas mit Kamin um einen Garten direkt am See gruppiert, teils deutsche Küche, geleitet von dem deutschen Rennfahrer *Oliver Ranft* und seiner Frau *Guadelupe;* die Agentur *Ranft Turismo* mit vielen, vor allem sportlichen Programmen ist angeschlossen, sehr hilfsbereit (Tel. 2432622, Mail: ecuador@ranfturismo.com).
Mail: turismo@uio.satnet.net
Internet: www.hosteriajatuncocha.com

Zur Laguna geht man in Otavalo zur östlich verlaufenden Bahnlinie und folgt dieser nordwärts. In Peguche liegt der alte Bahnhof von Otavalo - heute das schöne *Hostal und Restaurant Aya Huma* (vergleiche dazu „Unterkünfte" in Otavalo).

Von Peguche aus biegt man am Río Jatunyacu, wo die Bahnlinie nach Nordwesten abknickt, am Fluss flussaufwärts ab und erreicht so die **Cascada de Peguche** (der Wasserfall wird auch direkt von einem Bus von Otavalo in 15 Min. angefahren).

Südlich des Flusses weitergehend, kommt man nach einer kleinen Klettertour zu einem Weg direkt zur Laguna und durch die Siedlungen der Otavaleños, denen man bei ihrer Arbeit am Webstuhl zusehen kann.

Ein asphaltierter Weg führt um die Lagune herum bis zur Ortschaft **San Pablo del Lago.** Von hier empfiehlt sich die Rückfahrt per Taxi oder Bus oder aber ein Besuch in der wunderschönen **Hacienda Cusín,** die heute ein Hotel ist.

•*Hacienda Cusín,* San Pablo, Tel. 06-2918013, DZ ab 125 $.
Internet: www.haciendacusin.com

•**Karten:** IGM TK 1:50.000 San Pablo del Lago ÑII-F2, 3994-I, IGM TK 1:50.000 Mojanda ÑII-F3, 3994-III; wer auch in der Umgebung wandern will, sollte sich ebenso die angrenzenden Karten Cayambe ÑII-F4, 3994-II, und Otavalo ÑII-F1, 3994-IV anschauen (siehe auch Kapitel „Bergwandern").

Parque Condor

Der Park liegt bei Otavalo, auf dem Bergrücken zwischen der Stadt und der Laguna San Pablo (Anfahrt mit dem Taxi), Tel. 06-2924429, 29224378, Di bis So 9.30–17 Uhr, Eintritt: 2,50 $. Sehr gut geführte Auffangstation für verletzte und nicht artgerecht gehaltene Vögel, vor allem Greifvögel, unter holländischer Leitung, Flugshow um 11.30 und 16.30 Uhr.
Internet: www.parquecondor.com

Lagunas de Mojanda (17 km)

Südlich aus Otavalo heraus führt eine gepflasterter Weg zu den wunderschönen Seen Laguna Grande de Mojanda und Laguna Negra. Auf der Südseite der Laguna Grande de Mojanda bestehen für den Wanderer Campingmöglichkeiten.

Von der Laguna Grande bietet sich eine Páramo-Wanderung in Richtung Süden zu den beinahe 20 km entfernten, präkolumbischen **Ruinen von Cochasquí** an. Dort steht ein **archäologisches Museum;** Eintritt: 3 $, gute Führung.

- *Hostal La Luna,* Via Mojanda km 4,5, Tel. 06-2922986, DZ ab 18 $. Auf dem Weg zu den Lagunen, nach etwa 4,5 km auf der linken Seite, liegt dieses hübsche und familiäre Berghostal in aller Stille und mit tollem Ausblick. Zimmer und Schlafsaal, kleines Restaurant. Internet: www.hostallaluna.com.

- **Karten:** IGM Straßenkarte (Blatt No. 5, Quito – Tulcán), IGM TK 1:50.000 Mojanda (ÑII-F1, 3994-III).

Cotacachi (16 km)

16 km im Nordwesten von Otavalo liegt das Dorf Cotacachi, eine kleine koloniale Niederlassung, die sich auf den **Lederwarenhandel** (en gros!) spezialisiert hat. Entlang der Hauptstraße kann man sich in den vielen Geschäften nach preiswerten, aber auch teuren Ledergürteln, -taschen, -jacken, -stiefeln etc. umsehen.

- *Hostal Meson de las Flores,* García Moreno 1367 y Sucre, Tel. 06-2916009, 2915828. Schönes, aber mittlerweile teures Hotel. Zimmer 71 $ mit Frühstück. Internet, Sauna und Telefon.
  Mail: mesondelasflores@hotmail.com
- Eine preiswertere Alternative ist das *Hostal Plaza Bolívar* an der Calle Bolívar.
- **Überlandbusse und busetas** stellen die Verbindung mit Otavalo (Ecke Calderon y 31 de Octubre) her, die Strecke wird alle 15 Minuten bedient, die einfache Fahrt kostet ab 0,25 $.

Intag (70 km)

Das abgelegene Dorf Intag in der Nähe von Apuela liegt an einem wunderschönen Nebelwald mit zahlreichen Orchideen bei angenehmem Klima. Eine engagierte Leserin hat es besucht und schreibt über das Dorf und die Umgebung: „Der sehenswerte Canton Cotacachi ist der erste „ökologische" Südamerikas. Immer mehr Menschen etwa in dem Ort Intag leben vom Tourismus und vom ökologischen Kaffeeanbau. Es gibt Flüsse zum Baden und Raften, Reitpferde und nette Familienunterkünfte. Es lohnen auch die Thermalbäder in Nangulví. Diese Initiativen des schönen Kantons brauchen jetzt noch dringender Öffentlichkeit, seit ein kanadisches Bergbauunternehmen, unterstützt von der Regierung in Quito Pläne hegt, in Cotacachi Kupfer abzubauen."

Kontakt zu der Kaffee-Kooperative: *Asociacion Agroartesanal de Caficultores Rio Intag,* Ramiro Fuertes, Tel. 2648489, www.camari.org/intag.

Die Anreise ist mehrfach täglich mit dem Bus aus Otavalo möglich (Fahrt mind. 2 Std.). Dabei kommt es schon mal zu Fahrplanänderungen. Der letzte Bus zurück nach Otavalo fährt meist um 15 Uhr.

Laguna Cuicocha (14 km)

Mit dem Bus geht es von Otavalo in Richtung Cotacachi. Steigen Sie in Quiroga aus und nicht in Cotacachi: Die Camioneta von Cotacachi ist fast 50% teurer als die von Quiroga.

Von Quiroga aus kann man eine etwa dreistündige Wanderung zur Laguna

Cuicocha unternehmen oder ein Taxi für 5–6 $ chartern. Die Lagune selbst kann dann in etwa 4–5 Stunden auf einem recht gut sichtbaren und ausgewiesenen Pfad komplett umwandert werden. Doch der Weg lässt sich auch durch eine Anfahrt nach **Los Pinos** am Kraterrand und/oder über die Piste Richtung **Las Antenas** auf der anderen Kraterseite verkürzen.

Tipp: Fragen Sie *Ernesto Cevillano* im „Mirador" (s.u.) bzgl. Zustand des Weges und eines Transports zum Einstieg in die Wanderung bzw. zu einer fachkundigen Führung.

An der unterhalb des Miradors liegenden **Hostería Cuicocha** werden vor allem am Wochenende Fahrten mit dem Motorboot zu den Inseln angeboten (16 $ pro Boot) oder auch Kajaks verliehen (8 $ pro Stunde).

- Am See befindet sich ein gutes **Restaurant.** Direkt darüber liegt der schöne **Mirador,** ein preiswertes und sehr gutes Forellenrestaurant mit Panoramaterrasse und fünf hübschen und einfachen **Cabañas** mit Kamin (EZ 12 $, DZ 10 $, Frühstück 2,50 $, Cabañas mit Kamin 8 $ p.P., Tel. 06-2915995, 09-908757, Mail: miradordecuicocha@yahoo.com). Es ist der Familienbetrieb des hervorragenden Bergführers und Naturkundlers *Ernesto Cevillano.*
- *Los Pinos de Cuicocha,* am oberen Kraterrand, am Parkeingang links den Feldweg etwa 3 km weit, 5 neue **Gästezimmer** in abgeschiedener Hazienda mit Panoramablick (EZ 35 $, DZ 46 $ mit Frühstück). In Zukunft auch Trekking- und Reittouren, Reservierung erforderlich über *Jorge Navarette,* Handy 099001516, oder besser noch in Quito über Jorges Sohn *Rafael Navarette,* Calle Roca 130 y 12 de Octubre, Tel. 02-2556701.
Mail: jorgenav@access.net.ec
Internet: www.lospinosdecuicocha.com
- Camper können sich am Parkeingang mit den nötigen **Infos** versorgen.
- **Karte:** IGM TK 1:50.000 Imantag ÑII-D3, 3995-III.
- Für alle Lagunen gilt: Vor Wanderungen und Zeltlagern unbedingt aktuelle Informationen zur **Sicherheitslage** vor Ort einholen!

Reserva Ecológica Cotacachi-Cayapas

Die Laguna de Cuicocha liegt im Naturschutzgebiet Reserva Ecológica Cotacachi-Cayapas. Das Naturschutzgebiet erstreckt sich über eine Fläche von 204.420 ha und reicht von der westlichen Kordillere der Provinz Imbabura bis zum Küstentiefland der Provinz Esmeraldas. Der Sierra-Teil des Naturschutzgebietes beinhaltet interandine Bereiche wie Páramo und hohe Bergzüge wie den Cotacachi (4939 m) und Yanahurco (4535 m) sowie die hoch gelegenen Seen Donoso Piñán und Cuicocha. Ein Zugang ist nur über die Laguna de Cuicocha möglich.

An der südwestlichen Grenze des Naturparks, etwa 70 km nordwestlich von Quito, befindet sich **„The Los Cedros Biological Reserve",** ein Regenwaldreservat von 6000 ha Größe. Das Schutzgebiet ist wegen seiner vielfältigen Flora und Fauna auf jeden Fall einen Besuch wert. In dem landwirtschaftlichen Forschungsgebiet werden auch Führungen durchgeführt. Volontäre sind nach Absprache willkommen, ebenso wie Studenten, die auch Rabatte erhalten. In dem spektakulären Bergnebelwald wird eine Vogelbeobachtungsstation errichtet.

Direkte **Anreise ab Quito:** Täglich startet ein Bus von Transportes Minas an der Calle Antepara y Pedro Fermin Cevallos in der Nähe des Parque El Alameda (Mo, Di, Fr um 12 Uhr, Mi und Sa um 9 Uhr, Do und So um 6.30 Uhr); der Bus fährt bis **Saguangal,** wo man in einem einfachen, sauberen Hotel übernachtet, bevor es am nächsten Tag weitergeht. Von der Hazienda von *José Yanouch* („Gringo Pepe") geht es dann zu Fuß (mit Packtieren) bis zum Reservat.

Warnung: Wer **westlich des Cotacachi** wandern möchte, sollte das **auf keinen Fall ohne Führer** tun. Vor allem in Richtung Laguna Donoso Piñan besteht die Gefahr, sich durch dichte Nebelbildung vollends zu verlaufen. Für nähere Informationen und konkrete Arrangements sollte man sich vor dem Aufbruch zu diesem herrlichen Stück unberührter Natur unbedingt in Verbindung setzen mit Ernesto an der Laguna Cuicocha (siehe oben) oder mit: *Proyecto Los Cedros,* Centro de Investigación de los Bosques Tropicales, Quito, Tel. 02-2540346.

---

25 km hinter Otavalo, auf halber Strecke zwischen Quito und Tulcán, liegt die Stadt **Ibarra.**

Ibarra

Die **Hauptstadt der Provinz Imbabura** hat 70.000 Einwohner und liegt auf einer Höhe von 2200 m. Sie wurde an einem kleinen Fluss, dem Río Taguando, im Jahre 1606 von *Cristóbal de Troya* gegründet und war anfangs das Verwaltungszentrum der spanischen Eroberer.

ecu011 Foto: peko

1868 wurde die Stadt durch ein schweres Erdbeben stark beschädigt, aber viele weiß getünchte kleine Häuser – Ibarra wird deshalb auch **„Ciudad Blanca"**, die weiße Stadt, genannt – und viele gepflasterte Straßen erinnern immer noch an die koloniale Gründerzeit, als die Otavaleños ihre hochwertigen Weberzeugnisse für die Spanier herstellten.

Die Stadt wurde früher von den Reisenden vornehmlich aufgesucht, um den Ibarra-San Lorenzo-Zug an die Küste zu nehmen. Doch die schöne **Altstadt** ist auch für sich mindestens einen Tagesausflug wert.

Ferner lohnt ein Ausflug nach La Esperanza und vielleicht für die eine oder den anderen ein weiterer nach San Antonio de Ibarra.

Sehenswürdigkeiten

Die Stadt lässt sich in zwei Bereiche teilen: den belebten Südosten mit dem Bahnhofsviertel, Markt und preiswerten Hotels und das (westliche) Zentrum mit Parkanlagen und kolonialen Gebäuden. Touristisch attraktiv ist das Zentrum der Stadt.

• Parque La Merced

(Auch bekannt als Parque Victor M. Peñaherrera.) Hier steht die gleichnamige Kirche mit der Virgen de La Merced. In der Mitte des Parks ist dem Juraprofessor *Victor M. Peñaherrera* (1865–1930) ein Denkmal gesetzt worden.

Ibarra – Apotheker Fausto Yepes, ein leidenschaftlicher Sammler

An der Nordseite des Parks befindet sich in der Calle G. Moreno im hinteren Trakt des Restaurants La Estancia ein kleines privates Museum, das **Museo Arqueológico**, das Exponate der Prä-Inkazeit beherbergt. Die Öffnungszeiten schwanken, der Eintritt kostet 1 $.

• Kathedrale

Die Kathedrale befindet sich am Parque Pedro Moncayo. *Moncayo* war ein berühmter Journalist und Diplomat. Heute bildet der Park den Mittelpunkt der Stadt.

• Plazoleta Boyacá

Weiter im Norden an der Ecke Bolívar y Troya ist der kleine Platz mit dem Denkmal von *Simón Bolívar,* der am 17. Juli 1823 die siegreiche Befreiungsschlacht von Ibarra schlug.

• Gleich dahinter ist die **Kirche Santo Domingo.** Neben interessanten Gemälden befindet sich in ihr auch ein **Museum für religiöse Kunst.** Geöffnet: Di bis Sa 9–12 und 15–18 Uhr.

• **Tel. Vorwahl Ibarra: 06**

Hinweis

Die Straßen in Ibarra sind mit Nummern und Namen versehen. In Westost-Richtung werden die Straßen als *carreras,* in Nordsüd-Richtung als *calles* bezeichnet.

Touristeninformation

• Av. Garcia Moreno 376 y Rocafuerte, Tel. 2958547, Fax 2958759, geöffnet Mo bis Fr 8.30–13 und 14–17 Uhr.
Mail: mtournorte@turismo.gov.ec

Unterkunft

Einfache Unterkünfte

• *Residencial Imperio*
Oviedo 864 y Olmedo; DZ mit BP, TV, Parkplatz, 6 $ p.P.

• *Hotel Nueva Colonia*
Olmedo y Grijalva, Tel. 2952918; p.P. 8 $ mit BP, Telefon.

• *Hotel Nueva Colonia II*
Calle Borrero 673 y Olmedo, Tel. 2640492; 10 $ p.P. mit Benutzung des Pools; Sauna, Dampfbad und Hydromassage kosten 4 $ Aufpreis.

• *Hotel Residencial Madrid*
Olmedo 857 y Oviedo; DZ mit BP, warmes Wasser, ca. 5 $ p.P., freundliches und sauberes Haus.

• *Hostal Recalde Residencial*
Olmedo 9-84 y Velasco; EZ mit BP und warmer Dusche 4 $.

• *Hotel Ibarra*
Mosquera 6158 y Sánchez, Tel. 2953475, 2955091; 7 $ p.P. mit BP; TV, Telefon, Parkplatz.

• *Hostal Ecuador*
Calle Obispo Mosquera 5-54 y Bolívar, Tel. 06-2956425; 5 $ p.P. mit BP und TV.

• *Hostal El Dorado*
Oviedo 5-47 y Sucre, Tel. 2958700, 10 $ p.P., TV, Parkplatz.

• *Hostal El Ejecutivo*
Bolívar 9-69 y Velasco, Tel. 2952511; 7 $ p.P. mit BP und Kabel-TV.
Mail: mchaconf@hotmail.com

• *Hostal El Retorno*
Pedro Moncayo 4-32 y Rocafuerte, Tel. 2957722, 2642743, 7 $ p.P. mit BP.

• *Hostal Madrid*
Olmedo 8-69 y Pedro Moncayo, Tel. 2644918; 10 $ p.P. mit BP, TV und Telefon.

• *Hotel Madrid*
Pedro Moncayo 7-41 y Olmedo, Tel. 2956177, 2643720; 8 $ p.P. mit BP, Telefon und Kabel-TV, Restaurant.

• *Residencial Colón*
Chica Narváez 8-62 y Velasco, Tel. 2958695, 4 $ p.P. mit BC, 5 $ p.P. mit BP.

• *Residencial Majestic*
Olmedo 7-61 y Oviedo, Tel. 2950052; 4 $ p.P. mit BP.

Mittelklasse-Hotels

• *Hostal Nueva Estancia*
Calle García Moreno 7-58 y Sánchez y Cifuentes (Parque de la Merced), Tel. 2951444, zentral, komfortabel, Restaurant, moderate Preise (Lesertipp).

• *Hotel Ajaví*
Av. Mariano Acosta 1638, Tel. 2955555, Fax 2955787; EZ 59 $, DZ 76 $ mit BP, Telefon, Kabel-TV, inkl. Frühstück, Parkplatz, Bar, Pool, Sauna, Disco. Internet: www.hotelajavi.com

• *Hotel Turismo Internacional*
J. Hernández y R. Troya, Tel. 2952814, Fax 2956413; DZ 25 $ p.P. mit BP, TV, Telefon; Sauna, Pool, Whirlpool, Hydromassage, schön und sauber.
Mail: hotelturismo@imbanet.net
Internet: www.hotelturismo.com.ec

• *Hotel Montecarlo*
Av. Jaime Rivadeneira 555 y Oviedo, Tel. 2958182, Fax 2958266; EZ 18 $, DZ 31 $ mit BP, TV, Telefon; Pool, türkische Sauna, sehr sauber, aber mitunter laut wegen benachbarter Disco. Mail: montecarlohotel@gmail.com

• *Hotel Imperio del Sol*
Panamericana Norte km 9, Tel. 2959795, 2959796, EZ 30 $, DZ 37 $, Restaurant, Diskothek, Garage.
Mail: hotimperiodelsol@andinanet.net

• *El Conquistador*
Autopista Yaguarcocha km 9, Tel. 2953985; EZ 20 $, DZ 49 $, Restaurant geöffnet Di bis So 6–24 Uhr, Diskothek, Sportplatz, Café, Parkplatz, Telefon, TV.

Essen und Trinken

• *Mr. Peter's*
Oviedo y Bolívar, Tel. 2958539; gutes Essen, Pizza und Fleischgerichte.

• *Pizzería El Horno*
Rocafuerte 6-38 y Flores, Tel. 2959019, samstags Live-Musik.

• *El Chagra*
Calle Olmedo 7-44, Fleischgerichte.

• *Hostal El Dorado*
Oviedo y Sucre, Tel. 2958700, relativ teuer, gute Fischgerichte.

• *Eiscafé Suárez*
Oviedo y Olmedo 782, Tel. 2958772, beste hausgemachte Eisspezialitäten.

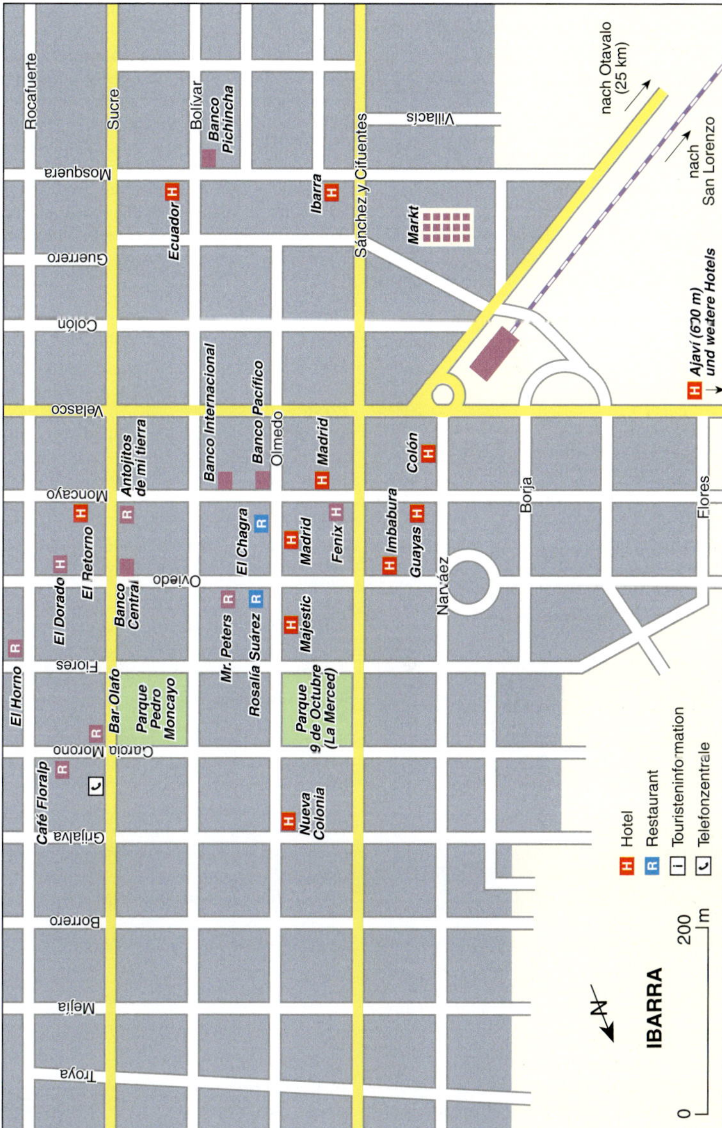
IBARRA
0
200 m
Hotel
Restaurant
Touristeninformation
Telefonzentrale
nach Otavalo (25 km)
nach San Lorenzo
Ajaví (600 m) und weitere Hotels
Rocafuerte
Sucre
Bolívar
Olmedo
Sánchez y Cifuentes
Narváez
Borja
Flores
Villacís
Mosquera
Guerrero
Colón
Velasco
Moncayo
Oviedo
Flores
García Moreno
Grijalva
Borrero
Mejía
Troya
Banco Pichincha
Banco Internacional
Banco Pacífico
Banco Central
Markt
Ecuador
Ibarra
Madrid
Colón
Antojitos de mi tierra
El Retorno
El Dorado
El Horno
El Chagra
Madrid
Fenix
Imbabura
Guayas
Mr. Peters
Rosalía Suárez
Majestic
Bar Olafo
Parque Pedro Moncayo
Parque 9 de Octubre (La Merced)
Café Floralp
Nueva Colonia

● *Café Florales*
Av. Teodoro Gómez 644 y Atahualpa, Tel. 2950101, sehr gutes Frühstück und kleine Speisen, schweizerische Leitung, tägl. 8–21 Uhr, So 9–19 Uhr.

● *Antojitos de mi Tierra*
Plaza de la Ibarrenidad, Calle Pedro Moncayo y Sucre, Tel. 09-5155088, familiär, herzlich, preiswert, typisch ibarreñische Küche.

● *Café Arte*
Calle Salinas 5-43 y Oviedo, Tel. 2950806, Mo bis Sa 17–24 Uhr, schönes Ambiente, Live-Musik am Wochenende, kleine mexikanische Küche.
Mail: olmedomoncayo@yahoo.com

● Die **Chifas** in der Calle Olmedo sind allesamt recht gut und preiswert.

Nachtleben

Freitag- und Samstagnacht sind die Discos und zahlreichen Bars gut besucht.

Taxis

Mit dem Taxi fährt man am bequemsten zur Bushaltestelle, wenn man viel Gepäck bei sich führt. Taxis fahren aber auch umliegende Orte wie San Antonio de Ibarra an.

Überlandbusse

Der neue, übersichtliche Busbahnhof von Ibarra befindet sich in der Avenida Teodoro Gómez y Atahualpa. Dort finden sich zudem zahlreiche Geschäfte, Snackbars und ein Internetcafé.

● **Ibarra – Otavalo** (½ Std.)
● **Ibarra – Tulcán** (2½ Std.)
● **Ibarra – San Antonio de Ibarra** (15 Min.)
● **Ibarra – Lita/Boca** (7 Std.)
● **Ibarra – Quito** (3 Std.)
● **Nach San Lorenzo** (ca. 5 Std.): mehrmals täglich mit dreiviertelstündigem Zwischenstopp in **Lita.** In dem kleinen Dorf gibt es zwei Restaurants und eine einfache Übernachtungsmöglichkeit.

Eisenbahn

● Südlich des Stadtzentrums von Ibarra liegt der Bahnhof. Die Zugstrecken von Quito und Otavalo nach Ibarra wurden eingestellt, und so fährt heute nur noch ein **Schienenbus** Sa und So um 8 Uhr **nach Primer Paso.** Die Fahrt dauert etwa 2 Stunden, nach einem 4-stündigen Aufenthalt in dem Freizeitbad bei Primer Paso geht es um 14 Uhr zurück, Ankunft in Ibarra gegen 16 Uhr, Fahrpreis hin und zurück 5 $. Es empfiehlt sich unbedingt, vorher eine Bestätigung einzuholen, ob die Bahn auch wirklich fährt und noch Tickets zu bekommen sind. Bahnhofstelefon: 2955060, 2950390.

Geldwechsel

● In der Calle Oviedo y Bolívar gibt es eine **Wechselstube.**

Post

● Ein zentrales Postamt (No. 3) befindet sich am Parque Moncayo.

Telefon

● Die Andinatel-Zentrale befindet sich in der Calle Sucre 4-48 y García Moreno.

Sonstiges

● Täglich ist **Markt,** großer Markttag ist der Samstag. In den Straßen um den Bahnhof gibt es quasi alles zu kaufen.

● *Pukyu Pamba y Expediciones al Imbabura*
Reiseveranstalter, Handy 09-9161095, der ausgebildete Bergführer *Manuel Guatemal* führt z.B. auf den Imbabura. Neben seinen Cabañas, einem idealen Ausgangspunkt für Wanderungen, serviert er auch noch gutes Essen. Tour 30 $ für 2 Personen. Tour mit Unterkunft 25 $ p.P.
Mail: manuel_guatemal@hotmail.com

Der Schienenbus nach Primer Paso
im Bahnhof von Ibarra

Ausflüge

San Antonio de Ibarra (3 km)

San Antonio de Ibarra liegt von Ibarra kommend links der Panamericana. Wer nicht mit eigenem Fahrzeug reist, nimmt in Ibarra entweder einen Bus nach Otavalo/Quito oder den San Antonio-Bus, der bis zum Dorfplatz fährt, oder ein Taxi. Wer einen Quito- bzw. Otavalo-Bus wählt, wird vom Fahrer an der Panamericana herausgelassen und muss den Weg bis zum Hauptplatz zu Fuß zurücklegen.

Das kleine Sierradorf ist bekannt für seine **Holzschnitzereien.** An der steilen Straße von der Panamericana hinauf zum Hauptplatz und an diesem selbst befinden sich die Werkstätten der Holzschnitzer. Über die Qualität der Arbeiten kann man durchaus geteilter Meinung sein; viele der hier produzierten religiösen Figuren oder Frauenakte sind reiner Kitsch.

La Esperanza (7 km)

Ibarra im Süden mit dem Bus oder dem Taxi verlassend, erreicht man nach 7 km die schöne Gemeinde La Esperanza. Sie bietet sich als Ausgangspunkt zur **Besteigung des Vulkans Imbabura** (4609 m) an. Für einen Aufstieg bis zum Gipfel – unbedingt mit einem Führer zu unternehmen – müssen 6–10 Stunden eingeplant werden. Der Ausblick vom Gipfel lohnt die Mühe in jedem Fall!

Schöne Landschaftserlebnisse im Páramo eröffnet auch die **Besteigung des Loma Cubilche** (3836 m). Ebenso kön-

ecu012 Foto: peko

nen von La Esperanza Páramo-Wanderungen in die Umgebung unternommen werden. Viele Reisende verweilen hier ein paar Tage, um einfach in ruhiger Atmosphäre zu relaxen.

●**Unterkunft und Essen:** In der *Casa Aida* (Calle Galo Plaza, Tel. 06-2642020, Gartencabañas, Restaurant, EZ/DZ ab 7 $) gibt es Mehrbettzimmer (mit BC), gutes, preisgünstiges Essen und Tipps für Wanderungen und Bergtouren.

Thermalbad Chachimbiro

Etwa 25 Min. von Ibarra, zwischen den Dörfern Salinas und Urcuquí, Tel. 06-2648133, 09-8210131; geöffnet 7–22 Uhr, Eintritt: 3,50 $, med. Anwendungen: 3 $. Busverbindung fast täglich fühmorgens ab Ibarra, ansonsten Busanreise bis Urcuquí und weiter per Camioneta. Ausgezeichnetes Thermalwasser, wunderschöne Umgebung – Leserzuschrift aus Günzburg: „Wir haben es am eigenen Leib erfahren, dass Schmerzen in den Gelenken und an der Wirbelsäule einfach weg waren!"

Das subtropische Mira-Tal

Badeort Limonal, 1,5 Std. ab Ibarra mit Cooperativa Espejo oder Cooperativa Valle del Chota. Der Belgier *Piet Sabbe,* Gründer von „The Bospas Forest Farm", ermuntert jeden, seine biologische Früchtefarm zu besuchen; er organisiert auch Trekking- und Reitausflüge, zum Beispiel in das Golondrinas-Nebelwaldreservat.

●*Hostería Martyzu*, Tel. 06-2648693, Pool, Sportanlage, einfache Zimmer mit BC 7 $ p.P., laut

●*Hostería El Limonal*, Cra. Via San Lorenzo, Tel. 06-2648688, Pool, gute Sportmöglichkeiten, Parkplatz, Garage, Restaurant, 7 $ p.P., empfohlen

●*Bospas Lodge Bed & Breakfast,* Via a San Lorenzo km 42, Gemeinde Limonal, Tel. 06-2648692, 15 $ p.P. mit Frühstück. Restaurant, Hauptgericht 5 $, oberhalb des Mira-Tals, schöner Blick auf den Fluss, auch Campingmöglichkeiten; auf der Früchtefarm des Belgiers *Piet Sabbe* und seiner Frau *Gabriele* sind auch Voluntäre willkommen.
Mail: bospasforest@gardener.com
Internet: www.bospas.org

●*Hosteria Pantavi,* in Tumbabiro-Ibarra, Tel. 06-2934185, Büro in Quito: Tel. 02-2347476, EZ 35 $, DZ 45 $, wunderschöne Hacienda, prachtvolle Gärten, Kunstgalerie, Ruhe und hervorragendes Klima, Pool, Restaurant, Wandern, Radfahren. Empfehlenswert!
Mail: info@hosteriapantavi.com
Internet: www.hosteriapantavi.com

Lago Yahuarcocha (2 km)

Auf der Panamericana nordwärts wird 2 km nach Ibarra der Lago Yahuarcocha sichtbar. Das Wort Yahuarcocha bedeutet in der Inka-Sprache Quechua soviel wie **„Blutsee".** Hier soll der Inka-Herrscher *Huayna Cápac* seine letzte Schlacht gegen die Cara geschlagen haben, und als er die Leichen in den See werfen ließ, färbte sich dieser rot. Heute ist der See bekannt für seine Rennbahn, die um den See führt und alljährlich im September viele Rennsportbegeisterte anlockt.

Valle de Chota (12 km)

10 km sind es vom Lago zum warmen Chota-Tal. Das Landschaftsbild nimmt durch die Zuckerrohrplantagen einen tropischen Charakter an. Die Bevölkerung wird plötzlich bestimmt durch schwarze Siedler. Sie sind die Nachfahren ehemaliger Sklaven, und man hört sie manchmal noch von ihren Ahnen

sprechen, die Mitte des 17. Jahrhunderts als erste schwarze Sklaven ins Chota-Tal gebracht wurden, um auf den Zuckerrohr- und Baumwollplantagen der Jesuiten zu arbeiten. Bis heute leben die **Afro-Ecuadorianer** im Chota-Tal und bilden so einen starken Kontrast zur indianischen Sierrabevölkerung.

Im Chota-Tal liegen auch einige Ferienanlagen, erfrischend sind vor allem die Freibäder im Tal.

Hinter Juncal verlässt die Panamericana das Chota-Tal. Vorbei an dem Ort San Gabriel erreicht man ca. **250 km nördlich von Quito** die Grenzstadt **Tulcán.**

Tulcán

Der Ort in 3000 m Höhe wird normalerweise nur angefahren, wenn die Absicht besteht, die **Grenze nach Kolumbien** zu überqueren. Ansonsten besteht auch wirklich kaum ein Grund, sich länger in Tulcán aufzuhalten. In der Grenzstadt leben 35.000 Menschen, die einzige Attraktion des Ortes ist der **Friedhof mit** seinem schönen **botanischen Garten,** in dem Bäume und Sträucher zugeschnitten und zu geometrischen Formen angeordnet sind. Ähnliche „Skulpturen" schmücken auch den zentralen Stadtpark. In der Umgebung können Ausflüge in den Nationalpark El Angel und nach Tufiño am Vulkan Chiles unternommen werden.

Im **Parque Isidro Ayora** findet sich eine weiße Reiterstatue zu Ehren *Abdón Calderóns,* eines jungen Leutnants, der an der Schlacht vom Pichincha am 24. Mai 1822 teilnahm.

- **Tel. Vorwahl Tulcán: 06**

Touristeninformation

- Tel. 2983892, Puente Internacional de Rumichaca; geöffnet Mo bis Fr 9 bis 16 Uhr.

Unterkunft

- *Residencial Quito*
  Ayacucho 450, Tel. 2980541; EZ 2 $, DZ 4 $ mit BC, warmes Wasser, TV.
- *Residencial Florida*
  Sucre y 10 de Agosto, Tel. 2983849; EZ 4,50 $, DZ 6 $ mit BP, TV, Telefon.
- *Residencial Oasis*
  10 de Agosto y Sucre, Tel. 2980342; EZ 6 $, DZ mit BP 10 $, Kabel-TV.
- *Hostal Alejandro*
  Sucre y Quito, Tel. 2981784; EZ 5 $, DZ 10 $ mit BP, Parkplatz, Telefon, TV.
- *Hotel Frailejón*
  Sucre y Rocafuerte, Tel. 2981129; DZ mit BP, TV 5 $ p.P., Parkplatz, Tel., Restaurant, Disco.
- *Hotel Restaurante Los Alpes*
  Av. Veintimilla y Juan Ramón Arellano (nahe dem Terminal Terrestre), Tel. 2982235; 4 $ p.P. mit BP und TV.
- *Hotel Machado*
  Ayacucho 403 y Bolívar, Tel. 2984221, 2984810, 20 $ p.P. inkl. Frühstück, mit BP, Kabel-TV und Telefon.
- *Hotel Sara Espíndola*
  Sucre y Ayacucho, Tel. 2986209; EZ 40 $ p.P., DZ 50 $, ohne Frühstück, Internet, BP, TV sowie Sauna, Dampfbad und Massagen im Haus.
- *Hotel Sáenz Internacional*
  Sucre y Rocafuerte, Tel. 2981916, Fax 2983916; DZ mit BP 9 $ p.P., freundlich, schön, Disco.

Busse

Vom Busbahnhof (3 km südwestlich des Zentrums) werden mehrmals täglich folgende Strecken bedient:

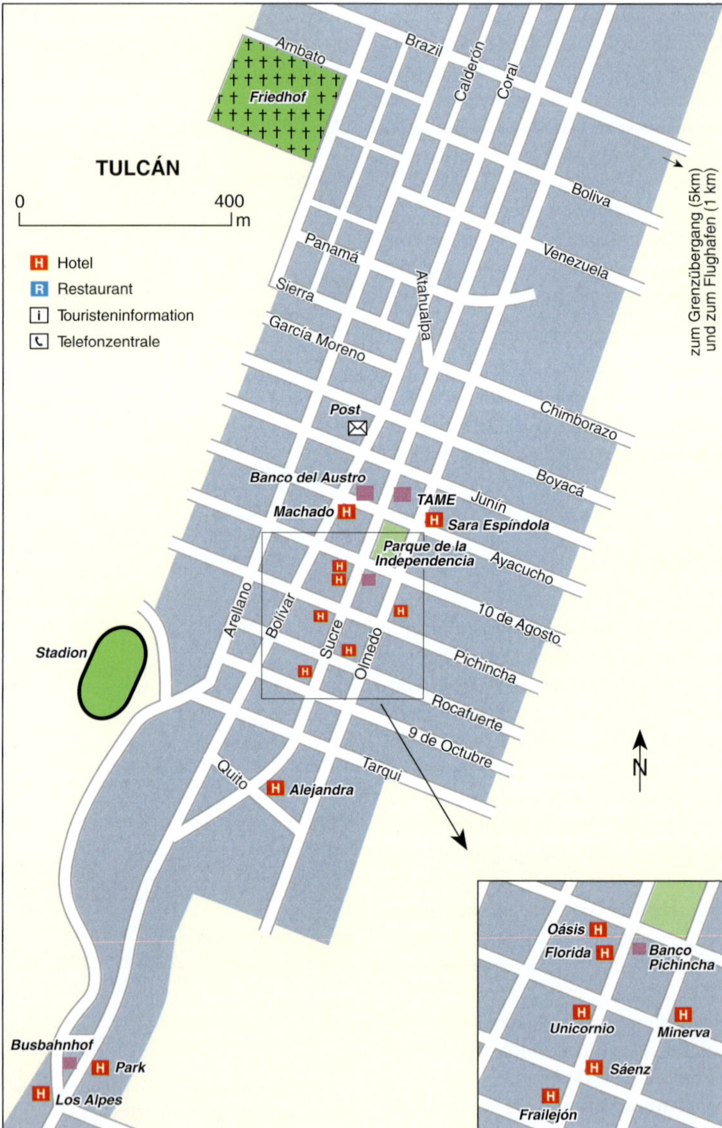

TULCÁN
0
400
m
Hotel
Restaurant
Touristeninformation
Telefonzentrale
Ambato
Friedhof
Brazil
Calderón
Coral
Boliva
Venezuela
Panamá
Sierra
García Moreno
Atahualpa
Chimborazo
Post
Boyacá
Banco del Austro
TAME
Junín
Machado
Sara Espíndola
Parque de la Independencia
Ayacucho
10 de Agosto
Arellano
Bolívar
Sucre
Olmedo
Pichincha
Rocafuerte
9 de Octubre
Tarqui
Stadion
Quito
Alejandra
zum Grenzübergang (5km) und zum Flughafen (1 km)
N
Oásis
Florida
Banco Pichincha
Unicornio
Minerva
Sáenz
Frailejón
Busbahnhof
Park
Los Alpes

- **Tulcán – Quito** (6 Std.)
- **Tulcán – Ibarra** (2½ Std.)
- **Tulcán – Otavalo** (3 Std.)
- **Tulcán – Guayaquil** (12 Std.)
- Vom Busbahnhof geht es mit *Cooperativas Norte* stündlich von Tulcán **nach Tufiño** (½ Std.) und nach **Maldonado** (3 Std.).
- Auch **nach El Angel** (1 Std.) fährt ein Bus.

Flüge

- Das TAME-Büro (Tel. 2980675) befindet sich in der Calle Junin y Ayacucho, Ed. Gómez Jurado. Mo bis Fr bietet TAME vormittags einen Flug (11.30 Uhr) nach Quito an sowie mehrmals wöchentlich eine Verbindung nach Cali/Kolumbien.
- Der **Flughafen** liegt 2 km vom Zentrum entfernt und ist mit dem Taxi oder (günstiger) mit dem Grenzbus, der am Flughafen hält, bevor er zur Grenze weiterfährt, zu erreichen.

Post und Telefon

- Postamt: Ecke Junín y Ayacucho
- Andinatel: Ecke Olmedo y Junín sowie am Busbahnhof

Weiter nach Kolumbien

- Die Grenzformalitäten werden direkt an der **Grenze** abgewickelt, die **5 km außerhalb von Tulcán** liegt, am **Kontrollpunkt Rumichaca.** Die Ausreise ist problemlos. Man lässt seine ecuadorianische Touristenkarte an der Grenze zurück und bekommt den Ausreisestempel, der in Kolumbien von der *Policía Colombiana (Departamento Administrativo de Seguridad,* DAS) verlangt wird. Die Kolumbianer stempeln dann den Einreisevermerk. Die Grenze ist von 6–20 Uhr offen.
- Wer nach Kolumbien ausreist, bekommt an der Grenze die **Pesos** günstiger bei den registrierten Geldwechslern (Banknoten auf Echtheit untersuchen!).

Fundación Golondrinas

Das **„Cerro Golondrinas Cloudforest Conservation Project"**, gegründet im Jahr 1991, ist ein Naturschutzprojekt, das in den westlichen Ausläufern der Anden zwischen Ibarra und Tulcán angesiedelt ist. Zur Finanzierung diverser ökologischer Schutzmaßnahmen (Aufforstung, Baumschule, Unterrichtung der Bauern in Forstwirtschaft usw.) organisiert die Fundación ein „Golondrinas-Trekking" (Tel. 06-2648679, 2648662). Startpunkt ist **El Angel.**

Etwa 50 km südwestlich von Tulcán passiert man **drei Ökosysteme** mit unterschiedlichen klimatischen Bedingungen und jeweils spezifischer Fauna und Flora. Endpunkt ist die kleine Ortschaft **La Carolina** (1000 m) an der stillgelegten Bahnstrecke Ibarra – San Lorenzo. Einheimische Führer aus der Region erläutern ökologische Zusammenhänge. Unterwegs ist man in Gruppen von 6 bis 8 Leuten, jährlich sollen nicht mehr als 500 Touristen durch das Gebiet geführt werden. Gummistiefel sind vonnöten (in Quito für 5–6 $ erhältlich), das Gepäck wird von Pferden und Pick-ups transportiert. Der Preis von 55 $ pro Tag/Person beinhaltet Unterkunft (eigener Schlafsack nötig!), Verpflegung, Transport, Führer usw.

- Weitere **Informationen** über die Tour erteilt die *Fundación Golondrinas* in Quito, Tel. 02-2226602, Calle Isabel La Católica 1559; vor Ort: Tel. 06-2648679, 2648662. Hinweis: Manche Reisende berichten, dass die Stiftung ihre Aufgaben vernachlässigt und das Trekking, wenn überhaupt noch im Angebot, nicht mehr zu empfehlen ist.
- **Unterkunft:** Am Dorfrand von El Angel (Panamericana Norte y Av. Espejo 1302) liegt die hübsche *Hostería El Angel,* Tel. 2977584, EZ 18,50 $, DZ mit Frühstück 30,50 $, gute Küche, sehr freundlich; von Lesern empfohlen auch als Ausgangspunkt für Exkursionen mit dem Pferd oder zu Fuß in den Páramo.

- Weitere sehr einfache Unterkünfte und Restaurants finden sich im Dorfzentrum.

Ausflüge

Tufiño (17 km)

Tulcán wird auf einer schlecht befahrbaren Stichstraße westwärts verlassen, Tufiño ist nach einer knappen Stunde Fahrt erreicht. Den **Vulkan Chiles** (4720 m) immer im Blick, durchfährt man den Páramo (3800–4200 m) von El Angel mit den typischen *frailejones gigantes (Espeletia)*, den „Riesenmönchen", die noch spektakulärer auf einer Fahrt von Tulcán über El Angel zurück nach Ibarra zu erleben sind.

Tipp für Wanderer (da kaum Transportmöglichkeiten): Besorgen Sie sich im Büro von INEFAN in El Angel (nahe Hauptplatz, werktags ab 8 Uhr) eine Karte und besuchen Sie den Nationalpark. *Helga W.* schreibt: „... Moorflächen mit Kolken, Moorseen, Moorbächen und einer äußerst exotisch anmutenden Planzenwelt ...". Besonders empfohlen wird das Moor um die Laguna Voladero.

Das Dorf verfügt über **Thermalquellen,** die vom Vulkan Chiles gespeist werden. Nach einem Bad bietet sich eine Weiterfahrt über die wunderschöne Passstraße gen Westen durch den nördlichen Páramo an.

Am **Volcán Chiles** erreicht man eine Passhöhe von 4000 m. Auf der anderen Seite geht es über 75 km (4 Std.) bis Maldonado (2000 m Höhe); hier wird es spürbar wärmer.

Eine Weiterfahrt an die Küste ist bis Alto Tambo, vielleicht auch bis San Lorenzo möglich. Von Alto Tambo kann die Straße über Lita zurück nach Ibarra genommen werden.

Grotte La Paz

Nach ungefähr 1½ Stunden auf der Panamericana erreicht man südlich von Tulcán das Dorf La Paz. Ein ca. 7 km langer atemberaubender Fahrweg führt von dort zu einer Grotte gleichen Namens. Die **Kalksteinhöhle** weist schöne Stalagtiten und Stalagmiten auf und auch eine Skulptur der *Virgen María* (Jungfrau Maria). Geöffnet ist täglich von Sonnenauf- bis Sonnenuntergang.

Frailejones und Polylepis

Die Reserva Ecológica von El Angel beherbergt **eine der außergewöhnlichsten Naturlandschaften Ecuadors.** Die im Spanischen „Frailejones" genannten Mönchsgewächse sind Blütenpflanzen mit behaarten Blättern, die der Kälte des Páramo auf über 4000 Metern trotzen. In einigen Hochtälern findet man zudem Papierwälder sogenannter Polylepis-Bäume. Zum Besuch dieser abgelegenen Orte bieten sich zwei Optionen an: zum einen über die Hostería El Angel (s.o. unter „Fundación Golondrinas"), zum anderen über eine Blockhaus-Lodge direkt am Fuße des Papierwaldes (rustikale Cabañas mit Kamin und ein Restaurant):

- *Polylepis Lodge,* Zona de amortiguamiento de la Reserva el Angel, Tel. 06-2954009, 09-4031467, Anfahrt am bequemsten ab El Angel mit einer Camioneta (45 Min.). Alpin anmutende Blockhaus-Zimmer mit Kamin, Vollpension und drei geführten Wanderungen: EZ 51 $, DZ 102 $.
Internet: www.polylepislodge.com

Route A 2

• Quito – Sangolquí – Machachi – Lasso – Latacunga – Ambato – Baños – Riobamba
• Routenlänge ca. 250 km

Die Reiseroute führt auf der **„Straße der Vulkane"** (so benannt von *Alexander von Humboldt)* durch die landwirtschaftlich genutzten Täler hinein in die Sierra-Dörfer südlich von Quito.

Man verlässt Quito südostwärts in das **Valle de los Chillos,** wo ab dem Kleeblatt – „el trébol" – die moderne Privatautobahn „Rumiñahui" über San Rafael nach Sangolquí und weiter nach **Amaguaña** am Fuße des Bosque Protector Pasochoa führt.

Die meisten Langstreckenbusse fahren jedoch nicht durch das Valle de los Chillos Richtung Latacunga, sondern nehmen den Weg durch Quitos Süden und schließen erst bei Tambillo an die Talroute an.

• Restaurant-Tipp: *Muckis Garden,* in **El Tingo** bei San Rafael, Tel. 02-2861789, deutsche Besitzerin; es gibt ecuadorianische und europäische Spezialitäten in geschmackvoller Umgebung (recht teuer), Di bis So 12–17 Uhr, Fr auch 19–21 Uhr.
Mail: info@muckis.com
Internet: www.muckis.com

Sangolquí

Nach Sangolquí (auch in alle anderen Dörfer des Valle de los Chillos) fahren Busse vom Südende des Knotenpunkts La Marín in Quitos Altstadt ab. Viertelstündlich kann auch nach Amaguaña gefahren werden.

Sangolquí hält einen großen und sehenswerten **Sonntagsmarkt** ab, wo Bauern ihre Waren feilbieten. Wochenends nutzen die Quiteños den stadtnahen Markt zum Einkauf. Neben dem Marktbesuch bietet sich auch ein Besuch im Naturpark von Pasochoa (siehe unten) an.

Unterkunft

• *Hostería Sommergarten*
Calle Chimborazo 248 y Riofrío, Tel. 02-2332761, 02-2330315, deutsche Leitung, Exkursionen, Bungalowhotel mit Gartenanlage und Pool, Restaurant, türkische Sauna, EZ 40 $, DZ mit BP 50 $ – sehr zu empfehlen!
Mail: somers@uio.satnet.net
Internet: www.ecuador-somergarten.net

• *Hacienda La Carriona*
Vía Amaguaña km 2,5; Tel. 02-2331974; stilvolle Unterkunft in einer restaurierten Hazienda, EZ 61 $, DZ 67 $, Pool, Sauna, Reiten, hervorragende Küche – sehr zu empfehlen!
Mail: info@haciendalacarriona.com
Internet: www.hosterialacarriona.com

Essen und Trinken

• *El Refugio*
Montúfar 381 y Riofrío (nahe des Kirchplatzes), schönes, preiswertes Restaurant, traditionelle Küche, nur wochenends geöffnet.

Abstecher in den Bosque Protector Pasochoa

Das 400 ha kleine Gebiet bildet einen der wenigen Feuchtwaldbestände im Tal Valle de los Chillos. Der Schutzwald erstreckt sich westöstlich an der Nordflanke des erloschenen Pasochoa-Vulkans (4200 m) in Höhen ab 2700 m.

Der Naturpark dient Forschern als Untersuchungsgebiet und will Kinder

ecu013 Foto: peko

ecu014 Foto: peko

mit Hilfe von umfangreichen Lernprogrammen zum aktiven Naturschutz erziehen.

Der Park ist ein **Paradies für Vogelliebhaber.** In der Höhe ziehen manchmal Kondore ihre Kreise, Kolibris kommen in wenigstens einem Dutzend Arten vor, und neben weiteren Vogelarten leben in Pasochoa Hasen, Fledermäuse, Pumas, seltene Schmetterlinge und unzählige Froscharten.

Unter den vielen **Pflanzen** stechen Cecropia-Arten hervor, deren Blätter die Form einer Hand haben. Viele Pflanzen werden medizinisch genutzt. Die Anden-Lorbeere und die Anden-Zeder, die ansonsten nur noch im Podocarpus-Nationalpark zu sehen sind, sowie Orchideen und die Bromelie huaycundos sind weitere Vertreter im Naturpark Pasochoa.

Dem Besucher stehen **verschiedene Wanderwege** zur Verfügung, von denen die kürzesten in einer halben Stunde zurückzulegen sind. Ein Wanderweg führt hinauf zum Kraterrand des Pasochoa-Vulkans; an klaren Tagen genießt man hier einen herrlichen und extrem weiten Ausblick. Eine Besteigung des Gipfels ist relativ einfach (siehe dazu die entsprechenden Ausführungen im Kapitel „Bergwandern in Ecuador").

Der Naturpark, der seit dem Jahr 1982 unter Naturschutz steht, wird von der privaten Umweltorganisation **Fundación Natura** verwaltet.

- **Kontakt** in Quito: *Fundación Natura Bosque protector Pasochoa*, Elias Liut N45-10 y El Telégrafo, Tel. 3317457/328, Eintritt: 10 $ p.P., Campingmöglichkeit 2 $, Auskunft auch bzgl. Camping-Fragen (s.u.).
Mail: pasochoa@fnatura.org.ec
Internet: www.fnatura.org
- Die **Anfahrt** erfolgt mit dem Bus Quito – Amaguaña. Von Amaguaña sind es 6 km mit der Camioneta oder per Autostopp (siehe auch Bergkapitel).
- **Geöffnet** von Sonnenauf- bis Sonnenuntergang.
- **Eintritt** für ausländische Touristen: 7 $.
- **Schlafmöglichkeit** gegen eine Gebühr von 10 $ im Naturschutzhaus (Kontakt in Quito: *Fundación Natura*, s.o.), Schlafsack und eigene Verpflegung sind mitzubringen, Küchenmitbenutzung, sehr einfach, Campen möglich.
- Für **Camper** im Park ist eine Erlaubnis erforderlich. Für die Camping-Ausrüstung muss selbst gesorgt werden.

Weiter nach Süden über die Panamericana sind es nach dem Ort **Tambillo** noch 11 km bis zur Abzweigung (links) nach Machachi und ein weiterer Kilometer bis zur Dorf-Haupteinfahrt.

Tambillo

Am kleinen Bahnhof hält Samstag und Sonntag morgens um 8 Uhr der Schienenbus, der nach El Boliche am Nationalpark Cotopaxi fährt. Sollten Sie hier zusteigen wollen, ist das Ticket im Voraus in Quito zu kaufen.

Machachi

Machachi hat 8000 Einwohner. Die Güitig-Mineralwasser-Fabrik (4 km außerhalb des Dorfes) im Tal des Río San Pedro kann besichtigt werden; daneben befindet sich ein schöner Pool mit Umkleidekabinen.

Unterkunft

- *Residencial Mejía, Residencial El Tiempo* und *Hotel Miravalle*.
- *Hosteria La Estación*, eine sehr schöne Herberge ist der alte Bahnhof La Estación von Machachi. Er liegt außerhalb und zwar westlich der Panamericana am Dorfrand von Aloasí, Tel. 02-2309246, 02-2413784, EZ 28 $, DZ 30 $, gute Küche. Empfehlenswert auch als Ausgangspunkt zur Besteigung des Corazón und anderer naher Vulkane (siehe Kapitel „Bergwandern").

Essen und Trinken

- *El Rincon de Valle*, „Steakhouse" im Zentrum, neben der Banco del Pichincha, preiswert, „Kunden sind unser wichtigstes Gut", verspricht ein Wandbild. Ein Leser schwärmt vom Pollo Milanese.

Berg- und sonstige Touren

- Machachi bietet sich auch als Basislager für eine **Besteigung des Cotopaxi oder Iliniza** an. Der Verwalter des Refugios am Iliniza lebt dort: *Vladimir Gallo*, Amazonas 332 y 11 de Noviembre; er spricht englisch und bietet **Berg-, Dschungel- sowie Reittouren** an und vermietet Bergsteigerausrüstung. Für eine Cotopaxi- oder Chimborazo-Tour verlangt er p.P. etwa 150 $ (ab 3 Personen 130 $), inkl. Gebühren, allerdings ohne Ausrüstung.

17 km hinter Machachi, hinter der kleinen Ortschaft San José/Tarqui, breitet sich links der „Straße der Vulkane" der **Nationalpark Cotopaxi** aus.

Wer eine Wanderung zu den Iliniza-Bergen beabsichtigt, muss hier die Panamericana verlassen und auf einer Stichstraße rechts nach El Chaupi weiterfahren (siehe Bergkapitel).

Der Nationalpark Cotopaxi erlaubt schöne Hochlandwanderungen; die Besteigung des gleichnamigen Vulkans gehört sicher zu den Höhepunkten einer andinen Bergsteigertour in Ecuador.

Auf dem Weg von Machachi nach Latacunga kommt man auf der Panamericana an dem schönen *Café de la Vaca* vorbei (Panamericana Sur km 41, Tel. 02-2315012, tgl. 8–17 Uhr, Café-Restaurant, Mittagsmenü 7 $, Hauptgericht 4–9 $, Internet: www.elcafedelavaca.com; bester Kaffee und Milchspezialitäten). Etwas weiter, hinter der Mautstelle *(peaje)* rechts, geht es zur Hacienda Bolovia. Auf diesem Anwesen ist die schöne *Hostería Papa Gayo* entstanden, ein ebenfalls guter Ausgangspunkt für Besteigungen der Ilinizas.

- *Hostería Papa Gayo*, Panamericana Sur km 43, Sector Machachi, ehemalige Hacienda Bolivia, Tel. 02-2310002, 09-9903524, Zimmer 8–15 $ p.P., teils mit Kamin; Restaurant, Bergtouren, Karten, Bibliothek, Ausrüstung, Internetanschluss; Tourbeispiel: geführte Besteigung des Iliniza inkl. Ausrüstung und 2 Mahlzeiten 40 $ p.P.; Empfehlung! Busverbindungen ab Machachi und ab El Chaupi.
Mail: hosteriapapagayo@yahoo.com
Internet: www.hosteria-papagayo.com

Rund um Lasso

Kurz vor der Ortschaft Lasso verlässt eine Avenida die Panamericana (rechts) und führt über 6 km in das Marktdorf Saquisilí, das einen Abstecher wert ist.

Abstecher nach Saquisilí

Das Dorf Saquisilí ist bekannt für den **Markt,** der **donnerstags** von 7 Uhr bis ca. mittags stattfindet. Schon am Vortag strömen viele Ecuadorianer der Umgebung in das kleine Dorf, um mit der Abwicklung ihrer Geschäfte zu beginnen. Die Quechua-Indianer der Region tragen rote Ponchos und reagieren auf (die wenigen) Touristen noch relativ „unbelastet", so dass der Markt sich ein weitgehend urtümliches Ambiente bewahrt hat.

Es gibt **mehrere Marktplätze,** auf denen von Haushaltswaren über Kunsthandwerk bis hin zu Konfektionsbekleidung und Lebensmitteln alles angeboten wird, was die Bewohner der Region benötigen. Daher ist der farbenfrohe Markt auch eher ein wirtschaftlicher Umschlagplatz als eine Touristenattraktion, was einen Besuch besonders reizvoll macht.

Etwa 1 km außerhalb des Ortes findet der berühmte **Tiermarkt** statt, auf dem Lamas, Kühe, Schweine, Schafe etc. verkauft werden. Ein kleinerer Markt findet an Dienstagen statt.

• **Überlandbusse nach Saquisilí** verkehren von Quito täglich ab 6 Uhr vom zentralen Busbahnhof (1½ Std.); von Latacunga alle 30 Minuten von der Plaza Chile (20 Minuten); nach Latacunga/Quito von der Plaza de la Concordia in Saquisilí alle halbe bis dreiviertel Stunde. Leserhinweis: Der Direktbus fuhr zwischenzeitlich nicht, man musste dann über Latacunga anreisen.

Ein **Tagesausflug von Quito** am Donnerstag sollte früh in Angriff genommen werden. Nach 9 Uhr ist mit langen Wartezeiten zu rechnen, da viele Menschen zum wöchentlichen **Markt** strömen und die Busse immer voll besetzt sind.

• **Übernachtung** ist möglich in der *Pensión La Chabelita* an der Bolívar y Sucre (Plaza de la Concordia), das saubere EZ mit BC (Wasser aus einer Tonne) für 3 $, und im *Salón Pichincha* an der Bolívar y Pichincha, das EZ mit BC ebenfalls für 3 $.

• *Hostería Rancho Muller,* geführt von dem Deutschen *Dieter Müller,* der seit 15 Jahren in Ecuador lebt und viel über das Land zu erzählen weiß und auch verschiedenste Touren anbietet. Die Zimmer für 40 $ sind sauber, haben Dusche und TV.

Achtung: Von Mittwoch auf Donnerstag (Markt!) kann es vorkommen, dass die Unterkünfte ausgebucht sind.

• Zwischen Saquisilí und Latacunga liegt das besonders empfohlene **Landcafé** *Misión Vacuna contra la Inflación.* Eine Leserin aus Zürich befand: „Der Eingang ist von Kühen bewacht, welche die Milch für den Kaffee liefern".

Auf den Spuren *Alexander von Humboldts* (siehe auch Exkurs) kann man in der *Hacienda La Ciénega* (Panamericana Sur km 72, Tel. 2719182, Kontaktbüro in Quito: Tel. 2549126, EZ 55 $, DZ 77 $, mit Frühstück) wandeln. Die wunderschöne Anlage liegt westlich der Panamericana, etwa 2 km hinter Lasso. Die Hazienda wurde bereits

Alexander von Humboldt (1769–1859)

Alexander von Humboldt wurde am 14. September 1769 in Berlin geboren. Seine Erziehung war zunächst Aufgabe von Hauslehrern, deren Unterricht philologisch-geisteswissenschaftlich ausgerichtet war. Ihre technologischen und naturgeschichtlichen Studien nahmen Alexander – und sein Bruder *Wilhelm* (1767–1835) – an der Universität Frankfurt/Oder auf, wobei Alexander 1788 nach nur kurzer Zeit aufhörte, da er nicht ausreichend begabt schien. So wurde er zunächst erneut von verschiedenen Hauslehrern ausgebildet.

In dieser Zeit lernte er den Botaniker *Carl Ludwig Wildenow* kennen, der sein weiteres Wirken entscheidend beeinflussen sollte. Durch ihn wurde Humboldt in die wissenschaftliche Botanik eingeführt, und es entstand sein erstes Forschungsprogramm, die „Geschichte der Pflanzen", das sich schnell zu einem Programm der Pflanzengeografie ausweitete.

Nachdem er ein Bergbaustudium an der Universität in Freiberg begonnen hatte, entstand alsbald sein zweites Forschungsprogramm, das die Strukturgesetze der Erde zum Inhalt hatte. Sein drittes Forschungsanliegen schließlich, die Erstellung geografischer und geologischer Profile, ergänzte die bis dahin nur zweidimensionale Geografie (und Kartografie) um eine dritte Dimension: die Höhe.

Auf seiner berühmten **Amerikareise von 1799–1804** sammelte er Steine und Pflanzen, führte kartografische Arbeiten zu Ortsbestimmungen durch, nahm Höhenmessungen vor und maß die Temperaturen des später nach ihm benannten Humboldt-Stroms. Erstmals entstanden Reliefkarten mit geologischen Schichtfolgen.

Nach seiner Rückkehr dauerte es dreißig Jahre, ehe sein dreißigbändiges Werk mit über 1500 Zeichnungen fertig gestellt war. Es legte den Grundstein für die moderne Physische Geografie und die Ökologie. So unterschied Humboldt drei ökologische Hauptzonen in Südamerika: die heiße Tieflandzone, die gemäßigte Zentralzone und die kalte Hochlandzone. Seine Einteilung veranschaulichte erstmals ein Phänomen, welches heute als Ökosystem bezeichnet wird, nämlich die Differenzierung verschiedener Lebensräume von Mensch, Tier und Pflanze, die sich aufgrund unterschiedlicher Umweltbedingungen voneinander unterscheiden und in prekären Gleichgewichtslagen befinden.

In Ecuador hielt sich Humboldt im Jahre 1802 auf. Dabei bestieg er den Chimborazo. Er nannte den Abschnitt der Panamericana zwischen Tulcán und Cuenca die „Straße der Vulkane".

Humboldts Reisen und Berichte beflügelten die Naturwissenschaften der damaligen Zeit, insbesondere die Meeres-, Klima- und Landschaftskunde. Der Geograf wurde gar als „Wiederentdecker" Südamerikas bezeichnet.

Am 6. Mai 1859 verstarb er im Alter von 89 Jahren in Berlin.

1580 erbaut und ist damit eine der ältesten in Südamerika. 1802 besuchte der deutsche Gelehrte das Anwesen; seitdem hat sich nicht viel verändert: Die Zimmer des heute als Hotel eingerichteten Landgutes sind mit Mobiliar aus dem 19. Jahrhundert bestückt.

Die Unterbringung in der stilvollen historischen Hazienda mit schönem Garten, einer urigen Kapelle, ecuadorianischem Restaurant und einem sehr guten Gestüt kostet 42 $ im EZ und 56 $ im DZ; Tel. 03-2719093, Kontaktbüro auch in Quito: Calle Cordero 14-42 y Amazonas, Tel. 02-2541337.
Mail: hcienega@uio.satnet.net.

Weitere Unterkünfte nahe Lasso:
- *La Quinta Colorada,* 2 km vor Toacazo, von Lasso kommend, guter Ausgangspunkt für Bergwanderungen am Iliniza, Tel. 03-2716119, 2716122, 22 p.P. $ inkl. Frühstück und Abendessen.
Mail: laquinta_colorada@yahoo.es
- *Hostería Mateo,* Panamericana Sur km 55½, Tel. 03-2719471, bald hinter Lasso rechts an der Straße; familiäre, nette Hostería, wenn die Ciénega ausgebucht ist, allerdings etwas teuer: EZ 55 $, DZ 60 $, inkl. Frühstück, kleines Restaurant.
Internet: www.hosteriasanmateo.com

Die Fahrt in Lasso aufnehmend, führt nach 16,5 km eine Brücke über den Río Cutuchi (links) in die größte Stadt des Hochlandbeckens, Latacunga.

Latacunga

Die **Hauptstadt der Provinz Cotopaxi** liegt etwa 90 km südlich von Quito auf einer Höhe von 2850 m, die durchschnittliche Temperatur beträgt 12°C. Etwa 50.000 Menschen leben in der Stadt. Latacunga erscheint im ersten Moment nicht sehr attraktiv, doch eine abwechslungsreiche Geschichte und die Möglichkeit ausgedehnter Wanderungen in die Umgebung machen einen längeren Aufenthalt durchaus interessant.

Die flachen Häuser lassen an wolkenfreien Tagen beinahe von jedem Punkt der Stadt aus den **Blick auf den schneebedeckten Gipfel des Cotopaxi** zu. Auf dem Aussichtspunkt El Calvario ist die Aussicht auf die Berge durch Stromleitungen beeinträchtigt, sodass es besser ist, sich einen Platz etwas unterhalb zu suchen.

Das indianische Wort für Latacunga *(Llacta cunani)* bedeutet so viel wie „Land meiner Wahl", was schon etwas verwundert, bedenkt man, dass die Stadt nicht einmal 30 km entfernt vom **höchsten aktiven Vulkan der Welt** angelegt wurde. Latacunga ist denn auch in der Vergangenheit bereits viermal völlig zerstört und wieder neu aufgebaut worden. Der letzte gewaltige Ausbruch im Jahr 1877 ließ nur die Kathedrale stehen. Gegenwärtig ist der Cotopaxi zwar nicht hochaktiv, aber kleinere Erdstöße und leichte Beben in der Region zeugen immer wieder von der Aktivität des Vulkans, und niemand kann voraussagen, wann sich der majestätische Cotopaxi erneut mit aller Wucht entladen wird und die Stadt vielleicht ein fünftes Mal unter seinen Schlamm- und Lavamassen begräbt.

Sehenswürdigkeiten

• Märkte

Groß und farbenfroh, von Mo bis Sa auf der Plaza El Salto. Es lohnt zudem eine Taxifahrt zum *Mercado de animales* außerhalb, einem Tiermarkt, der samstags von ca. 6–11 Uhr stattfindet.

• Casa de la Cultura Ecuatoriana

Das **ethnologische Museum** in der Calle Vela y Salcedo (am Río Yanayacu) wird von der Casa de la Cultura Ecuatoriana verwaltet. Es ist in den Molinos de Monserrat (alte Mühlenanlagen) untergebracht.

ecu015 Foto: peko

Panamericana und Cotopaxi

Geöffnet: Mo bis Fr 9–18 Uhr, der Eintritt kostet 0,40 $.

• Kathedrale

Die Kathedrale (und das Rathaus) befinden sich auf der Südseite des Parks Vicente León. Das Gotteshaus ist reich an religiösen Kunstschätzen.

• Iglesia de Santo Domingo

Die Kirche an der gleichnamigen *Plazoleta* (Plätzchen) in der Calle Páes zwischen den Straßen Quevedo y Quito enthält Bildnisse mit historischen Glorifizierungen zur Unabhängigkeit des Landes.

• Iglesia de Nuestra Señora del Salto

In der Kirche in der Calle Echeverría zwischen den Straßen Amazonas y 2 de Mayo wird eine Statue der Schutzpatronin Latacungas aufbewahrt.

• Kirche La Merced

Die Kirche befindet sich in der Calle Echeverría y Orellana und enthält eine schöne Figur der Vulkanjungfrau *Virgen del Volcán*.

• Tel. Vorwahl Latacunga: 03

Unterkunft

Einfache Unterkünfte

• *Hotel Estambul*

Quevedo 644 y Salcedo, Tel. 2800354; DZ mit BP 10 $ p.P., mit BC 6 $ p.P., TV, Parkplatz, Infobrett zur Laguna Quilotoa; zur Möglichkeit der Gepäckaufbewahrung unterschiedliche Leserkommentare.

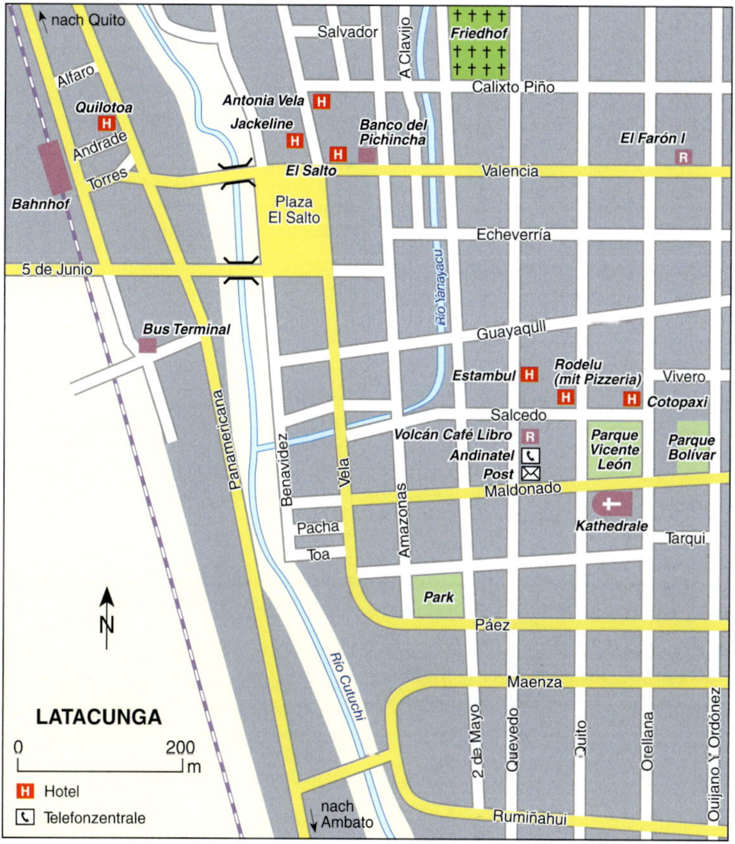

• *Hotel Cotopaxi*
Calle Padre Salcedo 561 y Orellana, am Parque Vicente León, Tel. 2801310; EZ 12 $, DZ 16 $ mit BP (warme Dusche), Wäscheservice, angeboten werden auch Tagestouren in den Cotopaxi-Nationalpark.

• *Hostal-Café Tiana*
Calle Guayaquil 5-32 y Quito, Tel. 03-2810147, Zimmer mit Bad und Frühstück 10 $ p.P., im Schlafsaal 8 $; einfaches, sauberes Hostal unter holländisch-ecuadorianischer Leitung mit gutem Essen und gutem Kaffee. Restaurant, Café, Waschmöglichkeiten. Internet: www.hostaltiana.com

• *Hotel Tilipulo*
Calle Guayaquil y Belisario Quevedo, Tel. 2910611, 7 $ p.P., von einem Leser als „einfache Alternative" empfohlen.
Mail: hoteltilipulo@hotmail.com

Mittelklasse-Hotels

• *Hotel Llacta-cunga*
Av. Eloy Alfaro 79-213 y Gral Montero, Tel. 03-2800635, EZ 25 $, DZ 33 $, mit BP inkl.

Frühstück, Telefon, Kabel-TV. Mit Restaurant.
Mail: silviarez@hotmail.com

- *Hotel Rodelu*
Quito 1631 y Padre Salcedo, Tel. 2811264, Fax 2812341; EZ 18 $, DZ 30 $, Telefon, gute Pizza- und Fleischgerichte, freundlich und sauber. Restaurant-Cafeteria.
Mail: rodelu@andinanet.net
Internet: www.rodelu.com.ec

Essen und Trinken

Zu den **kulinarischen Spezialitäten** Latacungas gehören *allulla* (zwiebackähnliches Weizengebäck) und *chuchucaras,* Schweinefleischplatten mit *chicharón* (gegrillte Schwarte), *guarniciones* (Zutaten aus maqueños, mote und canguil/Popkorn) und *aderezos* (würzige Soßen, meist mit ají).

Vorsicht bzgl. der kleinen **Essensstände** entlang der Panamericana und bei den Händlern in den Überlandbussen zwischen Latacunga und Ambato – uns wurde mehrfach von Magenverstimmungen berichtet!

- *Restaurant Rodelu,* siehe Hotel oben
- *El Faraón II*
Calle Valencia 1085 zwischen Quijano y Ordoñez und Sanchez de Orellana
- *Volcán Café Libro*
Quevedo 556 zwischen Salcedo und Maldonado; gemütliches Café, Musik, Karten und internat. Zeitschriften – Empfehlung
- *Hosteria Llullullama*
Isilivi-Cotopaxi, Bus von Latacunga (zwischen 11.30 und 1 Uhr) nach Isilivi, Tel. 2552505, Schlafsaal 6 $ p.P., semiprivado 7 $ p.P., EZ 12 $ p.P., DZ 9 $ p.P., Frühstück 3 $, Dinner 5 $. Radfahren. Empfehlenswert!
Internet: www.llullullama.com

Taxis

- Der **Taxistand** befindet sich auf der Plaza Chile (Plaza El Salto). Die Taxis fahren in den Cotopaxi-Nationalpark und in die umliegenden Ortschaften.

Busse im Nahverkehr

- **Latacunga – Pujilí** (30 Min.): von den Ecken Subia y 5 de Junio
- **Latacunga – Saquisilí** (30 Min.): von der Benavídez Valencia

Überlandbusse

Vom neuen **Busbahnhof** an der Panamericana bestehen folgende Verbindungen:

- **Latacunga – Quito** (1½ Std.)
- **Latacunga – Ambato** (1 Std.)
- **Latacunga – Baños** (2 Std.)
- **Latacunga – alle Richtungen**

Post und Telefon

- Andinatel und Postamt an der Ecke Maldonado y Quevedo.

Geldwechsel

- **Banken und Wechselstuben** gibt es vornehmlich in den Straßen um den Parque Vincente León oder in der Calle Vela an der Plaza Chile. Die Banco de Guayaquil akzeptiert die VISA-Card.
- Mit **Reiseschecks** ist man in Latacunga aufgeschmissen.
- Mittlere Hotels und Restaurants akzeptieren meist **MasterCard** und **Visa.**

Fest

Das bekannte Fest der Virgen de las Mercedes (gnädige Jungfrau), bekannter unter dem Namen **Fiesta de la Mama Negra,** findet jährlich am 24. September statt. Nach alter Tradition verkleidet sich ein Indianer als Mama Negra; Prozessionen, Andenmusik und Tanz erfüllen die Stadt. Das Fest krönt eine Mitternachtsmesse mit anschließendem Feuerwerk.

Sonstiges

- *Escuela Politécnica (ESPE),* **Internetzugang,** Calle Quijano y Ordoñez, südlich des Parque Bolívar.
- *Tovar Expediciones Fernando Tovar,* Guayaquil N5-38 y Quito, Tour 160 $ p.P., Tel. 2811333; **Bergführungen,** Leihausrüstungen und Fahrdienst.
Mail: tovarexpeditions@hotmail.com
Internet: www.expediciontovar.com

Ausflüge

Pujilí

Nördlich von Latacunga geht eine Straße ins westliche Küstentiefland nach Quevedo ab. Nach etwa 11 km kommen Sie in das verschlafene Dorf Pujilí, das nur an Sonntagen zum Leben erwacht, wenn sich die Bewohner der umliegenden Ortschaften auf den Weg machen, um am wöchentlichen **Markt** teilzunehmen.

Wer an Fronleichnahm in Pujilí ist, sollte sich die berühmten **„danzantes"** nicht entgehen lassen. Der Hauptplatz wird, einer alten Tradition zufolge, an diesem Tag von maskierten Tänzern besetzt.

In der Kolonialzeit beanspruchte die weiße Bevölkerung den Platz für sich, und so darf das Fest als ritualisierte Protesthandlung verstanden werden.

Laufen Sie westlich des Platzes die steile Betontreppe den Berg hoch, haben Sie eine herrliche Aussicht! Direkt am Parque Luis Vivero lohnt die kleine Kirche einen Blick. Bekannt ist Pujilí außerdem für seine bemalten Keramiken, die an fast jeder Ecke angeboten werden.

Anfahrt: Von Latacunga fährt mehrmals täglich von der Ecke Panamericana y 5 de Junio ein Bus nach Pujilí.

Die Strecke von Pujilí weiter in das Küstentiefland **nach Quevedo** (Entfernung: 166 km) gehört zu den schönsten Verbindungen zwischen der Sierra und der Costa. Bei klarer Sicht eröffnet sich hinter Pujilí ein wunderschönes Andenpanorama mit den Schneebergen Cotopaxi, Tungurahua und Altar (Fahrt in entgegengesetzter Richtung siehe „Abstecher in die Sierra nach Latacunga", Route C 3).

Zumbahua, Laguna Quilotoa und Chugchiglán

(Zur Beschreibung vgl. nach Quevedo den Abstecher in die Sierra nach Latacunga, Route C 3.) Wer von Latacunga aus zum Kratersee will, der kann den Bus nach **Zumbahua** (über Pujilí) nehmen (mehrmals täglich von der Ecke Panamericana y 5 de Junio); dort führt eine Stichstraße zum 12 km entfernten See. Bei Inanspruchnahme einer Camioneta ist unbedingt zu verhandeln!

- **Unterkunft:** In Zumbahua (3500 m) ist die wohl einzige Übernachtungsmöglichkeit momentan das *Hostal Richard,* warme Duschen, sauber, preiswert und informell; MBZ.

Die **Laguna Quilotoa** kann umwandert werden, man sollte dafür 5–8 Stunden einkalkulieren; max. Höhe 4016 m. Am Seeufer ist Campen erlaubt, allerdings wird es nachts sehr kalt, und das Wasser des Sees sollte auf keinen Fall getrunken werden. Eine Wanderung zum Ufer herunter ist steil und nicht so ergiebig wie der Blick von oben. Die Beschaffenheit des Weges zur Umrundung ist nicht ganz einfach. Daher den See vom Dorf aus nach rechts, also gegen den Uhrzeigersinn umwandern, so dass der schwierigere Part am Anfang der Wanderung steht. Lesertipp: *„Humberto Latacunga* in Quilotoa stellt Touristen gerne seinen Hund *Rambo* zur Verfügung – eine hervorragende Begleitung, da er unterwegs die wilden und teils aggressiven Hunde vertreibt." Empfehlenswert ist auch die Wanderung von Zumbahua zur Lagune.

Es hat an der Lagune in der Vergangenheit wiederholt **Überfälle auf Touristen** gegeben. Die Lage hat sich zwar zuletzt entspannt, nachdem der See nun bewacht wird, wofür der Reisende am Krater auch einen Dollar Gebühr zahlt. Doch noch immer warnt das Auswärtige Amt in Berlin: „Besondere Vorsicht wird in der Umgebung der Laguna Quilotoa (Provinz Cotopaxi) empfohlen. Besonders gefährdet sind Einzelreisende. Örtliche seriöse Reiseunternehmen sind problembewusst und treffen geeignete Vorkehrungen für ihre Kunden." (Quelle: www.auswaertiges-amt.de, Stand August 2006). Wir empfehlen, die netten und ortskundigen Gastgeber oder ihre Vertrauten bei abgelegenen Wanderungen als Führer zu engagieren.

Nördlich der Laguna liegt in einer Höhe von 3100 m **Chugchiglán,** von Zumbahua aus zu erreichen mit der Camioneta oder mit dem wöchentlich zweimal, an Markttagen in Latacunga verkehrenden Bus (1½ Std.).

Unterkunft:

- Von den zahlreichen sehr einfachen Unterkünften der See-Gemeinde empfehlen sich die *Cabañas Quilotoa* (ab 8 $ p.P.).
- Nahe dem Dorf Chugchiglán haben *Michelle Kirby* und *Andres Hammerman* besonders schöne Cabañas errichtet: *La Posada Oveja*

ecu016 Foto: peko

Negra oder auch auf Englisch *The Black Sheep Inn,* Tel. 03-2814587. Kaminzimmer, biologisches Wirtschaften, sehr gutes Frühstück, Ausflugsprogramme (Tipp: die nahe gelegene Käserei). Die Posada liegt in der Nähe von Chugchiglán an der nördlichen Verbindung zwischen Zumbahua (2 Stunden) und Latacunga (3 Stunden); Preise: 25 $ im Schalafsaal, DZ 40–50 $ p.P., jeweils mit Frühstück, Dinner und freiem Kaffee- und Tee-Service; leichte Ermäßigungen für Studenten, Mitglieder des SAEC, Kinder, Senioren und Gäste ab 4 Tagen Aufenthalt.
Mail: info@blacksheepinn.com
Internet: www. blacksheepinn.com

- Preiswertere Alternativen sind *Casa Mama Hilda* (14–17 $ p.P. mit HP) am Ortsausgang von Chugchiglán und das einfache *Hostal Cloud Forest* für 8–10 $ p.P. inkl. Abendessen (familiäre Atmosphäre bei den sehr sympathischen Herbergseltern *Patty* und *José Luís,* die auch jede Menge Tipps zur Region auf Lager haben).

Verkehrsanbindung:

- **Von Zumbahua** fährt nur einmal täglich ein Bus nach Chugchiglán. Wer also an der Laguna Quilotoa einen Stopp einlegt, muss dort übernachten oder mit der gecharterten Camioneta weiterreisen (4–6 $ p.P.).
- **Von Chugchiglán nach Sigchos** fährt nur ein Bus noch vor dem Morgengrauen, Abfahrt zwischen 3 und 4 Uhr.

Lesertipp: „Um 10 Uhr fährt jeden Tag ein Milchwagen. Super Erfahrung im offenen Wagen: Man steht 2 Stunden bis Sigchos. Der Wagen hält an jedem Haus. Leute mit Milcheimern – viele Kinder – geben die Milch ab, manche kaufen auch Milch vom Wagen."

In Sigchos nahe am Markt gibt es zwei einfache und akzeptable Unterkünfte mit heißem Wasser.

- **Busse ab Sigchos:** nach Latacunga um 14.30 Uhr, So direkt nach Quito um 10.30 Uhr (Fahrtzeit 4 Std.) und Do nach Saquisilí zum Markt.
- Die Strecke **von Zumbahua über Quilotoa und Chugchiglán bis nach Sigchos** lässt sich als reizvolle „Hostal-to-Hostal"-Wanderung begehen.

Cotopaxi-Nationalpark

- **Karten:** IGM TK 1:50.000 Machachi ÑIII-C4, 3892-II, Sincholagua ÑIII-D3, 3992-III, Mulaló ÑIII-E2, 3891-I, Cotopaxi ÑIII-F1, 3991-IV.

Die **Anfahrt** erfolgt entweder **von Quito, Latacunga oder Lasso** aus. Wer nicht mit dem Privatwagen oder im Rahmen einer organisierten Tour unterwegs ist, kann jeden Quito/Latacunga-Bus bis zum Abzweig in den Nationalpark „Entrada al Parque nacional" nehmen. An Wochenenden und an Feiertagen ist das Verkehrsaufkommen zum Nationalpark häufig so stark, dass die Wahrscheinlichkeit, **per Autostopp zur Schutzhütte José Ribas** (Cotopaxi, Tel. 09-9638344, Preis 15 $) zu gelangen, relativ hoch ist. Schwierigkeiten könnten dann aber bei der Übernachtung auf der (voll besetzten) Hütte auftreten. Mit Vierrad-Fahrzeug kann man bis zum Parkplatz auf 4600 m fahren. Die letzten 200 Höhenmeter zur Hütte müssen dann in jedem Fall über einen steilen Geröll- und Lavaweg zu Fuß zurückgelegt werden (20–45 Minuten).

Der **Parkeingang** wird von Wächtern kontrolliert, die eine Ausweiskontrolle vornehmen und die obligatorische Gebühr von 10 $ kassieren. Zugang nur bis 16 Uhr, Ausfahrt bis 18 Uhr geöffnet.

Der Vulkan Cotopaxi – aktiv und 5897 Meter hoch

Der Nationalpark ist über **drei Zufahrtswege** zu erreichen, zwei liegen an der Panamericana zwischen Machachi und Latacunga; auf beide wird durch ein Schild bzw. ein Holzkreuz hingewiesen.

Über die **Zufahrt 1** (blaues Schild, 29 km von Latacunga bzw. 60 km von Quito) gelangt man nach einem Kilometer zunächst zum Campingplatz Río Daule (Übernachtung im Zelt möglich). Von hier steigt der Weg leicht an; nach 3 km steht man vor dem Parkeingang.

Die gängigere **Zufahrt 2** (Hinweisschild, 19 km von Latacunga bzw. 70 km von Quito) führt über einen Schienenstrang zu einer Weggabelung. Gehen Sie rechts weiter und folgen Sie nach 300–400 m einer starken Linkskurve. Der weitere Weg ist durch Hinweisschilder markiert. Mitunter steht an der Abzweigung von der Panamericana eine Camioneta und bietet Transportmöglichkeit zum Informationszentrum. Man sollte den Preis unbedingt vorher aushandeln.

Am Parkeingang wurde ein **kleines Gehege** angelegt, in dem Lamas gehalten werden (und die spucken!). Hinter der Schranke steigt der Weg im weiteren Verlauf zunehmend an und erreicht das **Verwaltungszentrum Campamento Mariscal Sucre** mit einem kleinen, lieblosen naturhistorischen Museum. Von der Abzweigung von der Panamericana bis zum Verwaltungszentrum sind es ca. 13 km.

- Zwischen dem Verwaltungszentrum und der Schutzhütte José Ribas (etwa 35 km von der Zufahrt 2 zum Park) gibt es mehrere **Campingmöglichkeiten.** Den ersten Campingplatz finden Sie ca. 3 km oberhalb des Verwaltungszentrums (Hinweisschild, Campingplatz links vom Weg). Von diesem Platz bietet sich für berg- und kartenerfahrene Wanderer eine Besteigung des Rumiñahui an. Auf 3700 m Höhe liegen die Schutzhütte Tambopaxi und ihr Campinggelände (vgl. auch „Bergwandern in Ecuador").

  Ein empfehlenswerter **Campingplatz** (6 $ p.P.) und die private **Schutzhütte** *Albergue Tambopaxi,* Calle La Pinta E7-31 y Diego de Almagro, Tel. 2220241 und 2220242, Handy 09448223, EZ 16 $, DZ 60 $, Cabañas 55 $. Mahlzeiten („reichlich") zwischen 7 und 10 $. Leser schreiben dazu: „Wirklich schön, viel Holz, Stroh/Heu und lehmartige Wände machen es sehr gemütlich. Panoramafenster, gute Betten und ein wärmender Bollerofen im Gemeinschaftsraum, der abends auch nötig ist".
  Mail: reservas@tambopaxi.com
  Internet: www.tambopaxi.com

  Zelten an der Laguna Limpiopungo ist hingegen nicht mehr erlaubt (siehe auch Kapitel „Bergwandern in Ecuador").
- *Tierra del Volcan,* Büro in Quito: San Ignacio N27-127 y Gonzáles Suárez, Tel. 3237372, Handy 094980121, Mo bis Fr 9–18 Uhr, EZ 35 $, DZ 40 $, mit Frühstück. Tour 3 Tage/2 Nächte 267 $, 10 $ Eintritt Cotopaxi-Park, inkl. Unterkunft mit Vollpension und Tour. Cannoping 25 $ p.P. Empfehlenswert!
  Mail: ventas@tierradelvolcan.com, info@tierradelvolcan.com
  Internet: www.tierradelvolcan.com

Von der Laguna Limpiopungo sind es 3 km bis zu einem Hinweisschild auf die Schutzhütte José Ribas (9 km).

Der kurvenreiche Weg steigt nun sehr steil an, bis er nach 8,5 km den Parkplatz (4500 m) erreicht, der mit Bus oder Pkw angefahren werden kann. Über einen steilen Sandweg führen die letzten 200 Höhenmeter hinauf zum **Refugio José Ribas** (ca. 35 km vom Parkeingang). Die Schutzhütte verfügt über 50 bis 60 einfache Schlafplätze, verschließbare Schränke (oft belegt), Kochmöglichkeiten und eine Feuerstelle; die Übernachtung kostet 16 $. Ein warmer Schlafsack ist unbedingt erforderlich. In der Hütte kann man sich als Erinnerung an seinen Aufenthalt seinen Reisepass stempeln lassen.

Zufahrt 3: Diese weniger befahrene Zufahrt zum Nationalpark führt durch Machachi und weiter südlich des Vulkans Rumiñahui durch landwirtschaftlich geprägtes Hochland; der Eingang heißt „Entrada a Loreto de Pedregal". Bei Loreto de Pedregal zweigt man rechts ab und fährt weiter bis zum Parkwächterhäuschen, insgesamt sind es ca. 20 km über eine allradtaugliche Straße.

- **Berghütte:** *Lodge Chilcabamba,* bei Loreto de Pedregal links ab, Tel. 02-2224241, Handy 09-9460406, Übernachtung mit Frühstück und Dinner 42 $ p.P. Schöne Berglodge mit Kaminofen auf 3500 m, erfahrene Leitung und empfehlenswerte Bergtouren.
Internet: www.chilcabamba.com

Informationen zum Park

Das 34.000 ha große Gebiet um den Vulkan Cotopaxi wurde am 11. August 1975 zum Nationalpark erklärt. Es liegt in den zentralen Anden der Provinzen Cotopaxi, Pichincha und Napo. Der **Vulkan Cotopaxi, höchster aktiver Vulkan der Erde (5897 m),** ist zweifelsohne der Hauptanziehungspunkt des Nationalparks. Wenngleich Cotopaxi gegenwärtig „schläft", zeugen Fumarolen von seiner Aktivität, die nur der zu Gesicht bekommt, der den mühsamen Aufstieg zum Krater antritt.

Neben dem Cotopaxi reizt der erloschene Vulkan Rumiñahuí (4712 m) wegen seiner großen Caldera zu einer Besteigung.

Auch wenn der Nationalpark häufig lediglich als Tagestour von Quito oder Latacunga angefahren wird, eröffnet er passionierten Wanderern und Bergsteigern – im Zusammenspiel mit dem im Westen an den Nationalpark angrenzenden, 1080 ha großen **Naturschutzgebiet El Boliche –** die Möglichkeit einer mehrtägigen Páramo-Wanderung. Mit viel Glück ist dabei der hier lebende Kondor zu bestaunen, überhaupt ist die Vogelwelt umfangreich. Dem Andenfuchs begegnet man schon mal hungrig in der Nähe des Parkplatzes.

Unter Mithilfe des World Wild Fund for Nature ist der Cotopaxi-Nationalpark seit 1983 in ein umfangreiches Park-Management eingebunden worden, das neben der Erhaltung des Ökosystems auch die Erschließung des Gebietes für naturliebende Touristen beinhaltet. So verfügt der Cotopaxi-Nationalpark heute über eine ausgesprochen **gute Infrastruktur,** die die Zugänglichkeit des Parks erleichtert.

Mehrere Campingplätze, ein Informationszentrum mit angegliedertem naturkundlichem Museum und die Schutzhütte *José Ribas* machen diesen Nationalpark zu einem der am besten entwickelten Naturschutzgebiete des Landes, das jährlich von über 40.000 Menschen besucht wird.

---

14 km südlich von Latacunga durchfährt man den Ort **(San Miguel de) Salcedo.** Das für sein hervorragendes Speiseeis bekannte Dorf liegt in

2650 m Höhe. Touristisch interessant ist der Besuch des schönen Sonntagsmarktes.

•**Unterkunft:** Das großzügige und komfortable *Hotel Rumipamba de las Rosas* direkt am Ortseingang bietet eine Alternative zu den Unterkünften in Latacunga (Av. Norte y Av. Eloy Yerovi, Tel. 2726128, Fax 2727103, EZ 41 $, DZ 57 $, inkl. Frühstück. Jacuzzi, Pool, Sportplätze für Volleyball, Basketball und Tennis, Tischtennisplatten, Kicker).
Mail: rumipamba@rumipamba.com
Internet: www.rumipamba.com

Von Salcedo bieten sich Ausflüge zu dem Thermalbad Nagsiche (bei Panzaleo) oder zur Laguna de Yambo (Forellenangeln) an.

Auf der **Weiterfahrt nach Ambato,** parallel zum Schienenstrang Quito – Riobamba, fliegen die unbedeutenden Orte Cunchibamba und Unamuncho am Reisenden vorbei, ehe man ca. 140 km südlich von Quito in die „Stadt der Blumen und Früchte" einfährt:

Ambato

Die in 2600 m Höhe gelegene **Hauptstadt der Provinz Tungurahua** wird von derzeit 150.000 Menschen bevölkert, die vor allem durch die Industrie angezogen wurden. Im Stadtzentrum arbeiten noch zahlreiche kleine Familienbetriebe, die Lederwaren und Kunsthandwerk verkaufen. Um den Stadtkern verteilen sich größere Industriemanufakturen wie Gerbereien, Karosseriewerkstätten oder Textilfabriken.

Ambato wurde am 12. November 1820 unabhängig. Schon 1760 war die **erste Druckerei des Landes** von dem Deutschen *Johannes Schwarz* eingerichtet worden, 1835 erfolgte der Druck der ersten Stadtzeitung.

Große Schriftsteller sind in Ambato herangewachsen, **Juan Montalvo** zählt zu den berühmtesten in ganz Lateinamerika. Das Mausoleum des Schreibers im Museo de Montalvo ist immer einen Besuch wert, und ihm zu Ehren wurde auch der Parque Montalvo mit einer Statue seiner Person angelegt.

Den Namen **„Garten der Sierra",** mit dem Ambato auch bezeichnet wird, verdankt die Stadt dem berühmten **Blumen- und Früchtefest, La Fiesta de las Flores y las Frutas,** das jährlich in den beiden letzten Februarwochen zur Karnevalszeit ausgerichtet wird. Bunt geschmückte Straßen, kulturelle Veranstaltungen und Stierkämpfe mit berühmten Toreros aus Spanien und Lateinamerika in der Plaza de Toros bestimmen zwei Wochen lang das Leben in der Stadt. Daneben gibt es natürlich reichlich Speis und Trank. Während der Festtage sind die Hotels der Stadt in aller Regel ausgebucht, so dass sich eine rechtzeitige Reservierung unbedingt empfiehlt!

Ambato hat kein historisches Zentrum, der Stadtkern stellt eine provokante Mischung aus traditioneller und moderner Bauweise dar. Ambatos **Montagsmarkt** entlang der Av. Cevallos gilt als größter Markt Ecuadors.

Salasaca-Junge am Webstuhl

Auch hier zeigt sich der Widerstreit von Moderne und Althergebrachtem: westliche Jeans neben traditionellen Trachten und immer mehr Kinder, die amerikanische Basketballmützen dem Filzhut vorziehen. Der Markt ist schon seiner einzigartig schönen Lage wegen, am Río Ambato zwischen den Vulkanbergen Chimborazo (6310 m), Carihuairazo (5020 m) und Tungurahua (5016 m), ein Erlebnis. Die Kehrseite der Medaille: Ambato wurde mehrmals durch Erdbeben und Vulkanausbrüche zerstört, zuletzt 1949, als die Stadt direkt im Epizentrum eines großen Bebens lag.

Seit 1974 hat Ambato eine **Technische Hochschule,** an der Ingenieure und Sozialwissenschaftler ausgebildet werden.

Viele Touristen sehen Ambato in erster Linie als Zwischenstation auf dem Weg nach Baños oder Riobamba, doch das Stadtzentrum, insbesondere um die zentrale **Plaza Juán Montalvo,** entwickelt sich allmählich zu einem charmanten und gepflegten Ort, der einen Stopp lohnt. Eine spektakuläre Panoramastrecke, auch für Biker empfohlen, ist die West-Umgehung des Carihuayrazo und des Chimborazo: von Ambato über Guaranda nach Riobamba.

Sehenswürdigkeiten

Das **Museo de Ciencias Naturales** im Colegio Bolívar befindet sich an der Ecke Sucre y Lalama (im Nordwesten des Parque Cevallos). Gezeigt werden eine große Sammlung ausgestopfter

ecu017 Foto: peko

Vögel, Säugetiere, Reptilien, archäologische und geologische Vitrinen sowie eine Schwarz-Weiß-Fotogalerie des ecuadorianischen Bergsteigers *Nicolás Martínez*.

Geöffnet: Mo bis Fr 8–12.30 und 14–17.30 Uhr.

Die **Casa de Montalvo** und die **Casa de la Cultura** in der Calle Bolívar nordwestlich des Parque Juan Montalvo beherbergen jeweils ein kleines Museum.

Geöffnet: Mo bis So 8–12.30 und 14–17.30 Uhr.

Etwas außerhalb des Stadtkerns liegen die Landhäuser **Quinta de Montalvo** (Landhaus des Schriftstellers *Juan Montalvo* im Stadtteil Ficoa), **Quinta la Liria** (Landhaus des Bergsteigers *Nicolás Martínez* im Stadtteil Atocha) und ganz in der Nähe die **Quinta de Méra** (Landhaus des Schriftstellers *Juan León Méra*, ebenfalls im Stadtteil Atocha). Die Landhäuser haben schön angelegte Gärten und ein kleines Museum.

Der Stadtteil Atocha ist zu Fuß in zehn Minuten über die Calle Montalvo oder mit dem Stadtbus von der Ecke 12 de Noviembre y Sevilla (oder 12 de Noviembre y Espejo) zu erreichen. Die beiden Landhäuser befinden sich in der Av. Los Capulíes.

Öffnungszeiten täglich 8–12 und 14–17 Uhr.

- **Tel. Vorwahl Ambato: 03**

Touristeninformation

- Guayaquil y Rocafuerte, Tel. 2821800, geöffnet Mo bis Fr 8–13 und 14–17 Uhr. Mail: epcollantes@hotmail.com

Unterkunft

Einfache Unterkünfte

- *Hotel Imperial*
12 de Noviembre 0127 y Av. El Rey, DZ mit BP (warme Dusche) 12 $ p.P., Telefon, Kabel-TV, Parkplatz.
- *Hostal Pirámide Inn*
Calle Cevallos y Mariona Egüez, EZ 10 $, DZ 19 $, Restaurant, Telefon, TV.
- *Hotel Ejecutivo*
Av. 12 de Noviembre 1230 y Espejo, Tel. 2825506, 2421998; EZ 7 $, DZ 12 $ mit BP; TV, die besseren Zimmer zur Straße sind etwas teurer, Restaurant.
- *Hotel Guayaquil*
Mera 07-86 y 12 de Noviembre, Tel. 2823886; 6 $ p.P. mit BP, und TV.
- *Residencial San Andrés*
12 de Noviembre y Montalvo, Tel. 2821604, Fax 2826848; 5 $ p.P. mit BP und TV.

Mittelklasse-Hotels

- *Hotel-Pizzeria La Fornace*
Calle los Dátiles y Av. los Guaytambos (gegenüber dem Colegio Santo Domingo de Guzmán), Tel. 2422563; EZ 35 $, DZ 56 $; *Roberto*, der „Pizzakönig" der ecuadorianischen Zentralanden, hat im feinen Stadtteil Ficoa ein zweites Hotel mit empfehlenswertem Restaurant eröffnet.
- *Gran Hotel*
Calle Rocafuerte y Lalama 1133, Tel. 2824235, Fax 2824235; EZ 15 $, DZ 24 $ mit BP, Kabel-TV, Restaurant. Mail: ralvarez@tu.pro.ec
- *Hotel Miraflores*
Av. Miraflores 1527, Tel. 2843224; DZ mit BP (warme Dusche) 67 $ (EZ 50 $) inkl. Frühstück, Telefon, Restaurant, Café, Garage.
Mail: hmflores@hmiraflores.com.ec
Internet: www.hmiraflores.com.ec

Luxus-Hotel

- *Hotel Ambato*
Guayaquil 0108 y Rocafuerte, Tel. 2421791; sehr nüchterner Bau, DZ mit BP, TV, Telefon 61 $ inkl. Frühstück, Restaurant mit sehr gutem Essen (zur Mittagszeit meist überfüllt), Casino.
Mail: info@hotelambato.com
Internet: www.hotelambato.com

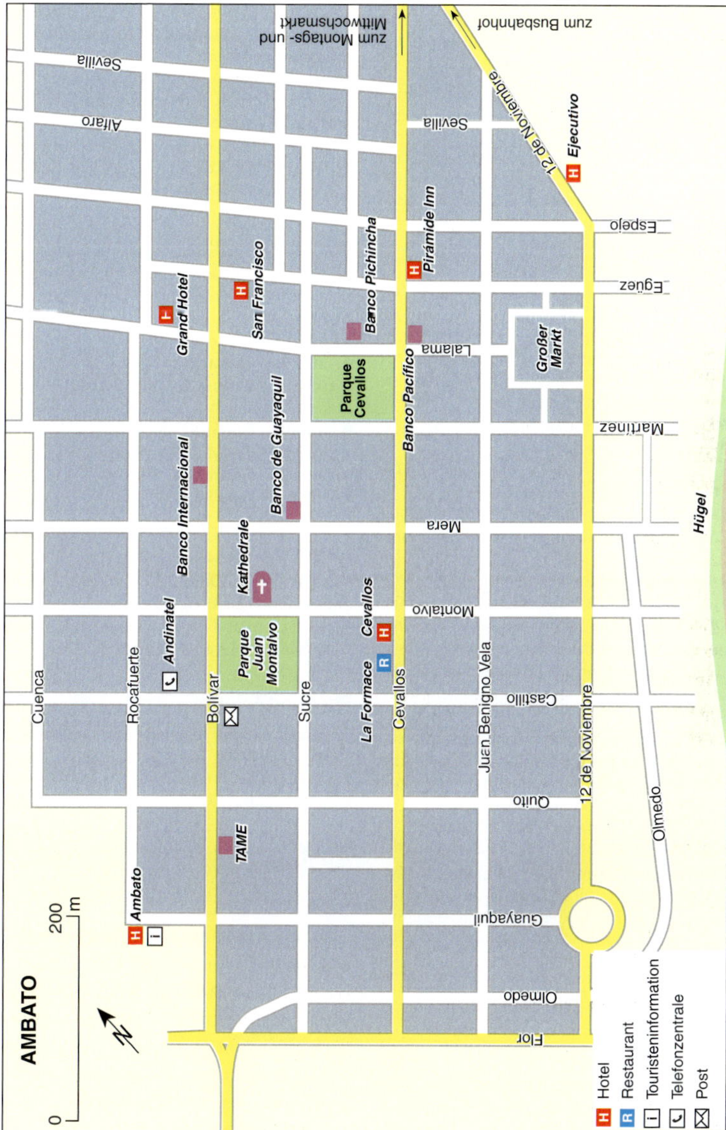
AMBATO
0
200 m
N
Hotel
Restaurant
Touristeninformation
Telefonzentrale
Post
Ambato
TAME
Andinatel
Parque Juan Montalvo
Kathedrale
Banco Internacional
Banco de Guayaquil
Grand Hotel
San Francisco
Parque Cevallos
Banco Pichincha
Pirámide Inn
Banco Pacífico
La Formace
Cevallos
Großer Markt
Ejecutivo
Hügel
zum Montags- und Mittwochsmarkt
zum Busbahnhof
Cuenca
Rocafuerte
Bolívar
Sucre
Cevallos
Juan Benigno Vela
12 de Noviembre
Olmedo
Flor
Guayaquil
Quito
Castillo
Montalvo
Mera
Martínez
Lalama
Eguez
Espejo
Sevilla
Alfaro

Essen und Trinken

- In einigen **Chifas** um den Parque 12 de Noviembre kann man preiswert essen.
- In der Nähe des Hotel Ambato gibt es gute Restaurants.
- *Parrilladas el Gaucho*

Bolivar 19-64 y Quito, Tel. 2828969, geöffnet Mo bis Sa 12–23 Uhr, viel Fleisch kommt auf den Grill, zu empfehlen ist das Lammfleisch „borrego"; Freitagabend Live-Programm.
Mail: migueljz51@hotmail.com

- *Restaurante Il Campanello*

Calle Quito 03-35 entre Bolivar y Sucre, Tel. 2422316, 2824441, Di bis Sa 12–22, So 12–16 Uhr. Exzellente hausgemachte Pasta in sympathischem Familienbetrieb. Die Besitzerin *Catarina Zunino,* die in der Schweiz studiert hat, spricht auch deutsch.
Mail: chicazunino@hotmail.com

- *Restaurante Casablanca*

Juan Benigno Vela 0763 y Montalvo, Tel. 03-2827760, ecuadorianische Küche.

- *Restaurante Casa Blanca*

Calle Benigno y Montalvo 216, ecuadorianische Küche.

- *Pizzeria La Fornace*

Av. Cevallos 17-28 y Montalvo, Zentrum, Tel. 2823244, So Ruhetag; der Besitzer *Roberto* ist zwar Ambateño, hat aber mehrere Jahre in Siegburg und Bonn bei Sizilianern das Pizzabacken gelernt und spricht – natürlich – fließend deutsch. Er steht den ganzen Tag unermüdlich am riesigen Steinbackofen und wirbelt eine Pizza nach der anderen durch die Luft, sodass selbst Italiener begeistert sind; Zweigstelle in Ficoa, siehe Hotels.
Mail: Hotel_lafornace2003@yahoo.com

- *Star Wars Café*

Etwas außerhalb vom Zentrum, diagonal zur Universidad Técnica de Ambato, originell und gemütlich, „die kultigste Bar in Ambato", meint eine Leserin.

Taxis

Ein wichtiger Taxistand befindet sich am Busbahnhof.

Stadtbusse

- Die Av. las Américas führt vom Busbahnhof ins Stadtzentrum. Auf der Brücke (über der Bahnlinie) befindet sich eine Bushaltestelle. Von hier fahren **Stadtbusse zum Parque Cevallos ins Zentrum.**
- Vom Parque Cevallos (Ecke Martinéz y Cevallos) verkehren **Busse zum Busbahnhof und nach Ficoa.**
- Von der Ecke 12 de Noviembre y Espejo gehen Busse **nach Atocha,** von der Ecke Bolívar y Lalama nach **Miraflores.**

Überlandbusse

Der **Busbahnhof** liegt **2 km außerhalb des Zentrums;** folgende Verbindungen bestehen:

- **Ambato – Quito** (2½ Std.)
- **Ambato – Riobamba** (1 Std.)
- **Ambato – Baños** (45 Min., die besten Plätze sind linksseitig)
- **Ambato – Cuenca** (7 Std.)
- **Ambato – Guayaquil** (6 Std.)
- **Ambato – Guaranda** (2½ Std.)
- **Ambato – Tena** (6 Std.)

Geldwechsel

- Die **Wechselstube** *Casa Cambiato* liegt in der Calle Bolívar 1715 y J. L. Mera.
- Die *Banco de Guayaquil* wechselt in der Calle Sucre y Mera.

Post und Telefon

- Postamt: Parque Juan Montalvo in der Calle Castillo y Bolívar
- ANDINATEL: Calle Castillo zwischen Bolívar und Rocafuerte

Ausflug

Salasaca

Salasaca liegt **auf dem Weg nach Baños** keine 15 km von Ambato entfernt. Die Salasaca-Indianer, die hier leben, sind eines der unabhängigsten und ursprünglichsten Völker in Ecuador. Sie sind Campesinos (Hochlandbauern) der Anden. Aus der Schafswolle weben sie in Handarbeit ihre Kleidung und

Wandteppiche, die ein Zweiteinkommen darstellen. Sie halten jedoch keinen eigenen Markt ab, sondern verkaufen ihre Ware meist auf den Märkten in Ambato, Pelileo, Cuenca, Quito oder Otavalo. Auch veräußern sie ihre gewebten Produkte z.B. an die Otavaleños, die dann das große Geschäft mit den Touristen machen. In Salasaca bieten die Indígenas ihr Handwerk allenfalls an der Ambato/Baños-Straße an und in einer Verkaufshalle in der Nähe der Dorfkirche. Markttag ist jeden Sonntag. Besuchen Sie die Färberei von *Alonso Pilla,* der auch Ausflüge organisiert. Sehr einfache Familienunterkünfte u.a. bei *José Masaquiza.*

●**Tipp:** *Café-Bar-Restaurant Samarina,* die „Ruhestätte" am Parque Montalvo, gemütlich, Kaffee, Säfte, Menüs und Desserts, sehr zu empfehlen.

Verlässt man in Ambato die Panamericana südostwärts, ist nach knapp 50 km über die Ortschaften Salasaca (s.o.) und Pelileo die Touristenhochburg Baños erreicht. Das Straßendorf von **Pelileo** ist berühmt für seine Jeans-Produktion und jede Menge anderer Textilien. Ein Stopp zum Jeans-Shopping in einem der vielen Läden (am Wochenende auch Straßenstände) lohnt sich. Die Qualität der Waren variiert. Verhandeln Sie gut beim Kauf des Beinkleids (eine Standardjeans kostet etwa 10 $).

Abstecher nach Patate

Wenige Minuten hinter der Jeans-Meile zweigt es unauffällig nordwärts in die Berge ab. Hier geht es in das Dorf Patate und weiter über einfache Pisten nach Norden Richtung **Pillaro,** nahe der Panamericana. Jenseits des Schmutzes von Ambato und des Rummels von Baños liegt südlich von Patate die alte **Jesuiten-Hazienda Leito.** Auf ihrem Grund oder nahebei soll der alte Inka-Schatz vergraben sein. Auf den Grundmauern ist eine gediegene Hosteria entstanden.

●*Hostería Hacienda Leito,* Panamericana via Ambato bis Patate geradeaus zur Hacienda (8 km), Tel. 03-2859329, Fax 03-2859331, Internet: www.surtrek.ec/hoteles/hacienda_leito_ecuador.html, sehr freundlich und gepflegt, helles, gehobenes Ambiente, EZ 90 $, DZ 170 $, inkl. Frühstück; zahlreiche Exkursionen, u.a. Reiten, Hiking, Vogel- und natürlich Vulkanbeobachtungen, leider umgeben von Plantagen unter Folie.

Baños

Baños ist ein außergewöhnlicher **Marienwallfahrtsort.** Das ganze Jahr über ziehen vor allem an den Wochenenden kleine und große Prozessionen zu Ehren der „Jungfrau des heiligen Wassers" singend und betend durch die Straßen, besonders im Oktober. Doch die Ecuadorianer wie auch die weltweit anreisenden Touristen lieben den Ort nicht in erster Linie wegen der Heiligen. Es sind vielmehr das **angenehme Klima** in 1800 m Höhe, die warmen **Thermalquellen** der Stadt und die **außergewöhnliche, schöne Landschaft,** die Baños zu Recht zu einem Hot Spot des ecuadorianischen Tourismus machen.

Hier am **„Tor nach Amazonien"** hat sich folglich eine **breite Infrastruktur** von Unterkünften, guten Restaurants und Agenturen für jegliche Freizeitaktivität oder Erholungsform etabliert. Baños bietet sportlich viel: Wandern, Schwimmen, Radfahren, Enduro-Sport, Rafting und in der Umgebung sogar Gleitschirmfliegen. Zur Erholung laden Bäder, Massagen, Saunen und Spa-Anlagen ein. Für das leibliche Wohl bietet der Ort beste internationale Küche zu niedrigen bis moderaten Preisen. Das Ganze in einem relaxten und weitgehend sicheren Städtchen. Wer abends die Ruhe hinter sich lassen möchte, findet mittlerweile in der Calle Alfaro eine „rosa Zone" mit Bars und Diskotheken, die der alten Tradition der Zuckerrohrschnapsbrenner von Baños zumindest im Ausschank alle Ehre macht.

Bekannt ist Baños auch für seine **Süßigkeiten.** Neben Sirup und rohem Zuckerrohr fallen vor allem die ockerfarbenen Cremeriegel ins Auge. Noch immer wird diese „Alfeñique" an einigen Ladeneingängen in langen elastischen Striemen über einen Ast geschlagen, bis sie die richtige Konsistenz zum Verzehr gewinnt.

Vulkanausbruch

Grundsätzlich empfehlen wir allen Reisenden vor Antritt ihrer Reise in diese Region **Informationen über den Stand der Vulkanaktivität einzuholen.** Denn eine längerfristige Vorhersage ist nahezu unmöglich.

Wer Spanisch liest, findet täglich aktuelle Informationen auf der Webseite des Geophysischen Instituts Ecuadors: www.igepn.edu.ec.

Beim **Auswärtigen Amt** (www.auswaertiges-amt.de) finden Sie weitere Informationen auf Deutsch unter „Sicherheitshinweise/Ecuador".

Erste-Hilfe-Tipp: Wer dennoch in eine vulkanische Aschewolke gerät, schütze umgehend seine Atemwege, seine Augen und seine Haut vor der Asche.

Die Straße, die von der Verbindung Baños–Pelileo nach Süden auf dem kürzesten Weg am Fuße des Vulkans nach Riobamba führt, ist wegen Schlamm- und Ascheablagerung bis auf weiteres gesperrt. Der Weg nach Riobamba führt somit südlich an Ambato vorbei.

Am Fuße des Vulkans

Die Menschen in Baños leben seit jeher am Fuße des aktiven Vulkans **Tungurahua.** Sie verdanken ihm gar ihr „heiliges Wasser" und die Thermalquellen. Vor wenigen Jahren kehrte der unruhige 5000er jedoch zu einer erhöhten Aktivität zurück. Zeitweise warf er Geröll und Lava aus seinem fast konischen Krater, sodass Baños **am 17. Oktober 1999** sogar komplett **evakuiert** werden musste. Zurück blieben damals eine Hand voll Geistlicher und rund hundert Soldaten. Abgesehen von Ascheregen blieb die Stadt jedoch im Weiteren verschont.

Baños liegt am Fuße des Tungurahua

Die **Soldaten** hingegen kannten wenig Respekt vor dem Wallfahrtsort. Sie schleusten zu ihrem Vergnügen nicht nur Prostituierte in die Geisterstadt, sondern plünderten auch zahlreiche Häuser und Geschäfte. Die evakuierten Bañeños erfuhren von den Abwegen der Staatsdiener in Uniform und organisierten am 3. Januar 2000 einen Protestmarsch und die „Rückeroberung" ihrer Stadt. Die Armee verhielt sich glücklicherweise besonnen und ließ die Menschen einziehen. Nach dem großen Ascheputz – dem „Wiederaufbau" – kehrte allmählich Normalität ein in Baños – der Spuk war vorbei.

Trotz der Gefahr hat sich ein gewisser **„Eruptionstourismus"** entwickelt. Es gibt ein paar hervorragende Aussichtspunkte, um die teils mächtigen dunklen Asche- Lavaausbrüche des Vulkans zu erleben und zu fotografieren. Die beste Sicht bietet sich vom Nordufer des Río Pastaza, wie weiter unten beschrieben. Aber auch ohne Wanderung öffnet sich vom Westrand der Stadt ein freier Blick auf den Krater, und zwar aus dem kleinen Nahuazo-Tal. Der freie Blick ist bereits dort gegeben, wo die Avenida Ambato den kleinen Fluss Nahuazo quert, etwas unterhalb des Friedhofs. Auch von Runtún aus sieht man den häufig rauchenden Gipfel des Berges.

Sehenswürdigkeiten

Der Ort selbst zählt nicht viele Sehenswürdigkeiten. In der dominikanischen

ecu126 Foto: vinu

1 Brücke San Francisco
2 Brücke über den Río Nahuazo
3 Friedhof
4 Camino de la Virgen
5 Hostal Alcazar
6 Rainforestur
7 Rico Pan
8 Hard Rock Café
9 Volcán Peña Bar
10 Bellavista Discotec
11 Casa Vieja (Fachwerk)
12 Le Prechaun, Kasbah, Quilla Bar
13 Restaurante Closerie
14 Baños Spanish School
15 Raices Spanish
16 Restaurante Higueron
17 Salsoteca Bamboo
18 Restaurante Morena
19 Hostal Los Nevados
20 Basílica
21 Museum
22 Sporthalle
23 Der „Allesladen" Sanchez
24 Parque de la Basílica
25 Markthalle
26 Parque Palomino Floresta
27 Hotel Flor de Oriente
28 Café Wood
29 Internetcafé
30 Dominikaner-Konvent
31 Hostal León
32 Vasco Tours
33 Piscina de Villa Gertrudis (Hallenbad)
34 IdEA-Sprachschule
35 Hostal El Pedrón
36 La Petite Auberge
37 Hostal Plantas y Blanco
38 Restaurante-Bar Quilombo
39 Marcelo's Bikes
40 Hostal El Castillo
41 Galerie Huillacuna
42 Hobbit-Bar
43 Hotel Sangay
44 Casino
45 Piscinas Modernas de la Peñas
46 Piscinas de la Virgen
47 Wasserfall
48 Hotel Palace
49 Fitnesscenter
50 Posada El Marqués
51 Posada del Arte
52 Hostal Casa Real
53 Residencial Santa Clara
54 Piscinas de Santa Clara
55 Schwimmbad
1800
Av. Zoila Montoya
Av. Jorge Ccbo
2
Lligua
Av. de las Amazonas
Av. El Calvario
Río Nahuazo
Av. El Higerón
Av. El Salado
Ambato, Riobamba
PITITIG
0
200 m
Salado

Baños
• 56 Spielplatz
57 Hostal Villa Gertrudis
58 Hospedaje La Floresta
59 Hostal Isla de Baños
• 60 Weg nach Bellavista
61 Hotel Monte Selva
Busbahnhof
Tankstelle
Krankenhaus
Parkplatz
Post
Touristeninformation
Río Pastaza
1800
Olas del Pastaza
SAN FRANCISCO
Av. de las Amazonas
Ulba
Av. Los Combatientes
Av. Eduardo Tapia
Av. Pablo Suárez
Av. Oriente
Av. 16 de Diciembre
Calle Eloy Alfaro
Av. E. Espejo
Ca. Pedro
Calle Thomas Halflants
Calle Oscar F. Reyes
Calle Maldonado
Calle Pastaza
Calle Juan León Mera
Calle Sebastian Baño
Av. Oriente
Av. Ambato
Plaza 5 de Junio (Sport)
Av. Vicente Rocafuerte
Av. Luis A. Martínez
Av. 12 de Noviembre
Calle Mideros
Calle 16 de Diciembre
Calle Rafael Vicira
Calle Pedro V. Maldonado
Av. Juan Montalvo
Calle Velasco Ibarra
Zentrum
SANTA CLARA
Bellavista
1 4 5 6 7 8 9 10 11 12 13 14 15 16 17 18 19 20 21 22 23 24 25 26 27 28 29 30 31 32 33 34 35 36 37 38 39 40 41 42 43 44 45 46 47 48 49 50 51 52 53 54 55 56 57 58 59 60 61

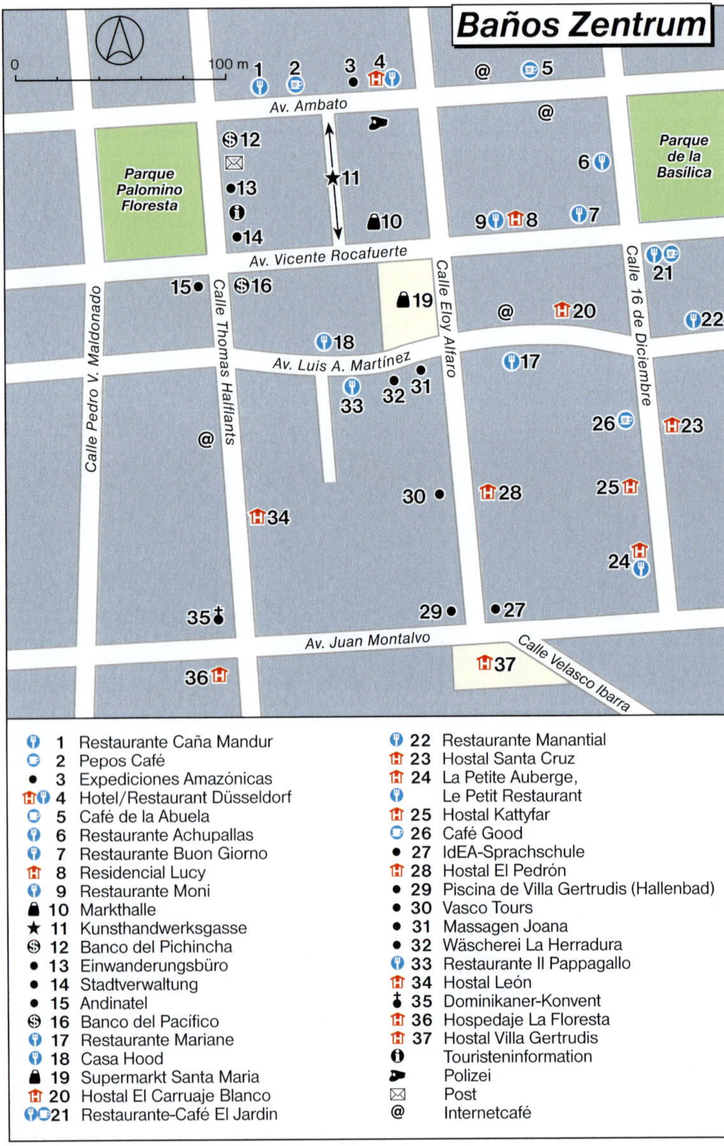

1 Restaurante Caña Mandur	22 Restaurante Manantial
2 Pepos Café	23 Hostal Santa Cruz
3 Expediciones Amazónicas	24 La Petite Auberge, Le Petit Restaurant
4 Hotel/Restaurant Düsseldorf	25 Hostal Kattyfar
5 Café de la Abuela	26 Café Good
6 Restaurante Achupallas	27 IdEA-Sprachschule
7 Restaurante Buon Giorno	28 Hostal El Pedrón
8 Residencial Lucy	29 Piscina de Villa Gertrudis (Hallenbad)
9 Restaurante Moni	30 Vasco Tours
10 Markthalle	31 Massagen Joana
11 Kunsthandwerksgasse	32 Wäscherei La Herradura
12 Banco del Pichincha	33 Restaurante Il Pappagallo
13 Einwanderungsbüro	34 Hostal León
14 Stadtverwaltung	35 Dominikaner-Konvent
15 Andinatel	36 Hospedaje La Floresta
16 Banco del Pacífico	37 Hostal Villa Gertrudis
17 Restaurante Mariane	Touristeninformation
18 Casa Hood	Polizei
19 Supermarkt Santa Maria	Post
20 Hostal El Carruaje Blanco	Internetcafé
21 Restaurante-Café El Jardin	

Basílica de Nuestra Señora del Agua Santa reihen sich Gemälde von Rettungstaten der Heiligen Jungfrau aneinander. Das angegliederte **Museum** (8–16 Uhr geöffnet) unterhält u.a. eine skurrile Abteilung mit ausgestopften Tieren.

Etwas lebendiger ist es im **Zoo,** der über die Pastaza-Brücke (Puente San Martín) am westlichen Ortseingang zu ereichen ist. Von der Brücke sieht man auch einen der rauschenden **Wasserfälle** des Pastaza. Im Zoo dann begegnen Sie u.a. Tapiren, Kondoren und auch einer Galápagos-Schildkröte. Ein kleiner Wasserfall fällt direkt neben den **Piscinas de la Virgen** in die Stadt.

Weder die Architektur noch die Plätze in Baños sind besonders sehenswert. Wenige alte Häuser stehen noch im Dorf.

Als Stadt ist Baños also keine Schönheit. Es ist schlicht einer der angenehmsten Orte Ecuadors, um die Seele baumeln zu lassen, um sportlich in faszinierender Umgebung aktiv zu werden, um preiswert, aber gut zu speisen. Nicht wenige ausländische Besucher ziehen Klima und Gelassenheit des 15.000-Seelen-Städtchens in ihren Bann, so dass sie länger als geplant verweilen, vielleicht in die Sprachschule gehen oder Salsa lernen, Postkarten schreiben oder gleich ein ganzes Buch. Die schönsten Wanderungen ab Baños sind am Ende des Stadtkapitels beschrieben.

Die **Brücke San Francisco** soll die mit 300 m Sprunghöhe weltgrößte Bungee-Anlage tragen.

- **Tel. Vorwahl Baños: 03**

Touristeninformation

- Das städtische **Tourismusbüro** liegt an der Calle Tomás Halflants y Rocafuerte und ist nur wochentags zu Bürozeiten geöffnet, Tel. 2740483, Internet: www.baniosadn.com.ec. Doch die Reiseagenturen und die meisten Hostales haben stets breit gefächerte und aktuelle Informationen über Touren, Programme und Attraktionen der Umgebung. Baños lebt heute weitestgehend vom und für den Tourismus. Vor allem die *Casa Hood* erweist sich als hilfreiche informelle Informationsbörse für Baños. Hinweis: Manchmal etwas nervig sind Verwechslungen der ähnlich klingenden Casa Hood, Café Hood und Café Good – es fehlt eigentlich nur noch Casa Good ...

Unterkunft

Allgemeines: Alle angegebenen Unterkünfte haben ein privates Bad mit heißem Wasser. Fast alle Hostales/Hotels bieten zudem einen Wäscheservice für etwa 80 Cents pro Kilo Wäsche an. Preise ohne Frühstück, wenn nicht anders ausgewiesen. In der Hochsaison vom 15.7. bis 15.9. und an Festtagen können die genannten Preise um 25–50% höher liegen. In diesen Zeiten ist gerade an Wochenenden unbedingt eine Reservierung vorzunehmen. Unter der Woche ist es mitunter sehr beschaulich.

Sehr einfache Unterkünfte mit Bad für etwa 5 $ p.P.

- *Hotel Düsseldorf*
Av. Ambato y Alfaro, Tel. 2741702, 6 $ p.P.
- *Hostal Moni*
Calle 16 de Diciembre y Montalvo, Tel. 2741559, 7 $ p.P.
Mail: resmonik@hotmail.com
- *Residencial Lucy*
Av. Rocafuerte y16 Diciembre, Tel. 2740466, 5 $ p.P.
- *Hotel Backpackers Paradise „Princesa Maria"*
Calle Rocafuerte y Mera, schöner Aufenthaltsraum, Waschmöglichkeit, DZ mit BP (inkl. Sat-TV) 5 $ p.P. „... das beste Low-Bud-

get-Hotel, das wir in Ecuador benutzten." (Lesertipp).

- *Hostal Casa Real*

Av. Montalvo y Pasaje Ibarra, Tel. 2740215, 11 $ p.P. Mail: casareal@baños.com

- *Hostal Los Nevados*

Av. Ambato y Hermano Enrique Mideros, 8 $ p.P. mit Frühstück, Tel. 2740673.
Mail: hostallosnevados@hotmail.com

Hotels bis 10 $ p.P.

- *Hostal El Pedrón*

Calle Alfaro y Martínez, Tel. 2740701; 8–12 $ p.P., einige Zimmer mit Kabel-TV, Kühlschrank und Balkon ins Grüne. Einfaches, aber charmantes, frei stehendes 80-jähriges Haus mit großem, üppigen Garten und alten Bäumen. Einfache, gepflegte Zimmer, die älteren etwas muffig. Preiswerte Cafeteria, kleiner Biergarten und Garage. Die liebenswürdige *Sra. Marcela de Gissel* war 35 Jahre Plattenhändlerin in Ambato und bietet im Haus auch ihre besten CD-Schätzchen feil. Besondere Empfehlung!
Mail: hostalelpedron@yahoo.es
Internet: www.elpedron.banos.com

- *Hostal Isla de Baños*

Calle Halflants 131 y Montalvo, Fax 2740609; DZ 22 $ inkl. Frühstück. Stilvolles, gepflegtes Haus mit Garten, Teich und (in spe) auch einem Whirlpool im Freien. Internetzugang und Wechsel von Reiseschecks für Hausgäste (2% Gebühr). Deutsche Leitung. Kabel-TV, Wäscheservice, Zimmer teils mit Balkon, Suite für 30 $. Fahrradverleih, Jeeptouren und viel gelobte Ausflüge mit *Christians* hervorragenden Pferden, auch mehrtägig. Ruhig gelegen und sehr gutes Frühstück. Besondere Empfehlung!
Mail: islabanos@andinanet.net

- *Posada del Arte*

Calle Velasco Ibarra y Montalvo, Tel. 2740083, EZ 19–24 $, DZ 42 $. Gemütliche Zimmer mit Balkon, einige mit Kamin. Café-Restaurant, Videothek. Sehr warme Farben und freundlich. Der Besitzer *James Redd* kennt sich sehr gut in und um Baños aus. Empfehlung.
Mail: artehostal@yahoo.com
Internet: www.posadadelarte.com

- *Posada El Marqués*

Calle Velasco Ibarra y Montalvo, Tel. 2740053, 2741710; EZ 15 $, DZ 25 $. Sauna, Hydromassage und gemeinsamer Pool mit der benachbarten Posada del Arte. Zimmer mit Balkon, Garage, sehr freundlich. Empfehlung. Mail: posada_marques@yahoo.com

- *La Petite Auberge*

Calle 16 de Diciembre y Montalvo, Tel. 2740936; EZ 14 $, DZ 20 $ inkl. Frühstück, mit Kamin und Balkon. Üppiger Garten, freundliche Zimmer, sympathische Rezeption, franz. Restaurant angeschlossen. Empfehlenswert, in der Hochsaison 2 $ Preisaufschlag.
Mail: lepetitbanos@yahoo.com

- *Residencial Santa Clara*

Calle 12 de Noviembre y Velasco Ibarra, Tel. 2740349; Zimmer um den Garten (Cabañas) 10 $ p.P., Cafeteria, Wäscheservice, Küchenmitbenutzung, Parkplatz, Fahrradverleih. Schöne Lage direkt unter dem Berghang. Das alte Haus ist recht heruntergekommen.
Mail: hotelvillasantaclara2006@hotmail.com
Internet: www.hotelvillasantaclara.com

- *Hospedaje La Floresta*

Calle Halflants y Montalvo, Tel. 2741824, Fax 2740457; DZ 35 $ inkl. Frühstück. Netter Garten, freundliches Personal.
Mail: laflorestahospedaje@yahoo.es
Internet: www.lafloresta.banios.com

- *Hotel Flor de Oriente*

Av. Ambato y Maldonado, Tel. 2740418, 2740717; 10 $ p.P. Mit Frühstück, TV, Garage. Sachliches Eckhotel zentral am Park.
Mail: flordeoriente@yahoo.es

- *Hostal El Carruaje Blanco*

Av. Martínez y 16 de Diciembre, Tel. 2740913; Familienpension, sehr freundlich, Zimmer wohnzimmerlich und gepflegt mit TV. Kochgelegenheit. 8 $ p.P.
Mail: hostalelcarruajeblanco@yahoo.com.mx

- *Hostal El Castillo*

Av. Martinéz y Rafael Vieira, Tel. 2740285; EZ 6 $, DZ 12 $. Internet, Kabel-TV, Parkplatz, Restaurant. Schlicht und in Ordnung.
Mail: hostal_elcastillo@hotmail.com

- *Hostal León*

Calle Halflants y Martínez, Tel. 2741032; 8 $ p.P. Kabel-TV, Dachterrasse. Kleine Zimmer um einen kleinen Innenhof. Freundlich.

- *Hospedaje Santa Cruz*
Calle 16 de Diciembre y Martínez, Tel. 2740648; 6–8 $ p.P., sauber, freundlich, Außenkaminfeuer, Gärtchen und Hängematten. Mail: santacruzhostal@yahoo.com
- *Hostal Plantas y Blanco*
Av. Martínez y 12 de Noviembre, Tel. 2740044, DZ ab 14 $, MBZ ab 5 $ p.P. feine Hausbäckerei, Dachterrasse, freier Internetzugang, Wäscheservice, Büchertausch. Lesertipp: Es gibt eine „Deutsche Wasser-Therapie" in den hoteleigenen Dampfbädern. Empfehlung!
Mail: option3@hotmail.com
- *Hostal Timara*
Pedro V. Maldonado y Luis A. Martínez, Tel. 2740599, 2742823, 4,50 $ mit BC, 9 $ mit BP, Kabel-TV, Internet, Küchenmitbenutzung. Empfehlenswert!
Mail: susana_bermeo@hotmail.com
Internet: www.timara.banios.com

Hotels ab 10 $ p.P.

- *Hostal Monte Selva*
Calle Halflants, Ende der Straße am Berghang, Tel. 2740566, 2740244; DZ ab 25 $, Zimmer mit tollem Blick auf ganz Baños, besonders zu empfehlen sind die schönen Blockhütten zu 37 $, ein Traum ist die Suite für etwa 65 $. Sehr nettes Personal, schöner Garten mit Grillplatz, Sauna, türkischem Dampfbad, Thermalbecken, Pool, Kinderpool, Billard, Restaurant. Der Spa-Bereich ist in der Regel nur am Wochenende in Betrieb. Sehr empfohlen. Zur Sicherheit reservieren. Mail: info@monteselvaecuador.com
- *Hostal Villa Gertrudis*
Av. Montalvo 2075 y Alfaro, Tel. 2740441, Fax 2740442; EZ 20 $, DZ 30 $ mit europäischem Frühstück. Holzhaus aus den 1940er Jahren, von deutschen Kriegsflüchtlingen erbaut; eine der ersten Pensionen in Baños. Verspieltes Wohnzimmerambiente mit 1950er-Jahre-Möbeln und den originalen Badewannen. Garage, großes Hallenbad. Empfehlenswert! Mail: hotelvillagertrudis@yahoo.es
Internet: www.villagertrudis.com
- *Hotel Palace*
Calle Montalvo 20-30 y Vieira; Tel. 2740470, DZ 41 $ mit gutem Frühstücksbüffet, Jacuzzi, Vapor. Traditionshotel am Wasserfall, Pool. Neubau passabel, Altbau etwas muffig.
Mail: hotelpalace@hotmail.com

Hotels außerhalb von Baños

- *Hostería El Trapiche*
Av. de las Amazonas via Puyo, 1 km vom Dorfkern Richtung Puyo, hinter dem Sportplatz, Tel. 2740836, 2741347; 19 $ p.P. inkl. Frühstück und Whirlpool. Stilvolle Cabaña-Anlage um die älteste Schnapsbrennerei der Provinz, die gerade zum Museum und Seminarraum wird. Großer Garten und Guayaba-Wäldchen. Schöne Zimmer. Dampfbad, Wellness und Wassertherapie nach Kneipp in eigenen Bädern. Der freundliche Besitzer *Eduardo Castro* setzt ganz auf „gesund und stressfrei". Rabatt im Spa für Hotelgäste. Empfehlenswerte Anlage mit Relikten der alten Brennerei, etwas nah an der Straße.
Mail: eltrapiche@depaseo.org
Internet: www.eltrapiche.banios.com
- *Hosteria Luna runtún*
Caserío Runtún km 6, Dorf Runtún oberhalb von Baños, oben am Hang des Tungurahua, Tel. 2740882, Fax 2740376; EZ 154 $, DZ 207 $ inkl. Frühstück, Dinner, Jacuzzi, Internet. Luxuriöses, idyllisches Honeymoon-Hotel unter schweizerischer Leitung (und Preisen ...). Gutes Restaurant. Tipp: Belegen Sie eines der Zimmer am Abhang mit Blick auf Baños. Internet: www.lunaruntun.com
- *Cabañas Bascún*
Via al Salado, am Südwesthang von Baños im Seitental des Nahuazo, Tel. 2740740; 32 $ pro Person. Schöne Lage nahe den Piscinas del Salado, sehr schlichte Zimmer mit Kabel-TV. Mail: bascunhosteria@gmail.com
Internet: www.hosteriabascun.com

Restaurants

Das Städtchen bietet ein Fülle von Restaurants. Das Preisniveau liegt deutlich unter dem von Quito. Unterschiedlich handhaben die Restaurants Steuern und Service – mal sind sie im Preis enthalten, mal werden die 12 oder 22% aufgeschlagen. In den gelisteten Restaurants haben wir oder unsere Leser in jüngster Zeit gut gegessen.

• *Restaurante Buon Giorno*
Av. Rocafuerte y 16 de Diciembre, Tel. 2741724, hervorragende italienische Nudelgerichte, erstklassige Pizza; Salate mit dem besten Joghurtdressing der Stadt. Der einstige Psychologe und gebürtige Bañeño „Wilo" erlernte die italiensche Küche in Rom, Madrid, Frankfurt und Essen. Sehr guter Service. Trotz der schaurigen Gemälde eine besondere Empfehlung unter den unzähligen „Italienern" der Stadt!
Mail: buongiorno@yahoo.com

• *Restaurante Manantial*
Calle Martínez y 16 de Diciembre. Internationale Gerichte, ausgezeichnete Nudelspezialitäten, obere Preisklasse, Reservierung am Wochenende empfohlen.

• *Le Petit Restaurant*
Calle 16 de Diciembre y Montalvo. Feine französische Küche, Preise etwas höher als ortsüblich, 8–15 und 18–22 Uhr, viel gelobt.

• *Restaurante Mariane*
Calle Halflants y Luis Martinez, Tel. 2740911. Vielfach empfohlene Küche der Provence, mit großen Portionen und ausgezeichneten Garnelen *(camarones)*.
Mail: patalarcou@hotmail.com

• *Casa Hood*
Luis Martinez y Eloy Alfaro (hinter dem Supermarkt), Tel. 03-2742668. Vegetarische Küche, beliebter Traveller-Treff mit zahlreichen Baños-Tipps, Büchertausch, vegetarische Snacks, guter Kaffee, hervorragender Kuchen sowie exzellentes Frühstück mit kräftigem Brot; kostenloses Filmprogramm um 20 Uhr, Cocktailkarte, geöffnet tägl. außer Di 8–22 Uhr, Happy Hour 18–21 Uhr.
Mail: artiste333@yahoo.com

• *Restaurante-Café El Jardin*
Av. Rocafuerte y 16 de Diciembre, Tel. 2740875. Gartenrestaurant und Bar, freundlich, mit besonders empfohlenen Maniokkuchen, kleines Idyll im Zentrum.
Mail: eljardinbanios@hotmail.com

• *Swiss Bistro*
Calle Martínez y Alfaro, Tel. 09-4004019, Mo 18–23 Uhr, Di bis So 11–23 Uhr, empfohlenes Restaurant des schweizerischen Chefs *Patrick Oswald*. Fondue, Fleischgerichte und reichlich Rösti.
Internet: www.swiss-bistro.com

• *Restaurante Caña Mandur*
Av. Ambato y Tomas Halflants, Tel. 2740596. Etwas teuer bei recht übersichtlichen Portionen, aber köstliche Crêpes.

• *Restaurante Morena*
Calle 12 de Noviembre y Oriente. Die vielleicht besten Meeresfrüchte und Fischgerichte der Stadt.

• *Restaurante Higueron*
Calle Los Arrayanes y Av. Oriente, etwa 5 Fußminuten von der Plaza de la Basílica, Tel. 2741482. Leser empfehlen die internationale Küche. Ein Hostal ist angeschlossen.
Mail: cafehigueron@yahoo.es

• *Restaurante Achupallas*
Calle 16 de Diciembre y Ambato, Tel. 09-5805739, unten im Hotel, solide ecuadorianische Küche mit „berüchtigt" großen Portionen.

• *Restaurante Il Pappagallo*
Av. Montalvo y 16 de Diciembre, Tel. 08-6397436. Italienische Küche, Lesertipp.

• *Restaurant-Bar Quilombo*
Av. Montalvo y 12 de Noviembre, Tel. 2742880, 08-5532144. Gemütliches, offenes Lokal am Spielplatz, Leser empfehlen besonders die Fleischplatte für zwei Personen und den Flan.
Mail: quilomboparr@yahoo.com

• *Restaurante Moni*
Av. Rocafuerte y Alfaro, Tel. 2741044. Unter den mexikanischen Restaurants im Ort das passabelste.
Mail: resmonic@hotmail.com

• *Restaurant Closerie*
Calle Alfaro 620 y Oriente, Tel. 2741430, 09-8232909. Reichhaltige Fleischgerichte inmitten der Partymeile von Baños, „französische Küche", Lesertipp.

• *Restaurant Düsseldorf*
Av. Ambato y Alfaro. Solide Küche, die Portionen sind mitunter klein.

Cafés

• *Café Hood*
Calle Maldonado y Parque Flores. Kleiner gemütlicher Treff für Traveller, das angeschlossene Hostal ist sehr schlicht und ohne privates Bad. Do bis Di 10–22 Uhr.

- *Café Good*

Calle 16 de Diciembre y Martínez. Große Auswahl vegetarischer Gerichte, sehr gutes Preis-Leistungs-Verhältnis, abzurunden mit einem hervorragenden Mocca.

- *Café de la Abuela*

Av. Ambato y Eloy Alfaro. Das gemütliche Traditionscafé hat etwas an der Preisschraube gedreht.

- *Café Alicumba*

Calle Pedro Maldonado y Ambato, Parque Central, Tel. 2741358, tgl. 7.30–19 Uhr.
Mail: vapikpkam@hotmail.com

- *Regines Café Alemán*

Parroquia de Ulba-Chamana, Tel. 2742671, 2740641, schönes Café unter deutscher Leitung, gutes Frühstück, angeschlossen ist eine Zimmervermietung (DZ 30–40 $), ein Kleinod mit Gulasch, Schwarzbrot & Co.
Internet: www.chamanapamba.com

- *Rico Pan*

Av. Ambato y Vicente Maldonado, Tel. 2740387, beliebtes Frühstückscafé, einfache Küche. Mail: ricopanes@yahoo.com

- *Pepos Café*

Av. Ambato y Haflants. Lesertipp.

- *Hobbit-Bar*

Av. Montalvo y Vieira. Sehr hübsch, open air und nahe den Bädern, hervorragende Steinofenpizza, klasse Cocktails auf Schaukeln an der Bar. Empfehlung.

- *Rincón de Suiza*

Calle Martínez y Halflants, Tel. 2742807. Billardbar mit Snacks und Süßem, „zum Wohlfühlen, wenn's regnet".
Internet: www.rincondesuiza.com

Nachtleben

In den vergangenen Jahren hat sich in Baños eine wahre Partymeile etabliert. Die **Calle Alfaro** wird gar von der Polizei für die Nachtschwärmer vom Autoverkehr befreit. Zwischen den Straßen Calle Ambato und Calle Espejo haben sich Unmengen von Bars, Clubs und Schnapsläden angesiedelt, die die Nachbarschaft am Wochenende unter eine gewaltige Geräuschglocke setzen. Was gerade „in" ist, welchselt in schnellem Rhythmus. Erfahrungsgemäß zieht es die nächtlichen Freunde von Cocktail, Tanz und letztem Schrei vor allem ins *Le Prechaun* (Eloy Alfaro y Oriente, Tel. 2741537, Mail: leprechaunbar@hotmail.com), ins *Kasbah* und in die *Bar Quilla* (Eloy Alfaro y Eugenio Espejo, Tel. 2741530, Mail: sherlyjim@hotmail.com). Weiterhin sehr beliebt ist das *Hard Rock Café,* das übrigens nicht zu der gleichnamigen internationalen Kette gehört, sie jedoch musikalisch beerbt. Die *El Volcan bar* (Eloy Alfaro y Oriente, Tel. 2742379, 09-7789628, Mail: penabarvolcan79@hotmail.com) präsentiert Live-Konzerte am Wochenende, die *Bellavista Discotec* gibt sich als ultimativer Dancefloor. Zwischen den Bars finden sich auch ein paar Restaurants und ein Internetcafé. Die berüchtigte *Salsoteca Bamboo* lässt die Puppen am Stadtrand in der Calle Suárez y Oriente tanzen. Das Gute an der lauten und lieblosen Partymeile der Calle Alfaro ist, dass das übrige Baños weitgehend ruhige Abendstunden verlebt.

Busse

- Tagsüber wird Baños stündlich mehrfach vom **Ambato** und etwa einmal pro Stunde von **Puyo** aus angefahren. Die Ambato-Puyo-Verbindung besteht bis in den späten Abend. Genaue Abfahrtszeiten und Tickets gibt es an den Schaltern des Busterminals. Am Wochenende muss man gelegentlich etwas länger warten. Es empfiehlt sich, das Ticket bereits vorab zu kaufen. Ansonsten gilt „first come – first go". Die Busse nach Puyo bringen einen natürlich auch zu allen Orten entlang des nördlichen Pastaza-Ufers wie zum Staudamm Agoyán oder nach Río Verde.
- **Fahrzeiten: Quito** (meist über den Terminal von Ambato) 3½ Stunden, Puyo 2 Stunden, Ambato 40 Minuten, Río Verde 30 Minuten. Weitere Verbindung besteht nach **Riobamba,** Fahrzeit ca. 1½ Stunden. Die direkte Strecke über **Penipe** südwestlich von Baños ist nach starkem Ascheauswurf des Tungurahua zeitweise gesperrt und wird dann über Ambato bedient.
- **Lokale Busse** fahren ab dem Parque Flores nach **El Salado** und zum Zoo von Baños **(„Zoológico").**

Geldwechsel

- Die einfachste Möglichkeit, sicher an Dollars zu kommen, ist die europäische **EC-Karte** oder Bankkarte. An den Automaten der *Banco del Pichincha* und der *Banco del Pacífico* – die mit dem blauen Cirrus-Symbol – lässt sich bequem wie in Europa zu meist moderaten Bankgebühren Bargeld abheben. Die *Banco del Pacífico* akzeptiert auch die Kreditkarte Mastercard. Mit der VISA-Karte bekommt Geld am Automaten der Banco de Guayaquil, Calle Rocafuerte y Alfaro, am Supermarkt.
- **Reiseschecks** von American Express akzeptiert auch die Banco del Pacífico. Bei 5 $ Gebühr lassen sich Dollarschecks (keine Euro-Schecks!) bis zu einer Höhe von 200 Dollar pro Tag einlösen. Insider wissen, dass *Pedro* in seiner Ferretería gegenüber der Banco del Pichincha, Parque Flores, Reiseschecks gegen 3% Gebühr eintauscht. Leser berichten teils von noch geringeren Gebühren. Auch andere Geschäfte wechseln gelegentlich Reiseschecks, was aber nicht als sichere Umtauschmöglichkeit gelten kann.

Post

- Postamt „CDE – Correos del Ecuador", am Parque Flores, wochentags 8–17 Uhr.

Telefon und Internet

- Das **Andinatel-Büro** liegt am Parque Flores. Zahlreiche offene Telefonkabinen verteilen sich über das Dorfzentrum.
- Im Stadtplan sind einige der zahlreichen **Internet-Cafés** eingezeichnet, die teils auch über **Net-to-phone-Anschlüsse** zum preiswerten Telefonieren verfügen.

ecu120 Foto: peko

Auch in den besseren Hostales kann man oft telefonieren und im Netz surfen.

Bäder

- Die **Piscinas de la Virgen** sind die schönsten Badeanlagen im trüben Schwefelwasser. Direkt unter dem Wasserfall sind sie auch abends bis 22 Uhr bei romantischer Beleuchtung geöffnet. Am Wochenende wird es allerdings häufig voll. Der Eintritt beträgt werktags 1,60 $, am Wochenende 2 $; bei gleichzeitiger Nutzung von Sauna und Fitnessraum sind es 2,50 $.
- Die **Piscinas Modernas de la Peña** sind nur tagsüber geöffnet und nicht besonders idyllisch.
- Die **Piscinas de Santa Clara** sind wegen Restaurierung geschlossen.
- Besuchenswert wegen der schönen Lage an dem Flüsschen Nahuazo sind die **Piscinas del Salado.** In dem Flüsschen ist allerdings wegen vulkanischer Verschmutzung nicht mehr zu baden.
- Direkt vor den Piscinas de Santa Clara gibt es ein privates **Schwimmbad** mit 25-Meter-Becken für das sportliche Badeerlebnis. 23 Meter lang ist das Becken im **Hallenbad** der Villa Gertrudis, Wasser und Halle sind jedoch mit 27–30 Grad sehr warm. Ein weiteres Schwimmbad unterhält das Hostal Monte Selva am Berghang.
- **El Refugio – Spa Garden,** Camino Real, Barrio San Vicente, km 1 via al Oriente, Tel. 2740482, 09-7850607. Gepflegte Wellness-Anlage mit Massagen, Dampfbad und Schlammbad.
Internet: verlinkt unter www.banios.com
- **Anlage** mit Kneipp-Therapie und Massageservice in der Hostería El Trapiche, nicht nur für Hotelgäste.

Wandmalerei in Baños

- **Spa Gamboa,** Montalvo y Eloy Alfaro gegenüber der Villa Gertrudis, Tel. 27400908, Mo bis So 8–21 Uhr, Preise: 3 $ Pool, 3–12 $ Baño de Cajon.

Sprachschulen

Baños ist ein guter Ort, um Spanisch zu lernen. Die meisten Sprachschulen bieten eine angenehme Lernatmosphäre mit begleitenden Freizeitangeboten von Ausflügen bis Salsa-Kursen. Der Spanischunterricht kostet in der Regel 4–5 $ pro Stunde und ist bei längerer Teilnahme oder bei gleichzeitiger Zimmerbuchung verhandelbar. Die Lehrkräfte der Schulen sind allerdings nicht immer gleich kompetent.

Hier listen wir nur Sprachschulen auf, von denen Reisende positiv berichtet haben:

- *Mayra*
Calle Reyes y Martínez, sehr gute Einführung, gute Unterrichtsmaterialien, auch deutschsprachig, freundlich, 4,50 $ pro Stunde. Besondere Leserempfehlung!
- *Baños Spanish Centre*
Av. Oriente 820 y Cañar, Tel. 2740632, Handy 08-7045072, Salsa-Unterricht, schönes Haus, 6 $ pro Stunde.
Mail: elizbasc@uio.satnet.net
- *IdEA*
Av. Montalvo y Alfaro, Tel. 2741315, alternative Spanisch-Schule, Exkursionen, Kochkurse und Lehrfilme führen in persönlicher Atmosphäre in die Sprache ein. Auf Wunsch auch intensives Spanischlernen in der Familie. Reisende berichten allerdings, dass das professionelle Niveau seit dem Weggang der schweizerischen Leitung abgefallen ist. Unterrichtsstunde 4,50 $.
- *Raices*
16 de Diciembre y Suárez, einzelne Zimmer zu mieten, 4,50 $ pro Stunde.
- *Alcazar*
Calle Reyes y Oriente, einfaches Hostal angeschlossen, „kompetent", 4 $ pro Stunde.

- **Privatunterricht**
Tel. 02-2667475, Mail: lorgioz@hotmail.com, 4 $ pro Stunde.

Reiseagenturen

- *Expediciones Amazónicas*
Oriente y Tomás Halflants, Tel. 2740506, breites Angebot, professionell geführt, weitgehend gutes Equipment; günstig und von Lesern empfohlen ist die dreitägige Gipfeltour zum Cotopaxi für nur 160 $ „all inclusive“. Mail: amazonicas2002@yahoo.com
Internet: www.teamecuador.com
- *Expediciones Amazonicas Sucursal 1*
Pedro V. Maldonado entre Ambato y Rocafuerte, Tel. 2741001.
Mail: expiamazonicas@yahoo.es
Internet: www.amazonicas.banios.com
- *Rain Forest Tour*
Ambato y V. Maldonado, Tel. 2740743, ähnliches Angebot wie Expediciones Amazónicas, gilt als der Rafting- und Regenwald-Spezialist am Ort. Mail: rainfor@interactive.net.ec
Internet: www.rainforestour.com.ec
- *Geotours*
Calle Ambato y Halflants, Tel. 2741344. Breites Programm, gute Reputation, seriöse Beratung. Internet: www.geotoursecuador.com
- *Lavandería Cristal*
Plaza 24 de Mayo/Calle Loja y García Moreno (Altstadt), Tel. 2957756, preiswert, zuverlässig, 24-Stunden-Service, optional Auslieferung, sehr freundlich.
- *Marcelo's*
Calle 12 de Noviembre y Martínez, Tel. 2740355, unter den zahlreichen Zweirad-Vermietern laut Lesern die solideste Adresse, Tagesmietpreise ähnlich den anderen Anbietern: Fahrrad 5 $, Motorroller („motoneta“) 40 $, Enduro (150–250 ccm) 50 $ und Vierradbike („cuadrón“) 40 $. Stundenpreise für die Maschinen bei 8–10 $.
Für Bike-Touren bietet *Marcelo* einen preiswerten Rückholservice von jeder beliebigen Straße an.
- *Christians Pferde*
Hostal Isla de Baños, Calle Halflants y Maldonado, gelten unter erfahrenen Reitern auch nach langen Jahren am Ort als die besten in und um Baños. Touren stundenweise wie z.B. ein knapp 4-stündiger Ausflug nach Runtún samt Jeepanfahrt und Lunchbox für 23 $ p.P.; im Angebot auch mehrtägige Reitprogramme auf einer Finca.

Wichtiger Sicherheitshinweis

Die Fahrt flussabwärts am Nordufer des Río Pastaza entlang führt durch mehrere **unbeleuchtete Tunnel!** Beachten Sie unbedingt die Einbahnstraßenregeln der Tunnel und stellen Sie sicher, dass Sie eine funktionierende Beleuchtung haben! Die Vermieter von Fahrrädern und Motorrädern informieren Sie über genaue Details.

Wer sich mit welchem Gefährt auch immer Puyo nähert, sollte wegen der **Militärkontrollen** seinen Reisepass im Original bei sich führen.

Sonstiges

- Die *Kunstgalerie Huillacuna* präsentiert in einem gemütlichen Haus Gemälde und Skulpturen ecuadorianischer Künstler, darunter Kitsch, aber auch interessante Exponate. 12 de Noviembre nahe Montalvo, Tel. 2740187, tgl. 8.30–21 Uhr.
Mail: yojairatour@yahoo.com
- **Massagen** gibt es in Baños mittlerweile an vielen Ecken der Stadt. Wellness ist in Baños zweifellos auf dem Vormarsch. Zum Beispiel massiert *Carmen Sánchez* im *Chakra* nach schwedischer Reflexzonen-Technik (Av. Eloy Alfaro y Luis Martínez, Handy 09-3556698. Mail: mayjoana@fastmail.fm); ebenso empfehlenswert: *Masajes mayjoana* (Mo bis So 8.30–19 Uhr, Preis 12/20/30 $, Mail: carmenasis@yahoo.com).
- **Gymnasio**
Fitness-Center in der Calle Rafael Vieira gegenüber der Posada El Marquéz.
- **Supermarkt**
Der große und einzige nennenswerte Supermarkt von Baños, *Supermercado Santa Maria,* liegt hinter der städtischen Markthalle, Calle Rocafuerte, Ecke Alfaro.
- **Wäschereien**
Es gibt mehrere Wäschereien in Baños, eine ist *La Herradura* in der Calle Martínez, schräg gegenüber der Casa Hood. Kosten: 80 US-Cents pro Kilo. Die meisten Hostales bieten zudem einen Wäscheservice an.
- **Casino**
Kleines Casino neben dem Hotel Sangay: Roulette, Black Jack, einarmige Banditen.

Wanderungen um Baños

Bellavista – Runtún

Die einfachste Wanderung bei Baños startet dort, wo die Calle Maldonado am Berghang endet. Der gut sichtbare Pfad beginnt an der hilfreichen Übersichtstafel und führt nach links den Hang hinauf. Er verläuft oberhalb des Hostal Monte Selva, passiert das Café Bellavista, das man auch schon von Baños aus gut sieht. Nach etwa 40 Minuten gelangt man an das **Kreuz La Cruz de Bellavista** mit einer wunderbaren Sicht über Baños und das Pastaza-Tal. Auch hier oben öffnet tagsüber eine einfache Cafeteria. Als kurze Wanderung steigt man nun Richtung Norden wieder ab und gelangt nach einer knappen halben Stunde an die Av. de las Amazonas, Höhe Fußballstadion. Weiter nach links führt die Straße zurück in die Stadt.

Die Bellavista-Wanderung ist aber einfach auszuweiten, indem man weiter südwärts in die Bauernschaft **Runtún** oder sogar auf die **Loma Ventana** wandert. In Runtún lassen sich in der Tienda einfache Lebensmittel kaufen oder auch das Restaurant der Luxus-Hostería Luna Runtún besuchen. Als Rückweg nach Baños bietet sich die Variante zur **Virgen del Agua Santa** an. Der Weg verläuft oberhalb des Bellavista-Aufstiegs und endet im Südwesten von Baños nahe der Marienstatue in der Calle Mera. Alle Wege sind mit dem Umgebungsplan leicht zu finden. Laufzeiten ab Baños für Hin- und Rückweg: Bellavista 70 Minuten, Runtún 3 Stunden, Loma Ventana 5 Stunden.

Loma Chontilla – Las Antenas

Eine einfache Wanderung mit fantastischem Panoramablick auf den Tungurahua ist die Besteigung der **Loma Chontilla.** Dieser Berg liegt Baños gegenüber auf der anderen Seite des Río Pastaza, schon von der Stadt leicht zu erkennen an der kleinen Gruppe von Antennen auf seinem Gipfel. Der Einstieg beginnt an der Brücke San Francisco. Der gut erkennbare Weg führt problemlos über die Bauernschaften **Illuchi Bajo** und **Illuchi Alto** auf den Gipfel **Las Antenas.** Allein wichtig ist es, sich hinter dem Einstieg links am Berg zu halten und nicht den Einschnitt nach rechts zu queren. Die Wanderung zum Gipfel dauert etwa 2½ Stunden. Als Rückweg bietet sich der Abstieg über die Westseite der Loma an. Dazu geht man um die Antennenkuppel herum – die Antenne rechter Hand liegen lassen – und steigt über den westlicher abfallenden Fußweg Richtung **Lligua** ab. Der Aufstieg zu den Antennen soll nach Wegarbeiten neuerdings auch mit der Enduro zu befahren sein – fraglich, ob das eine gute oder eine schlechte Nachricht ist.

Wasserfälle: San Pedro – Río Verde

Am Río Pastaza gibt es zahlreiche geografisch wie auch botanisch spannende Abschnitte zum Wandern. Eine der spektakulärsten Tageswanderungen beginnt kurz hinter dem **Staudamm Agoyán.** Unmittelbar vor der folgenden großen Brücke über den Pastaza verlässt man die Straße nach rechts und läuft fortan oberhalb des Südufers fluss-

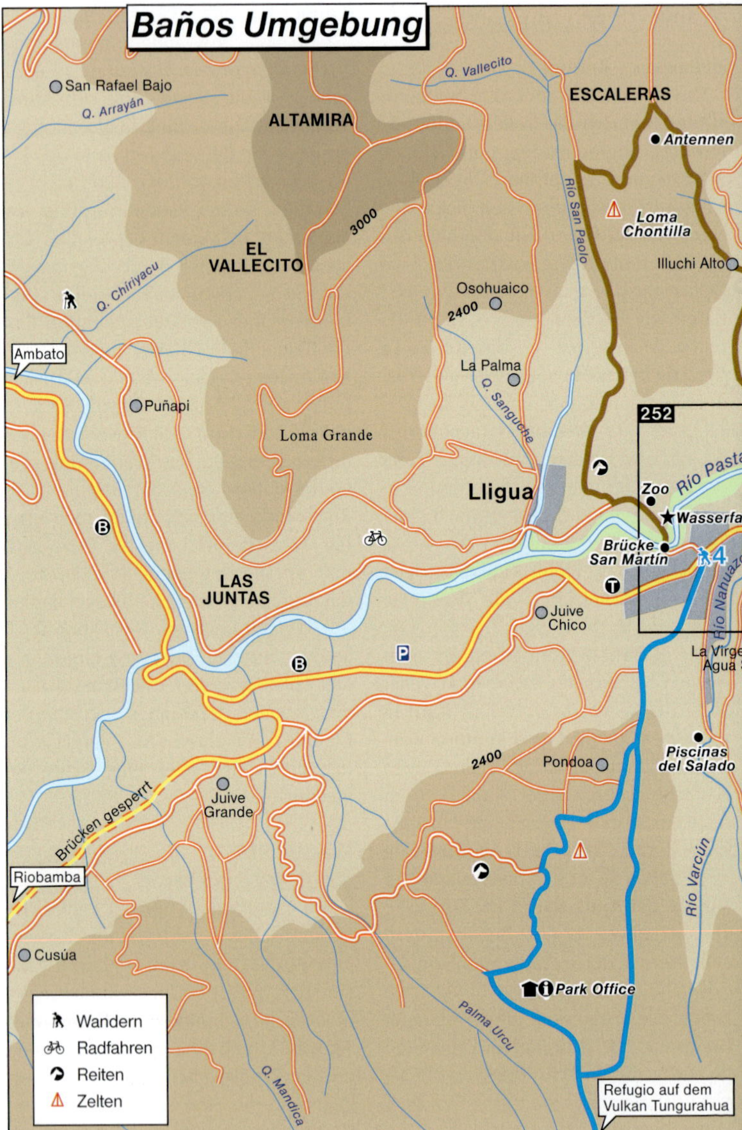
Baños Umgebung
San Rafael Bajo
Q. Arrayán
Q. Vallecito
ALTAMIRA
ESCALERAS
Antennen
Río San Paolo
Loma Chontilla
3000
EL VALLECITO
Illuchi Alto
Q. Chiriyacu
Osohuaico
2400
Ambato
La Palma
Q. Sanguche
Puñapi
252
Loma Grande
Lligua
Zoo
Río Pastaza
Wasserfall
B
Brücke San Martín
4
Río Nahuazo
LAS JUNTAS
T
Juive Chico
La Virgen
Agua S
B
P
Piscinas del Salado
2400
Pondoa
Juive Grande
Brücken gesperrt
Riobamba
Río Varcún
Cusúa
Park Office
Palma Urcu
Wandern
Radfahren
Reiten
Zelten
Q. Mandica
Refugio auf dem Vulkan Tungurahua

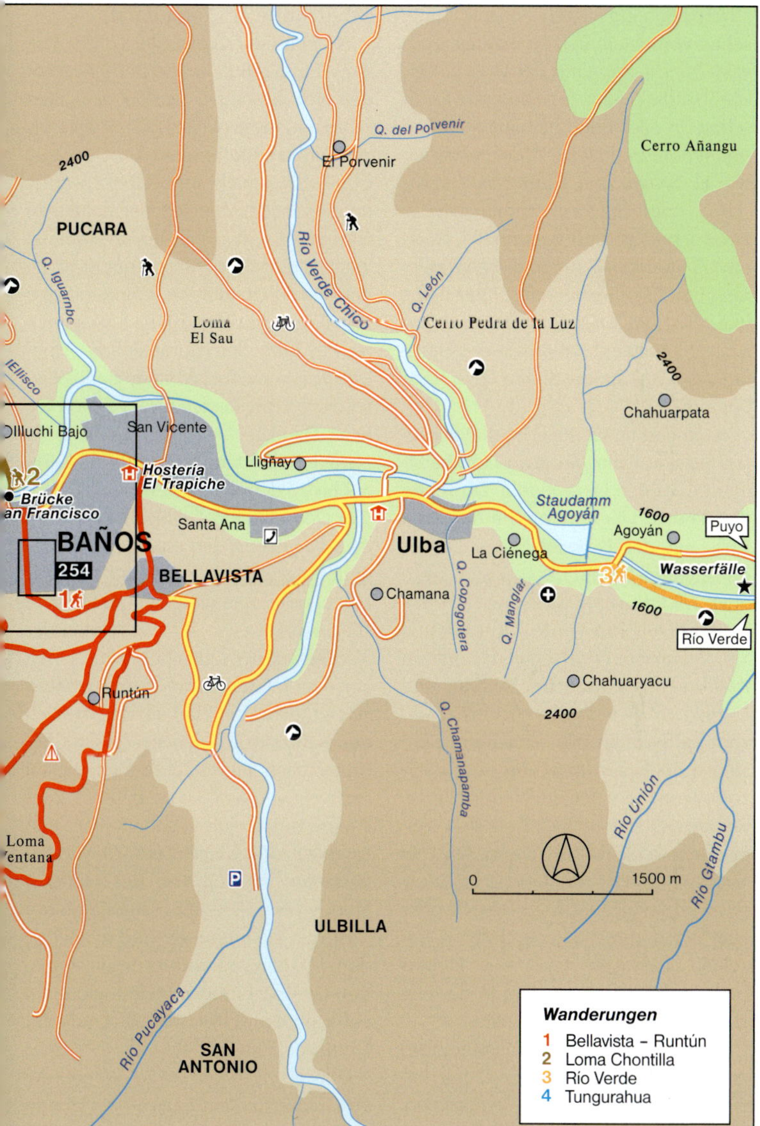
Q. del Porvenir
El Porvenir
Cerro Añangu
2400
PUCARA
Q. Iguarnbo
Río Verde Chico
Q. León
Loma
El Sau
Cerro Pedra de la Luz
lEllisco
2400
Chahuarpata
Illuchi Bajo
San Vicente
Lligñay
2
Hostería
El Trapiche
Brücke
an Francisco
Staudamm
Agoyán
1600
Agoyán
Puyo
Santa Ana
BAÑOS
254
Ulba
La Ciénega
3
Wasserfälle
BELLAVISTA
1
Chamana
Q. Copogotera
Q. Manglar
1600
Río Verde
Runtún
Chahuaryacu
2400
Q. Chamanapamba
Río Unión
Loma
Ventana
0
1500 m
Río Gtambu
ULBILLA
Río Pucayaca
SAN
ANTONIO
Wanderungen
1 Bellavista - Runtún
2 Loma Chontilla
3 Río Verde
4 Tungurahua

abwärts den Río Pastaza entlang. Abgesehen von einem kurzen Anstieg nach etwa 30 Minuten führt der Weg gut erkennbar durch eine faszinierende Landschaft. In aller Ruhe passiert man Einsiedlerhöfe und kleine Bauernschaften wie **El Arroyo** und **Chinchín.** Dazwischen entdeckt man immer wieder Stromschnellen und Wasserfälle. Nach etwa 3 Stunden lässt sich diese Wanderung bei Chinchín beenden. Dort quert man die hohe Hängebrücke über den Pastaza und nimmt oberhalb des Nordufers den Bus auf der Straße Puyo – Baños zurück.

Verlängerung für Schwindelfreie: Laufen Sie von Chinchín etwa eine halbe Stunde weiter bis zu dem Dörfchen **San Pedro.** Überqueren Sie dort den Fluss mit der Lastenseilbahn. Laufen oder fahren Sie auf der anderen Seite etwa 1,5 km weiter Richtung Puyo bis zu dem Dorf **Río Verde.** Dort erleben Sie den größten Wasserfall des oberen Pastaza, den **Pailón del Diablo,** und können in dem Hostal El Otro Lado zum Kaffee oder Bier einkehren. Zum Hostal überquert man von der Straße kommend eine kleine Hängebrücke. Beiderseits der Brücke befinden sich mittlerweile kleine Restaurants. Obwohl und weil der Ort zunehmend erschlossen wird, lohnen sich der Besuch oder eine Wanderung auf jeden Fall. An einzelnen Passagen wird ein kleines „Brückengeld" genommen. In der Gegend isst man sehr gute Forellen.

Als Rückweg für beide Varianten sei der Bus oder ein vorher in Baños vereinbarter Rückholservice empfohlen. Die Rückfahrt ist jedenfalls problemlos.

Schutzhütte des Tungurahua

Während der Gipfel des aktiven Vulkans Tungurahua aus Sicherheitsgründen nicht bestiegen werden kann, lässt sich zumindest ein Teil des Berges bis zur Schutzhütte erwandern. Der Weg ist allerdings nicht im besten Zustand, da er in letzter Zeit seltener begangen wird und Ascheausfall ihn verschmutzt hat. Um die Wanderung bequem als Tagestour durchzuführen, empfiehlt sich die Anreise mit einem Jeep bis kurz unter das Büro des Nationalparks. Tipp: *Christian* vom Hostal Isla de Baños bietet diesen Fahrservice für 25 $ pro Fuhre an. Dann geht es vorbei am Parkbüro etwa 3½ Stunden stetig und steil bergauf bis zu dem (nicht bewirteten) Refugio. Der manchmal schlechte Zustand des Weges erfordert eine gewisse Orientierungserfahrung. Weiter als zur Hütte sollte man nicht laufen. Der Abstieg verläuft etwa auf zwei Drittel der Strecke auf dem gleichen Weg. Doch vor dem letzten Drittel zum Parkbüro zweigt rechts ein Pfad ab, der westlich des Nahuazo-Tals den steilen Grat herunter nach Baños führt. Wer diesen Abzweig verpasst, kommt zurück zum Parkbüro und läuft gegebenenfalls den Fahrweg zurück. Kalkulieren Sie für den gesamten Abstieg von der Hütte 4 Stunden ein. Über die Reiseagenturen lässt sich auch eine Fahrradabfahrt ab dem Nationalparkbüro organisieren. Von Übernachtungen im Refugio raten Leser ob des schlechten Zustands der Hütte ab.

Hinweis: Nehmen Sie auf Wanderungen wegen der teils aggressiven Hunde stets einen Stock mit.

Ab Ambato: Auf dem **letzten Fahrtabschnitt der Reiseroute** windet sich die Carretera Panamericana vorbei an den Ostflanken der Vulkane Carihuairazo und Chimborazo und führt über einen 3600 m hohen Pass (bei klarem Wetter ist ein herrliches Panorama gegeben) aus dem einen in das nächste Becken und erreicht nach 60 km die Stadt **Riobamba.**

Alternative: Die schöne Westroute um den Chimborazo führt über Guaranda. **Guaranda** ist ein hübsches Städtchen mit romantischem Dorfplatz, der sich im berauschenden Karneval in ein Tollhaus verwandelt. Dort lässt sich im *Complejo Turístico La Colina* am Hang über der Stadt entspannen (Tel. 2980666, 2981954, DZ mit BP 45 $, mit Pool und Restaurant). Im Stadtkern zahlreiche einfache Unterkünfte.

Nahebei liegt das Dorf **Salinas de Bolívar,** ca. 20 km nördlich von Guaranda. Es ist von Guaranda aus erreichbar, oder aber man zweigt auf der Straße Ambato – Guaranda nach zwei Dritteln der Strecke rechts auf eine Schotterpiste ab (Schild: „Hostería El Refugio Salinas"; die Herberge wird von der Landwirtschaftskooperative geführt, via a Samilagua y via a Simiatug, Tel. 2390024, Preise: 8–10 $, Restaurant, Tour 3 $, Mail: turismosalina@andinanet.net, sehr empfehlenswert; auch gegenüber steht ein kleines nettes Hostal mit Kamin und gutem Frühstück). Salinas liegt auf 3500 m Höhe und eignet sich sehr gut zur **Höhenakklimatisierung.** Fantastische Aussichten bis zum Pazifik eröffnen sich hin und wieder von den umliegenden Hügeln. Der Ort ist auch idealer Ausgangspunkt für Páramo-Wanderungen. Internationale Entwicklungsprojekte können dort besichtigt werden (Schreinerei, Schlosserei, Wollverarbeitung, Käserei etc. – Freiwillige sind willkommen). Das Tourismusbüro direkt am Marktplatz (Tel. 03-2390024, 2981374) bietet geführte Treckingtouren durch den Hochpáramo an, mit Lamas, die das Gepäck tragen (z.B. 3-Tage-Tour über Simiatug nach Chine bei Angamarca; Essen bei Bauersfamilien bzw. in freier Natur mit Blick auf Vulkane und Wallburgen der

ecu127 Foto: vinu

Mutprobe über reißendem Wasser

Inkas). Unterhalb des Marktes befindet sich das kleine, sehr einfache und preiswerte *Hostal Samilagua* (25–35 $ p.P., Mail: turismosalinas@andinanet.net).

Tipp: Großartige Pizza mit Blick über das Dorf gibt es in der *Pizzeria El Balcone.* Eine Leserin empfiehlt außerdem die schön eingerichtete Bar-Diskothek *Alonso Kaneka* mit Kamin und guter Musik am Fr und Sa bis 3 Uhr morgens, Valle García Moreno y Pinchincha.

Ulba

Ulba ist der nächste Ort östlich von Baños. Ist die Straßensiedlung selbst recht unscheinbar, so zweigt eine Nebenstraße im Dorf nach Süden zu einem wunderbaren Bergeinschnitt ab. Dort im steilen Barranco haben sich die genauso freundlichen wie legendären Deutschen eingerichtet, die viele Jahre in Baños in „Regine's Café" ihren Platz hatten.

- *Hosteria Chamanapamba,* Ulba, Ortsteil Chaman, Tel. 03-2742671, Fax 03-2740641, Zimmer 49 $ p.P. inkl. Frühstück. Sehr angenehme große Zimmer mit tollen Bädern, absolute Ruhe. Natürlich gibt es in *Regines* wunderschönem Restaurant über der Schlucht auch weiterhin deutsche Gerichte und frischen Kuchen.
Internet: www.chamanapamba.com

Route A 3

- **Riobamba – Alausí – Cañar – Azogues – Cuenca**
- **Routenlänge ca. 260 km**

Riobamba

Riobamba liegt auf einer **Höhe von 2750 m.** Die Stadt wurde von Flüchtlingen aus der ca. 20 km entfernt gelegenen Siedlung Cajabamba gegründet. In der **Hauptstadt der Provinz Chimborazo** leben 100.000 Menschen.

Riobamba ist ein **agrarwirtschaftliches Zentrum,** dessen Hauptanbaugebiete im Südosten der Stadt an den reich durchfeuchteten andinen Beckenrändern liegen. Getreide und Gemüse werden in der Markthalle Mercado La Condamine zum Transport nach Quito und Guayaquil verladen. Die Hauptstraße Primera Constituyente, die von Nordwesten nach Südosten quer durch Riobamba verläuft, wird unterbrochen und begleitet von großzügig angelegten Plazas und Parques.

Riobamba gewinnt touristisch allmählich an Bedeutung. Einerseits bildet die Stadt einen wichtigen Verkehrsknotenpunkt, der die Sierra nach allen Himmelsrichtungen öffnet, andererseits können Bergsteiger Riobamba als Basislager für Besteigungen des Chimborazo, Altar, Carihuayrazo, Tungurahua und Sangay nutzen. Bis auf den Sangay sind bei gutem Wetter alle genannten Berge von Riobamba aus zu sehen. Ursprünglich war übrigens der Altar (heute 5319 m) etwas größer als der Chimborazo (heute 6310 m). Warum das nicht mehr so ist, weiß die Legende der Einheimischen anschaulich zu erklären: *Tungurahua,* Frau des *Chimborazo,* hatte eine Affäre mit dem Altar. Daraufhin schlug Chimborazo aus Eifersucht mit einem gigantischen „mazo" (Hammer, Keule) auf Altar ein, was diesen auf seine heutige Größe „schrumpfen" ließ. BIs heute (bei jedem Gewitter) streitet sich das „Ehepaar" Tungurahua und Chimborazo und wirft sich böse Blicke/Blitze zu ...

Aus Anlass der Befreiung von der Kolonialherrschaft am 21. April 1822 (Schlacht von Tapi) findet in der Stadt jährlich an diesem Tag ein großes Fest mit Umzügen und Stierkämpfen statt; dann wird es schwierig, eine Unterkunft zu finden.

Samstag ist **Markttag.** Dann kann man sich vor allem in den Straßen 5 de Junio y Argentinos nach den *shigras* (Netztaschen) und den geschnitzten Tagua-Nuss-Figuren umsehen. Diese gehören inzwischen zu den beliebtesten Riobamba-Souvenirs. Die Nuss ist der Samen einer Regenwaldpalme, die, anfangs weich, der Sonne ausgesetzt, schnell hart wird und dann bearbeitet werden kann.

Die Colta-Indianer aus der nahen Umgebung flechten Körbe und Matten und liefern damit ihren Beitrag zu einem bunten Marktgeschehen, das von Einheimischen dominiert wird, aber nicht zuletzt durch die wachsende Tagua-Industrie in Zukunft etwas „touristischer" werden wird.

Sehenswürdigkeiten

Im **Museo de la Concepción** (Museo de Arte Religioso) in der gleichnamigen Kirche (Calle Argentinos y Larrea) sind Skulpturen, Gemälde und andere Objekte aus der Kolonialepoche ausgestellt. Geöffnet: Di bis Sa von 9–12 und 14.30–18 Uhr; Eintritt: 0,50 $.

Das **Colegio Maldonado** in der Primera Constituyente y Larrea enthält ein naturhistorisches Museum. Wechselnde Öffnungszeiten.

Im **Museo del Banco Central** in der Veloz y Montalvo (Bankgebäude) sind archäologische Relikte ausgestellt. Auch hier sind die Öffnungszeiten nicht festgelegt.

Die **Kathedrale** von Riobamba mit charakteristischer Architektur befindet sich am Nordostende des Parque Maldonado. Sie beeindruckt durch die gelungene Verbindung von Alt und Neu: außen schmuckvoll mit Steinrosetten, innen ganz schlicht in Beton, Glas und Holz mit deutlicher Betonung der Architektur ausgeführt.

Im **Parque La Libertad** findet sich die **einzige Rundkirche Ecuadors: La Basílica.**

Der **Parque 21 de Abril** im nördlichen Stadtzentrum verfügt mit dem Loma de Quito über einen **Aussichtspunkt,** der besonders kurz vor Sonnenuntergang ein eindrucksvolles Stadtpanorama mit den Bergen Chimborazo, Altar und Tungurahua im Hintergrund offenbart. Mitunter ist der Park auch unter dem Namen „Parque 12 de Noviembre" bei den Einheimischen bekannt.

- **Tel. Vorwahl Riobamba: 03**

Touristeninformation

- Av. Daniel Borja y Brasil, Tel. 2941213, geöffnet Mo bis Fr von 8–13 und 14–16 Uhr. Mail: caguirre@turismo.gov.ec
- Ein **Informationskiosk** am Busbahnhof hält Karten und Broschüren bereit.

Unterkunft

Hinweis: Generell sind einige Hotels gerade am Vorabend der Bahnfahrt zur Teufelsnase ausgebucht. Also dann – etwa für den Dienstag – frühzeitig reservieren!

Einfache Unterkünfte

- *Hotel Oasis*
Calle Veloz 15-32 y Almagro, Tel. 2961210, Fax 2941499; ab 9 $ p.P. mit BP; liebevoll eingerichtete Zimmer, sauber, heißes Wasser und Kühlschrank; freundlich und hilfsbereit, freier Pick-up-Service von und zum Bahnhof.
- *Hostal Nueva Venecia*
Rocafuerte 21-51 y 10 de Agosto, Tel. 2961809, 2966025; 5 $ p.P. mit BP und TV. Mail: hostalnuevavenecia@hotmail.com
- *Hotel Metro*
10 de Agosto y Lavalle an der Ecke, Tel. 2961715; DZ mit BP (warme Dusche) 7 $ p.P., TV. Mail: hotelmetropolitano@andinanet.net
- *Hotel Segovia*
Av. Primera Constituyente y Espejo, Tel. 2961259; freundlich, mit Cafeteria, 6 $ p.P. mit BP.
- *Hotel Imperial*
Rocafuerte 2215 y 10 de Agosto (nahe am Bahnhof), Tel. 2960429, Fax 2940974; DZ mit BP (warme Dusche) 7 $ p.P., TV, Parkplatz; etwas heruntergekommen.
- *Tren Dorado*
Carabobo 2235 y 10 de Agosto, Tel. 2964890, Handy: 09-5019469; DZ mit BP ab 9 $ p.P., Garage, Restaurant, leckeres Frühstücksbüffet schon ab 5.30 Uhr; geführte Tagestouren zum Chimborazo: Transport, Mittagessen und Führer ab 10 Personen 20 $ p.P., ab 4 Personen 25 $ p.P., Ausflug zu den

ecu121 Foto: peko

Bädern von Guayllabamba (10 $ p.P.) und zu Dörfern der Region; empfohlen.
Mail: htrendorado@hotmail.com

- *Hotel Riobamba*

Carabobo 2320 y Primera Constituyente, DZ mit BP 9 $ p.P., Telefon, Café, Restaurant, Garage, Touren zum Chimborazo werden angeboten.

- *Hotel Humboldt*

Av. Borja 35-48 y Uruguay, Tel. 2940814; EZ 18 $, DZ mit BP (warme Dusche) 26 $, TV, Telefon, Internet, Garage.
Mail: hostalhumboldt@yahoo.es

- *Hotel Glamour*

Av. Primera Constituyente 3785 entre Brasil y Carlos Zambrano, Tel. 2944407; DZ 24 $ p.P., mit Frühstück, Restaurant.
Mail: hotelglamour.ec@hotmail.com

- *Hostal Los Shyris*

Rocafuerte 2160 y 10 de Agosto an der Ecke, Tel. 2960323; EZ 10 $, DZ mit BP (warme Dusche) 16 $ mit Frühstück, Internetcafé, sicheres Gepäckdepot.
Mail: hshyris@yahoo.com

- *Hotel Whymper*

Av. Miguel Angel 23-10 y Primera Constituyente, Tel. 2964575, Fax 2968137; EZ 10 $, DZ mit BP (warme Dusche) 20 $, Zimmer zur Straße sehr laut.

- *Hotel Montecarlo*

Av. 10 de Agosto 25-41 zwischen G. Moreno und España, Tel. 2960557, 2961577; sauber, heißes Wasser, Restaurant mit gutem Frühstück, 15 $ p.P., sehr empfohlen.
Mail: montecarloriobamba@andinanet.net

- *Hotel El Galpón*

Argentinos y Zambrano, Tel. 2960983; EZ 18 $, DZ 29 $ p.P. mit Frühstück, Internet, TV, Telefon, Swimmingpool, Sauna, Restaurant, Café, Bar, Diskothek, schöne Lage, sehr hilfsbereit – empfehlenswert!
Mail: galpon@andinanet.net
Internet: www.hotelgalpon.com

Mittelklasse-Hotels

- *Hostal Rincón Alemán*

Ciudadela Arupos del Norte, Remigio Romero Manzana H, Casa 9 y Alfredo Pareja, Tel. 2603540 und 2600388, etwas außerhalb des Zentrums, doch die deutsch-ecuadorianischen Besitzer holen einen gerne vom Busbahnhof ab; auch Taxis kennen die Siedlung; schöner Blick von der Terrasse; besonderer Service: Das Hostal besorgt auch Zugtickets für seine Gäste; EZ 25 $, DZ 40 $ mit Frühstück; Garage, Sauna.
Mail: info@hostalrinconaleman.com
Internet: www.hostalrinconaleman.com

- *Hotel Chimborazo Internacional*

Argentinos y Nogales, Tel. 2963475, Fax 2963473, EZ 38 $, DZ 54 $ mit BP und Frühstück; TV, Telefon, Sauna, Swimmingpool, Restaurant, Café, Discothek, Garage.
Mail: hotelchimborazo@andinanet.net

- *Hotel Zeus*

Av Daniel Borja y Duchicela, Tel. 2968037, 2968038; DZ mit BP 34–42 $, Parkplatz, Fitness-Studio, Restaurant, Museum, nebenan Internetcafé. Mail: info@hotelzeus.com
Internet:
www.geocities.com/hotelzeus_ecuador

- *Albergue Abraspungo*

Km 3½ an der Straße Riobamba – Guano, Tel. 2940820, 2940821, Fax 2940819; DZ mit BP 55 $, sehr schönes Landhaus im Alpenstil, Telefon, TV, sehr gutes Restaurant, Bar, Garage; direkt gegenüber die erstklassige Bergsteiger-Agentur *Expediciones Andinas*, s.u.
Mail: info@haciendaabraspungo.co
Internet: www.abraspungo.com

- *Hostería La Andaluza*

Panamericana Norte, ca. 15 Min. von Riobamba entfernt, Tel. 2949370, Fax 02-2949373; Suiten und DZ mit BP, Heizung, Sat-TV (EZ 40/50/60 $, DZ 50/60/70 $ mit Frühstück), diverse Sport- und Freizeitmöglichkeiten, schöner Blick auf den Chimborazo, empfehlenswertes Essen.
Mail: handaluz@andinanet.net

Essen und Trinken

- *El Delirio Restaurant*

1ra Constituyente y Rocafuerte, Tel. 2966441, Fax 2951321, Menü 8 $, sehr gutes Essen (in-

Indianermädchen in Riobamba

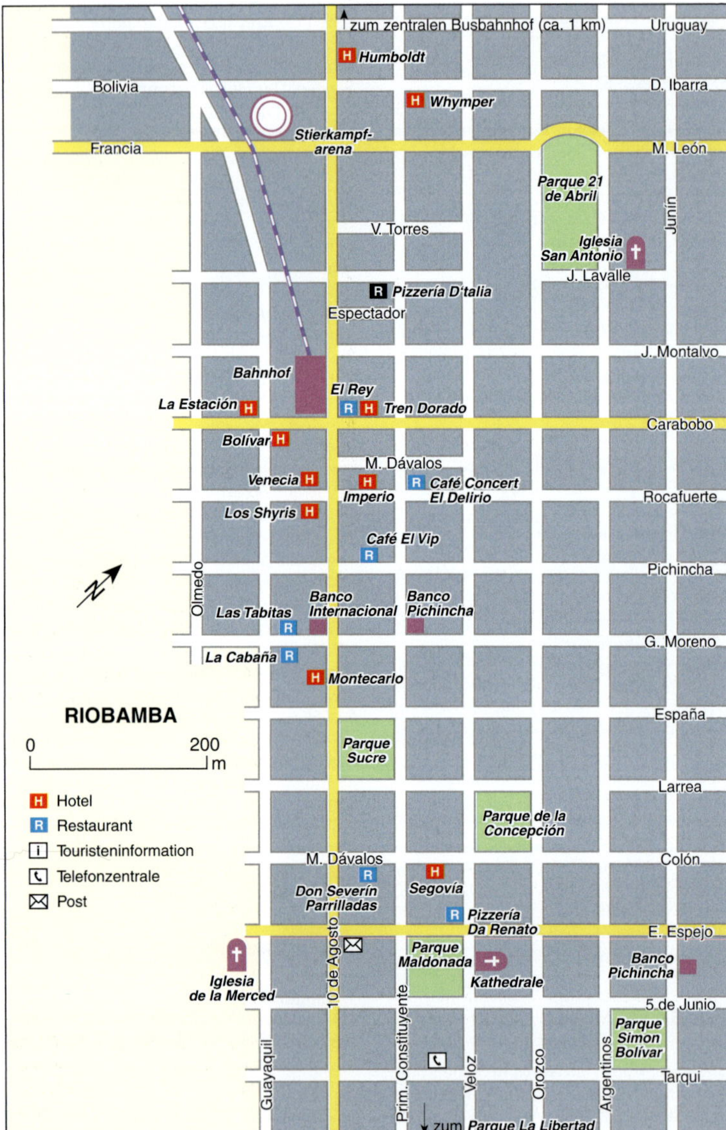
zum zentralen Busbahnhof (ca. 1 km)
Uruguay
Humboldt
Bolivia
D. Ibarra
Whymper
Stierkampf-arena
Francia
M. León
Parque 21 de Abril
Junín
V. Torres
Iglesia San Antonio
J. Lavalle
Pizzería D'talia
Espectador
J. Montalvo
Bahnhof
El Rey
La Estación
Tren Dorado
Carabobo
Bolívar
M. Dávalos
Venecia
Imperio
Café Concert El Delirio
Rocafuerte
Los Shyris
Café El Vip
Pichincha
Olmedo
Banco Internacional
Banco Pichincha
Las Tabitas
G. Moreno
La Cabaña
Montecarlo
RIOBAMBA
0
200
m
España
Parque Sucre
Larrea
Hotel
Restaurant
Touristeninformation
Telefonzentrale
Post
Parque de la Concepción
M. Dávalos
Colón
Don Severín Parrilladas
Segovia
Pizzería Da Renato
E. Espejo
Parque Maldonada
Kathedrale
Banco Pichincha
Iglesia de la Merced
10 de Agosto
Prim. Constituyente
5 de Junio
Parque Simon Bolívar
Guayaquil
Veloz
Orozco
Argentinos
Tarqui
zum Parque La Libertad

ternational und ecuadorianisch, z.B. gutes Ceviche), schöner Innenhof, Hazienda-Ambiente, Di bis So 12–23 Uhr.

- *Restaurante Delicatessen El Alemán*
Calle Veloz 30-45 y J. Montalva, Tel. 2963645, Mo bis Sa 9–13 und 16–20 Uhr. Spezialitäten wie Leberkäse, dazu ein Weißbier, aber auch zahlreiche biologische Produkte sowie französische und italienische Gerichte servieren *Mathias* und *Myriam Hentschel* in ihrem freundlichen Restaurant. *Myriam* unterrichtet zudem Spanisch und gibt gute Tipps zum Aufenthalt in Riobamba. Mail: myriam.hentschel@arcor.de
- *Restaurante El Chacarrero*
Calle 5 de Junio 21-46 y 10 de Agosto, Tel. 2969292, Mo bis Sa 15–23 Uhr, So 16–21 Uhr, Mail: elchacarero@andinanet.net
- *Restaurant Ashoka*
10 de Agosto y Montalvo; vegetarisch, gut.
- *Albergue Abraspungo,* s.o.
- *Restaurant Kikirimiau*
Moreno y 10 de Agosto.
- *Don Severín*
Calle Colón 22-44 y 1ra Constituyente, Tel. 2963769; Grillspezialitäten *(parrilladas)*.
- *Los Sabores D'Italia*
Juan del Valle zwischen 1ra Constituyente y Daniel León Borja, Handy 09-8214649, Mail: juantrueno@yahoo.com; Café und Pizzeria.
- *Las Tablitas*
García Moreno y 10 de Agosto, Zwischenetage des Edificio Costales, Tel. 2949887; Pizzas und Fleischgerichte
Mail: roxanat@yahoo.com
- *Pizzería Da Renato*
Eugenio Espejo, gegenüber dem Parque Maldonado, Tel. 2967268.
- *La Cabaña Montecarlo*
Moreno y 10 de Agosto; empfehlenswert!
- *Café Montecarlo*
Av. 10 de Agosto zwischen G. Moreno und España; sehr gutes Frühstück.
- *Café El VIP*
Calle Pichincha y 1ra Constituyente, Tel. 2951553; mit Live-Musik, vegetarisches Restaurant, Mo bis Sa 8–15 Uhr Mittagessen.
- *Sanwichbar*
Av. Pichincha y 10 de Agosto; gute Säfte und Sandwiches bei einem ordnungsliebenden Besitzer.
- **Internetcafés** z.B. in der Calle Pichincha zwischen 10 de Agosto und Primera Constituyente und neben dem Hotel Zeus.

Taxis

- Zahlreiche Taxis verkehren im Ort. Ein Transport zur Chimborazo-Hütte kostet mindestens 30 $.

Busse

Stadtbusse

- Von der Haltestelle hinter dem zentralen Busbahnhof (hinter der Kirche mit blauem Gewölbe) verkehren alle 15 Minuten Busse ins Zentrum.

Nahverkehrsbusse

- Die Haltestelle befindet sich in der Nähe des zentralen Busbahnhofs (vom Haupteingang sind es drei Straßen nach links in südlicher Richtung). Mehrmals täglich werden die Strecken **Riobamba – Cajabamba** (10 km) und **Riobamba – Guamote** (48 km, ca. 1 Std., Abfahrt des Busses ab Terminal de Colta, nahe Terminal Terrestre, Av. Unidad Nacional 35-45 y Bolivia) bedient.
- Ein Leser empfiehlt den **Bus nach Chambo,** der in der Almagro y Primera Constituyente zu den warmen Mineralquellen nach Huayllabamba abfahrt.

Überlandbusse

Vom zentralen Busbahnhof (im Nordwesten der Stadt) geht es mehrmals täglich nach:

- **Quito** (4 Std.)
- **Alausí** (1½ Std.)
- **Cuenca** (6 Std.)
- **Guayaquil** (5 Std.)
- **Machala** (10 Std.)
- **Huaquillas** (12 Std.)

Terminal Oriente, Calle Espejo y Av. Cordovez, Plaza de las Gallinas: Von hier fahren die Coop. Riobamba (Tel. 03-2960766) und Coop. Sangay regelmäßig nach **Puyo, Macas** und **Baños.**

Eisenbahn

- Die berühmte „Teufelsnase" **Nariz del Diablo** wird noch regelmäßig angefahren. Der **Fahrplan** von 2008 sah aus wie folgt: Riobamba – Alausí Mi bis Fr und So 7 Uhr, Preis 11 $ p.P. Bei großer Nachfrage werden bis zu drei Schienenbusse eingesetzt. Die meisten Hotels in Riobamba helfen, bereits am Vortag Tickets zu kaufen. Für Eisenbahnfans: Ein paar hundert Meter vom Bahnhof entfernt ist die Werkstatt der Ferrocarriles, in der man noch alte Dampfloks bewundern kann. Dazu hole man zuvor eine Besuchserlaubnis bei der Bahndirektion von Riobamba ein: Tel. 03-2961038. Die Rückfahrt aus Alausí startet mittags. Man teilt sich den ganzen Zug meist mit nur wenigen Passagieren. Diese Rückfahrt endet erst im Dunkeln in Riobamba, ist deutlich langsamer als die Hinfahrt und recht kalt, eher etwas für Abenteurer. Bahnauskunft Riobamba: Tel. 2961909.

Wer einen Platz auf dem Dach (Aussicht!) ergattern will, sollte schon um 6 Uhr morgens am Bahnhof sein. Auf dem Dach werden übrigens auch Tickets für Busse von Alausí nach Riobamba, Cuenca etc. verkauft.

Tipp: Kaufen Sie Ihr Ticket bereits am Vortag (ab 15 Uhr), da die Bahn gerade in der Hochsaison gelegentlich ausverkauft ist. Zum Fotografieren sitzt man übrigens besser auf der rechten Seite. Neuer Bahnservice: Für 1 $ sind Sitzkissen zu mieten, zum selben Preis gibt es jetzt eine Gepäckaufbewahrung im Zug.

Rund ums Auto

- *Tecnicentro CARS*

Autowerkstatt in der Calle Torres 22-53 y Primera Constituyente.

- *Llanticentro*

Reifendienst in der Calle Veloz 3805 y Teniente Catas.

ecu122 Foto: peko

Geldwechsel

- **Bargeld** wechseln mehrere **Wechselstuben** nahe dem Parque Maldonado.

Post und Telefon

- Postamt: 1ra Constituyente y García Moreno (3. Stock).
- ANDINATEL-Fernmeldeamt: Tarquí y Veloz.

Bergtouren

- *Expediciones Andinas*
Tel. 2964915, Fax 2969604, geführt vom bekanntesten Bergsteiger Ecuadors, *Marco Cruz;* er unterhält auch eine eigene Schutzhütte. Enge Kontakte bestehen zum Deutschen Alpenverein DAV Summit Club, für den die Agentur alle Ecuador-Bergprogramme betreut. Angeboten werden (gehobenes Preissegment) Touren zu allen Bergen der Umgebung; Preisbeispiel: Chimborazo-Besteigung 220 $. Adresse: gegenüber der Albergue Abraspungo, km 3,5 via Guano, Riobamba; *Chimborazo Basecamp* oder auch *Refugio Estrella del Chimborazo:* Die schönste (private) Berghütte Ecuadors mit angeschlossenem Campingplatz auf 4000 m Höhe am Fuße des Chimborazo ist ebenfalls bei *Marco Cruz* und den Expediciones Andinas zu buchen.
Mail: marcocruz@andinanet.net
Internet: www.expediciones-andinas.com
- Der erfahrene Bergsteiger *Enrique Veloz* führt die Agentur *Veloz Coronado Expediciones,* Tel. 2960916; er hat ebenfalls Touren zu allen Bergen der Umgebung im Programm, beispielsweise Eisklettern am Chimborazo. Auch Ausrüstungsverleih.
Mail: velozexpediciones@hotmail.com
Internet: www.velozexpediciones.com
- Eine weitere empfehlenswerte Agentur ist *Andes Trek,* Calle Colón 22-25 y 10 de Agosto, Tel. 2940964; der erfahrene Leiter *Marcelo Puruncajas* ist seit 1968 im Geschäft. Auch Kletterausrüstung kann ausgeliehen werden. Chimborazo 160 $ p.P., Cotopaxi 150 $ p.P., sprechen englisch und deutsch.
Mail: andestrek@ecnet.ec
Internet: www.andestrek.de
- *Agencia Julio Verne*
Pasaje El Espectador 22-25 y Av. Daniel León Borja, zwei Blocks nördlich vom Bahnhof, Tel. 03-2963436, Bergtourenspezialist, „man spricht deutsch".
Mail: info@julioverne-travel.com
Internet: www.julioverne-travel.com
- *PROBICI*
Av. Constituyente 23-51 y Larrea, Tel. 2941880 und 2951759, Mountainbiketouren zum und herab vom Chimborazo, Empfehlung. Mail: probici@ecnet.ec.
Internet: www.probici.com

Schäferin am Chimborazo

Ausflüge

Guano (12 km) und Santa Teresita (14 km)

Nördlich von Riobamba liegt die kleine Stadt **Guano,** bekannt für ihre Teppiche und eine größere Baumwoll-Industrie. Um den Zentralpark herum und entlang der Av. García Morena haben sich mehrere Geschäfte auf den Handel mit Teppichen spezialisiert.

Der **Bus nach Guano** fährt in Riobamba an der Nueva York y Rocafuerte ab (ca. 20 Min.)

2 km hinter Guano liegt das Sierradorf **Santa Teresita.** Die ansässige Bevölkerung stellt Kartoffelsäcke aus *cabuya* her; cabuya ist die Faser einer Agavenart, die auch bei der Herstellung von Netztaschen *(shigras),* Seilen und Satteltaschen Verwendung findet.

Am Ende der Hauptstraße des Dorfes (Bushaltestelle) geht rechts ein Weg ab, der hinunter zum **Balneario Las Elenas** führt (30 Min.). Ein Plansch im Kaltwasserbecken mit Blick auf die Berge El Altar und Tungurahua im Hintergrund lässt niemanden unbeeindruckt! Die Anlage ist in teils schlechtem Zustand.

Pulingui

Von Riobamba aus erreicht man nach etwa 1 Stunde Fahrtzeit Richtung San Pablo die Gemeinde Pulingui. Dort lassen sich geführte Touren in den Naturpark Chimborazo und den „Paoierwald" organisieren. Die Führungen auf Spanisch kosten 10 $ p.P. Es ist möglich, in der einfachen *Casa Condor* für 5 $ zu übernachten.

- **Kontakt:** Comunidad Pulingui,
Tel. 2964915 (abends),
Internet: www.redindigena.net

Parque Nacional Sangay

Der Sangay-Nationalpark hat eine Fläche von 517.725 ha und verteilt sich auf die Provinzen Chimborazo, Tungurahua und Morona Santiago. Der Nationalpark gehört zu den Gebieten in Ecuador, die bislang noch sehr **schlecht zugänglich** sind.

Im Park liegen der köchelnde **Vulkan Sangay** (5230 m), der aktive **Tungurahua** (5016 m) und **El Altar** (5404 m). Der Tungurahua wird im Regelfall von Baños (siehe Route A 2) aus bestiegen und ist sehr einfach zu erreichen, während El Altar und Sangay selbst von den Einheimischen aufgrund des schwierigen Zugangs nur selten in Angriff genommen werden.

Im Osten endet der Park im Tiefland-Regenwald des Oriente in der Provinz Morona Santiago. Nach Westen dehnt er sich über die östliche Kordillere ins Andenhochland bis in den Bereich der beiden Vulkane El Altar und Tungurahua aus. Reichliche Niederschläge bis über 4000 mm im Jahr sind für den größten Teil des Parkes die Regel. Neben der feuchten Umwelt erschwert die zerklüftete, wilde Landschaft ein Fortkommen im Park. Die Tierwelt profitiert von der relativen Abwesenheit des Menschen: Seltene Großkatzen (Puma, Jaguar, Ozelot), Bergtapire und Andenbären teilen sich den Lebensraum.

Der beste **Zugang** zum Nationalpark erfolgt über die **Zufahrtsstraße Riobamba – Alao,** die sich jedoch schnell im Páramo des Hochlands verliert, ohne den östlichen Teil des Parks zu durchqueren. **Kartenwerke** sind kaum brauchbar, so dass das Gebiet ohne einen ortskundigen Führer nicht begangen werden darf.

Einen **zweiten Zugang** bietet die unbefestigte Wegstrecke Guamote – Macas, die das Andenhochland mit Amazonien verbindet. Infolge der hohen lokalen Niederschläge ist sie jedoch oft gesperrt.

Weiter geht es auf der Panamericana nach Süden **in Richtung Cajabamba.** Der Ort, keine 20 km von Riobamba entfernt, war ursprünglich Hauptstadt der Provinz Chimborazo. Nach der Zerstörung durch ein Erdbeben im Jahr 1797 wurde Riobamba Kapitale. In der Kapelle Santo Cristo wird ein alter Stadtplan aufbewahrt, der das alte Riobamba vor dem Unglück zeigt. An Sonntagen strömen die Indígenas der Umgebung zum wöchentlichen Markt, der von Touristen selten besucht wird.

3 km hinter Cajabamba liegt **Balvanera,** ein kleines Sierradorf direkt an der schönen Laguna Colta. Am Hauptplatz, der Plaza Española, steht eine **Kirche,** die 1534 erbaut wurde und als erste Kirche der Real Audiencia de Quito gilt. In Balvanera verlässt unweit der Plaza Española eine Zubringerstraße die Panamericana über El Triunfo nach Guayaquil an die Küste.

50 km südlich von Riobamba lohnt ein Stopp in **Guamote.** Hier scheint die Zeit stehen geblieben zu sein. Aus den umliegenden Dörfern kommen donnerstags die Bewohner mit voll bepackten Eseln und Lamas über unwegsames Gelände aus allen nur erdenklichen Nachbarorten zum farbenfrohen **Markt.** Auf keinem anderen Markt in Ecuador ist eine ursprünglichere Marktatmosphäre und größere Vielfalt an indianischen Trachten zu bestaunen! Unterkunft im *Hostal Inti Sisa* (Guamote, Tel. 03-2916529, Preise 5/10/14 $ BP, Internet: www.intisisa.org).

Guamote wird zukünftig wohl an (infrastruktureller) Bedeutung zunehmen, da mittlerweile eine wichtige Verbindung zwischen Sierra und südlichem Oriente – südlich am Rand des Sangay-Nationalparks (s.o.) vorbei – bis nach Macas führt. Die Piste führt dicht am **aktivsten Vulkan Südamerikas,** dem **Sangay** (5230 m), vorbei. Ein Großteil der landschaftlich attraktiven Strecke ist noch unbefestigt, weshalb die Straße in den Regenmonaten oft gesperrt ist; Überlandbusse verkehren nur in den Monaten größter Trockenheit, ansonsten ist Vierradantrieb erforderlich.

Über Tixán (ca. 35 km) wird die kleine Stadt Alausí 43 km hinter Guamote angesteuert.

Alausí

Das Sierra-Städtchen in 2356 m Höhe hat 20.000 Einwohner. Es regnet oft, und in der Nacht kann es ausgesprochen kalt werden.

Jeden Sonntag findet in Alausí ein attraktiver **Markt** statt, der seit geraumer Zeit auch viele Touristen anlockt.

Am 28. Juni wird jedes Jahr in Alausí das **Fest San Pedro y Pablo** gefeiert.

ecu123 Foto: peko

Familienfahrt zu einer Taufe in den zentralen Anden

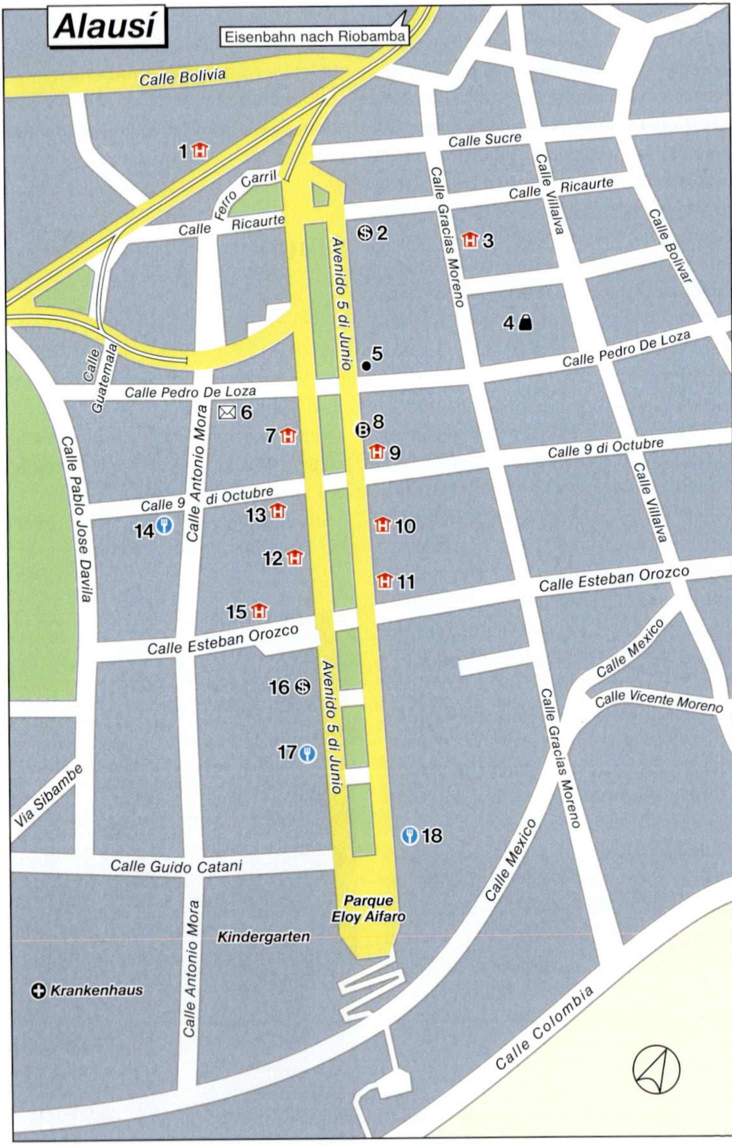
Alausí
Eisenbahn nach Riobamba
Calle Bolivia
Calle Sucre
Calle Ferro Carril
Calle Ricaurte
Calle Ricaurte
Calle Gracias Moreno
Calle Villalva
Calle Bolivar
Avenido 5 di Junio
Calle Guatemala
Calle Pedro De Loza
Calle Pedro De Loza
Calle Antonio Mora
Calle 9 di Octubre
Calle 9 di Octubre
Calle Villalva
Calle Pablo Jose Davila
Calle Esteban Orozco
Calle Esteban Orozco
Calle Mexico
Calle Vicente Moreno
Calle Gracias Moreno
Avenido 5 di Junio
Via Sibambe
Calle Mexico
Calle Guido Catani
Parque Eloy Aifaro
Kindergarten
Calle Antonio Mora
Krankenhaus
Calle Colombia
1
2
3
4
5
6
7
8
9
10
11
12
13
14
15
16
17
18

Dann erwacht die Stadt zum Leben und ist (inkl. Hotels) überfüllt.

Viele Reisende machen in Alausí nach oder vor einer Wanderung auf dem **Inka-Trail** (s.u.) einen Zwischenstopp.

Atemberaubend und ein veritables Ereignis ist die **Zugfahrt Alausí – Nariz del Diablo** („Teufelsnase"). Der Zug kommt gemäß wechselndem Fahrplan morgens aus Riobamba (Mi, Fr und So) bzw. fährt mittags über Alausí auch dahin zurück. Die ursprünglich von Durán/Guayaquil über Alausí bis hinauf nach Riobamba führende Strecke wurde nach einem schweren Erdrutsch 1999 bei Huigra – vielleicht unwiederbringlich – unterbrochen.

1 Resedencial Guayaquil
2 Bancode Guagaqil & Municipalidad
3 Hotel Americano
4 Markt
5 Delgado Travel
6 Post
7 Hotel Gampala
8 Busterminal
9 Hotel Panamericano
10 Hotel David
11 Hotel Europa
12 Residencial Tequendama
13 Hostal San Pedro
14 Restauant Flamingo
15 Residencial Alausí
16 Banco Nacional de Fomento
17 Restaurant Sucre (einheimische Kost)
18 Restaurant El Cisne

- **Tel. Vorwahl Alausí: 03**

Unterkunft

Entlang der Hauptstraße liegen:

- *Residencial Alausí*

Estéban Orosco 166 y 5 de Junio, Tel. 2930361; große EZ mit BP, TV 7 $, zuletzt etwas heruntergekommen.

- *Hotel Europa*

Av. 5 de Junio y Esteban Orosco, Tel. 2930200, EZ 12 $, DZ 20 $ mit BP, ohne Bad jeweils die Hälfte. Keine Gastronomie, lediglich eine Garage für Gäste.

- *Residencial Tequendama*

Av. 5 de Junio 152, Tel. 2930123; EZ 5 $, DZ 10 $ mit BC (warme Dusche); sehr einfache Unterkunft, aber freundlich.

- *Hotel Americano*

Garcia Moreno 159 (Parallelstraße zur Hauptstraße, in der Nähe der Markthalle), Tel. 03-2930159, Preis 5 $ p.P.

Essen und Trinken

- *Café La Diligencia*

Sehr nettes und empfohlenes Bahnhofsrestaurant, tägl. 8–11 und 15–19 Uhr.

- *Restaurante Sabor Costeña*

Südliche Hauptstraße; preiswert, Leserempfehlung: Huhn und Fisch in Wein- oder Limettensoße.

Nahverkehr

- **Camionetas** fahren mehrmals täglich **nach Achupallas** (23 km, Inka-Trail) und **Chunchi** (25 km). Da es in Achupallas keine Übernachtungsmöglichkeit gibt, sollte für den Fall, dass keine Wanderung auf dem Inka-Trail vorgesehen ist, geprüft werden, wann eine Camioneta die Rückfahrt antritt.

Überlandbusse

- Von der Bushaltestelle an der Hauptstraße beim Hotel Panamericano verkehren mehrmals täglich Busse **nach Cuenca** (3½ Std.) und **Riobamba** (1½ Std.). Die Straße von Alausí durch Cañar nach Cuenca ist in sehr schlechtem Zustand – häufig kommt es zu Umleitungen und Sperrungen. Der Bus nach Cuenca kostet 4 $. Wer ab dem Bahnhof fährt oder das Busticket bereits im Zug löst, zahlt 5 $.

Zug zur Teufelsnase

- Fahrscheine (7,80 $) sind ab 8.30 Uhr am Bahnhof (Ende der Hauptstraße 5 de Junio) erhältlich.
- Gegen 11 Uhr (So, Di, Do) hält zudem der **Riobamba-Zug** in Alausí. Wenn der Zug in der Hochsaison bereits voll besetzt aus Riobamba ankommt, ist oft kein Platz mehr auf dem Dach zu bekommen. Fahrplanänderungen kommen vor!

Geldwechsel

- Die *Banco del Pacífico* am Bahnhof wechselte Travellerschecks, doch deren Zukunft ist ungewiss. Besser ausreichend Dollars in bar mitnehmen! Relativ neu ist die Banco de Guayaquil.

Telefon

- Das ANDINATEL-Büro liegt in der Parallelstraße zur Hauptstraße.

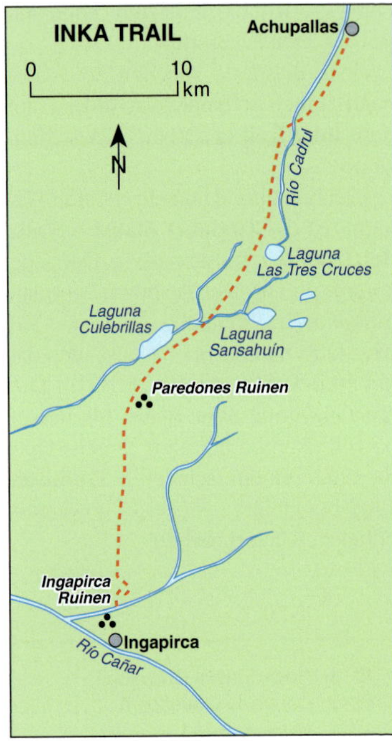

Auf dem Inka-Trail

Es handelt sich um eine **Páramo-Wanderung in 4000 m Höhe,** die zwei bis drei Tage in Anspruch nimmt und in Achupallas beginnt. Die Tour ist ohne Führer nur für orientierungssichere Wanderer im Gebirge zu empfehlen. Für die nötige Verpflegung sollte in Alausí gesorgt werden; will man die Tour buchen, muss man sich allerdings in Riobamba oder Quito in Reisebüros erkundigen. Die beste Zeit für das Vorhaben ist in den Monaten von Juli bis Februar; Wetterumstürze mit Schnee- und Hagelstürmen sind aber auch dann möglich.

Anfahrt: Von Alausí fährt man südostwärts ins Dorf **Guasuntas** (10 km) und von dort weiter nach **La Moya** (0,5 km). Es folgt die Fahrt in das Achupalla-Tal bis zum Dorfpatz von **Achupallas** (13 km). Der Transport dauert ca. 1½ Stunden; man sollte auf der Straße nach einer Fahrgelegenheit fragen. Brechen Sie frühmorgens auf!

In Achupallas führt ein Weg direkt vom Dorfplatz Richtung Friedhof nach Süden. Eselvermietung in Achupallas für ca. 5 $ p.P. und Tag bei Buchung in Gruppen. Der Weg geht in einen schmalen Fußweg über und kreuzt eine kleine Brücke. Nach 40 Minuten Gehzeit wird der Fluss erneut überquert und es geht auf der linken Uferseite des Río Cadrul flussaufwärts. Über einen Pass – rechts der Berghang des Cerro Callana Pucará (Westen), links der des Cerro Mapahuiña (Osten) – steigt der Weg auf 4000 m an und folgt der Höhenlinie durch das Río Cadrul-Tal bis nach sechs bis sieben Stunden Wanderung das Hochmoor der Laguna Las Tres Cruces (4200 m) auftaucht. Hier besteht die Möglichkeit einer ersten Übernachtung. Oberhalb des Sees ist der Untergrund trockener und das Zelten eventuell angenehmer.

Im weiteren Verlauf ist zunächst ein Pass zu überqueren, der im Cuchilla de Tres Cruzes (4400 m) seinen höchsten Punkt hat. Im Westen breitet sich das Tal Quebrada Espíndola aus. Man folgt dem Weg weiter bis zum Quilloloma (4350 m). Im Osten werden viele Seen sichtbar, von denen die Laguna Sansahuín der größte ist.

Am Quilloloma links vorbei führt der Pfad hinunter zu den Südostufern der Laguna Culebrillas (3900 m). Die Lagune ist auf einem Hochplateau und liegt manchmal trocken; von hier sind es noch ein bis zwei Stunden zu den alten Inka-Ruinen, die als **Paredones** bekannt sind. Insgesamt sollte man von der Laguna de las Tres Cruces bis Paredones vier bis fünf Stunden rechnen. Die Paredones bieten sich zu einer weiteren, aber sehr primitiven Übernachtung an.

Weiter auf dem Inkatrail ist ein Pass erst in südwestlicher, dann in südlicher Richtung zu nehmen. Nach zwei bis drei Stunden wird es schwieriger, dem Pfad zu folgen. Man orientiere sich immer nach Süden und bleibe so hoch wie möglich über dem Tal, bis in der Entfernung (bei klarer Sicht) die **Ruinen von Ingapirca** (siehe nach Cañar) aufscheinen. Das letzte Stück ist durch sumpfiges Gelände zu bewältigen; schließlich lösen kultivierte Flächen den Páramo ab, und nach der Überquerung des Río Silante hat man die Ruinen vor sich; vier Stunden Gehzeit sind es dann noch bis zum Dorf El Tambo.

Auf dem Inka-Trail soll es hin und wieder zu **Überfällen** kommen; Alleinreisende sollten sich mit jemandem zusammentun, am besten geht man in Gruppen von mindestens 4 Personen.

Wichtig: Besorgen Sie sich in Quito eine **Karte der Region** beim Instituto Geográfico Militar. Billiger und besser ist die in Deutschland erschienene Karte von *Peter Rotter* (Eigenverlag) namens „Ecuador – Incatrail", die aus Material des IGM zusammengestellt wurde. Sie kostet ca. 7 Euro und ist über Geobuch, Rosental 6, 80331 München, zu bekommen.

Der Inka-Trail ist eine gute Möglichkeit zur Vorbereitung für Gipfelstürmer. Da man mehrere Nächte auf großer Höhe verbringt, kann man sich so hervorragend für weitere Bergtouren akklimatisieren.

Abstecher nach Huigra

Das Dorf Huigra ist nur noch über die Straße zu erreichen (etwa 12 km nach Alausí geht der Abzweig südwestwärts von der Panamericana ab). Der große Erdrutsch, der die Bahnverbindung nach Alausí und Riobamba zertrennte, hat dem Dorf aber nicht seinen Charme

Der Panamahut

Der Name täuscht: Panamahüte kommen nicht aus Panama, sondern aus Ecuador! Der „Sombrero de paja toquilla" wurde schon 1849 vom Vater des Altpräsidenten *Eloy Alfaro* in einer Stückzahl von 220.000 exportiert. Auf diese Weise gelangte der Hut auch nach Panama, und die Dinge nahmen ihren Lauf.

Als Sonnenschutz erfreuten sich die breitkrempigen Hüte größter Beliebtheit sowohl unter den Goldsuchern, die über Panama nach Kalifornien zogen, als auch bei den Panamakanal-Arbeitern.

Ein in Panama lebender Franzose erkannte die Modequalitäten des Hutes und präsentierte ihn 1855 zur Weltausstellung in Paris. *Napoleon III.* war ganz angetan von dem Kleidungsstück „aus Panama" und machte den Hut schnell hoffähig. Seit dieser Zeit heißt der Hut fälschlicherweise Panamahut.

Zu Beginn des Jahrhunderts verschaffte der Krieg zwischen Spanien und Nordamerika dem Hut den endgültigen Durchbruch auch auf dem nordamerikanischen Subkontinent. Ein bekannter Panamahutträger war der Gangster *Al Capone,* dessen Name den Hutflechtern Ecuadors noch heute ein Begriff ist.

Die Flechter des Landes tragen den Hut ständig, auch während der Flechtarbeit. Mitglieder der lateinamerikanischen Mittel- oder Oberschicht dagegen würden sich in der Regel keinen Hut aus Stroh aufsetzen. Der Panamahut ist letzlich ein Symbol der armen Bevölkerung und wird meist nur von Indígenas, Bauern, Straßenverkäufern und Marktfrauen getragen. Normalerweise wird um den Hut ein schwarzes Band geschlagen, das zu Feierlichkeiten gegen ein farbenfrohes, buntes Band ausgetauscht wird.

Den Rohstoff für den Panamahut liefert die Toquilla-Palme *(Carlouuvica palmata),* die im fruchtbaren Küstentiefland von Ecuador wächst. Der Anbau erfolgt auf Feldern in den Provinzen Manabí und Guayas. Die Pflanze hat einen 3–5 m langen, grünen Stängel, an dessen Ende dünne Blätter hängen. Nach drei Jahren werden die Palmenblätter geerntet. Geflochten werden die Wedel, die an den Jungtrieben der Pflanze zu Dutzenden an den Stängeln sitzen.

Die Herstellung des Hutes ist aufwendig. Die frischen Palmblätter werden zunächst gekocht und in der Sonne zum Trocknen aufgehängt bzw. gelegt – in Montecristi gewinnt das Stroh durch mehrmaliges Wiederholen dieses Vorgangs an Strapazierfähigkeit und wird besonders weich. Nachdem das Stroh trocken ist, wird es in einem schwefeligen Bad gebleicht, wodurch es seine weiße Farbe erhält. Nach dem Splissen des Strohs beginnt der mühsamste Teil der Produktion, der in den Händen der Frauen liegt: die Flechtarbeit. Je feiner die Fasern und je enger geknüpft, desto höhere Preise werden später für das Endprodukt erzielt. Nach zwei bis drei Flechttagen, wenn der Ansatz der Hutkrempe erreicht wird, sitzt der Huttorso auf einem runden Holzklotz, der für die spätere Form sorgt. Ist der Hut fertig, wird er von den Flechtern zum Zwischenhändler gebracht, der den Rest der Arbeit verrichtet (waschen, färben, bügeln).

Rund um Azogues leben viele Menschen von Herstellung und Verkauf des Panamahutes. Der Verdienst einer Flechterin ist erschreckend gering. Das Stroh muss in der Regel relativ teuer von einem Zwischenhändler *(comisionista)* gekauft werden. Dieser wiederum kauft den Arbeiterinnen die unbehandelten Hüte für wenig Geld ab.

Die Hilfsorganisation PLAN unterstützt eine Flechter-Kooperative, die es fertig gebracht hat, dass heute viele Hutmacher der Sierra nicht mehr auf Zwischenhändler angewiesen sind, da der gesamte Produktions- und Distributionsprozess in Eigenregie abgewickelt wird. Viele Flechter der Sierra fahren jetzt selbst hinunter ins Küstentiefland, um das Stroh billiger zu kaufen. Banken haben verschiedenen Hutmachern Kredite gewährt, die die Anschaffung von Maschinen ermöglichten. Vielleicht besteht in Zukunft die Aussicht, dass sich das soziale Ungleichgewicht zwischen Herstellern und Händlern, das heute noch dominant ist, abschwächt. In Montecristi ist das Produktionszentrum der sog. *superfinos*. Ihre Herstellung dauert drei bis vier Monate. Der superfino wird aus den dünnsten Strohwedeln so fein geflochten, dass man später, wenn der Hut fertig ist, Wasser in den Hut füllen könnte, ohne dass ein Tropfen verloren ginge. Zusammengefaltet passt der geschmeidige Hut in jede Hemdtasche.

In Montecristi als dem Produktionszentrum sind die Hüte am billigsten, in Quito sind bereits 30 $ zu zahlen, in New York werden dann über 100 $ verlangt.

Reisetipp: In Guayas lässt sich die gesamte Produktionskette der Panamahüte hautnah verfolgen. Man kann mit den Campesinos zur Palmenernte ausreiten und später in einer Frauenkooperative die mühselige und filigrane Bearbeitung der Fasern bewundern. Schließlich besucht man einen Flechter in seiner Hütte. All das ist nicht Folklore, sondern reale Arbeit. Eine kompakte mehrtägige Route einschließlich Strand, Mangrovenexkursion und Fahrservice ab Guayaquil organisiert die Agentur Ecua-Andino, die die Kooperative unterstützt und selbst einer der bedeutendsten ecuadorianischen Exporteure der Panamahüte ist. Zur Fußball-WM in Deutschland haben die Hutspezialisten 30.000 Hüte anlässlich der Ecuador-Spiele in Gruppe 1 geliefert. Weitere Infos über die *Panama Hat Tour* unter www.ecua-andino.com, Tel. 04-2326375, siehe auch Agenturen in Guayaquil.

ecu018 Foto: peko

geraubt. Es handelt sich um ein sehr natürlich gebliebenes landwirtschaftliches Dorf, umgeben von einer wunderschönen Berglandschaft. Im Ort gibt es ein paar kleine Restaurants. Auf dem Hügel steht eine kleine Kapelle in Gedenken an einen Lourdes-Pilger aus Huigra aus dem Jahr 1931.

- *Hotel Eterna Primavera,* das Hotel „Ewiger Frühling" liegt am Hügel über dem Ort; preiswerte Zimmer, schöne Gartenanlage, kleiner Pool.

Von Alausí weiter in den Süden passiert man nach 24 km das kleine Sierradorf **Chunchi** in der Provinz Cañar. Mit dem Wechsel von der einen in die andere Provinz ändern sich allmählich Landschaftsbild und Klima der Sierra. Die „Straße der Vulkane" kommt zu ihrem Ende, es öffnet sich das fruchtbare Tal von Cañar, und immer weiter südlich in die Provinzen Azuay und Loja vorstoßend, wird das Relief flacher, die extremen Berg- und Talverhältnisse weichen einer zunehmend gleichmäßigeren Topografie, und das Klima wird mit abnehmender Höhe trockener und wärmer. Die Panamericana führt jetzt hinein in den altvulkanischen, geologisch ruhigen Sierraabschnitt Ecuadors.

Auch das Bevölkerungsbild in der südlichen Sierra wandelt sich. Mestizen oder *chasos* (mestizische Andenbauern) stellen den größten Teil der Bevölkerung, während die wenigen indianischen Gruppen, namentlich die Cañaris und die Saraguros, eher isoliert und abgeschieden leben.

In dem kleinen Dorf **Gun** zweigt ein Weg ab zur Küste über Troncal und El Triunfo nach Guayaquil. Über die Panamericana ist nach 26 km die Siedlung Cañar erreicht.

Cañar

Das ruhige Städtchen im Norden der gleichnamigen Provinz liegt **3176 m hoch. Sonntags** findet ein schöner **Markt** statt, zu dem die Cañaris der umliegenden Ortschaften kommen, um ihre ganz typisch gewebten Gürtel zu verkaufen. Cañar ist für denjenigen besonders interessant, der zu den Ruinen von Ingapirca (s.u.) aufbrechen möchte, denn das Dorf liegt den Ruinen am nächsten.

Unterkunft

- Preiswerte Übernachtungsmöglichkeiten bestehen in der *Pensión Guayaquil,* EZ mit BC (warme Dusche), im *Residencial Monica,* Tel. 2235486, 5 $ p.P. mit BC (warme Dusche), im *Hotel Ingapirca,* Calle Sucre y 5 de Junio, Tel. 2235201, EZ 8 $, DZ 10 $ mit BP, TV, und im *Hostal Irene,* Av. 24 de Mayo, gegenüber Colegio José Peralta, klein, aber sehr sauber, DZ mit BC.

Busse

- Von Cañar verkehren stündlich Busse **nach Cuenca** (1½ Std.).

Abstecher nach Ingapirca

Die **Anfahrt** erfolgt auf der Panamericana **über El Tambo** und von dort über einen recht gut befestigten Weg (9 km, Taxi 10 $, inkl. zweistündiger Wartezeit an den Ruinen; günstiger mit Camioneta, 1 $, oder Bus, 0,30 $) oder von Ca-

ecu129 Foto: vinu

ñar auf einer unbefestigten Piste am Ende der Rechtskurve der Panamericana links nach Ingapirca (16 km). Es fährt auch ein Direktbus ab Cuenca (9 Uhr) nach Ingapirca (zurück um 13.20 Uhr).

Ingapirca (Quechua für **„Steinmauer der Inka"**) liegt 16 km von Cañar entfernt auf einem Berg nahe dem Río Silante. Die Ruinen sind **die am besten erhaltenen Relikte der Inka-Kultur in Ecuador.** Der Sonnentempel, ein Komplex aus fugenlos zusammengesetzten Dioritblöcken, wurde an dieser Stelle errichtet, da die Nähe zum Äquator optimale Bedingungen für den Sonnenkult der Inkas bot. „Die Inkas hatten den Tempel zunächst zugeschüttet, doch die Spanier entdeckten ihn bald wieder. Leider sind über die Jahrhunderte immer wieder Steine des Inkatempels von der Bevölkerung zum Hausbau verwendet worden, so dass heute nur noch ein Teil der Anlage erhalten ist. Bereits im 18. Jahrhundert hat *La Condomine* Ingapirca besucht und eine Zeichnung davon angefertigt. Und auch *Alexander von Humboldt* bereiste Ingapirca und dokumentierte die Ruinen in seinen Aufzeichnungen", berichtet der Schriftsteller *Daniel Kempken,* der in Ecuador über die Geschichte der Inkas recherchiert hat.

Im **Eintritt** von **6 $** enthalten ist der Besuch des Museums vor Ort, z.T. mit Führungen. Auf den Ruinen weiden Lamas, ein etwa 1 km langer Rundwanderweg lädt zur Erkundung ein: Er führt vorbei an großen Natursteinfiguren,

Finca in der Provinz Cañar

u.a. an einer Felswand mit dem „Indianergesicht".

Lohnend ist ein Abstecher zum **Río Silante;** am Sonnentempel muss man sich, vom Eingang aus gesehen, rechts halten (der Weg ist noch nicht ausgeschildert).

- *Hotel Inti Huasi,* direkt an den Inka-Ruinen, Tel. 07-2215171, saubere schöne Zimmer mit riesigen Betten; DZ und MBZ mit BP ca. 6 $ p.P.; abends leckere Hausmannskost für 2 $ pro Menü, Frühstück für 2 $. Empfehlung.
- *Posada Ingapirca,* Calle larga 6-93 y Borrero, 500 m von den Ruinen entfernt, Tel 07-2215116, in Cuenca 07-2831120; eine schöne alte Hazienda wurde zum komfortablen Hotel umgebaut, EZ 37 $, DZ43 $ inklusive Frühstück und Heizung.
Mail: santaana@etapaonline.net.ec
Internet: www.grupo-santaana.com

Wieder auf der Panamericana, durchquert man den **Páramo von Buerán,** ehe sich allmählich das Hochlandbecken von Cuenca auszubreiten beginnt. Die Fahrt geht hinein in ein landwirtschaftlich intensiv genutztes Gebiet, das zudem durch einen Wirtschaftszweig bekannt geworden ist, der gegenwärtig nicht das Interesse hervorruft wie in vergangenen Zeiten. Die Rede ist von der Herstellung des Panamahuts, die für einen Großteil der ländlichen Bevölkerung in diesem Raum Lebensgrundlage ist. Wenige Kilometer vor Azogues lohnt sich ein Abstecher nach Biblián.

Abstecher nach Biblián

Vor Azogues wird von der Panamericana aus eine kleine Kirche (Santuario de la Virgen del Rocío) auf einem steilen Hügel sichtbar. Sie zeigt die kleine Ortschaft Biblián (2629 m) 9 km nördlich von Azogues an. Biblián ist ein **Wallfahrtsort,** der alljährlich am 8. September von vielen Gläubigen der Umgebung aufgesucht wird. Einer Legende zufolge schickte nach einer langen Trockenzeit Ende des 19. Jahrhunderts die *Virgen del Rocío* („Jungfrau des Taus") den langersehnten Regen, und seitdem ist sie die Schutzpatronin der Provinzen Azuay und Cañar.

Azogues

Die **Hauptstadt der Provinz Cañar** (30.000 Einwohner) liegt 30 km südlich von Cañar in 2550 m Höhe.

In Azogues (span. *azogue* = Quecksilber) wurde in den umliegenden Minen über Jahre **Quecksilber** abgebaut. Inzwischen hat sich die Region durch ihre **Panamahut**-Industrie einen Namen gemacht. Auf dem wöchentlichen **Samstagsmarkt** in der Av. 3 de Noviembre werden von den Bauern der Umgebung Panamahüte und die Keramiken aus dem südöstlich der Stadt gelegenen Dorf Jatumpamba zum Kauf angeboten. Der *sombrero de paja toquilla,* wie der Panamahut von den Einheimischen genannt wird, ist hier billiger zu erstehen als in Quito oder Cuenca, und nur in Montecristi, in der Küstenprovinz Manabí, woher das Rohmaterial für die Herstellung stammt, sind die Hüte in noch besserer Qualität zu bekommen.

Die im Südosten 300 m über der Hauptstadt thronende **Kirche San Francisco** wurde ebenso wie die Kirche

Santuario de la Virgen del Rocío in Biblián von den Spaniern auf einer ehemaligen Opfer- und Kultstätte der Inkas errichtet. Sie ist über die Av. de la Virgen zu erreichen. Von der Anhöhe hat man einen herrlichen Ausblick auf die Umgebung von Azogues.

Sehenswert sind außerdem die Kathedrale an der Plaza Central und die schneeweiß getünchten Kolonialhäuser im Stadtzentrum.

- **Tel. Vorwahl Azogues: 07**

Unterkunft

- *Residencial Tropical,* Rivera y Solano.
- *Hotel Charles,* Rivera y Solano.
- *Hostal Rivera*
24 de Mayo y 10 de Agosto, Tel. 2248113, EZ 14 $, DZ 20 $ BP und TV.
- *Hotel Santa Maria*
Serrano y Emilio Abad, Tel. 2241883, EZ 8 $, DZ 16 $ BP.

Überlandbusse

- Überlandbusse fahren vom Busbahnhof am Nordende der Calle 24 de Mayo/Panamericana mehrmals täglich in die Hauptstadt **Quito,** nach **Guayaquil, Machala, Cuenca und Biblián.**

Sonstiges

- Azogues verfügt über ein kleines Postamt, eine Bank, eine PACIFICTEL-Zentrale und ein paar einfache Restaurants.

12 km nach Azogues führt die Panamericana an dem kleinen Dorf El Descanso vorbei und überschreitet die Grenze zur Provinz Azuay. Von hier zweigt eine Fahrstrecke nach Gualaceo ab. Der Panamericana folgend ist nach 17 km Cuenca erreicht, die schöne Hauptstadt der Provinz Azuay.

Cuenca

Die in 2530 m Höhe in einem Hochlandbecken (span. *cuenca*) gelegene Hauptstadt der Provinz Azuay ist mit ca. 300.000 Einwohnern die **drittgrößte Stadt Ecuadors.** Wer von Quito nach Peru fährt oder aus Peru kommend nach Quito möchte, wird in Cuenca normalerweise Zwischenstation machen.

Das **„Athen von Ecuador"** hat schöne Museen; das Bild der Stadt wird geprägt durch zweistöckige republikanischen Häuser mit kleinen Geschäften. Die kopfsteingepflasterten Straßen sind Relikte aus der Kolonialzeit. An Markttagen wird die Stadt von vielen Cholas, indianisch-mestizischen Mischlingen, der Umgebung aufgesucht, die ihre Panamahüte verkaufen wollen.

Im Nordwesten, ungefähr 35 km vor der Stadt, breitet sich der Nationalpark El Cajas aus, der zu schönen Páramo-Wanderungen einlädt (s.u.).

Geschichte

Als die **Inkas** Anfang des 15. Jahrhunderts ihr Territorium ausdehnten, stießen sie in der Sierra Ecuadors, im Bereich des heutigen Cuenca, auf harte Widersacher, die Cañaris. Im Inka-Bürgerkrieg wurde der Inka-Herrscher *Atahualpa* von den Cañaris, die auf der Seite dessen Widersachers *Huascar* kämpften, gefangen genommen. Nach seiner Flucht errang er in Ambato den Sieg über Huascar und kehrte dann nach Cuenca zurück, um Rache zu nehmen: Alle Cañari-Männer wurden getötet, die Stadt zerstört.

Die **Spanier** kamen über die alte Inkastraße von Cuzco nach Quito. *Gil Ramírez Davalos* gründete 1557 die Stadt Cuenca, elf Jahre nach der Gründung von Loja.

Nach der Befreiung Cuencas von den Spaniern am 3. November durch Simón Bolívar machte die Stadt nicht weiter von sich reden. Erst die Panamahut-Industrie verhalf Cuenca zu Ruhm und Berühmtheit. Heute ist die Stadt auch das **Zentrum der ecuadorianischen Keramikherstellung,** einer Keramik, die in der Fachwelt einen sehr guten Ruf genießt.

Sehenswürdigkeiten

Cuenca wird durch den **Fluss Tomebamba** in zwei Hälften geteilt. Im Norden befindet sich das koloniale Zentrum, südlich des Flusses entstanden die modernen Stadtteile und die Universität.

• Las Ruinas de Todos Santos

Entlang des Nordufers folgt die Av. 3 de Noviembre, dann die Calle Larga dem Río Tomebamba. Am Ostende des Flusses, in der Nähe der Brücke (Ende Calle Larga), erinnern Las Ruinas de Todos Santos an die Inkazeit. Die Überreste einer Mühle, für deren Bau die Steinplatten von Inkamauern verwendet wurden, werden umgeben von Teilen eines alten Inkabaus. Auf der Anhöhe über der Mühle finden sich weitere Stücke von Inkamauern. Ausgrabungen vor Ort brachten Keramiken der Inkazeit zutage, die im winzigen Museum neben der Ausgrabungstätte zu sehen sind.

• Parque Abdón Calderón

Der Park, die ehemalige Plaza Mayor, ist das **Herz von Cuenca:** Studenten genießen hier den Sonnenschein, Vertreter der Zeugen Jehovas künden vom kommenden Reich Gottes, die Cholas aus der Umgebung preisen ihre Panamahüte an. Um den Park gruppieren sich die neue und die alte Kathedrale, das Provinzverwaltungszentrum und das Rathaus *(municipio)*.

• Catedral Nueva

Die Neue Kathedrale aus rötlichem Backstein und mit blauen Kuppeln ist heute das **Wahrzeichen der Stadt.** Das neoromanische Gotteshaus, erbaut im Jahr 1885, ist 42,5 m breit und 105 m hoch und besteht im Innern aus Marmor der Umgebung und aus Alabaster. Das Gotteshaus wurde außen nie vollständig fertig gestellt: Den beiden Haupttürmen fehlen die Aufbauten, da die Statik diese nicht zu tragen vermag.

Im Kircheninneren befinden sich keine nennenswerten Kunstschätze. Ins Auge sticht der aus rosafarbenem Marmor getäfelte Boden.

• Catedral Vieja

Direkt gegenüber der neuen Kathedrale, auf der anderen Seite des Parks, befindet sich die kleinere Alte Kathedrale El Sagrario. Mit dem Bau wurde im Stadtgründungsjahr 1557 begonnen. Künftig soll sie als Museum dienen, wird aber schon längere Zeit renoviert.

Casa de la Cultura Ecuatoriana
Auf der Südwestseite des Parks befindet sich die im Kolonialstil gebaute Casa de la Cultura Ecuadoriana mit wechselnden Kunstausstellungen. Die Werke der meist ecuadorianischen Künstler stehen zum Verkauf. Dem Haus sind eine kleine Cafetería und eine Buchhandlung angeschlossen.

Geöffnet: Mo bis Fr 10–17 Uhr; Adresse: Calle Sucre y Benigno Malo, weitere Zweigstelle: Luis Cordero zwischen Presidente Córdova y Sucre, Tel. 07-2942586, Fax 2836935, Mail: cceazuay @etapa.com.ec

Instituto de Arte Contemporáneo
Hermano Miguel 841 y Sucre; schön restauriertes Kolonialhaus mit wunderschönem Innenhof und einer Ausstellung moderner Kunst.

El Carmen de la Asunción
Ende des 17. Jahrhunderts erbaut, weist die Kirche in der Calle Sucre eine schöne Steinfassade und eine mit Gold und Spiegeln verzierte Barockkanzel auf.

Markt für Kunsthandwerk
An der Calle Gaspar Sangurima, Ecke Ordoñez (gegenüber der Banco del Pacífico), findet mittwochs ein Kunsthandwerksmarkt statt.

Museen

Museo del Banco Central
Das Museum in der Calle Larga y Av. Huayna Capac (Eingang Calle Larga), Tel. 2831255, enthält eine große archäologische Sammlung aus der Prä-Inkazeit, religiöse, koloniale und moderne Kunstwerke, eine Münzsammlung. Besonders die ethnologische Abteilung im 1. Stock ist zu empfehlen. Hinter dem Museum befindet sich die kleine archäologische Inka-Ausgrabungsstätte Pumapungo, auf der Lamas weiden.

Geöffnet: Mo bis Fr 9–18 Uhr, Sa 9–13 Uhr; Eintritt: 3 $, Internet: www.bce.fin.ec.

Museo de las Conceptas/
Museo de Arte Religioso
Das Museo de las Conceptas in der Calle Hno Miguel 633 y J. Jaramillo, Tel. 07-2830625, beherbergt wertvolle religiöse Kunstschätze aus dem 17. und 18. Jahrhundert, Ölgemälde, Skulpturen, kolonialzeitliches Porzellan, alte Möbel und Holztruhen. Daneben bietet es die Möglichkeit, das Leben im Kloster kennen zu lernen. Das Klostermuseum ist der Kirche La Concepción angegliedert, die am 13. Juni 1599 gegründet wurde und einen imposanten Hauptaltar besitzt.

Geöffnet: Mo bis Fr 9–18.30 Uhr, Sa 10–13 Uhr; Eintritt: 2,50 $.

Museo de Arte Moderno
Das Museo de Arte Moderno in der Calle Sucre y Coronel Talbot hält Ausstellungen moderner Künstler ab, Tel. 2831027.

Geöffnet: Mo bis Fr von 8–12.30 und 14.30–18.30 Uhr; Eintritt frei.

Museo Municipal
Remigio Crespo Toral
Calle Larga 727 y Borrero, Tel. 283 3208. Das Museum enthält eine Samm-

A. Vega Muños
Talbot
E. de Toral
Juan Montalvo
Tarquí
General Torres
Padre Aguirre
Benigno Malo
Luis Cordero
Gaspar Sangurima
Atenas
Macondo
Paredes
Mariscal Lamar
Villa Rosa
París
Carvallo
El Pavón Real
Gran Colombia
El Caribe
Chordelec
Colonial
Emperador
El Holandés
Italiana
Banco Pichincha
Simón Bolívar
Pichincha
Tomebamba
Café Raymipampa
Plaza de San Sebastían
Catedral
Parque Calderón
Inca Real
Neue Kathedrale
Mariscal Sucre
Museo de Arte Moderno
Casa de la Cultura
Azuay
Alli Tiana
Pres Córdova
Del Vado
Milán
Asador La
Príncipe
La Viña
Calle Larga
Café Austria
Río Tomebamba
Museo del Sombrero
Universität
Loja
12 de Abril
Siberia
Percal
Casa del Barranco
Crespo
Vicente Solano
N
CUENCA ZENTRUM
0
200
m
Hotel
Restaurant
Museum
Touristeninformation
Telefonzentrale
Post

Im Hochland/Sierra

lung von Gold- und Keramik-Exponaten der Sierra-Kulturen aus der präkolumbischen Zeit sowie Gemälde, Möbel und sakrale Skulpturen der kolonialen Epoche, zudem eine Ausstellung historischer Fotos von Cuenca.

Geöffnet: Mo bis Fr 8.30–18 Uhr, Sa/So 8.30–13 Uhr; Eintritt frei.

• Museo de las Culturas Aborígines

Das private Museum in der Av. 10 de Agosto zwischen F. Moscoso y J. M. Sánchez, Tel. 2880010, zeigt Keramiken, Kultgegenstände und Werkzeuge aus der Prä-Inka-Zeit. Im Rahmen einer sachkundigen Führung können die Exponate, die auf Regalen und nicht in Vitrinen ausgestellt sind, genau betrachtet werden, manche darf man sogar in die Hand nehmen.

Geöffnet: Mo bis Fr 9–12 und 14–18 Uhr; Eintritt: 2,50 $, Mail: museoarq@etapaonline.net.ec

• Museo del Sombrero

Calle Larga 10-41 zwischen Padre Aguirre und General Torres (Tel. 07-2831569, Mail: panamahat@etapaonline.net.ec) – Museum, Geschäft, Café, Kunstgalerie und Fabrik in Einem! Im Rahmen einer ausführlichen und kostenlosen Führung wird erklärt, wie Hüte geflochten und weiterverarbeitet werden. Die Ausgestaltung des Museums ist beeindruckend, das Personal freundlich. Eintritt frei.

• Museo de Esqueletología

Das Museum in der Bolívar 6-57 y Borrero zeigt in drei Ausstellungsräumen

ecu020 Foto: peko

die Skelette vieler einheimischer Tiere. Eintritt: 1 $.

• **Tel. Vorwahl Cuenca: 07**

Touristeninformation

• Das **Touristenbüro** nahe dem Parque Calderón in der Calle Mariscal Sucre hat von 9–19.30 Uhr geöffnet.

• Ein ausgezeichnetes Fremdenverkehrsbüro befindet sich **im Busbahnhof;** man spricht dort auch Englisch.

• Das *INEFAN-/MAG-Büro* in der Calle Bolívar 533, 3. Stock, hat geöffnet von Mo bis Fr zwischen 9 und 16 Uhr; es stellt auch eine mehrtägige Besuchserlaubnis für das Cajas-Naturschutzgebiet aus. Tagesbesucher zahlen den El Cajas-Eintritt unkompliziert am INEFAN-Posten auf der Zufahrtsstraße.

Unterkunft

Hotels (nahe Busbahnhof)

• *Hotel Galeón*
Calle Sangurima 2-42 y Manuel Vega/Tomás Ordóñez, Tel. 2831827; DZ mit BP 18 $, Parkplatz, TV. Mail: tanialopezp@yahoo.es

• *Hotel España*
Calle Sangurima 1-17 y Huayna Cápac, Tel. 2834208, Fax 2846442; EZ 14 $, DZ mit BP 22 $, Telefon, Internetanschluss, Restaurant El Quijote, Garage, Wäscherei.
Mail: hespana@cue.satnet.net

Einfache Unterkünfte im Zentrum

• *Hostal El Cafecíto*
Av. Honorato Vásquez 7-36 y Luis Cordero, Tel. 2832337; Übernachtung im 4-BZ, auch Betten im MBZ für 6 $, DZ ab 21 $; gute Infobörse, sauber, freundlich, Wäsche-Service, mitunter Konzerte, Café im Lichthof.
Mail: cuenca@cafecito.net
Internet: www.cafecito.net

Die Neue Kathedrale in Cuenca

• *Hostal el Belén*
Oscar Reyes y Ambato, Tel. 2740024; 4–5 $ p.P. mit BP, warmes Wasser; Garage, Gemeinschaftsküche, relativ laut.

• *Gran Hotel*
Torres 9-70 y Bolívar, Tel. 2831934, EZ 15 $, DZ 25 $, mit „amerikanischem" Frühstück, schöner überdachter Innenhof, sehr hellhörig. Mail: granhotel@mail.com

• *Hotel Norte*
Am großen Marktplatz, Calle Mariano Cueva 11-63 y Mariscal Lamar, Tel. 2827881; EZ 7 $, mit BC 4 $, DZ mit BP und warmer Dusche 10 $, mit BC 8 $, Fernsehraum, Gepäckaufbewahrung; an Markttagen sehr früh laut!

• *Hotel Milan*
Calle Córdova 989 y Padre Aguirre, am Markt, Tel. 2831104; große Zimmer mit BP, EZ 15 $, DZ 22 $, inkl. Frühstück, Warmwasser, Telefon, Wäschedienst, Café auf der Dachterrasse.
Mail: hostalmilan@etapaonline.net

• *Hostal Americano Cuenca*
Francisco Tamariz 1-14 y Av. Héroes de Verdeloma, Tel. 2837882, EZ 24 $, DZ 36 $, Cafeteria, Parken, Internet, Restaurant, Garten, sehr hilfsbereit.
Internet: www.hotelamericano.net

• *Hostal Siberia*
Calle Luis Cordero 4-22 y Honorato Vásquez, Tel. 20840672; EZ 9 $, DZ 18 $ mit BP, sicher, freundlich, mit TV.

• *El Monasterio Lodging*
Padre Aguirre 7-24 Sucre, Tel. 2824457, im 6. Stock, über Fahrstuhl zu erreichen, dafür teils mit Balkon und Blick auf Kloster, Marktplatz, Kathedrale. Hilfsbereit und freundlich. Küchenmitbenutzung. DZ mit BC 6 $, BP 8 $ p.P. Lesertipp.

• *Hotel Samay*
Tomás Ordóñez y Sangurima, Tel. 2831119; 9 $ p.P. ohne Frühstück.

• *Posada Todos los Santos*
Calle Large 342 y Av. Todos los Santos, Tel. 2824247, Handy 09-7191903, EZ 18 $, DZ 30 $, mit Frühstück. Sehr freundliche und familiäre, kleine Pension.

• *Hotel Tito*
Sangurima 1-49 y Manuel Vega, Tel. 2829734 und 2835921, Fax 2843577; EZ 11 $, DZ 22 $ mit BP und Kabel-TV.
Mail: hoteltito@visitaecuador.com

- *Casa del Barranco*
Calle Larga 8-41 y Luis Cordero, Tel. 2839763; EZ 15 $, DZ 24 $ mit BP, Kabel-TV.
- *Hostal Caribe Inn*
Gran Colombia 10-51 y Padre Aguirre, Tel. 2832842, 2835175; EZ 10 $, DZ 16 $ mit BP, TV und Telefon.
- *Hostal Manhattan*
Sangurima 1-18 y Huayna Cápac, Tel. 2845935; 8 $ p.P. mit BP und Kabel-TV, Telefon im Zimmer.
Mail: alexagra1@hotmail.com
- *Hostal Residencial Niza*
Mariscal Lamar 4-51 y Cueva, Tel. 2823284; 8 $ p.P. mit BP und TV.
- *Residencial Paris*
Gral. Torres 10-48 y Gran Colombia, Tel. 2827257, 2842656, Fax 2841468; DZ mit BP 9 $ p.P. inkl. Frühstück, sehr schlicht, Telefon, Café.
- *Hostal Latina*
Benigno Malo 11-54 y Sagurima, Tel. 283 9821; 8 $ p.P., TV, freundlich, große und schöne Zimmer mit Bad, kleiner Patio; gutes Preis-Leistungs-Verhältnis.
- *Hotel Pichincha*
Gral Torres 882 y Bolívar, Tel. 2823868, Fax 2833695; EZ mit BC 5,50 $ p.P., große Zimmer, freundlich, Garage, Gepäckdepot.
Mail: hpichincha@etapaonline.net
- *Hostal Pichincha*
Juan Montalvo 970 y Bolívar, Tel. 2833695; DZ mit BP 28 $ p.P., Telefon, Café, Garage.
- *Hotel Las Américas*
Mariano Cueva 13-59 y Pio Bravo, Tel. 2833850; EZ 15 $, DZ 25 $ mit BP inkl. Frühstück, mit Telefon, Parkplatz, Restaurant.
Mail: hotel_lasamericas_cuenca @yahoo.com
- *Hostal Paredes*
Bartolomé Serrano 1-17 y Bolívar, Tel. 2835674; DZ mit BP 10 $ p.P., mit BC 6 $ p.P., TV, Garage, Wäschedienst; unterschiedliche Leserurteile.
Mail: monisol@cue.satnet.net
- *Hotel Cuenca*
Borrero 10-69 y Gran Colombia, Tel. 2843889; EZ 23 $, DZ 32 $ mit BP, inkl. reichhaltigem Frühstück, Restaurant, Garage, nettes Ambiente, einige Zimmer sind allerdings etwas laut.

Mittelklasse-Hotels im Zentrum

- *Hotel Atenas*
Luis Cordero 11-89 y Sangurima, Tel. 2827016, Fax 2850134; EZ 19 $, DZ 27 $ mit BP, Kabel-TV, Telefon und Frühstück.
Internet: www.hotelatenas.com
- *Hotel Carvallo*
Gran Colombia 952 zwischen Padre Aguirre y Beningo Malo, Tel. 2840749, 2836649, Fax 2832063; EZ 37 $, DZ 85 $.
Mail: carvallo@etapaonline.net.ec
Internet: www.hotelcarvalloecuador.com
- *Hostal Colonial*
Gran Colombia 10-13 y Padre Aguirre, Plazoleta de Santo Domingo, Fax 2841644, 2823793; EZ 16 $, DZ 26 $ mit BP, Kabel-TV und Frühstück.
Mail: hcolonial@cue.satnet.net
- *Hostal Hurtado de Mendoza*
Av. Huayna Capac y Sangurima, Fax 2843611, 2831909; 15 $ p.P. mit BP, Kabel-TV, Telefon und Frühstück, Restaurant.
Mail: hostalhm@cue.satner.net
- *Vazquez Inn Hotel*
Av. España y Huayna Cápac, Tel. 2850182, 2850183, Fax 2831487; EZ 18 $, DZ 30 $ BP, TV.
- *Hostal Bristol*
Hurtado de Mendoza 150 y Olmedo, an der „Chola Cuencana", Tel. 2822940, 2842461, Fax 2833430; EZ 17 $, DZ 27 $ mit Frühstück, Kabel-TV und Telefon.
Mail: cuencahbristol@hotmail.com
- *Hostal Chordeleg*
Gran Colombia 11-15 y General Torres, Tel. 2822536, Fax 2824611; EZ 20 $, DZ 34 $ mit BP, Frühstück, Kabel-TV und Telefon.
Mail: hostalfm@etapaonline.net.ec
- *Hotel El Quijote*
Calle Hno Miguel 958 y Gran Colombia, nahe Parque Calderón, Tel. 2843197, 2835031; EZ 23 $, DZ 33 $ mit Frühstück, gutes Restaurant. Mail: hquijote@cue.satnet.net
- *Hotel El Conquistador*
Gran Colombia 665 E/Barrera y Hno Miguel, Tel. 2831788, Fax 2831291; EZ 64 $, DZ mit BP, TV und Telefon 78 $ inkl. Frühstück; Bar, Restaurant.
Mail: reservas@hconquistador.com.ec

• *Hotel Presidente*
Gran Colombia 659 y Presidente Borrero, Tel. 2831979, Fax 2842127; EZ 34 $, DZ 46 $ mit BP, TV, Telefon, inkl. Frühstück; Restaurant im 8. Stock mit schöner Aussicht.
Mail: hotelpresidente@yahoo.com
• *Hotel Principe*
Juan Jaramillo 782 y Luís Cordero; schönes, altes Kolonialhaus, DZ für 28 $.
• *Hotel Inca Real*
Gral. Torres 840 zwischen Sucre und Bolívar, Tel. 2825571, Fax 2840699; Haus im Kolonialstil, ruhige Zimmer, EZ 40 $, DZ 48 $ mit BP, Telefon, inkl. Frühstück, Garage, Restaurant (zum Dinner empfohlen).
Mail: incareal@cue.satnet.net
Internet: www.hotelincareal.com.ec
• *Hotel Catedral*
Aguirre y Sucre, Tel. 2823204; EZ 14 $, DZ 22 $ mit BP inkl. Frühstück, Telefon; Restaurant mit Tanzfläche.
Mail: pambrosi@lartizco.com
• *Hotel Italia*
Gutes Hotel am Anfang der Av. España y Huayna Cápac, Tel. 2864474; EZ 35 $, DZ 48 $, mit Frühstück, Restaurant, Parkplatz, Wäschedienst, Abholservice vom Flughafen oder Busterminal.
Mail: hotelitalia@etapaonline.net
• *Hotel Atahualpa*
Sucre 350 zwischen T. Ordónez und V. Machuca, Tel. 2831841, Fax 2842345; EZ 24 $, DZ 39 $ mit BP, TV, Telefon, inkl. Frühstück, Zimmer zur Straße meiden, da laut und stinkig; auf einer Farm außerhalb der Stadt unterhält das Hotel Schwimmbad, Ausflugsangebote, Café, Pferde, viel Grünfläche.
Mail: hotelatahualpa@hotmail.com
Internet: www.cuencacultural.com

Luxus-Hotels im Zentrum

• *Hotel El Dorado*
Gran Colombia 787 y Cordero, Tel. 2831390, Fax 2831663; EZ 109 $, DZ122 $, Frühstück, Buffet, Internet, Transfer, TV, Telefon, Minibar, Garage, Restaurant, Sauna, Fitness-Studio. Internet: www.eldoradohotel.com
• *Hotel Crespo*
Larga 793 y Luis Cordero, Tel. 2842571, Fax 2839473; EZ 84 $, DZ 102 $, mit Frühstück, Internet, TV, Telefon, Wäscherei, Parkplatz, tolle Lage am Fluss, Café, Restaurant (internationale Küche).
Internet: www.hotel-crespo.com
• *Hotel Oro Verde*
Av. Ordóñez Lazo, Tel. 2831200, Fax 2832849; First-Class-Hotel mit entsprechendem Service und Ambiente, exzellentes Restaurant, Sonntagsbuffet, EZ 97 $, DZ 128 $.
Internet: www.oroverdehotels.com

Für längere Aufenthalte

• *Apartamientos Otorongo*
Av. 12 de Abril y Guayas, Tel. 2882788, Fax 2883335, voll möblierte Apartments mit Schlaf- und Wohnzimmer, Küche, TV, Telefon, Kühlschrank etc., nahe dem Fluss Tomebamba, 15 Min. Fußweg zur Altstadt, freundlich, englischsprachig, EZ 18 $, DZ 50 $ (bis zu 4 Personen).
Mail: orotongo@etapanet.net
Internet: www.orotongo.com.ec

Jugendherberge

• *Hostal Macondo*
Tarqui 11-64 y Lamar, Tel. 2840697, Fax 2830836, EZ 21 $, DZ 30 $, mit Frühstück, hübscher Garten, Küchenbenutzung, sehr freundlich und sauber, empfehlenswert; reservieren, da sehr beliebt!
Mail: info@hostalmacondo.com
Internet: www.hostalmacondo.com

Essen und Trinken

Hinweis: Wegen aufwendiger Straßenbauarbeiten in der berühmten Calle Larga seit 2006 sind dort einige Bars (hoffentlich nur vorübergehend) geschlossen.

• *Café Wunderbar*
Calle Larga 343 y Hno Miguel, in der Nähe des Museo Remigio Crespo-Toral, Tel. 2831274; europäisches Flair (deutscher Besitzer), gute Getränke (deutsches Bier!) und kleinere Speisen, interessante Veranstaltungen (Lesungen, Folklore usw.), relativ teuer, geöffnet täglich 11–1.30 Uhr, Sa 15–1 Uhr.
Mail: wunder@etapa.com.ec

ecu019 Foto: peko

• *Café-Restaurant Raymipampa*
Benigno Malo 8-59, direkt an der Kathedrale; Tel. 2834159, geöffnet Mo bis Sa 8.30–23 Uhr, So 9.30–22 Uhr, gute Sandwiches, auch vegetarisch, preiswert, angenehmes Ambiente, schöner Blick auf den Parque; Service und Essen haben leider nachgelassen

• *Restaurante El Maíz, Calle*
Larga 1-279 y Calle de los Molinos, Tel. 2840224. Urgemütliches und gepflegtes Restaurant in einem Häuschen aus der Kolonialzeit. Empfohlenes 3-Gänge-Menü für 10–15 $ (Lesertipp).
Mail: elmaiz@etapaonline.net.ec

• *Restaurante Clásica*
Calle Juán Jamarillo 6-35 y Hno Miguel, Tel. 09-3919825, sehr freundliches italienisches Restaurant mit exzellenter und preiswerter Küche, Pizza mit Tischwein ab 3 $, Mo bis Sa 8–15 und 18–22 Uhr, So 18–22 Uhr. Mail: luissvi@hotmail.com

• *Bar-Restaurant La Cusinga*
Calle San Sebastian 1-94 y Sucre, gegenüber dem Museo de Arte Moderno, Tel. 2881041. Sehr hübscher kleiner Patio mit Bildern von Künstlern der Stadt. Gute Küche, sowohl *almuerzos* (2 $) als auch preiswert à la carte.

• *Heladería Holanda*
Tolle holländische Eisdiele in der Benigno Malo 951 y Gran Colombia, Tel. 835787, geöffnet Mo bis Sa 9–19 Uhr.

• *Heladería Italiana*
Italienische Eisdiele gegenüber der Heladería Holanda, ebenfalls exzellent

• *Restaurant El Pavón Real*
Gran Colombia 8-33 y Cordero, Tel. 2846678; reichhaltig und preiswert, schönes Ambiente, landestypische Küche, geöffnet Mo bis Sa 8–22 Uhr.
Mail: elpavonreal@latinmail.com

• *Asador Las Colombianas*
Presidente Córdova y Luis Cordero; Tel. 07-2839932, empfohlener Fleischbräter.

Beim Friseur in Cuencas Altstadt

- *Café Austria*

Benigno Malo 5-45 y Jaramillo; Tel. 07-2840899, sehr guter Kuchen und Kaffee, österreichische Leitung, empfohlen.

- *Café Muu*

Calle Jaramillo y Malo; Joghurts, Früchte und Säfte, freundlich, gemütlich und köstlich.

- *El Paraiso*

Ordoñez 5-58 y Jaramillo; Tel. 07-2838666, vegetarische Küche, große Portionen, preiswert, Obstsalate zum Frühstück, abends geschlossen.

- *Restaurant Percal*

Calle Larga 845; Tel. 07-2829852, preiswert, gutes Essen, gemütliches Ambiente.

- *La Viña*

Juan Jaramillo 779 y Luís Cordero; Tel. 07-2839696, italienische Küche, klein und gemütlich, guter Wein.

- *Villa Rosa*

Gran Colombia 1222 y Tarquí; Tel. 07-2837944, Fischspezialitäten, sehr gut, teuer.

- *Café Aguacolla*

Bajada de Todos Santos y Puente Roto, Tel. 07-2824029, Mo bis Fr 11–22 Uhr, gemütliches Café mit preiswerter vegetarischer Küche, Treffpunkt und Kulturveranstaltungen direkt an der alten „kaputten Brücke" über dem Rio Tomebamba.

- *Café 4 Manos*

Calle Hno Miquel 4-36 y Calle Larga, Tel. 08-2834594; kleines Restaurant mit schweizerischer Küche inkl. Fondue und Rösti, preiswert und schmackhaft.

Nachtleben

- *Disco Ritmo*

Calle B. Maloy y Gran Colombia, Fr und Sa geöffnet.

Internetcafés

- *Internetcafé Compumundi*

Calle Tarqui 9-31, Eingang durch den Fotoladen.

- *Internetcafé*

Calle Hermano Miguel 6-34 y Calle Larga.

- *Internetcafé Laser Master*

Simón Bolívar y Vargas Machuca.

- *Internetcafé Azuay Net*

Padre Aguirre 10-96 y Mariscal Lamar, 2. Stock, Büro 6, Tel. 2844473. Mo bis So 7–21 Uhr. Mail: jc_chalco@hotmail.com

Medizinische Versorgung

- *Notruf*: 2834911
- *Hospital Vicente Corral Morosco*

Av. 12 de Abril y Av. del Paraíso, Tel. 2882100 (mit Notaufnahme).

- *Hospital Santa Inés*

Av. Daniel Córdova Toral 2-113 y Augustin Cueva, Tel. 2817888, 2817889.
Mail: hospital@sisantaines.com
Internet: www.sisantaines.com

- *Hospital Monte Sinai*

Calle Miguel Cordero 6-111 y Av. Solano, Tel. 2885595. Mail: hmsinai@etapaonline.net.ec

- *Dr. Pedro Martínez Borrero*

Av. del Estadio 3-40 y Manuel J. Calle, of. 102, Tel. 2815803, Handy 098304656. Mail: pedroj@cue.satnet.net (englischsprachig).

Polizei

- Tel. 101, Cordero y Córdova.

Nahverkehr

Stadtbusse

- Gegenüber vom zentralen Busbahnhof, 1½ km nordöstlich des Stadtzentrums gelegen, starten mehrmals am Tag **Busse ins Zentrum** (Calle Aguirre).
- **Nach Baños de Cuenca** kommt man in ca. 10 Minuten.

Regionalbusse

- Der Bus **nach Gualaceo** fährt stündlich vom Busterminal ab (ca. 45 Min.; die Karten gibt es nur im Bus!). Von Gualaceo weiter nach Chordeleg und Sigsig (5 bzw. 30 Min.).
- Busse **nach El Cajas** fahren nur um 6 und um 7 Uhr früh ab der Iglesia San Sebastián.
- Ein Bus fährt morgens um 9 Uhr vom Terminal Terrestre **nach Ingapirca.** Rückfahrt von dort um 13 Uhr. Fahrtzeit: ca. 2 Std.

Überlandbusse

Vom zentralen Busbahnhof 1,5 km nordöstlich vom Zentrum fahren mehrmals täglich Busse nach:

- **Quito** (10 Std.)
- **Riobamba** (5 Std.)
- **Alausí** (5½ Std.)
- **Cañar** (1½ Std.)
- **Guayaquil** (5 Std.)
- **Machala** (5 Std.)
- **Loja** (5 Std.)
- **Saraguro** (3½ Std.)
- **Macas** (10 Std.)
- **Gualaquiza** (7 Std.)

Hinweis: Die Hauptstrecke über Cañar nach Norden, also auch nach Riobamba und Quito, ist häufigen Erdrutschen und Straßenschäden ausgesetzt; die Fahrzeiten und manchmal auch Routen verändern sich dann entsprechend.

Eisenbahn

Cuenca hat zwar einen romantisch **verlassenen Bahnhof** im Südosten der Stadt, Züge allerdings verkehren seit einem Unwetter im Jahr 1990 nicht mehr.

Flüge

- 2 km nordöstlich der Stadt, an der Av. España, befindet sich der **Flughafen Simón Bolívar** (Tel. 2862203).
- *TAME* fliegt zweimal täglich nach **Quito** und **Guayaquil.** Das TAME-Stadtbüro ist an der Plaza Milenium; das Flughafenbüro ist über Tel. 2889097 zu erreichen.
- *ICARO* fliegt fast täglich von und nach **Guayaquil** und **Quito.** Das Büro liegt in der Av. España 1114, Tel. 2802700, Internet: www.icaro-air.com.

Autovermietungen

- *Inter Rent-a-Car*
Av. España 1050, Tel. 2801892, Fax 2806688, Mo bis Fr 7–16.30 Uhr, Sa 8–13 Uhr, Vitara 105 $ pro Tag inkl. Steuern und 150 Freikilometern. Internet: www.interrentacar.com

Kino

- Ein gutes Programm zeigt die *Casa de Cultura* (Calle Luis Cordero y Sucre); ein weiteres Kino ist das *Teatro Universo* (Aguirre y Mariscal Lamar).

Geldwechsel

- **Wechselstuben** finden sich im Bereich Borrero y Sucre und Gran Colombia y Cordero.
- *Banco del Pacifíco,* Tarqui/Ecke Gran Colombia, werktags bis 18 Uhr.

Post und Telefon

- Das Postamt ist an der Ecke Gran Colombia y Borrero; Mo bis Sa von 9–17 Uhr.
- Das ETAPA-Fernmeldeamt liegt an der Ecke Malo y Sucre.

Sprachschulen

- *CEDEI*
Benigno Malo 10-70 entre Gran Colombia y Lamar, Tel. 2839003, Fax 07-2823452/206, Internet-Zugang, Mo bis Fr 8–20 Uhr.
Mail: www.cedei.org.
- *Estudio Internacional Sampere*
Hermano Miguel 3-43 y Larga, Tel. 2823960, Fax 2841986, Privatunterricht, auch Kochunterricht sowie Tanzkurse und Vermittlung von Familienunterkünften, sehr guter Gruppenunterricht, aber nicht ganz preiswert; Spanischer Sprachschulenverband, sehr hilfsbereit ist der Direktor *Juan Martínez.*
Internet: www.sampere.es
- *Centro Ecuatoriano Norteamericano Abraham Lincoln*
Calle Pres. Borrero 5-18 y H. Vásquez, Tel. 2823898, Fax 2841737, Einzelunterricht für 7 $ pro Stunde, Unterrichtszeiten Mo bis Sa 8.30–12.30 Uhr.
Mail: rboroto@cena.org.ec

Reiseagenturen

- *Expediciones Apullacta*
Calle Gran Colombia 11-02 y General Torres, Tel. 2837815, Fax 2837681; etablierter Reiseveranstalter für Tagestouren nach El Cajas, Ingapirca, Gualaceo, Chordeleg oder Sigsig – Leserkommentar: „Wir waren begeistert!"
Mail: info@apullacta.com
- Gemeinschaftsbüro von *Terra Diversa Team, The Travel Center* und *Agencia Monta Runa,* Calle Hno Miguel 5-42 entre Vasquez y Jaramillo, Tel. 2823782, Fax 2820085; gute, umfangreiche Beratung und Leitung von Touren aller Art, Kartenmaterial, individuelle Routen, auch mit deutschsprachigem Personal, nette Atmosphäre und kompaktes Angebot. Besonderer Lesertipp!
Internet: www.terradiversa.com

Markt

- Hauptmarkttage sind **Donnerstag** und **Samstag;** das Marktgeschehen konzentriert sich auf der Plaza Rotary (Calle Cueva zwischen Sangurima y Lamar) und auf dem Marktplatz Ecke Aguirre y Córdova (gegenüber der Kirche San Francisco).
- An der Ecke Sucre y Aguirre findet **täglich** ein schöner **Blumenmarkt** statt, und in den Straßen 12 de Abril und 3 de Noviembre werden an Donnerstagen **Korbwaren und Früchte** verkauft.

Feste

- Der **3. November** ist der **Unabhängigkeitstag von Cuenca,** aus diesem Anlass wird alljährlich ein Spektakel mit Musik, Tanz und bunten Märkten aufgeführt.
- Auch am **6. Januar** feiert die Stadt mit Maskenumzügen.

Sonstiges

- Eine **Wäscherei** befindet sich in der Calle Vásquez y Borrero.

Ausflüge

Baños (6 km)

Im Südwesten von Cuenca liegen die mit Umkleidekabinen und Sauna ausgestatteten **Thermalbäder** von Baños (nicht zu verwechseln mit dem größeren Ort bei Ambato!). Viele Einheimische suchen Baños an Wochenenden auf, so dass ein Besuch an Werktagen mehr Entspannung verspricht.

- **Unterkunft:** Im Zentrum kann man in einfachen Unterkünften übernachten, etwas außerhalb von Baños liegt die *Hostería Durán,* Tel. 07-2892485, EZ 56 $, DZ 80 $, inkl. Frühstück, Schwimmbad, Restaurant, Hosteria 5,50 $, Balneario 2,50 $, Bar, Camping- und Freizeitpark.
Mail: reservaciones@hosteriaduran.com
Internet: www.hosteriaduran.com
- Von Cuenca nach Baños verkehrt stündlich der **Stadtbus No. 1.**

Gualaceo (34 km), Chordeleg (38 km), Sigsig (64 km)

Die drei **Dörfer aus kolonialen Zeiten** sind wegen ihre farbenfrohen und sehr ursprünglichen Sonntagsmärkte bekannt, wobei der von Gualaceo der größte ist. Noch verirren sich kaum Touristen in die Ortschaften.

Gualaceo (2370 m) liegt 34 km nordöstlich von Cuenca im Tal des Río Gualaceo. Die Stickereien dieser Region gelangen in alle großen Städte Ecuadors zum Verkauf, v.a. aber nach Cuenca. Neben Ponchos, Blusen und Wandteppichen mit verschiedenen gestickten Mustern sind die *mantas* (Decken, Tücher) von Gualaceo hervorzuheben. Durch die so genannte icat-Färbetechnik entstehen farbenprächtige Tücher, die von Frauen über die Schultern geworfen oder im Haar getragen werden. Sie sind selten zu bekommen und deshalb auch nicht gerade billig. Der Marktplatz grenzt direkt an die Dorfkirche (nordwestlich der Bushaltestelle).

Eine **kulinarische Besonderheit** ist anzumerken: In Gualaceo gibt es die besten **Meerschweinchen** der Region zu essen. Das Verspeisen der gebratenen Tierchen ist im Süden des Landes eine große Delikatesse, im Norden dagegen unüblich.

Das Umland von Gualaceo ist sehr attraktiv. Der Obst- und Gemüseanbau in der Region liefert die verschiedenen Früchte, die auf dem Markt und in den Dorfstraßen verkauft werden.

In Gualaceo finden jährlich **zwei Festlichkeiten,** am **4. März** und **25. Juni,** statt, die viele Menschen der Nachbargemeinden besuchen und die den sonst ruhigen Ort zum Beben bringen.

Nur 4 km von Gualaceo entfernt liegt das Dorf **Chordeleg.** Hier waren einst ergiebige Goldminen, Grundlage des Goldschmiedehandwerks in der Region. Heute ist das Dörfchen ein bedeutender Ort der (Silber-) Schmuckherstellung, auch wenn nach wie vor in den Läden Goldschmuck angeboten wird. Über die künstlerische Qualität des Schmucks kann man allerdings geteilter Meinung sein. Außerdem kann man den Panamahut, Keramiken, Holzschnitzereien und die verschiedensten Textilien in Chordeleg erstehen.

Das sehenswerte Museo Comunidad Chordeleg de Artesanías direkt am Dorfplatz zeigt Arbeitstechniken in der Webkunst und ikat-Färbung sowie handgefertigte Ausstellungsstücke. Es gibt ein paar kleine Restaurants, in denen man was zu sich nehmen kann. Im zentralen Park bestehen gute Chancen, Kolibris zu Gesicht zu bekommen.

In **Sigsig,** 26 km südlich von Chordeleg und selten von Touristen angesteuert, wird ein kleiner Sonntagsmarkt veranstaltet, der einen Besuch lohnt (Alternative zum Bus: Gualaceo – Sigsig mit Camionetas in etwa 30 Min./0,50 $).

- **Unterkunft:** Wenn man von Cuenca aus früh aufbricht, können alle drei Märkte an einem Sonntag besucht werden. Andernfalls stehen im Zentrum Gualaceos einfache Unterkünfte bereit, auch EZ mit BP (z.B. *Residencial Gualaceo,* Gran Colombia y Fidel Antonio Piedra, Tel. 2255006, 5 $ p.P. BP/BC, Frühstück 3$, in der Nähe des Marktplatzes, Toiletten nicht ganz sauber; sehr schön ist das Zimmer Nr. 2 im 3. Stock mit einem großen Balkon). Eine Alternative ist das *Hotel Patchacama* am Marktplatz. Etwas außerhalb von Gualaceo befindet sich der *Parador Turístico Gualaceo,* Tel. 07-2255110, 2255010, EZ 16 $, DZ 22 $, eine hübsche Hosteria zum Ausspannen, mit großen, behaglichen Zimmern, Kabel-TV, beheiztem Pool, Disco, Bar, Restaurant usw.
- Zu den **Verkehrsverbindungen** siehe bei Cuenca unter „Regionalbusse".

Area Nacional de Recreación Cajas

Die „Nationale Erholungszone" Cajas umfasst ein 28.808 ha großes **Seengebiet** in der Provinz Azuay ungefähr 35 km westlich von Cuenca. Die Hochlandregion der westlichen Kordillere weist eine sehr belebte Topografie auf. Das gesamte Gebiet liegt oberhalb von 3000 m, die höchste Erhebung ist der Berg **Arquitectos** (4450 m).

Zwischen August und Januar ist es tagsüber bei kräftigen Winden meist sonnig bei **12–18°C,** während es in der Nacht kalt wird und die Temperaturen häufig unter den Gefrierpunkt fallen.

Von Februar bis Juli liegt oft **Nebel** über dem Hochland, und Nieselregen *(garúa)* und **Schneestürme** wechseln sich ab. Die Temperaturen bewegen sich nur **zwischen -3°C und 10°C.** Die durchschnittlichen Niederschlagsmengen betragen 1200 mm pro Jahr.

Die **Entstehung des Gebietes** geht in das Zeitalter des Quartärs zurück, als weite Teile der Region vergletschert waren. Es lassen sich überall Gletscherspuren der Kaltzeiten beobachten, die die Richtung der Gletscherbewegungen anzeigen. Daneben finden sich überall im Gebiet Zeugen vulkanischer Tätigkeit wie Andesitgesteine, Metamorphite und Magmatite. Die Seen sind durch gewaltige Höhenzüge voneinander getrennt, die große Täler in Form von Schachteln *(cajas,* daher auch der Name des Gebiets) ausbilden.

Neben unzähligen kleinen Teichen und Sümpfen gibt es in dem Naturschutzgebiet insgesamt mehr als **230 Seen** *(lagunas),* die eine Größe von mindestens 10 ha besitzen und durch kleine Flusssysteme miteinander in Verbindung stehen.

Im Gebiet entspringen mehrere **Flüsse,** die in den Pazifik im Westen oder in den Amazonas im Osten münden. Die großen Flüsse **Yanuncay** und **Tomebamba,** deren Quellgebiete ebenfalls im Park liegen, bewässern das gesamte Hochlandbecken von Cuenca und haben eine erstklassige Wasserqualität. Die wichtigsten Lagunen von Cajas sind Lagartococha, Osohuaycu, Toreadora, Riñoncocha, Toreador, Cascarillas, Suninococha und Burines.

Im Erholungsgebiet von Cajas lassen sich **verschiedene Vegetationszonen** unterscheiden, wobei die Zone des sehr feuchten Bergwalds in Höhen von 3000–3500 m vornehmlich im Osten von Cajas (in der Region von Llaviuco) ein beliebtes Betätigungsfeld für Botaniker ist, die hier den *guagual,* eine *Myrtaceae,* studieren.

Der Primärwald der feuchten Bergwälder ist für **Vogelliebhaber** ein Paradies. Über 100 verschiedene Vogelarten sind bekannt, darunter Tukane, Spechte und Kolibris, die in mehreren Arten vorkommen. In den höheren Zonen trifft man auf Sperber, Adler und mit viel Glück sogar auf einen Kondor. Auf längeren Touren begegnen einem Hasen und Rotwild, gelegentlich der Ameisenbär, vielleicht sogar ein Tapir.

Im Bereich des subalpinen, sehr feuchten Waldes (3500–4200 m), der den Park dominiert, haben sich die meisten Seen gebildet. In geschützen Tieflagen breiten sich kleine Quinou-Wälder aus, und allgenwärtig ist die Landespflanze *chuquiragua.*

Ab 4300 m Höhe trifft man auf die Vegetationszone des pluvialen subalpinen Waldes, der infolge der Wind- und Wetterverhältnisse sehr karg ist.

Auf einer mehrstündigen Wanderung um den **Toreadora-See** bekommt der Besucher einen kleinen Eindruck der Seenlandschaft von Cajas vermittelt. Das Gebiet bietet sich aber vor allem für ein ausgedehntes **Páramo-Trekking** mit unbegrenzten Campingmöglichkeiten an. Dabei ist an die Mitnahme ausreichender Verpflegung zu denken, da es im Erholungsgebiet selbst keine Einkaufsmöglichkeiten gibt. Die Schutzhütte bei Toreadora stellt Koch- und Schlafgelegenheiten bereit. Denken Sie auch an **warme (Regen-)Kleidung!** Die Mitnahme eines Kompasses ist ratsam, denn Hinweisschilder und Wegweiser fehlen gänzlich; bei Nebel oder im Falle eines Wettersturzes ist die Gefahr, sich zu verirren, nicht unbeträchtlich.

Zwei Anfahrtswege kommen in Frage: jeweils von Cuenca, einmal von Norden, einmal von Süden her.

Im Norden wird **Toreadora** (Infozentrum, 34 km von Cuenca, 1 Std.) angesteuert. Die Abfahrtszeiten der Busse von der Ecke Simón Bolívar y Talbot in unmittelbarer Nähe der Plaza/Iglesia San Sebastián von Cuenca über Molleturo nach Naranjal sind: 6, 10.30, und 14 Uhr, in Gegenrichtung ab Naranjal: 5.45, 7.30 und 13.30 Uhr. Alternative: Die Buskooperative San Luis fährt ab dem Terminal Cuenca über Cajas nach Guayaquil, aussteigen an der Schutzhütte. Hinweis: Fahrgäste nach Guayaquil haben Vorrang; Fahrkarten im Voraus werden nur für Guayaquil verkauft. Eine Fahrt mit dem Taxi zur Schutzhütte (der Fahrer wartet dort) kostet ca. 30 $.

Am Parkeingang muss die **Parkgebühr** von **10 $** bezahlt werden, man erhält Informationen und bekommt eine Karte ausgehändigt. Lassen Sie sich auf jeden Fall auch eine Eintrittskarte geben.

Täglich: Blumenmarkt an der Kathedrale in Cuenca

Im Süden erfolgt die Anfahrt über **Soldados** (35 km von Cuenca, 2–3 Std.) und **Angas** (55 km von Cuenca, 3–4 Std., 2,50 $).

Täglich fahren ab 6 Uhr Busse von der Ecke Valdo y Loja in Cuenca.

- **Unterkunft:** *Schutzhütte La Toreadora,* Tel. 07-2454003. Die einfache Übernachtung im Schlafsaal – Schlafsack ist mitzubringen – kostet 4 $. Anmeldung ist ratsam. Nebenan öffnete zuletzt ein Restaurant, von dem wir hoffen, dass es täglich geöffnet bleibt; Infos dazu in den Agenturen in Cuenca. *Hosteria las dos Chorreras,* auf halbem Weg von Cuenca, km 14 via al Cajas, Tel. 07-2854996, 2454301, EZ 36 $, DZ 49 $, mit Frühstück. Fischen sowie Wanderungen bis zu 4 Stunden, Restaurant, Cafeteria.
Internet: www.hosteriachorreras.com

- **Karten:** IGM TK 1:50.000 San Felipe de Molleturo, CT-Nv-F1; IGM TK 1:50.000 Chiquintad, CT-NV-F2; IGM TK 1:50.000 Chaucha, CT-NV-F3; IGM TK 1:50.000 Cuenca, CT-NV-F4
- **Informationen:** Zuverlässige und aktuelle Infos zum Nationalpark können in Cuenca bei *Ecotrek Expedition* eingeholt werden: *Juan Gabriel Carrasco,* Paseo 3 Nov. entre Jacaranda y Los Cedros, Tel. 2834677, Fax 2835387.
Mail: ecotrek@cue.satnet.net
Internet: www.ecotrek.ec

ecu021 Foto: peko

Route A 4

- **Cuenca – Saraguro – Loja – Vilcabamba – Zumba**
- **Routenlänge ca. 315 km**

Die Strecke weiter ins südliche Hochland Ecuadors führt durch die **märchenhafte Welt des Südpáramos.** In Loja verlassen wir die Panamericana, um weiter ins südliche Andenhochland bis an die Grenze Perus vorzustoßen.

Nach 3 Stunden Fahrt auf der Panamericana durch die wilde und fremdartige Landschaft mit Mooren und tiefen Schluchten erreicht man 102 km nach Cuenca zunächst den kleinen Ort **Oña.** Das Dorf ist praktisch die Grenzstadt der beiden Provinzen Azuay und Loja. Busse nutzen es als Zwischenstation auf der Weiterfahrt nach Loja für einen kleinen Imbiss-Stopp. Ansonsten gibt es keinen Anlass, hier länger zu verweilen. Wenn doch: Der Ort verfügt über eine kleine Anzahl Restaurants und eine preiswerte Pension.

35 km nach Oña lohnt eine Fahrtunterbrechung in Saraguro.

Saraguro

Das Dorf liegt 142 km südlich von Cuenca und ist nach den hier lebenden Saraguro-Indianern benannt, die die südlichste indianische Gemeinschaft Ecuadors bilden. Die verschlafen wirkende ländliche Siedlung ist bekannt für ihren **Sonntagsmarkt,** auf dem die Saraguros ihre traditionelle schwarze Kleidung tragen. Von Fremden wird der Markt – wohl wegen der großen Entfernung zu den Touristenzentren – kaum besucht, weshalb ihm noch etwas Ursprüngliches geblieben ist.

Unterkunft

- Zufriedenstellend übernachten lässt es sich in der *Residencial Saraguro,* Loja y Antonio Castro, Tel. 07-2200286, 5 $ p.P. BC, und in der *Residencial Armijos* in der Castro y Azuay.
- *Hostal Samana Huasi*
10 de Marzo y Panamericana gegenüber des Instituto Saraguro, Tel. 2200315, 10 $ p.P. BP, warmes Wasser, Kabel-TV.

Essen und Trinken

- **Restaurants** befinden sich am Park (z.B. das *Gruta Azul*). In der Calle Azuay y Castro gibt es das *Restaurant Cristal* (daneben übrigens ein kleiner Shop, in dem die *tupus,* die traditionellen Steckbroschen der Saraguro-Frauen, verkauft werden).
- Besondere Empfehlung: *Mama Cuchara* an der Plaza Central, ein Restaurant, das von einer Indianerinnenkooperative betrieben wird. Man sollte vor 13 Uhr kommen, weil es sonst häufig nichts mehr gibt!

Überlandbusse

Von der Bushaltestelle gegenüber der Kirche verkehren ab 6.30 stündlich Überlandbusse nach:

- **Cuenca** (3½ Std.)
- **Loja** (2 Std.)
- **Quito** (10 Std.)

Wieder auf der Panamericana geht es weitere 62 km durch den Páramo der Provinz Loja nach Süden. Beiderseits der Straßen liegen grüne Täler und Maisfelder, oft im Nebel. Während einer Busfahrt wird unterwegs vereinzelt ein neuer Fahrgast aufgelesen. Nach zwei Fahrtstunden öffnet sich der Blick in das Hochlandbecken von Loja.

Die Saraguros

Die Saraguros stammen ursprünglich aus der Titikakasee-Region in Peru. Sie wurden von den Inkas hierher verschleppt, um den Boden zu bestellen, und bis heute hat sich eine kleine Gemeinde erhalten.

Die Saraguros gehörten zu den ersten Gemeinschaften im Hochland, die eine „Cédula Real" erwarben, eine amtliche Berechtigung zu Grundstücksbesitz. Die ehemaligen Hazienda-Arbeiter sind heute unabhängig und leben als Landwirte, die ihren eigenen Grund und Boden bestellen.

Ihre typische Kleidung, die von vielen Saraguros auch an Werktagen getragen wird, hebt sie ab von anderen Indígenas in Ecuador. Männer wie Frauen tragen einen schwarzen Poncho, dazu – vor allem die Frauen – einen weißen Strohhut mit großer Krempe, ähnlich dem mexikanischen Sombrero, nur das dieser spitz zuläuft. Männer dagegen tragen häufig einen schwarzen, zumindest dunklen Hut, unter dem ihr langer Zopf hervorschaut. Die Beinbekleidung der Männer besteht aus knielangen Hosen in den Farben Schwarz oder Blau, über denen eine kleine weiße Schürze getragen wird. Die Frauen tragen über die Schultern geworfene Schals, die mit einer langen Steckbrosche, der „tupus", gehalten werden und einen schwarzen Rock.

Die Saraguros leben von der Getreide- und Viehwirtschaft. Da sie kein besonderes, gar touristisch verwertbares Handwerk ausüben, wird ihnen ein geschäftlicher Erfolg, wie er den Otavaleños zuteil wurde, kaum gelingen.

Loja

Die **Hauptstadt der gleichnamigen Provinz** wurde 1548 von *Alonso de Mercadillo* gegründet und **zählt zu den ältesten Städten Ecuadors;** heute leben in ihr etwa 130.000 Menschen. Die Stadt liegt auf einer Höhe von 2100 m im Tal von Cusibamba an den Flüssen Río Zamora und Río Malacatos.

In der Kolonialzeit unter den Spaniern war der Ort wegen der im Umland wachsenden Fieberrindenbäume von Bedeutung. Die iberischen Eroberer kannten bereits den Nutzen von **Chinin** (oder *cascarilla*), seine schmerz- und fieberlindernde Wirkung, was sie annehmen ließ, es sichere das Leben. *Alexander von Humboldt* war 1802 in Loja; beeindruckt von der Fülle der Pflanzenformationen in diesem Gebiet, nannte er die Stadt den **„Garten von Ecuador".**

1820 wurde die Stadt unabhängig. Zwei Jahre später hielt sich *Simón Bolívar* in Loja auf; ihm ist es zu verdanken, dass bis heute jährlich das Fest zu Ehren der *Virgen del Cisne* gefeiert wird. Mitte des 19. Jahrhunderts wurde Loja zur Hauptstadt der neuen und gleichnamigen Provinz. Seit der Gründung der Universidad Nacional de Loja 1944 hat die vormals relativ isolierte Stadt intensivere Bande mit Guayaquil, Cuenca

Das Stadttor von Loja

und Quito geknüpft. Eine Berühmtheit der Stadt ist der Anfang 2000 aus dem Amt geputsche Ex-Staatspräsident *Jamil Mahuad*, der aus Loja stammt.

Von Loja aus lässt sich die Provinz El Oro erschließen, der Südoriente und der äußerste Süden des Landes bis hin zur Grenze nach Peru.

Das schöne **koloniale Stadtzentrum** von Loja droht auf dem Gabentisch der Moderne geopfert zu werden. Es wird auffällig viel historische Bausubstanz abgerissen und dem Beton übergeben. Schwarze Fensterscheiben gelten den Lojanern zudem als letzter Schrei. Eine Leserin, die selbst in Loja lebt, fand noch mehr heraus: Den Abriss beschleunigt eine „Verordnung des Bürgermeisters, welche einen bestimmten Abstand der Hausfassaden von der Straße vorsieht, um selbige breiter und autogerechter zu machen. Manche Häuser werden zu diesem Zweck „restauriert". So sind z.B. die Calle Lourdes zwischen Sucre und Bolívar und die angrenzende Plaza San Sebastián Paradebeispiele moderner Lojaner Renovierungskunst: zunächst abreißen, in Beton um ein Drittel kleiner wieder aufbauen, die Betondecke mit Pseudoträgerbalken verzieren und außen kitschig bunt bemalen – fertig ist das moderne Kolonialstilhaus." Vor diesem Hintergrund überraschend: Jüngst gewann Loja einen internationalen Preis für Stadtökologie.

ecu130 Foto: vinu

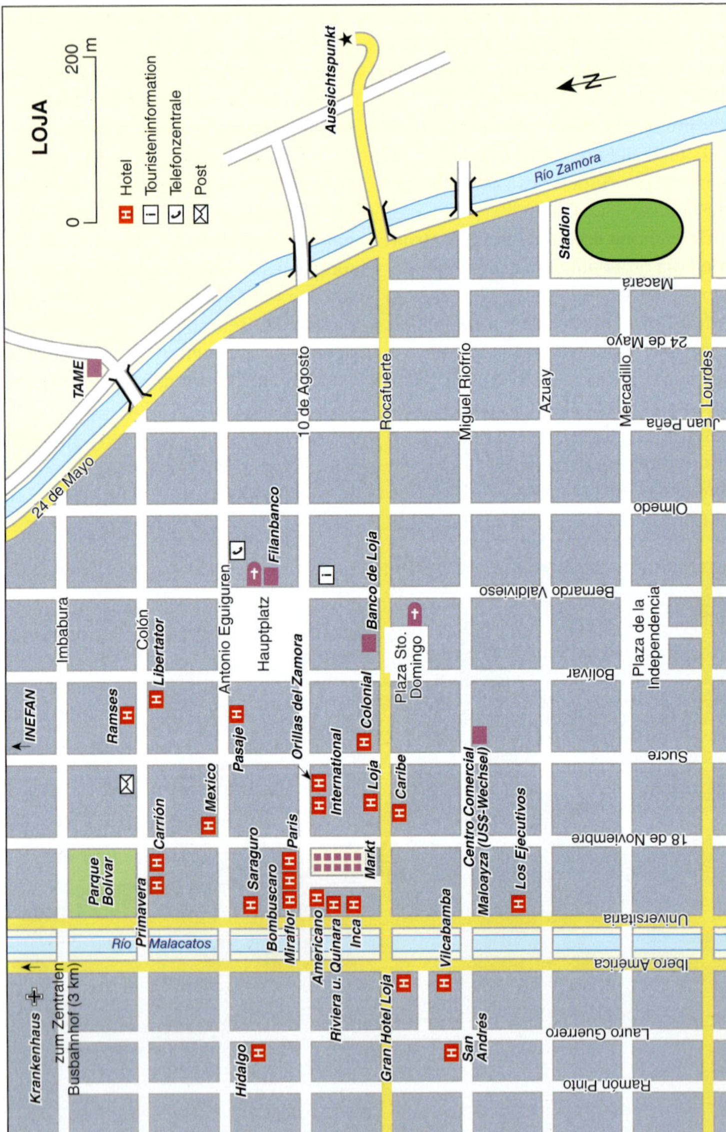
LOJA
0
200
m
Hotel
Touristeninformation
Telefonzentrale
Post
Aussichtspunkt
Río Zamora
Stadion
TAME
24 de Mayo
10 de Agosto
Rocafuerte
Miguel Riofrío
Azuay
Mercadillo
Lourdes
Macará
Juan Peña
Olmedo
Filanbanco
Imbabura
Colón
Antonio Eguiguren
Hauptplatz
Banco de Loja
Plaza Sto. Domingo
Bernardo Valdivieso
Plaza de la Independencia
Bolívar
INEFAN
Ramses
Libertator
Pasaje
Orillas del Zamora
Colonial
Sucre
International
Loja
Caribe
Mexico
Carrión
Centro Comercial Maloayza (US$-Wechsel)
Los Ejecutivos
Parque Bolívar
Primavera
Saraguro
Bombuscaro
Miraflor
Paris
Markt
Americano
Riviera u. Quinara
Inca
Vilcabamba
18 de Noviembre
Universitaria
Río Malacatos
Ibero América
Krankenhaus
zum Zentralen Busbahnhof (3 km)
Gran Hotel Loja
San Andrés
Hidalgo
Lauro Guerrero
Ramón Pinto

Vor dem 1. September wird zur Prozessionszeit jährlich aus dem Dorf Cisne die Statue der *Virgen del Cisne* nach Loja getragen. In diesen Tagen ziehen viele Bewohner nach alter Tradition den Panamahut auf. Diese **Fiestas de Loja** sind landesweit berühmt, und besonders aus den Provinzen Azuay, Cañar, El Oro und sogar aus Peru strömen die Menschen herbei.

Sehenswürdigkeiten

Die **Kathedrale** an der Westeite des Zentralparks ist eine gut restaurierte Kirche mit Ornamenten und schönen Skulpturen. Sie ist täglich geöffnet zwischen 9 und 16 Uhr. Von Anfang August bis zum 1. Nov. steht hier auch die *Virgen de Cisne* (s.o.).

Die **Kirchen** San Augustín und San Francisco in der Colón y Bolívar und San Sebastián oder Fátima (mit dem Reitermonument des Stadtgründers *Alonso de Mercadillo)* fesseln durch ihre Architektur und beherbergen religiöse Kunstschätze. Die Iglesia de Santo Domingo in der Calle Rocafuerte y Bolívar zeichnet sich durch über hundert Gemälde und Fresken eines Lojaner Meisters aus dem 19. Jahrhundert aus.

Wahrzeichen der Stadt ist die **Puerta de la Ciudad,** ein „Disney-Replikat" des spanischen Stadttors und Stolz eines jeden Lojaners.

Freizeitvergnügen finden kleine und große Kinder im **Parque Jipiro.** Kitschig, aber einzigartig: Nachbildungen des Kreml und einer Moschee. Ein Unikat ist auch die Burg „Castillo Eurolatino". Der Park verfügt über viel Grünfläche und viele Spielplätze. Dazu kommen ein Planetarium, eine Bibliothek, ein Freibad mit Rutschbahn, Tretboote und ein Internet-Café in einem ausrangierten Waggon der ecuadorianischen Eisenbahn. Der Eintritt ist frei.

Sehenswert ist auch die Markthalle, die vielleicht sauberste in ganz Ecuador.

Museen

- **Museo del Banco Central**

An der Südseite des Zentralparks, Calle 10 de Agosto y Valdivieso, liegt das archäologische Museum, Tel. 2573004. Ausstellung über die Geschichte Lojas, Filmvorführungen.

Geöffnet: Mo bis Fr 9–13 und 14.30–16.30 Uhr, Eintritt: 1,50 $.

- **Museo del Monasterio de las Madres Conceptas**

Das Karmeliterinnenkloster (Av. 10 de Agosto y Olmedo) hat seine alte Kapelle und zwei Nebenräume zum Museum umfunktioniert. Mit den Einnahmen soll ein bisschen Geld für die Restauration der Kunstschätze zusammen kommen. Gezeigt werden religiöse Gemälde aus vier Jahrhunderten, teils noch aus Spanien nach Ecuador gebracht, teilweise aus der Escuela Quiteña, außerdem ein großer geschnitzter Altar aus dem 17. Jahrhundert und ein Raum mit Alltagsgegenständen aus dem Leben der Nonnen. Führungen in Spanisch, Eintritt 2 $.

- **Tel. Vorwahl Loja: 07**

Touristeninformation

- Calle Eguiguren y Bolívar, Tel. 2570485, 2572964; geöffnet Mo bis Fr 8–13 und 14–18 Uhr, hilfsbereit und gute Stadtpläne. Internet: www.municipiodeloja.gov.ec

● Die *INEFAN-Vertretung* an der Ecke Ríofrio y Bolívar verfügt über Nationalpark-Informationen, v.a. über den Podocarpus-Park (s.u.). Geöffnet ist Mo bis Fr 9–16 Uhr (bei Redaktionsschluss geschlossen).
● *Ministerio del Ambiente,* Sucre 2-35, Tel. 2585421, 2571534.

Unterkunft

Einfache Unterkünfte

Die einfachen Unterkünfte sind in den vergangenen Jahren arg heruntergekommen – hoffentlich ändert sich das wieder!

● *Hostal Quinara*
Av. Universitaria y 10 de Agosto an der Ecke, Tel. 2570785; EZ 11 $, DZ 22 $ mit BP, TV, Klimaanlage, Telefon, Wäschedienst!
● *Hotel Loja*
Rocafuerte 18 y Sucre, Tel. 2570241; 8 $ p.P., TV.
● *Hotel Caribe*
Rocafuerte 1552 y 18 de Noviembre, Tel. 2572902; DZ mit BP 8 $ p.P., sehr einfach!
● *Hotel Acapulco*
Av. 10 de Agosto y Sucre; DZ 25 $, klein und sauber.

Mittelklasse-Hotels

● *Hotel Libertador*
Calle Bolívar 14-30 y Colón, Tel. 2572119; EZ 50 $, DZ 61 $ mit BP, TV, Telefon; sehr gutes Frühstücksbüffet, Sauna, Pool, Restaurant, Autoverleih, Reisebüro.
Internet: www.hotellibertador.com.ec
● *Casa Lojana*
Ciudadela Zamore, Paris 0008 y Zoilo Rodriguez, Tel. 2570453; liebevoll eingerichtet und geführt von Lehrern und Studenten der Hotelfachschule in Loja; EZ 73 $, DZ 97 $, mit Frühstück.
Mail: casalojanahotel @utpl.edu.ec,
Internet: www.casalojana.com
● *Hotel Vilcabamba*
Av. Iberoamérica y Pasaje la FEUE, Tel. 2573645, 2573393; EZ 23 $, DZ 32 $ mit BP, TV, AC, Garage, Restaurant, Café.
● *Hotel Bombuscaro*
Av. 10 de Agosto y Av. Universitaria, Transfer vom Flughafen, Tel. 2577022, Fax 2570136, EZ 40 $, DZ 59 $ mit BP, TV, inkl. Frühstück; Restaurant, Café, Autovermietung, Whirlpool. Internet: www.bombuscaro.com
● *Hostal Andes del Prado*
Calle Zoilo Rodriguez y 10 de Agosto y Rocafuerte, Tel. 2588271, 09-9931803, EZ 36 $, DZ 48 $, Fr bis So Preisnachlass: EZ 22 $, DZ 29 $, mit Frühstück. Ruhig und bequem. Empfehlenswert!
Mail: andesdelprado@hotmail.com
● *Hostal Delbus*
Av. 8 de Diciembre y Juan José Flores, gegenüber vom Terminal Terrestre, Tel. 257 5100, EZ 23 $, DZ 34 $ mit Frühstück, BP und Kabel-TV, Restaurant. Empfehlenswert!
Internet: www.grupodelbus.com

Essen und Trinken

● *Diego's*
Calle Sucre y Colón; gute ecuadorianische Küche und schöne Atmosphäre in einem alten Kolonialhaus mit Patio; eines der wenigen Restaurants, in denen man draußen sitzen kann. „Almuerzo ejecutivo" (Tagesmenü mit 4 Gängen) 2 $; à la carte ist ein wenig teurer. Diego's ist vor allem mittags zu empfehlen! Im gleichen Gebäude findet sich das sehr gute mexikanische Restaurant **„A lo Mero Mero"**.
● *Rincón de Francia*
Calle Valdivieso y Colón; gute ecuadorianisch-französische Küche, ebenfalls in einem schönen Kolonialhaus mit Patio. Menü à la carte zwischen 3 und 4 $.
● *Chalet*
Calle Riofrío y Bolívar; gute französische Küche, schönes Restaurant in einem alten Kolonialhaus, eingerichtet mit Antiquitäten, Preise wie im Rincón de Francia.
● *Cevicheria 200 Millas*
Juan José Peña y 10 de Agosto, Tel. 2573563; Meeresspezialitäten, gute Küche, Preise zwischen 3 und 5 $. Mo bis So 9–16 Uhr.
● *La Manabita*
Calle Valdivieso y Azuay; gute regionale Küche aus Manabí, preiswert.
● *Pescadería Perla del Pacífico*
Calle Eguiguren y 18 de Noviembre; Spezialitäten sind weniger der Fisch, sondern Innereien, die aber vom Feinsten; preiswert.

- *Picantería 10 de Agosto*
Av. 10 de Agosto y Olmedo; typische Lojaner Küche, Spezialität sind Fleischgerichte.
- El Valle, ein Stadtteil nahe dem Zentrum von Loja, verfügt über mehrere Restaurants mit den traditionellen Lojaner **Meerschweinchen** (gegrillt, gebraten oder als Eintopf) zu etwa 7–8 $ pro Tier.
- *Comedores populares*: Im Gegensatz zu vielen anderen Städten Ecuadors werden die **öffentlichen Imbiss-Stände** in Loja hygienisch überwacht. Die schönsten *comedores* gibt es in dem kleinen, historischen Mercado San Sebastián, Calle Lourdes y Valdivieso.
- *Siembra*
Calle 24 de Mayo, gegenüber Straßenmündung der Calle Segundo Cueva Celi; eine der wenigen Lojaner Kneipen überhaupt.
- *Parrilladas Uruguayas*
Calle Juan de Salinas y Av. Universitaria, Di bis Do 12–1 Uhr. Empfehlenswert!
Mail: irka9@hotmail.com
- *Vegetariano El Rizzoto*
Calle Bolívar y Miguel Riofrío, Mo bis Sa 12–15 Uhr, Hauptgericht 3 $, vegetarische Küche. Empfehlenswert!
- *El Jugo Natural*
Calle Eguiguren 14-20, Tel. 2575256, Mo bis So 7–20 Uhr, Frühstück, Müsli, Früchtesalat, Säfte. Empfehlenswert!
- *Forno di Fango*
Calle Bolívar, Tel. 2582905, 2570068 und 2571156, Di bis So 12–22.30 Uhr, Pizzas, Sandwiches, Preise 4–8 $. Empfehlenswert!
Mail: fornodifango@hotmail.com
- *Casa Tinku*
Calle Lourdes y Sucre, Tel. 09-9536935, Do bis Sa 17–2 Uhr, Bar-Disco, Live-Musik, schöne Atmosphäre. Empfehlenswert!

Überlandbusse

Vom zentralen Busbahnhof (3 km nördlich des Zentrums) bestehen mehrmals täglich Busverbindungen nach:
- **Quito** (12 Std.)
- **Cuenca** (5 Std.)
- **Saraguro** (2 Std.)
- **Guayaquil** (8 Std.)
- **Machala** (7 Std.)
- **Huaquillas** (10 Std.)
- **Macará** (5½ Std.)
- **Catamayo** (40 Min.)
- **Zumba** (6 Std.)
- **Vilcabamba** (1 Std.)
- **Zamora** (3 Std.)
- Dreimal täglich fahren Busse von Loja über Macará **nach Piura in Peru;** Abfahrt: 7, 13 und 22.30 Uhr, Fahrtzeit ca. 8 Stunden, Preis 8 $ (s.a. Grenze in Macará).

Der **Busbahnhof** ist nahezu luxuriös ausgestattet. Er besitzt Geschäfte, einen Informationskiosk sowie eine Gepäckaufbewahrung. Busse fahren alle paar Minuten ins Stadtzentrum (ca. 10 Min.). Alternative ist das Taxi Preis aushandeln!

Flüge

- Das *TAME-Büro* befindet sich an der Calle 24 de Mayo y Ortega. Der Flughafen befindet sich allerdings über 30 km außerhalb der Stadt in Catamayo (30 Min. mit dem Taxi). Die einzigen und stark frequentierten TAME-Flüge nach Quito starten einmal täglich frühmorgens, außer So.
- *ICARO*, Calle Eguiguren y Olmedo, Tel. 2578416 und 2585955.
Internet: www.icaro-air.com

Geldwechsel

- Ein **Geldautomat**, der Visa- und MasterCard-Karten akzeptiert, liegt einen halben Block östlich der Plaza Central in der Calle Eguiguren.
- *Banco de Loja,* Rocafuerte y Bolívar.

Post und Telefon

- Das Postamt an der Ecke Colón y Sucre hat geöffnet Mo bis Fr von 9–18 und Sa von 9–13 Uhr.
- PACIFICTEL-Amt, Calle Eguiguren entre Bernardo Valdivieso y Olmedo.

Feste

- **Prozession der Virgen del Cisne:** 17. August und 1. November: eine beeindruckende Wallfahrt mit Tausenden von Teilnehmern aus Ecuador, anderen lateinamerikanischen Ländern und Delegationen vom Vatikan.

- **Volksfest zur Ehren der Virgen del Cisne:** 1. bis 8. September: Feuerwerk, Blasmusik, Gegrilltes etc. auf der Plaza Central und Plaza Bolívar. Unsere Wahl-Lojanerin schreibt: „Das Fest ist malerisch, chaotisch und eigentlich der einzige Anlass, zu dem in Loja wirklich etwas los ist".
- Parallel dazu – vom 1. bis 15.9. – der **Jahrmarkt Feria de la Integración Fronteriza** mit Riesenrädern, Kunsthandwerk, Süßigkeiten, billigen Kleidern, Zuckerwatte, Spielzeug und ohrenbetäubender Musik.
- Anschließend, in der 2. und 3. Septemberwoche, findet das kulinarische Fest **Festival de Cocina Internacional** im Parque Jipiro gegenüber des Jahrmarkts statt.
- Der Lojaner **Feiertag der Unabhängigkeit** ist der 18.11. mit Konzerten, Vergnügungen für Kinder, Sportfesten etc. (Parque Jipiro, Parque Central und Parque Bolívar).

Ausflug

Podocarpus-Nationalpark (10 km)

Der 1982 eingerichtete Nationalpark Podocarpus mit einer Fläche von 146.280 ha liegt in den Provinzen Loja und Zamora Chinchipe. Die sehr belebten Oberflächenformen des Parks lassen sich in zwei Regionen teilen: die **tiefe Region** *(zona baja)* mit durchschnittlichen Höhen zwischen 1000 und 1600 m und die **hohe Region** *(zona alta)* mit durchschnittlichen Höhen von 1600 bis 3600 m. Der Park hat mehr als 100 Lagunen, von denen die Laguna del Compadre mit 20 ha die größte ist.

Das **Klima ist gemäßigt und immerfeucht,** die durchschnittlichen Temperaturen liegen zwischen 12°C *(zona alta)* und 18°C *(zona baja)*. Die jährliche Niederschlagsmenge pendelt zwischen 1000 und 1600 mm pro Jahr. Beeinflusst vom Oriente herrscht im Podocarpus-Nationalpark ein spezielles Mikroklima, das die Entstehung endemischer Pflanzenarten gefördert hat.

Die **Entstehung** des größten Teils des Parkes geht bis in das **Tertiär** zurück. Der Untergrund wird von miozänen Sedimenten gebildet, auf denen die Bodenbildung stattgefunden hat. Infolge des pliozänen Vulkanismus haben Magmen und Pyroklastika die Deckschichten durchbrochen und die höchsten Erhebungen der zentralen Kordillere hervorgebracht. Die Oberflächenformen im Bereich der Lagunas de Compadre (Los Picachos del Condór) sind ausschließlich im Quartär entstanden. Die einst von Gletschern geformten U-Täler prägen hier das Landschaftsbild, besonders eindrucksvoll am Río Sabanilla-Tal. Die Reliefbedingungen des Gebietes haben Flusssysteme entstehen lassen, die ihre Quellen in den Kordilleren haben. Namentlich sind dies der Río Chindipe mit den Nebenflüssen Río Numbala, Quebrada Onda, Río Loyalo und Río Vergel, der Río Zamora mit den Nebenflüssen Río Sabanilla, Río Bombuscara, Río Timbara und Río Jamboé und der Río Nangaritza mit den Nebenflüssen Rió Nambayacime und Río Chumbiriaza.

Die gesamte Provinz Loja wird als **„Botanischer Garten Amerikas"** bezeichnet, und im Podocarpus-Nationalpark liegt er konzentriert vor. Die Wälder enthalten die Podocarpus-Gattungen *Podocarpus oleifolius* und *Podocarpus rospigliosi* (denen der Park seinen Namen verdankt). Sie sind die einzigen Koniferen Ecuadors. Ein anderer wichtiger Pflanzenvertreter ist die Cascarilla *(Chinchona succirubra)*, aus der das

Chinin für die Malaria-Prophylaxe gewonnen wird (sie ist mittlerweile vom Aussterben bedroht). Überwältigend ist die Vielfalt der **Orchideen** im Park.

Die **Südpáramo-Vegetation** unterscheidet sich in ihrem Bestand wesentlich von der der nördlichen Sierra. Zudem ist sie im Verhältnis kleinwüchsiger und tritt nur in den Gebirgskämmen auf. Botaniker sind deshalb geneigt, sie einer Übergangszone zum eigentlichen Páramo zuzuordnen, da sie in einer Höhe anzutreffen ist, die eigentlich nicht der des wirklichen Páramo entspricht. Wichtige Vertreter sind die Arten *Roscovia magellanica,* die ansonsten nur noch in der Antarktis vorkommt, sowie die Arten *Hypericum quidioides, Gynoxis colycullisovens* und *Gaultheria gianerata*.

Auch die **Tierwelt** ist **vielfältig;** das Tapir, der Andenfuchs und unzählige Vogelarten tummeln sich im Park.

Die **Anfahrt zum westlichen Parkeingang** (Zugang von Osten siehe bei Zamora) ist von Loja schnell mit dem Bus oder Taxi bewältigt. Auf dem Weg nach Vilcabamba liegt 10 km südlich von Loja die Abzweigung zum Nationalpark (zu erkennen an einem großen Schild auf der linken Straßenseite). Der Überlandbus nach Vilcabamba hält hier, noch 8½ km sind es hinauf zum Parkeingang. Das Taxi von Loja bis zum Parkeingang (dass der Eingang gemeint ist, muss dem Taxifahrer unmissverständlich klar gemacht werden) kostet ca. 10 $.

Am Eingang müssen **20 $ Parkgebühren** bezahlt werden, neben umfangreichen Informationen erhält man eine Karte. Außerdem ist im Preis die Gebühr für die Übernachtung im Refugio enthalten (Schlafsack und Iso-Matte mitbringen). Von der Station führt ein Weg zu den Seen und ein weiterer in die Páramo-Region. Zu den Seen ist ein Fußmarsch von einem Tag einzurechnen. Am See gibt es Campingmöglichkeiten. Wer an einen längeren Parkaufenthalt denkt, muss sich um die entsprechende Verpflegung schon in Loja kümmern, denn im Park ist nichts zu haben. Für die Zukunft sind Einrichtungen, die dem Besucher Verpflegung und Übernachtungmöglichkeiten bereitstellen, vorgesehen, aber das wird wohl noch ein Weilchen dauern.

- **Informationen** zum Park bekommt man bei der INEFAN in Loja und am Parkeingang. Der ausgegebene Übersichtsplan ist jedoch nicht zum Wandern geeignet.
- **Karten:** IGM TK 1:50.000 Río Sabanilla, CT-ÑVII-B2; IGM TK 1:50.000 Vilcabamba, CT-ÑVII-B4; IGM TK 1:100.000 Gonzumamá, CT-ÑVII-B
- Der Park liegt im Übergangsbereich von Sierra und Oriente. Dementsprechend feucht ist es das ganze Jahr über. Nehmen Sie also unbedingt **Regenkleidung** mit! Für einen Besuch eignen sich die trockenen Monate am Ende des Jahres am besten.

Von Loja nach Peru

Für die (Bus-)Fahrt von Loja in die **Grenzstadt Macará (ca. 190 km)** sind ungefähr 7 Stunden einzuplanen.

31 km von Loja entfernt in südwestlicher Richtung auf der Panamericana erreicht man Catamayo.

Catamayo

Die Stadt Loja wurde im Jahre 1546 eigentlich in Catamayo gegründet, be-

ecu131 Foto: vinu

vor es zwei Jahre später zur Neugründung an der heutigen Stelle kam. Die kleine Siedlung Catamayo ist wichtig für Loja, da sich in diesem Tal der **Flughafen La Tola** befindet, der die Provinzhauptstadt auf dem Luftweg an Quito anbindet. Der Flughafen liegt knapp 2 km südlich der Ortschaft (Taxi, 1 $). Die Fluggesellschaft TAME fliegt täglich außer sonntags um 8 Uhr über Guayaquil nach Quito. Wer nicht schon in Loja gebucht hat, kann direkt am Flughafen ordern.

Das weite Tal von Vilcabamba in der Provinz Loja

- **Unterkunft** im *Hotel Granada* in der Espejo y 24 de Mayo und im *Hostal el Vergel* in der Espejo y Catamayo.
- **Busse:** Ein regelmäßiger Busverkehr **nach Loja** wird über die Bushaltestelle im Nordosten des Hauptplatzes, in der Calle Catamayo, abgewickelt. In der Calle Isidro Ayora y 18 de Noviembre befindet sich die Bushaltestelle. Regelmäßig gehen Busse **nach Guayaquil** (9 Std.), **Machala** (6 Std.) sowie **Macará, Quito** und **Huaquillas.**

Von Catamayo aus kann ein **Abstecher zur Jungfrau El Cisne,** „Königin der Campesinos" **(37 km),** unternommen werden.

Anfahrt: Von Catamayo aus führt die Panamericana weiter nach Westen und durchquert nach 15 km den Ort **San Pedro de la Bendita.** Von hier aus zweigt eine Straße nach Norden ab zum 22 km entfernten **Wallfahrtsort El Cisne.** Sein Wahrzeichen ist eine große gotische Kirche, in der die Statue der heiligen Jungfrau von Cisne aufbewahrt wird. Einer Legende zufolge machten sich Campesinos um 1500 in Richtung Quito auf, um eine geeignete Statue für ihre Kirche zu finden. Beinahe 100 Jahre später kamen andere Campesinos mit der Jungfrau zurück, und seither schmückt sie die Kirche.

Busse fahren das ganze Jahr von Loja oder Catamayo nach Cisne. Nur während der berühmten **Prozessionstage** am **15. August** und **1. November** ruht der Verkehr, weil ecuadorianische und peruanische Pilger die Zufahrtsstraßen verstopfen. Am 15. August wird die Figur aus ihrem Schrein herausgeholt und in einem festlichen Zug der Pilger in die Kathedrale nach Loja getragen. Dort bleibt sie bis zum 1. November und wird dann nach Cisne zurückgebracht.

10 km westlich von San Pedro de la Bendita gabelt sich die Panamericana: Richtung Nordwesten geht es nach Machala, südwestlich fahrend gelangt man nach Macará. Hier im Grenzgebiet kommt es gelegentlich zu Passkontrollen. Nach ca. 1½ Stunden fährt man in den kleinen Ort Catacocha ein. Wer mit dem Bus unterwegs ist, wird hier eine zwanzigminütige Pause einlegen.

Catacocha liegt in 1800 m Höhe und ist der Hauptort des Kantons Paltas. Neben Restaurants und einfachen Unterkünften reizt eventuell ein kleiner Rundgang zu einer kurzen Fahrtunterbrechung. Ansonsten gibt es keinen Anlass, länger in Catacocha zu verweilen.

Ab Catacocha ist die Straße hinunter nach Macará mittlerweile recht gut ausgebaut. 94 km schlängelt sich nun die Strecke durch den noch montanen Regenwald, der allmählich in den Tieflandregenwald übergeht. Mal links, mal rechts tauchen größere Maisfelder auf, hier und da ein bepackter Esel am Straßenrand.

Macará

Die **heißeste Stadt Ecuadors** liegt nur noch auf einer Höhe von 450 m, und die Quecksilbersäule erreicht nicht selten die 40°C-Marke. Die **unbedeutende Grenzstadt** wird von ein paar hundert Menschen bevölkert, deren Leben sich vornehmlich auf dem zentralen Markt abspielt. Wenige Schatten spendende Bäume, ein paar Restaurants und Hotels und vier kleine Lebensmitteläden erleichtern (nicht nur) dem Besucher das Leben.

- **Tel. Vorwahl Macará: 07**
- **Unterkunft:** Macará ist kein großer Wurf des Hotelgewerbes. Es stehen in dem überschaubaren Ort eine Hand voll einfacher Unterkünfte zur Verfügung, z.B. *Hotel Amazonas, Hotel International, Hotel Guayaquil, Residencial Paraiso* und *Hotel Espica del Oro.* Noch am ehesten empfehlenswert ist der *Parador Turístico.*
- **Busse:** Die Busgesellschaft *Transportes Loja* fährt mehrmals täglich **nach Loja, Machala, Guayaquil** und nach **Quito.**

Die *Cooperativa de Transportes Union Cariamanga* bedient viermal täglich die Strecke nach Loja.
- **Flüge:** *TAME* schickt gelegentlich kleine Flugzeuge aus Guayaquil nach Macará, um Passagiere abzuholen. Voraussetzung ist, dass genügend Fahrgäste in Macará warten (mind. 15 Personen). Dann fliegt TAME Di und Do **nach Guayaquil.**

• **Geldwechsel:** Die Möglichkeiten sind eng begrenzt. Die *Banco de Loja* in der Calle Bolívar zwischen Olmedo und 10 de Agosto hat früher getauscht, doch das unterliegt Schwankungen. Sollte die Bank geschlossen sein, schaut man sich am besten auf dem Marktplatz nach **Geldwechslern** um, die vor allem den Nuevo Sol aus Peru wechseln.

Weiterreise nach Peru

Die sich weiterhin verbessernden bilateralen Beziehungen zwischen Ecuador und Peru machen es möglich, dass der Grenzübertritt **immer unkomplizierter** verläuft. Mittlerweile hat sich unter internationalen Reisenden auf dem Landweg der Grenzübergang von Macará als der schnellere und angenehmere im Vergleich zu dem sehr kommerziellen Huaquillas an der Küste herumgesprochen. In Macará an der Grenze bekommt man den Ausreise- und hinter der Brücke gleich den peruanischen Einreisestempel. Busse aus Macará oder Loja verkehren bis in die peruanische Stadt **Piura.** Ein Expressbus fährt täglich dreimal um 7, 13 und 22.30 Uhr aus Loja ab, stoppt zweimal kurz an der Grenze von Macará wegen der Passangelegenheiten der Reisegäste und fährt dann durch nach Piura (Fahrtzeit 8 Stunden, Fahrpreis 8 $).

43 km südöstlich von Loja erreicht man nach einer wunderschönen, einstündigen Fahrt durch die Bergwelt der südlichen Sierra den Ort Vilcabamba.

Vilcabamba

Der **idyllische Ort** liegt auf einer Höhe von 1500 m mit konstanten Jahrestemperaturen zwischen 17 und 24°C, das Tal ist windgeschützt, meistens scheint die Sonne.

Wissenschaftler wollen in einer Studie herausgefunden haben, dass von den 2000 Dorfeinwohnern mehr als 60 über 100 Jahre alt sind. Im statistischen Weltdurchschnitt erreicht nur eine von 1.745.000 (!) Personen dieses biblische Alter. Vielleicht wirkt ja die **klimatische Idylle** hier wie ein Jungbrunnen ... oder das lokale Heilwasser Vilcagua, das Sie vor diesem Hintergrund ruhig probieren sollten!

Die Umgebung lädt zu ausgedehnten **Wanderungen** ein. 1 km südlich des Ortes befindet sich das Erholungsgebiet Area Nacional de Recreación Yamburaro mit einem Zoo und einer großen Orchideen-Sammlung.

Das **Zentrum** Vilcabambas wird von einem größeren Platz eingenommen, um den sich kleine Geschäfte, eine PACIFICTEL-Zentrale und einfache Unterkünfte gruppieren.

Willkommen in Vilcabamba, dem Dorf der Hundertjährigen

- **Tel. Vorwahl Vilcabamba: 07**

Touristeninformation

- Es gibt mittlerweile ein kleines Touristenbüro an der Plaza Central, gegenüber der Kirche: *ITUR Vilcabamba,* Calle Agua del Hierro, Mo bis Sa 8–17 Uhr. Außerdem unterhält das Dorf eine Website mit Infos in englischer Sprache über das Dorf, die Infrastruktur und Unternehmungen in der Umgebung: www.vilcabamba.org
- *Studie über Vilcabamba.* Wer sich eingehender mit dem Ort und seinem Tourismus befassen möchte, findet im Internet eine diesbezügliche Examensarbeit von der Universität Wien: *Hader, Birgit:* Ökotourismus zwischen Sein und Schein. Eine ethnologische Studie über Vilcabamba.
Internet: www.lateinamerikastudien.at/tesis/hader.pdf
- Im *Hostal Madre Tierra* in der Nähe des Ortsausgangs werden Reittouren und Wanderungen in die Umgebung organisiert. Dem Hostal sind Bäder und eine Schönheitsfarm angeschlossen (s.u.).
- In den *Cabañas Río Yambala* kann man geführte Touren in den Podocarpus-Nationalpark buchen (mit Campingmöglichkeit).
- Auskunft über **freie Zimmer** in Vilcabamba gibt *Señora Carmita* (im Geschäft an der Plaza Mayor gegenüber der Kirche).

Unterkunft und Essen

- *Ecolodge Rumi Wilco*
Am Río Chamba (ca. 10 Minuten vom Stadtzentrum, 2 km östlich von Vilcabamba entfernt), Vermietung durch den argentinischen Biologen *Orlando Falco;* MBZ für 4 Pers. mit BP (warme Dusche), 6–10 $ p.P., (siehe auch „Wandern").

Im Hochland/Sierra

ecu128 Foto: vinu

Mail: rumiwilco@yahoo.com
Internet: www.rumiwilco.com

● *Jardin Escondido*
Sucre zwischen Diego Vaca de la Vega y Agua de Hierro, ein Block vom Hauptplatz entfernt, Tel. 2640281, 2640097; EZ 11 $, DZ 15 $ mit Frühstück, BP; Gartendusche, Pool, geräumige Küche, tropischer Garten, sehr gutes Essen, sehr freundlich - besondere Empfehlung!
Mail: jardinescondido@yahoo.com
Internet: www.jardinescondido.com

● *Hotel Izhcayluma*
Etwa 2 km außerhalb des Dorfes an der Straße nach Yangana, kein Telefon, aber Mail: izhcayluma@yahoo.de und Homepage: www.izhcayluma.com; fantastischer Panoramablick auf Vilcabamba, San Pedro de Vilcabamba und die umliegenden Berge, weiträumig, Pool, sehr schöne Cabañas mit 2 bis 6 Betten, sehr gutes Restaurant mit ecuadorianischer, italienischer und bayrischer Küche, Spa-Anwendungen ab 12 $, die Besitzer *Dieter* und *Peter Schramm* servieren reichlich und nicht allzu teuer; sehr freundlich und hilfsbereit, viele Infos und Wanderkarte; Übernachtung 9–22 $ p.P. mit Frühstück - besondere Empfehlung!
Internet: www.izhcayluma.de

● *Hostería Vilcabamba*
Av Eterna Juventud, Tel. 26402 71/72/73; EZ 34 $, DZ 48 $ (in der Nebensaison deutlich billiger), mit Frühstück; Restaurant, Pool, Sauna, Massagen, sehr sauber, Büchertausch.
Mail: hosteriadevilcabamba@hotmail.com
Internet: www.vivavilcabamba.com/hosteriadevilcabamba

● *Hostal Mandango*
Calle Eterna Juventud, direkt am Terminal Terreste; Tel. 09-3705266, *Familia Macanchi-Ortiz,* freundlich, gutes Frühstück, sauber, Reittouren, DZ mit BP p.P. 5 $.

● *Hostal Madre Tierra*
2 km nördlich von Vilcabamba (hier hält der Bus aus Loja), Tel. 2640269, 2640087; EZ mit BP (warme Dusche), Halbpension (auch vegetarisch) 35–49 $, DZ 45 $, mit Frühstück; Swimmingpool, Badminton, Massagen, Bäder, Dinner, Jacuzzi, Spa. Es wird deutsch und englisch gesprochen. Auch „Rebirthing" möglich, abends Videos, Buchtausch gegen Bezahlung; mitunter überlaufen, dann wird der Service deutlich schlechter; sehr unterschiedliche Berichte.
Mail: hmtierra@easynet.net.ec, hmtierra@srv8.telronet.net
Internet: www.madretierra1.com

● *Cabañas Río Yambala*
5 km südlich von Vilcabamba; Tel. 09-1062762, EZ 12–20 $, DZ 24 $, Frühstück 2,50 $, Dinner 4,50 $, Tour 8 $, Cannoping pro Stunde 39 $ p.P; Küchenbenutzung möglich; Tipps für Ausflüge, auch Pferde werden vermietet.
Mail: rio_yambala@yahoo.com
Internet: www.vilcabamba.cwc.net

● *Hostería Las Ruinas de Quinara*
Via a Yamburara, Tel. 2580319, 2580301, „La Casa de Mauricio", Tel. 2575196, Fax 2580384; u.a. Pool, türkisches Dampfbad, Sportmöglichkeiten, Preise 5–25 $ p.P.
Internet: www.lasruinasdequinara.com

● *Hostal Le Rendez-Vous*
Calle Agua del Hierro, Tel. 09-2191180, EZ 12 $, DZ 20 $, mit Frühstück. Nette Cabañas mit Terrasse, Gartenblick und Hängematte, französische Leitung, WiFi, Wäscheservice, Fernsehen, Bibliothek.
Internet: www.rendezvousecuador.com

Essen und Trinken

● *Bar El Abuelo*
Empfohlene Musikkneipe hinter der Brücke

● *Restaurant Terraza.*
Plaza Central, ecuadorianische, mexikanische und thailändische Küche, Tipp!

● *Shanta's Café*
Calle Diego Vaca de la Vega, gleich hinter der Brücke.

Busse

● Die Busse der *Cooperativa Transportes Sur-Oriente* pendeln vom Zentralplatz stündlich **nach Loja** und nach **Zumba.**

Wandern/Trekking

● Am Hauptplatz gegenüber der Kirche besitzt *Orlando Falco* den Souvenirladen *Artesanal PrimaVera.* Orlando hat 13 Jahre auf Galápagos und ein Jahr im Oriente als Führer gearbeitet und bietet mehrtägige Wanderungen um Vilcabamba und in den Podocarpus-Nationalpark an, die sehr viel Zuspruch gefunden haben. Auf diesen Hochland-Wanderungen (in 2000–3600 m Höhe) sieht man Orchideen, Podocarpus-Koniferen, Riesenfarne, Bromelien, Kaskaden und zahlreiche Vertreter der vielfältigen Vogelwelt. Preisspanne 20–30 $.

● *Mountain Trekking, Jorge Mendieta*
Parque Central, Eingang Restaurante Montana; *Jorge* ist ein kompetenter und freundlicher Guide, der in der Umgebung von Vilcabamba und auch im restlichen Ecuador geführte Touren unternimmt; er verfügt über sehr gute botanische Kenntnisse, speziell im Bereich der Medizinalpflanzen; die Preise sind moderat.
Mail: JorgeLuis222@latinmail.com

● **Naturpark Rumi Wilco**
Die Biologen von der gleichnamigen Ecolodge in Vilcabamba bieten Spaziergänge und größere Wanderungen durch ihr privates Reservat an. Lehrpfade mit ausführlichen Erklärungen auf Englisch führen durch den schönen Naturpark und die Pflanzenwelt der Südanden im Vorgarten zum Nationalpark Podocarpus. Unser Tipp! Eingang über die Lodge, Eintritt: 3 $.
Internet: www.rumiwilco.com

Wer **von Vilcabamba weiter nach Süden** fährt, kommt nach 22 km an dem Dorf **Yangana** und weitere 55 km später an **Valladolid** vorbei, bevor er nach fünfstündiger Fahrt und etwa 130 km Zumba erreicht.

Zumba ist der **südlichste Punkt in Ecuador,** den der Reisende ansteuern kann, und liegt etwa 10 km nördlich der Grenze des einst umstrittenen Gebietes mit Peru. Der Ort selbst bietet nichts, eine Übernachtung ist jedoch möglich. Unsere Leser *Rita* und *Reinhold S.* berichten uns von der **Ausreise** über Zumba: „Die Unterkünfte in Zumba sind sehr einfach und kosten etwa 5 $. Nur einmal am Tag, morgens um 8 Uhr, fährt ein offener Bus direkt an den Grenzort **La Balsa,** Fahrtzeit knapp zwei Stunden. Ein Spaziergang über die Brücke und man ist in Peru!

Dort warten Sammeltaxis für die Fahrt nach **San Ignacio.** Diese dauert etwa 90 Minuten und kostet für zwei Personen rund 5 $. Es reisen fast nur Einheimische mit. Die Einreise nach Peru ist unproblematisch, eine Wechselstube ist vorhanden." Vielen Dank für diesen kurzen Reisebericht!

ecu081 Foto: peko
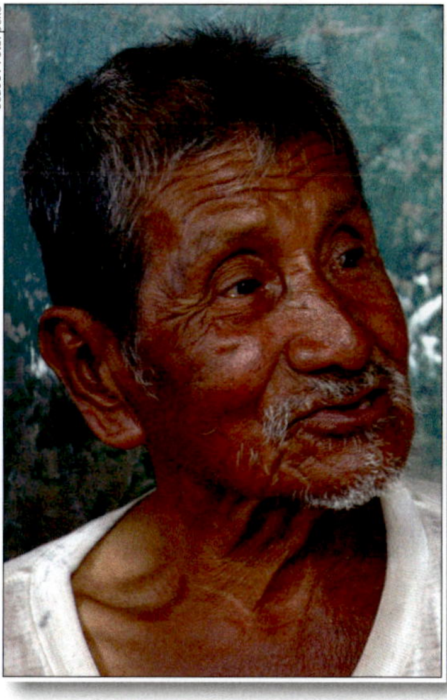

In Amazonien (Oriente)

Östlich der ecuadorianischen Andenkette breitet sich das Gebiet des Oriente aus. Der offizielle Name lautet **Región Amazónica.** Die Region hat eine Fläche von über **140.000 km².** Amazonien stellt die größte Region Ecuadors dar: Rund die Hälfte der Landesfläche entfällt auf das Gebiet östlich der Andenkette.

Räumlich kann Amazonien in einen nördlichen und einen südlichen Teil gegliedert werden. Die natürliche Trennungslinie bildet der **Río Pastaza,** dessen Quellgebiet in der Ostkordillere liegt. Der große Fluss strömt durch einen *Cañón* (tief eingeschnittenes Flussbett) bei Baños hinunter ins östliche Tiefland und von dort in süd-südöstlicher Richtung weiter, bis er im weiteren Verlauf Peru durchläuft und dort später dem Amazonas zufließt.

Der Oriente war bis vor vierzig Jahren ein weitgehend unerschlossenes und damit unzugängliches Gebiet. Seitdem hat eine **rasante Entwicklung** stattgefunden. Heute gibt es Straßen, die zum Teil sehr gut ausgebaut sind, und Flugplätze, die die Dörfer und Städte im Oriente mit der Sierra verbinden. Neben der Erdölförderung wurden die landwirtschaftliche Produktion durch Tee- und Zuckerrohrplantagen sowie großflächige Monokulturen vorangetrieben, in den letzten Jahren in zunehmendem Maße auch durch die Afrikanische (Öl-)Palme und die Viehzucht. Diese ökonomischen Aktivitäten verursachten einen Bevölkerungszuwachs, so dass heute in Amazonien über 500.000 Menschen leben, d.h. auf fast 50% des ecuadorianischen Staatsgebietes verlieren sich weniger als 4% der Landesbevölkerung!

Ecuador ist heute das Land Südamerikas, von dem aus das Amazonasgebiet am leichtesten zu bereisen ist. Ein Zugang ist von Norden oder von Süden möglich. Reiseagenturen in Quito, Cuenca, Baños und Guayaquil bieten organisierte Regenwaldtouren an, aber auch der Individualreisende hat genügend Optionen, den Oriente auf eigene Faust zu erkunden.

Den nördlichen Oriente erreicht man über die Verbindungen Quito - Baeza - Lago Agrio bzw. Ambato - Baños - Puyo (und weiter nach Norden). Den Zugang zum südlichen Oriente sichert die Verbindung Ambato - Puyo - Macas - Zamora; auch von Loja kann der Einstieg gewählt werden.

Die **drei** im Folgenden beschriebenen **Routen** führen sowohl in den nördlichen als auch in den südlichen Oriente. Entfernung und Dauer der verschiedenen Fahrtabschnitte sind jeweils angegeben, doch kann es besonders in den feuchtesten Monaten (Juni bis August) durch abbrechende Verkehrsverbindungen zu erheblichen zeitlichen Verzögerungen kommen, was bei der Reiseplanung zu berücksichtigen ist.

Route B 1

- **Quito – Papallacta – Baeza – Lago Agrio**
- **Routenlänge ca. 270 km**

Etwa 60 km von Quito entfernt liegt das Dorf Papallacta. Man erreicht es über Pifo, Mulauco, Cuchauco kurz hinter dem **Papallacta-Pass** (4064 m) nach ca. 1½ Std. Fahrtzeit mit dem Bus.

Papallacta

Das kleine Dorf wird von vielen Einheimischen wegen der **Thermalquellen** besucht (Näheres dazu bei Quito/Ausflüge).

Busse

- Mehrere Busse **nach/von Quito** passieren täglich das Dorf, ein Weiterkommen ist völlig unproblematisch. Um rechtzeitig an der Straße zu stehen, erkundige man sich nach den Ankunftszeiten der Busse im Dorf.

Von Papallacta folgt die Straße annähernd dem Verlauf des Río Papallacta nach Osten und erreicht nach 38 km Baeza.

Baeza

Der wichtige **Verkehrsknotenpunkt** liegt an der Kreuzung Quito/Tena/Lago Agrio und verbindet das Hochland mit dem Oriente.

Die Stadt wurde von spanischen Missionaren erstmalig 1548 und dann immer wieder neu gegründet. Heute ein ruhiges Plätzchen, bietet sie die Möglichkeit zu Wanderungen in den umliegenden Nebelwald. Ein paar Restaurants und billige Unterkünfte erleichtern den Aufenthalt.

Unterkunft

- Unterkunft gewähren *El Maison de Baeza* (bungalowähnliche Blockhütten, im MBZ mit Dusche und warmem Wasser) und *Hostal San Rafael,* am Ende des Dorfes in Richtung Tena (sauber und freundlich, gute Forellen).

Essen und Trinken

- Einfach, aber gut ist das **Restaurant des ehemaligen** *Hotel Gina*.

Die **Fahrt nach Lago Agrio** aufnehmend, passiert man nach 18 km die kleine Ortschaft **El Chaco,** die touristisch nicht weiter von Belang ist. Weiter in den nördlichen Oriente bieten sich auf der Route zwei Abstecher an: zunächst zum Vulkan El Reventador (ab Baeza ca. 60 km), gleich darauf zu den Wasserfällen San Rafael.

Abstecher zum Vulkan El Reventador

Nur 10 km von der Hauptstraße entfernt, inmitten des Nebelwaldes, köchelt der **aktive Vulkan** El Reventador (3485 m). Er ist so gut wie nie zu sehen, da fast ständig in Wolken gehüllt. Wer den „explodierenden" Berg, so der spanische Name, besteigen möchte, gehe ein paar hundert Meter von der **Brücke über den Río Reventador** weiter nach Norden zu einer kleinen Häusergruppe, die als Río Reventador bekannt ist. Wiederum etwas nördlicher führt ein Pfad hinauf zum Vulkan. Die **Besteigung ist nicht einfach,** da man sich leicht verlaufen kann. Man sollte sich bei Einheimischen über den Weg erkundigen. Der Berg ist am besten in den trockeneren Monaten von September bis Dezember in Angriff zu nehmen. Der Weg zum Vulkan hinauf ist allerdings das ganze Jahr über matschig, Insekten aller Art können sehr lästig werden (denken Sie an entsprechende Vorsorge!).

- Das Gebiet wird durch die topographische **Karte** Volcán El Reventador, IGM, im Maßstab 1:50.000, abgedeckt.
- **Informationen** zu geführten Touren geben der SAEC und die Reiseagenturen in Quito.

Abstecher zu den San-Rafael-Wasserfällen

Die Wasserfälle sind mit **145 m** die **höchsten in Ecuador.** In der Nähe der Brücke über den Río Reventador befindet sich eine kleine Hütte, an der ein Schild angebracht ist, das den Zugang zu den Fällen markiert. Am Fluss bietet sich eine schöne Badegelegenheit („Piscinas del Río Reventador"). Von der Hütte führt ein 2 km langer, steiler Weg hinunter zu den Wasserfällen, wo es Campingmöglichkeiten gibt. Für die Besichtigung werden 10 $ verlangt.

Bei der **Anreise** mit dem Überlandbus muss man den Busfahrer zum Halt auffordern. Wer nach einem Besuch der Wasserfälle weiterfahren will und auf den Überlandbus angewiesen ist, muss sich an der Brücke postieren.

Lago Agrio

Die Stadt mit ungefähr 40.000 Einwohnern, die im Zuge der Erdölförderung schnell wächst, wurde 1989 zur **Hauptstadt der Provinz Sucumbíos.** Der ursprüngliche und heute teils noch verwendete Name ist **Nueva Loja** („Neues Loja"), da ein Großteil der Stadtgründergeneration aus Loja kam. Die Arbeiter der amerikanischen Ölfirma Texaco gaben der Stadt den Spitznamen Lago Agrio (nach der texanischen Ölstadt Lake Sour = saurer See), der sich dann schnell eingebürgert hat.

Es sind eine ANDINATEL-Zentrale, eine Post, eine Anzahl Banken und Wechselstuben vorhanden, auch ein Flughafen, und neben den Busgesellschaften bieten am Markt in der Hauptstraße Av. Quito viele zu Taxis umfunktionierte Kleinlastwagen den Reisenden ihre Dienste an. Insgesamt lässt der industrielle Charakter der **Ölstadt** kaum den Wunsch nach einem längeren Aufenthalt aufkommen; lediglich als Ausgangspunkt für Dschungeltouren ist Lago Agrio touristisch bedeutsam.

Wichtiger Sicherheitshinweis

Der **Guerilla- und Drogenkrieg in Kolumbien** schwappt nach Ecuador über. Das Auswärtige Amt in Berlin warnt: „Die Sicherheitslage im ecuadorianischen Grenzgebiet zu Kolumbien, v.a. in der Provinz Sucumbíos, wird durch Entführungen und Aktivitäten bewaffneter Gruppen massiv beeinträchtigt." Daher wird weiterhin von Reisen in die Provinzen Carchi und Sucumbiós sowie in den Norden von Esmeraldas abgeraten. Auch in der Provinz Orellana und im nördlichen Teil der Provinz Imbabura besteht zumindest zeitweise ein „erhöhtes Sicherheitsrisiko." (Stand Mitte 2008). Den aktuellen Stand erfahren Sie unter www.auswaertiges-amt.de.

Die „Entführungen und Aktivitäten bewaffneter Gruppen" richteten sich in der Vergangenheit nur äußerst selten gegen Touristen. Dennoch verbleibt für ausländische Reisende dieses Restrisiko. Daher sind Reisen auf eigene Faust in das weiträumige Grenzgebiet ein absolutes Tabu. Geführte Reisen und Exkursionen mit Veranstaltern können – das grundsätzliche Risiko dabei in Kauf nehmend – nach Klärung der jeweils aktuellen Sicherheitslage in der zu bereisenden Region ggf. durchgeführt werden.

- **Tel. Vorwahl Lago Agrio: 06**

Unterkunft

Einfache Unterkünfte

- *Hotel Lago Imperial*

Av. Quito y Gran Colombia, Tel. 2830461; EZ 18 $, DZ 28 $ mit BP, TV, AC (mit Ventilator preiswerter), Frühstück, Sauna.

- *Hotel D'Mario*

Sauber, freundlich, hilfsbereit, Gepäckaufbewahrung.

- *Hotel las Cabañas*

Einfach, von außen recht schmuddelig, doch innen in Ordnung, DZ mit BP 12 $, Ventilator, warmes Wasser.

- *Hotel Chimborazo*

Calle Via Quito y Manabi, Tel. 2830502, EZ 6 $, DZ 10 $ mit BP.

- *Residencial Ecuador*

Av. Quito 158 y Nueva Loja, Tel. 2830183, EZ 8 $, DZ 14 $ mit BP (mit Ventilator billiger).

- Weitere preiwerte Hotels haben sich zum großen Teil entlang der Av. Quito angesiedelt: *Hotel Acapulco, Residencial Lago Agrio, Hotel Oriente, Hotel Río Amazonas, Residencial Putumayo, Hotel Los Yumbos.*

Mittelklasse-Hotels

- *Hotel Araza*

Av. Quito 610 y Narváez, Tel. 2830223, Fax 2831247; 4-Sterne-Hotel, EZ 36 $, DZ 46 $ mit BP inkl. Frühstück, Klimaanlage, Pool, Hydromassage, Kabel-TV, Telefon und Fax, Minibar, Parkplatz, Sportplatz, Wäscherei, gutes

Restaurant, Rabatte für Langzeitaufenthalte, Internet. Mail: araza@hotmail.com
Internet: www.hotelaraza.com

- *Hotel El Cofán*
12 de Febrero y Av. Quito, Tel. 2830009; DZ mit BP, K, Kabel-TV, Telefon, Minibar.

Essen und Trinken

- In Lago gibt es viele **Hotel-Restaurants,** die gute Speisen anbieten. Die wohl beste Küche zu allerdings gesalzenen Preisen hat das **Restaurant im Hotel Cofán.**
- Im **Restaurant des Hotel Guyacamayos** bekommt man sehr gutes Essen.
- Am preisgünstigsten isst man in den vielen **Garküchen** entlang der Av. Quito.

Busse

Überlandbusse

Der **zentrale Busbahnhof** liegt nördlich der Av. Quito. Die Fahrzeiten und Frequenzen der Busse können sich häufiger ändern. Dennoch ist Lago Agrio stets gut mit Bussen an die wichtigsten Städte des Landes angeschlossen, da viele Ölarbeiter und andere Berufstätige zwischen Arbeitsplatz und ihren Familien pendeln. Die Strecke bis zu den Andenpässen ist in schlechtem Zustand.

- **Lago – Baeza – Tena** (6 Std.) mit *Transportes Jumandi*
- **Lago – Quito** (7 Std.): *Transportes Baños* mehrfach täglich; *Transportes Putumayo* täglich ab 6 Uhr mehrere Verbindungen; *Transportes Occidentales* täglich mehrfach
- **Lago – Santo Domingo** (11 Std.): *Transportes Baños* täglich einmal; *Transportes Zaracay* täglich einmal; *Transportes Occidentales* täglich einmal
- **Lago – Ambato** (10 Std.): *Transportes Baños* zweimal am Abend
- **Lago – Quevedo** (11 Std.): *Transportes Baños* täglich um 19 Uhr

Rancheros – offene Regional„busse"

- **Lago – La Punta** (kolumbianische Grenzstadt nördlich von Lago Agrio; 1 Std.): mit *Transportes Putumayo* mehrmals täglich
- **Lago – Coca** (3 Std.): mit *Transportes Putumayo* täglich zwischen 6 und 16.30 Uhr alle 30 Minuten
- **Lago – Tarapoa – Tipishca – Palma Roja** (5 Std.): mit *Transportes Putumayo* (über Dureno/Pacayaca/Chiritza/Paz y Bien nach Tarapoa und weiter über Aguas Negras/Marian (El Mirador)/Cuyabeno-Sansaguari/La „Y" de Canta Gallo bis nach Tipishca oder Palma Roja) täglich mehrfach
- **Lago – Shushufundi (Limoncocha/Pompeya)** (1½ Std.): *Transportes Zaracay* täglich zwischen 8 und 9 Uhr; *Transportes Putumayo* täglich zwischen 6 und 16.30 Uhr alle halbe Stunde bis nach Shushufundi
- **Lago – Limoncocha** mit *Transportes Putumayo:* Der Bus verlässt Quito um 19.45 Uhr und ist zwischen 3.30 und 4.30 Uhr morgens in Lago Agrio. Von hier geht es über Shushufundi Richtung Pompeya, wobei der Tourist normalerweise nur bis Limoncocha mitgenommen wird.

Zwei weitere Busse derselben Gesellschaft verlassen Quito tägl. um 9.30 und um 18.45 Uhr. 8–9 Stunden später passieren sie **Lago Agrio** auf dem Weg nach **Pompeya.**

Flüge

- **Von Quito** fliegt *TAME* Lago Agrio täglich (außer So) um 11.30 Uhr an. Der Flughafen liegt gut 5 km außerhalb des Zentrums am Hauptquartier von PETROECUADOR. Die meisten der vielen Busse transportieren Arbeiter, vielleicht werden auch Sie mitgenommen. **Taxis** – in Lago Agrio gelbe Pick-ups – gibt es bei Ankunft des Fliegers reichlich.

Im TAME-Büro (Tel. 2830113) in der Calle Francisco de Orellana y 9 de Octubre neben dem Hotel San Carlos können Flüge gebucht werden. Jeden Mittag, außer So, verlässt ein TAME-Flieger die Ölstadt in Richtung Quito. Reservierungen sind rechtzeitig vorzunehmen, da die Maschinen meist ausgebucht sind (genauso kommt es aber auch vor, dass Ölfirmen mehrere Plätze besetzt halten, die dann doch nicht genutzt werden, so dass es durchaus Sinn macht, sich auf die Warteliste setzen zu lassen). Geöffnet ist das TAME-Büro Mo bis Sa 8–12 und 13–17 Uhr, die Nachmittagszeiten können variieren.

- *ICARO* hat sein Büro im Flughafen, Tel. 2832370, 2832371.

Ausflüge

Regenwaldtouren

Die Preise richten sich nach der Gruppengröße. Leicht(er) können Touren über Reiseagenturen in Quito oder Baños organisiert werden. Auf Nummer Sicher geht man durch Vorausbuchung in Quito, von wo aus dann auch die Anreise und Transfers organisiert werden, z.B. bei:

- *Etnotour*
In Quito: Cordero 1313 y J. L. Mera, (warten auf neue Telefonnummern), Komplett-Touren inkl. mehrsprachiger Führer, Transport, Ver-

pflegung und Ausrüstung, 5–10 Tage mit Camping-Übernachtung (Preis für 5 Tage: 620 $). Mail: etnocru@uio.satnet.net

- *Nuevo Mundo Expeditions*

Calle 18 de Septiembre E4-161 y J. L. Mera, Edif. Mutualista Pichincha, Tel. 22509431; 5 Tage kosten 675 $.
Internet: www.nuevomundotravel.com

- *Washington Ramos*

Puerto Aguarico, Lago Agrio (keine aktuelle Telefonnummer verfügbar); *Washington* und sein Sohn wurden für fachkundige Touren (25 $ p.P. und Tag bei Direktbuchung) sehr empfohlen; die Unterkunft allerdings in der von *Ramos* genutzten *Manate Lodge* und das Essen waren nach Lesermeinung sehr spartanisch, aber: „Es lohnt sich schon allein wegen der rosafarbenen Delfine!"

Dureno, Dorf der Cofanes (23 km)

Das Dorf ist mit dem Boot von Puerto Aguarico aus zu erreichen, aber auch der Bus in Richtung Tarapoa bringt Sie hin: Sagen Sie dem Busfahrer, dass Sie zur „Comunidad Cofán Dureno" wollen. Ein Hinweisschild an der Straße markiert die Stelle, wo Sie aussteigen müssen. 150 m sind es dann noch bis zum **Río Aguarico.** Am Ufer müssen Sie auf sich aufmerksam machen (pfeifen, rufen, klatschen), damit ein Floß von der anderen Seite des Flusses herüberkommt und Sie abholt. Die Überfahrt kostet wenig, wenn wenigstens vier Passagiere mitgenommen werden können.

In Dureno können Sie übernachten. Allerdings nur auf dem Fußboden, wie die Cofanes selbst. Denken Sie also an eine Schlafunterlage und Moskitonetz.

Vor dem Ölboom im Oriente wurden die **Cofanes** nur gelegentlich von Missionaren aufgesucht, und sie lebten noch zu Tausenden an den Flussufern im Gebiet um Lago Agrio. Durch die Weißen wurden Krankheiten eingeschleppt, die sie stark dezimiert haben, und heute leben die meisten Cofanes in Dureno. Die Männer tragen einen so genannten *kushma*. Dabei handelt es sich um ein knielanges Hemd, einem Kimono nicht unähnlich. Im Haar tragen sie oft ein Kopfband. Die Frauen haben schwarzes, langes Haar und tragen gemusterte Röcke und kurze Blusen darüber. Die Cofanes gelten als gute Blasrohr-Jäger und als Kenner ihrer Umgebung. Es besteht die Möglichkeit, tageweise ein Boot mit Cofán-Führer zu

ecu023 Foto: peko

Aussichtsturm im Regenwald

mieten, der Sie begleitet und Ihnen den Regenwald zeigt. Längere Touren führen bis zum Río Cuyabeno.

Ein kleiner **Tipp:** Auf dem **Sonntagsmarkt** in Lago Agrio verkaufen die Cofanes - oft noch traditionell gekleidet - *artesanías*. Sprechen Sie einen von ihnen an, ob er bereit ist, Sie nach dem Markt auf dem Nachhauseweg mitzunehmen, um eine Tour zu arrangieren.

Abstecher zum Naturschutzgebiet Cuyabeno

Cuyabeno gehört zu den **Hauptattraktionen des ecuadorianischen Regenwaldes.** Flora, Fauna und das Wassersystem samt der wunderschönen Lagunas de Cuyabeno sind spektakulär. Das 1979 gegründete Naturschutzgebiet liegt östlich von Lago Agrio in der Provinz Sucumbíos und umfasst eine Fläche von **254.760 ha.** Eingerahmt von den Flüssen Río Aguarico und Río San Miguel weist das rein tropische Regenwaldgebiet jährliche Durchschnittstemperaturen von **24–26°C** auf und jährliche Niederschlagsmengen zwischen 2000 und 4000 mm. Die **Luftfeuchtigkeit** beträgt das ganze Jahr über **95–100%.** Zwei **Regenperioden** werden unterschieden: Die feuchtere beginnt Ende Februar und reicht bis in den September, die trockenere dauert von Oktober bis Februar.

In Korrelation zu Niederschlag und dessen Einfluss auf die Wasserführung der Flüsse und die Bodenverhältnisse kann der **Regenwald** des Cuyabeno in zwei verschiedene Standorttypen unterteilt werden: Im Einzugsgebiet der Flüsse ist der Boden hart und undurchdringlich, Überschwemmungen treten in der Regenzeit auf. In den übrigen Bereichen, die nicht überschwemmt werden, sind die Regenwaldböden nährstoffarm; sie werden als *tierra firme* bezeichnet.

Während die größeren Flüsse Napo, Aguarico und San Miguel das ganze Jahr über reichlich Wasser führen und schiffbar sind, kann es im Falle der kleinen Flüsse wie Cuyabeno, Tarapuy, Aguas Negras und Balatayacu durchaus vorkommen, dass die Lagunas von Río Aguarico über den Río Tarapuy und Río Cuyabeno nicht zu erreichen sind, weil der Río Tarapuy zu wenig Wasser führt oder sogar trocken liegt.

Im Naturschutzgebiet Cuyabeno leben **verschiedene Indianerstämme.** An den Ufern des Río Aguarico haben die Cofanes von Dureno ihren Lebensraum. Von Chiritza aus 3–4 Stunden flussabwärts fahrend, gelangt man zu den Secoyas von San Pablo und zu den Sehuayás. Am Río Cuyabeno leben bei Puerto Bolívar die Siona- und Quechua-Indianer.

Die einfachste und bequemste Option ist die **Buchung einer organisierten Tour** von Quito oder Lago Agrio aus. Touren innerhalb des Cuyabeno-Reservats müssen mit zugelassenen Führern durchgeführt werden.

Route B 2

- **Baeza – (Coca) – Tena – (Misahuallí) – Puyo**
- **Routenlänge ca. 160 km (ohne die Abstecher nach Coca und Misahuallí)**

Die Route verläuft zwischen nördlichem und südlichem Oriente; alle Orte auf der Strecke sind hervorragend geeignet, um Ausflüge in den Regenwald zu unternehmen.

Beginnend in Baeza, sind es 41 km bis nach **Narupa,** wo ostwärts die Straße nach Coca abzweigt (ca. 125 km). Das Städtchen ist auch von Norden ab Lago Agrio zu erreichen sowie mit dem Flugzeug aus Quito.

Coca

Coca liegt am Zusammenfluss von Río Napo und Río Coca. Offiziell heißt die Stadt Puerto Francisco Orellana. 1999 wurde Coca zur **Hauptstadt der** neu gegründeten **Provinz Orellana** erklärt. Der Spanier *Francisco de Orellana* brach im Jahr 1542 in den Oriente auf und entdeckte dabei den Amazonas (vgl. Exkurs zu *Francisco de Orellana*).

Die Nähe des 18.000-Einwohner-Ortes zum Yasuní-Nationalpark lässt die **touristische Erschließung** Cocas rapide voranschreiten. Die Straßen der Ölstadt sind allerdings immer noch weitgehend unbefestigt, und besonders in den Monaten Juni und Juli können die Schuhe schwer werden, wenn heftige, lang andauernde Regenfälle die Straßen in matschige Trampelpfade verwandeln.

Sicherheitshinweis:
Da der Park an der Grenze zu Kolumbien liegt, wirken sich Bürgerkrieg und Drogenhandel auch auf diese ecuadorianische Region aus. Informieren Sie sich vor jeder Cuyabeno-Reise bei Agenturen, lokalen Behörden und der Botschaft über die jeweilige Sicherheitslage.

- **Tel. Vorwahl Coca: 06**

Touristeninformation

- *Touristeninformation,* Garcia Moreno, Mo bis Fr 8.30–17.30 Uhr.
- Informationen über Trips in den Regenwald erhält man in seinem Hotel oder von *Señor Fernando San Miguel* im Hotel Oasis.

Unterkunft

- *Hotel Oasis*
Padre Camilo Torano, Tel. 2880206; 9 $ p.P., Klimaanlage, Cabañas (1 Std. Fahrtzeit entfernt). Am Flussufer des Nago.
- *Hotel Auca*
Calle Napo in der Stadtmitte, Tel. 2880127; Cabañas mit BC, AC, EZ 28–30 $, DZ 56 $ mit Frühstück, gutes Restaurant, Empfehlung. Mail: anoboa@intertelec.net
Internet: www.hotelelauca.com
- *Residencial Lojanita*
Napo y Cuenca, Tel. 2880032; DZ mit BP, Ventilator 16 $, Restaurant.
- *Hotel La Misión*
Malecón y 12 de Febrero, Tel. 2880260; gutes Mittelklasse-Hotel am Río Napo mit allem Komfort (Ufer-Restaurant, Pool, BP, Klimaanlage, TV, Fitness, direkte Telefonleitungen), EZ 23 $, DZ 33 $, mitunter laut.
Internet: www.hotellamision.com

Taxi

Die Wagen der *Cooperativa Orellana* verbinden Coca mit
- **Lago Agrio** (2 Std.)
- **Tena** (5 Std.)
- **Quito** (7 Std.)

Überlandbusse

Transportes Baños (empfohlen) hält folgende Verbindungen aufrecht:
- **Coca – Tena – Papallacta – Quito** (9–10 Std.)
- **Coca – Santo Domingo – Quevedo** (10 Std.)
- **Coca – Loreto – Tena – Puyo – Baños – Ambato** (11 Std.)
- Die *Cooperativa de Transportes y Turismo Jumandy* bedient die Strecke **Coca – Loreto – Tena** (5 Std.).
- Die Busse der *Cooperativa Flota Pelileo* fahren **über Loreto/Tena/Puyo/Baños nach Ambato** (11 Std.).
- Mit einem Ranchero ist **Lago Agrio** in 2–3 Stunden erreicht.

Boote

- Auf dem Río Napo geht es **nach Misahuallí** (13–14 Std.) und nach **Nuevo Rocafuerte** (14 Std.) mit Unterbrechungen in: Hacienda Primavera, Pompeya, Limoncocha, La Selva/Jungle Lodge und Pañacocha (mehr dazu unter „Ausflüge").
- Über Abfahrtszeiten und Preise, die häufig wechseln, informiert die **Capitanía** (Amazonas y Espejo, Mo bis Fr von 9–17 Uhr).

Flüge

- Die Fluggesellschaft *AEROGAL* bietet fast täglich Flüge **nach Quito** an. Büro: direkt am Flughafen, 1 km nordwestlich von Coca. Bei zu wenigen Buchungen fällt der Linienverkehr aber auch schon mal aus.
- *ICARO* fliegt fast jeden Morgen **nach Quito.** Büro im Hotel La Misión, Tel. 2880546, 2880997, www.icaro-air.com.

Telefon

- Ein Andinatel-Fernmeldeamt befindet sich am westl. Ende der Calle E. Alfaro. Die Öff-

ecu022 Foto: peko

nungszeiten variieren; Verbindungen nach Übersee kommen nur selten zustande.

Post

- Das Postamt ist in der 9 de Octubre y Espejo. Die Frau hinter dem Schalter garantiert zumindest einen sicheren Transport der Briefe nach Quito. Geöffnet: Mo bis Fr von 9–12 und 14–17 Uhr sowie Sa von 9–12 Uhr.

Ausflüge

Regenwaldtouren

Es gibt in Coca inzwischen mehrere, meistens nur spanischsprachige Führer, die teilweise von Misahuallí nach Coca gekommen sind, weil der Konkurrenzdruck weiter flussaufwärts zu groß geworden ist. Da die Region um Coca mehr und mehr dem Fremdenverkehr geöffnet wird, bieten sich hier bessere Verdienstmöglichkeiten.

- *Whymper Torres*
Coca, Calle Fco. de Orellana, Tel. 2880017, 2880336; unter den Führern in Coca gilt *Whymper Torres* seit Jahren als kompetenter Ansprechpartner. Er ist über das Hotel Auca erreichbar und verlangt für eintägige Regenwaldführungen 50 $ p.P. inkl. Vollverpflegung (4 Tage 285 $, 8 Tage 750 $).
- Die *Bataburo Lodge* liegt im extremen Norden des Landes, in der üppigen Wasserlandschaft des Faunareservates Cuyabeno, und ermöglicht Begegnungen mit Tieren, die andernorts selten geworden sind, wie Affen, Kaimane und Tapire. Touren ab Coca kosten ab 285 $ (4 Tage), eine lange Tour führt von der Lodge aus mehrere Tage zu den Huaorani-Familien und -Dörfern am Río Tiguino und Río Cononaco, mit Camps am Flussufer. Die Flussfahrt von 6–7 Stunden von Coca zur Lodge ist aufwendig, lohnt aber die Mühe.
Kontakt: *Kem Pery Tours,* Calle Ramírez Dávalos 117 y Amazonas, Edif. Turismundial, of. 101, Quito, Tel. 02-2505600, 2226583, Fax 02-2226715, www.kempery.com.
Kem Pery betreibt mit der „Jungle Discovery" auch ein Flotel, ein schwimmendes Hotel auf den Flüssen Río Napo, Yasuní y Aguarico (4 Tage ab 420 $).
- *Sacha Lodge*
Etwa 3 Stunden den Río Napo flussabwärts liegt die Lodge an einer Lagune nahe dem Río Napo. Die Lodge ist mit allem im Urwald denkbaren Luxus ausgestattet, das Essen wird gerühmt. Unter Leitung von zwei sehr kundigen Naturführern (auch englischsprachig) macht man Dschungeltouren, entweder per pedes auf guten Wegen oder im Kanu. Die Lodge ist in schweizer Besitz und wird von Quito aus gemanagt: *Beni Ammeter,* Tel. 2509115, Fax 2236521, Casilla Postal 1701-141, Cabañas 2 Stunden von Coca entfernt; Preise: 3N/4T 690 $ p.P, 4N/5T 870 $ plus 120 $ Flugticket, inkl. Übernachtung, Transport und einheimischem zweisprachigem Führer. Von Lesern besonders empfohlen. Buchung auch in Quito über die Agentur *Explorer Tours* (in der Calle Zaldumbide 397 y Valladolid, Floresta).
Internet: www.sachalodge.com
- *Yuturi Jungle Lodge*
Abgelegene Regenwaldlodge fünf Kanu-Stunden östlich von Coca am Zusammenfluss von Río Napo und Río Yuturi. Tel. 02-2545179, 3N/4T 360 $ plus 120 $ Flugticket. Büro in Quito: Av. Amazonas N24-240 zwischen Av. Colón und Calle Cordero, Tel. 02-2504037, 2503225. Die gleiche Agentur unterhält auch die Yarina Lodge, siehe im Internet unter www.yarinalodge.com.
Büro in Coca: Tel. 06-2880619, 2880206.
Internet: www.yuturilodge.com

Auf dem Río Napo nach Nuevo Rocafuerte

Für die Flussfahrt nach Nuevo Rocafuerte benötigt man eine **besondere Erlaubnis,** die nur in der Capitanía ausgehändigt wird. Jeden Montag um 9 Uhr macht sich ein Boot auf den Weg. Es gibt auch Boote zu chartern.

2 Stunden flussabwärts liegt das Dschungelhaus **Hacienda Primavera.**

Francisco de Orellana oder: Wie der Amazonas zu seinem Namen kam

Im Dezember 1539 unternahmen 340 Abenteurer auf Befehl des spanischen Eroberers *Francisco Pizarro* als Mitglieder der El-Dorado-Expedition eine Reise durch den Oriente in der Hoffnung, das Land des Zimtes – damals ein kostbares Gewürz – zu entdecken. Auf der monatelangen, strapaziösen Reise durch Dschungel- und Sumpfgebiete begegneten die Spanier des öfteren Indianern des Oriente, die sie nur dann am Leben ließen, wenn sie einen dem Gelingen der Expedition förderlichen Beitrag leisteten.

Das gelobte Land des Zimtes sollten sie nicht finden. Zweieinhalb Jahre nach Beginn der Expedition, im Juni 1542, kehrten achtzig ausgezehrte und entkräftete Soldaten nach Quito zurück.

Am Río Coca in Sumaco waren sie 1541 mit dem grausamen Kommandanten und Gouverneur von Guayaquil, *Francisco de Orellana,* zusammengetroffen, der ebenfalls dabei war, den Oriente zu erkunden. Orellana, der sich in der Zweiflüsse-Stadt Coca wieder von der Expedition trennte, um auf dem Río Napo mit sechzig ausgesuchten Männern weiter in den Dschungel einzudringen, sollte Geschichte schreiben. Nach neun Monaten Flussfahrt erreichte er den Atlantik, als erstem Europäer war ihm die Durchquerung des südamerikanischen Kontinents von West nach Ost gelungen.

Immer wieder hatten die Spanier dabei kleine Indianerdörfer überfallen, um sich mit Nahrung zu versorgen. Umgekehrt war auch der Abenteurertrupp Ziel indianischer Angriffe. Von einem bemerkenswerten Zusammentreffen mit einer Schar weißer Kriegerinnen weiß der Reisebegleiter der Spanier, der Dominikanermönch *Gaspar de Carvajal,* zu berichten: „Sie sind sehr hellhäutig und hoch gewachsen, mit langem, in Flechten um den Kopf gewundenem Haar, und sie sind äußerst kräftig und völlig nackt." Die geheimnisvollen Frauen, die kein Mensch jemals wieder zu Gesicht bekommen sollte, wurden von den Spaniern nach den Kriegerinnen der griechischen Mythologie Amazonen genannt. So kam es, dass rätselhafte Kämpferinnen indirekt zu Namensgebern des größten Stroms in Südamerika wurden.

ecu024 Foto: peko

Von hier können Wanderwege beschritten werden, die den Regenwald der Umgebung erschließen. Eine Hand voll Agenturen organisieren mehrtägige Ausflüge nach **Limoncocha** und zu anderen Seengebieten.

In der katholischen Missionsstadt **Pompeya,** weitere 2 Stunden den Fluss hinab, stehen Übernachtungsmöglichkeiten bereit, ein kleines Museum kann besichtigt werden. Eine kleine Insel gegenüber von Pompeya ist mit dem Kanu in wenigen Minuten erreichbar. Hier lebt eine zutrauliche Affenfamilie.

Zur alten Missionsstadt Limoncocha sind es von Pompeya nochmals 2 Stunden. Ganz in der Nähe liegt ein schöner See. Im Dorf selbst gibt es Übernachtungsmöglichkeiten und einen kleinen Laden. Von Limoncocha fahren rancheros nach Shushufundi und von dort weiter nach Coca und Lago Agrio.

Weiter flussabwärts ist nach etwa eine Stunde Bootsfahrt eine sehr komfortable Dschungelunterkunft erreicht: *La Selva Jungle Lodge* am Rande des **Yasuní-**Nationalparks. 10 DZ stehen zur Verfügung, ausgestattet mit warmen Duschen und Moskitonetzen. Die Inhaber des kleinen Hotels bieten mehrtägige Exkursionen an. Dem Haus ist eine kleine Forschungsstation angegliedert. Studenten und Wissenschaftlern werden Preisnachlässe eingeräumt.

Nach einer weiteren Stunde in Richtung Nuevo Rocafuerte passiert man **Pañacocha,** ein kleines Dorf mit einfachsten Unterkünften, das in der Quechua-Sprache „Piraña-See" heißt. Ecotours in Quito (J. L. Mera y Robles) unterhält dort eine Dschungel-Lodge.

Noch 7 Bootsstunden vergehen, ehe man in **Nuevo Rocafuerte** ankommt. Die **Grenzstadt zu Peru** ist Endstation. Wer bis zum Amazonas vordringen möchte, informiere sich eingehend in der Migración und bei der peruanischen Botschaft in Quito.

Von Nuevo Rocafuerte führt der Bootseigentümer und Reiseführer *Sandro Ramos,* Tel. 06-2382176, Exkursionen in den Yasuni-Nationalpark durch. Ebenso: River Dolphin Expeditions, *José Shiguango,* Tel. 09-7411786.

Nördlich von Coca

30 km nördlich von Coca, kurz nachdem der Río Napo über eine Brücke passiert wird, knickt die Straße nach Osten ab und erreicht nach 22 km die Ortschaft **La Joya de las Sachas.** Hier ist wenig geboten: Ein paar Restaurants offerieren ihre Speisen, eine Pension vermietet Zimmer, die Ölbrunnen der Firma Sacha können unter die Lupe genommen werden.

Weiter nach Norden Richtung Lago Agrio geht es immer der Ölpipeline entlang. Die Straße führt mitten durch den Regenwald, bis kurz vor Lago Agrio eine Militärkontrolle erfolgt und die Brücke über den Río Aguarico überquert wird. Schließlich, 140 km hinter Coca und nach knapp 3 Stunden Busfahrt, kommt man in die älteste Ölstadt Ecuadors, die von den Einheimischen kurz „Lago" genannt wird (siehe Route B 1).

Zurück auf der Straße von Baeza nach Puyo sind es von Narupa, dem Abzweig nach Coca, 34 km bis nach Tena

(Gesamtdistanz von Baeza 75 km, mit dem Bus fährt man etwa 3 Std.).

Tena

Die 1560 gegründete, heutige **Hauptstadt der Provinz Napo** liegt auf 600 m Höhe, hat ca. 11.000 Einwohner und bildet einen wichtigen Verkehrsknotenpunkt zwischen Baeza im Norden, Coca im Nordosten und Puyo/Baños im Süden.

Da Tena am Zusammenfluss von Río Pano und Río Tena liegt, somit Gelegenheit zum Baden bietet und im Jahresmittel Temperaturen von 24°C aufweist, verbringen hier viele Ecuadorianer ihren Urlaub.

Einen Halbtagesausflug wert sind die **Höhlen von Jumandi** (vgl. Ausflüge). Empfohlen werden kann auch ein Besuch des **Parque Amazónico** (große Waldtiere und Aussichtsturm – Fernglas mitbringen); Eintritt 2 $.

- **Tel. Vorwahl Tena: 06**

Touristeninformation

- Av. García Moreno/Malecón, Tel. 288 6536; sehr hilfsbereites Personal. Mo bis Fr 9–12.30, 14–17.30 Uhr.

Unterkunft

Im Zentrum

- *Hotel Mol*
Sucre 432, Tel. 2886215; EZ 15 $, DZ 22 $ mit BP, Suite 40 $.
- *Hostal Vista Hermosa*
Av. 15 de Noviembre 622, Tel. 2887258; 11 $ p.P. mit BP, AC, Kabel-TV, Parkplatz.
Mail: Hotel_vista_hermosa@hotmail.com
- *Hostal Villa Belén*
Av. Jumandy, Tel. 2886228; 10 $ p.P. mit BP, Restaurant, Parkplatz.
- *Hotel Puma Rosa*
Av. Orellana/Malecón, Tel. 2886320, Fax 2886320, neben der Autobrücke; EZ 12 $, DZ 24 $ mit BP, Klimaanlage, Garage, Bar, Restaurant, schöne Diskothek.
- *Hostal Limoncocha*
Calle Ita 533 y El Chofer, Tel. 2887583; Ventilator oder AC, DZ mit BC 5 $ p.P., Hängematten, Garage, Frühstück, Getränke; Rafting und Kajaktouren mit dem freundlichen Besitzer *Michael*. Mail: limoncocha@salvaselva.net
- *Hostal Araza*
Av. 9 de Octubre y Tarqui, Tel. 2886447; EZ 10 $, DZ 18 $ mit BP, AC, Parkplatz, TV, Bar, Restaurant, Wäscherei, beliebter Treff von Kajak- und Rafting-Freaks.
Mail: info@hotelaraza.com
- *Hostal Travellers Lodging*
Av. 15 de Noviembre, in der Nähe der Fußgängerbrücke, Tel. 2886372; EZ 7 $, DZ 15 $, mit AC, Kabel-TV, sauber, Restaurant mit gutem Essen, Pizzeria; Ausflüge zu den *Cabañas Shangri-La* mit herrlichem Blick auf den Regenwald (40 $ inkl. Transport, Führer und Mahlzeiten); nebenan ist eine gute Pizzeria. Mail: amarongachi@yahoo.com
Internet: www.amarongachi.com
- *Residencial Austria*
Sehr einfach, aber familiär und sauber, Kabel-TV, 3 $ p.P.
- *Hostal Villa Hermosa*
Große Zimmer, sauber und nach hinten raus ruhig; 6 $ p.P.
- *Hostal Turismo Amazónico*
Amazonas y Calderon; Ventilator, TV, Kühlschrank, 6 $ p.P. BP.
- *A welcome Break*
Calle Augusto Rueda 331 y Febrero, gegenüber dem Hostal Yutzos, Tel. 2886301, 5 $ p.P. mit BC/ohne Frühstück, Waschgelegenheit. Unter den einfachen Hotels eine Empfehlung. Mail: a_welcome_break@yahoo.com
- *Hacienda Hakuna Matata* (siehe unten)
- *Hostal Los Yutzos*
Calle Augusto Rueda 109 y 15 de Nov., Tel. 06-2886717, EZ 30 $, DZ 40 $ mit Frühstück. Empfehlenswert!
Mail: yutzos@uchutican.com

Essen und Trinken

- *Café Flor*
Av. 15 de Noviembre y Augusto Rueda, Tel. 2870052; Travellertreff, Pizzas und Kontaktbörse in angenehmer Atmosphäre.
- *Cositas Ricas*
Gleich neben Travellers Lodging, geführt von *Patricia Corral* (s.u., Regenwaldtouren), gutes, preiswertes (auch vegetarisches) Essen.
- Neben Cositas Ricas, an der Fußgängerbrücke, Av. 15 de Noviembre, gibt es eine empfohlene **Pizzeria** mit leckeren Nachtischen.
- *Chuquitos*
García Moreno y J. L. Mera, Tel. 2887630, Mo bis Sa 7.30–21 Uhr; ecuadorianische und internationale Küche, Restaurant. Abends eine wunderschöne Atmosphäre am Flussufer, freundlich, gutes Essen, preiswert. Tipp: Nebenan ist ein schnelles Internet-Café.
- *Araña Bar*
García Moreno y J. L. Mera, Tel. 2886884; nette Bar mit Flussblick, Mo bis Sa 14–2 Uhr.
- *Café Play Hole Bar*
Malecón cerrado de Tena, Tel. 2886318.
- *Café Tortuga*
Av. Francisco de Orellana y Malecón, Di bis Sa 7.30–21 Uhr, So 7.30–11 und 16–21 Uhr, Café, Frühstück, Früchtesalat. Man spricht deutsch und englisch, empfehlenswert!
Mail: cafelatortuga@yahoo.com

Überlandbusse

Vom Busbahnhof (1 km südlich vom Ortseingang) starten mehrmals täglich Busse nach:

- **Quito über Baeza** (6 Std.)
- **Puyo** (3 Std.)
- **Coca** (7 Std.)
- **Lago Agrio** (9 Std.)
- **Ahuano** (1½ Std.)
- **Misuahallí** (1 Std.)

Vom Ostufer des Flusses fahren Busse nach **Archidona** (15 Min.). Für die Zukunft ist geplant, diese Strecke ebenfalls vom zentralen Busbahnhof aus zu bedienen.

Internet

- *Café Intinet*
Av. 15 de Noviembre, nahe dem Busterminal, Tel. 2886934, tgl. 7.30–23 Uhr, Breitband, Scanner, Farbdrucker, Brennen von Musik, Vermittlung von Dschungeltouren und stets ein guter Kaffee gratis.
Mail: hakra1@hotmail.com

Post

- Das Postamt ist in der Calle Olmedo entre Amazonas y Moreno.

Regenwaldtouren

Tena wird mehr und mehr zum Ausgangsort für Touren in den Dschungel. Der obere Río Napo eignet sich zudem hervorragend für **Rafting- und Kajaktouren** sowohl für Erfahrene als auch für Neueinsteiger.

- *Ecotourism Community*
Am Río Achayacu, Tel. 06-2886143. Cabañas mit Familienanschluss in der Indianergemeinde Pano, „lizensierter Regenwald-Führer" *Rene Shiguango,* spricht auch englisch, Tagespreise 25–35 $ p.P. inkl. Unterkunft. Lesertipp! Mail: sachaursay@yahoo.com
- *RíosEcuador*
Gegenüber dem Busterminal in Tena, Av. 15 de Noviembre y J. L. Mera, Tel. 2886727, Büro in Quito: Calle Rodriguez E7-75 y Diego de Almagro, Tel. 02-2569252. Erfahrene Guides mit fundierten Kenntnissen bieten eine ereignisreiche Tour und gehen auf Wünsche ein. Die Tagestour, unterbrochen von einem reichhaltigen Picknick, kostet ca. 50 $ – sehr zu empfehlen!
Mail: kayak@riosecua.ecuanex.net.ec
Internet: www.riosecuador.com
- *Comunidad Achi-Yacu*
Die Indianergemeinde besitzt und schützt ein Gebiet von ca. 4000 ha, das zu 100% aus Primärwald besteht und eine artenreiche Flora und Fauna aufweist. Der „guia de selva" *Jaime Carlín Calapucha* bietet zwei Dschungeltouren an, die eine eher „gemütlich" und touristisch (5 Tage), die andere mehr für Abenteurer (5 oder 8 Tage). Das Programm („Programa de Turismo ecológico para la convivencia intercultural en la Amazonia ecuatoriana") ist äußerst vielfältig und beinhaltet auch den Besuch eines Indianerdorfes. Im Preis von 30 $ pro Tag und Person sind Transport (ab Tena), Verpflegung und Über-

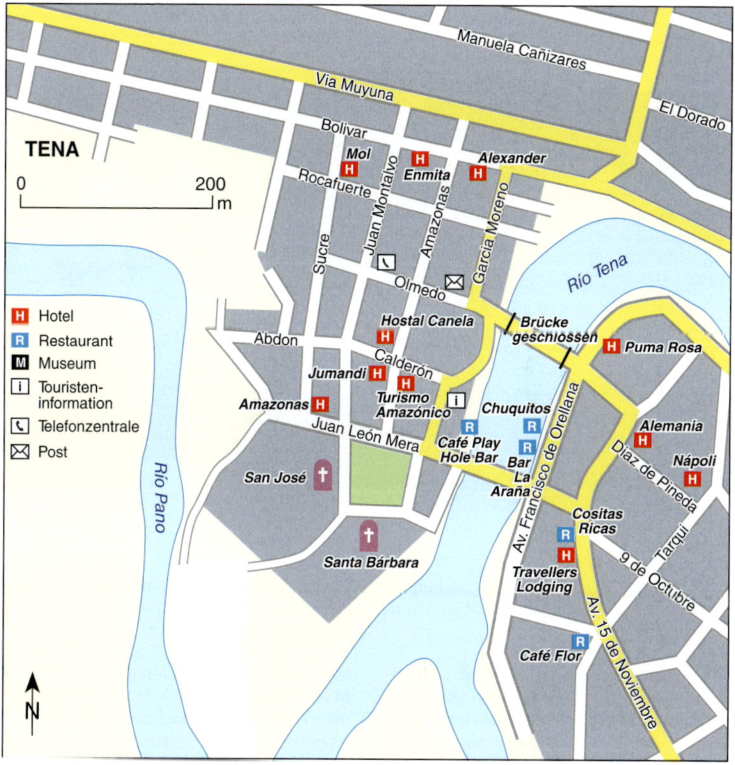

nachtung eingeschlossen – von vielen Lesern empfohlen! Nähere Informationen bekommt man unter Tel. 06-2887277.

● *Travel Agency Mundopuma*
Calle Montesdeoca y Av. 15 de Noviembre, Tel. 2870724, 08-6010941 und 08-8020321, 5 Fußminuten vom Busterminal Richtung Altstadt, nahe der Tankstelle, 8–12.15 und 14.30–20 Uhr. Regenwaldtouren, längere Flussexpeditionen, Gemeindebesuche, Vulkanexkursionen zum Reventador und zum Sumaco; Betreiber des Museo Balneario Comunidad Serea (www.museo-serena.ec), der Organisation Curiquingue (www.curiquingue.org) und der Mundopuma Dschungel Lodge (siehe unten).
Mail: jenstoeniges@hotmail.com

● *Aventuras Amazónicas El Chagra*
9 de Octubre 312 y Tarqui, Barrio Bellavista Baja, Tel. 2887181. Regenwaldführer und Heilkundler *Luis Pérez* hat unseren Leser *Stefan H.* aus Karlstein sehr begeistert: „Ein unvergessliches Erlebnis, sehr empfehlenswert!“; drei- bis fünftägige Touren zu Land und zu Wasser in Zusammenarbeit mit einem indianischen Führer. Tagestour mit Vollpension: 30 $.
Mail: aventuras_amazonicas@hotmail.com

ecu025 Foto: peko

Unterwegs auf dem Río Anangu, unterhalb des Napo Wildlife Center

- *Sachamazónicas*
Agentur nahe dem Busbahnhof, neben der Jugería Selva Virgen; familiäre und preiswerte Dschungeltouren.
- *Jungle Tours Amarongachi*
Av. 15 de Noviembre 422, ca. 1 km vom Busbahnhof Richtung Zentrum über die Hauptstraße, Tel. 2886372, 2888204, Leitung: *Patricia Corral/Jesús Uribe;* Führungen nur auf Spanisch oder nach Voranmeldung evtl. durch einen ausländischen Volontär. Übernachtungen in den Cabañas Amarongachi am oberen Lauf des Río Napo oder in Shangrila am unteren Lauf des Río Napo (40 $ pro Tag, inkl. dreier Mahlzeiten und täglicher, geführter Touren); es besteht auch die Möglichkeit, bei Indianer-Familien unterzukommen und deren Tagesablauf kennen zu lernen.
Internet: www.amarongachi.com
- *Agencia Limoncocha*
Calle Sagrado Corazón de Jesús 533, Tel. 2887583, Leitung *Jeovanny Cerda* und *Michael Welschinger,* Regenwaldtouren 40–50 $ p.P. und Tag; Hostal 5 $ BC, 7,50 $ BP, auch Rafting und Hostal-Betrieb.
Mail: limoncocha@salvaselva.net
Internet: www.limoncochatriped.com
- Von Tena aus etwa 4 km Richtung *Muyuna* befinden sich die schönen *Cabañas Establo de Tomás:* Bar, Restaurant und preiswerte Regenwaldtouren zwischen 15 und 35 $, Übernachtung ca. 7 $ p.P.

Ausflüge

Archidona (11 km)

Archidona, 11 km nördlich von Tena gelegen, ist mit dem Bus in 15 Minuten zu erreichen. Die kleine Missionsstadt schmücken ein schöner, mit Pflanzen bestandener Hauptplatz und eine Kirche, die an Sonntagen (Markt) von den Quijos-Indianern aufgesucht wird.

Hacienda Hakuna Matata (11 km)

Anfahrt: Von Tena nach Archidona fahrend, biegt man bei Km 7 an der Brücke und vor der Tankstelle nach links in eine nur geländewagentaugliche Straße. Gut ausgeschildert. Dieser abenteuerliche Weg führt nach 3,9 km zur Hazienda. Das holländisch-belgische Paar *Rudolf Hoeberigs* und *Marcellina Braem* hat hier eine tolle Regenwaldlodge ausgebaut. Relaxen, Baden und Reifenrafting ist angesagt, Dschungelspaziergänge bis hin zu längeren Wanderungen von 6 Stunden sind sogar auf eigene Faust möglich. Die sehr schönen Zimmer mit großen Bädern kosten p.P. inklusive Frühstück 45 $ in den Cabañas und 50 $ in der Lodge. Ausgezeichnet ist auch die Küche: Lunch 8 $, 3-Gänge-Dinner 15 $.

- *Hacienda Hakuna Matata,* km 3,9 via Chaupi Shungo, Postfach: Apartado Postal 165, Archidona, Tel. 06-2889617, 09-3377441, 45 $ p.P. mit Frühstück, Hakuna-Lodge 50 $ p.P., Pool, Reiten, Restaurant, Rafting.
Internet: www.hakunamat.com
- *Mundopuma Dschungel Lodge,* 30 Minuten von Tena, Cabañas mit Bad, Panoramaterrasse mitten im Regenwald, absolute Ruhe, das deutsch-ecuadorianische Team steht für eine „absolute Oase für Zivilisationsmüde". Kontakt und Buchung über die Travel Agency Mundopuma in Tena (s.o.).
Internet: www.mundopuma.com
- *Huasquila Amazon Lodge,* Baeza via Tena, bei Cotundo (10 km vor Archidona) Abzweig nach rechts, weitere 6 km Weg zur Lodge. Unterkunft, Vollverpflegung, Getränke und geführte Wanderungen kosten 90 $ p.P. und Tag. Besucht werden vor allem Wald, Höhlen und Wasserfälle. Kajak- und Rafting-Expeditionen optional (65/45 $ pro Tag). Kontakt in Quito: Av. Amazonas 743 y Veintimilla, Edif. Espinoza, 8. Stock, of. 801, Tel. 2908491.
Internet (auch auf dt.): www.huasquila.com

Cuevas de Jumandi (15 km)

4 km nördlich von Archidona auf dem Weg nach Cotundo (Busservice) liegen die Cuevas de Jumandi. In den Höhlen „wachsen" schöne Stalagmiten in die Höhe; wer tiefer in einen der Gänge vordringen will, sollte sich einen Führer nehmen. Empfehlenswert sind Taschenlampe und Gummistiefel (können ausgeliehen werden), da die Höhle dunkel, matschig und feucht ist. Eintritt: 1 $. Auch Badezeug mitnehmen, denn vor der Höhle wurde ein Freibad angelegt (mit Restaurant).

- Der *Tourismuskomplex Cavernas Jumandy* ist keine Schönheit, eher eine große Badeanstalt (Eintritt 2,50 $) mit jeder Menge Freizeitangeboten und Hotel (6 $ p.P.), vielleicht ja nach einer archaischen Regenwaldtour der richtige Ort zum Verschnaufen; Tel. 06-2889185, 2886428. Für die nahe gelegenen Höhlen *(cavernas)* wurde uns der Führer *Manuel Moreta* empfohlen, über Jumandy oder per Handy 09-9238482 zu kontaktieren.
- *El Arca*
Bereits 2 km vor dem Freizeitbad Jumandy, an der Brücke, liegt ein privater Zoo mit einem Aufzuchtprojekt für Regenwaldfauna, zudem Unterkunft, Restaurant und Pool, Tel. 09-2889560, 09-8109509. Lesertipp.
Mail: darwin_jolo@hotmail.com

Auf der weiteren Fahrt nach Puyo passiert man zunächst **Puerto Napo** (7 km von Tena). Im Ort befindet sich das *Hotel Palandacocha.* Von Puerto Napo zweigt eine Piste nach Osten zum 17 km entfernten Puerto Misahuallí ab.

- Lesertipp: *Amazonian Jungle Tours* der beiden Führer *Bella Valle* und *Patricio García* zu Tagespreisen ab 35 $; die Agentur liegt nahe der Brücke über den Río Napo. Expeditionen zu den Huaoranis samt Piraña- und Anaconda-Pirsch für 60 $ p.P.

Misahuallí

Misahuallí am Nordufer des Río Napo ist **Ausgangspunkt für Exkursionen in den immergrünen tropischen Tiefland-Regenwald.** Allerdings: Primärwald gibt es hier so gut wie keinen mehr, jedoch teils „wiederbelebten" Sekundärwald, der dazu einlädt, die Flora und unzählige tropische Vögel, Insekten und sonstige Bewohner des Regenwaldes zu studieren. Am Strand des Ortes lassen sich oft Affen beobachten.

In Misahuallí lebt eine große Anzahl ortskundiger Führer; ihre Regenwald-Touren sind in der Regel preislich günstiger als in anderen Teilen des Oriente und schließen Übernachtungen, Führung, Verpflegung und die benötigte Ausrüstung ein.

Die **Unterkünfte** der kleinen Ansiedlung sind bescheiden, angepasst dem Leben im Regenwald.

Der **sonntägliche Markt** lässt den sehr ruhigen Hafen von Misahuallí aufleben: Viele Indianer aus der nahen Umgebung erscheinen, um ihre Einkäufe zu tätigen.

Am Fluss befindet sich ein kleiner **Bootssteg** und die *Capitanía del puerto* (Hafenbehörde), die man recht bald aufsuchen sollte, um sich nach dem Bootsverkehr in nahe gelegene Regenwalddörfer zu erkundigen. Die Capitanía registriert jeden Besucher vor einer Fahrt auf dem Río Napo und gibt mit einem Passstempel grünes Licht für eine Reise auf den Spuren von *Francisco de Orellana* (vgl. den entsprechenden Exkurs).

- **Tel. Vorwahl Mishuallí: 06**

Unterkunft

Einfache Unterkünfte in dem überschaubaren Dorf (5–15 $ p.P.):

- *El Paisano*
Sehr einfach, ohne Moskitoschutz.
- *Cabañas Runa Huasi*
Am Río Arajuno, Seitenfluss des Río Napo, 10 Fußminuten von der Tierstation amaZOOnico; traditionelle, ökologisch gebaute Cabañas einer Quichua-Gemeinde; außer Regenwaldtouren (auf Spanisch) auch Einführung in Kunsthandwerk, Musik, Heilpflanzen und Balsaholzbootsbau; Reservierung über amaZOOnico (s.u. bei Regenwaldtouren unter Ahuano).
- *Residencial La Posada*
Tel. 2890005, Preise 7 $ p.P., sauber, etwas laut, gutes Essen.
- *Residencial El Balcón de Napo*
Leserurteil: „sauber, einfach, toll gelegen mit gemütlicher Oma als Chefin".
- *Hotel-Cabañas Txalaparta*
Cabañas 1 km rechts vor dem Ortseingang; ruhig, mit Strand; Bootstouren werden empfohlen.
- *Quindy*, siehe Agentur Seite 318.

Unterkünfte ab 15 $ p.P.:

- *Hotel Albergue Español*
Bestes Hotel am Platz, sauber; gutes, teures Restaurant.
- *Misahuallí Jungle Hotel*
Tel. 2890063, 63 $ mit Vollpension, am anderen Ufer des Flusses, Überfahrt mit *lanchas* regulär bis 19 Uhr; Cabañas in schönem Garten, Restaurant, Pool, Hängematten, Feuerstelle, individuelle Touren.
Internet: www.misahuallijungle.com
- *France Amazonia*
Richtung Tena, 1 km vom Dorf entfernt, Tel. 2890009, 16 $ mit Frühstück. Menü 7 $, Pool, ruhig, toller Ausblick, freundliche Atmosphäre. Empfehlenswert!
Internet: www.france-amazonia.com

In Misahuallí kann man Regenwaldtouren organisieren

Essen und Trinken

- *Restaurante Le Perroquet Bleu*
Tel. 06-890025, Lesertipp.

Überlandbusse

- Vom Hauptplatz werden mehrmals am Tag die Strecken **Misahuallí – Tena** (1 Std.) und **Misahuallí – La Punta** (30 Min.) bedient.

Boote

- Die **sechsstündige Bootsfahrt auf dem Río Napo nach Coca** wird normalerweise in den Dörfern Ahuano, Anaconda Island, Hotel Jaguar, Santa Rosa und Bellavista unterbrochen. Für die Fahrt im 10-Mann-Boot zahlt jede Person ca. 20 $, mindestens fünf Leute müssen mitfahren. Es handelt sich um einen unregelmäßigen Pendeldienst, ein Charter kostet etwa 200 $. Wer nicht bis Coca fährt, zahlt evtl. weniger, doch muss um den Preis verhandelt werden!

Sonstiges

- In Misahuallí gibt es eine Andinatel-Zentrale, von der aus auch nach Europa **telefoniert** werden kann; eine Bank fehlt. Auf Regenwald-Touren werden **Dollarnoten** und nur selten auch Reiseschecks akzeptiert.

Regenwaldtouren

Individualreisende, die nach Misahuallí kommen, um den Regenwald kennen zu lernen, müssen andere Interessenten finden, die sich einer Führung anschließen, damit eine Tour in finanziell erträglichem Rahmen bleibt. Angeboten werden ein- und mehrtägige Touren, sie kosten für jedes Gruppenmitglied (bei mindestens fünf Personen) ab ca. 30 $. Der Preis enthält bei mehrtägigen Tou-

ecu026 Foto: pekc

ren Ausrüstung, Verpflegung und Übernachtungen im Zelt. Auf solch einer Tour erlebt man die Regenwaldflora in ihrer ganzen Pracht, und man macht Bekanntschaft mit Tukanen, Papageien und anderen seltenen Vögeln sowie mit Kaimanen, verschiedenen Affen und möglicherweise sogar mit Großkatzen wie dem Puma oder dem Ozelot. Zehntägige Touren schließen häufig Besuche bei den **Huaorani-Indianern** ein, die jedoch auf Seiten der Indianer selten Begeisterung aufkommen lassen (was den Führern und vielen Touristen leider oft egal ist).

Andere Führer sind billiger, doch sollte vor Antritt der Exkursion genau geprüft werden, was geboten wird. Das beugt möglichen Enttäuschungen vor und vermittelt einen ersten Eindruck von der (Un-)Seriosität des Führers.

• *Quindy Tour*
Calle Napo, gegenüber dem Parque, Tel. 2890113, 2890005, tgl. 7–22 Uhr. Gute und dabei sehr preiswerte Agentur des Naturführers *Carlos Santander*. Regenwaldtouren mit 2 Übernachtungen ab 50 $ p.P. Kajak, Rafting, Tubing, Gemeindebesuche, englischsprachige Guides.

• *Sacha Tucan Tour*
Naturführer *Jacobo José Andy Aguinda*. Lesererfahrung: „Der junge, humorvolle, am Ufer des Río Napo aufgewachsene Führer hat viele Jahre Erfahrung. Er erklärt die Geheimnisse des Regenwalds mit viel Geduld. Dabei erfährt man statt dem lateinischen Namen einer Pflanze jenen auf Quichua und gelegentlich eine mythische Geschichte." Gutes Boot und offizielle Zulassung. Misahuallí, Tel. 2890022 oder 2890307.
Mail: jacobo_andy@hotmail.com

• *Agencia Teorumi*
Calle Guillermo Rivadeneri y José Santander, gegenüber dem Parque Central, Tel. 2890313, 2890033, 08-7068947. Der englischsprachige Quichua-Indianer *Teodoro Rivadeneyra* und seine französische Frau sind sehr hilfsbereit und flexibel. *Teodoro* ist ein Kenner des Waldes und zudem Experte für Naturmedizin und Giftschlangen. Im Angebot: Regenwaldtouren, Gemeindebesuche, Kajakfahrten, schamanische Rituale (45 $ p.P.); Unterbringung in den Cabañas Shiripuno (7 $ p.P. mit Frühstück), 5 Min. von Puerto Misahuallí entfernt.
Mail: teorumiagenciadeviajes@yahoo.es

• Ansonsten empfehlen wir, vor Ort in den besseren Hotels die Aushänge zu lesen, nach Führern zu fragen und sich mit anderen Reisenden auszutauschen.

Wenn Sie einmal den Wunsch verspüren sollten, Bus oder Auto links liegen zu lassen, dann packen Sie in Misahuallí die Gelegenheit beim Schopfe! **Auf dem Río Napo kann man per Boot bis nach Coca** fahren, auch wenn viele Einheimische die längere (und billigere) Busfahrt über Tena vorziehen. Die Fahrt mit dem Kanu hat aber viel mehr zu bieten, nicht zuletzt wegen der Möglichkeit, kleine Dschungeldörfer zu besuchen. Übrigens: Ein kleiner Feldstecher kann nützlich sein, um die Flussufer nach tropischen Vögeln abzusuchen.

Im Falle einer Reise bis Coca sollte man auf jeden Fall einen Sonnenhut und eine weiche Unterlage mitführen, denn die Fahrt – auf harten Sitzbänken unter brennender Sonne – dauert 6 Stunden.

Ahuano

Als Ausflugsziel bietet sich Ahuano an, das nach 1 Stunde erreicht ist. Die kleine Ansiedlung am nördlichen Flussufer des Río Napo mitten im Dschungel ist von der Außenwelt weitgehend abgeschirmt. Telefonisch besteht eine Verbindung über Andinatel oder die nachfolgenden Unterkünfte:

• *Casa del Suizo*
Mit Swimmingpool und allem Komfort. Das Essen und die schönen Unterkünfte werden immer wieder besonders gerühmt; EZ 79 $

mit Frühstück. Restaurant. Tel. in Quito: 02-2566090. Es können Regenwaldtouren in Verbindung mit der Casa del Suizo gebucht werden. Internet: www.casadelsuizo.com

- *Jungle Lodge El Jardín Alemán*

2 km von Misahuallí entfernt (ein Pickup/Taxi kostet ca. 12 $ ab Tena oder 2 $ ab Misahuallí), 125 Hektar privater Regenwald am Río Napo. Der deutsche Besitzer *Bernhard Zehetbauer* verweist auf seinen hohen Komfort, die Kanutouren und tägliche Regenwaldführungen. Whirlpool, Billard und TV, DZ mit durchgehend Strom, Warmwasser und eigener Terrasse kosten 78 $ p.P. inklusive Vollverpflegung und Dschungeltouren. Tel. 2890122 oder in Quito 02-2462213.
Mail: reservaciones@eljardinaleman.com
Internet: www.eljardinaleman.com

- *Liana Lodge*

Río Arajuno in Ahuano, Tel. 09-9800463, 2N/3T 95 $, Übernachtung mit Vollpension, Unterkunft mit Bad, Warmwasser, Regenwaldtouren. Gehört zur Wildtierauffangstation amaZOOnico im Schutzwald *Selva Viva* (s.u.); sehr empfohlen!
Internet: www.lianalodge.com

Kontakt in der Schweiz: *Christine von Steiger*, Schlössli, CH-3116 Kirchdorf, Tel. 031-7810885, Fax 031-7812618.

Volontäre wenden sich an: *Martin Pünter*, Seestr. 238, CH-8713 Uerikon, Tel. 01-926 3908. Mail: puenti@hotmail.com

- *Runa Huasi*

Tel. 09-980046, 18 $ mit Vollpension. Die einfache Lodge ist aus einer Selva-Viva-Projektarbeit entstanden und gehört der Kichwa-Gemeinde von Ahuano. Runa Huasi liegt im Schutzgebiet der GSR, in der Nähe des Amazónica. Mail: amazoon@ecua.net.ec

Tierstation amaZOOnico

Von La Punta erreicht man per Boot (30 Min.) über einen Seitenarm des Río Napo die **Tierstation „amaZOOnico"**. Ein Hinweisschild weist den Weg zur Station für gefährdete Tiere.

Hier wohnen *Angelika Raimann* und *Remigio Canelos*. In einem kleinen „Freiland-Zoo" sind verschiedene Tiere (Ozelot, Tapir, Wollaffe, Klammeraffe, Boa, Pekari, Tukan) zu beobachten. Das Zoogebiet ist umgeben von 600 ha Primärwald, der unter Naturschutz steht. Internet: www.amazoonico.org

Der sog. **Ahuano-Bus** startet von Tena (1½ Std.) und Misahuallí (über Puerto Napo ½ Std.). Die Busse fahren nicht direkt nach Ahuano, sondern zu einem Platz am südlichen Flussufer, der **La Punta** heißt. Von hier wird mit kleinen Kanus zum Ort übergesetzt (der Preis ist auszuhandeln).

Boote verkehren über den Río Napo direkt von Misahuallí (s.o.).

Unmittelbar am Fluss bieten sich Gelegenheiten zur **Übernachtung** und/oder zu Ausflügen in den Regenwald.

- Im nahe gelegenen *Ökotouristen-Hotel Runa Huasi*, das von der dortigen indigenen Gemeinde betrieben wird, kostet ein zweitägiger Aufenthalt für zwei Personen 50 $, inklusive einer Primärwald-Führung.

Bitte beachten Sie: Zwar liegt das Ökohotel nahe dem amaZOOnico, dennoch besitzt es einen eigenen Boots-Anlegeplatz – also steigen Sie nicht schon bei der Tierstation aus! Man wohnt in Runa Huasi in kleinen Hütten mit Moskitonetzen, die Unterbringung ist nicht so luxuriös wie bei teureren Touren, die von Quito aus gebucht werden können. Spanischkenntnisse sind ratsam.
Internet: www.selvaviva.ec/runahuasi

Forschungsstation Jatun Sacha

Die Station in einem 1400 ha großen Gebiet ist von Misahuallí über den Río Napo (20 $ für zwei Personen) oder zu Fuß in mind. 3 Stunden zu erreichen; auch von La Punta ist die **Anfahrt** mit Boot möglich (handeln Sie den Preis

ecu028 Foto: peko

Klammeräffchen

aus!). Außerdem fährt der Bus von Tena nach Ahuano oder Campo Cocha an der Station vorbei (Fahrzeit 1 Std., Fahrer Bescheid geben, sonst hält er nicht).

In Jatun Sacha gibt es ein **Informationszentrum,** das über die Tier- und Pflanzenwelt aufklärt. Der Besuch des Gebietes kostet 6 $, der Erlös kommt der Forschungsstation zugute; in dieser kann man auch **übernachten** (30 $) und essen. Ein **Rundwanderweg** ist angelegt worden, der dem Besucher die bequeme Möglichkeit verschafft, in gut einer Stunde Bekanntschaft mit dem einzigartigen Gebiet zu machen (eine **Broschüre** für diesen „self guided trail“ kostet 5 $, eine Investition, die sich auszahlt). Übrigens: Gegen Entgelt kann man als Volontär in der Station arbeiten. Die Station und ihre Führer wurden vielfach von Lesern gelobt.

- Kontakt für Volontäre: Programa de Voluntarios, *Fundación Jatun Sacha,* via Ahuano km 22, Tel. 06-2870325, in Quito: Postf. 17-12-867, Pasaje Eugenio Santillán N34-248 y Maurian, Tel. 02-2432173, Fax 02-2441592, Internet: www.jatunsacha.org; Kost und Logis 395 $ im Monat bzw. 75 $ in der Woche, 28 $ pro Tag.

Erwähnt sei zu guter Letzt noch der buchstäbliche Höhepunkt von Jatun Sacha: ein 30 m hoher **Vogelbeobachtungsturm,** von dem man – über den Baumwipfeln sitzend – die Vogelwelt studieren kann. Allerdings: „Der Turm ist nichts für Menschen mit schwachen Nerven, Höhenangst oder für TÜV-Angestellte!“ meint unser Leser *A. Louis.*

Isla Anaconda

Ein paar Bootsminuten von Ahuano (1 Std. von Misahuallí) entfernt liegt die Insel Anaconda mit dem gleichnamigen Hotel. Die letzte auf der Insel verbliebene Würgeschlange wird in einem Gehege gehalten; verschiedene Affenarten toben sich auf der Insel aus. Die **Übernachtung** (EZ mit BP, Moskitonetz, drei gute Mahlzeiten) in einem strohbedeckten Bambushaus kostet 25 $. Regenwaldbesuche mit Führer, in ein- und mehrtägiger Ausführung, zu Fuß oder in Kombination mit Flussfahrten, werden angeboten. Gutes Essen, freundlicher Service und attraktive Touren – aber auch teils überteuerte Übernachtungen, wie Leser berichten.

Gareno Lodge

Die Lodge im noch intakten Regenwald innerhalb des Huaorani-Reservats liegt 77 km östlich von Tena, nahe der Indianer-Gemeinde Gareno, zwischen Santa Rosa und Dayano. Die Huaoranis haben diesem ambitionierten Tourismus-Projekt südlich des Río Napo zugestimmt. Die vier Cabañas im traditionellen Stil verfügen über ein privates Bad, warmes Wasser und einen Balkon mit Hängematte und Blick auf den Río Gareno.

- Richtung Santa Rosa bis zum Kontrollpunkt Sumac Sacha und weitere 9 km. Kontakt in Quito: *Michael Sauer,* Tel./Fax 02-2344350, 09-7289643, 55–60 $ p.P. und Tag, Mail: msauer@guaponi.com, Internet: www.guaponi.com oder Agencia Guaponi in Quito, www.guaponi.com, Mail: info@guaponi.com.

Zurück in Puerto Napo, dem Abzweig nach Misahuallí, sind es noch 80 km nach Süden, bis Puyo erreicht ist.

Proyecto Ecuador

Im Süden der Provinz Napo baut der engagierte österreichische Biologielehrer *Hannes Krakolinig* seit 2007 ein ambitioniertes **Bildungsprojekt** in fünf Regenwaldgemeinden auf. Der Unterricht von Kindern u.a. in Englisch, Deutsch, Tourismus und Informatik wird getragen von Freiwilligen (Bewerbung über die Homepage, s.u.). Die internationalen Helfer unterrichten ohne Bezahlung, aber gegen Visum, Kost und Logis.

- Kontakt: Dipl.-Päd. *Hannes Krakolinig,* Casilla 17-22-20314, Cumbaya/Quito, Tel. 02-2041640, Mail: hakra1@hotmail.com, Internet: proyecto-ecuador.netbusiness.at.

Puyo

In der sich mausernden **Hauptstadt der Provinz Pastaza** leben rund 20.000 Menschen. Mit viel Glück sind an einem wolkenfreien Tag vom Hauptplatz aus die Schneegipfel des Sangay und des Altar zu sehen.

Die Einheimischen, besonders die Kinder, baden gerne im nahe gelegenen **Río Puyo,** der als recht sauber gilt. Dort sind verschiedene tropische Vögel zu beobachten.

- **Tel. Vorwahl Puyo: 03**

Unterkunft

- *Hotel Amazónico*
Ceslao Marín zwischen Atahualpa y Gral. Villamil, Tel. 2883094, 2884753; DZ 28 $ mit BP, Kabel-TV und Telefon
- *Hostal Las Palmas*
Calle 20 de Julio y 4 de Enero, Ecke, Tel. 2884832, Cafetería, kleine Bar, Dachterrasse, gutes Frühstück, Internet, u.a. englischsprachige Leitung, eine „kleine Oase“, 10 $ p.P. mit Frühstück.
Internet: www.laspalmas.pastaza.net
- *Hotel Araucano*
Ceslao Marín y 27 de Febrero, Tel. 2885686, 2883634; 6 $ p.P. mit Frühstück, BP und Kabel-TV, preiswerte Touren.
- *Hostal Milenum*
27 de Febrero y Francisco de Orellana, Tel. 2884691, 2886153; 10 $ p.P mit Frühstück, BP, Kabel-TV und Telefon.
Mail: hotelmilenium@andinanet.net
- *Hostal Puyo*
9 de Octubre y 24 de Mayo, Tel. 2884497, 2886525; 10 $ p.P. mit BP, Kabel-TV und Tel.
Mail: hostalpuyo@yahoo.com.es
- *Gran Hotel Amazónico*
Atahualpa y Marín, Tel. 2884753; 14 $ p.P., modernes Ambiente, Restaurant.
- *Hostal Colibri*
Calle Manabí y Bolívar, kein Telefon, 10 $ p.P., saubere Zimmer, Wäscheservice, Kabel-

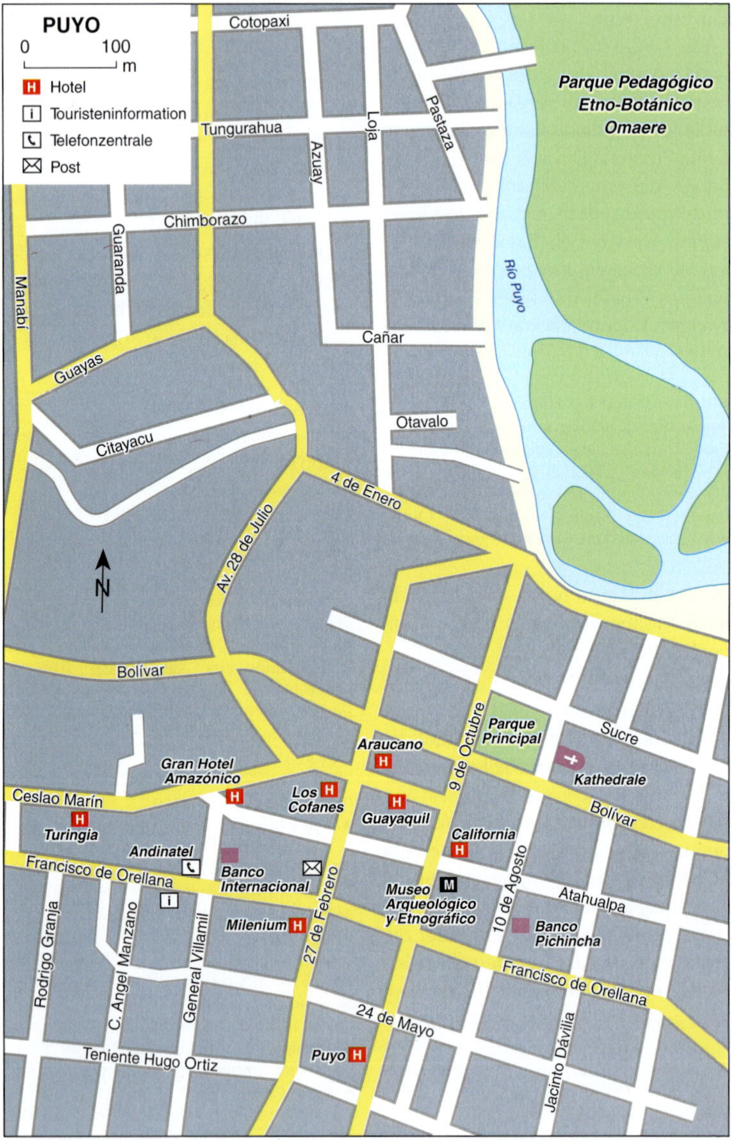

PUYO
0
100
m
Hotel
Touristeninformation
Telefonzentrale
Post
Cotopaxi
Tungurahua
Azuay
Loja
Pastaza
Parque Pedagógico
Etno-Botánico
Omaere
Chimborazo
Guaranda
Manabí
Río Puyo
Cañar
Guayas
Citayacu
Otavalo
4 de Enero
Av. 28 de Julio
N
Bolívar
9 de Octubre
Parque
Principal
Sucre
Araucano
Kathedrale
Gran Hotel
Amazónico
Los
Cofanes
Guayaquil
Bolívar
Ceslao Marín
Turingia
California
Andinatel
Banco
Internacional
Francisco de Orellana
Museo
Arqueológico
y Etnográfico
10 de Agosto
Atahualpa
Milenium
27 de Febrero
Banco
Pichincha
Rodrigo Granja
C. Angel Manzano
General Villamil
Francisco de Orellana
24 de Mayo
Jacinto Dávilia
Teniente Hugo Ortiz
Puyo

TV, Internet, jetzt unter US-amerikanischer Leitung, doch weiterhin sehr gute Pizza.
Internet: www.hostelsclub.com/hostel
- *Hostería Turingia*
Marín 294 y Orellana, Tel. 2885180, Fax 2885384; EZ 22 $, DZ 35 $, komfortabel, Garten, Restaurant, Swimmingpool.
Internet: www.hosteriaturingia.com
- *Hostal El Dorado*
Calle 27 de Febrero y Celao Marín, Tel. 2886108, 8 $ p.P. inklusive Frühstück.

Unterkunft außerhalb:
- *Cabañas Mirador Chupa Punda*
Von Puyo Richtung Tarqui, 1 Stunde 20 Min. Fahrt, Comunidad Puyopungo, Tel. 09-9697077, 03-2885047, 09-8795336. Schlichte Unterkunft für 3 $ p.P. Die Cabañas liegen an der Mündung des Río Puyo in den Río Pastaza und bieten eine herrliche Aussicht. Vogelbeobachtungen mit Turm, Gemeindebesuche, Kanutouren.
Mail: santisil_25@yahoo.com

Essen und Trinken

- Eine Bäckerei befindet sich ganz zentral gleich neben dem Busunternehmen San Francisco. Ein Leser berichtet von den „besten Baguettes von Ecuador".
- Pizzeria im Hostal Colibri (siehe oben).

Überlandbusse

Vom Busbahnhof, der südwestwärts relativ weit außerhalb der Stadt liegt, fahren mehrmals täglich Busse nach:
- **Riobamba** (4 Std.)
- **Quito** (8 Std.)
- **Tena** (3 Std.)
- **Macas** (6 Std.)
- **Baños** (3 Std.)
- **Ambato** (3½ Std.)
- Die Busgesellschaft *Centinela del Oriente* steuert verschiedene **kleine Dörfer der nahen Umgebung** an.

Reiseagentur

- *Atacapi/Papangu-Tours*
Calle 27 de Febrero y Sucre, Tel. 2883832; sehr gute Regenwaldtouren, selbstverwaltetes Projekt, gegründet unter Beratung des Deutschen Entwicklungsdienstes. Kanufahrten, Wasserfälle, Höhlen, „Überlebenscamp", Tierbeobachtungen – sehr zu empfehlen! Preise zwischen 35 und 75 $, teilweise inklusive Flug in den Regenwald.
Mail: papangu@ecuanet.net.ec
- *Agencia COKA TOURS*
Calle 27 de Febrero y Celao Marín, unten im Hostal El Dorado, Tel. 2886108, Regenwaldtouren 50 $ p.P, englischsprachige Guides, gute Verpflegung, nette Regenwaldunterkünfte.
Mail: cokatours@andinanet.net
Internet: www.cokatours.pastaza.net

Sonstiges

- In Puyo gibt es ein paar Restaurants, eine Andinatel-Zentrale (vom Zentrum auf dem Weg zum Busbahnhof), gleich daneben eine empfehlenswerte Pizzeria, Banken und an der Ecke Atahualpa y 10 de Agosto eine kleine Post.
- *CEDIME – Centro de Investigación de los movimientos sociales del Ecuador*
Kontaktadresse in Quito: Junín 574 und Ortíz San Marcos, Tel. 02-2582478. Von der EU unterstütztes Sozialforschungszentrum, das auch aufgeschlossenen Touristen Auskunft gibt über Gesundheitsförderung, Landwirtschaft und Frauenprojekte in der Provinz Pastaza. Mail: cedime@ecuanex.net.ec
- Internet-Café: Francisco de Orellama y 9 de Octubre.

Ausflüge

Parque Pedagógico Etno-Botánico Omaere

Der Park liegt am „Paseo Turístico El Balneario". Die Stiftung *Omaere* (Huaorani für Wald, Umwelt) gründete 1995 einen ethnobotanischen und pädagogischen Park. Er hat eine Größe von etwa 16 Hektar, befindet sich auf einer Höhe von 900–960 m und erstreckt sich entlang des Puyo-Flusses.

Omaere stellt sich die Aufgabe, die **biologische Vielfalt der Region** zu erfassen und zu schützen. Dabei soll das traditionelle Wissen der indigenen Gemeinschaften in die Arbeit einbezogen werden. Der Park dient als Zentrum für **Forschung und Bildung,** verfügt über eine Datenbank der regionalen Pflanzenwelt und eine Sammlung ethnobotanischer Informationen. Als langfristige Ziele hat sich der Park die Entwicklung von Programmen zur Erhaltung des tropischen Regenwaldes und die Umwelterziehung in Zusammenarbeit mit den indianischen Gemeinschaften des ecuadorianischen Amazonasgebietes gesetzt. Außerdem beteiligen sich die Stiftung und der Park Omaere an der aktuellen Diskussion um die Umsetzung der Biodiversitätskonvention (Informationen von Klima-Bündnis e.V.).

- Der Park ist tagsüber geöffnet, gegen eine Eintrittsgebühr werden Führungen über Lehrpfade durchgeführt. Auch die Möglichkeit, ein Bad im Fluss zu nehmen, besteht.
- *Fundación OMAERE,* Pasaje Solano 1090 y Av. 12 de Octubre, 3er piso, Quito, Tel. 03-2887656, Fax 02-3883001, 02-2547695.
Mail: admin@omaere.ecuanex.net.ec
Internet: www.omaere.net
- *Jardin Botanico las Orquideas,* 3 km von Puyo Richtung San Jacinto, Ortsteil Los Angeles, Tel. 03-2884855, Handy 08-5916810. Mo bis Do 8.30–16 Uhr. Besitzer *Omar Tello* und seine Mitarbeiter führen auf Rundgängen von 2–3 Stunden durch ihren Botanischen Park. Eintritt: 5 $.
Internet: www.viajandodox.com/pasta_pastaza_orquidea.htm

Fundación Hola Vida

Ausflug nach **Puyupungu** zur Fundación Hola Vida, 25 km südöstlich von Puyo am Zusammenfluss von Río Puyo und Río Pastaza, auf der Busroute Puyo - Pomona; Reservat mit 40 m hohem Wasserfall, einfache Cabañas. Eine Leserin war dort und berichtet: „nette Leute, kleiner, gemütlicher Familienbetrieb, superfeines Essen, sauber, natürlich, preisgünstig, gemütlicher Wanderweg im Regenwald zu einem imposanten Wasserfall mit Bademöglichkeit".

Kontakt: *Familia Amorez Martinéz,* Tel. 09-9702209. Anreise mit dem Kleinbus morgens um 6 und mittags um 13 Uhr ab Mercado Mariscal in Puyo, alternativ im Taxi für 12–15 $ pro Fahrt.

Fátima

Die **Aufzuchtstation von Tapiren und Süßwasserschildkröten** ist ein lohnender Ausflug von Puyo. Man fährt 9 km mit dem Taxi. Der von Indianern und Biologen gemeinsam errichtete Wildlife-Zoo ist eine hervorragende Gelegenheit, die Tiere hautnah in ihrem großen Gehege zu erleben. Die Führungen in Fátima sind eine ausgezeichnete Einführung in die Flora und Fauna des ecuadorianischen Regenwaldes.

Von Puyo nach Baños

Eine Fahrt vom östlichen Tiefland bei Puyo die Ostabdachung der Kordillere hinauf nach Baños (oder umgekehrt) **gehört zu den schönsten Fahrten in Ecuador.** Wie immer in Ecuador beim Wechsel von Hoch- und Tiefland, ändert sich das Vegetationsbild schnell.

Auf der zweistündigen, etwa **60 km** langen Fahrt von Puyo (980 m) nach Baños (1800 m) durchquert man einen tiefen Cañón, den der **Río Pastaza** in die Ostkordillere geschnitten hat. Drei eindrucksvolle Wasserfälle, der Agoyán, der Manto de la Novia und der Pailón del Diablo, stürzen in die Schlucht.

15 km nach Puyo, bei **Mera,** erfolgt die „Einfahrt" in den Cañón; zurück blickt man auf die unendlich weite Ebene, die sich ohne Unterbrechung beinahe 4000 km bis zum Atlantik erstreckt. In Mäandern fließt der Río Pastaza in südöstlicher Richtung durch den Regenwald, bis er in Peru in den Amazonas mündet.

Kurz vor Mera liegt die kleine Ortschaft **Shell.** 1947, als erstmals Öl im Oriente entdeckt wurde, richtete die gleichnamige Ölgesellschaft an dieser Stelle zwischen Mera und Puyo ein kleines Camp ein; seitdem trägt die Siedlung den Namen der Gesellschaft (oft werden beide Orte, Mera und Shell, zusammen Shellmera genannt). Die Ölfirma ließ auch einen kleinen Flugplatz in Shell bauen, von dem zwar keine Linienflüge, aber doch Charterflüge nach Quito oder in den Regenwald führen. Einige Reiseagenturen bedienen sich des Charter-Services ab Shell (Infos am Flughafen). Denken Sie bei Regenwaldreisen an ihren originalen Reisepass.

Zur Übernachtung stehen wenige einfache Hotels zur Verfügung, zu empfehlen sind jedoch die Unterkünfte im nahen Puyo. Wer mit dem Bus weiterfahren will, wartet am besten am „Checkpoint" auf einen Bus nach Baños oder Puyo.

Zwischen Mera und **Río Verde** (ca. 13 km vor Baños) wird die Vegetation tropisch. Großwüchsige Farne, Bromelien, Orchideen und blühende Bäume zeigen an, dass sich die klimatischen Verhältnisse geändert haben.

Tipp für Abenteurer: Auf halbem Weg zwischen Río Verde und Baños liegt eine **Seilbahn;** für 1 $ fährt man in einer abenteuerlichen Konstruktion in der Art einer nach oben offenen Hundehütte. Der „Passagierkorb" hängt an einem Seil, das von einem alten Ford-V8-Motor bewegt wird. Die Fahrt führt über die Schwindel erregend tiefe Schlucht und macht auf der anderen Seite an einem netten Restaurant und wunderschönem Wasserfall Halt (s.a. Baños/Wanderungen, Route A 2).

Route B 3

- **Puyo – Macas – Sucúa – Zamora**
- **Routenlänge ca. 450 km**

Diese Route führt in den südlichsten Oriente bis nach Zamora, das zwischen Loja (im Westen) und peruanischer Grenze (im Osten und Süden) liegt. Die Route berührt die Nationalparks Podocarpus bei Zamora und Sangay (vgl. Route A 3) und gibt Gelegenheit, die Shuar-Indianer kennen zu lernen (vgl. entsprechenden Exkurs).

Der erste Streckenabschnitt zwischen Puyo und Macas ist 131 km lang; nach etwas mehr als der Hälfte der Entfernung wird der Río Pastaza überquert.

Diese Regenwaldpiste ist streckenweise in erbärmlichem Zustand. Selbstfahrer kommen nur mit dem Jeep durch, Mitfahrer nur mit Schlagloch-Resistenz.

Macas

Die **Hauptstadt der Provinz Morona-Santiago,** der wichtigste Ort der Region, wird inzwischen von über 15.000 Menschen bewohnt. Erst allmählich entwickelt Macas auch touristische Exkursionsangebote in das Umland, vor allem zu den Shuar und Achuar. Der alte katholische Missionsposten der italienischen Salesianer hat sich samt eigener Flugbasis und deutscher Kooperation zu einem Entwicklungspfeiler der Stadt gemausert.

Sehenswert ist die schöne **Kirche Virgen Purísima** direkt am Zentralplatz. Der Weg hinauf zum **Mirador la Colina de Quillano** lohnt die Mühe (mindestens 1 Stunde anstrengender Fußmarsch), denn manchmal ist der aktive Vulkan Sangay (5520 m) in der Ferne zu sehen.

Ausflüge in den Sangay-Nationalpark werden durch die ganzjährig schlechten Wetterbedingungen erschwert (siehe auch Route A 3 nach Riobamba).

- **Tel. Vorwahl Macas: 07**

Unterkunft

- *Residencial Macas*
Sauber, überaus preiswert, netter Besitzer; auf der Dachterrasse kann man seine Wäsche waschen und (bei guten Sichtverhältnissen) den Ausblick auf den Sangay genießen
- *Hotel Spendit,* sauber und einfach.
- *Hostal Las Orquideas*
Familiär, ruhig und sicher; der Vermieter *Don Luis* ist ausgesprochen freundlich und hilfsbereit, Tel. 2702911, Zimmer 8 $ p.P. Wäschedienst.
- *Hostal Esmeralda*
Calle Cuenca 612 y Soaste, Tel. 2700130, EZ 8 $, DZ 16 $, MBZ 9 $ p.P., ohne Frühstück, schöne Zimmer mit BP, warmem Wasser, sehr sauber, allerdings keine Moskitonetze; empfehlenswert!
- *Hosteria Cabañas del Valle*
Av. 29 de Mayo, km ½ Richtung Sucia, Tel. 2700226, EZ 12 $, DZ 20 $, Frühstück 2,50 $, BP, AC, Kabel-TV. Empfehlenswert!
Mail: hosteriadelvalle@yahoo.com

Essen und Trinken

- *Restaurant Chifa China*
Unten im Hotel Peñon; üppige Portionen, gut und preiswert.
- *Eros Café*
Amazonas y Tarqui; gutes Frühstück, freundliche Atmosphäre.

Flüge

- *TAME* fliegt Mo und Fr um 15.15 Uhr **nach Quito.** Flugscheine werden im Büro an der Landebahn verkauft. Bei Schlechtwetter kommt es zu Stornierungen.
- *Aeroaustro* verbindet mehrmals wöchentlich Macas und **Cuenca.**
- Der *Servicio Aereo Misional* bietet Charterflüge in die gesamte südliche Regenwaldregion Ecuadors an. Ein Flug nach Yaupi beispielsweise kostet 200 $. Auskünfte an der Flugbasis.

Überlandbusse

Vom Busbahnhof in der Calle 10 de Agosto y Guamote werden zwei Strecken bedient:

- **Macas – Gualaquizo** über Sucúa (9 Std.)
- **Macas – Cuenca** (9 Std.)

Post

- Das Postamt in der Calle 9 de Octubre y 10 de Agosto hat von Mo bis Fr von 9–18 Uhr geöffnet.

Telefon

- Das Pacifictel-Fernmeldeamt ist in der Calle 24 de Mayo zwischen Cuenca y Sucre; die Öffnungszeiten sind 9–20 Uhr.

MACAS
0
200
m
Hotel
Restaurant
Telefonzentrale
Post
18 de Febrero
Riobamba
5 de Agosto
Amazonas
Soasti
24 de Mayo
9 de Octubre
Don Bosco
Montalvo
Hotel Esmeraldas
Turismo
Cuenca
Costa Azul
TAME
La Orquídea
Sucre
Carmita
Macas
Bolívar
Charlot
Splendit
Kirche Purísima
Markt
Hauptplatz
Domingo Comin
Peñón del Oriente
Chifa Pagoda
Upano
Rincón del Miguel
ETSA
Guamote
10 de Agosto
Super Pollo
Landebahn
Pastaza
Eros Cafe-Bar
La Brasa
Sangay
Tarquí
Emperatriz
Casa de la Suerte
G. Rivadeneira
Treppen
Amazonas
La Peña
29 de Mayo
Juan de la Cruz
N

Der Widerstand der Shuar

Die Shuar-Indígenas haben es als vielleicht einzige Gruppe aller Indígenas in Ecuador verstanden, ihre Unabhängigkeit, ihr Land und ihre Kultur seit der spanischen Kolonialzeit weitgehend zu erhalten.

Die Shuar leben seit Jahrhunderten im Gebiet östlich der ecuadorianischen Anden, bereits im 15. und 16. Jahrhundert konnten sie dort die vordringenden Inkaherrscher zurückschlagen. Nach dem Zusammenbruch des Inka-Reiches versuchten die Spanier, angelockt vom sagenhaften El Dorado, das Gebiet der Shuar zu erobern. Hernando de Benavente stieß aber rasch auf Schwierigkeiten. Statt sich zu unterwerfen, flohen die Indígenas zunächst und stellten sich dann dem Kampf. Obwohl der spanische Vizekönig von Peru weitere Eroberungsvorstöße wegen der großen Verluste verbot, drangen die Spanier langsam vor und konnten in der zweiten Hälfte des 16. Jahrhunderts die ersten Niederlassungen in Logroño, Sevilla de Oro und Huamboya gründen. Die Shuar unterwarfen sich teilweise der Arbeit auf den Encomiendas (koloniale Ländereien) und in den Goldminen, doch kleinere Rebellionen kamen immer wieder vor. Nachdem 1599 die Goldtributlieferungen erhöht wurden, planten die Shuar den ersten großen Aufstand. Die spanischen Städte wurden erobert, der Gouverneur von Logroño gefangen genommen. Die Indígenas gossen ihm flüssiges Gold in den Rachen, um seine Gier nach dem Edelmetall endgültig zu stillen. Militärische Strafexpeditionen blieben erfolglos, die Shuar hatten alle Städte zerstört und sich danach sofort wieder in die Wälder zurückgezogen.

Was die Eroberer nicht schafften, gelang den Missionaren. Ende des 19. Jahrhunderts kamen die ersten Salesianerpriester. Sie bauten Schulen und Kirchen und brachten, besonders nach 1940, zahlreiche Siedler ins Land der Shuar. Die Salesianer waren somit seit 1599 die ersten, denen es gelang, die politische und kulturelle Unabhängigkeit der Shuar aufzuweichen. Auf die Missionare folgten die Siedler, aus den Missionsstationen wurden Städte, die Shuar hatten diesem kulturellen und wirtschaftliche Druck nichts entgegenzusetzen.

Im Jahr 1961 gründeten sich dann die „Asociación Sucúa" und 1964 die „Federación de los Centros Shuar", die erste Indigena-Organisation Lateinamerikas. Heute hat diese Organisation, deren zentraler Sitz in Sucúa liegt, etwa 50.000 Mitglieder, die in 320 lokalen Zentren und 25 Verbänden organisiert sind. Die Selbstverwaltung der Gemeinden, Unterstützung bei Fragen der eigenen Kultur(vermittlung), des Landrechts und der Erziehung sowie Bildungsprogramme mit bilingualen Radioschulen (spanisch und Shuar-Sprache) sieht die Föderation heute als ihre zentralen Aufgaben an.

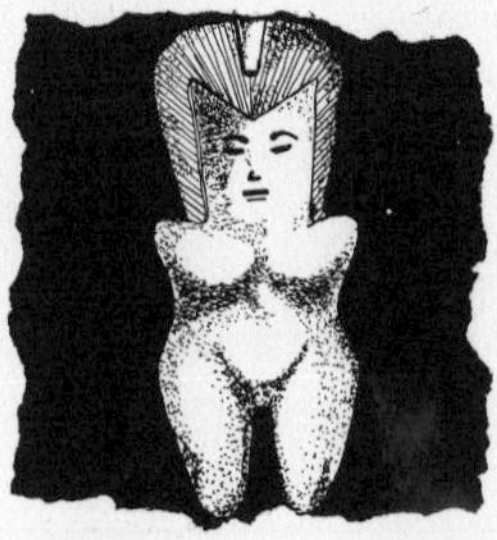

Regenwaldtouren

- **Auskünfte** über Touren in den Sangay-Nationalpark erteilt der Ausrüsterladen *Tuntiak Expediciónes de la Selva,* der direkt am Busbahnhof liegt.
- Empfehlenswert sind die von Shuar organisierten Touren von *TSUNKI Adventures* (Calle Bolívar y Amazonas, Tel. 2700464, Mail: tsunkimar@hotmail.com).
- Lesertipp: *Marcelo Davalos Gomez,* Tel. 2701143; für ca. 35 $ pro Tag und Person (mind. 12 Personen) inkl. Transport und Verpflegung, Radfahren und Rafting organisiert „Ingeniero" Marcelo eine „Spitzen-Tour" mit Unterbringung bei einer Shuar-Gemeinde – begeistertes Fazit: „Absolut kein Touristenprogramm, sondern alles in echt – was für Hobbyethnologen."

23 km südlich von Macas folgt das Urwalddorf Sucúa.

Sucúa

Das 6500-Einwohner-Städtchen reizt sicherlich in besonderem Maße den Völkerkundler zu einem längeren Aufenthalt. Aus einer alten Missionsstation hervorgegangen, lebt heute in dem Dorf ein Großteil der Shuar-Indianer.

In Sucúa wurde die *Federación de Centros Shuar* zur Pflege der Shuar- (und Achuar-)Kultur gegründet. Der Verband setzt sich in erster Linie für indianische Kulturbelange, für Landrechte der Shuar und für den Schutz des Regenwaldes im südlichen Oriente ein.

Das Dorf hat einen schön angelegten **Hauptplatz,** um den sich mehrere einfache Hotels gruppieren und Schatten spendende Bäume zur Siesta in der heißen Mittagszeit einladen.

Ein kleiner **zoologischer Garten** liegt im Südosten der Stadt, ca. 2 km vom Hauptplatz entfernt (die Av. Orellana in südlicher Richtung, später nach links abbiegen).

Der Zoo ist inzwischen aufgegeben, allerdings sollen dort immer noch ein paar Wildschweine, Schildkröten und ein Papagei leben, außerdem halbzahme Affen, die sich füttern, beobachten und – mit Geduld und Früchten – sogar streicheln lassen.

- **Tel. Vorwahl Sucúa: 07**

Unterkunft

Nur einfache Pensionen stehen in Sucúa zur Verfügung:

- *Residencial Cuenca*
Calle Domingo Comin, ca. 300 m vom Hauptplatz (südl. Richtung).
- Weitere am Parque: *Residencial Cumanda, Hotel Colón, Hotel Rincón Oriental.*

Überlandbusse

- **Zwischen Sucúa und Macas** verkehren ständig Busse, die Fahrzeit beträgt etwa eine Stunde.

Flüge

- Von einem kleinen Flugplatz bestehen **unregelmäßige Flugverbindungen nach Puyo.** Die Shuar haben zudem einen eigenen Charter-Service per viersitziger Cesna. Nähere Informationen können direkt an der Landebahn eingeholt werden.

Sonstiges

- *Kulturzentrum der Shuar*
Das Zentrum liegt beim früheren Zoo im Südosten der Stadt, ist aber für Touristen bisher kein goßer Gewinn, da hier kaum Informationen zu erhalten sind und auch keine Austellungen stattfinden.
- **Sonntags ist Markttag.**

Von Sucúa bis Zamora

Weiter auf dem Weg nach Zamora ist nach etwa 2 Stunden (53 km) die Siedlung **Santiago de Méndez** erreicht. In der Nähe von Méndez befindet sich in Gestalt des *Centro Kuchiankas* eine Schule der Shuar-Indianer. Besucher sind willkommen, doch leichter ist in Sucúa der Kontakt zu Shuar-Familien herzustellen.

Von Méndez geht eine Straße in das 153 km (9–11 Fahrstunden) entfernte **Morona,** das im Osten nahe der Grenze zu Peru liegt. Hier im Grenzgebiet wird man auch mittelfristig nicht mit touristischer Infrastruktur rechnen können. In Morona gibt es ein paar Restaurants, aber keine Übernachtungsmöglicheit; sollten Sie die Strapazen der langen Reise auf sich nehmen wollen, um in verlassener Gegend was auch immer zu machen, dann vergessen Sie nicht, ein Zelt mitzunehmen.

Abstecher zu den Cuevas de los Toyas

Etwa auf halber Strecke zwischen Mendez und Morona bietet es sich an, die Cuevas de los Toyas zu besichtigen. Die Höhlen sind vor allem bekannt wegen der dort beheimateten **„Ölvögel" (guacharos),** hühnerähnlichen Vögeln, die bereits von *Alexander von Humboldt* beschrieben wurden. Ihren Namen erhielten die Vögel von den Indígenas, die einmal im Jahr Jagd auf die Tiere machten („Fetternte"), mit dem Ziel, dem fettreichen Bauch der Vögel ein besonders reines Öl zu entziehen.

Die Vögel selbst sind nachtaktiv und ernähren sich von Früchten, deren unverdauliche Kerne zwischen dicken Kotschichten auf dem Boden der Höhle lagern. In den gerade noch von Licht gestreiften Bereichen der Höhle gehen die Samen zu kümmerlichen Pflänzchen auf. Forscher haben aufgrund der gefundenen Fruchtkerne festgestellt, dass die Vögel, die bei Tageslicht fast blind sind, in der Nacht aber hervorragend sehen, weite Strecken auf der Suche nach Nahrung zurücklegen. In der Höhle stimmen sie zu einem unbeschreiblichen Geschrei an, wenn sie aufgestört werden. **Dazu Humboldt:** „Schwer macht man sich einen Begriff vom furchtbaren Lärm, den Tausende dieser Vögel im dunklen Innern dieser Höhle machen. Das gellende durchdringende Geschrei des guacharo hallt wider vom Felsengewölbe, und aus der Tiefe der Höhle kommt das Echo zurück."

Zu erreichen ist die Höhle auf einem **dreistündigen Fußmarsch** vom Ort **Santiago** am gleichnamigen Fluss. Dort sollte man sich einen Führer anheuern. Der schlechte Pfad beginnt auf der anderen Seite des Flusses, die man mit einem Kanu anläuft.

Die Höhlen sind nur mit Bergsteigerausrüstung und Unterstützung zu besichtigen. Sie finden sich am Grund eines Erdloches von 50 m Durchmesser und 70 m Tiefe, in das man sich per Seil hinablassen muss. Unten braucht man unbedingt eine starke Lampe, einen Atemschutz und wasserdichte Schuhe.

Etwa 45 km sind es von Méndez nach **Limón,** auch bekannt unter dem Namen Generál Leonidas Plaza Gutiérrez. Auch von hier aus kann der Oriente in Richtung Hochland verlassen werden. An der Hauptstraße finden sich einige einfache Unterkünfte, Restaurants und die Bushaltestelle, von der mehrmals am Tag Busse nach Cuenca, Loja und Macas aufbrechen.

Kurz vor **Indanza** (11 km) zweigt eine Straße ins Hochland nach Cuenca ab. Bis Gualaquiza 70 km weiter im Süden fährt man vorbei an unbedeutenden Dörfern des schwach besiedelten Gebietes.

In der kleinen Stadt **Gualaquiza** in 890 m Höhe gibt es einfachste Unterkünfte (Tipp: *Hostal Residencial Guadalupe,* einfach, DZ mit BC 2 $) und kleine Restaurants an der Hauptstraße. Von der Bushaltestelle fahren **Busse** nach Süden (Zamora/Loja), nach Norden (Limón, Sucúa, Macas) und in den Westen hinauf ins Hochland (Rosario/Sigsig/Cuenca). Eine Piste führt zu den 10 km westlich gelegenen **Höhlen von Nueva Tarquí.** Busse dorthin verkehren nur sporadisch.

Weiter nach Süden passiert man über eine neu konstruierte Brücke den Río Chuchipamba (eine Stichstraße zweigt nach Osten in die Missionsstadt **Bomboiza** ab) und dann über eine kleine Brücke den Río Chuchumbleza.

Von Gualaquiza bis Yantzaza sind es 80 km. Der Überlandbus benötigt für die Strecke 3 Stunden. Unterwegs – wieder folgt die Straße dem Lauf des Río Zamora – kann die Fahrt auf halber Strecke in der Siedlung **El Pangui** unterbrochen werden, einem typischen Regenwalddorf, klein, einfach und fernab jeglicher Zivilisation.

In **Yantzaza** (915 m) leben über 5000 Menschen, größtenteils vom Nambija-Gold angezogen (vgl. am Ende der Route). In dem typischen ecuadorianischen Regenwalddorf von Zuwanderern spielt sich das Leben entlang der Hauptstraße ab, an der sich ein paar kleine **Restaurants** (Tipp: *Viña del Mar*), einzelne Hotels (z.B. *Hotel Inca,* DZ 7 $) und die Bushaltstelle befinden.

Auf dem letzten Abschnitt nach Zamora, immer entlang des Río Zamora, kommt man an mehreren kleinen Fincas vorbei, die den Reisenden mit Kaffee und tropischen Früchten versorgen. Zwei Passkontrollen durch das Militär verzögern das Fortkommen, aber nach 2 Stunden und 41 km (ab Yantzaza) ist schließlich Zamora erreicht.

Zamora

In 970 m Höhe, in tropischer Schwule, leben knapp 18.000 Menschen. Shuar- und Saraguro-Indianer kommen ab und zu in die Stadt, **Goldgräber** suchen ihr Glück in den Minen von Nambija, das Militär ist präsent – die letzten Grenzkonflikte mit Peru wurden ganz in der Nähe von Zamora ausgetragen ...

Zamora ist von den Spaniern 1549 gegründet worden, eine Neugründung erfolgte 250 Jahre später. Seit 1953 **Hauptstadt der Provinz Zamora-Chinchipe,** hat sich die Stadt ihren eher dörflichen Charakter bewahrt. Neben einer Andinatel-Zentrale findet man eine Bank, eine Post, ein Kino, einen eher langweiligen Marktplatz und einen Busbahnhof.

Von Zamora aus können Ausflüge in den Podocarpus-Nationalpark (s.u.) unternommen werden.

- **Tel. Vorwahl Zamora: 07**

Unterkunft

Die Minenarbeiter-Stadt Zamora ist kaum auf Touristen eingestellt. Zur Übernachtung bieten sich an:

- *Hotel Maguna*
Calle Vaca (nahe der Post auf dem Weg nach Macas); Zimmer mit TV und Telefon, mit Blick auf den Río Zamora.
- In und nahe der Calle Sevilla de Oro liegen die **Billigunterkünfte** *Hotel Venecia, Hotel Amazonas, Hotel Zamora.*
- *Copalinga (Zamora)*
3 km vom Podocarpus-Park entfernt, Tel. 09-3477013, Preise zwischen 14 und 33 $, PB, AC. Empfehlenswert!
Mail: info@copalinga.com
Internet: www.copalinga.com

Überlandbusse

- Vom Busbahnhof am östlichen Ende der Calle Vaca verkehren mehrmals täglich Busse **nach Loja** (4 Std.) und **Yantzaza/Gualaquiza** (2/5 Std.).

Ausflüge/ Regenwaldtouren

Regenwaldtouren

Zamora hat sich zu einem Ausgangspunkt für Regenwaldtouren gemausert. Uns wurde das familiär geführte *Refugio Ecologico TZANKA* von *Mario Gonzáles* und seiner Frau empfohlen. Der Parkeintritt kostet 2 $ p.P.; viele Pflanzen, u.a. ein schönes Orchideenhaus, ein kleines archäologisches Museum und einige Regenwaldtiere wie der Tapir sind zu sehen. Zimmer mit BC für 10 $ inkl. Frühstück und warmes Wasser; Restaurant mit Bar, Billard, abends manchmal Karaoke; Tel. 2605692, Mail: refugioecologicotzanka@yahoo.es, Eintritt: 2 $.

Podocarpus-Nationalpark (8/13 km)

In Zamora findet sich eine kleine Informationszentrale von INEFAN, die über den Besuch des Parks aufklärt. **Zwei Parkeingänge** stehen zur Auswahl: Die **Bombuscara-Station** liegt 8 km südlich von Zamora und wird zu Fuß oder mit dem Taxi erreicht. Eine andere Straße führt zum 13 km südlich gelegenen Parkeingang bei **Romerillos** (mit kleiner Schutzhütte). Busse fahren von Zamora frühmorgens zu wechselnden Zeiten in den Nationalpark. Von der Bombuscara Station führen Wanderwege in den Nebelwald, die in ein oder mehreren Tagen bewältigt werden können, von Romerillos aus kann man einen (anstrengenden) Rundwanderweg beschreiten, der zwei bis drei Tage erfordert. Es gibt ausreichend Campingmöglichkeiten, und das Personal von INEFAN in Zamora oder an der Bombuscara Station ist gern behilflich bei Konzeption und Organisation einer mehrtägigen Tour.

- *Monta Tours*
Tel. 2673186; unterhält ein eigenes Refugio in den Bergen und bietet ein- bis dreitägige Reittouren ab 2 Pers. im Nationalpark an.

- **Karten:** IGM TK 1:50.000 Zamora, CT-ÑVII-A1; IGM TK 1:50.000 Cordillera de Tzunantza, CT-ÑVII-A3

ecu027 Foto: peko

Quechua-Familie am Río Napo

• **Weitere Informationen** zum Nationalpark entnehmen Sie der Beschreibung im Rahmen der Route A 4 (nach Loja).

Nambija (13 km)

Die **Goldgräberstadt** Nambija kann von Zamora aus als Tagesausflug besucht werden und vermittelt einen Eindruck vom rauen Leben der Goldgräber. Der Alkohol fließt oft und reichlich, eine Siesta hält man besser an ruhigerem Ort. 1993 sorgte Nambija für Schlagzeilen, als ein Grubenunglück in einer illegal angelegten Goldmine viele Todesopfer forderte. Der Goldrausch treibt viele Ecuadorianer in das Gebiet von Nambija, und nachdem die Regierung die Minenschließung noch im selben Jahr des Unglücks wieder aufhob, ist die Arbeit in zahlreichen Schächten erneut aufgenommen worden; wieder hoffen viele Schürfer auf die entscheidende Wende in ihrem Leben.

Anfahrt: Von Zamora fährt ein Yantzaza-Bus bis Namirez und von dort ein anderer weiter bis nach Nambija. Da die Fahrt mit Umsteigemanöver mehrere Stunden in Anspurch nehmen kann, sollte man früh aufbrechen.

An der Küste (Costa)

Das ecuadorianische Küstentiefland nimmt **ein Viertel der Landfläche** ein und umfasst die Provinzen Esmeraldas, Manabí, Los Ríos, Guayas, Santa Elena, Santo Domingo de los Tsáchilas und El Oro. Es wird durch ein von Norden nach Süden verlaufendes Küstengebirge in zwei Abschnitte unterteilt: westlich der Bergkette die eigentliche **Küstenregion** mit ausgedehnten Stränden, kleinen Fischerdörfern und den beiden großen Häfen Manta im Norden und Guayaquil im Süden, zwischen der Bergkette und dem Andenhochland das **Hinterland,** wo sich größere Anbaugebiete tropischer Kulturen wie Bananen, Kakao, Kaffee, afrikanische Ölpalmen, Baumwolle, Mais und Reis befinden.

Im Küstentiefland kommt es im Jahresverlauf zu einer deutlichen Trennung zwischen **Regen- und Trockenzeit.** In den beiden nördlichen Provinzen Esmeraldas und Manabí fällt die Trockenperiode in die Monate Juli bis Dezember, während der Rest des Jahres feucht und heiß ist. Die Regenzeit der südlichen Provinzen beschränkt sich auf die Monate Januar bis April, wobei die Halbinsel Santa Elena und der äußerste Süden, durch den Humboldt-Strom beeinflusst, wesentlich trockener sind. In den Regenmonaten sind einige unbefestigte Straßen schwer, teils gar nicht passierbar, und das Reisen ist unbequem und strapaziös. Abgelegene Orte wie die Mangrovendörfer von Esmeraldas sind nur mit dem Motorkanu, der *lancha,* zu erreichen.

Viele Strand suchende Touristen begeben sich **vom Hochland direkt an**

die Küste. Die Fahrt den steilen Westabfall der Hochlandkordillere hinunter in das Tiefland ist ein atemberaubendes und faszinierendes Erlebnis. Ob mit dem Überlandbus oder im gemieteten Pkw – das breite Spektrum von Klima, Landschaft und Pflanzenwelt ist nirgends in Ecuador so anschaulich wie auf einer solchen Fahrt.

In den Fischerdörfern und an den verschiedenen **Stränden** hat der Reisende Gelegenheit zu relaxen. Anzumerken ist jedoch, dass die Strände kaum dem Katalog-Klischee tropischer Paradiese entsprechen.

Interessant sind die historischen und archäologischen (Ausgrabungs-)Stätten und die Zentren ecuadorianischen Kunsthandwerks, in denen, mit unterschiedlichen regionalen Schwerpunkten, Keramiken, Webarbeiten und der Panamahut aus Montecristi bestaunt und gekauft werden können.

Route C 1

- **San Lorenzo – Limones – Esmeraldas – Tonsupa – Atacames – Súa – Same – Playa Escondida – Muisne – Mompiche – Pedernales**
- **Routenlänge ca. 270 km**

Die Route beginnt im heißen San Lorenzo im äußersten Norden Ecuadors und führt bis zu den Stränden im Südwesten der Stadt Esmeraldas. Die Reiseroute ermöglicht einen Abstecher in das Cotacachi-Cayapas-Naturschutzgebiet von der tropischen Westseite des Gebietes her und eröffnet die Möglichkeit, mit den Cayapas-Indianern Bekanntschaft zu machen.

Die **Provinz Esmeraldas** bedeckt eine Fläche von 15.030 km². Die Topografie ist weitgehend flach, lediglich die Ausläufer der andinen Westkordillere im Osten der Provinz steigen auf knapp 300 m an. Esmeraldas ist die einzige Provinz Ecuadors, die ausschließlich in der feuchttropischen Klimazone liegt. Entsprechend gestaltet sich das Vegetationsbild: tropischer Regenwald, der bis an die Küste reicht. Die Provinz wird von zahlreichen Flusssystemen durchzogen, deren Quellen in der westlichen Andenkordillere liegen. Fischerdörfer und schöne Strände säumen die Küste. Unentbehrlich auf dieser Route ist ein gutes **Insektenschutzmittel!** Sehr nützlich ist ein **Moskitonetz!**

Ökonomisch bedeutsam ist neben der **Fischerei** die **Agrarwirtschaft.** Bis Ende der 1960er Jahre dominierten große Bananenmonokulturen im Hinterland der nördlichen Küstenorte, nachdem aber die Provinzen Los Ríos, Guayas und El Oro zu Schwerpunkten des Bananenanbaus wurden, fand eine Neuorientierung statt: Kakao, Kaffee, tropische Früchte und afrikanische Ölpalmen beherrschen heute die Landwirtschaft.

In der Provinz Esmeraldas leben etwa 350.000 Menschen. Einen Großteil stellt die **afro-ecuadorianische Bevölkerung,** Nachfahren der in der kolonialen Epoche als Sklaven nach Ecuador verschleppten Afrikaner.

San Lorenzo

San Lorenzo war früher nur mit dem *autoferro* (Zug) von Ibarra aus oder mit dem Boot von La Tola zugänglich, inzwischen ist der Zugverkehr eingestellt, dafür verkehren regelmäßig **Busse zwischen Ibarra und San Lorenzo** sowie zwischen San Lorenzo und Esmeraldas-Stadt. Insgesamt wird die Verkehrssituation im Bereich zwischen San Lorenzo und Esmeraldas immer besser, da infolge massiver Rodungen eine Art „Panamericana der Küste" im Entstehen ist.

Das Küstendorf ist ein **feuchtheißes Nest ohne nennenswerte Attraktionen,** aber wichtiger Ausgangspunkt für Fahrten in das Mangrovengebiet der „Reserva Manglares Cayapas-Mataje".

Bereits an der Busstation wird der Neuankömmling von jungen Burschen empfangen, die um Gäste für ihre Hotels werben. Es gibt im Dorf auch ein paar Restaurants (empfohlen wird das Restaurant „La Estancia"), zwei Bäckereien, eine Handvoll Lebensmittelläden und ... Moskitos. Morgens sollte man zeitig aufstehen, um ein Boot nach La Tola aufzutreiben.

Sicherheitshinweis

Nachdem sich der kolumbianische Bürgerkrieg und ein beträchtliches kriminelles Potenzial mittlerweile auch in San Lorenzo auswirken bzw. entfalten, ist **von Reisen auf eigene Faust in die Stadt abzuraten,** allenfalls eine zielstrebige Anreise zum Hotel, um am nächsten Morgen die Weiterfahrt anzutreten, ist sinnvoll.

- **Tel. Vorwahl San Lorenzo: 06**

Unterkunft

In San Lorenzo gibt es **einige sehr einfache Hotels** mit schwankender Qualität wie: *Hotel Vilma, Hotel San Lorenzo* und *Hotel San Carlos.* Sie befinden sich am Bahnhof und etwas unterhalb an der Hauptstraße. Wir empfehlen, auch aus Sicherheitsgründen, etwas mehr anzulegen:

- *Hotel Continental*

Calle Imbabura, an der Hauptstraße; Tel. 2780125, 10 $ p.P., AC, TV, einfach, freundlich, Klimaanlage oder Ventilator.

Busse

- Von San Lorenzo fahren Busse u.a. nach Borbón.
- **Anreise** nach San Lorenzo: Vom Busterminal in Quito oder ab dem Busdepot der Flota Imbabura fahren alle paar Minuten Busse nach Ibarra; dort steigt man um in einen Anschlussbus nach San Lorenzo. Direktverbindungen aus der Hauptstadt bestehen nur wenige, zuletzt dreimal täglich mit *TransEsmeraldas* (Fahrtzeit etwa 6 Std.).

Großer Bambus auf der Finca von Tinalandia nahe Santo Domingo

Bootsverkehr

In der Gaststätte links neben der Capitanía direkt am Wasser hängt ein Fahrplan aus, auch Fahrkarten sind dort zu haben.

- **Boote nach La Tola** (2½ Std.) gehen ab 5 Uhr mehrmals am Tag und legen in der Regel einen Zwischenstopp in Limones (70 Min.) ein. Von dort fahren Rancheros (an der Küste chivas genannt) weiter nach Esmeraldas (5 Std.). Wer früh am Morgen aufbricht, erreicht Esmeraldas bequem an einem Tag.
- **Boote nach Borbón** (3½ Std.) fahren mehrmals täglich über Limones. Der Anschluss nach Esmeraldas (4½ Std.) erfolgt wiederum mit Rancheros.
- **Nach San Pedro,** einer kleinen Insel nordwestlich von San Lorenzo, können Boote gechartert werden. Auf der Insel kann gecampt werden, Verpflegungsmöglichkeiten fehlen.
- Schließlich besteht eine **Bootsverbindung nach Tumaco (Kolumbien).** Deren Inanspruchnahme setzt aber einen Ausreisestempel voraus, der in Quito oder Esmeraldas, nicht aber in San Lorenzo zu bekommen ist. Eine Fahrt nach Tumaco kann den ganzen Tag in Anspruch nehmen, handeln Sie den Preis aus. Wegen der angespannten Lage in Kolumbien ist eine Einreise ins Nachbarland jedoch zu unterlassen!
- Die Fahrten mit dem Boot in Richtung La Tola oder Borbón werden in kleinen Kanus durchgeführt, die harte Sitze haben. Bringen Sie eine **weiche Unterlage** mit! Unterwegs auf der Fahrt durch Mangrovensümpfe kann ein kleiner **Feldstecher** zur Beobachtung von Pelikanen und anderen Vögeln wertvoll sein.
- **Privatboote** verkehren zu höheren Preisen. Sie sollten Mitreisende suchen, um die Fahrt erschwinglich zu machen.

Bahn

Seit Frühjahr 2008 fährt der legendäre Schienenbus wieder auf dem Teilstück **San Lorenzo – Cachavi.** Die Bahndirektion von *Ferrocarriles Ecuatorianos* rät Touristen allerdings angesichts der **Sicherheitslage** ausdrücklich von der Fahrt ab!

ecu030 Foto: peko

An der Küste/Costa

Sonstiges

- Es gibt in San Lorenzo **keine Bank** oder Wechselstube, so dass Sie ausreichend Geld mit sich führen müssen.
- Direkt an der Bahnstation befindet sich ein **Andinatel-Fernmeldeamt,** das allerdings nicht jeden Tag besetzt ist.

Strand

- Bevor Sie San Lorenzo wieder verlassen, sollten Sie einen Abstecher nach **San Pedro** zwischenschalten! Etwa 10 km im Norden von San Lorenzo ist ein **wunderschöner, menschenleerer Strand** zu entdecken, den nur wenige Touristen kennen.

Limones

Spannender als der Direktbus nach Esmeraldas ist der Wasserweg. Schon nach 1 Stunde **Bootsfahrt** ist Limones erreicht, ein **kleines Küstendorf** an der Trichtermündung der beiden Flüsse Río Cayapas und Río Santiago, das von knapp 8000 Menschen bevölkert wird. In dem überschaubaren Ort finden sich eine kleine Sägemühle, einige Restaurants und einfache Hotels. Gelegentlich tauchen **Cayapa-Indianer** auf, um ihre Einkäufe zu tätigen. Die Cayapas leben entlang der Flussufer weiter landeinwärts; man trifft sie am ehesten in Borbón und weiter flussaufwärts am Río Cayapas.

Von Limones nach Esmeraldas

Über La Tola

La Tola liegt 1½ Stunden von Limones entfernt. Nur derjenige, der archäologisch interessiert ist oder aber „festsitzt", wird länger in La Tola bleiben wollen bzw. müssen. Das einfache Hotel am Ort ist oft genug vollbesetzt. Die **Insel Manta del Oro,** mit einer Ausgrabungsstätte der Tolita-Kultur, und ein kleines Museum helfen, die Zeit vertreiben. Rancheros nach Esmeraldas benötigen von La Tola 5 Stunden.

Über Borbón

Auch Borbón wird von Archäologen wegen der umliegenden Ausgrabungsstätten der **Tolita-Kultur** aufgesucht. Auf dem Sonntagsmarkt werden u.a. Taguanuss-Schnitzereien angeboten.

Mit einem Boot kann man den Río Cayapas flussaufwärts nach Cayapas fahren und weiter den Río Miguel bis zum gleichnamigen Dorf am Cotacachi-Cayapas-Parkeingang.

- **In Borbón** gibt es ein paar einfache **Hotels,** darunter das teure *La Tolita Pampa del Oro***.** Preiswerter ist das *Hotel Castillo.* Gut essen kann man bei „Manuel".

Abstecher in die Reserva Ecológica Cotacachi-Cayapas

Im „Linienverkehr" gelangt man nur morgens mit dem Boot den Río Cayapas hinauf. Es läuft mehrere Gemeinden und Missionsorte an, die teilweise Übernachtungs- und Ausflugsmöglichkeiten in die Regenwaldregion der Umgebung anbieten, bevor man nach fünf Bootsstunden das Dorf **San Miguel** und damit den Eingang zum Naturschutzgebiet erreicht. Ein eigenes Boot lässt sich aber jederzeit chartern, die Entfernung bestimmt den Preis, und eine leere Rückfahrt muss mitbezahlt werden.

In San Miguel und **Playa de Oros,** einem anderen nahe gelegenen Dorf, gibt es von der Dorfgemeinschaft unterhaltene Cabañas – Tourismus als alternative Einnahmequelle zur Waldabholzung. Buchungen und Informationen über mehrtägige Programme (Indianerkultur, Vogelbeobachtung, Primärwald-Exkursionen) in Quito bei *Ecociencia,* Tel. 02-2548752, Av. 12 de Octubre 959; Übernachtung 26 $ p.P., pro Mahlzeit 4 $.

Beim Betreten des Naturschutzgebietes wird ein Eintritt erhoben. Mit einem Führer kann man von San Miguel auf dem Fluss zu den Cayapas (s.u.) und zum **Wasserfall Charco Vicente** fahren. In der Nähe des Wasserfalls gibt es Lehrpfade, die nur mit ortskundigem Führer zu beschreiten sind. Mit Campingausrüstung, Insektenmittel und Moskitonetz ist auch an eine Zeltübernachtung zu denken.

Das **204.420 ha große Naturschutzgebiet** nimmt Teile des nördlichen ecuadorianischen Andenhochlandes sowie des nordwestlichen Küstentieflandes ein. Topografisch erreicht es Höhen zwischen 200 m im Küstentiefland, wo Pflanzenformationen des tropischen Tieflandregenwaldes vorherrschen, und 4900 m um den Vulkan Cotacachi; hier dominieren Pflanzen des tropischen Bergwaldes, des Nebelwaldes und des Páramo.

Der Besuch des Naturparks erfolgt in den meisten Fällen vom Hochland aus. Nur wenig Touristen besuchen den westlichen Teil des geschützten Gebietes. Es ist mit jährlichen Niederschlagswerten von 5000 mm ausgesprochen feucht. Die **beste Reisezeit** fällt in die Regenzeit von Dezember bis Mai.

Neben dem Studium der reichen Regenwaldflora und -fauna ist ein Besuch des Schutzgebietes der **Cayapas,** eines 5000 Menschen zählenden Indianervolkes, das für sein Korbwarenhandwerk bekannt ist, von Interesse. In Quito, Borbón, Limones und Esmeraldas gibt es zahlreiche Geschäfte, die Korbwaren und Holzschnitzereien der Cayapas verkaufen. Hauptsächlich jedoch leben die Indianer in Subsistenzwirtschaft, die auf Fischfang basiert.

Etwa 30 km nordöstlich von Esmeraldas passiert man das Küstendörfchen **Río Verde,** wo sich **erholsame Strandtage** in der Hostería Ocean Breeze einlegen lassen bzw. ließen (Baden am langen Sandstrand, Besichtigung von Bananenplantagen, einer Shrimps-Farm und Zuckerrohrpressen, auch Ausflüge mit Fischern aus dem Dorf sind möglich).

- Die *Ocean Breeze* stand zuletzt zum Verkauf, bisher ohne Erfolg.

Esmeraldas

Die Küstenstadt mit 100.000 Einwohnern, **Hauptstadt der gleichnamigen Provinz,** ist der **größte Seehafen im nördlichen Ecuador.** Das Klima hier ist warm bis heiß, und besonders in den feuchtesten Monaten von Dezember bis Mai liegt die Stadt unter einer Glocke stickiger Hitze. Hinzu kommen in dieser Zeit lästige **Moskitos,** die einen Aufenthalt zur Tortur machen (Malaria-Gefahr!).

Die eher **hässliche Stadt** wird von Reisenden in der Regel gemieden. Schmutz, überhöhte Preise und regelmäßige Wasserengpässe laden nicht gerade zum Verweilen ein.

Wirtschaftlich ist Esmeraldas Bedeutung in den letzten Jahren gewachsen. Das Sistema Oleoducto Trans Ecuatoriano, die alte **Pipeline SOTE** und auch die neue **OCP,** münden in die Raffinerie von Esmeraldas, von wo das Öl nach Übersee verschifft wird. Goldminen sind in der Nähe, Tabak und Kakao werden im Umland angebaut, an der Küste wirken sich die Krabbenfarmen verheerend auf die Mangrovenbestände aus.

Etwa 80% der Stadtbevölkerung setzt sich aus **Schwarzen** zusammen; in Esmeraldas ist die schwarze Musik Ecuadors beheimatet, besonders hörenswert die Marimba.

- **Tel. Vorwahl Esmeraldas: 06**

Touristeninformation

- Calle Bolívar 229 y Mejía, Palacio Municipal, Tel. 2711370

Unterkunft

Einfache Unterkünfte

Zahlreiche einfache Unterkünfte sind aus hygienischen und Gründen der Sicherheit nicht zu empfehlen. Wir raten generell, die Reise so zu planen, dass Sie spätestens am frühen Abend an den südlichen Strandorten ankommen und ein Zimmer beziehen. Sollten Sie dennoch in der touristisch unattraktiven Stadt Esmeraldas übernachten wollen/müssen, so sollten die folgenden Hotels halbwegs passabel sein:

- *Hotel Asia*

9 de Octubre y Sucre; sauber, freundlich und hilfsbereit.

- *Pensión 9 de Octubre, Hostal Miraflores, Nuevo Hotel.*

Mittelklasse-Hotels

- *Hotel Americano*

Sucre y Manuela Cañizares, DZ mit BP 5 $ p.P., TV, AC.

- *Apart Hotel Esmeraldas*

Av. Libertad 407 y Ramón Tello, Tel. 2728703, Fax 2728704; EZ 42 $, DZ 50 $ mit Frühstück, BP, TV, Telefon, Restaurant.
Mail: aparthotelesmeraldas@andinanet.net

Im Stadtteil Las Palmas 2 km nördlich des Stadtzentrums stehen strandnah **an der Av. Kennedy** folgende Mittelklasse-Hotels:

- *Hotel Cayapas*

Av. Kennedy 401 y Valdez, Tel. 2721319, Fax 2721320; EZ 33 $, DZ 44 $ mit Frühstück, Restaurant, BP, AC und Telefon, Garage.
Mail: hotelcayapas@hotmail.com

- *Hotel Costa Verde*

Luis Tello 809 e Hilda Padilla, Tel. 2720394; EZ 45 $, DZ 60 $ mit Frühstück, BP, AC, TV, Restaurant, Parkplatz.

- *Hostal Ambato*

Av. Kennedy y Antonio Guerra, Tel. 2721142; EZ 15–23 $, DZ 22–30 $ mit Frühstück, Kabel-TV, BP, AC, Ventilator, Restaurant.

Bar

- Seit Jahren beliebt ist die *Bar Doña Mecha* im nördlichen Stadtteil Las Palmas; am Wochenende gibt es heiße Marimba-Musik.

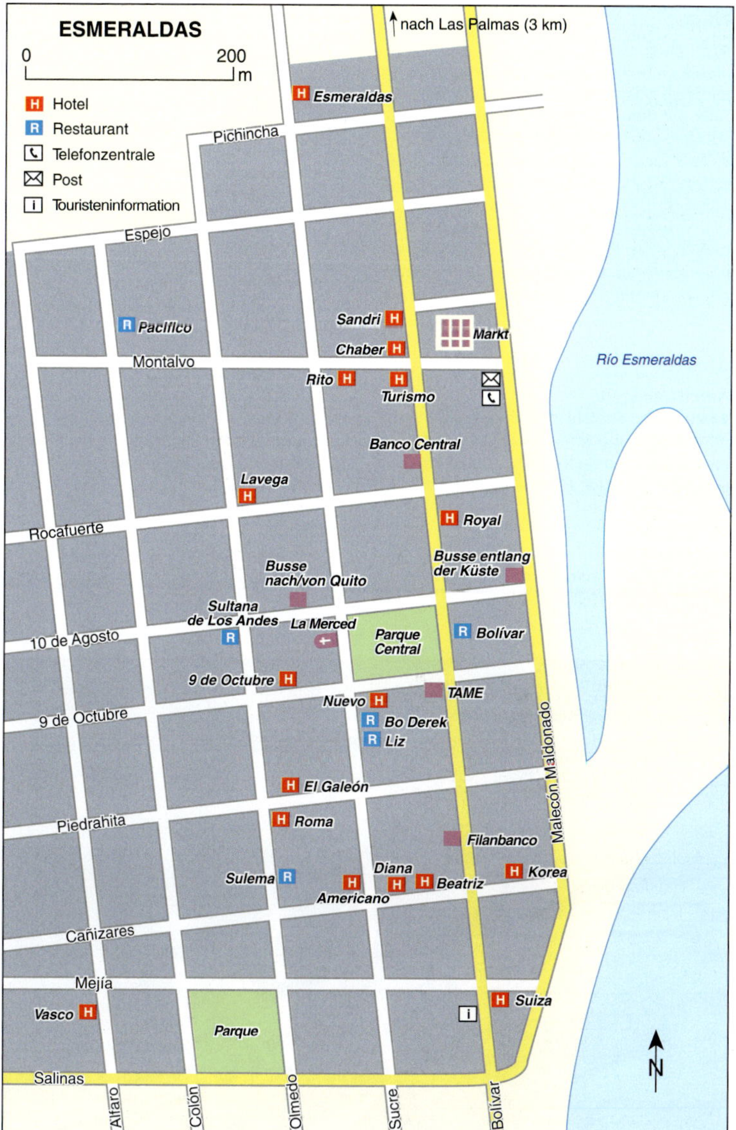
ESMERALDAS
0
200
m
Hotel
Restaurant
Telefonzentrale
Post
Touristeninformation
nach Las Palmas (3 km)
Esmeraldas
Pichincha
Espejo
Pacífico
Sandri
Chaber
Markt
Montalvo
Rito
Turismo
Río Esmeraldas
Banco Central
Lavega
Royal
Rocafuerte
Busse nach/von Quito
Busse entlang der Küste
Sultana de Los Andes
La Merced
Parque Central
Bolívar
10 de Agosto
9 de Octubre
TAME
Nuevo
Bo Derek
Liz
9 de Octubre
Malecón Maldonado
El Galeón
Roma
Piedrahita
Filanbanco
Sulema
Diana
Americano
Beatriz
Korea
Cañizares
Mejía
Suiza
Vasco
Parque
Salinas
Alfaro
Colón
Olmedo
Sucre
Bolívar
N

Flüge

- Der **Flughafen** liegt etwa 30 km, somit eine Stunde Fahrzeit nördlich von Esmeraldas. In die Stadt gelangt man entweder mit dem Taxi oder mit dem Bus. Der Bus Esmeraldas – La Tola hält auf Höhe des Flughafens.
- *TAME* fliegt werktäglich **nach Quito.** Flugscheine können direkt am Flughafen oder im TAME-Büro (Tel. 2729040 und 2726862) an der Ecke Bolívar y 9 de Octubre gekauft werden. Weitere Flüge gehen zweimal die Woche (meist Mo und Fr) nach Cali (Kolumbien). Informationen sind im TAME-Büro einzuholen.

Anreise/Busse

Anreise ab Quito

- Esmeraldas erreicht man am schnellsten mit dem Flugzeug oder in 5 Fahrtstunden über Santo Domingo de los Colorados oder über San Miguel de los Bancos (ca. 75 km südwestlich von Quito).

Überlandbusse

- Es gibt (noch) **keinen zentralen Busbahnhof** in Esmeraldas.
- Mehrmals am Tag fahren Busse diverser Gesellschaften **über Santo Domingo** von der Calle 10 de Agosto (gegenüber dem Parque Central) **nach Quito** (5–6 Std.). Empfehlenswert sind die Busse von *TransEsmeraldas.*
- Die Fahrzeuge von *Reina del Camino* starten mehrmals täglich von der Ecke 9 de Octubre y Malecón **nach Bahía de Caráquez** (8 Std.) und **Manta** (9 Std.).
- Die Busgesellschaft *Esmeraldas* hat in der Calle 10 de Agosto y Sucre ihren Ticketverkauf und ihr Busdepot; Verbindungen **nach Guayaquil** (8 Std.) und **Machala** (11 Std.).
- Das Unternehmen *CITA* schickt Busse **nach Ambato** (8 Std.).
- Da die Straße von Esmeraldas nach Muisne nun **bis Pedernales** führt, ist auch ein durchgehender Busverkehr eingerichtet worden.
- *Transportes Zambrano* befährt die neue Küstenroute **Santo Domingo de los Colorados – Esmeraldas – Pedernales** tagsüber etwa im Stundentakt.

Rancheros

An der Ecke Malecón y 10 de Agosto starten Busse und Rancheros von *Transportes la Costeñita* alle halbe Stunde nach:

ecu029 Foto: peko

- **Atacames** (40 Min.)
- **Súa, Same** (45 Min.)
- **Muisne** (2½ Std.)
- **La Tola/Borbón** (5 Std.)

Bootsverkehr

Gelegentlich legen Schiffe nach Guayaquil und Boote nach Limones ab. Informationen über Abfahrtszeiten bekommen Sie in der Capitanía (im Stadtteil Las Palmas).

Geldwechsel

Im Stadtzentrum befinden sich mehrere **Banken** und **Geldautomaten.** Das Abheben von Bargeld sollte man in Esmeraldas nicht zu Fuß, sondern mit einem vertrauenswürdigen Taxifahrer erledigen.

Post und Telefon

- Das Postamt und die Andinatel-Zentrale sind an der Ecke Montalvo y Malecón.

Strände

Die Strände im Südwesten von Esmeraldas wurden erst relativ spät, zu Beginn der 1980er Jahre, touristisch erschlossen. Heute sind die Orte **Tonsupa, Atacames, Súa, Same, Playa Escondida, Club Cumilinche** und **Muisne** (s.u.) beliebte Strandziele von Ecuadorianern und Ausländern. Kleine Holzhäuschen mit einfachen Zimmern und Cabañas (einfache Hütten) bieten oft die schönsten Unterkünfte. Das macht die palmengesäumten Strände zu einem bevorzugten Ziel auch von Rucksacktouristen.

Leguane bewohnen die Küstenwälder

Atacames ist das absolute **Zentrum der Strandregion:** Direkt am Strand liegen strohüberdachte Bambus-Bars mit Hängematten, in denen man bei Salsamusik und Meeresrauschen seinen Drink zu sich nimmt und auf den Sonnenuntergang wartet. Unzählige **comedores,** kleine Speiselokale, servieren Fisch und Meeresfrüchte und nicht zuletzt *encocados,* ein Fisch- bzw. Meeresfruchtgericht, das mit einer frischen, pikanten Kokosmilchsoße zubereitet wird. Diskotheken komplettieren das Happening. Die anderen oben genannten Orte sind deutlich ruhiger.

Das **Baden ist nicht ungefährlich,** da entlang der Küste starke Strömungen auftreten. Vor allem bei Atacames ertrinken alljährlich Touristen, selbst gute Schwimmer sollten zur Kenntnis nehmen, dass die Strömungen wirklich ihre Tücken haben und ein weites Hinausschwimmen zu unterlassen ist!

Von Esmeraldas führt eine asphaltierte Straße entlang der Küste südwestwärts durch grüne Bananenplantagen hindurch, bis nach 35 km kurz vor Atacames zunächst Tonsupa erreicht ist.

Tonsupa

Das Fischerdorf hat sich in den vergangenen Jahren dem Tourismus geöffnet und verfügt mittlerweile über einige nette Unterkünfte. Doch auch Investoren, die höher hinaus wollen, machen sich breit, sodass moderne Hotelkomplexe das einstige Idyll bedrohen.

Unterkunft

- Ein Leser empfiehlt die *Cabañas Puerto de Gaviotas*, 2 Min. vom Strand entfernt, ab der Hauptstraße Richtung Atacames beschildert.
- *Hostería Cabo Blanco*
Am Strand, Tel. 06-2464407, 09-8107777, Fax 2725390; DZ mit BP, Ventilator 32 $ p.P.
Internet: www.hosteriacaboblanco.com
- *Puerto Pelicano*
Tel. 06-2730125; Hostal mit geräumigen Zimmern direkt am Strand, EZ/DZ 30 $ mit Frühstück. Leserempfehlung.

Atacames

Atacames ist ein **reichlich touristischer Ort** mit unzähligen Bars, Restaurants, Hotels, Wochenendhäusern und Diskotheken. Besonders an Wochenenden und Feiertagen, wenn die Ecuadorianer zur „Erholung" an die Küste strömen, ist Atacames gut besucht. Die Strände werden von Händlern abgeklappert, die Schmuck, Hängematten und Kokosnüsse an den Mann bringen wollen. Entlang der „Strandpromenade" verteilen sich Unterkünfte, Gastronomiebetriebe und Souvenir- bzw. Neppstände.

Unter Rucksackreisenden war Atacames jahrelang als Aussteiger-Dorado bekannt, wo man wochenlang in der Hängematte baumeln, die Sonne genießen, guten Fisch essen und exotische Drinks zu sich nehmen konnte. Doch die Zeiten ändern sich: Inzwischen bewegen sich die Preise hier eher schon über dem landesüblichen Rahmen.

Das Dorf, in das die Straße von Esmeraldas führt, ist durch den Río Atacames von der Strandregion getrennt. Da sich das Leben direkt am Strand abspielt, gibt es aber außer einem Geldautomaten kaum einen Grund, ins Dorf zu gehen. Über eine kleine Brücke geht es zurück zu den Hotels, Restaurants und Bars am Strand.

Atacames ist weder originell noch reizend: Als wir den Badeort besuchten, stießen wir gerade an den langen „Party"-Wochenenden nicht nur auf betäubenden Lärm, sondern auch auf viele Alkoholopfer, illegalen Drogenkonsum und einen von Müll und Glas verdreckten Strand, und das auch nicht erst in den Abendstunden. Schade!

- **Tel. Vorwahl Atacames: 06**

Unterkunft

In Atacames haben sich **über 30 Hotels** angesiedelt, beinahe alle am Strand. Viele von ihnen sind laut, einige dreckig und im Vergleich zum Landesdurchschnitt deutlich überteuert.

Bevor Sie ein Zimmer oder auch ein Wochenendhaus mieten, schauen Sie sich die Örtlichkeiten genau an. Erkundigen Sie sich auch danach, ob irgendwelche Extras (Steuern, Service, Strandblick etc.) zusätzlich berechnet werden. In der Hochsaison und an Wochenenden ziehen die Preise noch einmal an.

Einfache Unterkünfte

- *Hotel Tahiti*
Malecón, Tel. 2731078, in Quito: 02-244584, Zimmer 20 $ p.P., Cabañas 12 $, liegt am Nordende der Strandpromenade, freundlich, gutes Restaurant.
Mail: lucybritogarcia@yahoo.com.ar
- *Cabañas Rincón del Mar*
Playa Atacames (am südlichen Ende der Strandpromenade), Tel. 2760360; *Juan Carlos* und *Marianne Lecaro* betreiben Cabañas, jede mit BP und Ventilator, DZ 10–20 $ p.P., TV, BP; Parkplatz, Bar, Deutsch, Englisch und

Französisch wird gesprochen - empfehlenswert! Mail: rincondelmar1@yahoo.es

- *Hotel Oceano*
Am südwestlichen Ende des Malecón, Calle Segunda Transversal, Tel. 2731244; saubere Zimmer für 2, 4 und 6 Personen.
- *Hostal Mira Valle*
Am Südende des Strandes; sauber, freundlich; es gibt eine große Dachterrasse mit Meeresblick.
- *Casa del Sol*
Neben dem Rincón del Mar; Zimmer mit BP 5 $ p.P.

Mittelklasse-Hotels

- *Hotel Rodelu*
Calle Principal, Tel. 2730126, Fax 2731033; DZ mit BP 20-40 $, je nach Saison; Pool. Internet: www.hotelrodelu.com
- *Cabañas Arco Iris*
Malecón del Río Calle los Delfines (Malecón la Plaza), Tel. 2731069, Fax 2731437; DZ mit BP 32 $, in der Hochsaison 48 $, auch 6er-Cabañas; sauber, Küche, Pool, AC, Kabel-TV. Der Besitzer hat leider ein Hochhaus direkt vor der „Regenbogen"-Hostería gebaut, das nun den Meerblick verhindert.
Mail: arcoiris@andinanet.net
- *Hostería Los Bohios*
Am Strand, Fax 2731089; 2er-Cabaña für 10–14 $ p.P.; sauber, sicher, TV, AC.
Mail: hposreal@impsat.net.ec
- *Hotel Casa Blanca*
Nueva Granada (Hauptstraße am Strand), Tel. 2731096; EZ 30–40 $, Suites 80–120 $, Restaurant, Fitness, DZ mit BP 40 $ in der Nebensaison; auch (einfachste) Bungalows und Zelte, Pool, Hängematten.
- *Casitas Familiares Marbella*
Direkt am Meer, neben dem Restaurant Mancos, Tel. 2731129; Apartment für 5 Personen 84 $, AC, auch Cabañas, Pool.

Essen und Trinken

- Bei der Qual der Wahl haben wir schließlich ganz passabel und mit ansprechendem Service im dorfbekannten *Restaurante Walfredo* gegessen, wo es auch etwas ruhiger ist, da das große offene Restaurant an der Parallelstraße zum Strand liegt, etwa 100 Meter zurück. Gegenüber gibt es übrigens einen sehr gut sortierten Laden.

Überlandbusse

- Den Bus, der Atacames verlässt, erwischt man an der Hauptstraße (in Höhe der Brücke zum Strand). Die Busse fahren **nach Esmeraldas, Súa** und **Muisne** (1½ Std.).
- Fragen Sie nach neuen Verbindungen nach **Cojimíes.** *TransEsmeraldas* hat eine Station nebem dem Hotel Oro Blanco eröffnet.
- Direktverbindungen nach **Quito** mit *Transportes Occidental* und besser *TransEsmeraldas* (auch Nachtfahrten).

Geldwechsel

- Reiseschecks werden Sie allein bei der *Banco del Pichincha* los. Ansonsten ist Bargeld nötig. Mit einer Kreditkarte kann man in den Restaurants bezahlen.

Súa

Das **Fischerdorf** 5–6 km südlich von Atacames ist entweder auf der Landstraße oder den Strand entlang zu erreichen. Sollten Sie den Strand vorziehen, gehen Sie bei ablaufendem Wasser los, damit Sie nicht von der Flut überrascht werden. Auch wurde uns zeitweise von Überfällen berichtet. Gehen Sie auf keinen Fall allein!

In einer schönen Bucht gelegen, umgeben von steilen Küsten, läuft das Leben in Súa im Vergleich zu Atacames beschaulich ab. Die Fischer gehen ihrer Arbeit nach, gelegentlich locken sie Pelikane, hin und wieder auch Fregattvögel, mit Resten ihrer Ausbeute an.

Wer von Súa weiter nach Süden will, wartet der Landstraße auf einen (oft voll besetzten) Bus aus Esmeraldas.

Unterkunft

- *Hotel Bunganvillas*
Direkt am Strand; DZ mit BP 10 $, sauber, ruhig und sicher.
- *Hotel Chagra Ramos*
Malecon de la Playa de Sua, Preise 10 $ p.P., Tour 15 $ p.P., Tel. 2731006, Fax 2731070; sauber, Parkplatz, Restaurant, Bar, in der Hochsaison Discobetrieb.
Mail: reservas@soldesua.com
Internet: www.soldesua.com
- *Las Acacias*
Cabañas und Campingmöglichkeit am Südende des Strandes, Tel. 2731021; 6–7 $ p.P. mit BP (kaltes Wasser) und Ventilator.

Same

6 km von Súa entfernt schmiegt sich das kleine und ruhige Fischerdorf Same an einen von Palmen gesäumten, **sehr schönen Strand.** Eine Sandpiste zweigt von der Landstraße ab und führt direkt ans Meer. **Same ist teuer** im Vergleich zu den Stranddörfern weiter im Norden. Auch die Restaurant-Preise sind wesentlich höher.

Unterkunft

- *El Acantilado*
Touristische Anlage mit schönen Zimmern, Tel. 2733466, 2733110, Reservierungen in Quito: Calle Roca 425 y Bosmediano, Tel. 02-2453606, EZ 25 $, DZ 45 $.
Mail: info@hosteriaelacantilado.com
Internet: www.hosteriaelacantilado.com
- *La Terraza*
Cabañas in Strandnähe mit 3–4 Schlafplätzen, Dusche, Tel. 2733320, Preise 35–45 $.
- *Cabañas Isla del Sol*
Strandnah; gutes Preis-Leistungs-Verhältnis.

Tonchigue

Das unscheinbare Fischerdorf an der Gabelung nach Galera hat einen **schönen, romantischen Strand.** Hier ist alles recht einfach und nicht herausgeputzt, aber das verleiht dem Ort seinen Charme, der anderswo in Zement oder Beschallung untergeht. Für eine Hand voll Dollar kommt man im **Hotel Luz del Mar,** zwei Straßen vom Park entfernt, oder im **Hostal Mary** unter.

Playa Escondida

Der „versteckte Strand", der vielleicht **schönste Palmenstrand ganz Ecuadors,** liegt 14 km von der Hauptverbindungsstraße Esmeraldas – Muisne entfernt. Hinter dem Dorf Tonchigüe geht es an der Brücke (el punte) nach rechts Richtung **Galera.**

Unterkunft/ Essen und Trinken

- *Playa Escondida*
Km 14 zwischen Tonchigüe und Galera, Tel. 06-2733122, 2733106 und 09-9733368; verschiedene Typen von Cabañas und Zimmern mit Dusche und gemeinschaftlichen „biologischen" Trockenklos, zwischen 8 und 15 $ p.P.; Hängematten, wunderbarer weiter Strand, das Baden ist bei Ebbe aber etwas mühselig; sehr familiär. Angeschlossen ist ein hübsches Uferrestaurant mit offener Küche (Gerichte 4–10 $), außerdem **Zeltplatz** mit Sanitärbenutzung: 5 $ pro Zelt. Empfehlung!
Internet: www.playaescondida.com

Abendmeditation am Strand

ecu031 Foto: peko

• *Strandhaus Playa Escondida*
Direkt neben der touristischen Anlage von *Judith Barrett* hat sich eine deutsche Gartenbauarchitektin ein wunderbares offenes Rundhaus errichtet, 2 Fußminuten oberhalb des separaten Strandes; komplette Infrastruktur mit Küche und Co., zur Miete für bis zu 4 Personen, halb offene obere Schlafebene mit sehr guten Moskitonetzen; das Haus kostet pro Tag 55 $, Cabañas 10–15 $ p.P. Kontakt über *Andi Bernauer* in Quito, Tel. 02-2374132. Besondere Empfehlung! Mail: wantara@andinanet.net
• Nur 1 km weiter Richtung Galera liegt das „Filetstück" der esmeraldeñischen Strände: *Club Cumilinche,* ein kleines Palmenparadies gehobenen Standards in romantischer Bucht. Oberhalb stehen Grundstücke aus „Club"-Eigentum zum Verkauf, darunter am Hang liegen sieben wunderschöne „Villas" mit Terrassen und teils umgeben von Regenwald (Tel. 2733496, Fax 2733499; sehr gutes Uferrestaurant, französisch-ecuadorianische Leitung, EZ 31 $ DZ 46 $, Preis pro Cabaña 89 $ für bis zu 4 Personen).

Muisne

In dem ruhigen Muisne endet die Landstraße von Esmeraldas. Auf dem Streckenabschnitt zwischen Tochingüe und Muisne bieten sich oftmals schöne Ausblicke. Muisnes Hauptteil liegt **auf einer Insel,** vom Festland getrennt durch den Río Muisne und einen kleinen Nebenarm. Zu erreichen ist die Insel alle paar Minuten mit der *lancha* (Motorboot). Nach Esmeraldas fahren ca. alle 30 Minuten **Busse** ab der kleinen Mole, nach Quito etwa zwei am Tag. Häufig gibt es Probleme mit der Wasser- und Stromversorgung.

Der kilometerlange, **schöne Strand** (manchmal von Treibgut verschmutzt) ist 1½–2 km vom Dorf entfernt. Auf dem autofreien Eiland verkehren dreirädrige Transportfahrräder, gefahren von den *triciclistas*. Eine Leserin meint: „Muisne ist wirklich eine Reise wert. Die autofreie Insel erinnert irgendwie an Cuba, mit vorwiegend schwarzer Bevölkerung – das ganze Flair ist schon sehr reizend!"

•**Tipp:** Während die einfache Fahrt mit dem *triciclista* 50 Cent p.P. kostet, kann man die Fahrer für ein paar Dollar mieten, damit sie einem die schönsten Strandpassagen der Insel und ihre Mangroven zeigen, was auch sicherer ist als eine Strandwanderung!

Unterkunft

Man sollte sich von einem triciclista zu den Unterkünften bringen lassen, Straßennamen fehlen.

•*Hotel Playa Paraiso*
Tel. 2480192, Preise: 5 $ p.P., Cabañas 8 $ p.P. Direkt am Strand, sehr gutes Frühstück, Hängematten, Garten, Bar.

•*Hotel Galápagos*
Zu empfehlen, mit Restaurant.

•*Hotel-Restaurant El Calade*
150 m entlang des Südstrands, auch Touren zum Fischen und Baden in den Mangrovenwäldern, Wäscheservice, reichhaltige Speisekarte, Transport nach Cojimíes und Bolívar/ Mompiche – Leserempfehlung.

•Direkt am Strand sind Holzcabañas zu mieten. Auch ein *Svizzero-Italian Restaurant* unter schweizerischer Leitung findet sich dort (nach neuesten Informationen angeblich geschlossen).

Sonstiges

•Am Strand finden Sie zahlreiche einfache, aber gute **Fischrestaurants,** ebenso ein sehr empfehlenswertes neben der Inselmole.

•**Arzt** in Muisne: *Dr. Haro,* empfohlen von Leserinnnen.

•**Anreise: Von Quito** aus fahren Direktbusse der *Cooperativa Occidental* nach Muisne, Preis 8 $, Abfahrt 23.45 Uhr ab Terminal Terrestre, Fahrtzeit: ca. 7 Stunden.

•Am Bootssteg in Muisne kann man sich erkundigen, ob **Boote nach Mompiche** (ca. 12 km) verkehren; Achtung: manchmal hoher Wellengang!

•**Weiterfahrt nach Süden:** Busse verkehren auf der neuen Straße gen Süden (Pedernales, Mompiche, Jama, Canoa).

Mompiche

Etwa 12 km südlich von Muisne (ein Schild an der Straße nach Pedernales zeigt den Abzweig an die Küste an, ca. 6 km) liegt das Dorf Mompiche (bis Pedernales sind es noch etwa 80 km). Es hat sich unter Insidern zu einem Surfertreffpunkt entwickelt. Leser empfehlen in der Umgebung die *Hostería Gabeal* (Tel. 09-9696543, Preise 10–15 $ p.P.). Besonders ans Herz gelegt werden die ökologisch (Sonnen- und Windenergie) betriebenen *Cabañas Iruña* (unter baskischer Leitung, Tel. 09-9472458, 15 $ pro Tag und Cabaña, „hervorragendes Frühstück mit selbst gebackenen Brötchen, Müsli, Joghurt, Saft, Kaffee und Eiern", schwärmt ein Leser).

Auf der Fahrt südwärts bis Pedernales durchquert man herrliche Landschaften, die Küste sieht man allerdings nur in den Ortschaften.

Die **Strände südlich von Cojimíes** sind größtenteils völlig leer, kilometerlang und von Palmen gesäumt.

In **Pedernales** kann man günstig und akzeptabel im *Hotel Pedernales* nächtigen (Av. Eloy Alfaro y Manabí); bei *San Pedro,* einen Block südlich des Hotels, gibt es riesige Essensportionen vom freundlichen und bemühten Wirt.

Tipp: Von Pedernales 30 km Richtung Canoa thront auf einem Felsen über dem Meer das *Hostal Rumba de la Piedra*.

Nahe dem Ort **Tabuga,** 23 km südwestlich von Pedernales an der Küstenstraße, befindet sich die von Italienern betriebene *Finca Il Peperoncino*. Die tierlieben Farmer wurden uns wegen ihres guten Essens und ihrer netten Bleibe nicht weit vom Meer empfohlen (Tel. 09-1312249, 08-5065255, Internet: www.ilpeperoncino.com, Preise 13–21 $, in den Cabañas 20 $). Ehrlich sind sie auch noch, so schreiben sie im Netz: „Je nach Entwicklung der Wirtschaft im Land behalten wir uns Preisänderungen vor."

Busse: Die *Cooperativa Transvencedores* fährt täglich um 5.30 und 23.30 Uhr nach Pedernales, dort Anschluss oder Weiterfahrt nach Süden/Jama.

Route C 2

- **Quito – Santo Domingo – Bahía de Caráquez**
- **Routenlänge ca. 310 km**

Die Route führt von der Westabdachung der Sierra steil ins Küstenhinterland und von da über die Küstenkordillere hinunter ins Küstentiefland. Auf einer der landschaftlich schönsten Strecken im Küstenbereich geht es hinein in die **Provinz Manabí.** Die Provinz im Zentrum des ecuadorianischen Küstentieflandes wird durch die Provinzen Esmeraldas im Norden, Guayas im Süden und Pichincha im Osten umschlossen.

Die 350 km lange Küstenebene am Pazifik ist das **landwirtschaftliche Zentrum Ecuadors.** Der Staudamm Poza Honda staut das Wasser des Río Portoviejo und ermöglicht auf diese Weise, dass ein großer Teil der Tiefebene in Manabí künstlich bewässert werden kann. So gedeihen in weiten Teilen der Provinz tropische Kulturen wie Bananen, Kaffee, Kakao, Baumwolle und vielerlei tropische Früchte.

Der Einfluss des kalten Humboldtstroms bewirkt besonders im südlichen Manabí ein trockenes bis halbtrockenes Klima, während die nördlichsten Teile feuchttropisch geprägt sind.

Infolge des ganzjährig warmen Meerwassers sind die **Badeorte des Nordens** mit ihren schönen Stränden ein **beliebtes Ferienziel der Einheimischen.** Aber auch der Fremde sollte den Städten und historischen Dörfern, den weiten Stränden, dem Kunsthandwerk und nicht zuletzt der Küche Manabís *(cocina manabita)* seine Aufmerksamkeit widmen.

Die Reise hinab ins Küstenland wird begleitet von einem eindrucksvollen Wechsel zwischen der Vegetation der tropischen Bergwälder und der des tropischen Tieflandregenwaldes. Die Faszination des Übergangs erschließt sich am besten in den früh morgens, wenn die Hänge noch nicht in einen dichten Nebelschleier getaucht sind.

Die **Fahrt nach Santo Domingo** geht zunächst 30 km über die Panamericana entlang der „Straße der Vulkane", bis

Alóag erreicht ist. Hier biegt eine Stichstraße hinunter ins westliche Tiefland ab. Aus der Vegetation des Páramo herausführend, folgt die Autopista 30 dem Flusslauf des Río Pilatón. In Serpentinen windet sie sich 50 km die Westabdachung der nördlichen Anden hinunter, vorbei an den Vulkanen Atacazo im Norden (rechter Hand) und Corazón im Süden (linker Hand), bis zum kleinen Ort **Manuel Cornejo Astorga.** Unterwegs stürzen Wasserfälle in tiefe Schluchten, die gewagten Überholmanöver des Busfahrers auf dem oft nebeligen Fahrtabschnitt lassen ein ums andere Mal die Gedanken zu den Lieben nach Hause schweifen. In Manuel Cornejo Astorga ist es bereits spürbar wärmer geworden, und die Vegetation zeigt typisch tropischen Charakter.

43 km westwärts passiert man das tropische Anwesen und Golf-Hotel **Tinalandia.** Das Umland ist berühmt für seine Vogelwelt, weshalb von Reiseagenturen in Quito auch Touren nach Tinalandia angeboten werden.

Ungefähr die letzten 30 km der Strecke bis Santo Domingo ist rechts der Straße die transecuadorianische Pipeline SOTE zu sehen.

Santo Domingo de los Colorados

Der wichtige **Verkehrsknotenpunkt** in 500 m Höhe verbindet Pichincha mit den Nachbarprovinzen Esmeraldas, Manabí und Los Ríos. Die expandierende Stadt hat schon über 300.000 Einwohner, und unablässig strömen Menschen nach. Die **infrastrukturell günstige Lage** zwischen Quito und Esmeraldas hat die Stadt rasant anwachsen lassen. Ein Großteil der Küstenerzeugnisse wird über Santo Domingo ins Hochland transportiert. Die schnellere Nordverbindung zwischen der Hauptstadt und Esmeraldas – über Mindo und San Miguel de los Bancos – umgeht Santo Domingo hingegen.

In früheren Zeiten war Santo Domingo ein Begriff wegen der hier lebenden **Colorado-Indianer,** in ihrer Sprache „Tsáchilas" genannt, die sich das Haar rot färbten und das Gesicht mit schwarzen Streifen bemalten. Diesen Anblick wird man heute kaum mehr erleben, haben sich die Indígenas doch weitgehend westlichen (Kleidungs-) Normen angepasst. Von den Colorado-Dörfern in der Umgebung hat sich die Siedlung **Chihuilpe** etwa 10 km südlich der Stadt (auf dem Weg nach Quevedo) zu einem Touristenzentrum entwickelt; insgesamt jedoch wollen die meisten Colorados lieber unter sich bleiben und mit dem Touristen nicht viel zu tun haben.

Seit neuestem ist Santo Domingo die Hauptstadt der neu gegründeten Provinz **Santo Domingo de los Tsáchilas.**

- **Tel. Vorwahl Santo Domingo: 02**

Unterkunft

Einfache Unterkünfte

- *Hostal Santo Domingo*

Av. Quito entre Cuenca y Loja, Tel. 2754078; DZ mit BP, TV 5 $ p.P., Vermittlung von Fremdenführern.

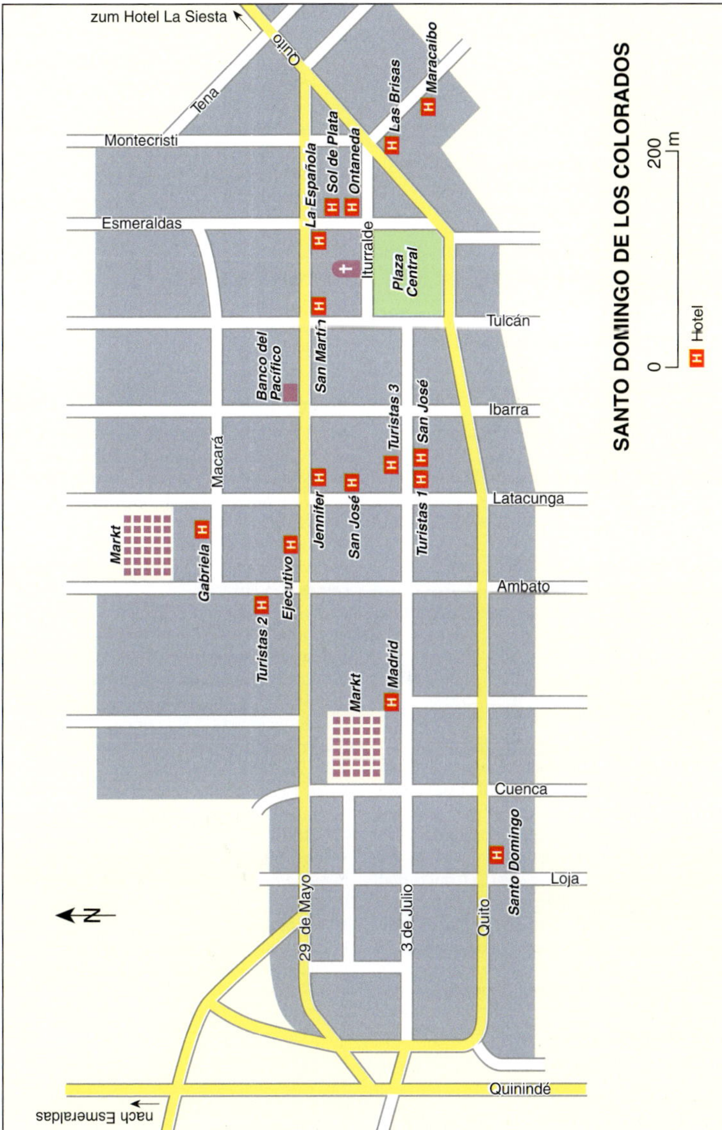

An der Küste/Costa

•*Hotel Caleta*
Ibarra 906 y 29 de Mayo, Tel. 2750277; DZ mit BP, AC, TV 6 $ p.P.
•*Hostal Las Brisas*
Av. Quito y Cocanigua, Tel. 2750560; DZ mit BP 12 $, TV, AC.
•*Hotel La Siesta*
Av. Quito 1277 y Payatanga, Tel. 2751860; DZ 20 $, Kabel-TV, Parkplatz, Telefon.
Mail: hostallasiesta@hotmail.com
•*Hostal Ejecutivo*
Av. 29 de Mayo 520 entre Ambato y Cuenca, Tel. 2751943; 5 $ p.P. mit BP, TV.
•*Hostal Jennifer*
Av. 29 de Mayo 517 y Latacunga, Tel. 2750577, 7 $ p.P. mit BP und Kabel-TV.

Mittelklasse-Hotels
•*Hotel Zaracay*
Km 1½ in Richtung Quito, gegenüber dem Ausstellungsgelände, Tel. 2750197, Fax 2754535; EZ 49 $, DZ 77 $ mit BP inkl. Frühstück, TV, Internet, Kühlschrank, Swimmingpool, Sportplatz, Billardtisch, Garage, Restaurant, Tennisplätze.
Mail: hotelzaracay_ep@hotmail.com
Internet: www.zaracay.com
•Weitere Hotels der mittleren Preiskategorie finden sich im Stadtplan.

Unterkunft außerhalb
•*Hotel La Cascada*
Im Valle Hermoso (25 km), mit Taxi (5 $) und Bus leicht zu erreichen; wunderschöne, architektonisch interessante Hotelanlage, Zimmer, Restaurant und Pool mit Blick auf einen Wasserfall in tropischer Umgebung, Hängematten, DZ mit BP 20 $ p.P., Ausflüge.
•*Hostería Valle Hermoso*
Km 25, via Santo Domingo – (La Concordia) – Esmeraldas, am Ufer des Río Blanco. Tel. 02-2773208; Primär- und Sekundärwald, Lagune, Vogelbeobachtungen und Freizeitanlagen, Zimmer am Ufer, mit BP, Ventilator 15 $ p.P.; Restaurant, Pool, geführte Wanderungen 10 $ p.P.
Internet: www.hosteriavallehermoso.ec.nu

Fischerboote

Essen und Trinken

•*Ingos Zebrastall*
Via Quininde km 25, im Dorf Valle Hermoso, Tel. 09-9583159, *Ingo Helsper;* „... in einem kleinen Dorf im tropischen Wald bedient Ingo die Einheimischen mit Buletten. Der leidenschaftliche MSV-Duisburg-Fan aus dem Ruhrpott bedauert nur, dass im Zebrastall keine Sportschau kommt ...“ – Gruß von Leser *Stefan H.* aus Bern.

Nahverkehrsbusse

•Busse in die Dörfer der Umgebung fahren am Busplatz in der Nähe des Hotel Colorado ab (vgl. Stadtplan).

Überlandbusse

•Der **zentrale Busbahnhof** befindet sich an der Av. de los Tsáchilas etwas außerhalb.
•Alle halbe Stunde fahren Busse verschiedener Unternehmen **nach Quito** (3 Std.) und **Guayaquil** (5 Std.) ab.
•Stündlich verkehren Busse von *Transportes Esmeraldas* an die Nordküste **nach Esmeraldas** (3½ Std.).
•*Transportes Reina del Camino* unterhält Verbindungen an die Küste von Manabí, **nach Bahía de Caráquez** (6 Std.) und **Manta** (6 Std.). Ist die Straße nach Bahía unpassierbar (Straßenarbeiten, Regenzeit), geht es nur bis San Vicente (4½ Std.) und von da unkompliziert mit der Fähre über den Río Chone nach Bahía de Caráquez.
•Die Fahrzeuge von *Express Sucre* fahren mehrmals täglich direkt **nach Cuenca** (10 Std.).
•*Transportes Occidentales* sorgt mehrmals täglich für den Anschluss **nach Machala** (8 Std.).
•*Transportes Zambrano* befährt die neue Küstenroute von Santo Domingo über Esmeraldas **nach Pedernales** tagsüber etwa im Stundentakt.

Geldwechsel

•Die *Banco Internacional,* u.a. in und nahe der Calle Quito, wechselt Reiseschecks und Fremdwährungen.

Post und Telefon

- Das Postamt befindet sich in der Av. de los Tsáchilas.
- Eine Andinatel-Fernmeldezentrale ist an der Ecke Río Toachi y Quito.

Ausflug zur Forschungsstation Río Palenque

50 km südlich von Santo Domingo, auf der Straße nach Quevedo, liegt das Dorf **Pilar.** Ein Schild am Straßenrand verweist auf das etwa 4 km entfernt gelegene Centro Científico Río Palenque, in dem Biologen Forschungsarbeiten durchführen. Das kleine Naturschutzgebiet hat eine Fläche von ca. 180 ha, die zu über 50% mit primärem Regenwald bestanden ist; mehr als 1150 Pflanzen- und 350 Vogelarten haben hier ihren Lebensraum, über den eine dem Labor angeschlossene Bibliothek informiert.

Eine Gefahr für das Gebiet stellen die Landwirte der Umgebung dar, die ihre Bananen-, Kakao- und Ölpalmplantagen auf Kosten des Naturschutzgebietes auszudehnen versuchen.

- Die Station verfügt in begrenztem Umfang über **Übernachtungsplätze.**
- Die Station ist mit **Duschen, Toiletten und Küche** ausgestattet.
- **Kontakt:** *Centro Científico Río Palenque,* Km 56 via Quevedo – Santo Domingo, oder über *Andean Birding,* Calle Salazar Gómez E14-82 y Eloy Alfaro, Quito, Tel. 02-2244426, 09-4184592, www.andeanbirding.com.

ecu032 Foto: peko

Richtung Nordwesten geht es von Santo Domingo nach Esmeraldas an die Küste. An der Strecke befinden sich viele Obstplantagen, und am Straßenrand sind die Früchte für ein Viertel des Preises, der an der Küste verlangt wird, zu kaufen.

Einen Stopp kann man in **La Concordia** einlegen (ca. 45 km nach Santo Domingo), denn dort befinden sich drei Hotels am Straßenrand.

Richtung Südwesten geht es von Santo Domingo über eine durchgehend geteerte Straße weiter hinunter in das Küstentiefland; anfangs dominieren noch immerfeuchte Tiefland-Regenwaldformationen, vereinzelt unterbrochen durch kleine Sümpfe links und rechts der Fahrbahn im Wechsel mit ausgedehnten Bananenplantagen.

Nach 35 km durchquert man die Ortschaft **El Carmen,** nach weiteren 70 km **Flavio Alfaro.** Beide Orte liegen bereits in der Provinz Manabí. Die Straße führt von Flavio Alfaro die leicht ansteigende Küstenkordillere hinauf, die nach 40 km bei **Ricuarte** den höchsten Punkt (600 m) erreicht, ehe sie nach Südwesten abfällt und 25 km später den Ort **Chone** passiert. In der prosperierenden Stadt wird ein Strohhut namens *mocora* gefertigt; an den Flussufern des Río Chone arbeiten die Beckenwächter der Garnelenindustrie.

Bis zur Küstenstadt Bahía de Caráquez sind noch 50 km zurückzulegen.

Bahía de Caráquez

„Bahía", so die Kurzform, ist eine **Hafenstadt** mit 28.000 Einwohnern, die durch den zunehmenden Tourismus gemächlich wächst. Die durchschnittliche Jahrestemperatur von 25 °C, eine angemessene Anzahl an Hotels und Restaurants, die palmenbestandene Uferpromenade und schöne Küstenabschnitte im Norden und Süden machen Bahía nicht nur für die Einheimischen zu einem **beliebten Ferienort.**

In der Mündung des Río Chone sollte man wegen der starken Strömung und eventuell auftretender Strudel nicht zu weit hinausschwimmen.

Wenn Sie auf die **Colina de la Cruz (Aussichtshügel)** steigen, liegt vor Ihnen die Trichtermündung des Río Chone mit dem herrlichen Panorama der landeinwärts angrenzenden Ausläufer der Küstenkordillere. **Vorsicht** auf dem Weg zum Aussichtspunkt: Die Ärmsten des Ortes wohnen entlang des Weges ...

- **Tel. Vorwahl Bahía de Caráquez: 05**

Touristeninformation

- Av. Bolívar y Circunvalación, Edif. Patronato Municipal, Tel. 2691124, Mo bis Fr 8.30–17 Uhr.
Mail: gguadamud@turismo.gov.ec

Unterkunft

Einfache Unterkünfte

- *Bahía Bed and Breakfast Hostal*
Azcázubi zwischen Morales y Montúfar, Tel. 2690146, 2690304; 9 $ p.P. mit BP inkl. Frühstück; das Hostal ist etwas alt und ein bisschen muffig, sonst aber okay. Lesertipp.
Mail: Hc4js@ecua.net.ec

BAHÍA DE CARÁQUEZ
0
200
m
Hotel
Restaurant
Touristeninformation
Telefonzentrale
Post
N
PAZIFIK
Playa
Av. Ciudad de Bahía
Circunvalación
E. Rodriguez
Sergio Plaza Acosta
Padre Laenen
La Herradura
Daniel Hidalgo
Albatros
Muñoz Davila
Los Helechos
Malecón Virgilio Ratti
Cincinato Estrada
Marañon
Cecilio Intriago
Octavio Viteri
Mateus
Av. Unidad Nacional
Parque M. Narváez
Checa
Italia
Montúfar
Arenas
Pacifictel
Parque Infantil
Bahía Yacht Club S.C.
Palma
Riofrío
Morales
Miriam
Bolívar
Parque Obelisque
Mejia
Manabí
San José
Ascázubi
Bahía Bed and Breakfast Inn
Banco Pichincha
Rocafuerte
Alto Cenepa
Vera
Ante
Muelle Nuevo
Colombiu's
Aguilera
Malecón Alberto Santos
Peña
Mariana de Jesús
Museo Bahía de Caráquez
Vinueza
Muelle Antiguo
Bahía Hotel
Av. 3 de Noviembre
Río Chone

ecu033 Foto: peko

Keramikfigur im Museum von Bahía

- *Bahía Hotel*

Av. Malecón y Vinueza, gegenüber der Mole, Tel. 2690509; 7 $ p.P. mit BP und Ventilator, 10 $ p.P. mit Kabel-TV und Kühlschrank, Restaurant.

- *Residencial Vera*

Calle Ante y Montúfar, Tel. 2691581; 3 $ p.P. (!) mit BP und Ventilator, sehr einfach.

- *Bahía Inn*

Calle Ascazubi 322 y Morales; renoviertes Gebäude, Frühstück, Mittag- und Abendessen möglich, TV-Raum.

- *Hostal Querencia*

Malecón 1800 y Santos, Tel. 2690009; DZ mit BP 10 $ p.P.; sauber, freundlich, Restaurant-Betrieb auf Anfrage.

- *Hotel La Herradura*

Calle Bolívar 202 y Daniel Hidalgo, Tel. 2690446, Fax 2690265; EZ 20 $, DZ 35 $ mit BP, Ventilator, TV, Telefon (in der Nebensaison Ermäßigungen), Balkon zum Strand, Restaurant, Bar, Garage, etwas heruntergekommen. Mail: bernardo@easinet.net.ec

Mittelklasse-Hotels

- *Hotel Italia*

Bolívar y Checa, Tel. 2691137; EZ 10–15 $, DZ 20–33 $ mit BP (in der Nebensaison preiswerter), Restaurant, Garage.

- *Hotel La Piedra*

Av. V. Ratti 802 y Malecón, Tel. 2690780, Fax 2691473, EZ 67 $, DZ 60-85 $ mit BP, Suite mit Balkon und Minibar 80 $, AC, TV, Telefon, Pool, Zugang zum Strand, Wäscherei, Sportplätze (Volleyball, Tennis), Flughafentransfer, Vermittlung von „ökologischen" Touren. Mail: hopiedra@ma.pro.ec

- Weitere Hotels der mittleren Kategorie sind im Stadtplan eingetragen.

Essen und Trinken

Auf der Uferpromenade Malecón gibt es einige empfehlenswerte Restaurants, z.B. das *Genesis;* die Restaurants im Norden der Halbinsel sind abends meist geschlossen.

- *Café Chez nous*

Üppiges Frühstück, sehr empfohlen, im *Bahia Bed and Breakfast Hostal* (s.o.).

Überlandbusse

Die beiden großen Busgesellschaften haben ihr Büro am Südende der Calle Malecón. *Coactur* fährt stündlich **nach Manta** (2½ Std.) und **Portoviejo** (2 Std.).

Reina del Camino bedient mehrmals am Tag:

- **Esmeraldas** (8 Std.)
- **Santo Domingo** (6 Std.)
- **Quito** (8 Std.)
- **Guayaquil** (6 Std.)
- **Portoviejo** (2 Std.)
- Empfehlenswert ist der relativ komfortable **„Ejecutivo"-Nachtbus** von *Reina del Camino.* Er fährt abends ab 23 Uhr in Quito am eigenen Terminal in der Calle 18 de Septiembre nach Bahía ab. Die zehnstündige Fahrt kostet etwa 10 $.

Boote

- Boote fahren 4- bis 5-mal stündlich **nach San Vicente** (Autofähre stündlich).
- Die Stadt verfügt seit einiger Zeit über einen **privaten Jachthafen** an der Pazifikmündung des Río Chone. Sehr gut sitzt man in dem luftigen Uferrestaurant des Jachtclubs.

Flüge

- Zum **Flughafen in San Vicente** (Aeropuerto Los Perales) an dem der Stadt gegenüberliegenden Ufer des Río Chone setzen alle 15 Minuten Boote über. Sie legen entweder direkt am Flugplatz oder in der Nähe des Marktplatzes an.
- Es gibt derzeit lediglich eine Wochenendverbindung nach **Quito.**

Geldwechsel

- Die *Banco Comercial de Manabí* auf der Malecón wechselt von 10.30–13.30 Uhr Travellerschecks.

Post und Telefon

- Das Postamt (Tel. 2691177) befindet sich in der Malecón F. Santos 14-24 entre Ante y Aguilera.
- Das PACIFICTEL-Fernmeldeamt ist in der Calle Arenas y C. Intriago.

Einkaufen

- Einen Besuch wert ist evtl. *Hojas de arte,* ein Geschäft, das „handrecycletes" (Eigenwerbung) Papier herstellt und verkauft; es eignet sich für Visiten- und sonstige Karten.

Reiseagentur

- *Guacamayo adventures – Turismo Ecológico* Die Agentur hat ihr Büro in der Av. Bolívar 902 entre Riofrío y Arenas (Tel. 2691107). Hier kann man touristische Auskünfte einholen (auch Landkarten und Stadtpläne), Bücher tauschen, Fahrräder mieten und gute Ausflüge in die Umgebung buchen, deren Preise von der Gruppenstärke abhängen; z.B. 3-Tages-Tour zu einer Krabbenfarm mit buntem Programm inkl. Transport, Unterkunft, Verpflegung. Auch Tagesausflüge werden angeboten, z.B. Reitausflüge (7 Std., 15 $ p.P.). Tipp: Guacamayo vermittelt offiziell deutliche **Rabatte auf ausgewählte Hotels und Cabañas** in der ganzen Küstenregion. Internet: www.guacamayotours.com, www.riomuchacho.com

Strände

- **Im Norden:** Nehmen Sie eine Fähre über den Río Chone hinüber nach **San Vicente,** so gelangen Sie zu den **menschenleeren Stränden** Boca de Briceño, Napo la Canoa, Punta del Venado, Punta Brava, Pedernales oder Cojimíes ganz im Norden.
- **Im Süden:** Zwischen Bahía und Manta laden die leicht zugänglichen Strände San Clemente, San Jacinto, Los Gilses und Crucita zu einem Sonnenbad ein, wobei die beiden letztgenannten von Manta aus schneller zu erreichen sind.

Ausflüge

Die besten Ausflugziele ab Bahía sind die **Isla de la Plata** im Pazifik (näher ab Puerto López), die **Mangroveninseln Islas Fregatas** und **Isla Corazón** in der Chone-Mündung sowie die kleinen archäologischen Stätten von **Chirije,** diese vor allem wegen der schönen Cabañas und dem weiten Strand.

Canoa

Das alte Garnelenfischerdorf Canoa hat sich in den vergangenen Jahren zu einem **Hotspot der internationalen Strandtouristen** entwickelt. Zwar wird es an Wochenenden, wenn auch zahlreiche Ecuadorianer dazustoßen, recht voll und mitunter laut, dennoch ufert der Taumel bei weitem nicht derart aus wie etwa in Atacames in der Provinz Esmeraldas. An der Strandstraße und im Dorf haben sich zahlreiche Hostales etabliert, an Restaurants und Bars fehlt es auch wochentags nicht. Wellenreiter teilen sich die Gestade mit Sonnenhungrigen. Der **weite, helle Sandstrand** ist einer der schönsten an Ecuadors Küste. Er wird allerdings gerne mit Schatten spendenden Zelten zugestellt. Gleitschirmflieger finden guten Aufwind zum „Soaren" an der Hügelkette hinter dem Dorf. Das seit vielen Jahren liebevoll geführte *Hostal Bambú* am Nordende der Dorfstraße ist der In-Treffpunkt für den Sundowner und einen chilligen Abend.

Canoa verfügt mittlerweile über ein kleines Touristenbüro mit den wichtigsten Infos zu Dorf und Umgebung. Das Büro vermittelt u.a. Aufenthalte auf der *Finca ecológico Río Muchacho* mit der aktiven Teilnahme an der Produktion von Käse, Kaffee und Kakao. Die Finca liegt allerdings 8 km landeinwärts, und die Anreise kann beschwerlich sein (Erkundigungen im *Hostal Coco Loco*).

- Gut aufgehoben ist man im *Hotel Bambú* direkt am Sandstrand. Holländische Leitung, kleines Restaurant, luftige, gemütliche Zimmer, Reiten, Surfboardverleih. Tel. 09-9263365, 08-9265225, Preise 18 $ p.P., BP; Reservierung in Quito: Tel. 02-2226738.
Mail: zulubernnis@ yahoo.com
Internet: www.hotelbambuecuador.com
- *Hostal Canoa,* 1 km Richtung San Vicente, Tel. 2616380, Handy 09-9774747, etwas abgelegen und ruhig, mit Pool, Sauna und direktem Zugang zum Strand, DZ 59 $, Cabañas für bis zu 5 Personen 107 $ inkl. Frühstück. Internet: www.hosteriacanoa.com

Jama

Das Dorf Jama, gleichzeitig Hauptstadt des gleichnamigen kleinen Kantons, kennt kaum Tourismus, da es keinen Dorfstrand besitzt. Dennoch, oder vielleicht genau deswegen, zählt es zu den **authentischsten Dörfern der zentralen Küstenregion.** Nur zehn Busminuten entfernt findet man mit **El Matal** einen der schönsten Strände von Manabí. 20 Minuten entfernt dehnt sich die ebenfalls zu empfehlende **Playa El Paraiso** aus.

Crucita

Die Strecke südwärts von Bahía de Caráquez nach Manta führt zunächst durch das fruchtbare Küsteninland. Nach etwa 1 Stunde, kurz hinter dem Dorf Rocafuerte, gelangt man an den westlichen Abzweig nach Crucita. Von hier sind es noch 13 km bis zu dem **Paradies für Gleitschirmflieger.**

Das Dorf an dem lang gezogenen Sandstrand ist nicht sonderlich schön, aber die südlich aufragenden Berghänge drücken den Seewind derart dynamisch und regelmäßig nach oben, dass sich Crucita in den letzten Jahren nicht nur als **Bade- und Partyort** etabliert hat, sondern zu einem Zentrum des Gleitschirmfliegens in Ecuador geworden ist. Am Wochenende „soaren" manchmal Hunderte in den Steigwinden der Klippen. Landeplatz ist der Strand. Gut sichtbar vom Dorf aus liegt der nahe Startplatz auf einem Plateau nebst Sonnen-Restaurant und coolen Typen. Für manche Leser ist Crucita allerdings ein „Albtraum! Entweder Nebensaison und eine Geisterstadt und fast alles geschlossen oder Mitte Juli bis Mitte September von ecuadorianischen Reisegruppen und Schülerhorden überlaufen. Dann ist es wie Klein-Mallorca."

Unterkunft

- Zahlreiche Unterkünfte wie *Hostales Baracuda, Hostal Rey David* und *Hipocampo.*
- Besonders empfohlen sei das *Hostal Voladores* (Calle Principal y Nueva Loja, Tel. 05-2340200, 09-9683535, oder in Quito: 02-2240865, Mail: hvoladores@hotmail.com). Kleiner Pool, saubere Zimmer, Restaurant mit frischem Fisch, preiswert: ca. 7 $ p.P. Fliegertreffpunkt, an den Wochenenden oft ausgebucht!

Reiseagentur

- *Agencia Viaja al Sol*

Tel. 05-2340108, Handy 09-9903185, Fax 20-5965018. Bikes, Surfen und Tauchen. Leserempfehlung!
Mail: ocasoacustico@hotmail.com
Internet: www.viajalsol.pedalglobal.net

Route C 3

- **Manta – Montecristi – (Portoviejo) – (Quevedo) – Jipijapa – Puerto López – Montañita – Manglaralto – La Libertad – Salinas – (Playas) – Guayaquil**
- **Routenlänge ca. 360 km (ohne die Abstecher nach Portoviejo, Quevedo und Playas)**

Die Route beginnt in der Küstenstadt Manta, südlich von Bahía de Caráquez, und führt an der Küste entlang bis Guayaquil. Die größte Stadt Ecuadors ist von Manta aber auch durchs Landesinnere über Portoviejo, Quevedo und Babahoyo bzw. weiter westlich Daule zu erreichen.

Manta

Als eine der ersten Kolonialstädte wurde Manta am 2. März 1535 von *Francisco Pacheo* gegründet. Heute leben in der **zweitgrößten Hafenstadt des Landes** rund 150.000 Menschen. Mit Temperaturen von 24°C im Jahresmittel herrscht ein warmes Klima. Wichtigster Wirtschaftsfaktor ist die Fischerei, die hier ihre größten Flotten unterhält. Im Hinterland liegen viele Kaffeeplantagen. Touristisch hat Manta so gut wie nichts zu bieten. Seit Jahren unterhalten die **USA** einen **Luftwaffenstützpunkt** auf dem Flughafen Manta, eine umstrittene Einrichtung, angeblich zur Bekämpfung des Drogenhandels. Staatspräsident *Correa* setzt der Basis mit dem Vertragsablauf 2009 ein Ende.

Der **Río Manta** teilt die Stadt in **zwei Hälften:** das **Zentrum** im Westen und **Tarqui** im Osten, verbunden durch eine Brücke. Im Zentrum konzentriert sich das gewerbliche Geschehen, in Tarqui dominieren Wohnhäuser, Hotels und Restaurants, auch weil die Strände nah sind. Der Strand von Tarqui ist mitunter dreckig. An der angrenzenden Uferpromenade befinden sich Restaurants mit Gerichten aus Manabí; in der *Chifa Taiwan* lässt es sich toll chinesisch essen. In der Stadt gibt es viele Marktstände, die Obst, Kleidung und Schuhe verkaufen. An den Wochenenden geht es in den Bars und Discos recht vergnügt zu, Touristen sind aber kaum zu entdecken.

Die **Uferpromenade** erstreckt sich über eine Brücke bis ins Zentrum. Hier steht das Wahrzeichen von Manta, das

MANTA
0
100 m
H Hotel
R Restaurant
PAZIFIK
Playa de tarqui
Parque del marisco
Parque Tarqui
Parque Kennedy
Malecón de tarqui
Boulevard
Malecón
zum Busterminal
zum Flughafen (2 km)
Calle 108
Calle 107
Calle 106
Calle 105
Calle 104
Calle 103
Calle 102
Calle 101
Calle 1
Calle 2
Calle 3
Calle 4
Av. 102
Av. 105
Av. 106
Av. 107
Av. 108
Av. 109
Av. 12
Av. 24 de mayo
Hawai
Las Gaviotas
Ideal
Montecalo
Hotel del Mar
Americana
Panorama Inn
Haddad Manabí
Pacific Inn
Las Rocas
Clarke
Banco del Pichincha
Chifa Popular
Chifa Flor de Rosa
Umiña
Lun Fun

„Monument des großen Fischers"; wer früh auf den Beinen ist, kann den Fischern bei ihrer Heimkehr in den Hafen und beim Fischverkauf zuschauen.

Im Norden des Stadtzentrums liegt die schöne **Playa Córdoba,** im Westen der kleine, meist menschenleere Strand **Playa del Murciélago** mit sehr seichter Brandung. An diesem Strand soll es hin und wieder zu Überfällen kommen.

Die Manta-Kultur wird im **Museo Municipal** (Calle Malecón Alfaro y Calle 9, 3. Stock, 9–15 Uhr) erläutert.

- **Tel. Vorwahl Manta: 05**

Touristeninformation

- Ein Touristenbüro befindet sich in der Pasaje J. M. Egas zwischen den Calles 10 und 11 unweit des Busbahnhofs.

Unterkunft

Einfache Unterkünfte

- *Hotel El Inca*
Malecón 105 y Tarqui, Tel. 2620440; EZ 13 $, DZ 25 $ mit BP, AC, große Zimmer, freundlich, Telefon, Garage, Restaurant.
- *Hotel Boulevard*
Av. 105 y Calle 103, Tel. 2625333, 2611654; 6 $ p.P. mit BP, TV und Ventilator; Zimmer mit Kabel-TV und Klima für 20 $ p.P. im Nebenhaus Boulevard 3.
- *Hotel Umiña*
Malecón „diagonal al paso desnivel", Tel. 2623295; 8–15 $ mit BP und Kabel-TV, Garage.
- *Hostal Clarke*
Av. 108 N° 119 entre calles 101 y 102, Tel. 2625835; 5 $ p.P. mit BP, Ventilator und TV.
Mail: clarkehostal@hotmail.com

Mittelklasse-Hotels

- *Hotel Las Rocas*
Calle 101 y Av. 105, Tel. 2610299; EZ 18 $, DZ 30 $ mit BP, AC, TV, Restaurant, Garage, Wäscheservice.
Mail: lasrocas@manta.teleconot.net
- *Hotel Panorama Inn*
Av. 105 y Calle 103, Tel. 2611552, 2611312, EZ 26 $, DZ 39 $ mit BP, AC. Pool, Telefon, Garage, Speisesaal.
- *Hotel Las Gaviotas*
Malecón 1109 y Calle 106, Tel. 2628840, EZ 36 $, DZ 48 $ mit BP mit Frühstück, AC, Telefon. Café, Garage, direkt am Meer, Pool, Internet. Mail: hotelgav@aiisat.net
Internet: www.hotelgaviotasmanta.com

Luxus-Hotels

- *Hotel Barbasquillo*
Via San Mateo, Playa Barbasquillo, Tel. 2629341, Fax 2628111; EZ 35 $, DZ 43 $, am westlichen Stadtstrand; Bungalows direkt am Meer (Privatstrand) mit Pool und Klimaanlage, Internet, aber nur mäßiges Restaurant.
Mail: hotelbarbasquillo@hotmail.com
Internet: www.hotelbarbasquillo.com
- *Hotel Lun Fun*
Calle 2 Av. II La Enseñadita, Tel. 2622966, 2622976, DZ 65 $ inkl. Frühstück, mit BP, Telefon, TV, Restaurant, Bar, Garage.
Mail: lunfunhotel@yahoo.com
- *Hotel Howard Johnson*
Außerhalb, km 1,5 Richtung Barbasquillo, Tel. 2620000, Zimmer 95 $ p.P. mit Frühstücksbüffet. Solide und unspektakulär wie die Hotelkette. Mail: reservas@hojo.manta.com
- *Hotel Oro Verde*
Malecón y Calle 23, Tel. 2629200, Fax 2629210; EZ 130 $, DZ 140 $, Suite 140 $, inkl. Frühstücksbüffet. Restaurant, Gym, Sauna, Pool, Bar, Kongressraum, Strand in der Nähe. Internet: www.oroverdehotel.com

Überlandbusse

- Für wenig Geld kommt man vom **Busbahnhof** zu den nahe gelegenen Orten in der Umgebung von Manta. Einige Leser warnen vor der Buskooperative Carlos Aray, wo Sie im Gepäckfach beklaut wurden.

Mehrmals täglich Verbindungen nach:

- **Portoviejo** (30 Min.)
- **Santo Domingo** (5 Std.)
- **Quito** (8 Std.)
- **Bahía de Caráquez** (2 Std.)
- **Guayaquil** (3½ Std.)
- **Quevedo** (5 Std.)

Flüge

- Das TAME-Büro (Tel. 2613210) ist in der Calle Malecón Alfaro (in der Nähe des Open-Air-Kinos/Theaters). Öffnungszeiten sind von 9–12 und 14–17 Uhr. Der Flughafen liegt ca. 3 km östlich von Tarqui. Mo bis Sa verkehren **Morgenflüge zwischen Quito und Manta,** So am Nachmittag.

Geldwechsel

- *Banco del Pacífico*
- *Banco del Pichincha*

Telefon

- Das PACIFICTEL-Fernmeldebüro liegt an der Uferpromenade Malecón Alfaro an der Plaza 4 de Noviembre.

Sonstiges

- Eine **Landwirtschafts- und Tourismus-Messe** findet **Mitte Oktober** statt.

Um von Manta sowohl weiter nach Süden an die Küste als auch ins Landesinnere (Portoviejo) zu kommen, wird zunächst Montechristi angefahren (16 km von Manta).

ecu132 Foto: peko

Flugzeug der US-Luftwaffe auf dem Flughafen in Manta

Montecristi

Montecristi liegt in 100 m Höhe und erfreut sich einer Jahresdurchschnittstemperatur von 25 °C. Im Sommer ist es sehr trocken. Im Jahr 1741 gegründet, ist die kleine Stadt **eines der wichtigsten Kunsthandwerkszentren in Ecuador.** Entlang der Hauptstraße bis zum Hauptplatz reiht sich ein Geschäft an das andere. Eine Vielzahl von Toquilla-Stroherzeugnisse gibt es zu kaufen: (Panama-) Hüte, Taschen, Korbmöbel usw. Montecristi lebt ganz offensichtlich von den *productos de paja* (Stroh-Produkte), die an der Durchgangsstraße um einiges preisgünstiger als im Zentrum zu erstehen sind. Ein **Panamahut** kennt große Qualitätsunterschiede: Ein schlichter Schattenspender für die Strandwoche kostet ab 3 $; ein guter „fino" schlägt mit mindestens 40 $ zu Buche, ein exklusiver „superfino" kostet zwischen 100 und 200 $. Je feiner die Selektion und Behandlung der Gräser, umso feiner wird die Faser und umso arbeitsaufwendiger die Produktion. Gleichzeitig steigt mit der Qualität die Lebensdauer eines Panamahutes (siehe auch Exkurs „Der Panamahut"). Gute „superfinos" halten über Generationen und sind resistent gegen Sonne und Wasser. Man transportiert den Panamahut übrigens eingerollt in einem schlanken Holzkasten, aus dem sich ein guter

Hut ohne Schaden und Verformung auch wieder ausrollt.

Empfehlung: Man bekommt die Hüte eigentlich überall im Land, auch zu ähnlichen Preisen. Aber in Montecristi sollten Sie auf jeden Fall einen **Hutflechter** besuchen und vielleicht bei ihm kaufen. Einer von ihnen ist: *Sombresos de Montecristi,* Flerida Pachay y Hijos, Calle Chimborazo 258.

Die Stadt ist nicht nur berühmt wegen der Fertigung des Panamahutes, sondern auch für ihre **Kolonialbauten** vom Ende des 18. Jahrhunderts; sie sind seit dieser Zeit ständig bewohnt, was angesichts der Baufälligkeit mancher Gebäude erstaunlich ist.

Montecristi ist ferner der Geburtsort von **Eloy Alfaro,** des bekannten Reformpolitikes, der zu Beginn des 20. Jahrhunderts Präsident von Ecuador war. Im Rathaus ist sein Grabmal untergebracht, am Hauptplatz ist ihm zu Ehren eine Statue errichtet worden. Dort steht auch eine schöne Kirche.

In Montecristi zu übernachten ist schwierig, da es **keine Hotels** gibt und nur der Unterschlupf im Haus/Wohnung einer ansässigen Familie versucht werden kann. Sinnvoller ist es, das Nachtlager in Manta (15 Minuten entfernt) oder Portoviejo (20 Minuten) aufzuschlagen und von dort einen Tagesausflug zu unternehmen.

2007/2008 war Montecristis Zweitname „Eloy Alfaro" berühmter denn je, denn im Namen des legendären Revolutionärs tagte die **verfassunggebende Versammlung** Ecuadors in diesem Städtchen. Das ließ die Preise steigen und die ohnehin schon wenigen Zimmer mehr als knapp werden.

Bevor es über Jipijapa durch den Machalilla-Nationalpark an die Küste geht, sei eine **Fahrt ins Landesinnere** unternommen, wo Portoviejo, Quevedo und Babahoyo die größten Orte und wichtige Verkehrsknotenpunkte sind, über die genauso wie an der Küste entlang die größte Stadt des Landes, Guayaquil, angefahren werden kann.

ecu034 Foto: peko

Hutmacherladen in Montecristi

Portoviejo

Landeinwärts, eine knappe Stunde von Manta entfernt, liegt die **Hauptstadt der Provinz Manabí,** gegründet am 12. März 1535 von *Francisco Pacheco*. Ursprünglich entstand die Stadt direkt an der Küste, doch wurde sie angesichts zunehmender Piratenüberfälle ins Landesinnere verlegt.

Der Handel in der 135.000-Einwohner-Stadt floriert. Die Industrialisierung in den letzten Jahren zusammen mit der guten Verkehrsanbindung nach Quito und Guayaquil haben Portoviejo zu einem wichtigen **Zentrum der Rinderzucht und des Kaffeeanbaus** in Manabí werden lassen.

Die Stadt verfügt über eine Technische Hochschule, ein Museum und eine Kathedrale. Insgesamt jedoch hat sie wenig zu bieten, touristisch ist sie noch am ehesten als Ausgangsbasis für Besuche in Montecristi und im Machalilla-Nationalpark von Belang.

Sehenswürdigkeiten

- Das **Museo de la Casa de Cultura** (Calle Sucre y G. Moreno) zeigt ecuadorianische Musikinstrumente. Geöffnet ist Mo bis Fr von 9–12 und 14–18 Uhr, Sa von 9–14 Uhr.
- Die **Kathedrale** (Parque Eloy Alfaro) ist, gemessen an den prunkvollen Kirchen der Franziskaner, Dominikaner und Augustiner, ausgesprochen spartanisch ausgeschmückt, vielleicht aber gerade deswegen einen Besuch wert. Im Park vor der Kirche steht eine Statue des Stadtgründers.
- Schön anzusehen ist das kleine, innere **Stadtzentrum** mit Häusern voller blumengeschmückter Fassaden und Balkone.

- **Tel. Vorwahl Portoviejo: 05**

Touristeninformation

- Touristenbüro in der Av. Morales zwischen der Calle Bolívar und der Calle Sucre.

Unterkunft

Einfache Unterkunft

- *Hotel Portoviejo Plaza*
Pedro Gual y Morales Plaza, Tel. 2634442; EZ 3 $, DZ 6 $ mit BP und Ventilator; Restaurant im Haus.
- *Hotel Conquistador*
18 de Octubre y Pedro Gual, Tel. 2631678, 2633259; EZ 10 $, DZ 17 $ mit BP, Ventilator, Kabel-TV und Telefon.
Mail: hotelconquistador@hotmail.com
- *Hotel Cabrera Internacional*
García Moreno 102 y Pedro Gual, Tel. 263 3199, 2633200, Fax 2651645; 8 $ p.P. mit BP und Ventilator, Zimmer mit TV und Telefon 10 $, mit Kabel-TV, AC und Kühlschrank 14 $.
Mail: raulcabrera_364@hotmail.com
- *Hotel Pacheco*
9 de Octubre 506 y Morales, Tel. 2652716; 4 $ p.P. mit BP und Ventilator, 6 $ p.P. mit Kabel-TV.

Mittelklasse-Hotel

- *Hotel San Marcos*
Calle Olmedo 706 y 9 de Octubre, Tel. 2650055; EZ 12 $, DZ 20 $ mit BP, Ventilator oder AC.

Luxus-Hotel

- *Hotel Ejecutivo*
18 de Octubre entre 10 de Agosto y Pedro Gual, Tel. 2632105, Fax 2630876; EZ 36 $, DZ 55 $ mit Frühstück. Internet, Wäscheservice, Parkplatz, BP, Telefon, TV und Restaurant.
Mail: hotelejecutivoportoviejo@yahoo.com
Internet: www.hotelejecutivo.com.ec

An der Küste/Costa

ecu035 Foto: peko

Essen und Trinken

- *El Galpón*

Calle Quito 346; gute Fleisch- und Fischgerichte.

Überlandbusse

Vom **Busbahnhof** (1 km westl. der Stadt) fahren Busse nach:

- **Manta** (1 Std.), bis Montecristi (½ Std.)
- **Santo Domingo** (5 Std.)
- **Quito** (8 Std.)
- **Quevedo** (4–5 Std.)
- **Bahía de Caráquez** (2 Std.)
- **Guayaquil** (3½ Std.)

Flüge

- Das TAME-Büro (Tel. 2632429) liegt in der Calle América y Chile (Mo bis Sa von 9–12 und 14–16 Uhr). Mo, Mi und Fr gehen Flüge **nach Quito.** Der Flughafen befindet sich 2 km nordwestlich des Stadtzentrums.

Geldwechsel

- Die Banken *Banco de Pichincha* (Olmedo y Bolívar am Zentralpark) und *Banco Comercial de Manabí* (10 de Agosto y 18 de Octubre) nehmen Reiseschecks an.

Post und Telefon

- Das Postamt ist an der Ecke Sucre y Av. 3.
- Eine PACIFICTEL-Zentrale befindet sich an der Ecke 10 de Agosto y F. Pacheco.

Aus Portoviejo führt eine teils unbefestigte Straße hinauf zu den **Ausläufern des Andenhochlands.** Die Busfahrt **nach Quevedo** (140 km) ist beschwerlich. Auf den letzten Kilometern säumen Bananenplantagen den Weg, und beiderseits der Straße liegen Tamarinden-Samen zum Trocknen in der Sonne aus.

Quevedo

Die größte Stadt der Provinz Los Ríos, erst Anfang des 19. Jahrhunderts gegründet, hat 100.000 Einwohner und liegt 145 m hoch; durchschnittlich ist es 26°C warm. Landwirtschaftlich prägen das Gebiet um Quevedo **große Plantagen** (Ölpalmen, Bananen, Tropenfrüchte). Banken haben sich angesiedelt, eine ausgeprägte Handelstätigkeit ist zu konstatieren, auch das gut ausgebaute Bildungswesen mit weiterführenden Schulen kennzeichnet die Stadt.

An der **Uferpromenade** des Río San Pablo ist die ganze Woche über **Markt.** Frauen waschen ihre Wäsche am Fluss, Balsaflöße und kleine Boote legen an .

In der Stadt haben sich viele Chinesen niedergelassen, mit der Folge, dass es eine Reihe guter chifas und anderer fernöstlicher Restaurants gibt.

Das **„Chinatown von Ecuador"** ist eine schmuddelige, verkehrsreiche Stadt mit ganz eigentümlicher Atmosphäre. Der fremdartige Geruch übrigens, der über der Stadt liegt, rührt von den Tamarindensamen her und verleiht dem ganzen Ambiente eine zusätzliche Würze.

- **Tel. Vorwahl Quevedo: 05**

Unterkunft

- *Hostal Jhonatan*
Guzmán 705 y 12da., Tel. 2750483; Ein Leser schreibt: „Wer in Quevedo landet, kann hier für 3 $ übernachten; sauber, aber hässlich wie die Stadt"; heute kostet es: EZ 11–16 $, DZ 16–21 $.
- *Hotel Bravo's*
Calle Cuarta y 7 de Octubre, Tel. 2751831; 5 $ p.P. mit BP und TV.
- *Hotel Hilton*
Calle Novena y Progreso 433 y J. Guzman (gegenüber dem IESS), Tel. 2760865; 6 $ p.P. mit BP, AC und Kabel-TV.
- *Hotel Ejecutivo Internacional*
Calle Cuarta 214 y 7 de Octubre, Tel. 2751781, Fax 2750596; 12 $ p.P. mit BP, Telefon und Kabel-TV.
- *Hotel Quevedo Internacional*
Calle 12 ava 309 y 7 de Octubre, Tel. 2751875, 2751876, 2751877, Fax 2753854; EZ 28 $, DZ 33 $ mit Frühstück, BP, AC, Kabel-TV und Telefon.
Mail: andasq@gye.satnet.net
- *Hotel Olímpico*
Stadtteil San José, Av. Jaime Roldos 19, Tel. 2750539; EZ 51 $, DZ 64 $, Casino, Parkplatz, großes Freizeithotel mit Pool, AC, Sauna, Disco, gehobener bis luxuriöser Standard, gutes Restaurant.
Mail: hotelolimpico@hotmail.com

Überlandbusse

Von Quevedo fahren Busse in alle Himmelsrichtungen: in den Süden nach Guayaquil, in den Norden zu den Küstenstädten Esmeraldas und Manta, über Santo Domingo nach Quito und über die zentrale Sierra weiter in den Oriente.

Es gibt **keinen zentralen Busbahnhof** in Quevedo. Die meisten Unternehmen haben ihre Büros im Umkreis von drei Blocks westlich der Plaza.

- nach **Portoviejo** (4–5 Std.) mit *Flota Bolívar* mehrmals täglich.
- nach **Latacunga** mit *Transportes Cotopaxi* über Pilalo, Zumbahua, Pujilí stdl. ab 8 Uhr.
- nach **Santo Domingo** (1½ Std.) mit *Transportes Sucre* stündlich.
- nach **Quito** (4 Std.) mit *Transportes Macuchi* mehrmals täglich.
- nach **Babahoyo** (2 Std.) mit *Flota Babahoyo Internacional (FBI)* mehrmals täglich.
- nach **Guayaquil** (2½ Std.) mit *Transportes Sucres, TIA, CIA* mehrmals täglich.
- nach **Mocache** (30 Min.) mit *Transportes Flor de los Ríos* stündlich.
- **San Vicente** (2½ Std.); 25 km auf Schotterpiste, wunderschöne Landschaft.

Geldwechsel

- Die *Banco Internacional* in der Av. 7 de Octubre y Quarta wechselt Schecks.

Post und Telefon

- Das Postamt befindet sich in der Calle Malecón y Calle Septima.
- Das Fernmeldebüro von PACIFICTEL liegt in der Calle 7 de Octubre y Decimatercera.

Von Quevedo nach Guayaquil

Über Daule

Von Quevedo Richtung Portoviejo sind es 23 km bis zum Verkehrsknotenpunkt **Empalmé (Velasco Ibarra).** In dem Städtchen finden sich etliche einfache Hotels. Die Abzweigung in den Süden geht hinab in das fruchtbare Schwemmland des **Río Daule,** wo tropische Agrarprodukte kultiviert werden.

Nach 52 km ist das Dorf **Balzar** erreicht. Über die leicht abfallende, kurvenreiche Strecke geht es 30 km weiter in die Ortschaft **Palestina,** bis man schließlich nach weiteren 31 km in **Daule** ankommt. Von Daule über die Ortschaft **Nobol (Piedrahita)** sind es noch 45 km nach **Guayaquil.** Eine Verbindungsstraße führt von Daule in östlicher Richtung auch nach Babahoyo.

Über Babahoyo

Von Quevedo über Puebloviejo sind es 102 km (2 Std. mit dem Bus) bis nach **Babahoyo,** seit 1948 **Hauptstadt der Provinz Los Ríos.** Das **landwirtschaftliche Zentrum** ist umgeben von Bananenplantagen, Ölpalmenkulturen und Reisfeldern. Die Stadt liegt am Río Babahoyo; der Fluss tritt in der Regenzeit zwischen Dezember und Mai regelmäßig über die Ufer und verursacht größere Überschwemmungen. Die höchsten Pegelstände wurden 1982, 1997 und bei den Überschwemmungen im Februar 2008 erreicht.

Sehenswert sind in Babahoyo die **Hausboote,** die an den Ufern festgemacht sind, die Stadtkirche am schönen Zentralplatz (Plaza 24 de Mayo), der ein Denkmal zu Ehren von Simón Bolívar aufweist, und die Altstadt ca. 2 km außerhalb des heutigen Zentrums.

- Im Ort selbst gibt es einige Unterkünfte. Das *Hotel und Restaurant Emperador* empfiehlt sich (Calle Gral. Barahona y 24 de Mayo, Tel. 2730535, EZ 13–17 $, DZ 22–28 $). Preiswert ist die *Mensón Popular.*
- Im Ort finden sich auch ein **Postamt** und eine Pacifictel-Telefonzentrale.
- Größere **Boote** fahren den Río Babahoyo hinunter nach Guayaquil, auch ein Bus verkehrt regelmäßig (1½ Std.).

Fahrt in die Sierra nach Latacunga (177 km)

Hinweis: Die im Folgenden erwähnten Orte sind im Andenkapitel näher beschrieben.

Wunderschön ist die Fahrt von Quevedo hinauf in das Becken von Latacunga. Ähnlich wie das Stück von Portoviejo nach Quevedo, wird die Straße relativ selten benutzt, ist aber bis zum Pass asphaltiert. Die kurvenreiche Strecke durchquert zunächst das landwirtschaftlich genutzte Tal des Río Pilalo; mit dem Anstieg zum Gebirgskamm wird das Klima rauh und die Vegetation geht in den immergrünen Bergwald über. Bei **Km 110** hat sich um eine ehemalige Hacienda das Sierradorf **Zumbahua** gebildet, das durch seinen ländlichen Charakter und Campesinos, die Lamas bepacken und eine schönen Samstagsmarkt abhalten, ein geradezu klischeehaftes Fotomotiv abgibt (Unterkunft siehe Latacunga/Ausflüge).

Von Zumbahua führt eine Straße (die über Chugchiglán, Sigchos, Saquisilí bis nach Latacunga geht) 12 km nordwärts zur fantastisch grün schimmernden **Laguna Quilotoa,** die ihre Farbe gelösten Mineralsalzen verdankt. Die Wegstrecke ist in 3 Stunden zu Fuß zurückzulegen (aggressive Hunde können sehr lästig werden); bei längerem Warten bietet sich sicher eine Mitfahrgelegenheit in einer Camioneta.

Nordlich der Laguna liegt in einer Höhe von 3100 m **Chugchiglán** (vgl. Latacunga/Ausflüge).

Nach Zumbahua geht es durch das Tal des Río Tucachi weiter nach Latacunga. Beiderseits der Straße ragen immer wieder vulkanische Felsgesteine aus der ansonsten ebenen Umgebung heraus, ehe der Anstieg zur Páramo-Region beginnt.

Kurz vor **Pujilí (Km 165)** windet sich die Straße in Serpentinen einen Berghang hinauf, dem das Becken von Latacunga zu Füßen liegt. Bei guten Sichtverhältnissen lässt sich während der Auffahrt ein **grandioses Andenpanorama** mit den Vulkanen Tungurahua, Altar und dem majestätischen Cotopaxi erleben.

Von Pujilí sind es noch 10 km bis nach Latacunga.

Zurück auf der Küstenroute von Manta nach Guayaquil, sind es von Montecristi 40 km bis Jipijapa, wo der Abzweig zur Küste erfolgt.

10 km nach Montecristi lohnt eine Fahrtunterbrechung in dem kleinen Dorf **La Pila.** Es ist berühmt für seine **Keramiken.** Anfangs konzentrierten sich die *pilenses*, wie die Dorfeinwohner genannt werden, auf die Anfertigung von Kopien präkolumbischer Originale, mit den Jahren aber wich die Imitation der Kreation einfallsreicher eigener Objekte. Mittlerweile werden die Keramiken der pilenses plagiiert, so dass im Falle einer Kaufabsicht auf den Originalstempel zu achten ist.

Jipijapa

Jipijapa, auf einer Höhe von 350 m gelegen, hat 30.000 Einwohner und ist ein **Zentrum der Panamahut-Herstellung** und des Baumwoll- und Kaffee-Anbaus. **Sonntag ist Markttag;** mit dem Kauf eines Panamahutes sollte man jedoch in jedem Fall bis Montecristi warten.

Praktische Informationen

- Eine Pacifictel-Fernmeldezentrale und einfache Unterkünfte stehen zur Verfügung.
- Sollten Sie den Absprung aus dem Städtchen, von dem in Touristenkreisen nur der „Busbahnhof" bekannt ist, nicht rechtzeitig geschafft haben, dann finden Sie im *Hostal Jipijapa* eine Unterkunft, wahlweise mit Ventilator oder Klimaanlage. Das *Hostal Mejía* bietet sehr schlichte Zimmer an.
- **Busse** fahren regelmäßig an die Küste: nach Puerto López im Süden (1½ Std.), nordwärts nach Manta (1 Std.).

28 km von Jipijapa entfernt erreicht die Straße bei **Puerto de Cayo** die Küste. Die weitere Fahrt zählt zu den schönsten Küstenpassagen überhaupt. Unmittelbar am Meer entlangführend, steigt die Straße ab und zu die bis ans Wasser reichenden Ausläufer der westlichen Küstenkordillere hinauf, wo sich ein weiter Blick hinab aufs Meer eröffnet.

Etwa 15 km vor Puerto López liegt der winzige Ort **Machalilla.** Der Strand hier ist sauberer als in Puerto López und ideal zum Schwimmen. Im Dorf gibt es einige Straßenimbisse und ein sehr gepflegtes Hotel mit einem hilfsbereiten und freundlichen Besitzer *(Hotel Machalilla Internacional).*

Puerto López

Puerto López, ein Fischerdorf mit 10.000 Einwohnern, hat einen touristischen Aufschwung erlebt hat, nicht zuletzt als Ausgangsort für einen Besuch des Machalilla-Nationalparks.

Jeden Tag frühmorgens, wenn die Fischer zurück an Land kommen, findet ein kleiner **Fischmarkt** am Strand statt, zu dem auch Geier und Fregattvögel „geladen" sind – sehenswert!

Ungefähr in der Zeit von Juni bis September tummeln sich vor Puerto López antarktische **Buckelwale,** eine der besten Gelegenheiten in ganz Amerika, die riesigen Säuger bei Balz und Paarung zu beobachten. Die „Whale Watching"-Touren dauern einen halben bis ganzen Tag und schließen häufig einen Besuch der Isla de la Plata mit ein. Die Ausfahrten sind in jüngster Zeit ökologisch stärker reglementiert worden. Achten Sie daher darauf, dass ein lizenzierter Ranger des Nationalparks Machalilla mit an Bord ist (die Agencia Costa Tours z.B. hat für gewöhnlich einen Ranger an Bord). Ansonsten dürfen Sie sich den Walen nicht sehr nähern.

Der aktuelle Strand-Check von *Hannes K.*: „Um Puerto López liegen die schönsten Strände Ecuadors: Los Frailes (sowieso, siehe weiter unten), La Playita ist ausgezeichnet zum Campen, Las Tunas ist ein Geheimtipp für Surfer und La Tortuguita ..."

- **Tel. Vorwahl Puerto López: 05**

Unterkunft

- *Hostería La Terraza*

Auf den Hügeln im Norden von Puerto López (Norte de Puerto López) liegt von weitem sichtbar mit herrlichem Blick über die Bucht die von dem jungen deutschen Paar *Petra* und *Werner* geführte Hostería, künftig auch mit Restaurant-Betrieb: 6 Cabañas mit Bad, Hängematte und Meerblick, EZ 19 $, DZ 29 $ mit Frühstück, Tour ab 30 $, Mail: info@laterraza.de, Internet: www.laterraza.de, Tel. 2604235, Handy 08-8554887). Die Straße zweigt von der Hauptstraße auf der Höhe eines großen „Lavadora"-Schildes ab.

- *Villa Colombia*

Garcia Moreno y Gral. Córdova, Tel. 2300105, in der Nähe der Kirche; Cabañas mit Dusche, Waschbecken und WC; großer Raum mit Küche, Hängematten, schöner Innenhof, Trinkwasser und Kühlschrank; freundlicher Service, Touristeninformation, MBZ mit BP 8–12 $ mit Frühstück – Tipp!
Internet: www.hostalvillacolombia.com

- *Hostal Monte Libano*

Tel. 2300231, angenehmes und familiäres Hostal direkt am Meer, etwas außerhalb, Wasch- und Kochgelegenheit, 5 $ p.P. mit BP, leider kein Telefon.
Mail: jul_bor@hotmail.com

- *Hostería Mandala*

Cabañas und Restaurant direkt am Meer, in der Nähe des Mercado de pescado, Tel. 2300181, 09-9513940; schweizerisch-italienische Leitung, EZ 22 $, DZ 36 $, Restaurant, Touren, liebevoll gestaltete und ruhige Cabañas in üppiger, tropischer Gartenanlage am Strand, den die Besitzer in Eigenregie mit Palmen bepflanzt haben.
Mail: hosteriamandala@yahoo.com
Internet: www.hosteriamandala.info

- *Hotel Pacífico*

Malecón y Gonzalez Suarez, direkt an der Strandstraße, Tel. 2300147/133, 12–25 $, BP, Pool, Low-Budget-Betten auch für 4 $ p.P.; warme Dusche, Frühstück gibt es im kleinen Café, Nachtwache – schön und empfehlenswert!
Mail: hpacifico_ec@hotmail.com
Internet: www.hotelpacificoecuador.com

- *Hosteria Piqueros Patas Azules*

In Guayaquil: Central Costanera B 216 e Llares Urdesa, Tel. 04-2386881, am Río Chico. Tel. 2780279, EZ 30 $, DZ 43 $, mit Bar, Restaurant/Pizzeria, Tourangebot, Pool und Museum.
Mail: rolfjames@hotmail.com

- *Hotel Machalilla*

Calle Montalvo y Lascano, strandnah mit Restaurant und Hängematten, Zimmer mit Kabel-TV und BP ca. 6 $ p.P. Leser schreiben: „sehr aktive und freundliche Hotelbesitzer".

- *Hostal Tourismar*

Calle Malecón, Tel. 2604114, sehr nette Fischerfamilie, einfache Zimmer; EZ mit Bad 4–6 $, Wäscheservice, ganztägige Fischertouren oder Walbeobachtungen (15 $) und Fahrten zur Isla de la Plata (25–30 $). Lesertipp! Mail: dunmar@hotmail.com

ecu036 Foto: peko

•*Hostal Los Islotes*
Malecón Julio Izurieta y Gral. Córdova, Tel. 2300108, EZ 15 $, DZ 25 $, Cafeteria. Von Lesern empfohlenes Hostal der Familie *Villamar Castillo*.
Mail: hostallosislotes@hotmail.com

Camping

•Camper können in großen Teilen des Nationalparks (s.u.) ihr Zelt aufschlagen, doch sollten sie sich bei den Parkwächtern die Genehmigung einholen und sich nach den Wasservorräten im Park erkundigen.

Essen und Trinken

•Ein gutes Restaurant im Ort ist das *Carmita* an der Strandpromenade, Tel. 2604149. Serviert werden leckere und günstige Fischspezialitäten.
•Ferner sind das traditionelle *Spondylus* am Strand zu empfehlen (erstklassiges Frühstück) sowie die gute Küche auf *La Terrazza* und im *Hotel Pacífico*.
•Heißester Tipp ist das *Restaurante Bellitalia* zwischen dem Malecón und der Calle Principal. Italiens Könige der Pasta!
•*Arte Café Bar*
Calle General Córdoba y Cristo Consuelo, zweistöckig, Tischtennis, Hängematten und Jimmys Surfschule. Die *Bar Clandestino* mit Billard ist gleich gegenüber.
•*Whale Café*
Ein Tipp von Lesern zum Abhängen und Beobachten von Strand und Promenade, unter US-amerikanischer Leitung.

Überlandbusse

•Vom **Busplatz im Zentrum des Dorfes** fahren alle zwei Stunden Busse in **Richtung Jipijapa** und **La Libertad.**
•Der erste Bus **nach Portoviejo** geht morgens um 4 Uhr. Der letzte direkte Bus geht um 18 Uhr mit der Busgesellschaft *Carlos Aray*, die bekannt ist für ihre ohrenbetäubende Busfahrermusik. Dieser Wagen fährt bis nach Quito; man gelangt jedoch wesentlich

schneller und entspannter nach Quito, wenn man in Portoviejo in den „Ejecutivo" von *Reina del Camino* umsteigt. Nehmen Sie die alten Klapperkisten der Reina-Gesellschaft aber nicht bei Nacht!

- Mittlerweile bietet „Super Especial" der Kooperative *Reina del Camino* eine bequeme Direktverbindung mit dem **Nachtbus nach Quito** an. Abfahrt in Puerto López 20 Uhr, Fahrpreis ca. 12 $.

Telefon

- Ein PACIFICTEL-Fernmeldeamt liegt an der Hauptstraße. Weitere Telefonkabinen und **Internet** im Ort.

Geldwechsel

- In Puerto López gibt es eine **Banco del Pichincha** (Calle Córdoba, neben der Kirche).

Agenturen

Ein paar Agenturen vor Ort haben sich auf alles spezialisiert, was im **Nationalpark** zu sehen ist, einschließlich der Isla de la Plata.

- *Machalilla Tours*
Agentur von *Fausto Chóez,* Calle Rocafuerte y Córdova, auch am Malecón, *Jorge Izurieta,* Tel. 2300234, Handy 09-4925960, Tour zur Isla de la Plata, Tauchen, Camping, Vogelbeobachtung, Tour ab 25–30 $ p.P., Eintritt Park 20 $, Transfer nach Manta 40 $, nach Guayaquil 100 $.
Mail: machalillatours@yahoo.com
- *Agencia Cirial Sur*
General Córdova Richtung Malecón, Tel. 2589125, Besitzer ist *Gregorio Bedoya.* Leser empfehlen ihn für Whale Watching.

Tauchexpeditionen

In Puerto López gibt es **eine der ganz wenigen Möglichkeiten, vor dem ecuadorianischen Festland zu tauchen.**

Fregattvögel lauern am Strand
auf die Reste der Fischer

- *Exploramar Diving*
Direkt am Malecón, Tel. 05-2300123, in Quito: 02-2563905. Beste Tauchsaison ist Juni bis Oktober. Betaucht wird vor allem die Insel Salango, aber auch Ausfahrten zur Isla de la Plata sind – etwas teurer – im Programm – bei guter Sicht ein fantastisches Erlebnis. Wenn Tauchgäste vor Ort sind, kann man sich für etwas weniger Geld einklinken, als wenn man von Quito aus bucht.
Internet: www.exploradiving.com

Ausflüge

Machalilla-Nationalpark

Einen Block neben dem Fernmeldeamt **in Puerto López** ist das **Verwaltungszentrum** des Nationalparks Machalilla mit einem angegliederten **Museum** untergebracht. Vor Betreten des Nationalparks ist eine **Eintrittsgebühr von 15 $** zu bezahlen (einschließlich der Isla de la Plata), die auch die Aushändigung einer Karte und weiteres Informationsmaterial beinhaltet.

Der **einzige küstennahe Nationalpark Ecuadors** wurde 1979 gegründet und umfasst 55.000 ha Schutzgebiet, das Küstenteile mit ausgedehnten Stränden, 40.000 ha Trocken- und Nebelwald sowie zwei Inseln in einem 20.000 Hektar großen Meeresgebiet einschließt. Im Park verteilen sich einige **archäologische Fundstellen** der Manta-, Machalilla- und Chorrera-Kultur, die teils zur Besichtigung freigegeben sind.

Die **Vegetation** besteht zum Großteil aus tropischen Trockenwaldbeständen, darunter Kapokbäume, Palo-Santo-Hölzer und Ficus-Arten.

In der Fauna ist die **Vogelwelt** hervorzuheben: Papageien, Fregattvögel, Pelikane und Tölpel bevölkern das Gebiet.

Führer zeigen dem Besucher die Vielfalt des Küstenparks.

Der **Parkeingang** befindet sich 7 km nördlich von Puerto López. Die Parkgebühr zahlt man einmal für bis zu fünf Tage Aufenthalt im Gebiet. Sie ist auch am Platz im Dorf bei INEFAN zahlbar.

Auf einem 5 km langen Weg gelangt man zur Ortschaft **Agua Blanca,** wo in einem archäologischen Museum die Ausgrabungsarbeiten an einer nahe gelegenen, öffentlich zugänglichen Fundstelle der Manta-Kultur erklärt werden. Man zahlt für diesen Ausflug keinen Nationalpark-Eintritt, sondern lediglich einen kleinen Tageseintritt; Buspreis von Puerto López nach Agua Blanca: 25 Cents. Eine **schwefelhaltige Lagune** bietet eine willkommene Erfrischung nach einem Spaziergang durch den heißen Trockenwald (Silberschmuck kann nach einem Schwefelbad die Farbe wechseln, für den Körper ist ein Bad jedoch gesund). In Agua Blanca können Pferde gemietet werden, mit denen man in 4–5 Stunden das Nebelwald-Dorf **San Sebastián** erreicht.

10 km nördlich von Puerto López führt eine Piste zu dem wunderschönen einsamen **Strand von Los Frailes.** Von einem Aussichtspunkt *(Mirador)* lassen sich die angrenzenden Buchten überschauen. Da der Strand im Nationalpark liegt, wird auch hier die Parkgebühr erhoben. Für ca. 9 $ kann man eine Camioneta mit Fahrer für die Strecke von Puerto Lopez nach Agua Blanca und Los Frailes mieten. Lesertipp: Wenn es nicht zu heiß ist, fährt man preiswert mit dem Bus bis zum Parkhäuschen und läuft etwa 1½ Stunden einen schönen Weg zu Fuß zum Strand von Los Frailes. Die Autostraße legt man per pedes in etwa 1 Stunde zurück.

Nur 2 km vor der Küste ragt die **Isla Salango,** eine Insel, die in den Machalilla-Nationalpark eingebunden ist, aus dem Meereswasser, die leicht mit dem Fischerboot von Salango erreichbar ist.

Isla de la Plata

Auch wenn die Bezeichnung **„Galápagos en miniature“** der Einzigartigkeit des Archipels unrecht tut, so bringt sie doch etwas vom Reiz der Isla de la Plata zum Ausdruck. Die Insel, nordwestlich von Puerto López ungefähr 40 km dem Festland vorgelagert und Teil des Machalilla-Parks, beheimatet manche Galápagos-Tiere: Blaufuß- und Rotfußtölpel-Kolonien nisten auf dem Boden und im Gebüsch. Fregattvögel ziehen ihre Kreise, Pelikane paddeln im Wasser, im September sind Albatrosse zu Besuch. Ein kleines Korallenriff bietet Gelegenheit zum Schnorcheln. Pro Person werden 25–30 $ für die Überfahrt verlangt (plus Nationalparkgebühr), je nach Anbieter (von Puerto López aus), z.T. inkl. Schnorchelausrüstung. Der Inselrundgang kann sehr heiß werden!

Die weitere (asphaltierte) Strecke von Puerto López bis nach La Libertad fällt auf, dass viele **Feriensiedlungen** gebaut werden. Es sind auch wirklich schöne Strände zu entdecken, und vielen kleine Dörfer unterwegs laden zu einer Fahrtunterbrechung ein.

Im Fischerdorf **Salango** kurz hinter Puerto López lohnt ein Besuch des **archäologischen Museums.** Die Altertumsforscher in Ecuador sind seit einigen Jahren damit beschäftigt, in großen Ausgrabungsstätten landesweit nach Relikten präkolumbischer Kulturen zu suchen. In Salango wurden größere Funde gemacht, die zukünftig in dem Museum ausgestellt werden sollen.

Puerto Rico

5 km vor Ayampe liegt die Ferienanlage Alandaluz:

- *Hostería Ecocultural Alandaluz*

Puerto Rico km 12 via Puerto López; Handy: 09-4274670, 09-2527366, Preise 58–112 $, Tour 30 $, Cannoping, Isla de la Plata, Surfen, Scubadiving.

Reservierung in Quito unter Tel. 2440790, 2444162, 09-4274684, Büro-Anschrift: Calle Guan Guiltagua N34-525 y Federico Paez, Sector Batan Alto.

Eine Cabaña für 4 Pers. kostet 49 $, mit der ISIC-Student-Card gibt es 10 % Rabatt.

Eine Art „Club Med" mit Öko-Touch, alle Bauten sind aus Bambus, vergleichsweise teures, gutes Essen, familienfreundlich, relativ abgeschieden, Privatstrand, Pool und kleiner botanischer Garten; recht „luxuriöse" Ausstattung – unser **besonderer Tipp,** denn diese Anlage hat sich in den vergangenen Jahren hervorragend entwickelt! Ein angegliedertes Reisebüro bietet Tagestouren in den Machalilla-Nationalpark und zur Isla de la Plata (s.u.) an. Es besteht ferner die Möglichkeit, mit einem Pick-up nach Cantalapiedra zu fahren, einer Obstplantage in den Bergen hinter der Küste, wo Mitarbeiter der Plantage mit einem eine Wanderung durch den Wald unternehmen. Mittlerweile hat das *Alandaluz* in Cantalapiedra nicht nur ein komplettes Reiseprogramm zwischen Landwirtschaft und Küstenwald, sondern betreibt auch eine attraktive Canopy-Strecke.
Internet: www.alandaluzhosteria.com

- *Hostería La Barquita*

Direkt am weiten Strand bei Puerto Rico und nur 15 Busmin. südlich von Puerto López, Tel. 04-2780051, 09-3698818, EZ 19 $, DZ 30 $, schweizerische Leitung, Zimmer mit Warmwasser, Moskitonetzen und Hängematten außen; Restaurant, Bar, Ausritte für 6 $ p.P., organisieren Ausfahrten zur Isla de la Plata für 33,50 $ p.P., Surfkurse nebenan bei *Ricardo.* Empfehlung!
Internet: www.labarquita-ec.com

Ayampe

- Erwähnung verdient die *Hostería Atamari,* kurz vor dem Dorf Ayampe bei km 83 auf einem Bergvorsprung hoch über der Küste gelegen: Einzelne Bungalows in ruhiger Lage mit herrlichem Panorama bilden eine schöne Anlage. Tauchschule im Hotel. EZ 55 $, DZ 105 $ mit Frühstück, Tel. 22780430/431, Reservierung vor Ort: 04-2780430, 2780431, Handy: 09-9515213.
Mail: reservaciones@resortatamari.com
Internet: www.resortatamari.com
- Eine Alternative in Ayampe sind die einfacheren *Cabañas de la Tortuga,* die auch einen Zeltplatz haben. Tel. 2780613, Preise 15–30 $, Zeltmiete p.P. 4 $ bei Mitbenutzung der Sanitäreinrichtungen und der Küche.

Nach Alandaluz verlässt man die Provinz Manabí und gelangt in die Provinz Guayas. Vorbei an weiteren Stränden bei **Olón** und **San José** kommt man nach Montañita (etwa 40 km ab Puerto López).

Montañita

Der Strand hier galt unter einheimischen **Surfern** lange als Geheimtipp. Mittlerweile ist er das El Dorado der Brettgleiter und am Wochenende mitunter voll. Dennoch ein herrlicher Urlaubsort zum Abhängen und Wellenreiten, zudem kinderfreundlich.

Das **Magazin der Süddeutschen Zeitung** empfiehlt Montañita als einen der „Zehn perfekten Trips" - als eines der weltweit „schönsten Reiseziele, an denen Hippies schon vor 40 Jahren gepflegt ihr Marihuana rauchten" (Ausgabe 29.2.2008). Vielleicht noch nicht so lange, aber mindestens ebenso tief wie auf Goa und Gomera inhaliert sich hier das Easy Living.

- **Tel. Vorwahl Montañita: 04**

Unterkunft

- *Rincón del Amigo*

Zu Fuß 15 Minuten vom Dorfkern Montañitas entfernt; die Cabañas weisen eine sehr angenehme Atmosphäre auf, das Essen ist gut, das Personal freundlich und hilfsbereit, ein Billardtisch und Tischfußball stehen kostenlos zur Verfügung.

- *Hosteria Baja Montañita Resort*

Sector la Punta Richtung Olon, Tel. 2060018, 2568840, Fax 2568840, EZ 25 $, DZ 35 $; tolle, luxuriöse Cabañas, Bar, Restaurant, Pool und Whirlpool.
Internet: www.bajamontanita.ec

- *Hostal La Casa Blanca*

Tel. 2901340, geräumige, saubere Zimmer, die Besitzer sprechen Deutsch, Englisch und Spanisch - empfohlen.

- *Hostal Brisas Marinas*

Av. 15 de Mayo; DZ mit BC 1 $ p.P., sehr freundliche Familie, Aufenthaltsraum und Küchenmitbenutzung.

- *Hostal El Centro del Mundo*

Tel. 2782831, 5-6 $ p.P., am Strand; Surfertreffpunkt, gutes Frühstück, Videoverleih.

- *Casa del Sol*

Tel. 2648287, Handy 08-5146762, nahe Baja Montañita Resort, schöner Holzbau, Übernachtung 4-10 $, je nach Saison, Surfunterricht, Live-Jazz am Wochenende.
Internet: www.casasol.com

- *Hotel Montañita*

Handy 09-9737414, im Hauptort direkt am Strand, mit kleinem Pool auf der Sonnenterrasse, kleine Bar und Dachterrasse, sehr gutes Essen; Zimmer schlicht, aber gepflegt, mit Bad und warmen Wasser; Zimmer im 1. und 2. Stock mit toller Aussicht auf den Strand, Preise: NS 6-8 $, HS 15 $.

- *Hostal de Ricky*

Tel. 09-9540607, nahe Dorfeingang, Paradies für Surfer, 7 Zimmer, familiär, Selbstversorgerküche, Satelliten-TV und Internet; der Besitzer Ricky aus Venezuela spricht Englisch, erteilt Surfunterricht und organisiert Surfausflüge; Preise: NS 6 $, HS 10 $ inkl. Frühstück.

- *Hostal Paradise South*

Santa Elena, zweite Reihe im Ort hinter der Holzbrücke, 30 m zum Strand, Tel. 2901185, 2901345. DZ mit Bad, Ventilator und Klimaanlage 10-20 $ inkl. Frühstück. Hängematten im Garten. Kinderfreundlich mit Rasenfläche und Volleyballnetz (Lesertipp).

- *Hostal el Turista*

Tel. 09-1892530, 09-1334524, Zimmer mit und ohne Bad, Cafeteria, Küchenmitbenutzung, Surfunterricht.
Mail: dany_basurto@yahoo.es

- *Tikilimbo backpackers hostal*

Tel. 2540607, Handy 09-3677086, freundliche Atmosphäre, Surfen, gutes Essen, vegetarische Küche. Empfehlenswert!
Mail: tikilimbo@hotmail.com
Internet: www.tikilimbo.com

Essen und Trinken

- Gut ist die *Bar El Quilla.* Im *Casa Blanca* (30 m vom Strand) gibt es Surfbretter und Surflehrer. Andere surfen hier im Internet.

- *Mahalos*

An der 1. Kreuzung links; geschmackvolle Kneipe, mittags gutes Essen, nachmittags feiner Kaffee und abends leckere Cocktails bei guter Musik; Billardtisch und Bücherecke; das von Surfern frequentierte Lokal ist vor allem Fr und Sa der ideale Partytreff.

- *Hachis*

An der Hauptkreuzung; rustikale Kneipe, Fr und Sa Live-Musik von Klassik und Rock, von Woodstock bis Gipsy Kings.

- Surferfreunde haben in letzter Zeit gut gegessen bei Viejamar, im *Papaya,* vorzüglich in der *Casa Blanca* und preiswert im *Tiburón.*

Geld

- In Montañita gibt es einen Geldautomaten, und zwar im Zentrum am *Hotel Montañita.*

Manglaralto

Unmittelbar hinter Montañita, 10 km vor Valdivia, liegt direkt am Meer das kleine Fischerdorf Manglaralto. Ein **sehr schöner Strand** und einige (einfache) Unterkünfte lassen einen längeren Aufenthalt zu. Der Keramikstand an der Straße zwischen Montañita und Manglaralto lohnt einen Stopp für Freunde von Auflauf, Rumtopf und Co.

Unterkunft

• *Hostería Marakaya*
An der Kirche bis zum Strand fahren, Tel. 04-2901294; DZ mit BP 25/32 $ (HS), „sicher und schön", so eine Lesermeinung, mit Ventilator und Moskitonetzen, andere Zimmer mit Klimaanlage.

• *Hostal Kamala*
Tel. 2423754, zw. Montañita und Manglaralto, Cabañas für Backpacker, 25–45 $ p.P. inkl. Abendessen, BP, Warmwasser; Poolbillard, Kabel-TV, Bücherecke, Volleyball, Surfboards, Bar, Restaurant und Wäscheservice. Im preiswerten Programm: Ausritte, Tauch- und Spanischkurse, Schnorcheltrips und natürlich im Spätsommer Walbeobachtung. Empfehlenswert!
Mail: kamalahosteria@hotmail.com

• *Hostal Playa Azul*
Direkt am Strand, Besitzer ist die nette Familie *de la Cruz García*, Tel. 09-4689645. Kleine Bar, Hängematte, sicher und angenehm, 3–5 $ mit BC. Der einfache Low-Budget-Tipp!
Mail: dargar18@hotmail.com

Simón Bolívar

Auf der Suche nach dem einsamen Strand in einem kleinen Fischerdorf stießen wir auf Simón Bolívar, auch genannt: **Libertador Bolívar.** Dank dem Panamahut lassen sich hier gut und preiswert ein paar chillige Tage zu zweit verbringen. Denn die *Casa del Sombrero* unterhält direkt am Strand zwei hübsche **Cabañas** (7 $ p.P.), Hängematten und Liegen. Das Restaurant serviert exzellente Ceviches. Besitzer *Carlos Floreano* ist Bob-Marley-Fan, legt aber auch Jazz oder *Gloria Estefan* auf. Kontakt: 04-2780236, Handy 09-3491185.

Auf dem langen feinen Sandstrand treffen sich morgens die Fischer am Netz, abends spielt die Dorfjugend Fußball. Allein am Wochenende wird es etwas weniger einsam in Simón Bolívar.

Besuchen Sie auch die lichtdurchflutete katholische **Kirche** mit dem beeindruckenden Felsaltar.

Dos Mangas

Das beschauliche, kleine Dorf südlich des Machalilla-Nationalparks liegt jenseits aller Touristenrouten und hat einen *Turismo Comunitario* aufgebaut. Lohnenswert sind mehrstündige Ausritte zu Wasserfällen, zur landwirtschaftlichen Produktion und auch zur **Ernte der Toquilla-Palme** (Panamahut). Meiden Sie aber die heißen Mittagsstunden. Das Dorf ist noch sehr informell, aber hilfsbereit organisiert.

Mehrere Familien bieten einfache Zimmer für etwa 4 $ an. Ein Ausritt kostet etwa 5 $, ein Führer 15 $ am Tag. Für den Naturpark fällt ein Eintritt von 2 $ an. Lohnenswert auch ein Besuch der Tagua-Werkstatt.

Anfahrt: Von Manglaralto fahren alle 45 Min. *camionetas* nach Dos Mangas.

Barcelona

In dem Ort Barcelona, 5 km vor Valdivia, gibt es **Führungen durch die Produktion von Panama-Hüten.** Alle Herstellungsprozesse – Splissen, Kochen, Bleichen und Trocknen – werden erläutert. Man schaut den Hutflechtern über die Schulter. Fragen Sie im Ort, oder buchen Sie eine Tour samt weiteren Stationen in der Region bei *Ecua-Andino Turismo.*

● *Ecua-Andino Turismo*
Calle Luque 229 y Chile, Guayaquil, Tel. 26002636, Fax 04-2326465.
Mail: info@ecua-andino.com
Internet: www.ecua-andino.com

In der Ortschaft **Valdivia,** gut 50 km südlich von Puerto López, gibt es ein kleines Museum mit archäologischen Exponaten zur Valdivia-Kultur.

● Die *Valdivia Ecolodge* (Tel. 04-2916128, 04-2687046) am Südende des Dorfes liegt wunderschön an der steilen Küste und San Pedro bei Valdivia verfügt über einen unberührten Strand. Eine Leserin schreibt begeistert von dem „super Ambiente, sehr nettem Service und top sauberen Cabañas“; Preise saisonabhängig ab ca. 18 $ p.P.; Programme: Whalewatching, Reiten, archäologische Touren; in der Nebensaison einsam.
Mail: valdiviaecolodge@hotmail.com

Zwischen Valdivia und La Libertad folgen zunächst die Orte **Ayangue** und **Palmar.** Sie liegen in unmittelbarer Nähe weitläufiger Strände, die ausgedehnte Wanderungen erlauben.

● Bei Ayangue liegt die Bungalowsiedlung *Cumbres de Ayangue*; eigene Badebucht, kaum Schatten, Meerblick, Restaurant, Pool, Tel. 2370115, 2364748, 219939, Fax 04-2916041, Cabañas 115 $, DZ 60 $ mit Frühstück.
Mail: ayanguesol_1607@hotmail.com
Internet: www.cumbresdeayangue.com

ecu037 Foto: peko

La Libertad

100 km sind es von Puerto López nach La Libertad auf der **Halbinsel Santa Elena,** auf der noch Santa Elena und Salinas (s.u.) liegen. Santa Elena ist nur in seiner Funktion als Verkehrsknotenpunkt erwähnenswert: Es verbindet La Libertad und Salinas im Westen mit den Stränden weiter im Norden. La Libertad ist mit über 50.000 Einwohnern die größte Stadt und das Verkehrszentrum der Halbinsel. Die Strände von La Libertad sind im Vergleich zu Salinas weniger stark besucht, aber mindestens so schön; zudem ist die Hotellerie billiger.

In unmittelbarer Nähe von La Libertad gibt es weitere Strände, so der von **Punta Blanca** im Norden und jener von **Punta Carnero** im Süden.

- **Tel. Vorwahl La Libertad: 04**

Unterkunft

Einfache Unterkünfte

- *Hotel Palatino*
Cuarta Av. y Calle Guayaquil, Tel. 2786770, Fax 2785176; DZ mit BP 13 $ p.P. mit Frühstück, TV, Fitness-Studio.
Mail: hotelartepalatino@hotmail.com
- *Hotel Viña del Mar*
Avenida 3 y Calle Guayaquil, Tel. 2785979; EZ 10 $, DZ 18 $ mit BP, Ventilator, Urteil einer Leserin: „Sicher, sauber, aber unglaublich spartanisch".
- Weitere Unterkünfte sind *Hotel Estrella del Mar, Residencial Reina del Pacífico* und *Residencial Zambano.*

Die Panamahut-Kooperative von Barcelona/Guayas

Überlandbusse

Mehrmals am Tag starten von diversen Straßenecken Busse und Rancheros nach:
- **Guayaquil** (2½ Std.)
- **Salinas** (10 Min.)

und an die nördlichen Strände:
- **Palmar/Manglaralto** (1½ Std.)
- **Puerto López** (2½ Std.)
- Außerdem gibt es regelmäßigen Busverkehr nach **Punta Blanca** u. **Punta Carnero.**
- **Verkehrshinweis**: Santa Elena ist nicht nur Namensgeber, sondern auch Verkehrsknotenpunkt der Halbinsel, das kleine Drehkreuz zwischen der Metropole und den Küstendörfern. Von Guayaquil aus kann man zwar dreimal täglich direkt in die Dörfer kommen (5, 12 und 17 Uhr mit CLP ab dem Terminal Terrestre in Guayaquil), aber flexibler ist man mit den häufigen Verbindungen nach Santa Elena (etwa alle 20 Minuten, etwa mit CITUP). Nach Valdivia, Simón Bolívar und Manglaralto geht es von dort unkompliziert weiter.

Geldwechsel

- *Banco del Pacífico,* 9 de Octubre y Robles Borrero; Tausch von Travellerschecks.

Salinas

In dem ca. 15 km von Santa Elena, am Westzipfel der Halbinsel, gelegenen Ort leben etwa 20.000 Einwohner. Entlang der Uferpromenade sieht es ein wenig aus wie an bekannten gesichtslosen Massentourismus-Zielorten des Mittelmeers: Wohnhochhäuser, mehrgeschossige Hotels, Casinos und Clubhäuser reihen sich direkt am langen Badestrand auf. In der **Saison von Januar bis Mai** kann es vor allem an Wochenenden vorkommen, dass der Strand völlig verdreckt ist und genauso wie die Hotels überfüllt, dass Wasser und Strom

ecu038 Foto: peko

knapp sind; sonst stehen viele der Bettenburgen leer, und nicht-ecuadorianische Touristen sind selten anzutreffen. Den Guayaquileños gilt Salinas als bester Badeort Ecuadors, doch diese Meinung teilen nicht alle.

Zwischen Juni und Dezember ist das Wasser empfindlich kühl, der Himmel oft wolkenverhangen, und ein starker Wind lässt nachts die Temperaturen spürbar sinken, was (mit Einschränkungen) jedoch für die gesamte Küste gilt.

Salinas lockt aber nicht nur Strandurlauber an, sondern ist ebenso beliebtes **Ziel der Sportfischer.** Nur 35 bis 40 km bzw. eine Bootsstunde von der Küste entfernt fällt die submarine Plattform der Halbinsel rasch in Tiefen bis zu 3000 m ab und hält ausgezeichnete Fanggründe für Hochseefischer bereit. Der Schwarze Marlin, der mitunter bis zu einer halben Tonne Gewicht auf die Waage bringt, ist der begehrteste Fisch. In Salinas können **Yachten** zum Hochseeangeln angemietet werden.

La Puntilla, noch ein Stück westlich von Salinas und westlichster Punkt des ecuadorianischen Festlandes, dient der ecuadorianischen Marine als Stützpunkt. Deshalb bedarf der Besuch des Steilufers, wo die Wellen sich imposant an den Klippen brechen, der Erlaubnis des Militärs. Mit ein bisschen Geschick und der nötigen Freundlichkeit dürfte das kaum ein Problem darstellen.

- **Tel. Vorwahl Salinas: 04**

Touristeninformation

- Ein Touristenbüro findet sich an der Ecke Malecón y Calle 36.

SALINAS
Hotel
Restaurant
Telefonzentrale
Post
PAZIFIK
Strand
Strand
Salinas Yacht Club
Capitanía
Armando Barreto
José Alberto Estrella
Diego A. Nuñez
Rafael de la
Luis Gilbert P.
Luperico Bazán M.
24 de Mayo
Rodolfo Bacilio
Ruminahui
Fidón Tomala
Leonardo Avilés
Las Palmeras
Eleodora Peña
Calle 15
Mercedes A. Molina
Humberto Garcés
Los Almendros
Alfonso Cobos
Gabriel Santos
Jaime Satander
Eugenio Espejo
Calle 7
Busse Richtung La Libertad
zur Calle 1 und
Malecón
Malecón
General Enríquez Gallo
Eloy Alfaro
Eloy Alfaro
Sixto Durán
Los Ficus
Luis Gonsález
Eduardo Aspiazu
Jaime Roldós Aguilera
Bairyto
Salinas
Schnellimbiß
Pescao Mojao
Populares
Oro del Mar
Peña Club de Marco
Las Rocas
Albito
El Típico
Delfín Dorado Inn
Los Cocos
Cebicherías Mariscos
Yulee
Iglesia Principal
Parque Principal
Rathaus

Unterkunft

Da während der Woche oft Hotelzimmer leer stehen, empfiehlt es sich in Salinas zu feilschen. Häufig können Rabatte bis zu 50% ausgehandelt werden.

● *Hotel Salinas Costa Azul*
Gral. Enríquez Gallo y Calle 27, Tel. 2774280; DZ 30 $ mit BP, Ventilator; moskitofreie Zimmer, guter Service, Pool, Diskothek, Garage, Restaurant.

● *Hotel Yulee*
Am Park, Tel. 2772028; Zimmer mit BP 10–20 $ p.P., Warmwasser, AC, Kabel-TV.

● *Hotel Albita*
Barrio Bazón, Av. 7 entre Calle 22 y 23, Tel. 2773211; 8 $ mit BP, Ventilator und Kabel-TV.

● *Hostal Cocos*
Malecón y Fidón Tomalá, Tel. 2774349, 2772609; 10–15 $ p.P. mit BP; am Strand.
Internet: www.cocohostal.com

● *Hotel Salinas*
José Alberto Estrella y Gral. Enríquez Gallo, Tel. 2772993, 2772179; 15–20 $ p.P. mit BP und Kabel-TV. Mail: hotelsalinas@porta.net

● *Hostal La Roca*
Gral. Enríquez Gallo y 24 de Mayo, Tel. 2771096; 6 $ p.P. mit BP und Ventilator.

● Weitere Hotels der mittleren Kategorie sind im Stadtplan eingetragen.

Essen und Trinken

● Es finden sich eine ganze Reihe von Restaurants und Bars (und auch Discos) im Ort; beim Verzehr von Salaten ist aber Vorsicht angebracht!

● An der Plaza kann man an den **Imbiss-Ständen** ohne besondere Bedenken Meeresfrüchte essen.

Geldwechsel

● In Salinas tauscht u.a. die *Banco del Pacífico* in der Calle General Enríquez (= Av. 2) y Calle 19 Reiseschecks von Mastercard.

● Will man die Küstenregion Richtung Norden abklappern, empfiehlt es sich, in Salinas bzw. La Libertad ausreichend Geld zu wechseln, da dann bis Jipijapa im Landesinnern bzw. Manta an der Küste keine Tauschgelegenheit mehr besteht.

Post und Telefon

● Ein Postamt befindet sich an der Ecke Av. 2 y Calle 7, geöffnet Mo bis Sa 9–17 Uhr.

● Die Fernmeldezentrale von Pacifictel hat eine Zentrale in der Calle 20 zwischen Av. 3 und Av. 6; die direkte Durchwahl nach Deutschland ist möglich. Geöffnet ist Mo bis So von 8–20 Uhr.

Von der Halbinsel Santa Elena bzw. Salinas/La Libertad sind es 136 km bis in die Metropole Guayaquil. Bis Progreso durchquert man die „Kakteenwüste" Ecuadors. Die vereinzelt mit Kapokbäumen bestandene Savannenlandschaft soll in Zukunft zum Nationalpark deklariert werden.

Ungefähr 16 km nach Santa Elena zweigt links eine Stichstraße in nördlicher Richtung zum **Thermalbad San Vicente** ab. Schwimmbecken und Schlammbäder können zur Gesundheitspflege in Anspruch genommen werden, ein modernes Hotel gewährleistet eine bequeme Unterbringung.

Auf halber Strecke zwischen La Libertad und Progreso führt rechter Hand eine Straße südwärts an die Küste und endet nach 10 km in dem kleinen Fischerdorf **Chanduy,** wo archäologische Ausgrabungen stattfinden; die Fundstücke von Frühkulturen sind in einem kleinen Museum ausgestellt.

In **Progreso** (ca. 70 km von Santa Elena entfernt, in ecuadorianischen Karten häufig unter dem Namen Gómez Rendón eingetragen) gabelt sich die Straße: Rechts führt sie weiter in den

Fischer in den Mangrovenflüssen von Guayas

Süden nach Playas, links geht es nach Guayaquil. Bevor wir den Moloch Guayaquil ansteuern, besuchen wir Playas. Auf dem Weg dorthin verwandelt sich die Savannenlandschaft in kurzer Zeit in eine Halbwüste, in der nur (Kandelaber-) Kakteen wachsen. Nach 21 km ist der Badeort Playas erreicht.

Playas

Playas (span. = Strände), auch General Villamil genannt, ist ein lang gezogenes, hässliches **Städtchen mit Badebucht,** das viele Guayaquileños übers Wochenende und in den Ferien aufsuchen. In der Bucht treiben Balsaholzflöße, mit einem Segeltuch bespannt. Frühmorgens sortieren die Frauen den Ertrag der nächtlichen Fischzüge ihrer Männer. Am Ortseingang beginnt die Av. Paquisha, die direkt an den Badestrand führt. Er geht sehr flach ins Meer, das Wasser ist sauber und ruhig. Der **starke Wind** allerdings macht den Aufenthalt nur dann erträglich, wenn man sich eines der Strandzelte ausleiht, die es den Strand entlang zu haben gibt. Geht man den Strand ab, bekommt man die Villen reicher ecuadorianischer Familien zu sehen.

Werktags und außerhalb der Saison ist es geradezu gespenstisch ruhig. Die touristische Infrastruktur ist hinreichend ausgebaut, Hotels und Restaurants/ Bars gibt es genügend.

ecu042 Foto: peko

- **Tel. Vorwahl Playas: 04**

Unterkunft

Einfache Unterkünfte

Sie finden etliche preiswerte Unterkünfte am Strand und im Dorfkern. Da Playas ein Saison-Ferienort ist, wechseln Zustand und Öffnungszeiten häufig. Überall kann es gerade an Wochenenden und in den Ferien laut werden. Die Preise schwanken deutlich zwischen Haupt- und Nebensaison.

- *Residencial El Galón*
An der Einkaufsstraße; EZ mit BP, Moskitonetz, sauber, etwas teurer, aber solide und schön, preiswertes Restaurant, freundlich.
- *Hotel Dorado*
An der Strandpromenade; DZ 15 $, teils mit Meerblick, Balkon, freundlich, Restaurant, Bar, AC oder Ventilator, Kühlschrank, TV, nebenan liegt eine Disco ...
- *Hotel Rey David*
Strandnähe, von der Plaza aus an der großen Disco vorbei Richtung Strand; DZ 16 $, schöne, freundliche, saubere DZ mit Dusche/WC.
- *Hostal Las Playas*
Strandpromenade; netter Innenhof, mit Restaurant.

Mittelklasse-Hotels

- *Hostería Bellavista*
2 km außerhalb, Tel. 2760600; EZ 47 $, DZ 64 $ mit BP, TV, AC, Tour 50 $ p.P., schweizerische Eigentümer, freundlich, sauber, vielerlei Freizeitaktivitäten, Sauna, Pool, Fitness-Studio, Yacuzzi, Squash, Sportplätze, „ökologische" Ausflüge in die Umgebung – Empfehlung.
Mail: hosteriabellavista@hotmail.com
Internet: www.hosteriabellavista.com
- *Hotel Arena Caliente*
Av. Guayaquil y Paquisha, Tel. 2284097, 50 m vom Strand; DZ mit BP 28–35 $, freundlich, sauber, TV, AC, Restaurant, Garage.

Nachtleben

- Die *Discoteca Noches de Bohemia,* direkt neben dem Postamt (s.u.), ist allabendlicher Treffpunkt.

Überlandbusse

- Von der Av. Paquisha fahren alle 30 Minuten Busse **nach Guayaquil** (1½ Std.). Warten Sie an der Ecke Paquisha y Guayaquil oder gehen Sie direkt zur Busstation von *Transportes Villamil* in der Calle Pedro Menéndez; der Bus passiert *Progreso* nach 30 Min.
- Wer **nach Salinas** fahren möchte, nehme einen Bus nach Progreso und steige dort um (insgesamt 2 Std.).
- **Nach Posorja** (30 Min.) verkehren Busse mehrmals in der Stunde von der Ecke Guayaquil y Av. 7 (Straße nach Posorja).

Geldwechsel

- *Banco de Guayaquil* akzeptiert Visa-Kreditkarten und Reiseschecks.

Post und Telefon

- Ein kleines Postamt ist an der Ecke Juan Pablo y Calle C10. Die Öffnungszeiten sind Mo bis Fr 8.30–17.30 Uhr.
- Im Westen des Dorfes befindet sich ein PACIFICTEL-Fernmeldebüro, das die ganze Woche über (unregelmäßige Zeiten) geöffnet ist.

Ausflüge

Posorja (20 km)

Über die Av. Guayaquil gelangt man von Playas auf die Küstenstraße nach Posorja. Unterwegs bieten sich Abstecher zu weiteren Stränden an, die Wasserqualität lässt jedoch zu wünschen übrig.

Eine Fahrtunterbrechung lohnt im kleinen Dorf **Data de Villamil,** das eine lange Schiffsbautradition aufweist.

Posorja ist nach 30-minütiger Fahrt erreicht. Das kleine Fischerdorf am Canal de Morro ist ein **Zentrum der Garnelenindustrie.** Die Fischverarbeitung lockt viele Seevögel an. Der Strand ist dreckig, eine Folge der industriellen Ab-

ecu040 Foto: peko

wässer von Guayaquil, die mit dem Río Guayas ins Meer gelangen.

Gegenüber von Posorja, im Golf von Guayaquil, liegt die **Isla Puná,** bekannt für archäologische Funde aus der Zeit der Valdivia-Kultur. Zu erreichen ist sie ausschließlich mit dem Boot von Guayaquil aus.

Morro (10 km)

Das Dorf ist nicht sehr attraktiv und das einzige historische Bauwerk, eine große Holzkirche, ist nicht sehr gut in Schuss. Aber 3 km hinter dem Ort gelangt man an seinen Flusshafen **El Puerto de Morro.**

Hier liegt eine alte Garnelenfischer-Flotte im Schlick, die portugiesische Siedler von der Insel Madeira einst nach Ecuador gebracht haben, wie Namen wie „Rio Branca" noch heute verraten. Von hier aus lassen sich Touren in die üppigen Mangroven organisieren. In diesem kleinen Zufluss zum Río Guayas, ja fast in den offenen Pazifik, leben jede Menge Delfine. Und an der Mündung liegt eine Inselgruppe mit einer der **größten Fregattvogelkolonien,** etwa 3000 Tiere leben hier auf engem Raum zusammen. Unser Tipp!

Wer seine Ausfahrt nicht selbst organisieren möchte, kann sich auch hierbei an den Guayas-Spezialisten wenden, die Agentur *Ecua-Andino* in Guayaquil.

Zurück von Playas in Progreso sind es noch 62 km bis Guayaquil. Vor der Einfahrt in die Stadt erstreckt sich im Süden **El Salado,** ein **Mangrovengebiet,** das von der Garnelen-Industrie noch

Alte Garnelenfischerboote in El Puerto de Morro

weitgehend verschont geblieben ist. Die Umweltschutzorganisation *Fundación Natura* versucht seit einiger Zeit, das Gebiet vor wirtschaftlicher Ausbeutung zu schützen.

Guayaquil

Mit schätzungsweise **3 Millionen Einwohnern,** die im Zuge der Landflucht praktisch täglich mehr werden, ist Guayaquil die **größte Stadt Ecuadors** und das wichtigste Wirtschaftszentrum des Landes: Über den 1979 eröffneten, am Ufer des Río Guayas gelegenen Hafen Puerto Maritimo werden rund 90% der ecuadorianischen Importe und große Teile des Exports abgewickelt. Nur ein Beispiel: Allein in den ersten beiden Monaten des Jahres 2006 wurden an Guayaquils Molen 375 Schiffe abgefertigt und dabei über 1 Million Tonnen Fracht verladen.

Der **Name der Stadt** erinnert an den Puna-Häuptling *Guayas,* einen Kämpfer gegen Inkas und Spanier, und an seine Frau *Quill.* Zuletzt tötete der tapfere Krieger seine geliebte Frau, um sie nicht den Spaniern überlassen zu müssen, ehe er sich selbst das Leben nahm.

Als **Stadtgründer** gilt **Francisco de Orellana,** der 1537 an der Stelle einer alten Indianersiedlung den Grundstein legen ließ. Schon in der Zeit der Audiencia de Quito wurde Guayaquil zum wichtigsten Überseehafen des Landes. Anfangs bestand die Stadt fast ausschließlich aus Holzhäusern, die dem Stadtbrand von 1896 weitgehend zum Opfer fielen. Der Wiederaufbau erfolgte in Stein, die Stadt nahm allmählich ihr heutiges Aussehen an.

Schier unglaublich, wie sich die pulsierende Küstenmetropole in den vergangenen Jahren gewandelt hat. Zumindest der Kern der Innenstadt, der Uferbereich der Promenade „Malecón 2000" und der Altstadthügel **Cerro de Santa Ana** haben ihr urbanes Gesicht nahezu chirurgisch verändert.

Einst gefährliche und dunkle Straßen erstrahlen heute im Licht einer **neuen Stadtphilosophie:** Beleuchtung, Bewachung und Bewahrung. Alte Gebäude wurden restauriert, Straßen gepflastert und abendlich beleuchtet, Fußgängerzonen eingerichtet. Sogar das legendäre Chaos der Stromkabel hat man in den Untergrund gelegt.

Herzstück ist die lange **Uferpromenade** am Río Guayas; sie ist heute ein moderner bis romantischer Freizeitpark, architektonisch ambitioniert und stadthistorisch selbstbewusst. Auf der Promenade und an quasi jeder Ecke der Innenstadt wachen heute bewaffnete Sicherheitsdienste.

Die immensen sozialen und stadtökologischen Probleme Guayaquils sind weitgehend aus der Innenstadt gekehrt, was selbst Bettler und mobile Händler zu spüren bekommen. Die seit Jahrzehnten rechte **Stadtregierung** unter *León Febres Cordero* und *Jaime Nebot* (PSC) hat mit ordnender Hand einen öffentlichen Raum geschaffen, wo Touristen, aber auch Guayaquileños selbst gerne entspannen, flanieren und ihre Stadt wieder entdecken. Heute empfehlen wir – und das haben wir eigent-

ecu041 Foto: peko

lich noch nie zuvor ehrlichen Gewissens tun können – einen zwei- bis dreitägigen Besuch von Guayaquil und Umgebung. Erstmals haben wir daher einen etwa dreistündigen Stadtrundgang für Guayaquil ausgearbeitet. Der den Weg lohnt, wenn wir auch das heiße und schwüle **Tropenklima** nicht vertreiben können.

Die **Sicherheitslage** hat sich in den oben ausgewiesenen Bereichen der Stadt deutlich geändert: Bei den üblichen Vorkehrungen für Großstädte setzt man sich in diesen Teilen der Stadt keinen größeren Gefahren aus. Außerhalb der streng bewachten Bereiche besteht hingegen weiterhin ein erhebliches Sicherheitsrisiko für Touristen. Ohne Fahrzeug und ohne Führer sollte man diese durchaus großen Regionen der Stadt nicht besuchen.

Hinweis zu den Straßennamen in der Innenstadt: Zwar ist das Zentrum Guayaquils nahezu im Schachbrettmuster angeordnet. Doch die in Nord-Süd-Richtung verlaufenden Avenidas haben in der Regel zwei Namen, wie zum Beispiel Av. Rocafuerte und Av. Pedro Carbo, was der gleiche Straßenzug ist. Die „Namensscheide" liegt meist an der kreuzenden Hauptstraße Avenida 9 de Octubre.

Malerische Gasse und tolle Aussicht auf dem Cerro de Santa Ana

Stadtrundgang

Unser Rundgang beginnt am **Parque Seminario.** Dieser kleine, aber vielleicht schönste Stadtpark liegt vor der großen **neugotischen Kathedrale** von Guayaquil (die leider meistens verschlossen ist) mit ihrem beeindruckenden Marmoraltar.

Das Zentrum dieses ersten Parks der Stadt schmückt eine imposante **Reiterstatue** des Befreiers *Simón Bolívar.* Sie ist umgeben von Gummibäumen, Palmen, Akazien, Ficus sowie indischen Mango- und Mandelbäumen. Darin leben die Stars des Parks: eine Kolonie von über **300 Grünen Landleguanen,** die hier ihre natürliche Heimat nie verlassen haben – vor 200 Jahren war dieser Teil der Stadt noch Mangroven- und Schwemmland. Die stattlichen und farbenprächtigen Tiere werden in ihrer nunmehr urbanen Umgebung von den Hoteliers und Gemüsehändlern ernährt. Tägliche Fütterung der zahmen Wildtiere ist mittags um 12 Uhr. Doch schon gegen 10 Uhr klettern sie aus den Bäumen, und auch nachmittags kommen sie gerne noch einmal herunter. Auf der kleinen **Freilichtbühne** der Glorieta gibt es leider nur noch zum Stadtgründungstag am 25. Juli ein Platzkonzert. Vom Parque Seminario aus, den die Leute auch einfach „Parque de las Iguanas" nennen, geht es über die Calle Chile Richtung Süden.

Vier Straßenblocks weiter, an der zu kreuzenden Calle Chiriboga, trifft man auf die **Vieja Casona Universitaria,** eines der schönsten Gebäude der Stadt, in dem heute u.a. eine Musikschule und eine Bibliothek untergebracht sind. Architektonisch ist das mehr als hunderjährige Patiohaus mit zahlreichen italienischen Stilelementen versehen. Unter den Stuckdecken und zwischen den zahlreichen Säulen und Büsten mit Abbildern berühmter Universitätsmitglieder befindet sich auch die Ehrentafel für Ecuadors erste weibliche Studentin: die italienische Medizinerin Aurelia Palmieri.

Prunkstück des Hauses ist jedoch das Auditorium **Salon de Honor Simón Bolívar.** Der in Holz gearbeitete historische Vortragssaal der früheren Universität beherbergt ein immenses und kaum bekanntes Gemälde des berühmten ecuadorianischen Malers *Oswaldo Guayasamín.* Mit Hilfe des liebenswerten Mitarbeiters *Fausto Paredes Meza* können Sie das **Alte Universitätshaus** täglich von 9 bis 18 Uhr besichtigen. (Eintritt frei, Trinkgeld erfreut).

Einen Block weiter biegen Sie von der Calle Chile schräg nach links in den Bulevar Olmedo. Hier, teils unter der großen Autobrücke, treffen Sie auf einen nunmehr geordneten **Straßenmarkt** vor allem für Kleidung, durchaus ein Ort für Schnäppchenjäger.

Am Ende des Boulevards, direkt vor dem Malecón, betreten Sie rechts einen langen Platz. Hier hinter dem **Club de La Unión** liegt der große **Palacio de Cristál.** Bei diesem „Glaspalast" handelt es sich um eine sehenswerte Stahlkonstruktion, die vor rund 100 Jahren aus Brüssel importiert wurde und bis 1998 an dieser Stelle den Ufermarkt der Stadt beherbergte, den **Mercado del Sur.** Fisch- und Gemüseauslagen sind heute den verglasten und klimatisierten

Ausstellungsräumen für **zeitgenössische Kunst** gewichen, die auch schon Picassos und Rembrandts beherbergten. An diesem angeblich, aber nicht nachgewiesen, von Eiffel konstruiertem Gebäude beginnt die Begehung des Malecón 2000 (von 6 bis 24 Uhr geöffnet).

Wer nicht an dem angrenzenden **Kunsthandwerksmarkt** interessiert ist, geht nun Richtung Norden am luftigen Ufer des breiten **Río Guayas** entlang. Sehenswerte Holz- und Stahlkonstruktionen führen einen zunächst vorbei an der Statue von *José Joaquín de Olmedo,* der erste Bürgermeister der Stadt. Hinter einer **gastronomischen Zeile** mit Snackbars und Cafés liegt unterhalb des Uferwegs ein vollklimatisiertes, langgestrecktes Einkaufszentrum, durchaus modernes Kulturgut von Guayaquil. Nördlich von diesem *Centro Comercial Malecón* macht das **Ausflugsschiff El Morgan** fest, das spätnachmittags und abends zu einer etwa einstündigen Fahrt auf dem Río Guayas ablegt (Fahrpreis etwa 4 Euro).

Auf der Höhe der Calle 10 de Agosto befindet sich der hoch aufragende **Uhrenturm Torre Morisca,** ein achteckiger Turm arabisch-byzantinischen Stils von 1931. Hier verlässt unser Rundgang den Malecón für einen Moment.

Die Straße überquerend, treffen Sie auf das wuchtige republikanische Gebäude der Stadtverwaltung mit seiner hohen Glaskuppel, den **Palacio Municipal** und daneben auf den ebenfalls aus den 1920er Jahren stammenden **Palacio de la Gobernación,** einen Polizei- und Regierungssitz der Provinz.

Zwischen diesen beiden Gebäuden befindet sich - nomen est omen - die kleine **Plaza de la Administración.** Sie beherbergt eine interessante **dreiteilige Skulptur,** die *Olmedo* bei einem Geheimtreffen mit Verbündeten zeigt, die die konspirative Übernahme der Stadt von den Kolonialmächten planten.

Etwas zurückliegend in der kleinen Fußgängerzone thront die **Statue von Mariscal Sucre,** dem Feldherrn der historischen Befreiungsschlacht in Quito.

Nun geht es zurück am Uhrenturm auf den Malecón. Direkt nördlich vom Turm und am Zaun zur Straße liegen historisch bemerkenswerte Stufen, die **Escalinata.** Sie traten beim Ausbau der

ecu043 Foto: peko

Kiosk in der Innenstadt

Guayaquil

Rundgang

- 1 Kathedrale
- 2 Parque Seminario
- 3 Vieja Casona Universitaria
- 4 Straßenmarkt
- 5 Club de La Unión
- 6 Palacio de Cristal
- 7 Kunsthandwerksmarkt
- 8 Monument a Olmedo
- 9 Einkaufszentrum
- 10 Ausflugsschiff El Morgan
- 11 Torre Morisca
- 12 Palacio Municipal
- 13 Palacio de la Gobernación
- 14 Olmedo-Skulptur
- 15 Monumento a Mariscal Sucre
- 16 Escalinata
- 17 Schulschiff Guayas
- 18 La Retonda
- 19 Eisenbahnwaggon
- 20 Las Pinturas
- 21 Iglesia San Francisco
- 22 Monumento a Rocafuerte

- 23 Banco Internacional
- 24 Banco de Guayaquil
- 25 Banco Bollvariano
- 26 La Merced
- 27 Turista
- 28 Danuvia
- 29 Savoy
- 30 California
- 31 Pacifictel
- 32 Andy
- 33 Libertador

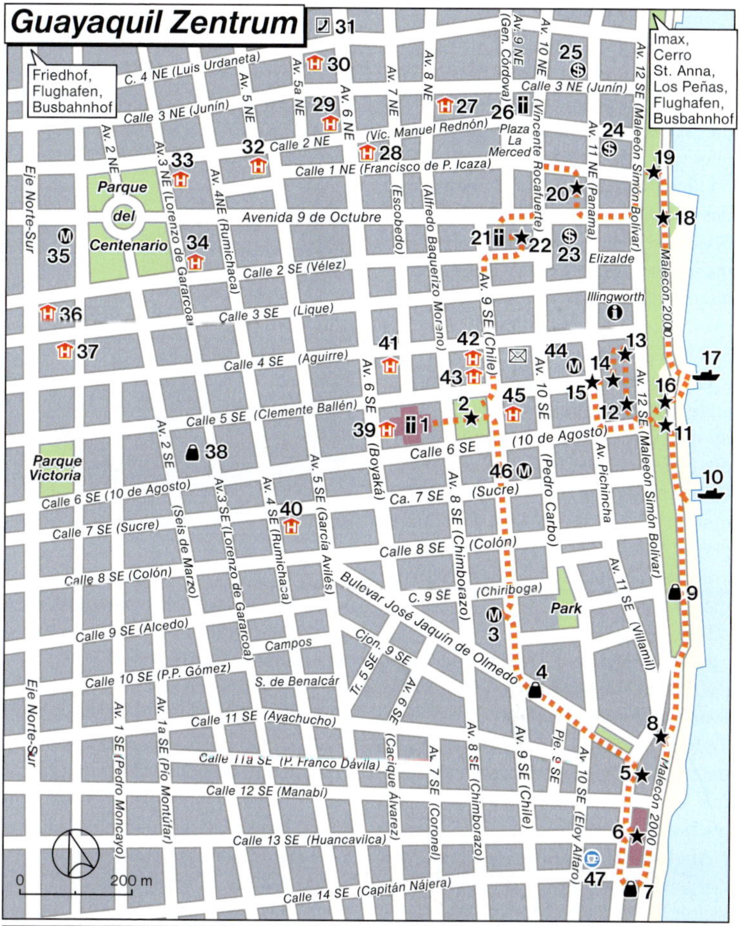

34 Plaza Centenario	41 Sol del Oriente
35 Casa de la Cultura	42 Doral
36 Vélez	43 Uni Park
37 Sanders	44 Museo Nahim Isaías B
38 Markt	45 Continental
39 Gran Hotel Guayaquil	46 Museo Municipal
40 Ecuatoriana	47 Rincón de Café

Promenade überraschend ans Licht. Es sind originale Stufen aus dem 19. Jahrhundert, an denen früher Fischer und Händler anlegten, um ihre Waren an die Städter zu verkaufen. So sah das Ufer vor hundert Jahren aus.

Hinter dem *Club Naval* liegt häufig das ecuadorianische **Segelschulschiff** *Buque Escuela Guayas,* ein großer Dreimaster mit dem Kondor als Galionsfigur. Wenn vor Ort und soweit das Protokoll der Marine es erlaubt, kann das Schiff besichtigt werden.

La Rotonda heißt das im Halbrund angeordnete große Monument auf Höhe der Avenida 9 de Octubre. Es zeigt die Befreier *Simón Bolívar* und *San Martín* bei einem kurzen Treffen in Guayaquil im Jahr 1822. Damals konnte *Bolívar San Martín* überzeugen, Guayaquil an Großkolumbien und nicht an das Vizekönigreich von Lima anzuschließen.

Kurz hinter dem Denkmal erinnert ein originaler **Erste-Klasse-Waggon** der *Ferrocarriles Ecuatorianos* an die alten Zeiten, als hier noch der Zug vom anderen Ufer übersetze und somit Guayaquil auch auf dem Schienenweg erreichbar war.

Abstecher: Für einen späteren Spaziergang empfehlen wir ab der Rotonda weiter Richtung Norden zu laufen, wo Sie in etwa 30 Minuten vorbei an Spielplätzen und Restaurants, an Freilichtbühne und dem neuen Museum der Zentralbank und durch einen kleinen botanischen Garten bis zum modernen IMAX-Kino unterhalb des Cerro Santa Ana gelangen (siehe unten).

ecu044 Foto: peko

Portal der Alten Universität von Guayaquil

Unser Stadtrundgang geht hier hingegen vom Malecón aus zurück in die Stadt auf seine letzte Etappe.

An der Straßenecke Calle Pedro Icaza und Calle Pichincha hängen **Las Pinturas,** großformatige, exzellente Replikas von zeitgenössischen ecuadorianischen Malern. Die jährlich wechselnden Originale befinden sich im **Museo del Banco Central.** Ein starkes Stück öffentlicher Kunst, auch bei Dunkelheit, wenn die Bilder angestrahlt werden.

Der Calle Icaza stadteinwärts folgend, treffen Sie auf eine zweite Freiluftausstellung von religiösen Gemälden.

Gehen Sie nun nach Süden der Avenida Rocafuerte folgend. Hinter der

Avenida 9 de Octubre treffen Sie auf die sehenswerte **Iglesia San Francisco,** die Anfang des 20. Jahrhundert neu erbaut wurde. Auf dem Kirchplatz befindet sich die Statue des ersten ecuadorianischen Präsidenten, *Vicente Rocafuerte*.

Auf der Rückseite der Franziskanerkirche gelangen Sie über die Avenida Chile Richtung Süden zurück zum Ausgangspunkt des Rundweges am Parque Seminario.

Weitere Sehenswürdigkeiten

•Cerro de Santa Ana

Das einst „Grüne Hügelchen" der heiligen Ana ist der **erste besiedelte Ort von Guayaquil.** Hier wurde die Stadt 1547 endgültig gegründet. Noch heute leben etwa 4.000 Einwohner an dieser magischen Anhöhe mit der großartigen Aussicht über die weite Metropole. Zwar stehen keine Kolonialbauten mehr in Guayaquil, doch Santa Anas Holzhäuser entlang der fast 500 Treppenstufen bis zum Gipfel erstrahlen heute in leuchtenden Farben.

Restaurants, Cafés und Galerien säumen die feine Stiege und die gut bewachten Gassen. Oben befinden sich ein Leuchtturm, die neue Kapelle von Santa Ana und eine disneyartige Piratenlandschaft. Nach der Restaurierung des Stadtteils und dem immensen Sicherheitsaufwand ist Santa Ana heute **ein Muss für Besucher** und auch ein El Dorado für **Nachtschwärmer** mit zahlreichen Bars, die am Wochenende sogar bis 3 Uhr öffnen.

Besondere Empfehlung: *Diva Nicotina,* die Eckkneipe ganz unten links am Treppenaufgang: gute Musik, internationale Drinks, regelmäßig Live-Musik und hervorragende lokale Zigarren, täglich ab ca. 17 Uhr.

•Las Peñas

Das traditionelle **Künstlerviertel** mit etlichen Galerien und Ateliers liegt gleich nebenan. Auf der Flussseite unterhalb von Santa Ana verläuft die zentrale Calle Numa Pompilio Llona. Sie ist die älteste Straße der Stadt, wo man auch romantisch einkehren kann, etwa auf der Dachterrasse von *Arthur's Café* mit Blick auf den Río Guayas. Ende Juli zum Stadtfest verwandelt sich der Stadtteil in einen großen Treffpunkt von Malern und Kunstfreunden.

Es bietet sich an, Las Peñas in Kombination mit dem Cerro Santa Ana zu besuchen. Beide sind über den Eingang zur großen Treppe *(Escalinata Diego Noboa y Arteta),* aber auch weiter nördlich über die *Escalinata Las Peñas* miteinander verbunden.

Las Peñas zählt heute zu den schönsten Fleckchen in Guayaquil, und zu den wenigen mit dem **Flair der alten Zeiten** von Piraten, Eisenbahnen und Revolutionären.

•Plaza del Centenario

Einer der zentralsten Plätze der Stadt ist die Plaza del Centenario an der Avenida 9 de Octubre (6–22 Uhr). **Zahlreiche Bronzestatuen** gedenken der Unabhängigkeit der Stadt und der Nation in den 20er Jahren des 19. Jahrhunderts. Da die **parkähnliche Plaza** die größte innerhalb der Innenstadt ist, wird sie von vielen Guayaquileños als Naherholungsraum besonders am Wochenende und in den Abendstunden besucht.

Die große Geschäftsstraße Avenida 9 de Octubre verbindet die Plaza nach Osten direkt mit dem Malecón 2000. In Gegenrichtung nach Westen führt die Avenida zu dem ebenfalls hübschen Uferpark **Malecón del Salado,** einem Mangrovenarm im Inneren der Stadt, den Sie aber ggf. mit dem Taxi anfahren sollten.

•Cementerio General

Der Zentralfriedhof von Guayaquil wurde 1843 eröffnet und ist heute **„Kulturerbe der Nation".** Er verfügt über eine große Zahl von Mausoleen, Grabstätten und Skulpturen. Die sogenannte „Weiße Stadt" am Fuße des Cerro El Carmen ist mit dem Taxi vom Zentrum aus schnell erreicht. Die Ruhestätte ist bewacht, aber wird mitunter auch von Drogenkonsumenten besucht. Wer sicher fotografieren möchte, fragt, ob ein Wächter ihn gegen ein Trinkgeld von etwa 2 $ begleitet.

Den interessantesten Teil des Friedhofs erreichen Sie über das Haupttor „Puerta 3“. Von dort auf dem Hauptweg bis zur Statue von *Rocafuerte* gibt es meist keine nennenswerten Sicherheitsprobleme.

Museen

• Casa de Cultura
Calle 9 de Octubre y Moncayo; im Haus sind eine große Goldsammlung und archäologische Exponate zu sehen. Geöffnet ist Di bis Fr 10–17 Uhr.

• Museo del Banco Central
Av. 9 de Octubre y Anteparra; das Museum bietet einen hervorragenden Überblick über sämtliche präkolumbische Kulturen Ecuadors. Geöffnet ist Di bis Fr 11–18 Uhr sowie Sa und So 11–13 Uhr.

• Museo Arqueológico del Banco del Pacífico
Keramiken, Schmuck und Werkzeuge, empfehlenswerte Ausstellung; Eintritt frei.

• Museo Municipal
Calle P. Carbo y Sucre; das Stadtmuseum in der Biblioteca Municipal ist auf zwei Stockwerken untergebracht. Im unteren befindet sich eine archäologische Sammlung, die vor allem Keramiken der Prä-Inkazeit, aber auch (Kolonial-) Gemälde mit religiösen Motiven präsentiert. Der obere Stock zeigt Exponate zur modernen Kunst und eine umfangreiche ethnologische Ausstellung mit Schrumpfköpfen, Federschmuck, Werzeugen, Goldstücken usw. aus dem Oriente. In einem kleinen Nebenraum schmücken Gemälde ehemaliger Präsidenten und des Geologen *Theodor Wolf* die Wände. Mi bis Fr 9–16 Uhr, Sa 10–15 Uhr, So 10–13 Uhr.

• Museo Nahim Isaías Barquet
Calle Pichincha y Ballén; das kleine Museum birgt religiöse Kunstschätze sowie archäologische Exponate. Geöffnet ist Di bis Fr 9–17 und Sa 10–13 Uhr.

• Museo de Bomberos
Av. Rocafuerte y Calle Jacinto de Butrón, nahe dem Cerro Santa Ana, Tel. 2308565. Die

ecu045 Foto: peko

historische Feuerwache von Guayaquil beherbergt heute ein wunderschönes, kleines Feuerwehrmuseum mit besterhaltenem Gerät und alten Löschfahrzeugen. Geöffnet ist Di bis Sa 10–17 Uhr, Do 11–18 Uhr.

- **Tel. Vorwahl Guayaquil: 04**

Unterkünfte

Die **Hotelpreise** in Guayaquil sind im Durchschnitt **höher als in Quito.** Erkundigen Sie sich auch, ob in den Preisangaben die 22% Steuern und Service enthalten sind. In der Hochsaison erfolgen teils gewaltige Preiserhöhungen von bis zu 100%!

Viele Hostales in Guayaquil scheinen ihre Aschenbecher versichern zu wollen und nehmen seit geraumer Zeit beim Buchen eine **Kaution** in Höhe des zweifachen Zimmerpreises.

Wer Guayaquil als Basecamp für weitere Exkursionen nutzen oder für eine Galápagosreise Sachen deponieren möchte, sollte sich genau über die Möglichkeiten zur Gepäckaufbewahrung informieren.

Einfache Unterkünfte

- *Hotel Sol de Oro*
Calle Garaycoa y Ballén, zentrale Lage am Markt; EZ ca. 25 $, DZ 30 $, relativ nette Zimmer, jedoch mit schwankendem Sauberkeitsstandard.
Mail: hsoloro@gye.satnet.net
- *Hotel Alexander*
Calle Luque 1107 y Av. Quito, Tel. 2532000, zwar keine Fenster, aber mit AC und sauber, Gepäckaufbewahrung möglich, EZ 29 $, DZ 36 $, BP, Kabel-TV, Telefon, Restaurant, Wäscheservice, Internet, Parkplatz.
Mail: hotelalexander@hotmail.com
- *Hotel Danuvio*
P. Icaza 604 y Escobedo, Tel. 2300197; 10 $ p.P. mit BP, TV und Ventilator.

Schrumpfköpfe im Museo Municipal

- *Hotel Libertador*
Lorenzo de Garaycoa 803 y Víctor Manuel Rendón, Tel. 2304637; 10 $ p.P. mit BP, TV und AC, keine Gepäckaufbewahrung.
- *Hotel Sanders*
Luque 1101 y P. Moncayo, Tel. 2320030, 2320944; EZ 12–15 $, DZ 14–16 $, mit Ventilator/AC.
- *Hotel Savoy*
Boyacá 923 y Víctor Manuel Rendón, DZ mit BP und TV 8 $ p.P., keine Gepäckaufbew.
- *Hotel California*
Urdaneta 529 y Ximena, Tel. 2302538, Fax 2562548; EZ 15–20 $, DZ 20–25 $ mit BP, Klimaanlage, Telefon, Suite, Café, Wäschereiservice, Parkplatz; relativ dunkle Straße.
- *Hotel Plaza Centenario*
Am Parque del Centenario in der Santa Elena 931 zwischen Vélez y 9 de Octubre, Tel. 2526446, Fax 2328772; DZ mit BP 28 $, Café, Diskothek.
- *Hotel Vélez*
Calle Velez 1021 y Quito, Tel. 2530292; DZ mit BP und TV 11,60 $ p.P.; sehr einfach, keine Gepäckaufbew., aber sauber und sicher.
- *Hotel Ecuatoriana*
Rumichaca 1502 y Sucre, Tel. 2518105; EZ 7 $, DZ 15 $ mit BP, Ventilator; wird auch als Stundenhotel genutzt ...

Mittelklasse-Hotels

- *Hotel Sol del Oriente*
Aguirre 603 y Escobedo, Tel. 2325500, 2328049, Fax 2329352; 4-Sterne-Hotel, EZ 58 $, DZ 68 $ mit BP inkl. Frühstück, AC, TV, Telefon, Restaurant, Café, Garage; preiswert, sicher, zentral; Internet, Sauna, Karaoke.
Internet: www.hotelsoloriente.com
- *Hotel Doral – Best Western*
Av. Chile 402 y Aguirre, Tel. 2328490, Fax 2327088, DZ mit BP 60 $ inkl. Frühstück, AC, TV, Telefon; sicheres Hotel im Zentrum.
Internet: www.hdoral.com

Luxus-Hotels

Im Luxussegment sind immense Preisunterschiede zu finden, je nach Saison, Aufenthaltsdauer und möglichen Preisnachlässen bei „promociones" oder „tarifas corporativas". Verhandeln Sie! Die angegebenen Preise sind daher nur Richtwerte.

●*Hotel Ramada*
Malecón 606 y Manuel Luzuriaga, Tel. 2565555, Fax 2563036, DZ mit BP 112 $ inkl. Frühstück, Minibar, Internet, Pool, Sauna, Dampfbad, Flughafentransfer, Autoverleih, Restaurant.
Internet: www.hotelramada.com

●*Hotel Continental*
10 de Agosto y Chile, Tel. 2329270, Fax 2325454, EZ 98 $, DZ 146 $ inkl. Frühstück, TV, AC, Telefon, Restaurant, Zimmerservice, Diskothek, Bar.
Internet: www. hotelcontinental.net

●*Gran Hotel Guayaquil*
Boyaca 16-15 E/10 de Agosto y Clemente Ballén, Tel. 2329690, Fax 2327251, EZ 120 $, DZ 139 $ mit BP, Frühstück, Zimmerservice, Kühlschrank, Pool, Squashplatz, Fitness-Studio, Billardtisch, Internetcafé, Café, Restaurant.
Internet: www.grandhotelguayaquil.com

●*Unipark Hotel*
Clemente Ballén 406 y Chile, am Parque Bolívar, Tel. 2327100, Fax 2328352; bequeme Zimmer ab 150 $, Sushi-Bar, freie Internetplätze für Hotelgäste, Großleinwand mit Fußballübertragungen in der Bar, sehr gutes Frühstücksbuffet im Café an der Straße (10 $). Fragen Sie nach einem Zimmer zum Park. Unter den Top-Hotels unsere Empfehlung in Atmosphäre, Preis und Leistung!
Internet: www.uniparkhotel.com

●*Hotel Oro Verde*
9 de Octubre y G. Moreno, Tel. 2327999, Fax 2329350; EZ 149–240 $, DZ 159–320 $, 3 Restaurants, Pool, Fitness.
Internet: www.oroverdeguayaquil.com

Jugendherberge

●*Ecuahogar*
Im Stadtteil Sauces 1, Av. Ayorra, Villa 20, gegenüber der Banco Ecuatoriano de la Vivienda, Tel. 2273288; EZ mit BP, Ventilator und Frühstück 20 $ p.P., MBZ preiswerter; Leute mit leichtem Schlaf werden aufgrund des Straßenlärms früh aufwachen.

Diese nicht offiziell registrierte Jugendherberge liegt **5 km vom Flughafen** und **2 km vom zentralen Busbahnhof** entfernt; von dort verkehrt die Buslinie 2 („Sauces") zur Herberge und auch umgekehrt von der Herberge über den Busbahnhof ins Zentrum. Ruft man nach der Ankunft an, wird man eventuell sogar abgeholt. Die Inhaber *Patty* und *Jorge* wissen viel über Guayaquil zu berichten und ziehen auch schon mal mit ihren Gästen durch die Bars und Salsotecas der Stadt.

Essen und Trinken

Restaurants im Zentrum

●*Teatro Café Chaplin*
Direkt am Parque del Centenario; wechselnde Bildausstellungen, gutes Mittagessen und Theater-Veranstaltungen am Abend.

●*Finca Criolla*
Zwischen Hurtado y Luque; ecuadorianische Küche mit sehr gutem Mittagessen.

●*Restaurante Verde Guayas*
Direkt auf dem Malecón, etwa Höhe Calle Chiriboga, gute Costa-Küche, solide Preise und wahlweise Air Condition mit Musikvideos oder open air direkt am Wasser.

●*Restaurante Resaca*
Malecón 2000, Höhe Calle Junín, Tel. 099 423390, täglich geöffnet, solide Küche mit Open-Air-Terrasse, Meeresfrüchten und pikanten Hähnchenspezialitäten, Happy Hour zum Sundowner 16–20 Uhr.

●*Barricaña*
Plaza del Centenario y Avenida 6 de Marzo. Musikbar und Fischrestaurant mit kleiner Küche und gemütlichem Ambiente, regelmäßig am Wochenende gibt es Musik oder Theater live.

●*Uni-Hotel*
Exzellentes Mittags-Buffet, siehe Hotels.

●*Restaurant 1822*
Empfehlenswertes Restaurant im Gran Hotel Guayaquil, Adresse siehe Hotels.

●*Restaurante El Canoa*
Av. 10 de Agosto y Chile, Tel. 2329690 (Hotel Continental), architektonisch kein großer Wurf. Bestrahlt von drei Fernsehern isst man hier dennoch erstaunlich gut und zu fairen Preisen ecuadorianische Gerichte.

• *Diva Nicotina*
Escalinata Diego Noboa y Arteta, Ecke Calle Numa Pompilio Llona (Eingang zum Cerro Santa Ana), Tel 099-099208. Guayaquils vermutlich beste Jazz- und Rockkneipe, häufig mit lokaler Live-Musik am Wochenende, große Bier-Auswahl, stattliches Zigarrensortiment aus dem Anbau in der Provinz. Snacks und Sandwiches. Am Wochenende 18–3 Uhr früh geöffnet, wochentags bis ca. 1 Uhr. Eduardos sympathische Kneipe ist unser **Top-Tipp** für den Abend in Guayaquil!

• *Rincón de Café*
Calle Eloy Alfaro y Capitán Najera, die alte Hafenarbeiter-Kneipe zwei Blocks hinter dem Palacio de Cristal, serviert bis heute äußerst preiswerte und nahrhafte frittierte Imbissspezialitäten, rund um die Uhr!

Restaurants im Stadtteil Urdesa

• *La Parrillada del Ñato*
Av. V. E. Estrada 098 y Laureles, Tel. 2888599, Fax 2883330, Mo bis So 12–24 Uhr. Legendäres argentinisches Steakhaus mit erstklassigem Fleisch, schwindelerregenden Portionen und hausgemachter Sangría.

• *Red Crab*
Av. V. E. Estrada y Laureles, Tel. 2380512, grell, aber sehr gute Meeresfrüchte, Preise 5–15 $. Mo bis So 11–24 Uhr.

• *Bopan*
Av. V. E. Estrada, gegenüber von „Mi Comisariato“. „Café, Pan y Arte“ – gemütliches Künstlercafé mit monatlich wechselnden Ausstellungen. Frühstück, Sandwiches und mehr. Mo bis Sa 11–1 Uhr.

• *Viva México*
Av. V. E. Estrada 305 y Cedros; gutes mexikanisches Restaurant, sehr freundlich und preiswert.

• *Café del Parque*
Av. V. E. Estrada am Parque de Urdesa; kleines Café mit Terrasse. Gehobener Standard, sehr gutes Essen. „Besonders zu empfehlen ist das Meeresfrüchtegratin, das in einer Spondilus-Muschel serviert wird“, schwärmt ein Leser.

Praktische Tipps A–Z

Apotheken-Notdienste

• *Farmacia Farmeza*
Tel. 1-800-434-310, 04-2420676

• *Fybeca*
Mit Botendienst, Tel. 1-800-392-322

Autovermietungen

• *Hertz Rent-a-Car*
Am Flughafen und im Hotel Oro Verde, Tel. 800-6543131, Öffnungszeiten: tägl. ab 8 Uhr, Preise 68–80 $ pro Tag.

• *Budget*
Am Flughafen und in der Av. América (gegenüber vom Hotel Oro Verde), Tel. 2288510, 2282400, Fax 2283656, Öffnungszeiten: Mo bis Fr 7–22 Uhr, So 8–22 Uhr.
Mail: mlarrea@budget_ec.com

• *Avis*
Am Flughafen und in der Av. de las Américas, Tel. 2395554, Fax 2285519, Öffnungszeiten: 7–22.30 Uhr (am Flughafen) und 9–17 Uhr (im Zentrum).
Mail: avisguayaquil@hotmail.com

Boote

• Eine zweistündige **Bootsfahrt mit einer alten Fähre** startet ganzjährig sonntags von der Muelle Terminal Fluvial – ein schöner und preiswerter Ausflug! Die Abfahrtszeit („vormittags“) variiert.

• Tipp: Von der selben Abfahrtsstelle geht auch jeden ersten Sonntag im Monat eine **Tagestour zur Isla Puná**, ein Strandaufenthalt ist mit eingeschlossen (7–18.45 Uhr, Preis 5 $, Kinder 3 $).

Einkaufszentren

• *Mall del Sol*
In der Nähe des Flughafens; größtes Einkaufszentrum an der südamerikanischen Pazifikküste!

• *Garzocentro 2000,* La Garzota

• *Alban Borja,* Av. Arrozemena, km 2.7

• *Policentro,* Av. Kennedy y San Jorge

ecu046 Foto: peko

Eisenbahn

- **Der Zugverkehr ist bis auf weiteres eingestellt.** Von der alten spektakulären Strecke Durán/Guayaquil nach Riobamba wird lediglich noch die „Bergetappe" von der Teufelsnase nach Riobamba bedient (siehe dort).

Allerdings haben die *Ferrocarriles Ecuatorianos* weiterhin Personal in ihren Werkstätten am Bahnhof von Durán, und Eisenbahnfans können dort die beiden alten Dampfloks und so manche Technik aus vergangenen Zeiten besichtigen. Es empfiehlt sich eine vorherige Anfrage im zentralen Büro in Quito. Die **hundertjährige Linie** Guayaquil/Durán – Quito soll übrigens 2010 wieder vollständig befahren werden. Infos unter: www.efe.gov.ec

Der Malecón der Stadt erstrahlt in modernem Glanz

Galerien

- *Galería de Arte y Bronce,* Boyacá 1117
- *Galería de Arte del Puerto* 10 de Agosto 602
- *Avanti,* Urdesa, Plaza Triángulo
- *Galería de Arte La Ferreire,* Chile y Azuay
- *La Manzana Verde,* Malecón y Aguirre
- *Reflejos,* Centro Comercial Urdesa Lt. 8
- *Las Peñas,* Urdesa, Mz. A3 Lt. 7A
- *Houston,* Urdesa

Geldwechsel

- **Banken** sind im Stadtplan eingezeichnet. Doch für Nicht-Kunden wechseln allein die *Banco de Guayaquil* und die *Banco Internacional* Euros gegen Dollars, letztere meist zu den besseren Kursen.

Wechselstuben

- *Banco Unión,* Córdova 401
- *Interfisa* Chimborazo 407 y Aguirre, Tel. 2328190
- *Delgado S.A.,* 9 de Octubre y Chile

Internet

- Ein gutes Internet-Café befindet sich gegenüber dem Hotel Danuvio, Calle Icaza y Escobedo.
- Centro Comercial del Parque, Calle Cabo y Sucre, Planta Baja (Erdgeschoss) Lokal 7.

Konsulate

- *Deutschland*

Calle Las Monjas 10 y Av. C. J. Arosemana, Edif. Berlin, 1. Stock, „Bosch"-Niederlassung, Tel. 2206869, vormittags.

- *Schweiz*

Juan Tangamarengo km 1½, diagonal al Edif. Conauto, 5. Stock, Tel. 2681900, ext. 034.

- *Österreich*

Urdesa: Circunvalación Sur 718, Tel. 04-2384886, Di bis Do 10–12 Uhr.

- *Holland*

Quisquis 1502 y Tulcan esq., 1. Stock, of. 101, Tel. 04-2280156, 2562777, Fax 2286047, Mo bis Fr 9–13 Uhr. Mail: holangye@ecua.net.ec

Krankenhäuser/Notfall

- *Clínica Kennedy*

Av. San Jorge y 9, Tel. 2286963, 2289666; 2288888; auch in: Ciudadela La Alborada, Guillermo Pareja R. y Benjamín Carrión. Tel. 2247900, 2247885, 2247928, 2247939, 2247956 und 2247861.

Krankenwagen: Tel. 2289010, 2292770, 2292779.

- *Clínica Guayaquil*

Calle Padre Aguirre 401 y General Córdova. Tel. 2563-555; **Notaufnahme:** Tel. 2302825, 2561392.

- *Hospital Alcívar*

Calle Coronel 2301 and Azuay, Tel. 2444287, 2580030; Toll-Free-Nummer für **Notfälle:** 1700101010.

- *Clínica Moderna*

Calle Luis Urdaneta 1402 and García Moreno, Tel. 2392427, 2294504.

Polizei

- Die Hauptstelle liegt in der Av. de las Américas, Tel. 2392221.
- **Notruf Polizei: Tel. 101**

Post und Telefon

- Das Postamt befindet sich in der Calle Aguirre y Carbo.
- Das Pacifictel-Fernmeldeamt liegt in der Av. Ballen y P. Carbo.

Reiseagentur

- *Ecua-Andino*

Calle Luque 229 y Calle Chile, 2. Stock, Tel. 2325339 und 26002637.

Engagierte, auch deutschsprachige Agentur, die Programme in Guayaquil und Umgebung individuell und kreativ zusammenstellt, auch für kleinste Gruppen.

Zugleich Exporteur von hochwertigen Pánama-Hüten und Reiseveranstalter der lohnenswerten **„Pánama-Hat-Tour"** in der Provinz Guayas. Unsere besondere Empfehlung! Internet: www.ecua-andino.com

Stadtführung

Eine exzellente Stadtführerin mit vielen spannenden Detailkenntnissen ist *Pilar Luzuriaga*. Sie erklärt einem auf Englisch oder Spanisch für 50 $ pro Tag die Stadt und einige Ausflugsziele. Kontakt: Handy 09-7226431. Mail: plm29@mexico.com

Touristeninformation

- Malecón, Mo bis Fr 10–19 Uhr, Sa/So 11–18 Uhr, Internet: www.guayaquil.gov.ec. Der Neuankömmling erhält hier aktuelle Informationen über Unterkünfte, Sehenswertes, kulturelle und sonstige Veranstaltungen und Reiseagenturen in der Stadt, die wiederum selbst ergänzende Informationsquellen darstellen.

Sonstiges

- *Instituto Geográfico Militar (IGM)*

Av. 9 de Octubre y L. de Garaicoa, Tel. 2309752 und 2302860.

- *Fundación Natura*

Av. C.J. Arosemena, km 2½, Edificio Invertamar, 2. Stock, Tel. 2201628, 2205152, Fax 2202073; Mo bis Fr geöffnet.
Mail: naturgye@geo.natura.org.ec

•*Guayaquil Vision*
Offene Doppeldecker-Fahrt durchs Zentrum und die moderne Nordstadt. Die fröhliche Alternative zu Taxis. Täglich 6 bis 9 Abfahrten zwischen 10 und 20 Uhr. Kartenverkauf und Hauptabfahrt in der „Boletería" der Plaza de Olmedo (Malecón 2000). Dauer der „City Tour Escénico" etwa 90 Minuten, Preis 5 $. Englischsprachige Führung und Bar-Service. Auch eine 3-stündige Fahrt (15 $) sowie am Wochenende um 22 Uhr Partyfahrten mit freier Bar (17 $) im Angebot.

Öffentliche Verkehrsmittel

Stadtbusse

•Zur Jugendherberge nach Sauces 1 fahren vom Busbahnhof die Linie 2 sowie Mitsubishi-Minibusse *(busetas)* mit der Aufschrift „Sauces". Vom Parque Victoria verkehren Busse zum zentralen Busbahnhof. Über die unzähligen Buslinien, die in Guayaquil existieren, gibt das Touristenbüro Auskunft.
•Eine der wichtigsten Linien ist **Buslinie 2** „Terminal Arribo" – sie verbindet den Paseo Malecón 2000 / Av. 9 de Octubre mit dem Flughafen und mit dem Busterminal.
•**Sicherheitshinweis:** Aufgrund gelegentlicher bewaffneter **Überfälle auf Busse** in der Stadt empfehlen wir, diesen Transportweg, insbesondere mit Gepäck und Wertsachen, generell zu meiden.

Überlandbusse

Überlandbusse verlassen Guayaquil vom **zentralen Busbahnhof** 1,5 km nordöstlich des Stadtzentrums in alle Richtungen. **Wichtige Ziele** sind:
•**Babahoyo** (1,5 Std.)
•**Cuenca** (5 Std.)
•**Esmeraldas** (9 Std.)
•**Lago Agrio** (10 Std.)
•**Loja** (10 Std.)
•**Machala** (3,5 Std.)
•**Playas** (1,5 Std.)
•**Portoviejo** (4 Std.)
•**Quito** (9 Std.)
•**Riobamba** (5 Std.)
•**Salinas** (2,5 Std.)

Flüge

•Der Internationale **Flughafen Simón Bolívar** (Tel. 2282100) in der Av. de Las Américas liegt **5 km nördlich des Stadtzentrums** und ist mit dem Taxi (ca. 5 $) oder der Buslinie 92 (ca. 0,20 $) zu erreichen.

Der **Busbahnhof** liegt nicht weit vom Flughafen, Es empfiehlt sich dennoch, hier aus Sicherheitsgründen nicht zu Fuß zu laufen, nehmen Sie besser ein Taxi!

Im Flughafen können **Travellerschecks** gewechselt werden.

Folgende **Fluggesellschaften** haben ein Büro in Guayaquil:
•*Air France*
Urb. Kennedy Norte, Av. Miguel H. Alcívar, Edificio Torres del Norte, Reservierungen Tel. 2687149, Fax 2687159.
•*Air Comet*
Calle Junín 120, Edif. Torres del Río, Tel. 2565011, Mo bis Fr 8.30–17.30 Uhr.
Internet: www.aircomet.com
•*Alitalia*
Guayaquil P. Icaza 407 y Córdova, Tel. 2302050. Mail: senot@senot-ec.com
•*American Airlines*
Córdova 1021 y 9 de Octubre, Edificio San Francisco 300, 20. Stock, Tel. 2169252 (Flughafen), Reservierungen Tel. 2564111, Fax 2566458.
•*Avianca*
Im Zentrum: Aguirre 106 y Malecón, Tel. 2282713, oder Urb. Kennedy Norte, 9 de Oct. y Córdova, Tel. 2506200, 2169133 (Flughafen). Im Hotel Hilton Colón: Galerías Colón, local 1.
•*Continental Airlines*
Av. 9 de Octubre 100 y Malecón, Edif. Banco La Previsora, 29. Stock, of. 4, Tel. 2567241, Fax 2567249, am Flughafen Tel. 2169133.
•*Iberia*
Av. 9 de Octubre 101 y Malecón, Tel. 2329558, Fax 2327886, am Flughafen Tel. 2169080.
•*ICARO*
Malecón y 10 de Agosto, Edif. Baltra, Tel. 2510070, 216920/02 (Flughafen), World Trade Center, Oficina 29, PB, Fax 2630620, 263062-5/-6/-7/-8; Aeropuerto, Terminal de

Avionetas Nacionales, Tel. 2294265 und 2393408. Vom gleichen Terminal fliegt auch *Aeroliteral* täglich nach Machala. Internet: www.icaro-air.com

- *KLM*

Galerías Colón, local 10, neben dem Hotel Hilton Colón, Reservierungen Tel. 2328028, Fax 2288484, Av. de las Americas, Ed. Terminal Internacional, 3. Stock, of. 13, Tel. 2169050. Internet: www.klm.com

- *Lufthansa*

Malecón 1401 e Illingworth, 5. Stock, Tel. 2324360.
Mail: transoc2@transoceánica.com.ec

- *TAME*

Av. 9 de Octubre 424, Edificio Gran Pasaje, Tel. 2560778, am Flughafen Tel. 2169150, 2169163. Mail: tamegye@impsat.net.ec
Internet: www.tame.com.ec

Für **internationale Flüge** gilt: Innerhalb des Flughafengebäudes haben die Schalter nur vor, während und kurz nach der Abfertigung ihrer jeweiligen Maschinen geöffnet. Nur zu diesen Zeiten kann hier die **Rückbestätigung** des Rückfluges vorgenommen werden. Ansonsten helfen auch die Reisebüros in der Stadt bei Bestätigungen. Die Internationale **Ausreisegebühr** am Flughafen Guayaquil beträgt 27,16 $.

Inlandsflüge werden von den Fluggesellschaften *TAME* und *ICARO* angeboten. Die private Gesellschaft *ICARO* fliegt ein- bis zweimal täglich nach **Quito** und **Cuenca.** Nationale Ziele von *TAME* sind:

- **Quito**
- **Baltra/Galápagos**
- **San Cristóbal/Galápagos**
- **Cuenca**
- **Loja**
- **Machala**

Ausflüge ab Guayaquil

•Parque Histórico Guayaquil

Dieser von der ecuadorianischen *Banco Central* unterhaltene Park lohnt einen Besuch. Er versteht sich als „Spiegel, in dem wir unsere Traditionen wiederentdecken, den Ursprung unserer Stadt und die Wurzeln unserer Kulturen". Gegliedert ist der 9 ha große, historische Erlebnispark vor den Toren der Stadt in **vier Bereiche:**

Der erste ist ein **kleiner zoologischer Naturpark** mit Mangroven und Trockenwald. Gut zu sehen sind u.a. Papageien, Rehe, Affen, Tapire, Kaimane, Adler und ein Ozelot.

Ein zweiter Teil befasst sich mit den **landwirtschaftlichen Traditionen** der Küste vorwiegend des 19. Jh. Zwischen Bananen, Reis und Zuckerrohr, Kaffee, Kakao und Achiote finden Sie ein traditionelles Bauernhaus der Costa mit Hahnenstall und Bio-Kühlschrank.

Im dritten Part begeht man wieder aufgebaute Gebäude aus dem späten 19. und frühen 20. Jh. Dieser **stadtarchitektonische Teil** dokumentiert beispielhaft und gelungen den Wiederaufbau Guayaquils nach dem verheerenden Brand von 1896. Selbst Waggons der alten Pferdebahn der Stadt sind zu sehen, und sie sollen demnächst sogar wieder vom Ross über die Schienen gezogen werden. Zwischen alten Fässern und Säcken ist auf der Holzveranda des Hauptgebäudes ein schönes Café untergebracht.

Der vierte Teil ist ein Liebhabergarten für Freunde der regionalen Kulturpflanzen. In den **„huertos familiares"** findet sich eine immense Vielfalt von Früchten, Kräutern und Gemüsen mit übersichtlichen Profilen und Schaubildern. Der Garten führt auf beeindruckende Weise in die Produktbreite der tropischen Küche ein.

Adresse: Ausfallstraße Vía Samborondón, Av. Esmeraldas y Av. Central, Stadtteil Entreríos, nahe Centro Comercial Riocentro, Tel. 2833807, Fax 2832958, Mi bis So 9–16.30 Uhr, Preis 4,50 $, Internet: www.parquehistorico.com

Anfahrt: Ein Taxi vom Zentrum aus kostet etwa 5 $ und braucht 15 Minuten. Oder Sie nehmen die roten Busse „Durán-Puntilla" (No. 97 und 18) bis/ab *Banco del Pacífico* und *Primax,* die etwa 300 Meter vom Eingang zum *Parque Histórico* an der Hauptstraße liegen. Da keine Taxis am Parque warten, ist der Bus das geeignete Verkehrsmittel, zumindest für die Rückfahrt in die Stadt.

Öffnungszeiten: Di bis So 9–18 Uhr (Einlass nur bis 16.30 Uhr).

Eintritt: 3 $, sonntags mit Kulturveranstaltungen 4,50 $. Kinder und Rentner ab 65 J. zahlen stets 1 $.

Tipp: da es am Wochenende schon mal voll wird und vormittags gerne Schulklassen durch den Park laufen, sind die Nachmittage wochentags die besten Gelegenheiten, den Park zu genießen. Planen Sie 2–3 Stunden ein.

• Zoo El Pantanal

Richtung Daule km 23, 0,5 km hinter dem Country Club (Golfplatz); Anreise: Bus via Daule 54 oder 120 B, alternativ Überlandbus Nr. 9 ab Terminal Terrestre; geöffnet tgl. 9–17 Uhr; Eintritt: 3 $, Tel. 04-2267047, 09-4104973, Mail: info @zooelpantanal.com, Internet: www.zooelpantanal.com.

Die Anfang der 1980er gegründete **Auffangstation für geschmuggelte, illegal gehaltene und misshandelte Tiere** fungiert seit 2002 als Zoo, der bis heute versucht, die Tiere, wenn möglich, später wieder auszuwildern. Derzeit sind etwa 1200 Tiere hundert unterschiedlicher Arten zu sehen. Die meisten Bewohner stammen aus Ecuador, darunter Galápagos-Schildkröten, Tukane, ein Harpyie-Adler, ein Jaguar, Affen, Pumas, Bären, Krokodile, Capybaras, Tapire, Nandus, Anacondas und der seltene grüne Guayaquil-Ara. Die geführte Besichtigung erfolgt auf Spanisch oder Englisch, auch eine deutsche Begleitschrift ist zu bekommen.

• Cerro Blanco

Etwa ein halbe Stunde von der Stadt entfernt liegt ein biologisch spannendes Reservat. Der Berg Cerro Blanco ist Schutzgebiet mit einem **stattlichen tropischen Trockenwald** und erstaunlicher **Artenvielfalt,** u.a. über 200 Vogelarten. Vier verschiedene Wege zwischen 30 Minuten und vier Stunden führen durch das Gebiet, auf denen Ihnen fachkundige Führer Vegetation und Tierwelt erklären.

Wer das **Kontrastprogramm** zur Großstadt in der Nähe sucht: Neuerdings gibt es sogar Unterkunftsmöglichkeiten und einen **kleinen Campingplatz:** Km 16 Carretera Guayaquil – Salinas, Tel. 2874947, 2871900, 2874946 (diese letzte Nummer wird auch für Reservierungen wochentags empfohlen), Mail: bosqueprotector@yahoo.com. Geöffnet tgl. 8–17 Uhr, Eintritt 4 $.

Fischerjunge auf dem Río Guayas

•Vogelinsel Las Fragatas

Zu den schönsten Ausflügen in der weiteren Umgebung der Stadt zählt eine **Bootsfahrt in die Mangroven** der verzweigten Flusslandschaft des Río Guayas. Wir haben 2 Stunden von Guayaquil entfernt eine wunderbare Insel entdeckt, auf der etwa **3000 Fregattvögel nisten:** Isla de la Fragatas oder Isla de los Pájaros. Es ist eine der größten Vogelkonzentrationen in ganz Ecuador, obwohl im Inneren der Insel eine alte Shrimpszucht liegt.

Die Fahrt beginnt an der Mole von Puerto de Morro, etwa drei Kilometer hinter dem Dorf El Morro bei Playas. Auf den etwa 45 Minuten bis zur Vogelinsel erleben Sie wunderbare Mangrovenufer und meistens auch **Flussdelfine.** Zudem bietet sich der Ausflug zum Schwimmen an, insbesondere, wenn Sie vom Besuch der Vogelinsel verschwitzt zurückkehren. Denken Sie also an Badezeug, viel Wasser und Sonnenschutz.

Die 2,5 bis 3 Stunden dauernde Tour ist lokal in El Morro für 5–8 $ p.P. zu buchen (Tel. 09-2834542, *S. Simon Figueroa,* Mail: puertoelmorro@yahoo.com, Internet: www.manglareselmorro.com).

Tipp: Ab Guayaquil mit einem Komplettprogramm und weiteren Insidertipps sowie auf Wunsch auch mit den besten Meeresfrüchten empfehlen wir die Agentur *Ecua-Andino,* die sich auf diese Tour spezialisiert hat und einen guten Biologen zur Verfügung stellt (Kontakt s.o.).

ecu048 Foto: peko

Route C 4

- **Guayaquil – Machala – Huaquillas**
- **Routenlänge ca. 260 km**

Die Route führt von Guayaquil in den Süden bis nach Huaquillas, der Grenzstadt zu Peru.

Auf der Autopista 25 verlässt man Guayaquil über die große Brücke, die den Río Guayas überspannt. Die Straße knickt nach 30 km bei **Pedro J. Montero (Boliche)** nach Süden ab und führt vorbei an Bananen- und Kaffeeplantagen über **Puerto Inca** (65 km), **Naranjal** (79 km) und **El Guabo** (153 km) nach Machala (171 km).

Machala

Die **Hauptstadt der Provinz El Oro** hat 130.000 Einwohner und ist für den Reisenden häufig nur Zwischenstation auf dem Weg nach Peru oder zur Halbinsel Jambelí.

Die Stadt ist **Handelszentrum der Bananenindustrie,** deren Früchte über den nahe gelegenen Seehafen Puerto Bolívar (s.u.) verladen und exportiert werden. Die wirtschaftliche Bedeutung der Stadt symbolisiert die große Statue von „El Bananero" am südlichen Ortsein- bzw. -ausgang. Jährlich in der dritten Septemberwoche findet das **Bananen- und Landwirtschaftsfest** statt.

Leider zählt Machala zu den unsichersten Städten Ecuadors.

- **Tel. Vorwahl Machala: 07**

Unterkunft

- *Gran Hotel Machala*
Nahe der beiden Busterminals CIFA und Cooperativa Loja; sauber, mit Nachtwächter.
- *Montecarlo*
Guayas y Olmedo (Ecke), Tel. 2933104; EZ 23 $, DZ 35 $, Restaurant, Garage.
Internet: www.hotelmontecarlo.com
- *Hotel Oro Verde*
Circunvalación Norte/Urbanización Unioro, Villa 7, Tel. 2933140, Fax 2933150; EZ 129 $, DZ 150 $ inkl. Frühstück, Internet, Pool, Fitness.
Internet: www.oroverdehotels.com
- *Perla del Pacífico*
Calle Sucre 826 y Páez, Tel. 2930915; EZ 13 $, DZ 18 $, Restaurant, Cafeteria, Casino.
- *San Francisco*
Tarqui entre Sucre y Olmedo, Tel. 2938506; DZ 16/24/30/39 $, Restaurant, Garage.
Mail: hfsanfranciscointernacional@yahoo.com

Überlandbusse

- **Guayaquil** (3½ Std.), an der Ecke 9 de Octubre y Tarquí 4 Este (**Busgesellschaft** *CIFA)*
- **Huaquillas** (2 Std.), an der Ecke Bolívar y Guayas *(CIFA)*
- **Quito** (10 Std.), an der Ecke Colón y Bolívar *(Panamericana)*
- **Cuenca** (4 Std.), an der Ecke Montalvo y 3 Norte *(Transportes Azuay)*
- **Loja** (6 Std.), Ecke Sucre y Buenavista *(Cooperativa Loja)*

Flüge

- Vom Flughafen bestehen Verbindungen mit *TAME* **nach Quito und Guayaquil.**
- *AEROLITORAL* fliegt tägl. **nach Guayaquil.**

Ausflüge

Puerto Bolívar/Jambelí

Puerto Bolívar, 8 km von Machala entfernt an der Küste gelegen, ist für viele Einheimische Ausgangsort für das

Übersetzen zum schönen **Strand** der nahe gelegenen **Halbinsel Jambelí.**

Unter der Woche ist der Strand meist menschenleer und ein schöner Platz zum Relaxen. **Boote** fahren mehrmals am Tag zur Insel, Fahrpreis 2,40 $. Privatboote können gechartert werden; der Preis variiert mit der Anzahl der Passagiere und sollte ausgehandelt werden. Auch gibt es Boote, die entlang der Wasserlinien zwischen den nahe gelegenen Inseln durch die Mangroven fahren; der Preis ist ebenso Verhandlungssache.

In Puerto Bolívar und Jambelí gibt es einige **Restaurants** und einfache **Hotels.** Am Wochenende allerdings strömen die einheimischen Ausflügler auf die Insel, und man sollte sich vorher nach den Übernachtungsmöglichkeiten (in Machala) erkundigen.

•*Hostal Solar del Puerto,* Puerto Bolívar, Av. Gonzalo Córdova y Rocafuerte, gegenüber dem Parque de la Madre, Tel. 07-2928793, 07-2928796; saubere Zimmer mit TV, EZ 29 $, DZ 39 $ mit Frühstück, Restaurant, Parkplatz. Mail: solarpto@ecua.net.ec

In **Jambelí** kam ein Leser für 5 $ bei einer holländischen Gastgeberin unter. Fragen Sie in dem kleinen Dorf einfach nach „La Holandesa". Die Vermieterin spricht deutsch und ist sehr hilfsbereit. Man kann ihre Küche mitbenutzen, und Kanufahrten in die Mangroven unternehmen.

Puyango

Etwa 100 km südlich von Machala liegt Puyango, das mit ein wenig Mühe auch per Bus von Machala aus zu erreichen ist. Hier ist **einer der größten versteinerten Wälder der Welt** zu bewundern. Auf einem Rundweg mit Führer (Eintritt 1 $) kann man wundervolle Exemplare versteinerter Baumstämme sehen und an Wasserfällen baden.

Informationen erhalten Sie bei der *Comisión Administradora de Los Bosques Petrificados de Puyango,* Ayacucho entre Pasaje y Sucre, Villa 2, Apto 5, Machala, Tel. 2935871, Fax 2924655.

Im Ort gibt es **kein Hotel.** Es empfiehlt sich eine Tagestour mit einem Taxi ab Machala. Mit Wartezeit am Wald kostet die Tour 60–80 $ (Verhandlungssache)! Auch hierzu ist eine vorherige Anfrage beim o.g. Verwaltungsbüro in Machala empfohlen.

Machala im Süden verlassend, vorbei an der Statue „El Bananero", geht es entweder geradewegs oder über Pasaje nach Santa Rosa. **Pasaje** ist ein Zentrum der Bananenwirtschaft und liegt auf der Strecke nach Cuenca ins Hochland. Eine Straße zweigt ab zu den Goldminen von **Zaruma** und zu den Kaffeeplantagen von **Piñas.** Beide Orte liegen abseits der touristischen Routen und werden von Reisenden kaum besucht. In Pasaje gibt es eine Hand voll einfacher Hotels und Restaurants, so dass auch eine Übernachtung eingeplant werden kann.

Zaruma

Zaruma ist ein abgelegenes **Goldgräberdorf.** Wir danken an dieser Stelle ganz besonders unserem österreichischen Leser *Gerhard Wetz* für seine folgende Offside-Story:

„Zaruma ist ein besonders schöner Ort im touristischen Niemandsland von Ecuador. Das kleine Goldgräberstädtchen liegt auf 1200 Metern Höhe, etwa drei Busstunden von Machala entfernt und ist nur über einen abenteuerlichen und kurvenreichen Weg zu erreichen. Das Städtchen wirkt mit seinen schönen alten Holzhäusern wie ein Freilichtmuseum.

Zaruma selbst ist vollkommen unterhöhlt von Minen, in denen noch heute auf ziemlich antiquierte Weise Gold gewonnen wird.

Die ortsansässige „Touristinformation" in Gestalt von *Tito,* einem besonders netten und kundigen Führer, ist erst einmal erstaunt, dass da plötzlich wirklich Touristen auftauchen. Doch der gute Mann, ein begeisterter Lehrer, ist irrsinnig nett und bemüht sich für zehn Dollars redlich, einem bei einer Führung die ganze Geschichte seiner Heimat zu erzählen, allerdings nur auf Spanisch.

Da wir die einzigen Touristen waren, durften wir eigentlich überall hin wo wir nur wollten, auf den Kirchturm und auch in die Minen.

Heute leben in Zaruma immer noch an die 90% der Leute direkt oder indirekt von den Goldminen. Auch Tito hat so einige Nuggets direkt in seinem kleinen Büro am Park neben der Kirche herumliegen, so wie andere Bleistift und Kugelschreiber ...

Als **Unterkunft** empfiehlt sich das *Hotel Roland* (Entrada de Zaruma, Tel. 2972800, 15 $ p.P., BP, Pool, Bar, Mail: rolandhotel@hotmail.com) direkt an der steilen Hauptstraße mit einer traumhaften Aussicht über die wunderbare Bergwelt. Probieren Sie hier unbedingt das „Tigrillo" zum Frühstück, eine „leichte" Mahlzeit bestehend aus Kochbananen, Käse, Eiern und Milch."

Von Pasaje führt die Straße durch Santa Rosa (13 km) und Arenillas (24 km) bis Huaquillas (48 km), der Grenzstadt nach Peru.

ecu047 Foto: peko

Weißer Kapokbaum (Ceibo)

Huaquillas

Huaquillas ist der meistfrequentierte Grenzübergang nach Peru, da die Straßenverbindungen von/nach Guayaquil/Quito besser sind als die zum weiter südlich im Landesinneren gelegenen Grenzort Macará (siehe Route A 4) und daher auch von allen größeren Busgesellschaften benutzt werden.

Doch der vermutete Zeitgewinn trügt. Der **Grenzort Macará** ist über eine Ausfallstraße nach Süden zwischen Santa Rosa und Loja zu erreichen. Allerdings werden durch den Grenzübertritt hier der nordwestliche Zipfel Perus und die dortige Küste im Fahrplan ausgespart. Dafür ist jedoch die Reise durch die südliche Sierra Ecuadors schöner. Von anderen Reisenden wurde uns zudem auf peruanischer Seite die Strecke Macará - Las Lomas - Tambo Grande - Sullana empfohlen.

Die Grenze in Huaquillas ist zwischen 8 und 17 Uhr **geöffnet;** Mittagspause ist von 13 bis 14 Uhr.

Den **Ausreisestempel** erhält man an der Migración auf der Hauptstraße (nach Machala), er wird von den peruanischen Behörden auf der anderen Seite der Brücke verlangt (oder auch nicht, wie Leser berichten ...).

Die Migración in Aguas Verdes/Peru befindet sich an der Hauptstraße nach Tumbes, etwa 3 Kilometer von der Grenzbrücke entfernt.

Sollten Sie Ihre **Aufenthaltsgenehmigung** für Ecuador überschritten haben, werden Sie an der Grenze zurückgewiesen und nach Guayaquil oder Quito retour geschickt. Beachten Sie also Ihre Aufenthaltsfrist und kümmern Sie sich im Falle des Falles rechtzeitig um eine Verlängerung!

Wer die Nacht in Huaquillas verbringen muss/will, findet eine Anzahl einfacher **Hotels** und **Restaurants,** die sich entlang der Hauptstraße verteilen.

Banken oder **Wechselstuben** gibt es nicht. Beiderseits der Grenze laufen Geldwechsler herum, die schlechte Tauschkurse anbieten und daher nicht zu beachten sind. In Aguas Verdes in Peru befindet sich an der Hauptstraße eine Filiale der *Banco Financiero;* hier werden Dollar zu einem guten Kurs in Nuevos Soles getauscht.

ecu051 Foto: peko

Bergwandern in Ecuador

von *Enrique Fanega*

ecu072 Foto: peko

ecu073 Foto: peko

Imposanter Anblick: der Imbabura

Schutzhütte am Cotopaxi

Polylepis-Wald

Geografie und Klima

Die beiden Gebirgsketten *(cordilleras)* der ecuadorianischen Anden breiten sich auf etwa 100 mal 700 Kilometer in Nord-Süd-Richtung aus und erreichen dabei eine maximale Höhe von **6310 m** am **Chimborazo.** Gleichzeitig verjüngen sich die Cordilleras bei abnehmender Höhe gen Süden des Landes auf einen einzigen breiten Gebirgszug von nur noch gut 3000 Meter Höhe.

Das Faltengebirge der nördlichen Anden bricht seit etwa sechs Millionen Jahren immer wieder auf und macht sehr hohen, sog. „strombolianischen" Vulkanen Platz. So ist etwa der **Cotopaxi** mit **5897 m** einer der welthöchsten heute noch aktiven Vulkane. Seit 1998 zeigt Quitos Hausberg, der **4794 m** hohe **Guagua Pichincha,** eine gestiegene Aktivität und versetzt die Hauptstadt in „Alarmstufe Gelb" für einen möglichen Ausbruch binnen Monaten oder Jahren. Auch der Tungurahua spuckt seit 1999 Brocken, Dampf und Schwefel. Noch aktiver allerdings sind die „Hot Spots" genannten Vulkane der westlichen Galápagos-Inseln, deren Magma deutlich dünnflüssiger ist als auf dem Kontinent.

Andere Vulkane der Anden sind verloschen oder gar in der Versenkung verschwunden, wo sie allenfalls noch einen See zurücklassen, so die Laguna Quilotoa, die Laguna Mojanda oder die Laguna Cuicocha.

Ob nun die alten Sedimentgesteine, die darauf über Jahrmillionen abgelagerten Erdschichten oder die jüngeren vulkanischen Gesteine: Generell sind Ecuadors Anden von loser bis brüchiger Oberfläche und somit für Kletterer nur an ganz wenigen Stellen geeignet. Für Bergwanderer hingegen formen die Berge, ihre interandinen Täler und das Flusssystem eine einzigartige Höhenlandschaft mit auch im weltweiten Vergleich **ausgezeichneten Bedingungen für Höhenwanderer und Bergsteiger** aller Schwierigkeitsgrade, einschließlich Schnee- und Gletscherwanderungen. Die großen Höhen, extremes Klima und rasch wechselnde Wetterlagen und Sichtverhältnisse mahnen jedoch stets zur Vorsicht.

Die geringsten **Niederschläge** verzeichnen die westlichen Anden von Ende Juni bis etwa Anfang September, im

Warnung: **Dieses Reisehandbuch ist kein Bergreiseführer,** sondern gibt im Wesentlichen Hinweise zur Vorbereitung von Bergtouren in Ecuador, ergänzt durch einige Routenbeispiele, wichtige Adressen und geografische Daten. Nehmen Sie diese Hinweise ernst – sie sind mit zahlreichen Bergführern in Ecuador und nach eigenen Besteigungen zu Ihrer Sicherheit ausgearbeitet.

Zur weiteren Planung und Durchführung von Bergtouren sollte die Spezialliteratur etwa von *Rachowiecki* und *Rotter* (siehe im Anhang) verwendet werden.

Wenig erfahrene Bergwanderer sollten sich grundsätzlich einem Bergführer anvertrauen. Die schneebedeckten „Nevados" sind für alle Wanderer, auch für die erfahrenen „Cracks", nur mit Hilfe professioneller ortskundiger Bergführer zu besteigen.

andinen „Sommer“, sowie im Dezember, dem „kleinen Sommer“ („veranillo del niño“). Dadurch sind diese Monate tendenziell auch die geeignetsten für Wanderungen in der Westkordillere. Die unter dem Regenzeiteinfluss des Amazonastieflands stehende Ostkordillere ist hingegen von Dezember bis Februar am trockensten. Sehr zentral liegende Berge wie der Cotopaxi unterliegen weniger Amazonieneinfluss als etwa der weit im Osten liegenden Antisana, der Cayambe oder der fast immer wolkenverhangene Sangay.

Unter Beobachtung der jeweils aktuellen Wetterlage und der weiteren Sicherheitshinweise können erfahrene Wanderer jedoch auch zu jeder anderen Jahreszeit aufbrechen. Aber: **Verlässliche Wettervorhersagen für das Hochgebirge gibt es nicht.** Wetterlagen wechseln häufig und nicht selten auch regional extrem unterschiedlich: Liegt der weiße Vulkankegel des Cotopaxi im hellen Sonnenschein, kann der Nachbarberg Sincholagua völlig von Wolken verschluckt werden und umgekehrt – Mikroklima und Wetter sind Überraschungsfaktoren.

Viele Trekkinggäste bevorzugen für die Westgipfel den kleinen Sommer gegenüber den etwas wärmeren echten Sommermonaten Juli und August, da der mitunter sehr starke **Gebirgswind** dann im Dezember schwächer ausfällt. Der Wind sollte bei Andenwanderungen nie unterschätzt werden: Er bringt Kälte und kostet Kraft beim Laufen.

Die Vegetationsgrenze der äquatorialen Anden liegt bei etwa 4500 m. Das ewige Eis beginnt bei etwa 5000 m, an kalten Niederschlagstagen fällt Schnee aber auch schon in Höhen von rund 4000 m. Jedoch gilt als **Faustregel: Bei 4500 m liegt die Null-Grad-Grenze.** Auf den Gipfeln um die 6000 m ist mit Minus-Temperaturen zwischen 10 und 15 °C zu rechnen.

Verhalten vor und auf Bergtouren

Im Folgenden einige wichtige Hinweise zu Sicherheit, Gesundheit und Komfort bei Andenwanderungen.

Körperliche Fitness

Wer eine Wanderung angeht, muss sich körperlich fit fühlen und Kondition haben. Lassen Sie sich vor Expeditionen in diese extremen Höhen zu Hause auf **Herz, Kreislauf und Blutdruck** untersuchen. Wer angeschlagen oder mit Unwohlsein eine Tour beginnt, riskiert einen baldigen Abbruch, wodurch auch die Begleiter zur Umkehr genötigt werden können. Wer selbst dann noch nicht auf seinen Körper hört, riskiert ernsthafte gesundheitliche Schäden, Unfälle und Erkrankungen.

Akklimatisierung

Vor einer Wanderung in den Höhen Ecuadors ist eine Akklimatisierung erforderlich. **Mindestens fünf Tage ununterbrochen** sollte man sich vor einer Bergwanderung bereits **in Höhen über 2500 m** aufgehalten haben. Der Körper braucht diese Zeit, um zusätzliche rote

Buchtipps:

Zur Vorbereitung, Ausrüstung und sicheren Bewältigung von Bergwanderungen bietet Reise Know-How empfehlenswerte Bücher aus der Praxis-Ratgeberreihe; hier eine Auswahl:

- Gunter Schramm
Trekking Handbuch
- Jens Edelmann
Vulkane besteigen und erkunden
- Wolfram Schwieder
Richtig Kartenlesen
- Rainer Höh
Wildnis-Ausrüstung
- Rainer Höh
Wildnis Backpacking
- Rainer Höh
Wildnis-Küche
- Rainer Höh
Orientierung mit Kompass und GPS

Blutkörperchen auszubilden, die auch in der „dünnen" Höhenluft genügend Sauerstoff transportieren. Eine noch längere Höhen-Akklimatisierung von bis zu vier Wochen unterstützt diese Sauerstoffaufnahme zunehmend und ist vor Extremwanderungen etwa auf den Chimborazo sogar dringend angeraten.

Die Akklimatisierung wirkt einer **Höhenkrankheit** präventiv entgegen. Mögliche Anzeichen einer Höhenkrankheit sind Kopfschmerzen, übermäßige Gase im Bauch, Magenschmerzen und Schwindelgefühl oder auch eine gräuliche Gesichtsfärbung. Spätestens dann gilt es, das einzige Rezept gegen die Krankheit anzuwenden: Absteigen! Einer **Dehydrierung** ist mit reichlichem Konsum von Wasser oder Tee vorzubeugen.

Ausstattung

Die Ausstattung ist äußerst wichtig. Sie muss den Erfordernissen der jeweiligen Tour vollends genügen. Grundsätzlich muss die Ausstattung **passend, intakt, vertraut, trocken und angemessen** sein. An ausreichend warmer, wind- und **wetterfester Kleidung** darf keinesfalls gespart werden. Ansonsten droht bei längeren Höhenaufenthalten oder schon bei eintägigen Aufenthalten in extremer Höhe eine **Unterkühlung**. Ebenso ist auf pralle Sonne und Windstille mit entsprechend dünnerer Kleidung zu reagieren, um mögliches **Überhitzen** beim Laufen zu vermeiden. Unser Kreislauf reagiert sehr empfindlich auf die Anstrengungen in diesen Höhen und starke Temperaturschwankungen. Weitere Einzelheiten zur Ausrüstung auf der übernächsten Seite.

Route

Die ausgewählte Route muss der Bergerfahrung der Wandernden entsprechen. Jeder in der Gruppe muss sich die Tour zutrauen. Über die Literatur hinaus sind vor jeder Tour **aktuelle Informationen** einzuholen zur momentanen Beschaffenheit der Wege, zur aktuellen Wetterlage, möglicher Lawinengefahr und zur Sicherheit auf den Wegen und Zugängen. Rutschende Schneeschollen („placas") bilden weitere Gefahren, besonders am Chimborazo. Quellen für diese aktuellen Informationen sind Andenvereine, professionelle Bergführer und der South American Explorer's Club. Letztgenannter bietet Mitgliedern Kartografie und zahlreiche Reiseberichte zur Einsicht.

Wind und Wetter

Das Wetter in den Anden ist trotz Sommer und Winter, trotz Regenzeit und Trockenzeit, vor allem eines: **unbeständig.** Die **Wetterlage** und – wenn möglich – das Barometer sind vor und während jeder Tour zu beobachten. Schnelle Änderungen von Bewölkung, Temperaturen und Winden sind einzukalkulieren. Die Wanderkonditionen können sich in Ecuador binnen einer Stunde vollends ändern!

Wer ein **Gewitter** oder dichte Bewölkung aufziehen sieht, muss die Höhe und schwierige Passagen umgehend, aber ohne Hektik verlassen. Es gibt manchmal nur wenige **Schutzmöglichkeiten** wie Felsvorsprünge oder Höhlen – suchen Sie bei Gewitter zumindest eine Senke auf und stehen Sie darin nicht aufrecht. Werfen Sie zuvor alle Ihre **Metallgegenstände** wie Eispickel von sich und lassen Sie diese in deutlicher Entfernung in einer anderen Senke zurück, von wo man sie später zurückholen kann. Ein Gewitter in den Anden dauert i.d.R. maximal eine Stunde, selten auch zwei.

Der **Wind** kann gerade in den Monaten Juli und August teilweise so stark werden, dass eine Wanderung abgebrochen werden muss.

Orientierung

Entsprechend dem sich ändernden Wetter kann auch die Orientierung in den Anden in kürzester Zeit von einer einfachen Übung zu einem gefährlichen Problem werden. Ein Weg, ein Gipfel, ein Orientierungspunkt, der gerade noch in voller Sonne vor einem lag, kann im Falle eines Wetterumschwungs, bei sich bewegenden Wolken oder bei Bildung von Nebel völlig verschwinden. Die **Sichtweiten** erreichen Minimalwerte von nur zwei Metern! Gerade da, wo die Anden in die Subtropen übergehen, besteht diese Gefahr, wodurch man sogar seine Begleiter verlieren kann. Auf allen Routen jenseits der Fahrwege besteht dann die **Gefahr des Sich-Verlaufens.** Nicht nur in den Gletschern, sondern auch auf vermeintlich einfachen Bergen wie dem Tungurahua sind bereits Wanderer erfroren, die sich verlaufen haben.

Kompass, Höhenmesser und Wanderkarte sind die wesentlichen Hilfsmittel zur Orientierung in den Bergen. Bei gutem Wetter hilft auch das **Fernglas.** Wer allerdings nicht geübt ist im Umgang mit diesen Hilfsmitteln, darf sich darauf auch nicht verlassen! Sicherer sind immer **ortskundige Bergführer**! Die meisten lebensgefährlichen Situationen und tödlichen Bergunfälle in Ecuador entstehen nicht durch Stürze oder Höhenkrankheit, sondern infolge mangelnder Orientierung im Gelände!

Gehe niemals allein!

Das gilt in jedem Gebirge, in den dünn besiedelten Höhen Ecuadors und bei der dort fehlenden Kommunikations-Infrastruktur ist diese Regel aber noch wichtiger als in den Alpen oder Pyrenäen. Wer sich alleine verläuft, hat weniger Chancen, den Fehler zu korrigieren. Wer allein ist und sich verletzt oder erkrankt, kann von niemandem Hilfe erhalten. Ein trauriges Beispiel: 1999 erfror eine bergerfahrene Deut-

Ausrüstung

Die spanischen Bezeichnungen seien mit gelistet zur besseren Verständigung beim Ausstatten.

Standard-Kleidung

- Bergwanderschuhe, hoch *(botas de montaña)*
- saugfähige Unterwäsche *(ropa interior absorbiente)*
- atmungsaktive Bekleidung *(ropa de fibra polar/fleece)*
- wasserdichte Regenhose *(pantalón rompevientos de nylon)*
- Regenjacke mit Kapuze *(jaqueta rompevientos con capucha)*
- Handschuhe *(guantes)*
- Mütze *(gorra)*
- Sonnenbrille *(gafas de sol)*
- Schal *(bufanda)*

Standard-Ausrüstung

- Wanderrucksack *(mochila)*
- Sonnenschutz mind. LSF 18 *(bloqueador solar)*
- Trinkflasche *(botella de agua)*
- reichlich Trinkwasser *(agua potable)*
- Proviant *(víveres)*
- Uhr *(reloj)*
- zusätzliche warme Kleidung *(ropa adicional)*
- Taschenlampe *(linterna)*
- Plastiktüten *(fundas de plástico)*
- Reisepass als Kopie *(copia del pasaporte)*

Orientierung und Messgeräte

- Wanderkarte *(cartas topográficas)*
- Höhenmesser *(altímetro)*
- Kompass *(brújula)*
- Barometer (optional) *(barómetro)*
- Thermometer (optional) *(termómetro)*
- Fernglas (optional) *(gemelos/largavistas/binoculares)*

Eis-Ausrüstung (Basis-Ausstattung)

- Gurtzeug und Zubehör *(harness y complementarios)*
- Karabiner *(mosquetón)*
- Seile und Reepschnur *(cuerdas)*
- Steigeisen *(crampones)*
- Gamaschen *(polainas)*
- Eispickel *(piqueta)*
- Gletscherbrille *(gafas de glacier)*
- Stirnlampe *(linterna frontal)*
- Schneestöcke (optional) *(bastones)*
- Isolier-Handschuhe *(mitones)*

Sonstiges

- Gummistiefel, bei langen Páramo-Wanderungen *(botas de gaucho)*
- Zelt *(carpa)*
- Gaskocher und Feuerzeug *(cocineta y encendedor)*
- Campingausrüstung, allgemein *(equipo de camping)*
- Kochausrüstung, bei Bedarf *(equipo de cocina)*
- Schlafsack, bei Übernachtungen *(saco de dormir/„sleeping")*
- Isoliermatte, bei Übernachtungen *(colchón aislante)*
- Mikropur-Wasserentkeimung *(esterilizadora de agua/filtro de agua)*
- Reserve-Batterien für die Lampe *(pilas adicionales)*
- Regenponcho, der auch den Rucksack schützt *(poncho de aguas)*
- Klappspaten, bei Campingtouren *(pala plegable)*
- Fotokamera *(cámara)*

sche am Guagua Pichincha am Rand des Weges zur Schutzhütte, da sie sich nicht mehr weiterbewegen konnte und – alleine wandernd – niemand ihr zur Hilfe kommen konnte.

Bergführer und Trekking-Ausstatter

Sie sind, gemessen an einem kleinen Geldbeutel, mitunter teuer. Ein professioneller Bergführer gewährt aber **größte Sicherheit,** auch für fortgeschrittene oder selbst professionelle Bergsteiger. Unerfahrene sind ohnehin angehalten, nicht ohne erfahrene Begleiter und Führer zu laufen. Wer Zweifel hat, ob er unter Beachtung der genannten Regeln die Wanderung ohne Führer sicher planen und durchführen kann, sollte sich unbedingt an die Profis wenden oder auf die Tour verzichten.

Professionelle Bergführer vermitteln die weiter unten aufgelisteten Veranstalter. Die meisten sind im ecuadorianischen **Bergführerverband** organisiert. Im Zweifelsfall sind nur diese registrierten Führer zu buchen, da sich immer wieder auch selbsternannte Führer unter die Touristen mischen, die dann vielleicht nicht die nötige Sicherheit und den erwarteten Komfort garantieren. Auch Bergführer und Agenturen können jedoch wegen des Wetters, der körperlichen Grenzen der Teilnehmer oder anderer Unwägbarkeiten **keine „Gipfel-Garantie"** übernehmen.

Gletscherwanderungen

Gletscherwanderungen und einige schwere Gipfelbesteigungen in Ecuador sind den erfahrenen Bergsteigern oder professionell geführten Gruppen vorbehalten. Hierbei sind grundsätzlich ortskundige professionelle Bergführer zu engagieren. Zu diesen Bergen zählen auf jeden Fall die sieben höchsten des Landes (vgl. auch „Die 42 höchsten Berge Ecuadors").

Notfall

Eine **Bergwacht** wie in vielen Alpenregionen **gibt es in Ecuador nicht.**

Einen **Helikopter**-Service bieten die Militärs und wenige private Firmen am Flughafen in Quito. Dennoch sind diese nicht ohne weiteres als Bergungsdienst anrufbar, insbesondere, weil die Bezahlung solch teurer Einsätze gesichert sein will.

Bei geführten Touren kümmern sich im Falle eines Unfalls die Bergführer um die erforderlichen Maßnahmen.

Wer ohne Führer Hilfe braucht, suche für den Hilfebedürftigen eine Hazienda oder das nächste Dorf auf und versuche, über ein Telefon bzw. Handy Hilfe zu rufen. Die **Notrufnummer** Quitos, **911,** ist eine erste Option. Tagsüber können Sie aber auch fast jeden Trekkingveranstalter anrufen. *Ivan Rojas* und weitere Führer von Alta Montaña in Quito beispielsweise sind erprobt in **Such- und Rettungsaktionen** (Tel. 02-2524422).

Wer auf häufig benutzen Routen Hilfe braucht, sollte auch dem Warten auf und Ausschauhalten nach anderen Wanderern begrenzt Zeit einräumen.

Tipp: Wer ohne Führer in den Anden wandert, erhöht seine Sicherheit, indem er an vertrauenswürdiger Stelle **Zeitplan** und geplante **Route hinter-**

lässt und sich nach Beendigung der Tour zurückmeldet.

Sonstiges

Unterwegs: Nehmen Sie auf Andenwanderungen immer ein **Dokument mit Lichtbild** mit. Einzelne Kontrollen bestehen auf das Original Ihres Reisepasses wegen des amtlichen Einreisestempels darin. Lassen Sie immer eine Passkopie an sicherer Stelle, z.B. im Hostal/Hotel in Quito, zurück.

Wer unterwegs einen **Transport** chartert, möge vor dem Zusteigen die genaue Fahrdistanz und den Preis fest absprechen.

Immer wieder stößt man bei Páramo-Wanderungen auf eingezäunte oder verriegelte **Privatgrundstücke.** Diese sind ohne Erlaubnis nicht zu betreten – Rinder, Hunde oder zornige Besitzer sorgen andernfalls für unangenehme Begegnungen!

Viele Campesinos lassen sich nicht oder nur ungern **fotografieren;** respektieren Sie das, ersuchen Sie behutsam um eine Fotografiererlaubnis, bezahlen Sie ggf. dafür, oder lassen Sie es.

Wer in den Bergen campt, lasse **niemals** sein **Zelt und andere Wertsachen unbewacht** zurück.

Ausstatter

Sämtliche Trekking-Veranstalter (s.u.) verleihen und/oder verkaufen in der Regel auch komplett oder teilweise Ausrüstungen; Verleih jedoch oft nur an eigene Touren-Kunden. Frei engagierte Bergführer haben ihrerseits meist Kontakte zu Ausstattern. Die eingelaufenen Bergwanderschuhe und persönliche Kleidung sollte jeder dabei haben. Grundsätzlich sind auch alle geliehenen Ausrüstungsgegenstände auf Größe, Zustand und Verfügbarkeit beim Ausstatter vor der Anreise zum Berg persönlich zu prüfen. Wie viele Ausrüstungsgegenstände einem fehlen und durch Ausleihen verbessert werden sollten, hängt von den Erfordernissen der jeweiligen Tour ab. Bringen Sie auch Ihre eigenen Ausrüstungsgegenstände samt Schuhen zur Anprobe beim Aus-

ecu049 Foto: peko

Landschaft in den Nordanden, Provinz Carchi

statter mit! Eine gute Ausstattungsberatung schützt vor kalten, nassen oder schmerzhaften Erfahrungen in den Bergen. Leihausrüstungen kosten feste Gebühren pro Gegenstand. Wer eine Bergtour bei einer Agentur bucht, wird dort kostenlos ausgestattet oder muss für das Equipment extra zahlen - erkundigen Sie sich. Die meisten verliehenen Ausstattungselemente genügen internationalen Standards, sind internationale Originalstücke oder brauchbare ecuadorianische Kopien.

Tipp: Einige hochwertige **Artikel des Bergsports** (Wanderschuhe, Rucksäcke) werden **in Ecuador** gefertigt, oft als nahezu originalgetreue Kopien internationaler Markenartikel. In Ecuador lassen sich diese Artikel, wie auch Pullover, Handschuhe und dicke Socken, **preiswert** erstehen. Denken Sie bei neuen Bergschuhen aber daran, dass Sie diese vor strapaziösen Touren gut einlaufen.

Ausstatterläden (Verkauf) in Quito

- *Alpes*
Reina Victoria y Baquedano
- *Camping*
Av. Colón 942 y Reina Victoria,
Tel. 02-2521626
- *Equipos Cotopaxi*
Av. 6 de Diciembre y J. Washington, Tel. 2526725,
Internet: www.equiposcotopaxi.com
- *Alta Montaña*
(Adresse siehe Veranstalter weiter unten) Vermietung und Verkauf von Equipment, auch aus eigener Herstellung
- *Monodedo*
Calle Larea N24-36 y Av. La Coruña (Stadtteil Floresta), Tel. 2904496. Kletterladen, Bergausrüstungen, europäische Standards.
Internet: www.monodedo.com

Karten

Das **beste Kartenmaterial** verkauft das **Instituto Geográfico Militar** (IGM) in Quito: Calle Senierges und Paz y Miño, Tel. 02-2522148, 02-2522495, Internet: www.igm.gov.ec; an der weißen Kuppel des IGM-Planetariums östlich der Casa de la Cultura. Die Höhenzeichnungen sind relativ verlässlich, das Wegesystem darin jedoch nicht unbedingt. Die Maßstäbe bewegen sich zwischen 1:25.000 und 1:100.000, der Standard der farbigen Karten ist 1:50.000. Wanderwege als solche sind in den Karten nicht markiert, wie auch im Gelände nur selten. Viele Karten sind vollfarbig gedruckt, andere liegen nur als s/w-Kopien vor, einzelne sind zwischenzeitlich nicht erhältlich. Die Karten sollten stets in Kombination mit den oben genannten Messgeräten benutzt werden. Zur Groborientierung helfen auch die Skizzen in den Bergführern (vgl. Anhang). Sie ersetzen Höhenkarten jedoch nicht.

Veranstalter, Bergführer, Vereine

In Ecuador

- *Alta Montaña/Cotopaxi Cara Sur*
Agentur in Quito, Calle Washington 425 y 6 de Diciembre, Tel. 02-26642381, Fax 02-2524422, karlosmora@yahoo.com; **empfohlene Bergführer** bei Alta Montaña: *Eduardo Agama,* agama@accessinter.net, *Iván Rojas,* negoirb@yahoo.com
- *Cotopaxi Cara Sur*
Calle Leonidas Plaza 669 y Wilson, Tel. 2225419, Handy 09-8002681, Preise 290 $

2N/3T, der einzige uns bekannte Veranstalter, der die Südtour auf den Cotopaxi durchführt. Ein Leser berichtet: „Sehr gute Führung, 3 Tage Trekking mit guter Akklimatisierung, einer traumhaften Hütte auf 4000 m (mit Dusche, Bad) und sehr guter Küche. Für die Zeltnacht auf 4800 m eigene Isomatte mitbringen. *Eduardo* spricht nur spanisch."
Mail: info@cotopaxi-carasur.com
Routeninfos auch in deutscher Sprache unter www.cotopaxi-carasur.com

• *Aseguim*
Asociación Ecuatoriana de Guías de Montaña, Verband in Quito, Calle J. Washington E7-42 y 6 de Diciembre, Tel. 02-2901551, 2556210, Präsident: *Cesár Román* (teuer).

• *Campus Trekking*
Trekking-Veranstalter, Calle Joaquina Vargas 99 y Abdon Calderón Conocoto, Tel. 2340601. Trekking und Climbing, mehrsprachiger Service. Cotopaxi 200 $ (mind. 2 Personen). Campus ist Geschäftspartner von *Hauser Exkursionen* in München.
Internet: www.campustrekking.com

• *Casa Helbling Turismo*
Veintimilla E8-152 y 6 de Diciembre, Quito, Tel. 02-2226013, 02-2565740, Fax 02-2500952. Bergtouren u.a., Hostal, deutschsprachig. Mail: casahelbling@yahoo.de
Internet: www.casahelbling.de

• Bergführer in Cotacachi: *Ernesto Cevillano*, Mirador, Laguna Cuicocha, Tel. 08-68821699, 09-9908757.

• *Companía de Guías de Montaña*
Agentur von Bergführern in Quito, Kontakt: *Julio Mesias, Cesár Román* (s.o. „Aseguim").

• *Club de Andinismo de la Universidad Católica*
Verein in Quito, Av.12 de Octubre y Roca, Treffen: Do 19.30 Uhr.

• *Ecuadorian Alpine Institute (EAI)*
Calle Ramirez Davalos 136 y Av. Amazonas, Quito, Tel. 02-2565465; die Touren mit *Ramiro* und *Juliane* wurden uns mehrfach von Lesern empfohlen, z.B.: „Die Touren auf die Gipfel von Guagua Pichincha, Iliniza Norte und Cotopaxi waren bestens organisiert, und es wird sehr auf die Sicherheit geachtet. Dabei wird Spanisch, Englisch, Französisch und Deutsch gesprochen."
Internet: www.volcanoclimbing.com

• *Equateur Voyages*
Calle Colombia 1138 y Yaguachi, Quito, im Hostal L'Auberge Inn, Tel. 2543803, gute Cayambe-Touren.
Internet: www.equateur-voyages.com

• *Expediciones Andinas*
Agentur in Riobamba, Urbanización Las Habras Km 3 via Guano, gegenüber Albergue Abraspungo, Tel. 03-2964915, 03-2969604, Chimborazo-Spezialist u.a., eigene Schutzhütte, Bergführer: *Marco Cruz*.
Mail: marcocruz@laserinter.net

• *Natura trekking*
Av. 9 de Octubre 473 y Roca, Quito, Tel. 02-2893758, 2901385, Handy 09-5451077, 09-5616500. *Oswaldo* und *María Inés* sind zwei international erfahrene Bergführer mit profunden Kenntnissen über Biodiversität. *María* spricht zudem fünf Sprachen fließend, darunter Deutsch. Bergtouren ab ca. 100 $ p.P. und Tag. Mail: natur@uio.satnet.net oder mariainesiturralde@yahoo.com

• *Safari*
Agentur in Quito, Calle Foch E5-39 y J.L. Mera, Fax 02-2552505; täglich 9.30–18.30 Uhr; Cotopaxi 165 $. Mail: admin@safari.com.ec

• *Sauer, Michael*
Handy 09-7651377, Tel. 02-2344350; empfohlener deutschsprachiger Bergführer.
Mail: michaelsauer@andinanet.net

• *Schlauri, Benno*
Handy 09-903907; empfohlener schweizerischer Bergführer in Ecuador, deutschsprachig und sehr engagiert.
Mail: bennoschlauri@andinanet.net

• *Sierra Nevada*
Agentur in Quito, Calle Pinto E4-150 y Cordero E4-150, Tel. 02-2553658, Fax 02-2554936; Cotopaxi 250 $.
Mail: info@hotelsierranevada.com
Internet: www.saexplorers.org

• *South American Explorer's Club (SAEC)*
Internationaler Verein in Quito, Calle Washington 311 y Leonidas Plaza, Fax 02-2225228; geöffnet Mo bis Fr 9.30–17 Uhr.
Internet: www.samexplo.org

• *Surtrek*
Agentur in Quito, Av. Amazonas 897 y Wilson, Tel. 02-2231534, Fax 2500540.
Mail: info@surtrek.com
Internet: www.surtrek.com

Die 42 höchsten Berge Ecuadors

1. Chimborazo / 6310 m (schneebedeckt; Vulkanismus: erloschen)
2. Cotopaxi / 5897 m (schneebedeckt; aktiv)
3. Cayambe / 5790 m (schneebedeckt; aktiv)
4. Antisana / 5704 m (schneebedeckt; aktiv)
5. Altar - El Obispo / 5404 m (schneebedeckt; erloschen)
6. Iliniza Sur / 5248 m (schneebedeckt; erloschen)
7. Sangay / 5230 m (schneebedeckt; aktiv)
8. Iliniza Norte / 5116 m (zeitweise Schnee; erloschen)
9. Carihuayrazo / 5020 m (schneebedeckt; erloschen)
10. Tungurahua / 5016 m (schneebedeckt; aktiv)
11. Cotacachi / 4939 m (Gletscherzunge; erloschen; Kraterlagune Cuicocha: aktiv)
12. Sincholagua / 4893 m (erloschen)
13. Quilindaña / 4919 m (erloschen)
14. Guagua Pichincha / 4794 m (aktiv)
15. Corazón / 4788 m (erloschen)
16. Chiles / 4768 m (aktiv)
17. Rumiñahui / 4712 m (erloschen)
18. Rucu Pichincha / 4698 m (erloschen)
19. Sara-Urcu / 4676 m (erloschen)
20. Imbabura / 4660 m (erloschen)
21. Cerro Hermoso / 4571 m (erloschen)
22. Yanaurco de Piñán / 4535 m (erloschen)
23. Quinuas / 4462 m (erloschen)
24. Puntas / 4452 m (erloschen)
25. Igualata / 4430 m (erloschen)
26. Atacazo / 4410 m (erloschen)
27. Yana-Urco / 4200 m (erloschen)
28. Paila Cocha / 4318 m (erloschen)
29. Chanlor / 4300 m (erloschen)
30. Fuya Fuya/Mojanda / 4263 m (Lagune; erloschen)
31. Pasochoa / 4199 m (erloschen)
32. Sagoatoa / 4153 m (erloschen)
33. Pelado / 4150 m (erloschen)
34. Pambamarca / 4075 m (erloschen)
35. Bermejos / 3963 m (erloschen)
36. Morro / 3923 m (erloschen)
37. Quilotoa / 3914 m (Lagune; aktiv)
38. Narihuiña / 3906 m (erloschen)
39. Sumaco / 3900 m (aktiv)
40. Fierro Urcu / 3788 m (erloschen)
41. Cuco / 3607 m (erloschen)
42. Reventador / 3485 m (aktiv)

Die ständig schneebedeckten Berge heißen auf Spanisch *nevados*.

•*Vientos de Verano*
Andenverein in Quito, Calle Foch 553 y Reina Victoria, Tel. 02-2669802, Bergführer: *Dario Montenegro.*
Mail: vientosdeverano@hotmail.com
•Empfehlenswerte Führerin: *Mery Borja,* Handy 09-6079063, spricht englisch und deutsch. Mail: mery_borja@hotmail.com

In Deutschland

•*Hauser Exkursionen*
Marienstraße 17, 80331 München, Tel. 089-2350060, Fax 089-2913714
Mail: hauser@hauser-exkursionen.de
•*Deutscher Alpen-Verein (DAV) – Summit Club*
Am Perlacher Forst 186, 81545 München, Tel. 089-642400, Fax 089-64240100

Preise

Eine geführte Gipfeltour ist nicht billig. Die anderthalbtägige Besteigung des Cotopaxi ab Quito kostet z.B. samt Bergführer, kompletter Ausrüstung und Transporten zwischen 150 und 200 $ p.P. in einer Gruppe. Der Chimborazo liegt in der Regel preislich noch höher. Führer für Berge, die kein Spezialequipment erfordern oder innerhalb eines Tages bestiegen werden, sind deutlich preiswerter. Normalerweise sind zusätzlich zum Tourenpreis noch der Nationalparkeintritt und die Hüttenbenutzung zu bezahlen. In der Nebensaison lässt es sich am ehesten über Rabatte verhandeln, also von Februar bis Juni

ecu050 Foto: peko

und von September bis November. Auch bei mehrtägigen Touren können deutliche Rabatte erreicht werden.

Grundsätzlich wird es preiswerter, je mehr Teilnehmer eine Exkursion hat. Aber eine Seilschaft wird üblicherweise mit zwei bis drei Bergsteigern und dem Führer komplettiert – ein Führer lässt sich also im Gletscher nicht für sechs Personen buchen.

Wer Ecuador vornehmlich wegen der Gipfel bereist, kann sich auch bei deutschen Reiseveranstaltern nach „Komplett-Paketen" erkundigen. In Ecuador selbst sollten ausgedehnte Gipfelwanderungen frühzeitig abgesprochen und reserviert werden, da die meisten Trekking-Agenturen mit Einzelbesteigungen den Terminplaner voll haben. Andererseits wird eine Agentur in Quito alles daran setzen, Ihnen eine mehrtägige Tour zu ermöglichen. Viele Büros arbeiten mit einem Pool von erfahrenen freien Bergführern zusammen. Regressforderungen bei Nicht-Erreichen eines Gipfels lassen sich allenfalls stellen, wenn der Veranstalter es verbockt, was in der Praxis aber selten vorkommt.

Espeletien (frailejones) wachsen in Höhen zwischen 3500 und 4700 m

Bergrouten

Pasochoa (4199 m)

Der erloschene Pasochoa ist ein einfach zu besteigender Berg **in der Nähe Quitos.** Geologen vermuten, dass sein letzter großer Ausbruch vor rund 100.000 Jahren stattfand. Als zentral gelegener Andengipfel liegt der Vulkan häufig frei von Wolken am Rand der Panamericana. Seine zackige halbrunde Krone aus mehreren spitzen Gipfeln umgibt einen weiten bewaldeten Kessel. Dieser **Schutzwald** – Bosque Protector Pasochoa – dehnt sich im Westen über den Kraterrand hinaus aus. Flora und Fauna, insbesondere die hohe Vogelvielfalt im Schutzwald (ca. 110 Arten), sind beeindruckend. Der Innenbereich des Kessels ist nicht zu bewandern. Zu den Gipfeln führen mehrere Aufstiegsrouten. Auf- und Abstieg sind an einem Tag zu schaffen.

Die **Hauptroute beginnt zwischen den Dörfern Amaguaña und Uyumbicho,** etwa 40 Minuten südlich von Quito Zentrum. Dort auf der Hauptverbindungsstraße zwischen Sangolquí und Tambillo/Panamericana Sur weist das Schild nach Osten hoch zu den von Haciendas bewirtschafteten Ausläufern des Berges. Ein etwa 7 km langer Fahrweg führt zu dem einfachen Besucherzentrum. Es ist zu empfehlen, am Ortseingang von Amaguaña eine Camioneta für etwa 5 $ zu mieten, die einen dort hoch bringt. Mit dem Fahrer ist auch ein späteres Abholen zu vereinbaren, will man sich die anderthalb Stunden

Pflasterweg ersparen. Am Wochenende lässt sich gut trampen.

Das **Naturschutzgebiet** wird von der Stiftung Fundación Natura verwaltet. An das **Besucherzentrum** Centro de Educación Ambiental Pasochoa sind angeschlossen: eine preiswerte Herberge, ein Campingplatz, ein Picknickplatz, hygienische Einrichtungen und ein kleines Umweltzentrum. Beim Bezahlen der 7 $ Parkeintritt erhält man ein Infoblatt mit Wanderrouten und biologischen Informationen zum Schutzwald und zur Besteigung des Gipfels.

Zwischen **Laufzeiten von 1 und 8 Stunden** sind Touren auf gut sichtbaren Wegen für jedermann ausgewiesen. Der untere Teil führt durch den dichten Wald, der mittlere am spektakulären Kraterrand entlang und der obere Teil über die Rückseite des Kraters von Osten zu den Gipfeln. Vor dem letzten Abschnitt sind zwei kurze Kletterpassagen zu bewältigen. Diese sind im Grunde einfach, aber bei Nässe gefährlich rutschig; daher: Sicherungsseil benutzen! Hinter diesen Steigen verlaufen sich die Wege etwas im Páramo. Bei klarer Sicht läuft man problemlos um den ersten Gipfel herum und steigt den schmalen **Páramopfad** hinauf bis zur felsigen nördlichen Spitze.

Rund 30 m höher ist der zweite und höchste Gipfel des Pasochoa. Der Weg auf dem Kratergrat führt gut sichtbar dort hoch. Am **zweiten Gipfel** (4199 m) ist innerhalb des letzten steilen Waldstücks (!) wegen einer Steilhangpassage ein Sicherungsseil zu benutzen! Außerdem ist dieser Gipfel zur Brutzeit dort nistender Vögel nicht zu begehen! Informieren Sie sich vor dieser Variante unbedingt bei Fundación Natura, die Ihnen auch einen Führer für 2 $ p.P. zur Seite stellt, mit dem Sie gute Chancen haben, auch die drei **Kondore** des Pasochoa zu sehen. Von Gipfel zu Gipfel sind es etwa 40 Minuten. Auf- und Abstieg ab Besucherzentrum dauern zusammen mindestens acht Stunden. Vor vermeintlichen Abkürzungen im Schutzwald ist dringend zu warnen – Gefahr des Verlaufens!

Die **zweite Aufstiegsvariante** zu den Gipfeln **beginnt,** von Sangolquí kommend, **etwa 3 km vor dem Dorf Amaguaña:** Neben der Repsol-Tankstelle führt ein Bauernweg hoch zum Nordausläufer des Vulkans, der die Scheide zwischen West- und Ostseite des Pasochoa formt. Diese Route umgeht den Schutzwald und die Kletterpassagen und ist deutlich kürzer, vorausgesetzt man chartert eine Camioneta in Sangolquí. Bald hinter der Tankstelle, etwa 100 m hinter dem Laden von „Alexandra", geht es links ab. Später lässt man die Hacienda Cuendina linker Hand liegen und folgt weiter dem Hauptweg unter der Stromleitung Richtung „Empresa Eléctrica de Quito". Kurz vor dem sichtbaren Ende der Leitung geht es weiter links hoch zum oberen Teil des Elektrizitätswerks *(la parte alta)*. Dort, in ca. 3200 m Höhe, 9,5 km oberhalb der Tankstelle und 3½ Wanderstunden unter den Gipfeln, lässt man ggf. seinen eigenen Wagen stehen. Die Straße steigt nun links an, biegt kurz darauf noch einmal scharf rechts ab und endet nach einer guten halben Stunde an dem verlassenen Gemeindehaus der Comuna

Chillo Jijón. Hier wird es etwas unübersichtlich: In einem engen Linksbogen geht man um das Haus herum und danach nach halblinks weiter über die Wiese den Hang hoch. Nach wenigen hundert Metern und der Querung einzelner Zäune gelangt man auf den breiten Hauptweg. Weiter geht es nach rechts. Dieser Viehweg umkurvt und kreuzt nun einige Rinderweiden, bevor er nach etwa 2 Stunden unterhalb des in Aufstieg 1 beschriebenen Páramopfades endet.

- **Praktische Hinweise zu den Routen:** Keine besondere technische Ausrüstung erforderlich. Sicherungsseil entsprechend Beschreibung empfohlen. Auf- und Abstiegszeit: 8 Stunden oder in der zweiten Variante 5 Stunden, jeweils ohne Anfahrt mit Fahrzeug. Bei Sonnenaufgang aufbrechen! Bei Nässe vorsichtig sein oder auch auf den Gipfel verzichten. Je nach Stand der Rinder sind bei Route 2 schon mal einzelne Weideabschnitte zu umgehen. S.a. Route A 2 hinter Sangolquí.
- Mehr Infos, naturkundliche Führer und Reservierungen für die Herberge bei *Fundación Natura,* Moreno Bellido E6-167 y Av. Amazonas, Tel. 2228135, 2543799.
Mail: Pasochoa@natqui.ecuanex.net.ec
- **Unterkünfte:** Besucherhaus mit Schlaf- und Campingplatz. Tipp: *Hacienda La Carriona,* Sangolquí, DZ 20 $, gutes Restaurant, Pool, Dampfbad, Pferde u.a.m. (s.a. bei Sangolquí).
- **Literaturtipp:** der Pasochoa-Vogelführer von *Carlos Fierro,* siehe Anhang.

Corazón (4788 m)

Der Corazón ist ein **technisch einfacher Berg mit ein paar steilen Passagen und viel Geröll.** Bis ungefähr zweieinhalb Laufstunden unter dem Gipfel kann man mit dem Allradfahrzeug hochfahren. Nach Regenfällen kann das jedoch bereits früher enden. Doch auch zu Fuß ist der land- und forstwirtschaftliche Weg oberhalb von Aloasí ein Genuss, denn er gibt einen weiten Blick auf die Ostkordillere frei.

Die **Anreise** ab Quito erfolgt zunächst über die Panamericana. Kurz hinter den Abzweigungen nach Machachi linker Hand geht es nach rechts ab in das Dorf Aloasí. Ein Graffiti weist in den Ort. Diese Straße führt in Aloasí zum Kirchplatz. Dort rechts-links abbiegend führt der Weg weiter nach oben und stößt nach ungefähr 3 km auf den alten Bahnhof von **Machachi.** Hier liegt die schöne *Hostería La Estación* (s.u.), die früher auch als Bahnhofsgasthaus diente, als hier noch die Zuglinie von Quito endete. Gelegentlich fahren Busse von Machachi über Aloasí bis zum Bahnhof.

Am Bahnhof folgt man den Gleisen etwa 100 m nach rechts, quert sie dort und folgt dem Hauptweg nach oben. Nach einer Weile stößt man an ein Eisentor. Ist es offen, geht es da hindurch, bis man kurz vor dem Wegende nach rechts durch die offene Böschung auf den weiterführenden Hauptweg stößt, dem nach oben zu folgen ist. Ist das Tor zu, geht es nach rechts weiter, wo man in einem weiten Linksbogen diesen Hauptweg begeht oder befährt. Hinweis: Der Hacienda-Besitzer an den Flanken des Corazón möchte dabei gerne um Erlaubnis gefragt werden – kontakten sie ihn über die Hostería.

Nun ist es im weiteren sehr einfach: Es geht fast ununterbrochen hoch, man durchquert einen Kiefernhain, und ungefähr siebenmal sind Sperrzäune auf dem Weg zu öffnen und wieder zu verriegeln! Zweimal trifft man auf Abzweigungen. Dort ist jeweils der linke Weg zu nehmen. Es geht in weiten Serpentinen den Berg hinauf. Nach gut 10 km – der Weg hier oben ist sichtlich wenig befahren – gibt es eine weitere Gabelung bereits im Páramo. Auch hier hält man sich links. 1,3 km später endet der Fahrweg an einer Wendefläche im Páramo. Nach rechts führt ein Pfad den Hang hinauf Richtung Sattel zwischen dem Hauptgipfel und dem rechts (nördlich) davon liegenden Nebengipfel. Der Weg führt durch Gras und einzelne Sandflächen.

Wer vom Parkplatz aus streng nach Westen geht, kann diesen Sattel auch bei schlechter Sicht nicht verfehlen. Um sich nicht zu verlaufen, folgen Sie der breiten Sandfurche etwas südwestlich der Wendefläche. Auf dem Rückweg allerdings lässt sich der Parkplatz bei Bewölkung durchaus verfehlen. Daher sind ggf. Markierungen zu legen.

Vom Sattel führt nach links ein mit Steinhaufen markierter Weg zum Gipfel hinauf. Dieser geht auch über einzelne leichte Kletterpassagen. Ein Seil ist im Allgemeinen jedoch nicht erforderlich.

Tipp: Der nördliche Gipfel des Corazón liegt auf 4500 m und ist vom Sattel aus einfacher zu besteigen bei ebenfalls faszinierender Sicht, oft sogar besser als im eisigen Nebel des Hauptgipfels.

- **Praktische Hinweise:** Keine Spezialausstattung erforderlich. Laufzeit etwa 4 Stunden ab und zum Parkplatz bzw. ca. 9 Stunden ab und bis Bahnhof. Der Fahrweg hat besonders nach Regenfällen tiefe Furchen. Viehgitter immer wieder verschließen! Faden für Markierungen im Páramo mitnehmen. Wer orientierungsunsicher ist, sollte einen Guide engagieren. Nach letzten Informationen hat der Hazienda-Besitzer die Zufahrt für Autos gesperrt. Das bedeutet, dass die Wanderung auf jeden Fall am Bahnhof beginnt.
- Der erste **Bus nach Machachi** fährt morgens um 6 Uhr neben dem (nicht im!) Busterminal („terminal terrestre") in Quito ab. In Machachi nimmt man eine Camioneta zum Bahnhof, oder man läuft ab der Panamericana etwa 45 Minuten bis „La Estación".
- **Unterkunft:** *Hacienda La Estación,* Wirtin: *Gladys,* 20 Zimmer, DZ 16 $, sehr gutes Menü (ca. 10 $); Zimmer reservieren, da häufig Gruppen im Haus: Tel. 02-2309246. Tipp!

Iliniza Norte (5116 m)

Technisch relativ einfach ist auch der **Nordgipfel** der Iliniza-Zwillinge. In der kalten Jahreszeit von Oktober bis April können jedoch Schneefälle den Aufstieg erschweren und manchmal unmöglich machen.

Die Anreise erfolgt über die Panamericana bis zum Abzweig vor der Brücke *(puente)* nach Westen zu dem Dorf Chaupi. Man folge im weiteren der Beschilderung „Ilinizas". Der Weg ist in schlechtem Zustand, ein Allrad-Fahrzeug ist erforderlich. Bleiben Sie auf dem Hauptweg, und fragen sie an Abzweigungen ggfs. die Bauern nach dem Weg zum Berg. Auf ca. 3650 m Höhe steht eine Marienstatue *(La Virgen).* Etwas oberhalb (ca. 3800 m) liegt ein **Quinoa-Wald,** ein idealer Ort zum Campen. Etwa 200 m unterhalb des Wäldchens fließt ein **Bach,** an dessen Ufer Sie auch campen können. Autos kommen nur bis hierher.

Der **Aufstieg** führt über eine vom Regen ausgewaschene Sandfurche, die sich bis in die Nähe des Refugios schlängelt (ca. 3 Stunden Gehzeit). Bei klarer Sicht können hier kurze, übersichtliche Passagen durch den Páramo gequert werden. Wo die Furche endet, schwenkt man nach halbrechts und erreicht bald die **Schutzhütte Nuevos Horizontes** auf 4650 m. Einfach ausgestattet, bietet sie 25 Betten und eine Küche. Reservieren und bezahlen Sie Ihren Schlafplatz bei dem Hüttenwirt in Chaupi: *Vladimir Gallo,* Handy 09-9699068, oder wohnen Sie in seinem Haus im Dorf, *Hostal Lloviza,* Tel. 02-2314258, 10 $ p.P. mit BP. Zuletzt war die Schutzhütte ziemlich heruntergekommen und feucht!

Von der Hütte führt ein gut sichtbarer Wanderweg in 2–3 Stunden nach Nordwesten zum **Gipfel.** Kurz vor Erreichen desselben wartet eine leichte Kletterpassage. Auf dem Gipfel können empfindliche Minusgrade und starker Wind herrschen. Nach dem aktuellen Zustand des Weges und der Wetterentwicklung fragen Sie *Vladimir,* der den Berg wie seine Westentasche kennt (siehe auch www.ecuador-Illnlza.com).

• **Unterkunft:** Außer Campen und dem Refugio empfiehlt sich am Eingang zum Cotopaxi-Nationalpark „El Chasquí" das *Hotel-Albergue de Montaña Cuello de Luna* (auf 3125 m); Im Sektor El Chasqui der Gemeinde Lasso, Panamericana Sur Km 65 no.

Handy 09-9700330; EZ/DZ 32/43 $. Zimmer für max. 30 Personen, Restaurant, ferner: Reitpferde, Mountainbikes, geführte Exkursionen, Wanderkarten.

Internet: www.cuellodeluna.com.

Zu den Unterkünften *La Quinta Colorada* und *Hostería Papa Gayo* (geführte Iliniza-Tour für 40 $) siehe „Machachi" und „Rund um Lasso" in Route A 2.

Iliniza Sur (5248 m)

Anreise und Aufstieg sind bis zum Refugio identisch mit dem zuvor Beschriebenen. Dort jedoch zweigt die Route in südlicher Richtung ab. Der Gipfel des Iliniza Sur liegt unter ewigem Eis, ist sehr steil zu begehen und hat tückische Risse in der Gletscherfläche. Er ist **ohne Eis-Equipment und ortskundigen Führer nicht zu besteigen!**

Cotopaxi (5897 m)

Der wunderschön konisch geformte Vulkan Cotopaxi ist **der vielleicht am häufigsten „eroberte" Andengipfel Ecuadors.** Auch er stellt technisch keine außergewöhnlichen Ansprüche. Einzelne Passagen aber sind von Gletscherspalten durchzogen. Häufiger Neuschnee verdeckt diese leicht und kann überdies Lawinen auslösen. Daher ist ein **ortskundiger Führer obligatorisch.** Hier sei nur eine allgemeine Beschreibung des Aufstiegs gegeben.

Die **Anreise** erfolgt über die Panamericana. Bei Km 75 geleitet ein großes Schild „Parque Nacional Cotopaxi" in denselben. Nach einigen Kilometern gelangt man an das Parkwächterhaus, wo 10 $ Eintritt zu entrichten sind. Es schließt übrigens um 16 Uhr. Von dort sind es noch ca. 30 km bis zur Schutzhütte, die über die Hauptstraße und Schilder leicht zu finden ist. Besonders am Wochenende ist es leicht, im Park auch per Anhalter mitgenommen zu werden.

Das **Refugio José Rivas** liegt auf 4800 m Höhe. Etwa 300 m tiefer befindet sich der Parkplatz – hier ist Endstation für die Motorisierten. Für 16 $ bietet die einfache Hütte etwa 60 Bergsteigern Matratzen und Kochgelegenheiten. Im Sommer ist sie gelegentlich überfüllt – first come, first go! Wegen der kurzen Nacht und der Hellhörigkeit des Refugios werden Sie jedoch kaum schlafen können!

Zwischen Mitternacht und 1.30 Uhr früh herrscht große Aufbruchsstimmung in der Hütte. Zunächst über ein Geröllfeld oder auch neuen Schnee geht es auf den Nordgletscher des Cotopaxi zu. Von da an – mit vollem Eis-Equipment – steigt die Seilschaft ununterbrochen nach oben, die Spalten auf Schneebrücken querend. Markantester Punkt des Anstiegs ist neben spektakulären Eiswänden die schneegeschützte **schwarze Felswand von Yana Sacha** (5600 m). Einmal die Wand umgangen, folgt ein extrem steiles letztes Stück mit bis zu 40 Grad Neigung. Hier haben nicht wenige – das nahe Ziel bereits vor Augen – aufgegeben. Die dünne Luft verlangt psychisch und physisch vollen Tribut, doch der Gipfel bei aufgehender Sonne entschädigt für all die Mühen.

Der **Aufstieg ab der Hütte** dauert je nach Kondition 4–7 Stunden, der Abstieg 2–3 Stunden. Siehe dazu auch Besteigung der Südroute (Alta Montaña).

ecu053 Foto: peko

- **Unterkunft:** Die meisten Bergsteiger reisen am Vortag zum Refugio an. Andere zelten unterhalb des Parkplatzes. Ob Zelt oder Dach über dem Kopf: Zu empfehlen ist die private **Schutzhütte Tambopaxi** auf 3700 Metern. Zu ihr gelangt man, wenn man am Abzweig zum Refugio noch 1 km weiter Richtung Osten fährt. Tambopaxi bietet mehr Komfort und Ruhe, kostet 15 $ p.P. und kann in Quito verbindlich reserviert werden bei *César Román* von Aseguim (siehe dazu Veranstalter).

Wer hier übernachtet, bricht schon gegen 11 Uhr abends per Auto zum Parkplatz auf, passiert dann das Refugio und steigt gen Gipfel. Auch gibt es einen Zugang zum Nationalpark aus nördlicher Richtung über Machachi und im weiteren durch die Hacienda Santa Ana Pedregal. Dieser Weg führt auch an Tambopaxi vorbei (www.tambopaxi.com).

Empfehlenswert für mehr Komfort sind das *Hotel Cuello de Luna* (siehe bei Iliniza Norte) und der Ausgangspunkt von *Alexander von Humboldts* Besteigung vor 200 Jahren, die *Hacienda La Ciénega* (siehe Route A 2 vor Latacunga).

Der Cotopaxi, 5897 m hoch

Lama am Cotopaxi

ecu052 Foto: peko

Anreisevariante: Von Machachi lässt sich eine *camioneta* chartern, die einen für 30–40 $ bis zum Parkplatz unterhalb des Refugio José Ribas fährt. Für Tagesausflügler ist auch eine Hin- und Rückfahrt mit Wartezeit am Vulkan zu vereinbaren.

Rucu Pichincha (4698 m)

Der Hausberg Quitos ist ein **beliebter und technisch einfacher Gipfel für Ganztagestouren.** Nachdem es auf der Hauptroute zum Rucu Pichincha in der Vergangenheit zahlreiche **bewaffnete Überfälle** auf Wanderer gab, empfehlen wir, diesen Aufstieg über San Roque, das Monumento de la Cima de la Libertad und die kleine Antennengruppe nicht mehr zu begehen! Wir haben eine Alternative ausgearbeitet, die nach unserem Dafürhalten bisher als sicher gilt: Fahren Sie mit dem Bus ab der Av. Colón oder mit dem Taxi bis zum höchsten Haltepunkt des Stadtteils Las Casas. Von dort laufen Sie die Piste ca. 2 km weiter stets nach oben bis zur *Hacienda La Cantera*. Diese gehört dem Bergsteiger *Oswaldo Freire,* der bei vorliegender Reservierung dort auch eine **idyllisch gelegene Herberge** für bis zu 10 Personen betreibt sowie einen Platz zum Campen stellen kann. Melden Sie sich unter Tel. 09-2780437, Handy 09-5451077, 09-5616500 frühzeitig bei *Oswaldo* an.

Von den Hazienda-Gebäuden führt ein steiler Pfad nach Süden durch einen Wald. Auf dem Kamm angekommen – es ist der Mittelkamm zwischen den beiden „Antennenbergen" –, laufen Sie nach Westen auf den felsigen Teil des Rucu zu.

An der Felsnase angekommen, können Sie bei gutem Wetter den Felskamm bis zum Gipfel erklettern (nur für erfahrene Bergsteiger) oder einfacher: Sie lassen die Nase linker Hand liegen und laufen in einem weiten Linksbogen über ein gut ausgetretenes Schotterfeld etwa 1 Stunde weiter zum Gipfel. Bei Regen ist dieser Weg sehr rutschig!

- **Praktische Hinweise:** Der gesamte Auf- und Abstieg dauert etwa 7–8 Stunden ab der Endhaltestelle von Las Casas.
- Die aktuelle **Sicherheitslage** am Pichincha sollte vor jeder Wanderung bei den Bergagenturen oder Aseguim erfragt werden. Nehmen Sie im Zweifelsfall einen lokalen Führer mit, oder verzichten Sie bei erhöhtem Risiko ganz auf die Besteigung.
- **Unterkunft:** Wer nicht frühmorgens in Quito aufbrechen möchte und zudem auf 3100 m die Akklimatisierung nutzen möchte, dem sei die Herberge von *Oswaldo Freire* (s.o.) wärmstens ans Herz gelegt; Reservierung erforderlich.

Guagua Pichincha (4794 m)

Die mögliche Weiterwanderung durch den Kessel und zum Wiederaufstieg Richtung Guagua Pichincha (4794 m) und zu seinem Refugio ist orientierungsfesten Bergwanderern mit entsprechendem Kartenmaterial vorbehalten, da starke Wolkenbildung und steile Schotterhänge die Wanderung erschweren.

Aber von der Ortschat **Lloa** im Südwesten von Quito lassen sich der Guagua und das einfache, bewachte Refugio leicht erreichen. Die gesamte Wanderung bis zum Refugio dauert ca. 5 Stunden und verläuft vom Ort über einen Fahrweg hoch.

Vom Refugio (ca. 4500 m) geht man noch etwa 30 Minuten über den leicht sichtbaren Weg zum Kraterrand und optional vom Rand aus nach rechts auf dem Grat zum Gipfel des Guagua. Im Refugio kann man gegen eine Gebühr übernachten. Es gibt Wasser und eine Kochgelegenheit, aber es wird nachts bitterkalt und wegen des schlechten Kamins oft stickig verqualmt.

- **Praktische Hinweise:** Der gesamte Auf- und Abstieg von Lloa bis zum Gipfel nimmt 9–10 Stunden in Anspruch.

Tungurahua (5016 m)

Wegen der bereits mehrfach beschriebenen **Vulkantätigkeit** (vgl. bei Baños) ist der Berg **bis auf weiteres nicht zu besteigen.**

Nach dem Mythos der Puruhaes-Indianer, deren Nachfahren heute unter anderem in Bergregionen am Chimborazo leben, ist Tungurahua die Mutter ihrer Kinder. Und wenn die „Mama" mit Asche und Steinen wirft, so die Überlieferung, ist sie wieder einmal hochgradig sauer auf „Papa" Chimborazo, der sich auf ein Techtelmechtel mit den Frauen Cotopaxi oder Pichincha eingelassen hat.

Betrachtet man den derzeit ebenso erregten Zustand „der" Pichincha, so hat Chimborazo mit seinen Seitensprüngen in der Damenwelt der Anden so einiges in Unordnung gebracht. Bleibt zu hoffen, dass zumindest der Cotopaxi die Nerven behält ...

Weitere Berge

Im Prinzip sind alle Berge Ecuadors zu erklimmen, sie stellen jedoch die unterschiedlichsten Anforderungen an die Bergsteiger.

Die vereisten Gipfel von **Cayambe, Antisana** und **Chimborazo** sollten nie ohne Führer bestiegen werden.

Sangay und **El Altar** sind extrem anspruchsvolle Berge, einmal wegen der schwierigen Geländeform, v.a. aber auch unter dem Aspekt der Orientierung wegen der häufigen, manchmal wochenlangen Nebelbildungen in der regenwaldnahen Ostkordillere.

•**Praktischer Hinweis:** Unweit des Vulkans El Altar gibt es einen guten **Ausgangspunkt für Bergtouren:** Die schöne *Hacienda Releche* mit Hüttenbetrieb auf 3080 Metern Höhe (Canton Penipe Parroquia La Candelaria, 12 $ p.P.). Die Hacienda betreibt zudem den Verleih von Eseln und Pferden sowie einzelne primitive Schutzhütten auf bis zu 3800 Metern. Sie können bei entsprechender Ausstattung (sehr kalt!) als Basecamp für eine geführte Tour zum Altar genutzt werden. Schlafsaal 6 $ p.P. bei Küchenmitbenutzung. Auch separate Zimmer mit BP. Kontakt und Anreise über Tel. 03-2949761 oder in Riobamba, Tel. 03-2960848.

Der **Cotacachi** ist wiederum relativ leicht zu besteigen, abgesehen von einem letzten Steilabschnitt und einer alten Gletscherzunge. Hier sei *Ernesto Cevillano* an der Laguna Cuicocha als bester Guide für den Berg empfohlen (siehe Veranstalter). Ernesto führt Gruppen bis zu 6 Personen für zusammen 150 $ auf den Gipfel (Tel. 08-6821699).

Auch der **Atacazo** südlich von Quito zählt zu den einfacheren Bergen, da er häufig frei liegt und nicht sehr steil ist. Er kann am einfachsten von seiner Nordseite her, in Chillogallo beginnend, bestiegen werden. Ein Fahrweg führt zu den Antennen auf dem Gipfel.

Der **Rumiñahui** ist ein sehr schroffer Berg, der leichte (keine technischen) Klettererfahrungen erfordert. Vorsicht: Steinschlag! Wegen der Nähe zum Cotopaxi lässt sich die Südseite des Rumiñahui gut zum Akklimatisieren für den „Großen" nutzen. Es empfiehlt sich eine Kombination mit einem Höhencamp, etwa der Schutzhütte Tambopaxi (siehe beim Cotopaxi).

Der **Imbabura** stellt ebenfalls nur mittlere Anforderungen. In den Agenturen von Otavalo und Ibarra findet sich recht unkompliziert ein Führer.

Der eher seltener bestiegene **Carihuayrazo** ist etwas schwieriger, die Sicht auf den nahen Chimborazo ist dafür spektakulär.

Sehr selten bestiegen werden der abgelegene **Sincholagua** und der schwierige, felsige **Quilindaña.**

Im Reisehauptteil dieses Handbuchs finden Sie **weitere Beschreibungen von Wanderungen:** Pululahua, Maquipucuna, Pasochoa, Cotopaxi, Inka-Trail, El Cajas, Podocarpus, Baños und Sangay (Sie finden die jeweiligen Stellen über das Register).

ecu055 Foto: peko

Die Galápagos-Inseln

ecu071 Foto: peko

ecu070 Foto: peko

Touristen im Galápagos-Fieber

Flamingos auf der Isla Floreana

Meerechse nach dem Algenmahl

Landeskunde

Im September 1835 erreichte der englische Forscher **Charles Darwin** die Galápagos-Inseln, Höhepunkt seiner Reise um die Welt mit der HMS Beagle (1831–1836). Seine hier gewonnenen Erkenntnisse, besonders durch die Beobachtung der nach ihm benannten Darwin-Finken, bildeten die Grundlage seiner zwanzig Jahre später veröffentlichten Evolutionstheorie, die das Welt- und Menschenbild revolutionierte. Seine Reisebeschreibungen beeindrucken nach wie vor auch den Geografen und Weltenbummler von heute.

Den Besucher der Galápagos-Inseln erwartet ein Naturraum mit ganz besonderen Umweltbedingungen, die **einzigartige Tier- und Pflanzenarten** hervorbrachten, die zum großen Teil endemisch (nur auf diesen Inseln vorkommend) sind. Neben bizarren Landschaften gehören die Galápagos-Schildkröten, der flugunfähige Kormoran, der Blaufußtölpel, der Fregattvogel, der Galápagos-Albatros, die landlebenden Drusenköpfe und ihr maritimes Pendant, die Meerechsen, sowie die verspielten Seelöwen zu den Attraktionen der Inseln. Alle Tiere leben in freier Natur und sind dabei so zahm, dass man sofort den Wunsch verspürt, sie zu berühren – was jedoch zu Recht nicht erlaubt ist.

Schon der erste Kontakt mit den Galápagos-Inseln macht klar, mit welch faszinierender und einzigartiger Inselwelt man es zu tun hat.

Lage und Größe

Der Archipel liegt beinahe **1000 km vor der Westküste Südamerikas direkt am Äquator** auf ungefähr 90 Grad westlicher Länge und umfasst 13 Inseln, die größer als fünf Quadratkilometer sind, sechs kleinere Inseln (1 bis 5 km^2) sowie mehr als 40 Eilande. Die **größte Insel ist Isabela** mit einer Fläche von 4710 km^2. Im Norden von Isabela befindet sich die höchste Erhebung der Inseln, der 1707 m hohe **Vulkan Wolf.** Die Inselwelt insgesamt bedeckt eine Landfläche von 7882 km^2. Das gesamte Marinereservat hat eine Fläche von mehr als 45.000 km^2.

Entdeckung des Archipels

Lange Zeit blieben die Inseln vom Menschen verschont. Der erste, der sie entdeckte, soll der **Inka-Herrscher Tupac Yupanqui** gewesen sein. Freilich fehlt dafür der Beweis, nur Legenden über eine Seereise zu feuerspeienden Bergen existieren.

Den ersten Bericht lieferte der Spanier **Tomás de Berlanga,** Bischof von Panama, der im Jahre 1535 entlang der peruanischen Küste nach Süden segelte und während einer Windflaute, den Strömungen ausgeliefert, weit aufs Meer hinausgetrieben wurde. Nach zwei Wochen erreichte er die Inseln und fand nichts weiter vor als „Seelöwen, Wasserschildkröten und Landleguane“. Zudem bemerkte er, wie zahm die Vögel waren. Doch erschienen ihm die Inseln insgesamt als wertlos, da seine Besatzung außer großen Steinen nichts Auffälliges entdeckte.

Mit den primitiven Navigationsinstrumenten der damaligen Zeit war es schwierig, die Inseln zu finden, sodass Seefahrer dem Glauben verfallen konnten, die Inseln würden von Zeit zu Zeit unsichtbar. Der spanische Pirat *Diego de Rivadeneira* schließlich gab ihnen den Namen *Las Islas Encantadas*, „Die verzauberten Inseln“. Im Jahre 1570 benannte der flämische Kartograf *Abraham Ortelius* die Inseln nach den **Riesenschildkröten,** die er dort vorfand (span. *galápago* = Schildkröte). Viele Piraten, unter ihnen so berühmt-berüchtigte Namen wie *Cowley, Eaton* oder *William Dampier,* suchten die Inselgruppe als Schlupfwinkel auf.

1793 nahm *James Colnett* eine neue Kartierung der Inseln für die britische Admiralität vor, die Galápagos als Basis für ihre **Walfangflotte** nutzen wollte.

Charles Darwin (1809–1882)

Auch wenn es seit geraumer Zeit Evolutionsforscher gibt, die zu den Gedanken und Theorien *Charles Darwins* Zweifel anmelden, gilt der englische Forscher nach wie vor als „Vater der Evolution“.

Geboren am 12. Februar 1809 in Shrewsbury (England), war die Bestimmung Darwins eigentlich die Medizin, da Vater und Großvater bereits den Arztberuf ausübten. Doch zunächst studierte er Theologie und widmete sich nebenbei verstärkt naturwissenschaftlichen Studien. Mit wachsender Begeisterung las er die „abenteuerlichen“ Reiseaufzeichnungen des deutschen Geografen *Alexander von Humboldt.* Zu einer echten Leidenschaft wurde Darwin das Sammeln von Käfern. Nachdem ihn einige Geologie-Vorlesungen in die Geheimnisse der Erdgeschichte eingeweiht hatten, bestimmte es sein Schicksal, dass er im Jahr seines bestandenen Examens (1831) an einer fünfjährigen Weltumsegelung teilnahm, die sein zukünftiges Wirken maßgeblich beeinflusste. Das ursprüngliche Ziel seiner Teilnahme an der Reise war es, die Richtigkeit der biblischen Schöpfungsgeschichte zu beweisen. Doch es kam anders: Was er von seiner Reise im Jahr 1836 nach England mitbrachte, revolutionierte die Biologie und brachte ihm den Vorwurf der Blasphemie ein.

Sein berühmtestes Werk erschien im Jahr **1859: „The Origin of Species by means of Natural Selection“.** Darwin vermutete, dass alle Lebewesen Äste ein und desselben Stammbaumes seien und sich in Abhängigkeit der jeweils vorgefundenen Umweltbedingungen unterschiedlich entwickelten. Die Brisanz der Theorie lag in der Relativierung, ja Negation der menschlichen Sonderstellung in der Natur (-geschichte) und veranlasste vor allem die katholische Kirche zu heftigem Widerstand; die Akzeptanz der Theorie konnte dadurch nur verzögert, nicht verhindert werden.

Charles Darwin, der mit seiner Cousine *Emma Wedgewood* verheiratet war und zehn Kinder hatte, starb am 19. April 1882 im Alter von 73 Jahren in England und wurde im Londoner Westminster Abbey beigesetzt.

Zehntausende von Riesenschildkröten sind im Laufe der Zeit getötet worden, um den Walfängern als Bord-Verpflegung zu dienen.

Mit den Walfängern kamen auch die ersten **Siedler** nach Galápagos. *Pattrick Watkins* war der erste, der auf der Insel *Floreana* längere Zeit lebte. Ihm folgte 1812 der Amerikaner *David Porter*, der von sich reden machte, als er vier Ziegen mit auf die Insel *Santiago* nahm. Doch schon die zahlreichen Piraten, die das Archipel im Laufe der Zeit als Refugium genutzt hatten, hatten Haustiere, v.a. Ziegen, Hunde, Katzen, Schweine und Ratten, mitgebracht. Deren Freilassung und Verwilderung stand am Anfang eines Prozesses, in dessen Verlauf die ökologische Balance der ganz spezifisch ausgeprägten Fauna und Flora auf Galápagos in eine Schieflage geriet (vgl. Tierwelt/Eingeführte Tiere).

Am 12. Februar 1832 – zufällig der Geburtstag von Charles Darwin – wurden die Galápagos-Inseln durch den General *José Villamil* dem ecuadorianischen Staatsgebiet einverleibt. Auf der Insel Floreana entstand eine **Strafkolonie,** die im Jahr 1835 über 300 Mann umfasste.

1880 leitete der Ecuadorianer *Manuel J. Cobos* Besiedlungsversuche auf den Inseln Floreana und Santiago ein, die zunächst an Wassermangel und den harten Lebensbedingungen scheiterten. Aus Anlass des 400. Amerika-Landungstages von *Christoph Kolumbus* im Jahre 1892 bekam der Archipel den offiziellen Namen **Archipiélago de Colón,** der jedoch im üblichen Sprachgebrauch nur eine Schattenexistenz fristet. Auch Besiedlungsversuche im frühen 20. Jahrhundert schlugen fehl; im Jahr 1932 kam die deutsche Familie *Wittmer* nach Floreana (vgl. Isla Floreana).

Im Zweiten Weltkrieg diente die Insel Baltra als US-Luftwaffenstützpunkt zum Schutze des Panama-Kanals.

1959 wurden das Archipel zum **Nationalpark** erklärt. 1964 erfolgte mit Hilfe des WWF die Eröffnung der Charles Darwin Forschungsstation. Die Inseln sind ein Mekka für Naturwissenschaftler aus aller Welt und allen Fachgebieten.

Der **Tourismus** setzte zu Beginn der 1970er Jahre ein, heute besuchen etwa 80.000 Touristen jährlich die Inseln.

Entstehung des Archipels

Um die Entwicklungsgeschichte der Galápagos-Inseln verstehen und ihre Fauna und Flora erklären zu können, müssen an dieser Stelle einige geologische Ausführungen erfolgen.

In der Meeresgeografie und in der Inselforschung unterscheidet man entsprechend der geologischen Entwicklung generell **kontinentale Inseln** (sie waren früher Teil von Kontinenten oder liegen heute auf dem Kontinentalschelf) und **ozeanische Inseln** (sie sind vulkanischen Ursprungs, ohne Verbindung zum Festland und „wachsen" vom Meeresboden aus großer Tiefe zur Meeresoberfläche). **Die Galápagos-Inseln sind ozeanische Inseln mit aktivem Vulkanismus**.

Auch dem Laien fällt auf, dass die Galápagos-Inseln mitten im Ozean auftauchen und offensichtlich keinerlei Verbindung zum Festland aufweisen. Wie sind diese Inseln entstanden?

Zur Klärung der Frage muss man sich zunächst vergegenwärtigen, dass sich geologische Vorgänge im Verlauf von vielen Millionen Jahren vollziehen und die Verhältnisse, wie wir sie heute auf der Erde vorfinden, nur eine Momentaufnahme in diesem Prozess sind.

Der **Ozeanboden** spielt eine wichtige Rolle hinsichtlich der Entstehung von Inseln. Er ist zwar von Wassermassen bedeckt, weist aber ebensolche Oberflächenformen auf wie das vor unseren Augen liegende Festland. Ein Blick auf den Meeresboden zeigt, dass es schmale und lang gestreckte Ketten untermeerischer Gebirge, sog. mittelozeanische Rücken, gibt, die mitunter bis zur Wasseroberfläche reichen. In den Tiefseebecken gibt es Bruchzonen, die quer zu den Ozeanrücken verlaufen, tiefe Grabensysteme, Berge, Plateaus, aktive und erloschene, abgetragene Vulkane, sog. Guyots. Der Schlüssel zu diesen Erkenntnissen war das Echolot, mit dessen Hilfe die Oberflächenfor-

Charles Darwin über die Galápagos-Inseln (1835)

„Es besteht dieser Archipel aus zehn Hauptinseln, von welchen fünf die andern an Größe übertreffen. Sie sind unter dem Äquator gelegen und zwischen fünf- und sechshundert Meilen nach Westen von der Küste von Amerika entfernt. Sie werden alle aus vulkanischen Gesteinen gebildet. Einige der die größeren Inseln überragenden Krater sind von ungeheurer Größe und erheben sich bis zu einer Höhe von drei- bis viertausend Fuß. Ihre Seiten sind mit unzähligen kleineren Öffnungen besetzt. Ich zögere kaum zu behaupten, dass es auf dem ganzen Archipel mindestens zweitausend Krater geben muss. Diese bestehen entweder aus Lava oder aus schön geschichtetem sandsteinartigem Tuff. Im letzteren Fall sind sie sehr schön symmetrisch; sie verdanken ihre Entstehung Ausbrüchen vulkanischen Schlamms ohne Lava: Es ist ein merkwürdiger Umstand, dass jeder einzelne der achtundzwanzig Tuff-Krater, welche untersucht wurden, die südliche Seite viel niedriger hatten als die anderen Seiten oder dass diese Seite ganz zusammengebrochen und entfernt war. Da allem Anschein nach diese Krater gebildet wurden, als die Inseln im Meer lagen, und da die Wellen des Passatwindes und die große Bewegung der offenen Südsee hier ihre Gewalt an den Südküsten aller Inseln vereinen, so lässt sich die merkwürdige Gleichförmigkeit in dem eingebrochenen Zustand der Krater, die aus weichem und nachgebendem Tuff bestehen, leicht erklären.

Dafür, dass diese Inseln direkt unter dem Äquator liegen, ist das Klima nicht übertrieben heiß; dies scheint hauptsächlich durch die niedrige Temperatur des umgebenden, von dem großen Süd-Polar-Strom hierher gebrachten Wassers verursacht zu werden. Mit Ausnahme eines sehr kurzen Teils des Jahres fällt nur sehr wenig Regen, und selbst während dieser Jahreszeit ist er unregelmäßig; die Wolken hängen aber meist tief herab. Während daher die niedrigen Teile der Inseln sehr unfruchtbar sind, haben die oberen Teile, in einer Höhe von tausend Fuß und darüber, ein feuchtes Klima und eine ziemlich üppige Vegetation."

ecu054 Foto: peko

men des Meeresbodens abgetastet und dann aufgezeichnet werden konnten.

Nachdem die Wissenschaft sich ein Bild auch der untermeerischen Erdoberfläche machen konnte, wurde die 1915 von dem Deutschen *Alfred Wegener* postulierte Kontinentalverschiebungstheorie nach dem Zweiten Weltkrieg zur Hypothese der Plattentektonik weiterentwickelt, die bis heute Bestand hat und am ehesten globale erdgeschichtliche Vorgänge zu erklären vermag. Man spricht von der **globalen Plattentektonik.** In aller Kürze geht es um Folgendes: Die Erde unterteilt sich in Erdkruste, Erdmantel und Erdkern. Die Theorie der Plattentektonik geht davon aus, dass sich die Erdkruste in mehrere Platten gliedert, die sich relativ zueinander bewegen. Motor dieser Bewegungen sind sog. Konvektions- oder Ausgleichsströmungen des Erdmantels, die einen dynamischen Kreislauf herbeiführen, bei dem die Erdkruste an der einen Stelle zerstört, an der anderen neu gebildet wird. Diese Vorgänge vollziehen sich an den Plattengrenzen. Wenn Platten aneinander stoßen, taucht die leichtere Platte unter der schwereren ab. Das heißt, sie wird verschluckt oder, wie der Geologe sagt, subduziert.

Kicker's Rock vor San Cristóbal

An (submarinen) Plattengrenzen, wo Platten sich voneinander wegbewegen, entsteht neue Kruste. Man spricht vom sog. **Ozeanspreizen** (Sea Floor Spreading). In diesen Spreizungszonen wird die neu gebildete Erdkruste in beide Richtungen von der Achse wegtransportiert. Direkt an der Spreizungsachse türmen sich die Vulkane auf, und mitunter erreichen Einzelspitzen im Zuge des fortlaufenden Lavaflusses über Jahrmillionen allmählich die Meeresoberfläche bis sie für uns schließlich als Inseln sichtbar werden.

Die Hypothese vom Ozeanspreizen allein ist aber zur Erklärung der Entstehung der Galápagos-Inseln nicht ausreichend, da diese isoliert und weitab von Spreizungsachsen mitten im Pazifischen Ozean liegen. Betrachtet man die Verteilung der Galápagos-Inseln auf dem Plattenmosaik der Erdkruste, so sieht man, dass die Inseln praktisch im Grenzbereich dreier Platten liegen: der Pazifischen Platte, der Nazca-Platte und der Cocos-Platte.

Entlang der so genannten Galápagos-Rift kommt es zwar zum Ozeanspreizen, doch werden die Galápagos-Inseln dadurch lediglich in Südost-Richtung auf den südamerikanischen Kontinent hin bewegt. Das erklärt noch nicht den Vulkanismus der Inseln. Der Plattenbewegung gesellt sich ein weiteres geologisches Phänomen hinzu, das heute mit der **Hot-Spot-Theorie** beschrieben wird. Hot Spots (heiße Flecken) sind ortsfeste Wärmezonen im unteren Erdmantel, von denen immer wieder heißes Magma in die Erdkruste aufsteigt, wo es zur Ausbildung eines voluminösen Lavareservoirs, einer Magmakammer kommt. Von hier aus werden die Vulkane an der Erdoberfläche gespeist. Im Bereich der Galápagos-Inseln existiert in der Erdkruste ein solches Lavareservoir. **Die Entstehung der Galápagos-Inseln erklärt sich also aus dem Zusammenspiel von Plattenbewegungen und einem Hot Spot.**

Im Verlauf der Erdgeschichte hat sich durch starke Vulkantätigkeit der Meeresboden im Bereich der Galápagos-Inseln so stark erhöht, dass die Inseln heute auf einem ozeanischen Plateau aus vulkanischem Material sitzen und dadurch aus einer relativ geringen Tiefe von 2500 bis 3000 m aufragen. Die Nazca-Platte driftet seit ungefähr 25

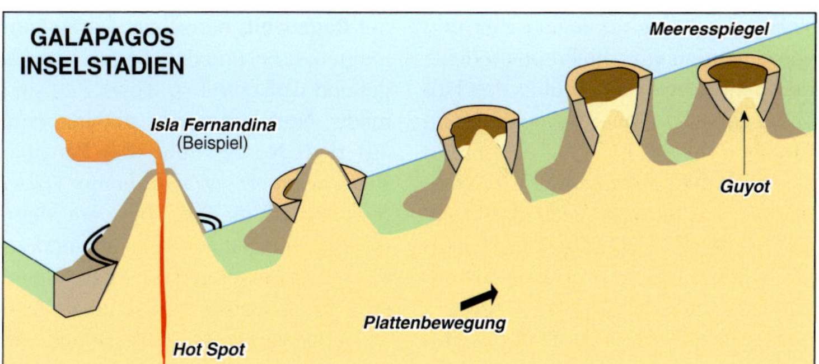

Millionen Jahren mit einer Geschwindigkeit von mehr als 5 cm/Jahr auf die kontinentale Platte Südamerikas zu und wandert dabei über den Galápagos-Hot Spot hinweg. Sie nimmt in ihrer Bewegungsrichtung die durch den Hot Spot entstandenen Vulkane aus dem Einflussbereich des Hot Spots heraus, die wiederum mit der Platte – infolge von Brandungserosion – nach Durchlaufen verschiedener Inselstadien in tieferes Wasser abwandern und Guyots bilden. Man spricht davon, dass die Inseln „ertrinken". Bei anhaltender Plattenbewegung entsteht auf diese Weise eine Kette aus Inseln, Atollen und Guyots in Richtung der Plattenbewegung.

Am jüngsten Ende dieser Kette sitzen die aktiven Vulkane direkt über dem Hot Spot. Im Galápagosarchipel sind dies heute die westlichen Inseln Fernandina und Isabela. Auf Fernandina findet man Gestein, das nicht älter als 700.000 Jahre ist. Die ältesten Gesteine weist die Insel Española auf, sie werden auf 3,3 Mio. Jahre datiert.

Daraus folgt, dass die Galápagos-Inseln, wie alle ozeanischen Inseln, geologisch sehr junge Gebilde sind. Sie entstehen in geologisch kurzer Zeit und verschwinden im „Rolltreppeneffekt" der Plattenbewegungen über den Hot Spots genauso schnell auch wieder im Ozean.

1992 haben amerikanische Wissenschaftler das Bild der Galápagos-Evolutionsgeschichte ein wenig modifiziert. Wie marine Untersuchungen im Bereich des Galápagos-Plateaus zeigten, existieren ca. 700 km östlich des Hot Spots in einer Tiefe von 2500 m unterseeische Guyots, deren Alter entsprechend der Plattenbewegungsgeschwindigkeit auf mindestens 9 Mio. Jahre geschätzt wird.

Die Existenz dieser alten, abgesunkenen Vulkane, die ohne Zweifel der Kette der Galápagos-Vulkane zuzuordnen sind, bedeutet, dass die Evolutionszeit, in der sich die Pflanzen- und Tierarten bis zu den heutigen Formen entwickelt haben, wesentlich länger ist als bisher angenommen (vergleiche dazu auch die Kapitel über Besiedlung und Evolution).

Klima

Im Vergleich zu anderen äquatorialen Inselgruppen, die immerfeucht und tropisch-heiß sind, weisen die Galápagos-Inseln **ureigene klimatische Verhältnisse** auf. Es existieren sowohl zwei Jahreszeiten als auch – Folge des Landschaftsgefüges – ein deutlicher Kontrast von heiß-trockenen Küstenregionen und feucht-kühleren Bergregionen.

Von **Januar bis Juni,** in den Monaten der **Regenzeit,** herrschen warme Lufttemperaturen, und der Himmel ist weitgehend wolkenfrei. In dieser Zeit sind milde Nordostpassate dominierend, aus dem Norden führt der Panamastrom wärmeres Wasser heran. Dabei erwärmt sich die Luft über dem Meer, die Feuchtigkeit kondensiert, und es kommt zu kurzen und heftigen Regenschauern sowohl an der Küste als auch im Bergland. Die sonst blasse und leblose Küstenvegetation blüht auf und zeigt Farbe, viele Tiere beginnen mit der Fortpflanzung.

Von **Juli bis Dezember,** in der **Trockenzeit,** ist es kühl, und der Himmel ist meist wolkenverhangen. Dann fallen im Bergland die meisten Niederschläge, während die Küste trocken bleibt. Maßgeblich hierfür ist der kalte Humboldt-Strom (s.u.), der unter den Einfuss des Südostpassats gerät und kaltes Wasser in den Bereich der Galápagos-Inseln führt.

Das Zusammenwirken von kaltem Wasser und tropisch-heißer Luft verursacht im Bergland Wolken- und Nebelbildung, die Folge ist Nieselregen *(Garúa),* weshalb die Trockenzeit auch *Garúa* genannt wird.

Meeresströmungen

Die Galápagos-Inseln liegen im Einflussbereich gleich mehrerer Meeresströmungen (Karte s.u.). Diese Strömungen bestimmen in Wechselwirkung mit den Windverhältnissen das jahreszeitlich variierende Klima- und Vegetationsbild der Inseln.

Nördlich des Äquators fließt der warme **Nordäquatorial Strom** (Wassertemperatur über 25°C) aus westlicher Richtung. Wenn er in der Höhe von Panama auf das Festland trifft, teilt er sich in zwei Strömungen, die nach Norden bzw. Süden weiterfließen. Der nach Süden abknickende Strom (Pana-

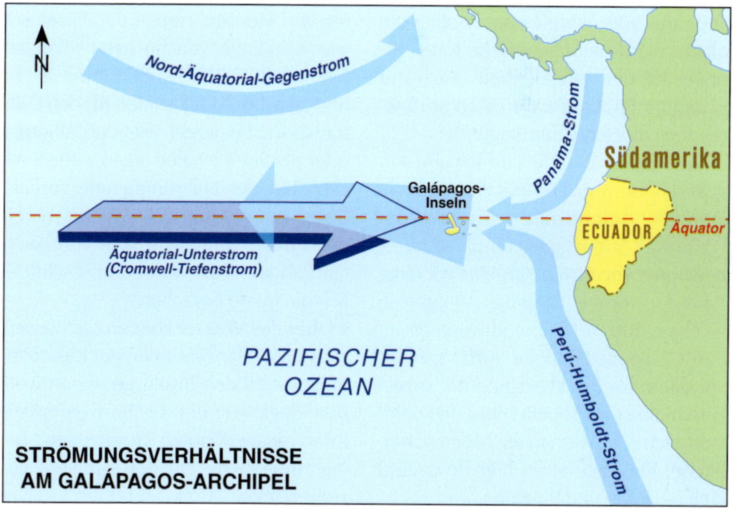

STRÖMUNGSVERHÄLTNISSE AM GALÁPAGOS-ARCHIPEL

ma-Strom) beeinflusst von Januar bis Juni das Inselklima.

Vom Südostpassat angetrieben führt der **Humboldt-Strom** (Peru-Strom) von Juli bis Dezember kaltes, nährstoffreiches Wasser aus den antarktischen Gewässern in den Bereich der Galápagos-Inseln. Das Wasser hat eine Temperatur von 17–21 °C, wenn es die Inseln erreicht. Im Falle spezifischer klimatischer Konstellationen wird der Panama-Strom zum gefürchteten **„El Niño“**, der das kühle, nährstoffreiche Wasser des Humboldt-Stroms schon vor der Küste von Peru nach Westen abdrängt und damit vielen Meerestieren vor Galápagos die Nahrungsquelle raubt. 1997/98 war in dieser Hinsicht ein Katastrophenjahr, da die warmen Wasser von El Niño extrem weit nach Süden vordrangen und den Hungertod vieler Fische und Seevögel verursachten. Dieses Klimaphänomen wurde „weltberühmt“, als es Ende der 90er Jahre verantwortlich gemacht wurde für klimatische Katastrophen auf der ganzen Welt (auch auf Ecuadors Festland kam es zu verheerenden Überschwemmungen).

Die See ist besonders im Juli und August sehr bewegt. Der aus Westen kommende **Äquatoriale Tiefenstrom** (Cromwell-Strom) spielt für die Meeresbewohner von Galápagos eine wichtige Rolle. Er strömt entlang des Äquators in wenigen 100 m Tiefe, und wenn er auf das Galápagos-Plateau trifft, gelangt vor allem an der Westseite der Inseln Fernandina und Isabela kaltes und nährstoffreiches Wasser an die Meeresoberfläche. Deshalb leben hier bevorzugt Delfine, Wale und Pinguine.

Besiedlung und Evolution

Als vor einigen Millionen Jahren die Vulkaninseln von Galápagos aus dem Meer auftauchten, gab es auf ihnen noch kein Leben. Zahlreiche Hinweise deuten darauf hin, dass Tiere und Pflanzen vom südamerikanischen Festland auf die Inseln gelangten.

Besiedlung

Organismen boten und bieten sich drei Möglichkeiten, die Inseln zu erreichen: durch die Luft, auf dem Wasserweg, über Träger.

- **Durch die Luft** werden viele Pflanzensamen mit dem Wind vom Festland weit auf das Meer hinausgetragen. Sporen von Moosen, Farnen und Pilzen sowie Keimlinge von höheren Pflanzen wie z.B. den Korbblütlern sind leicht und geradezu prädestiniert für den Lufttransport. Seevögel wie der Albatros oder die Seeschwalbe legen weite Strecken bei der Nahrungssuche zurück. Dabei kann es gut sein, dass sie von einer Luftströmung sehr weit vom Festland abgetrieben werden und schließlich die Inseln erreichen.
- **Über das Wasser** können salzwasserresistente Pflanzensamen der Küstenvegetation zu den Inseln getrieben werden, Seelöwen und Fische werden auf ihren ausgedehnten Streifzügen zur Nahrungssuche auf den Archipel gestoßen sein.

- **Durch Träger,** schwimmende und fliegende (Bäume, Kokosnussschalen, das Gefieder von Vögeln etc.), können Tiere und Pflanzen zu den Inseln gelangen. Begünstigt wird diese Möglichkeit im Falle der Galápagos-Inseln einerseits durch die Meeresströmungen, die von der Küste Südamerikas zu den Inseln führen, und andererseits durch die Passatwinde, die vom Festland beständig in Richtung Galápagos wehen.
- Schließlich ist noch der Besuch und die Ansiedlung von **Menschen** zu nennen, in deren Gefolge Pflanzensamen und Festland-Haustiere auf die Inseln kamen, v.a. verwildernde Ziegen, Esel, Schweine, Ratten, Mäuse und Rinder.

ecu056 Foto: peko

Der Flugunfähige Kormoran ist ein exzellenter Taucher

Evolution

Der Schlüssel zur insularen Evolution, die – trotz Ähnlichkeiten mit der Entwicklung auf dem Festland – eine ganz eigene Flora und Fauna hervorgebracht hat, ist die **geografische Isolation,** die die Insellage mit sich bringt.

Die seit Mitte des 19. Jahrhunderts geltende Annahme, dass die Ausprägung der verschiedenen insularen Tier- und Pflanzenarten das Ergebnis einer lokalen Inselevolution sei, wurde durch die Theorie der Plattentektonik ergänzt (s.o.). Mit der Erkenntnis, dass Inseln im Laufe ihrer geologischen Geschichte sowohl horizontale als auch vertikale Standortwechsel durchlaufen, ist ebenso deutlich geworden, dass sich die Umweltbedingungen der Inseln verändern und damit Flora und Fauna zwingen, sich weiterzuentwickeln, die Inseln zu verlassen oder auszusterben. Die **Theorie der natürlichen Auslese** nach *Darwin* postuliert, dass nur die stärksten, anpassungsfähigsten Arten den **Kampf ums Überleben** bestehen.

Die Anziehungskraft der Galápagos-Inseln für Evolutionsforscher erklärt sich aus der Tatsache, dass es viele Tiere und Pflanzen auf den Inseln gibt, die auf dem benachbarten südamerikanischen Kontinent vorkommen, nicht aber in diesem Artenreichtum. Da die Annahme jedoch lautet, dass eine Besiedlung ozeanischer Inseln immer vom nächstgelegenen Festland aus erfolgt, stellt sich die Frage: Wie konnten sich, bei einem relativ jungen geologischen Alter der Inseln von 3,5 Mio. Jahren, so viele Unterarten von Pflanzen und Tieren auf Galápagos entwickeln?

Zunächst: Insular-endemische Arten können nicht älter als die Inseln selbst sein. Berechnungen zufolge hatten aber viele Tiere und Pflanzen von Galápagos in 3,5 Mio. Jahren gar nicht ausreichend Zeit, den heute konstatierbaren Artenreichtum auszubilden. Mit Hilfe molekulargenetischer Techniken zeigte sich, dass es Tierarten auf Galápagos gibt, die entsprechend ihrer Evolutionsstufe gegenüber ihren Verwandten auf dem Festland eine Entwicklungszeit durchlaufen haben müssen, die das Alter der ältesten Insel von Galápagos übersteigt. Doch: Wie können auf Galápagos endemische Tierarten älter sein als die Inseln, die sie bewohnen? Wo ist der Ursprung ihrer Evolution zu suchen, wenn nicht auf diesen Inseln?

Bis zu Beginn dieses Jahrzehnts war das eine strittige Frage. Mit der Entdeckung von Gesteinen versunkener Vulkane, die eindeutig der Galápagos-Inselkette zuzuordnen und älter als 9 Mio. Jahre sind, hat sich – denkbar einfach – die Situation geklärt: Die insulare Evolution hatte ganz einfach mehr Zeit zur Verfügung.

Pflanzenwelt

Gemessen am Pflanzenreichtum des ecuadorianischen Festlandes weist Galápagos eine sehr „dürftige" Pflanzenwelt auf. Gerade in der Trockenzeit wirken die Küstenzonen karg und haben einen wüstenhaften Charakter. Die Blütenpracht tropischer Regionen fehlt, und das Auge des Besuchers wird zwangsläufig auf die Tierwelt gelenkt.

Fast 50% der Pflanzen sind endemisch. Infolge klimatischer Veränderungen durch zunehmenden Niederschlag mit steigender Inselhöhe hat sich eine Vegetationszonierung ausgebildet, die der Besucher besonders deutlich auf der Insel Santa Cruz studieren kann. Jede Vegetationszone hat eine charakteristische Pflanzengesellschaft mit einem ökologisch bedingten Bestand typischer Arten, die eine **Lebensgemeinschaft (Phytozönose)** bilden. Auf Galápagos unterscheidet man entsprechend der klimatischen Verhältnisse sechs verschiedene Phytozönosen bzw. Vegetationszonen.

Phytozönose der Küstenzone (0–10 m)

Typische Pflanzen der Küstenzone sind sog. **Halophyten** oder Salzpflanzen. Sie sind gegen Salz und starke Windeinflüsse resistent. Charakteristisch ist der Flachwuchs vor allem in den Strandregionen. Vertreter dieser Zone sind die Strandwinde *(Ipomea pescaprae)*, der Strandhafer *(Sporobolus virginicus)*, die Sonnenwende *(Heliotropium spp.)*, der Rote Korallenstrauch *(Sesuvium portulacastrum)*, der auf *Isla Plaza* im Verlauf eines Jahres einen spektakulären Farbwechsel zeigt, der Salzbusch *(Cryptocarpus pyriformis)*, der Kleine Bocksdorn *(Lycium minimum)*, der Mancinellenbaum *(Hippomane mancinella)* und die vier Mangrovenarten Knopfmangrove *(Conocarpus erecta)*, Rote Mangrove *(Rhizophora* *mangle),* Schwarze Mangrove *(Avicennia germinans)* und Weiße Mangrove *(Lagumennaria racemosa).* Die Mangroven bilden so genannte Stelzwurzeln aus, die ihnen im feinen Sand der Strände und an den Felsküsten einen sicheren Halt geben.

Phytozönose der Trockenzone (10–100 m)

Die Trockenzonen nehmen die größte Fläche auf den Inseln ein. Das Pflanzenwachstum wird einerseits beschränkt durch extreme Wasserknappheit, andererseits durch fehlenden Humus in den Bodenschichten. Typische Pflanzen der Trockenzone sind sog. **Xerophyten,** Pflanzen, die längere Trockenperioden überstehen können. Auffällige Vertreter dieser Zone sind Kakteen wie die Baumopuntie *(Opuntia spp.),* der endemische Galápagos-Säulenkaktus *(Jasminocrius thonarsii)* und der Lavakaktus *(Brachycerius nesolicus).* Der Galápagos-Balsambaum *(Bursera malacphylla),* besser bekannt als *Palo Santo* („Heiliges Holz"), wächst ebenfalls in den trockeneren Gebieten der Inseln. Sein Name ist auf den weihrauchartigen Geruch des Holzes zurückzuführen. Während der trockenen Monate tragen seine silbrig glänzenden Äste keine Blätter. In der Regenzeit dagegen erstrahlt der Baum in einem grünen Kleid mit kleinen weißen Blütenpunkten. Weitere Pflanzen sind Akazien *(Acacia spp.),* der mit langen grünen Stacheln ausgestattete *Scutia pauciflora* und die Gelbe Cordie *(Cordia lutea).*

Phytozönose der Transitionszone (100–200 m)

In dieser Mischzone werden trockenere Pflanzen langsam von immergrünen Pflanzen abgelöst. Mit dem zunehmenden Niederschlag in diesen Höhen haben sich auch bessere Böden ausgebildet. Man kann deutlich eine Kraut-

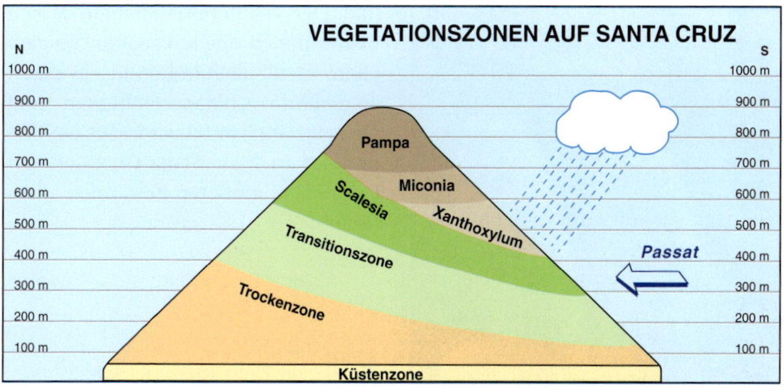

schicht mit Gräsern und Farnen von einer Strauchschicht und einer Baumzone unterscheiden. Die Bäume sind meist behangen mit so genannten **Epiphyten** (Aufsitzerpflanzen). Augenfällig sind in dieser Zone der Korallenbaum *(Erythrina velutina)*, die Galápagos-Guave *(Psidium gabugeium)*, der kaffeeähnliche Cafetillo *(Psychotria ruficeps)*, die Bartflechte *(Ramalina usnea)* und das auffällig dunkelbraun gefärbte Lebermoos *(Frullania spp.)*.

Phytozönose der Scalesia-Zone (200–400 m)

In der Scalesia-Zone haben regelmäßige Niederschläge einen tiefen Boden entstehen lassen, der durch verwesende Pflanzenreste eine schwarze Farbe angenommen hat. Ihren Namen verdankt die Zone den Sonnenblumenbäumen bzw. *Scalesien.* Sie sind auf Galápagos weit verbreitet und bilden auf den hohen Inseln wie auf Santa Cruz die Art *Scalesia pedunculata*, eine eigene Pflanzenformation. Scalesien gehören zur Familie der Korbblütler und sind verwandt mit den uns bekannten Sonnenblumen. Mehr als ein Dutzend Arten mit beinahe doppelt so vielen Unterarten sind auf Galápagos bekannt. Sie wachsen sowohl als niedrige Büsche als auch zu hohen Bäumen. Die Blätter der feuchten Hochlandarten sind im Vergleich zu den Arten der Trockenzonen oval bzw. lanzettenähnlich.

Weitere Pflanzen dieser Zone sind der Galápagos-Baumfarn *(Cyathea weatherbyana)*, das Bärlappgewächs *(Lycopodium spp.)* und die Katzenkrallen *(Zanthoxylum fagara)*.

Phytozönose der Miconia-Zone (400–550 m)

Ab einer Höhe von 400 m werden die Scalesien von dem *Miconia*-Gebüsch abgelöst. Miconia *(Miconia robinsonadia)* gilt als eine botanische Rarität. Der 3–4 m hohe Strauch, dessen Blätter denen des Kakaostrauchs gleichen, ist auf allen hohen Inseln durch eingeführte Chinarindenbäume und Guaven weitgehend verdrängt worden und nur noch auf Santa Cruz und San Cristóbal in größeren Beständen anzutreffen.

ecu057 Foto: peko

Kakteen im Lavafeld (Isla Rábida)

Phytozönose der Pampa-Zone (ab 550 m)

Die Pampa-Zone besteht aus einer dichten Krautschicht von Farnen, Gräsern und Sumpfgräsern, z.B. Seggen. Ins Auge stechen vor allem der Adlerfarn *(Pteridium aquilimum)* und das Elefantengras *(Pemisetum purpureum)*. An manchen Stellen wird der Bodenbewuchs von Chinarindenbäumen unterbrochen.

Tierwelt

Die Tierwelt von Galápagos setzt sich primär aus Vögeln und Reptilien zusammen, während Säugetiere nur mit wenigen Arten vertreten sind. In der Inselforschung spricht man von einer **„Faunen-Disharmonie"**, d.h. es existieren nur wenige Arten mit unterschiedlich starken Populationen.

Im Folgenden werden praktisch alle auf Galápagos lebenden Tierarten vorgestellt.

Säugetiere

Es gibt auf Galápagos nur vier Säugetierarten. Allgegenwärtig ist der **Galápagos-Seelöwe** *(Zalophus californianus)*, der praktisch den gesamten Archipel bevölkert. Die Galápagos-Seelöwen gehören zur Familie der Ohrenrobben mit kleinen Ohrmuscheln und kurzem Schwanz. An Land bewegen sie sich auf allen Vieren, zum Schwimmen werden lediglich die Vorderflossen benutzt, die Tiere können Tauchtiefen von über 200 m erreichen. Sie leben in Kolonien. Die größeren, aggressiveren Männchen sind am aufgewölbten Schädel und einem kräftig ausgebildeten Nacken zu erkennen. Auf der Insel Rábida z.B. leben „Singles", die keiner Kolonie angehören. Sie sind besonders aggressiv, und der Besucher sollte einen angemessenen Abstand wahren. Zur Fortpflanzungszeit finden zwischen den Seelöwen-Bullen Kämpfe um Kolonie und Territorium statt, die mitunter blutig ausgehen können. Die weiblichen Tiere und die Jungtiere sind weniger aggressiv und sehr neugierig; das geht soweit, dass sie im Wasser mit badenden Menschen spielen. Die Weibchen, die bis zu 80 kg schwer werden, gebären nach einer Tragzeit von neun Monaten ein 4 bis 6 kg schweres Junges, das bis zur nächsten Geburt gesäugt wird.

Die **Galápagos-Pelzrobbe** *(Arctocephalus galapagoensis)* ist im Vergleich zu den artverwandten Seelöwen kleiner, hat einen eher rundlichen Kopf mit großen Augen, Stupsnase, größere Ohrmuscheln, und auch ihre Vorderflossen sind großer. Sie bevorzugt die Höhlen und Spalten der Lavaküsten. Fortpflanzungszeit ist von August bis November, in der die Bullen zwar aggressiv sind, was sich aber im Vergleich zu den Seelöwen-Bullen harmlos ausnimmt. Auf Galápagos gibt es schätzungsweise 50.000 Tiere; die beste Möglichkeit, sie zu beobachten, bietet Puerto Egas auf Isla Santiago.

Zwei Ratten-Arten **(Galápagos-Reisratten)** leben auf dem Archipel, sie sind relativ selten zu sehen. Auf Fernandina ist die endemische Art *Nesoryzomys* *narboroughii* anzutreffen, auf Santa Fé die Art *Oryzomys bauri*.

Der vierte Säugetiervertreter ist die **Fledermaus** *(Lasiurus spp.)*, die ebenfalls in zwei Arten vorkommt. Man sieht die Tiere abends gelegentlich in Puerto Ayora/Santa Cruz um die eingeschaltete Straßenbeleuchtung fliegen.

Reptilien

Die **Galápagos-Riesenschildkröte** *(Geochelone elephantopus)* gehört zu den Attraktionen der Inseln. Von ursprünglich 14 Unterarten leben auf Galápagos noch elf endemische Unterarten, wovon fünf in den Calderen (Vulkankrater) der fünf Isabela-Vulkane leben. In vor den eingeschleppten Tieren rettender Gefangenschaft leben auf der Charles Darwin Station die gefährdeten Arten. 2000 wurde ein großes Repariierungsprogramm der Schildkrötenart von Española erfolgreich beendet. Es war nicht das erste.

Es lassen sich grundsätzlich **zwei Schildkrötentypen** anhand ihrer Panzerform unterscheiden: **Schildkröten mit runden Panzern** bewohnen das Hochland der hohen Inseln. Sie erreichen ein stattliches Gewichte von über 340 kg. **Schildkröten mit Sattelpanzern** sind etwas kleiner, leichter und haben längere Beine.

In der Regenzeit findet die Fortpflanzung statt. Die Männchen streifen ruhelos umher und versuchen mit lautem Röhren ein Weibchen zur Begattung zu finden. Zu derselben steigt das Männchen von hinten auf das Weibchen, wobei sich seine nach innen gewölbte Panzerunterseite eng an den Rückenpanzer des Weibchens drückt.

Zu Beginn der Trockenzeit begibt sich das Weibchen in die Trockenzone, wo es an geeigneter Stelle mit den Hinterbeinen ein 20–40 cm tiefes Loch gräbt, in das zehn bis zwanzig Eier abgelegt werden. Nach ca. sechs Monaten, in der beginnenden Regenzeit, schlüpfen die Schildkrötenbabys; mit Glück können sie bis zu 200 Jahre alt werden.

An Landleguanen kommen vor: der **Galápagos-Landleguan** *(Conolophus subcristatus)*, der auf den Inseln Santa Cruz, Isabela, Fernandina und Plaza Sur lebt und der auf Santa Fé endemische **Santa-Fé-Landleguan** *(Conolophus pallidus)*.

Der Landleguan, versehen mit Rückenkamm und stachligem Nacken, ist ein aggressiver „Platzhirsch“. Das charakteristische Kopfnicken soll einem männlichen Artgenossen signalisieren, wer Herr des Territoriums ist. Das Männchen leuchtet in einem intensiven Gelb, die Farbe des Weibchens wechselt zwischen braun und grau.

Im Dezember ist Fortpflanzungszeit. Zwei Monate nach der Kopulation legen die Weibchen bis zu zwanzig weiße Eier in eine selbst ausgehobene Höhle, die nach der Eiablage wieder zugescharrt wird. Nach drei bis vier Monaten schlüpfen die Jungen, von denen knapp die Hälfte überlebt. Das geschätzte Höchstalter der Tiere liegt bei 70 Jahren.

In den Trockenzonen fast aller Inseln leben sieben endemische Arten von **Lavaechsen** *(Tropidurus spp.)*. Die Weib-

ecu058 Foto: peko

chen aller Arten haben einen leuchtendroten Bauch, während das größere Männchen durch sein gelb-schwarzbraunes Muster auffällt. Sechs Inseln beheimaten jeweils eine endemische Art, während eine siebte auf mehreren Inseln verbreitet ist.

Außerdem gibt es fünf auf Galápagos endemische **Geckos** *(Phyllodactylus spp.)* und zwei eingeführte Geckoarten.

Die **drei Schlangenarten** *(Dromicus spp.)* auf Galápagos bekommt man nur selten zu Gesicht. Sie sind für den Menschen ungefährlich, leben versteckt, und sobald sich ein Mensch ihnen nähert, suchen sie für gewöhnlich das Weite.

Meerechsen beim Sonnenbad

Seevögel

Auf Galápagos brüten 19 Seevogelarten, davon fünf endemische. Der **Galápagos-Albatros** *(Diomedea irrorata)*, der nur auf Española vorkommt, ist der größte Vogel des Archipels mit einer Flügelspannweite von über 240 cm. Berühmt sind seine unbeholfenen Landemanöver, bei denen er oft nach vorn überkippt, was einen belustigenden Eindruck macht.

Albatrosse bilden Paare fürs Leben. Von Januar bis März sind dieTiere auf See. Zuerst kehren die Männchen an Land zurück, um den spektakulären Brauttanz vorzubereiten, der gewöhnlich in den Monaten April und Mai, manchmal erneut in der zweiten Hälfte der Brutzeit im Monat Oktober stattfindet. Von April bis Juni erfolgt die Abla-

ecu059 Foto: peko

ge eines großen Eis, das aus unbekannten Gründen oft hin und hergerollt wird. Bis Dezember kümmern sich die Elterntiere um ihr Junges, und wenn dieses das Nest verlässt, bleibt es seinem Geburtsort für mehrere Jahre fern, ehe es zurückkehrt. Die Albatroskolonie von Española umfasst geschätzte 12.000 Paare.

Es gibt **drei Tölpelarten** auf Galápagos, von denen keine endemisch ist. Sie finden sich zu größeren und kleineren Kolonien zusammen.

Linke Seite: Fregattvogel in der Balz; rechte Seite: Albatros im Anflug

Der **Maskentölpel** *(Sula dactylatra)* ist der größte Vertreter seiner Familie und kommt auf fast allen Inseln vor. Die Fortpflanzung erfolgt nach einem festen Jahresrhythmus, der allerdings von Insel zu Insel verschieden ist. Von zwei Jungen überlebt immer nur eines, das zweitgeborene wird aus dem Nest geworfen. Die Maskentölpel sind territoriale Vögel. Nur das Männchen nimmt bei der Balz die „Skypointing"-Haltung ein (siehe nächste Seite). Die Weibchen stoßen einen lauten Ruf aus, während die Männchen an einem hellen Pfiff zu erkennen sind.

Der **Rotfußtölpel** *(Sula sula)* kommt in den Farben braun (dominierend im Archipel) und weiß vor. Er lebt nur auf den Inseln Genovesa und San Cristóbal.

Als markanter Unterschied zu den anderen beiden Tölpelarten, die ausschließlich auf dem Boden nisten, wählt der Rotfußtölpel Salzbüsche, Balsambäume und gelegentlich Mangroven als Nistplatz.

Der **Blaufußtölpel** *(Sula nebouxii)* „beherrscht" den Galápagosarchipel. Wie der Blaufußtölpel zu seinen blauen Füßen kam, ist nicht klar, jedenfalls spielen sie eine wichtige Rolle bei der Balz und dienen beim Landeanflug zur Begrüßung. Das Gebaren der Tiere, ihr Watschelgang und ihre Zutraulichkeit machen sie für viele zu den Insel-Lieblingen. Ihre (scheinbare) Unbeholfenheit an Land kontrastiert mit ihrer Meisterschaft in der Luft. Die Tiere erreichen eine Flügelspannweite bis zu 150 cm. Sie gleiten über weite Strecken, angetrieben durch kräftige Flügelschläge. Einer Concorde beim Landeanflug vergleichbar, ist der Kopf während der Jagd nach unten abgewinkelt, so dass der Schnabel zum Wasser zeigt. Haben sie ihre Beute entdeckt, verharren sie in der Luft einen Moment auf der Stelle, um sich dann aus Höhen von über 20 m wie ein Kamikaze-Flieger in die Fluten zu stürzen (Sturztauchen).

Ernste Nahrungskonkurrenten sind einzig und allein die Fregattvögel, die (oftmals erfolgreich) versuchen, ihnen in der Luft die Beute abzujagen.

Das männliche Tier ist kleiner als das dickere Weibchen. Durch einen Pigmentring, der die Pupille des Weibchens umgibt, wirken die Augen der

ecu060 Foto: peko

Blaufußtölpel-Frau größer als die des Blaufußtölpel-Mannes, wodurch die Tiere relativ leicht voneinander zu unterscheiden sind. Weibchen stoßen dunkle, heisere Schreie aus, während die Männchen laute, helle Pfiffe von sich geben.

Mit der Balz des Männchens wird die Paarbindung eingeleitet. Zur Fortpflanzungszeit suchen sich die Männchen geeignete Nistplätze an der Küste. Die Balz findet am Boden statt und beginnt mit der Werbung um das Weibchen. Dabei nimmt das Männchen die charakteristische Haltung des so genannten **„Skypointing"** ein. Hierbei werden die Flügel so nach vorne gestellt, dass die Flügelspitzen genauso wie Schwanz und Schnabel zum Himmel zeigen. Ist das Männchen erfolgreich und hat sich ihm ein Weibchen genähert, beginnt die Parade beider Tiere. Vor allem das Männchen ist dann ständig bemüht und tänzelt mit Watschel-Schritten und erhobenem Schnabel um das Weibchen, bis dieses auf sein Liebesspiel eingeht und mit ihm zu tanzen beginnt. Die Füße werden dabei abwechselnd und in einer Art und Weise hoch gezogen, als wolle sich das Paar gegenseitig die blauen Füße zeigen. Im fortgeschrittenen Stadium nimmt auch das Weibchen die „Skypointing"-Haltung an und, gefolgt von einem Pfeifen und Schreien, wechselt das „Skypointing" mit dem Tanz, bis das letzte Stadium der Paarbindung, der Nestbau, beginnt.

Zwei Fregattvogelarten leben auf Galápagos. Als „Piraten der Lüfte" bekannt, stehlen die schwarzen Vögel Blaufußtölpeln und anderen Seevögeln die Beute. Die Männchen beider Arten sind kaum zu unterscheiden. Beide haben einen leuchtend roten Kehlsack, der zur Brutzeit aufgeblasen wird. Auffällig ist der gegabelte Schwanz, der der Balance dient. Beim **Prachtfregattvogel** *(Fregata magnificens)* haben die Weibchen einen weißen Bauch und eine schwarze Brust. Bei den Weibchen des **Bindenfregattvogels** *(Fregata minor)* reicht das Weiß bis zur Kehle, und die Augen tragen einen roten Ring. Beide Arten nisten bevorzugt in den Ästen von Salzbüschen. Sieben Wochen nach der Eiablage schlüpft das einzige Junge, das über ein halbes Jahr von den Elterntieren versorgt wird.

Von den acht Pelikanarten auf der Welt ist nur der **Braune Pelikan** *(Pelecanus occidentalis)* auf Galápagos vorzufinden. Er ist der kleinste Vertreter seiner Familie und hält sich gern im Bereich von Ankerplätzen auf. Man sieht ihn dort umherpaddeln oder in den *pangas* (Beibooten) sitzen, wo er auf Abfälle lauert, die über Bord geworfen werden. Obwohl der Braune Pelikan ein ziemlich großer und schwerer Vogel ist, kommt auch er, wie der Blaufußtölpel, hauptsächlich durch kräftezehrendes Sturztauchen zu seiner Nahrung. Dieses in der Familie der Pelikane einzigartige Verhalten löst im Betrachter immer wieder Erstaunen aus.

Braune Pelikane nisten in Mangroven und Salzbüschen, was am besten auf der Insel Rábida zu sehen ist. Während die Tiere, wie der Name verrät, normalerweise braun gefärbt sind, werden der Kopf und die Nackenpartie in der Brutzeit weiß. Der Nachwuchs, zwei bis drei

Junge, verlässt nach zwei bis drei Monaten das Nest.

Die **Galápagos-Pinguine** *(Spheniscus mendiculus)* nehmen eine Sonderstellung ein. Pinguine haben ihren Lebensraum gewöhnlich in den kalten Gewässern der Antarktis. Durch den Einfluss des Humboldt-Stroms lebt auf Galápagos die nördlichste Pinguin-Species der Erde. Der Galápagos-Pinguin gehört zu den fünf endemischen Seevögeln, die auf Galápagos beheimatet sind und tritt in relativ kleinen Kolonien von wenigen 1000 Paaren vornehmlich im Inselgebiet von Fernandina auf. Mit etwas Glück kann man die Tiere auch beim Baden in der Sullivan Bay beobachten. Galápagos-Pinguine sind, ähnlich den Albatrossen, Paare fürs Leben. Sie brüten das ganze Jahr über. Die aus ein bis zwei Eiern schlüpfenden Jungen werden gemeinsam aufgezogen. An Land wirken Pinguine unbeholfen, im Wasser hingegen, von ihren Stummelflügeln angetrieben, werden sie bis über 40 km/h schnell. Auf Galápagos kommen sie immer wieder sehr dicht an den Schnorchler heran und erwecken dabei den Eindruck, auf ein Spielchen aus zu sein. Wer jedoch glaubt, sie berühren zu können, der wird enttäuscht. Sie drehen rechtzeitig ab und vollführen ihre Unterwasserkapriolen in sicherer Entfernung weiter.

Der **flugunfähige Kormoran** *(Nannopterum harrisi)* ist auf Galápagos endemisch. Er bewohnt die Lavaküsten von Isabela und Fernandina. Der flugunfähige Kormoran ist von 29 Kormoranarten weltweit die einzige, die das Fliegen „verlernt" hat. Die fliegerische Unfähigkeit ist das Ergebnis einer extremen Anpassung an Umweltbedingungen, die das Fehlen von Feinden und ausreichende Nahrung zu Lande garantierten. Es entwickelte sich ein großer und schwerer Vogel mit kräftigen Füßen, die ihn zu einem guten Schwimmer und Taucher machen. Ca. 700 Brutpaare leben in kleinen Kolonien an den Küsten der beiden Inseln. Brutzeit ist das ganze Jahr über. Das Männchen sammelt das Material für das Nest, während das Weibchen für den Nestbau verantwortlich ist. Zwischen April und September erfolgt die Ablage von ein bis drei Eiern. Meist wird aber nur ein Junges aufgezogen. Noch während das Männchen sich um das Junge kümmert, kommt es (oft) vor, dass das Weibchen sich im selben Brutjahr mit einem anderen Männchen paart.

Die 50 cm große **Gabelschwanzmöwe** *(Creagrus furcatus)* ist ein nachtaktiver Jäger auf See, der tagsüber an der Küste bei seinen Jungen am Nest sitzt. Die Möwe ist grau. Der weiße Bauch und die weiße Schnabelspitze lassen die Jungvögel bei der nächtlichen Fütterung problemlos den Schnabel der Elterntiere finden. Die Füße und Beine sind rot, ebenso ein Ring um die Augen, der diese noch größer erscheinen lässt, als sie schon sind. Brutzeit der ca. 30.000 Tiere ist das ganze Jahr über.

Daneben leben auf Galápagos die seltene **Lavamöwe** *(Larus fuliginosus)*, von der auf der ganzen Welt nur noch ca. 300 Brutpaare existieren, der schöne **Rotschnabel-Tropikvogel** *(Phaethon aethereus)*, der an seinen langausgezogenen Schwanzfedern zu erkennen ist, der kleine **Wellenläufer** *(Oceanodroma spp.)*, der in acht Arten vorkommt, der **Hawaii Sturmvogel** *(Pterodroma phaeopygia)* und der **Audubon Sturmtaucher** *(Puffinus lherminieri)*.

Watvögel

Von den im Wasser nach Nahrung suchenden Vögeln fallen die fünf Reiherarten auf, von denen der 40 cm große **Lavareiher** *(Butorides sundevalli)* ausschließlich auf Galápagos beheimatet ist. Der dunkelfarbige Vogel lebt im Bereich der Felsküsten und ist wegen seiner Tarnung nicht leicht auszumachen.

Der 130 cm große **Amerikanische Graureiher** *(Ardea herodias)* ist die größte Reiherart im Archipel. Er lebt entlang der Felsküsten und zeichnet sich durch seine langen Beine aus. Brutzeit ist das ganze Jahr, seine bevorzugten Nistplätze sind Mangroven.

Der 100 cm große **Silberreiher** *(Casmerodius albus)* ist weiß, sein Schnabel gelb, die Beine und Füße sind schwarz. Er ist nicht so weit verbreitet und bleibt den meisten Inselbesuchern verborgen.

Der 60 cm messende **Cayenne-Nachtreiher** *(Nyctanassa violacea)*, auch bekannt als Krabbenreiher, ist ein nachtaktiver Jäger, der an seiner gelben Haube zu erkennen ist. Er kommt an der Küste aller Inseln vor.

Den 50 cm großen **Kuhreiher** *(Bubulcus ibis)* trifft man bevorzugt im Hochland von *Santa Cruz* an.

In Lagunen lebt der scheue, 120 cm hohe **Flamingo** *(Phoenicopterus ruber)*. Der rosagefärbte Stelzvogel hat einen langen Hals, den er im Flug weit nach vorne streckt. Er brütet generell das ganze Jahr über, auch wenn er die Regenmonate vorzieht. Sein Ei legt er in ein Nest aus Schlamm. Da die Vögel sehr scheu sind, hat man sich besonders ruhig zu verhalten, will man sie aus nächster Nähe betrachten. Gute Beobachtungspunkte sind die Flamingo-Lagunen auf Floreana, Santiago, Rábida und Isabela.

Oft anzutreffen ist der 50 cm große **Braunmantel-Austernfischer** *(Haematupus palliatus)*. Er lebt im Küstenbereich der Inseln, leicht erkennbar an seinem 8 cm langen, roten Schnabel.

Von den Zugvögeln der Nordhemisphäre suchen über fünfzig Arten Galápagos als Winterquartier auf. Darunter der weiße, 20 cm kleine **Sanderling** *(Calidris alba)*, den man an Stränden beobachten kann, der braun gefärbte **Sandregenpfeifer** *(Charadrius semipalmatus)*, der 40 cm große **Regenbrachvogel** *(Numenius phaeopus)*, dessen Erkennungszeichen der 10 cm lange, gekrümmte Schnabel ist. Er lebt bevorzugt an Stränden, wo er gleichzeitig seine Nahrung findet. Die **Bahama-Ente** *(Anas bahamensis)* lebt in den Lagunen aller Inseln, wo sie sich zu kleinen Gruppen zusammentut.

Landvögel

26 Landvogel-Arten sind auf Galápagos beheimatet.

Durch die Darwinsche Evolutionstheorie sind die 13 endemischen **Darwinfinken** bekannt geworden. Sie haben unterschiedliche Lebensräume, differieren in der Ernährungsweise und können anhand der Form und Größe ihrer Schnäbel unterschieden werden.

Der **Galápagos-Bussard** *(Buteo galapagoensis)* ist der einzige Greifvogel auf Galápagos und in seiner Zutraulichkeit einzigartig. Er ist von dunkelbrauner Farbe mit gelben Beinen, fast 60 cm groß, seine Flügelspannweite erreicht über 120 cm. Geschätzte 200 Brutpaare leben auf Galápagos (Santiago, Fernandina und Santa Fé). Auf den von Menschen bewohnten Inseln San Cristóbal, Isabela, Santa Cruz und Floreana ist er durch die Siedler fast gänzlich ausgerottet worden. Brutzeit ist das ganze Jahr über. Die Nester werden in der Regel in Bäumen angelegt. Der größere weibliche Vogel hat mehrere Männchen, die alle bei der Aufzucht der Jungen helfen.

Der **Rubintyrann** *(Pyrocephalus rubinus)* ist ein 13 cm kleiner Vogel, der im Hochland der Inseln lebt. Das Männchen hat eine auffallend rote Bauchpartie, während das Weibchen braun- bis gelbfarben ist.

Der endemische **Galápagos-Fliegentyrann** *(Myiarchus magnirostris)*, 15 cm groß und von gelber Farbe, ist in den trockeneren Inselzonen verbreitet.

Die **Spottdrossel** *(Nesomimius spp.)* kommt in vier endemischen Arten vor, die durch ihre Schnabelgröße voneinander abweichen. Der Vogel bewohnt den ganzen Archipel. Sein Erkennungszeichen ist ein eigentümliches „Lachen" – daher auch der Name.

Von den beiden Eulen-Arten wird dem Besucher weniger die kleine **Schleiereule** *(Tyto alba)* als die größere **Sumpfohreule** *(Asio flammeus)* besonders auf Santa Cruz und Genovesa begegnen.

Weitere Landvögel auf Galápagos sind der leuchtendgelbe **Goldwaldsänger** *(Dendroica petechia)*, der **Regenkuckuck** *(Coccyzus melacoryphus)*, den man eher hört, als dass man ihn sieht, die endemische **Galápagos-Taube** *(Zenaida galapagoensis)*, die einen auffallend blauen Augenring trägt und in den Trockenzonen der Inseln lebt, die endemische **Galápagos-Ralle** *(Laterallus spilonotus)*, die am ehesten in der Hochlandvegetation von Santa Cruz zu beobachten ist, und das schwarze **Teichhuhn** *(Gallinula chloropus)*.

Wirbellose

Unter den **Weichtieren** *(Mollusca)* sind auf Galápagos über fünfzig endemische Landschnecken bekannt.

Insekten sind mit nahezu 1000 bekannten Arten vertreten, am häufigsten Ameisen, Spinnen, Käfer, Heuschrecken, Schmetterlinge und Moskitos.

Meerestiere

Biozönose der Felsküste

In diesem Bereich leben neben Strandschnecken, Seepocken und Blaustiftseeigeln die Meerechse und die Rote Klippenkrabbe.

Die **Meerechse** *(Amblyrhynchus cristatus)* tummelt sich im Bereich schwarzer Lavaküsten und kommt von Insel zu Insel in verschiedener Färbung und Größe vor. Sie ist die einzige Echse auf der Welt, die eine amphibische Lebensweise angenommen hat. Ihre besondere Umweltanpassung führte zur Ausbildung kleiner, scharfer Zähne, die ihr das Abweiden von Algen ermöglichen; der muskulöse Schwanz erlaubt eine schnelle Fortbewegung im Wasser, eine besondere Drüse dient der Ausscheidung des mit der Nahrung aufgenommenen überflüssigen Salzes (das oft zu beobachtende „Spucken"), kräftige Klauen gewährleisten einen sicheren Halt im Brandungsbereich.

Zur Regulierung ihres Wärmehaushalts legen sich die Tiere nach längerem Aufenthalt im kalten Wasser flachgestreckt auf das heiße Lavagestein und strecken alle Viere von sich, so dass eine größtmögliche Wärmeaufnahme ermöglicht wird. Selbige erreichen die Tiere, indem sie sich mit erhobenem Kopf senkrecht zur Sonne stellen.

Im Wasser verringern die Meerechsen ihren Herzschlag von vierzig auf zwölf Schläge pro Minute, so können sie längere Zeit tauchen. Am Jahresende ist Fortpflanzungszeit, und die Männchen nehmen Farbe an. Sie besetzen kleine Reviere, die durch Aufstellen des Rückenkammes, Zurschaustellung der Breitseite und heftiges Kopfnicken markiert und verteidigt werden. Einige Wochen nach der Befruchtung werden vom Weibchen ein bis drei Eier gelegt.

Durch ihre rote Rückenseite fällt die **Rote Klippenkrabbe** *(Grapsus grapsus)* jedem Besucher auf fast jeder Insel ins Auge. Sie lebt im Felsbereich an der Wasserlinie, doch nur wenn sie in Bedrängnis ist und keinen anderen Ausweg sieht, begibt sie sich ins Wasser. Die Jungtiere sind schwarzfarben, was auf dem dunklen Basaltgestein vor allem zur Tarnung dient, sogar vor den erwachsenen Artgenossen, die gelegentlich Jungtiere verspeisen.

Ansonsten ernähren sich die Tiere hauptsächlich von Algen und Meeressalat. Männchen führen mit ihren Scheren „Streitgespräche", bis der Schwächere das Weite sucht.

Biozönose des Sandstrandes

Die Sandstrände von Galápagos sind entweder schwarz (bestehend aus Lapilli = Lavabröckchen) oder weiß (zusammengesetzt aus Korallen, Kalkalgen, Muscheln und Schnecken.

Neben dem **Einsiedlerkrebs** *(Coenobita compressus)* und dem **Stachelrochen** ist die **Geisterkrabbe** *(Ocypoda sp.)* ein typischer Bewohner dieses Lebensraums. Sie besitzt einklappbare Stilaugen, mit denen sie alles wahrnimmt, was um sie herum geschieht. Droht Gefahr, verschwindet die Krabbe blitzschnell in ihrem Loch. Hat sie sich von diesem zu weit entfernt, kann sie sich genauso schnell an anderer Stelle in den feinen Sand eingraben. Die Geisterkrabbe ernährt sich von Kleinstlebewesen, die sie mit ihrem Mundwerkzeug (Mandibeln) aus dem feinen Sand aussortiert. Zurück bleiben die charakteristischen Kügelchen, die mitunter den Strand übersäen, wenn eine große Krabbenkolonie diesen bevölkert.

Biozönose der Mangrovenküste

An der Mangrovenküste ist die endemische **Galápagos-Winkerkrabbe** *(Uca helleri)* zu Hause. Sie ernährt sich wie die Geisterkrabbe und baut kleine

Höhlen, in die das Männchen durch Wedeln der übergroßen linken Schere das Weibchen zur Kopulation lockt.

Biozönose des Korallenriffs

Im Galápagos-Archipel sind **32 Riffkorallen-Arten** *(Scleractinia)* bekannt, deren Verbreitung stark durch die relativ kühlen Wassertemperaturen eingeschränkt ist. Riffkorallen stellen besondere Ansprüche an ihre Umgebung. Temperatur und Salzgehalt des Wassers sowie Lichtverhältnisse sind entscheidende Faktoren für die Verbreitung von Korallenriffen. Wassertemperaturen unter 20°C schließen ein Riffwachstum aus. Die Lichtverhältnisse müssen stimmen, da der Korallenpolyp in Symbiose mit einer Alge lebt, die durch das Sonnenlicht organische Verbindungen aufbaut und den Polypen so mit Sauerstoff versorgt. Daher bauen Riffkorallen nur in den warmen, klaren Gewässern der Tropen in Wasseroberflächennähe ihre Riffe auf.

Lediglich im Bereich der **Teufelskrone** bei Floreana und im Norden um die Insel Genovesa stimmen diese Umweltbedingungen. Auf dem halb offenen Krater der Teufelskrone bei Floreana dicht unter der Meeresoberfläche haben sich Korallenpolypen angesiedelt und kleine Riffe aufgebaut, die jeden Taucher begeistern.

Der **Blaustiftseeigel** macht von sich reden, weil er die Geweihkorallen *(Pocillopora)* zerstört.

Biozönose des offenen Meeres

Über 300 Fischarten tummeln sich in den Gewässern von Galápagos.

Neben **Rochen** gibt es verschiedene Hai-Arten in diesem Meeresbereich. Gefährlich können dem Taucher und Schnorchler lediglich die **Hammerhaie** werden, die in Schulen zu vielen Dutzend Tieren die Gewässer des Galápagos-Archipels durchstreifen, vor allem rund um die Inseln Wolf, Darwin und Genovesa, aber auch im Norden von Isabela und an den Rocas Gordon bei Santa Cruz.

Die **Grüne Wasserschildkröte** *(Chelonia mydas)* legt und brütet ihre Eier auf Galápagos. Zwischen November und Januar ist Paarungszeit, und die Schildkröte ist an den Steilküsten diverser Inseln wie Floreana oder Española zu beobachten. Zwischen Dezember und Juni kommen die bis zu 150 kg schweren Tiere an die Strände, um jeweils mehrere Dutzend Eier oberhalb der Flutgrenze in ein vorher angelegtes Loch über eine Legeröhre zu deponieren und zu verscharren. Die ganze Prozedur dauert 3–4 Stunden. Danach schleppen sich die Tiere zurück ins Wasser. Die Jungtiere versuchen sofort nachdem sie geschlüpft sind das Meer so schnell wie möglich zu erreichen. Auf dem Weg dorthin fallen viele Tiere hungrigen Seevögeln zum Opfer, und auch im Meer ist der Überlebenskampf erst noch zu bestehen. Überlebende Tiere kommen später immer wieder an denselben Strand zurück, um selbst Eier abzulegen. Die Elterntiere dagegen ziehen nach der Eiablage häufig weiter und kommen selten zu den Inseln zurück.

Neben den genannten Tierarten können während einer Kreuzfahrt mit etwas Glück **Delfine** und **Pottwale** beobachtet werden.

Eingeführte Tiere

Die durch den Menschen eingeführten Tiere schädigen die Flora und Fauna von Galápagos nachhaltig.

Einst von Fischern und Seeleuten mitgebracht, wirkt(e) sich der Kahlfraß von **Ziegen** verheerend auf die Inselvegetation aus. Ziegen sind auf den unbewohnten Galápagos-Inseln zum Abschuss freigegeben; so kann es durchaus sein, dass man auf einer Kreuzfahrt im Archipel Ziegenfleisch zum Abendessen bekommt.

Zwischen 2004 und 2006 hatte ein **Ausrottungsprojekt** auf Isabela Erfolg. Dort, auf der größten der Galápagos-Inseln, wurden mit Hubschraubern und neuseeländischen Bekämpfungstechniken 140.000 Ziegen eliminiert. Das 8-Millionen-Dollar-Projekt war einzigartig auf Galápagos. Bisher wurde den Schädlingen allein auf kleineren Inseln wie Española mit herkömmlicher Jagd zu Leibe gerückt.

Esel, die in verwilderten Populationen auf allen bewohnten Inseln präsent sind, ruinieren die Vegetation ebenfalls durch Kahlfraß.

Schweine zerstören beim Wühlen Gelege von Riesenschildkröten, Meeresschildkröten und bodenbrütenden Seevögeln, genauso wie die eingeschleppte **Hausratte,** die sich auf Gelege von Schildkröten und Leguanen spezialisiert hat.

Verwilderte **Hunde** sind sehr aggressiv und töten unter anderem kleine Reptilien.

Die eingeführte **Feuerameise** vernichtet endemische Ameisenarten.

Die 1980 auf Floreana eingeführte **Wespe** verbreitet sich mittlerweile unkontrolliert im ganzen Archipel.

Als letztes Beispiel sei der **Madenhackerkuckuck** genannt, der 1960 auf den Inseln Einzug hielt – eigentlich um Rinder von Parasiten zu befreien: Er plündert aber mit Vorliebe Vogelnester und stürzt sich auf kleine Eidechsen. Bekämpfungsprogramme laufen, aber vor allem auf den unbewohnten Inseln sind sie erfolglos.

ecu061 Foto: peko

Elefantenschildkröte auf Santa Cruz

Reiseinformationen

Anreise

Anreise aus Europa

In Europa werden von verschiedenen Reiseveranstaltern **Kreuzfahrten** im Galápagosarchipel angeboten. Wer wenig Zeit hat und sich nicht erst in Quito oder auf den Inseln selbst um eine Tour kümmern möchte, der kann diese (manchmal teure) Möglichkeit in Anspruch nehmen und in ein Reisebüro im Heimatland gehen.

Anreise vom Festland Ecuador

Mit dem Flugzeug

- Das Flugzeug ist die bequemste, schnellste und im Prinzip die einzige Art der Anreise (30 Minuten Quito – Guayaquil plus 90 Minuten Guayaquil – Galápagos; Zwischenaufenthalt in Guayaquil ca. 40 Min.). Die Route Quito – Guayaquil – Baltra oder nach San Cristóbal wird mehrfach täglich von *TAME, ICARO* und *AEROGAL* angeboten.
- **Preise:** Hin- und Rückflug kosten zwischen 390 $ ab Quito in der Hochsaison und 290 $ ab Guayaquil in der Nebensaison. **Studenten** erhalten in der Hauptsaison eine 15%ige **Ermäßigung** bei Vorlage zweier von der TAME beglaubigter Kopien des Internationalen und des Studentenausweises aus dem Heimatland (in Quito im TAME-Büro in der Av. Amazonas y Colón). Die Ermäßigung gilt nur für den Flug Quito – Baltra – Quito, nicht bei der An-/Rückreise von bzw. nach Guayaquil.
- Ausschließlich Ecuadorianer und Ausländer mit Wohnsitz in Ecuador (Besitzer einer sog. *Cédula de Identidad)* können Flugtickets (und Nationalparktaxen) zu reduzierten nationalen Preisen erstehen.
- Geografen, Geologen, Biologen und andere wissenschaftlich Interessierte, die auf der Charles Darwin Station (siehe Isla Santa Cruz) arbeiten wollen, kommen in den Genuss einer Ermäßigung. Dazu sollte man sich rechtzeitig um die nötigen Papiere kümmern (Empfehlungsschreiben der Universität und der Darwin Station).
- Bei der Landung in Baltra oder San Cristóbal werden **100 $ Nationalparkgebühr** samt Gemeindegebühr fällig. Sie können auch vorab im nationalen Flughafenterminal in Quito entrichtet werden.
- Wichtiger Hinweis: Wer nicht mit einer Reisegruppe auf die Inseln kommt, sollte seinen **Flug unbedingt auf den Inseln noch einmal rückbestätigen lassen.** Am besten gleich mehrfach, direkt nach der Ankunft und noch einmal am Tag vor dem geplanten Rückflug. Büros der Airlines gibt es in Puerto Ayora/Santa Cruz und Puerto Baquerizo Moreno/San Cristóbal.

Nachdem die Inseln in den vergangenen Jahren immer stärker besiedelt worden sind und die Reiseagenturen sich zudem feste Kontingente in den Flugzeugen für ihre Kreuzfahrtgäste sichern, kann es in der Hauptsaison schwierig sein, individuell ein Ticket zu kaufen, zumindest auf der touristisch bedeutenden Verbindung nach Baltra.

Anreise mit dem Schiff

- **Von Guayaquil** verkehren in regelmäßigen Abständen **drei größere Frachter** nach Galápagos. Es scheint, als habe man die Praxis, auf diesen Passagen Touristen mitzunehmen, eingestellt. Die ohnehin wenig auskunftsfreudigen Agenturen *Acotramar* und *Tramsfa* hielten sich auf unsere Anfrage hin bedeckt. Besser mit dem Luftschiff!
- **Mit dem eigenen Boot** ist eine Kreuzfahrt im Galápagosarchipel **so gut wie unmöglich.** Wer aber die Inseln ansteuert, bekommt von den ecuadorianischen Behörden nach Vermittlung durch einen Agenten auf dem Festland in der Regel einen mehrwöchigen Transitaufenthalt zugesprochen. Auch in Not- oder Reparaturfällen darf man Galápagos-Häfen für kurze Zeit ansteuern. Hier eröffnet sich die Möglichkeit, das Boot in Puerto Ayora zu lassen und ein Kreuzfahrt-Boot auf Galápagos zu chartern, mit dem der Törn zu den Besucherplätzen des Nationalparks dann unternommen wird.

Archipel-binnenverkehr

- Private Schnellboote, sog. **Lanchas rápidas,** verkehren täglich zwischen Puerto Ayora/Santa Cruz und Puerto Villamil/Isabela sowie zwischen Puerto Ayora und Puerto Baquerizo Moreno/San Cristóbal. Mittags verlassen die Boote meist Puerto Ayora, beispielsweise um 14 Uhr gen Isabela. Von dort wiederum geht es morgens um 6 Uhr nach Santa Cruz, um auch noch Flugverbindungen auf Baltra erreichen zu können. Tickets gibt es an der Mole, ansonsten an Bord. Bei starkem Seegang wird es mitunter nass und ungemütlich.
- Die kleine **Fluglinie EMETEBE** verkehrt zudem täglich mit **Cesnas** zwischen den Inseln San Cristóbal, Baltra und Isabela. Büros in den Hauptorten.
- **Rolf Wittmer** fährt regelmäßig von Floreana mit der „Tip Top" nach Santa Cruz und kreuzt im Archipel. Sein Preis variiert mit der Anzahl der Passagiere.

Nationalparkkosten und Naturführer

Es ist grundsätzlich eine **Nationalpark- und Gemeindegebühr von 100 $** in bar zu entrichten; diese kann übrigens auch am Flughafen in Quito an einem extra dafür vorgesehenen Schalter bezahlt werden. Dafür gibt es eine **Eintrittskarte (Tarjeta de Ingreso al Parque Nacional de Galápagos).** Nur Dollars in bar werden akzeptiert, keine Kreditkarten, Reiseschecks oder anderen Währungen.

Vom Flughafen auf Baltra zur Fähre auf die Insel Santa Cruz gibt es einen kostenlosen Bustransfer, die Fähre und der Bus nach Puerto Ayora kosten ein paar Dollars.

Die **autorisierten Führer** von Galápagos, die auf jeder Kreuzfahrt an Bord sein müssen, sind von der Charles Dar-

ecu062 Foto: peko

win Forschungsstation ausgebildet und sprechen Spanisch und meist auch Englisch. Auf den großen Passagierschiffen fahren mehrere mehrsprachige Führer mit. Übrigens werden von ecuadorianischen Reiseveranstaltern immer wieder mehrsprachige Führer für Galápagos gesucht.

Reisezeit

Die Galápagos-Inseln können **über das ganze Jahr** besucht werden. Es gibt im Normalverlauf eine Regen- und eine Trockenzeit. In der **Regenzeit** ist der Himmel meist blau – abgesehen von einigen regelmäßigen und heftigen Niederschlägen –, die Temperaturen sind angenehm. In der **Trockenzeit** wird es in den Hochländern der Inseln sehr feucht, an den Küsten ist es heiß und trocken. Das ganze Jahr über brüten Seevögel. Nur der Albatros macht eine Ausnahme. Wer seinen Hochzeitstanz beobachten will, muss im Oktober, April oder Mai nach Española kommen.

Der **September** ist tiefste **Nebensaison** – zahlreiche Boote werden in diesem Monat uberholt.

Fotografieren

Der Reiz und die Einmaligkeit der Tier- und Pflanzenwelt der Galápagos-Inseln nötigen einen geradezu, das Gesehene und Erlebte auf Bildern festzuhalten.

Touristen in „pangas" (Schlauchboote) im Krater der Isla Genovesa

Sorgen Sie rechtzeitig für Filmmaterial, denn auf den Inseln ist es teuer und von mäßiger Qualität. Denken Sie daran, dass manche Insellandungen Nasslandungen sind und die Ausrüstung entsprechend vor Spritzwasser zu schützen ist! Schon eine Plastiktüte ist hier hilfreich. Beachten Sie die Naturschutzregeln, keine Tiere mit Blitz zu fotografieren und die abgesteckten Wege beim Fotografieren nicht zu verlassen!

Tauchen auf Galápagos

Tauchen auf Galápagos ist ein einzigartiges Erlebnis, wenn auch nicht ganz billig. Prinzipiell bestehen **zwei Möglichkeiten:**

- Eine **organisierte Fahrt** auf einem der größeren Boote; diese haben einen Tauch-Führer und einen Kompressor an Bord – Voraussetzung ist, dass man die eigene Tauchausrüstung dabei hat. Kosten: 200–350 $ p.P. und Tag mit bis zu vier Tauchgängen täglich.
- Es besteht aber auch die empfehlenswerte Option, von einer der **Tauchbasen** auf Santa Cruz aus Tagestouren oder auch nach frühzeitiger Absprache Mehrtagestörns zu unternehmen.

- Renommierteste Tauchbasis ist *Scuba Iguana* (Adresse s.u.) vor dem Eingang zur Charles Darwin Station. Der deutsch-ecuadorianische Tauchlehrer *Mathias Espinosa* ist einer der erfahrensten Taucher des gesamten Archipels. Er arbeitete jahrelang für die First Class „Aggressor Fleet", bevor er sich in Puerto Ayora selbstständig machte und das schnellste Speedboot der Insel für die Tauchgäste ausbaute. Ausbildung bis zum Tauchlehrer nach SSI sowie PADI-Kurse. Besondere Empfehlung!
- Die andere Adresse am Ort ist die Basis *Galápagos Sub-Aqua* (Adresse s.u.) von *Fernando Zambrano*. Der ebenfalls taucherfahrene Guayaquileño ist Meereskundler und ehemaliger Industrietaucher. Die Basis liegt mitten an der Avenida Charles Darwin, „Pelikan-Bucht". Ausbildung nach NAUI.
- Neuerdings organisiert auch das *Hotel Silberstein* in Puerto Ayora von *Galextur* (siehe Agenturen in Quito) Taucherferien auf Galápagos. Einzelne „Pakete" sind dabei vergleichsweise günstig; Zusammenarbeit mit der Tauchbasis *Sub-Aqua*.

Von weiteren zwischenzeitlich geöffneten Tauchbasen in Puerto Ayora haben wir bezüglich Professionalität, Service und Sicherheit nicht die besten Rückmeldungen erhalten.

Für beide genannten Tauchbasen gilt: Die **Preise** für einen Tauchtag mit zwei Tauchgängen, kompletter Ausrüstung, Lunch-Box, Boot und Guide liegen zwischen ca. 85 $ in der Puerto Ayora vorgelagerten Academy Bay und ca. 140 $ für weitere Ziele wie Rocas Gordon oder Floreana. Preise für „Schnuppertauchen" zum Kennenlernen des Sports unter Anleitung, längere Exkursionen und Ausbildungen erhalten Sie auf Anfrage. Bei größeren Gruppen sind Rabatte aushandelbar. Wer seine eigene Ausrüstung mitbringt, kann ebenfalls sparen. Schnorchelausrüstungen sind im Verleih.

Der **Tauchkurs** ist ein fünf- bis siebentägiges Vollzeitprogramm mit theoretischem Unterricht am Vormittag und Praxis am Nachmittag. Bevor es ins Freiwasser geht, werden wichtige Verhaltensregeln unter Wasser im Pool geübt.

Verhalten und Richtlinien

Das Naturwunder, das die Galápagos-Inseln darstellen, kann nur dann erhalten werden, wenn die Besucher einige Verhaltensregeln zum Schutz des empfindlichen Ökosystems befolgen. Die Richtlinien des Nationalparks umfassen elf Punkte.

1. Das Berühren und Füttern von Tieren ist verboten! Viele Jungtiere, die gestreichelt worden sind, werden von den Elterntieren aufgrund des fremden Geruchs verstoßen.
2. Tiere und Pflanzen dürfen nicht gesammelt und mitgenommen werden! Das ökologische Gleichgewicht einer Inselgemeinschaft würde dadurch gestört werden.
3. Es darf kein lebendes Material von einer Insel zur anderen transportiert werden! Aus diesem Grund müssen die Schuhe vor Betreten einer Insel gereinigt werden. Die Führer sind angewiesen, dies zu kontrollieren. Jede Insel verfügt über eine spezifische Flora und Fauna, die durch fremde Organismen empfindlich geschädigt werden kann.
4. Lebensmittel dürfen nicht mitgebracht werden! Mitgeführte Lebensmittel und Insekten gefährden die Inselwelt.
5. Besucherstandorte und die vorgegebenen Wege dürfen nicht verlassen werden! Wege sind mit Holzpflöcken markiert.
6. Jede Reisegruppe muss von einem ausgebildeten Führer zu den Besucherstandorten geleitet werden! Den Anweisungen des Führers ist Folge zu leisten, denn er ist verantwortlich für die Einhaltung der Richtlinien.
7. In der Nähe von Nistplätzen ist besondere Vorsicht gegenüber den Brutkolonien geboten! Das Erschrecken von Tieren kann zu Panikhandlungen der Tiere führen, die das Leben der Jungtiere gefährden.
8. Der Erwerb von Tier- und pflanzlichen Souvenirs ist untersagt! Die Schwarze Koralle z.B. ist vom Aussterben bedroht.
9. Camping außerhalb von offiziellen Campingplätzen ist verboten! Das Büro des Nationalparks auf Santa Cruz gibt Auskunft über geeignete Plätze für Camper.
10. Das Wegwerfen von Müll ist verboten! Der Führer und die Crew des Bootes sind für eine vorschriftsmäßige Entsorgung verantwortlich.
11. Beobachtete Schäden auf den Inseln sind der Nationalparkverwaltung zu melden! Das Büro ist Mo bis Fr 8–12 und 14–16 Uhr sowie Sa 8–10 Uhr geöffnet.

Buchtipps: Zum Thema Tauchen hält die Rategeberreihe „Praxis" von REISE KNOW-HOW drei informative und kompetente Bücher bereit:

- Klaus Becker, **Tauchen in warmen Gewässern**
- Klaus Becker, **Tauchen in kalten Gewässern**
- Klaus Becker, **Wracktauchen weltweit**

Von Interesse mit Blick auf Kreuzfahrten im Galápagos-Archipel ist folgendes Buch:

- Matthias Faermann, **Sicherheit im und auf dem Meer**

Adressen für Taucher

- *Scuba Iguana*
Mathias Espinosa, am Eingang zur Charles Darwin Station, Puerto Ayora, Santa Cruz, Tel. 05-2526497, 09-7024031, Preis 150 $ p.P.
Internet: www.scubaiguana.com
- *Galápagos Sub-Aqua*
Fernando Zambrano, Av. Ch. Darwin, Puerto Ayora, Santa Cruz, Tel. 04-2305507, 05-2526350, 05-2526633, Preis 140–160 $.
Mail: subaqua@ecua.net.ec
Internet: www.galapagos-sub-aqua.com.ec
- *Quasarnautica*
José Jussieu N41-28 y Alonso de Torres, Quito, Tel. 02-2257878, 02-2446997, Fax 02-2259305, „First Class"-Tauchreisen.
Internet: www.quasarex.com
- *Advantage Travel*
El Telégrafo 10-63 y Juán de Alcántara, Quito, Tel. 02-2448985, Tauchtörn-Veranstalter für Galápagos und Machalilla.
Mail: info@advantagecuador.com
Internet: www.advantagecuador.com
- Weitere Tauchbasen befinden sich in Puerto Baquerizo Moreno/San Cristóbal und in Pueto Villamil/Isabela.

Ausrüstungsliste

- Feldstecher
- Kamera und reichlich Filmmaterial oder Speicherplatz
- Sonnencreme, -hut, -brille
- Anorak für das feuchtere Hochland
- Sowohl feste als auch Sport- bzw. leichte Schuhe
- Badezeug
- Schnorchelausrüstung
- Mückenschutz
- Wenn nötig bzw. vorsorglich Tabletten gegen Seekrankheit
- Evtl. ein kleines Vorhängeschloss
- Gesundheits- und Hygienepflege
- Nützlich sind auch Ohrstöpsel, denn die meisten Boote haben laute Motoren

Kreuzfahrten

Insel-Exkursionen werden in Form von Kreuzfahrten durchgeführt. Die Organisation erfolgt in der Regel per Reisebüro auf dem Festland, kann aber auch auf den Inseln Santa Cruz und San Cristóbal arrangiert werden.

Es werden ein- und mehrtägige Fahrten auf verschiedenen Passagierschiffen, Yachten und ehemaligen Fischerbooten unternommen. Die **Kosten** für eine Fahrt **hängen von der Größe des Bootes und dem gebotenen Komfort ab.** Bei mehrtägigen Kreuzfahrten sind im Preis Fahrt, Mahlzeiten, Unterkunft an Bord und Führer enthalten.

Andere wenige Törns laufen Häfen an, wo in Hotels übernachtet wird.

Oft wird aber auch nachts navigiert, da die Entfernungen zwischen den einzelnen Inseln mitunter beträchtlich sind. Das kann die Nachtruhe stören. Wenn sie nicht kostenlos gestellt werden, empfiehlt es sich, Wasserflaschen mitzunehmen. Erwarten Sie vor allem bei kleineren Booten nicht zuviel Luxus; die Kabinen sind fast immer zu eng, und die Klimaanlagen funktionieren hin und wieder nicht.

Hinweis: Der *SAEC* (South American Explorers Club) stellt in Quito (siehe dort) für Mitglieder Reiseberichte zur Verfügung, die Auskünfte über Qualität und Preise der Boote bzw. der Fahrten geben.

Es ist auf Galápagos üblich, aber kein Gesetz, der Crew am Ende der Fahrt ein Trinkgeld von 5 bis 10% des Tourpreises zu zahlen.

Wichtig bei allen Kreuzfahrten ist: Achten Sie genau auf den geplanten Tourverlauf. Mitunter gehen bei einer Acht-Tages-Tour drei halbe Tage oder mehr verloren, weil Reisende mit einer kürzeren Tour zurück zum Flughafen nach Baltra gebracht werden müssen. Lassen Sie sich den Tourverlauf schriftlich geben! In Ecuador gilt: Eine 5-Tage-Tour hat immer nur vier Nächte, kann also im ungünstigsten, sprich kürzesten Fall von Montagnachmittag bis Freitag in der Früh dauern.

Auf dem Festland gebuchte Kreuzfahrten

Wer eine Tour vom ecuadorianischen Festland (oder von Deutschland aus) gebucht hat, wird durch einen Vertreter des Reiseunternehmens von einem der beiden Flughäfen San Cristóbal oder Baltra abgeholt, auf sein Boot geführt und nach der Kreuzfahrt zurück zum Flugplatz gebracht.

Agenturen in Quito und Guayaquil bieten zu verschiedenen Konditionen und ähnlichen Preisen Touren auf Galápagos an. Solche Touren sind prinzipiell teurer als die auf den Inseln gebuchten. Der Vorteil einer großen Anzahl von Agenturen besteht darin, dass die Chance, eine Tour zu finden, die in eine knappe Zeitplanung passt, größer ist. **Wichtig:** Lassen Sie sich bei Buchung einer Tour Bilder des jeweiligen Bootes zeigen, und fixieren Sie die Übereinkünfte (Tourverlauf, Boot und Mannschaft, Verpflegung, Guide und seine Sprachkenntnisse etc.) mit dem Reisebüro schriftlich.

Eine Tour mit 7 Übernachtungen kostet je nach Boot **900–2000 $.** Billiger sind vom Festland aus gebuchte Kreuzfahrten selten zu haben! Bedenken Sie: Wenn Sie für Flug und Nationalparkeintritt bereits ca. 500 $ zahlen, für eine Woche Törn mindestens weitere 900 $ ausgeben, so lässt sich mit 200–300 $ mehr häufig ein qualitativer Sprung in Service und Sicherheit bei renommierten Veranstaltern erkaufen.

Es gibt immer einige **Unwägbarkeiten** für die Agenturen bei dem logistisch anspruchsvollen Organisieren von Kreuzfahrten auf den fernen Galápagos-Inseln. Der Zustand der Schiffe, ihr Management und Service unterliegen häufigen Schwankungen. Die Masse der Kreuzfahrt-Angebote etwa im Stadtteil Mariscal in Quito kann einen erschlagen, der Preiskampf ist hart.

Das vielleicht wichtigste Kriterium bei einer Buchung ist, eine **Agentur** zu buchen, die **selbst Eigner des Schiffes** ist. Das garantiert mehr Verlässlichkeit und Verantwortung der Ticketverkäufer für das Schiff selbst.

- Wir empfehlen in diesem Zusammenhang u.a. die seit Jahren solide arbeitende Agentur *Enchanted Expeditions* in Quito (siehe dort). Die Agentur liegt preislich in der Mitte, bietet einen günstigen Last-Minute-Service, pflegt die eigenen Boote erfahrungsgemäß gut und führt bei Buchung von mindestens zwei Tauchern auch kombinierte Land-Unterwasser-Törns durch.
- *Galasam*

In Quito: Cordero 1354 y Av. Amazonas, Tel. 02-2903909, 02-2501418; in Guayaquil: 9 de Octubre, Edificio Gran Pasaje, 11. Stock, oficina 1106, Tel. 04-2304488, 04-2311485) hat günstige Touren, sogenannte *tures económi-*

ecu063 Foto: peko

cos, nach Galápagos mit drei, vier oder sieben Nächten im Archipel inklusive Übernachtung im Boot/Hotel, drei Mahlzeiten und dem obligatorischen Führer.

Die Beförderung erfolgt normalerweise auf mittelgroßen Booten mit Gruppen von 12–16 Personen plus Besatzung und Führer.

Auch hier darf nicht mit übertriebenem Luxus gerechnet werden. An Bord gibt es Schlafkojen, Toilette, Waschgelegenheiten und Trinkwasser. Internet: www.galasam.com

- *Sulidae,* Agencia Galextur (Büro in Quito), Tel. 02-2250553. Bis zu 16 Gäste auf einem über 100 Jahre alten historischen Segler.
Internet: www.galextur.com
- Empfohlen wurde uns auch die **Jacht „Seaman“** der Agentur *Galacruises Expeditions* in Quito: Avenida 9 de Octubre N22-118 y Veintimilla, Edificio Trébol, Tel. 02-2523324, 2224893, Fax 2556036. Katamaran für 8 Pers., Guantanamera, Floreana.

Kreuzfahrtschiff „Isabela II“

Gutes Preis-Leistungs-Verhältnis in der „Superior Tourist Class“. Das relativ kleine Boot ist etwas für Seetüchtige.
Internet: www.galacruises.com

- Ein anderer Leser empfiehlt den *Motorsegler „Angelique“*: „6 Doppelkabinen mit WC und Dusche, eine fantastische Crew, sehr gute Verpflegung…“. Besitzer und Kontakt: *Kem Pery Tours* in Quito (siehe dort).
Internet: www.galapagos-angelique.com.
- *Metropolitan Touring* in Quito (Amazonas 239, Tel. 02-2988200, 02-2988399) bietet die so genannten *Cruceros de Galápagos* mit Passagierschiffen an, die bis zu neunzig Personen aufnehmen, mehrsprachige Führer an Bord haben und keine Wünsche offen lassen, was das leibliche Wohl betrifft.

Kosten: 1415 $, 4T/3N. Besonders empfohlen für **ältere Reisende,** da großer Komfort und wenig Schaukeln.

- *Tierra de Fuego*
Sehr gute Crew und gutes Essen, maximal 16 Pers., 6 Personen Crew, 5 Tage für 660 $, Yata Guantanamera 800 $, Yolita 600 $, zu buchen u.a. über *Tierra de Fuego,* Av. Amazonas N2323 y Veintimilla, Quito, Tel. 2501418, 2561104, Handy 09-8104975.

Internet: www.ecuadortierradefuego.com oder direkt beim Reeder: www.galapagostours.net

- **Auf dem deutschen Reisemarkt** sind die ZEITREISEN der Hamburger Wochenzeitung DIE ZEIT (zweimal im Jahr) mithin das Beste, was es an Galápagos-Expeditionen gibt. Diese Touren werden nur auf der Luxusjacht *Isabela II* mit bis zu 38 Passagieren (2008) durchgeführt und von Mitarbeitern der Zeitung und Wissenschaftlern geleitet, etwa 2008 (und 2009) von dem berühmten Verhaltensforscher *Irenäus Eibl-Eibesfeldt* und dem ZEIT-Reporter *Peter Kümmel*. Die Touren sind allerdings nicht billig. Informationen im Internet unter www.zeit.de/zeitreisen.

Auf den Inseln gebuchte Kreuzfahrten

Individualreisende, die San Cristóbal oder Baltra anfliegen, können ihre Touren billiger vor Ort buchen. **Günstige, mehrtägige Ausflüge** als Last Minute auf Booten mit acht bis zwölf Personen kosten **zwischen 90 und 120 $ pro Tag** inkl. 3 Mahlzeiten, Führer und Übernachtungen im Boot/ Hotel.

Wer weiter entfernt gelegene Inseln, etwa Genovesa oder Fernandina, besuchen will, der muss eine mehrtägige Tour buchen!

Am einfachsten und dem Naturwunder Galápagos angemessen ist es, sich Zeit zu lassen. Gerade Santa Cruz und auf sehr romantische Weise Puerto Villamil auf Isabela laden dazu ein, die Inseln gemütlich und mit Muße kennen zu lernen. Auch auf Tagestouren per Boot oder Bus lernen Sie einen wenn auch kleinen, so doch interessanten Ausschnitt der Inselwelt kennen.

Tagestouren

Tagestouren zu den nahe gelegenen Inseln bekommt man **ab 50 $** inklusive eines kleinen Mittagessens. Alle Tagestouren können zumindest von Santa Cruz aus recht zuverlässig geplant werden. Von San Cristóbal aus lässt sich die attraktive Insel Española mit einem Tagesausflug erreichen.

Tagestouren sind eigentlich nur dann zu empfehlen, wenn jemand besonderes Interesse an einer der bewohnten Inseln hat oder partout nicht auf einem Boot übernachten will.

Als Faustregel gilt, dass man im Rahmen etwas teurerer Tagesausflüge meist mit schnelleren Booten unterwegs ist. Boote, die billiger als 40 $ sind, sollten wohl gemieden werden: Reisende berichten uns, dass entweder der Führer seiner Aufgabe nicht gerecht wurde oder aber der Inselbesuch viel zu kurz ausfiel, weil das Boot so langsam war, dass der ganze Tag für die Hin- und Rückfahrt auf See verloren ging ...

Insellandungen

- Alle Schiffe führen ein **Beiboot (panga)** mit sich, das zur Anfahrt der Besucherstandorte dient.
- Im Falle einer **Nasslandung** müssen die Besucher einige Schritte im seichten Wasser auf sandigem Grund zurücklegen, ehe sie den Besucherstandort erreichen.

- **Trockenlandungen** führen den Ankömmling direkt vom Beiboot über einen Steg aus Lavagestein oder Holz an Land.
- Meine favorisierten Inseln/Besucherstandorte im Galápagos-Archipel sind Genovesa, Fernandina, Española und zum Schnorcheln die Teufelskrone vor Floreana.

Unterwegs auf den Inseln

Die nachfolgend beschriebenen Inseln sind vom ecuadorianischen Staat für den Tourismus freigegeben und – abgesehen von den wenigen Siedlungen – nur mit einem von der Charles Darwin Forschungsstation auf Santa Cruz ausgebildeten und autorisierten Naturführer zu besuchen. Sie sind in der Reihenfolge von Westen nach Osten entsprechend den nummerierten Besuchszielen aufgelistet (vgl. die Karte in der hinteren Umschlagklappe).

Die **Hauptinsel** ist **Santa Cruz,** von der aus die meisten Kreuzfahrten organisiert und durchgeführt werden. Die vier **bewohnten Inseln Santa Cruz, San Cristóbal, Isabela und Floreana** sind die touristischen Stützpunkte des Archipels: Von Santa Cruz, San Cristóbal und von der Flughafeninsel Baltra starten die Ausflüge, Touren und Unternehmungen aller Art. Die Hauptorte verfügen über die nötige touristische Infrastruktur, die einen Aufenthalt im Inselparadies erst möglich macht.

Isla Fernandina

- **Fläche: 642 km²**
- **max. Höhe: 1494 m**

Als **drittgrößte** ist die **Insel** zugleich die **jüngste,** und ihr vulkanischer Formenschatz ist noch sehr gut erhalten. Isla Fernandina ist ein riesiger Schildvulkan mit großer Caldera (Krater), die direkt über dem Galápagos-Hot Spot sitzt und deshalb heute noch sehr aktiv ist. Die letzte Eruption gab es im Jahr 2005, und täglich könnte es wieder zu einem größeren Ausbruch kommen. Der Vulkan steht deshalb unter ständiger Beobachtung von Vulkanologen der Charles Darwin Forschungsstation.

Entlang weißer Strände säumen Mangroven die Küste. Flugunfähige Kormorane, Lavaechsen, Galápagos-Pinguine und unzählige See- und Stelzvögel bewohnen die Insel.

Besucherstandort

Auf Fernandina gibt es nur einen Besucherstandort, der von Touristen angesteuert werden kann. Es ist die *Punta Espinosa (1)* (die Zahl und alle folgenden beziehen sich auf die Galápagos-Karte auf der Innenseite der hinteren Umschlagklappe, in der die Besucherstandorte eingetragen sind) im Nordosten der Insel. Nach der Trockenlandung sind zwei Wanderwege gangbar. Der eine ist nicht länger als 300 m und geht bis hinauf zur Punta Espinosa, der andere ist ca. 1 km lang. Er führt zu den Lavafeldern des letzten Ausbruchs, wo man Lavakakteen *(Brachycereus)* sowie

Block- und Stricklava studieren kann. Eine große Kolonie der endemischen Meerechsen kann vom Standort aus in Augenschein genommen werden.

Isla Isabela

- **Fläche: 4588 km²**
- **max. Höhe: 1707 m**

Die **größte Insel** im Galápagos-Archipel besteht aus einer Kette von fünf aktiven, miteinander verschmolzenen Schildvulkanen, deren Lavamassen zusammengeflossen sind und die Inseloberfläche einheitlich bedecken. Im Norden erheben sich die **Vulkane** Volcán Wolf (1895 m) und Volcán Darwin (1288 m), in der Mitte der Insel der Volcán Alcedo (1097 m), im Süden liegen der Volcán Santo Tomás bzw. Sierra Negra (1500 m) und der Volcán Cerro Azul (1689 m). Da auch Isabela direkt auf dem Galápagos-Hot Spot „sitzt", sind alle Vulkane aktiv. Von Norden nach Süden erstreckt sich die Insel über 130 km, insgesamt umfasst sie knapp 60% der Landfläche des Galápagos-Archipels.

Rund **1000 Menschen** leben im Süden von Isabela, die meisten im Dorf **Puerto Villamil** mit seinen schönen Stränden. Die Insel-Fluglinie *Emetebe* fliegt den Flugplatz des Dorfes täglich an. Kreuzfahrten steuern den Ort wegen der recht großen Distanz zu Santa Cruz oft nur in einwöchigen Törns an.

Je nachdem, wo man sich auf der Insel befindet, wird man eines bestimmten Ausschnitts der Tier- und Pflanzenwelt gewahr. Allgegenwärtig sind entlang der Küste lediglich die Seevögel. Die Vegetation auf der Ostseite der Insel ist geprägt durch einen schnellen Wechsel von der Trocken- zur Feuchtzone, auf der Westseite (Regenschattenseite) durch eine ausgedehnte Trockenzone bis hinauf zu den Kratern der Vulkane.

Puerto Villamil

Die kleine Siedlung Puerto Villamil im Süden von Isabela ist ein ruhiger Fleck im Archipel. Es gibt nur eine kleine Anzahl Hotels und Restaurants. Eine Schotterpiste führt von Puerto Villamil ins Landesinnere zur knapp 20 km entfernten Siedlung Santo Tomás.

Die **Fiestas de Isabela** sind jedes Jahr Mitte März. Da tanzt das Dorf bei Rodeo, einem unblutigen Stierkampf. Außerdem finden Wettschwimmen und Bootsrennen statt.

- **Tel. Vorwahl: 05**

Touristeninformation

- Bis heute finden **nicht viele Touristen** den Weg in das Fischerdorf von Puerto Villamil. Daher kann es schon mal schwierig werden, eine Gruppe für eine Tour zu den Besucherpunkten auf der Insel zusammenzustellen. Gerade der Westteil der Insel einschließlich der Isla Fernandina, auf einer Kreuzfahrt von Santa Cruz aus nur sehr selten angeboten, ist von Puerto Villamil leicht in einer Fünf-Tage-Tour zu erkunden.

Unterkunft

Es gibt u.a. folgende preiswerte Hotels in Puerto Villamil:

• *Hotel Ballena Azul*
Tel. 2529030, Cabañas, schweizerische Leitung, Hängematten, gutes Essen, Terrasse, DZ 30–40 $ – sehr empfehlenswert!

• *La Casa de Marita*
Tel. 2529238; Schräg gegenüber dem Ballena Azul, direkt am Meer, italienisch-ecuadorianische Leitung, sehr hilfreich und nett; die Zimmer und Appartments sind sehr schön und absolut sauber; Frühstücksraum, guter Kaffee, leckeres Essen; *Marita Velarde* macht auf Wunsch für ihre Gäste sagenhaften Hummer. EZ 70 $, DZ 120 $ mit Frühstück.
Mail: info@galapagosisabela.com
Internet: www.galapagosisabela.com

• *Hotel San Vincente*
Av. Corvora y Escalecia, AC, Wäscheservice, Restaurant-Service, Kabel-TV, Minibar, Touren, Reiten, Radfahren, Kajak, EZ 30 $, DZ 25 $ p.P. mit Frühstück, Tel. 2529140, 2529439.
Mail: hotelsanvincentegalapagos@hotmail.com
Internet: www.isabelagalapagos.com.ec

Essen und Trinken

• Im *Restaurante Costa Azul* wird frischer Fisch serviert, ebenso in den **Hotels** Ballena Azul, Marita und Loja.

• Die wenigen Touristen auf Isabela werden von den wenigen Restaurantbetreibern vor Ort manchmal mit überhöhten Preisen abgezockt!

Geld

• Es ist ratsam, **genügend Bargeld** auf die große westliche Insel mitzunehmen, denn auf Isabela gibt es **keinen Geldautomaten,** und nur in wenigen Etablissements kann man mit der Kreditkarte bezahlen.

Verkehrsverbindungen

• **Private Schnellboote,** sog. „Lanchas Rápidas", verkehren täglich zwischen Isabela (Abfahrt 6 Uhr früh) und Puerto Ayora. Fahrtzeit ca. 2 Stunden, Preis 30 $, Ticket am Kiosk an der Mole. Die 6-Uhr-Fahrt ermöglicht es Isabela-Gästen auch, Kontinentalflüge in Baltra zu erreichen. Ferner gibt es einen langsameren und unregelmäßigen Fährdienst der öffentlichen INGALA (Auskunft bei der Capitanía und im INGALA-Büro).

• Inzwischen sind von der kleinen Flugpiste auch **Flüge nach Baltra und San Cristóbal** möglich: Täglich geht ein Flugzeug der Linie *EMETEBE* (5 Plätze) für ca. 60 $ nach Baltra. Buchungs-Büro im Ort.

Ausflüge

• **Vulkan Sierra Negra**
Die beeindruckende Vulkanlandschaft und ihre Vegetation sind als Reittouren (bis zu drei Tagen) zu entdecken oder aber mit einer Pickup-Anreise über das Dorf Santo Tomás ins Hochland (ca. 40 $). Dann geht es mit einem Führer (ca. 15 $) auf dem Ross (pro Pferd ca. 7 $) weiter zum Krater des „schwarzen Gebirges" – ein äußerst lohnenswerter, manchmal etwas ungemütlicher Ausflug: Denken Sie an Regenjacke und schmutztolerante Kleidung. Arrangements über Hotel Ballena Azul, Casa Marita und *Antonio* von der Posada San Vicente. Siehe auch die Beschreibung des Besucherstandortes 11. Transport Tel. 2529140. Nach Santo Tomás fährt auch ein Bus.

• **Volcán Chico**
Zu Fuß oder zu Ross geht es eine gute halbe Stunde von der Straße aus hoch auf den „kleinen Vulkan" – ein reizvoller Ausflug.

• **Tintoreras**
Mit dem Boot wird ein Puerto Villamil vorgelagertes Felsenriff angesteuert. Dort angelegt, läuft man bei den meisten Touren 1½ Stunden über die Felsen und sieht Seelöwen, Meerechsen und eben „tintoreras", **Weißspitzenhaie,** die in dem Riff ihren Mittagsschlaf abhalten. Nehmen Sie Bade- und Schnorchelsachen mit, auch zum Betrachten der Haie! Die Tour ist über die Hotels oder direkt mit den Fischern am Hafen zu organisieren. Kalkulieren Sie pro Person 10 $ für den 2- bis 3-stündigen Ausflug ein.

• **Los Tuneles**
Die spektakuläre Höhle ist nur vom Meer aus zu sehen und anzusteuern. Da es eine lange Bootsanfahrt zu diesem Ganztagesausflug

ist, sollten Sie eine stattliche Gruppe zusammen bekommen, sonst wird es zu teuer.

• El Muro de las Lagrimas
Wunderschöne Wanderung von Puerto Villamil aus zunächst am Strand entlang. Später passiert man den Friedhof, den Leuchtturm, stattliche Mangroven, eine Flamingo-Lagune, gelangt zu einem Lavatunnel, steigt die Treppen zu einem kleinen Aussichtsberg hinauf und schließt ab an der Muro de las Lagrimas, der „Mauer der Tränen", die vor 50 Jahren von einer Strafkolonie auf Isabela errichtet wurde. Die tolle Wanderung von etwa 5 Stunden Gehzeit ist gut beschildert. Denken Sie an genügend Wasservorräte!

• Schildkrötenstation der Charles Darwin Foundation
Die Forschungsstation unterhält auch auf Isabela eine kleine Aufzucht der großen Elefantenschildkröten. Das Gehege ist vergleichbar klein (wie auf Santa Cruz) und etwas verlassen. Manchmnal darf man dort unter Anleitung des Personals Schildkröten füttern. Der Bohlenweg vorbei an einer Lagune und an einer interessanten Lavaformation beginnt an dem auffälligen Hinweisschild an der Hauptstraße. Die Laufzeit bis zur Station beträgt etwa 45 Minuten.

• Laguna Bahía
Schöner Halbtagesausflug zum Baden und Schnorcheln mit Seelöwen.

Besucherstandorte

Auf Isabela gibt es **zehn Besucherstandorte,** von denen die meisten auf der Westseite der Insel liegen. Diese wird entsprechend seltener und nur auf längeren Touren angefahren. Eine andere Möglichkeit ist ein Besuch vom Hafen Puerto Villamil aus, was auch viel Zeit und die nötigen Mitfahrer voraussetzt. Wer vorhat, mehrere Wochen auf den Inseln zu verbringen und Isabela sehen möchte, dem sei geraten, ein Boot von Santa Cruz nach Puerto Villamil zu nehmen und von diesem Hafen aus die Touren zu starten. Da die Insel nicht zu Fuß durchquert werden kann, muss man sich in jedem Fall in Puerto Villamil nach einem Boot umsehen.

Punta Albermarle (2) bildet den nördlichsten Zipfel der Insel. Hier befand sich früher eine Radarstation der USA. Heute kann sich die Aufmerksamkeit des Besuchers ganz den jungen Lavafeldern, flugunfähigen Kormoranen, Meerechsen und Galápagos-Pinguinen zuwenden. Gehwege sind nicht vorhanden. Fährt man mit dem Boot die malerische Küste weiter westwärts, kommen verschiedene Seevögel ins Blickfeld.

ecu064 Foto: peko

Landleguan auf Isabela

ecu065 Foto: peko

Wanderer im trockenen Balsamo-Wald

Am nordwestlichsten Punkt der Insel passiert man den Volcán Ecuador (610 m), dessen Fuß (Punta Vicente Roca) bis fast hinunter an die Küste reicht. Hier lässt es sich gut schnorcheln und baden.

Punta García (3) liegt etwas nördlich der Landungsbucht zum Vulkan Alcedo und besteht hauptsächlich aus rauer AA-Lava. Auf der Ostseite der Insel sind die flugunfähigen Kormorane nur an dieser Stelle zu sehen.

Wandert man vom Hafen Puerto Villamil den Strand nach Westen, ist nach 20 Min. die *Laguna de Villamil (4)* erreicht. Hier stolzieren das ganze Jahr über Flamingos umher. Unter Seevogel-Liebhabern gilt diese Lagune als die schönste im ganzen Archipel. Über zwanzig Stelzvogelarten geben sich ein Stelldichein, und wer etwas mehr Zeit in Puerto Villamil verbringt und mehrmals zur Lagune zurückkehrt, bekommt sicher viele Seevogel-Arten zu Gesicht.

Im Südwesten der Insel liegt *Punta Morena (5)*. Nach einer Trockenlandung gelangt man über ein junges Lavafeld zu verschiedenen Brackwassertümpeln, in denen sich häufig Teichhühner, Bahama-Enten und Flamingos tummeln.

Die *Bahía Elisabeth (6)* ist für ihre Unterwasserwelt bekannt. Die Bucht verfügt über keine Anlegestelle. Beim Einfahren vorbei an den vorgelagerten Islas Marielas wird man oft von den Galápagos-Pinguinen begrüßt. Die Küstenlinie ist voller Mangrovenwälder, in denen sich Seevögel und Reiher aufhalten. Vom Beiboot aus kann man Rochen, Haie und Wasserschildkröten im klaren Wasser beobachten. Auch Schnorcheln ist möglich.

Weiter nordwärts auf der Westseite der Insel liegt die *Bahía Urbina (7)*. In dieser Bucht stieg 1954 ein Korallenriff aus dem Meer. Der Besucher begegnet Pelikanen, dem flugunfähigen Kormoran und Meerechsen.

Beliebt ist der Besuch der *Tagus Cove (8)*. Nach einer Trockenlandung führt ein 2 km langer, teilweise beschwerlicher Wanderweg vorbei an einer Salzwasserlagune zu den tiefer gelegenen Hängen des Volcán Darwin (1289 m). Hier lassen sich die verschiedensten Vulkanformen studieren. In der Bucht kann man baden und schnorcheln. Zurück im Schlauchboot fährt man die Kliffküste entlang.

Weiter nördlich, am Fuß des Volcán Darwin, befindet sich der Strand der *Punta Tortuga (9)*. Nach der Nasslandung sollten Sie in den Mangrovenwäldern nach dem Mangroven-Fink Ausschau halten: Er kommt nur auf Fernandina und Isabela vor.

Der Aufstieg zum 1128 m hohen *Volcán Alcedo (10)* auf der Ostseite der Insel ist nicht leicht und bedarf einer guten Vorbereitung. Für den Besuch sind mindestens zwei, besser drei Tage einzuplanen. Es gibt zwar Tagestouren zum Alcedo, doch lohnt sich die Mühe des Aufstiegs nicht, wenn man – kaum oben angekommen – auch schon wieder hinuntersteigen muss, um vor der Dämmerung im Boot zu sein. Für Übernachtungen (Camping) am Alcedo ist eine Erlaubnis der Nationalparkverwaltung erforderlich. Sie ist in Puerto Ayora auf Santa Cruz erhältlich. Es gibt fünf Campingplätze am Alcedo. Einer ist am Strand, ein anderer auf halber Strecke zum Kraterrand und drei weitere direkt an diesem. Für die Verpflegung und ihren Transport ist jeder selbst verantwortlich.

Shipton Cove ist der Ausgangspunkt eines Aufstiegs, der mehrere Stunden dauert; 10 km werden während des langen und steilen Aufstiegs auf sandigem Untergrund vom Strand bis zum Kraterrand zurückgelegt.

Dort angekommen, entschädigt der Blick in den riesigen Vulkankrater. Nach weiteren 6 Kilometern entlang des Kraterrandes ist die aktivste Stelle des Vulkans erreicht, hier stoßen die Fumarolen ihre Dämpfe aus. Der im Durchmesser 7 Kilometer große Einsturzkrater *(caldera)* entstand, als sich die unter ihm befindliche Magmakammer an anderer Stelle entleerte. Heute leben in ihm unzählige Riesenschildkröten. Sie sind am ehesten im Bereich der Fumarolen anzutreffen.

Eine Vulkanbesteigung besonderer Art ist die des 1500 m hohen *Volcán Sierra Negra (11)* im südlichen Teil der Insel. Eine Camioneta fährt die ca. 20 km von Puerto Villamil bis hinauf zum Dorf Santo Tomás. Von hier aus sind es 9 km bis zum Rand des Vulkankraters, die Strecke ist entweder zu Fuß oder auf dem Rücken eines Pferdes zurückzulegen.

Zu empfehlen ist ein Pferderitt von Santo Tomás zum Kraterrand. 2 Stunden ist man auf der feuchten Südseite (besonders in der Garúa-Zeit zwischen Juni und Dezember) durch den Nebel hinauf zum Krater unterwegs. Wenn man Glück hat erspäht man dabei sogar den Galápagos-Habicht und die Sumpfohreule.

Oben angekommen, wendet man sich nach rechts und reitet aus der Regenzone in die Sonne. Erst jetzt werden die wahren Ausmaße des Kraters, der einen Durchmesser von 12 km hat und damit der zweitgrößte weltweit ist, deutlich!

Eine weitere Stunde dauert es bis zur nördlichen Seite des Kraters, auf der gegenüberliegenden nassen Südseite schiebt sich der Nebel den Kraterrand hinunter.

Wer zelten will, sollte das vorher mit dem Führer abklären. Andernfalls geht es am Nachmittag vom Kraterrand hinunter in das jungvulkanische Gebiet des Volcán Chico. Fumarolen und eine bizarre Vulkanlandschaft machen den Ausflug zum „kleinen Vulkan" mehr als lohnenswert.

Seien Sie vorsichtig, wenn Sie auf den Lavafeldern laufen: Sie sind teilweise brüchig! Auch der Ritt zurück nach Santo Tomás am späten Nachmittag erfordert Aufmerksamkeit, da die Pferde Schwierigkeiten mit den rutschigen Bodenverhältnissen an der Südflanke des Vulkans bekommen können.

Isla Bartolomé

- **Fläche: 1,2 km²**
- **max. Höhe: 114 m**

Bartolomé liegt östlich von San Salvador (Santiago). Die Insel bietet zwar keine außergewöhnliche Tierwelt, dafür aber von ihrem höchsten Punkt einen herrlichen Panoramablick über die Sullivan Bay hinüber zur Insel Santiago.

Ein Muss für den „Vulkan-Freak": Lavaformen, Schlackenkegel, kleine Lavatunnel und Tuffformationen, wohin das Auge blickt! Dazwischen weiße Strände mit leuchtend grüner Vegetation und das türkisblaue Meer der Sullivan Bay.

Bartolomé ist neben Santa Cruz die **meistbesuchte Insel des Galápagos-Archipels.** Ihr Kennzeichen ist die große Felsnadel Pinnacle Rock im Norden, die dem Fotofreund ein besonderes Sonnenuntergangs-Spektakel verschaffen kann.

Die Vegetation ist beinahe ausschließlich auf die Küste beschränkt, wo rote und weiße Mangrovenwäldchen durch Salzbüsche *(Maytenus spec.)* und die stacheligen *Scutia*-Sträucher unterbrochen werden. Das flach wachsende *Sesuvium* ist genauso allgegenwärtig wie die Strandwinde.

Man trifft auf zahlreiche Seevögel, Felsenkrabben und Lavaechsen. Beim Schnorcheln kann es zu Begegnungen mit Pinguinen und Wasserschildkröten kommen. Auf der Insel plagen einen zeitweise die Mücken.

Besucherstandorte

Bartolomé (12) hat zwei Besucherstandorte. Der eine Aussichtspunkt der Insel in 114 m Höhe wird, nach der Landung an einem Bootssteg, über einen 600 m langen Weg erreicht. Unterwegs dorthin sind in einer herrlichen Lavalandschaft verschiedene Pionierpflanzen wie der Lavakaktus zu sehen. Der letzte Teil des Anstiegs ist ziemlich steil. Über eine angelegte Treppe wird der Aussichtspunkt erklommen.

Übrigens: **Kontaktlinsenträger** haben in der staubigen Vulkanlandschaft der Insel nichts zu lachen und sollten – wenn möglich – eine Brille aufsetzen.

Eine Nasslandung eröffnet den Zugang zum zweiten Besucherstandort, einem Strand, von dem aus man mit den Galápagos-Pinguinen schnorcheln und schwimmen gehen kann. Zu beiden Seiten der Bucht stehen die Pinguine auf den Felsen; sie sind am besten vom Beiboot aus zu beobachten, das dicht an den Felsen vorbeifährt. Ein kurzer Weg führt über eine Düne auf die gegenüberliegende Seite der Insel zu einem weiteren schönen Strand. Hier finden sich Rochen und Wasserschildkröten.

Sombrero Chino

- **Fläche: 0,23 km²**
- **max. Höhe: 52 m**

Der „chinesische Hut" ist eine winzige Insel mit weniger als einem Viertel Quadratkilometer Fläche. Sie ist der Insel Santiago südöstlich vorgelagert.

Ihren Namen erhielt die Insel durch den hutähnlichen Vulkankrater, dessen Form am besten von Norden aus zu erkennen ist.

Besucherstandort

Sombrero Chino (14) betritt der Besucher an der Nordseite der Insel. Nach einer Trockenlandung begrüßen Seelöwen bereits am Landungssteg die Neuankömmlinge.

Ein 400 m langer Wanderweg führt durch einen kleinen Lavatunnel und zeigt die verschiedenen Lavastrukturen. Auf dem Weg begegnet man Seelöwen, Seevögeln und den endemischen Meerechsen.

In der Landungsbucht darf man schnorcheln und schwimmen.

Isla Santiago

- **Fläche: 585 km²**
- **max. Höhe: 907 m**

Der offizielle Name der viertgrößten Galápagos-Insel ist **Isla San Salvador.** Ein Zuckerhut-Vulkan (395 m) überragt die junge vegetationsarme Mondlandschaft der südöstlichen Inselseite. Er ist das Wahrzeichen von Santiago. Den besten Blick auf die bizarren Oberflächenformen hat man von der Insel Bartolomé aus. Im Gegensatz zu dieser Landschaft steht der erloschene Hauptvulkan (906 m) im Nordwesten der Insel. Seine Hänge sind von Ziegen teils kahlgefressen.

Besucherstandorte

Santiago hat **vier Landeplätze.** Die *Bahía Sullivan (13)* liegt an der Ostküste der Insel. Ein 2 km langer Wanderweg führt über ein „frisches" Lavafeld, das nur teilweise erodiert ist und aus dem überall ältere, rotbraune Schlackenkegel herausragen. Pahoehoe-Lava, AA-Lava, Hornitos, Lavakakteen und Mollugos können unterwegs studiert werden.

Puerto Egas (15) liegt in der James-Bucht auf der Westseite der Insel. Die Landung erfolgt an einem schwarzen Lavastrand, an dem sich Meerechsen aufhalten. Verbreitet ist hier der weiße Reiher, immer auf der Jagd nach Felskrabben und anderem Getier. Im Wasser, beim Schwimmen und Schnorcheln, leisten Galápagos-Pelzrobben Gesellschaft. Hinter dem Lavastrand erreicht man über einen 2 km langen Pfad den Zuckerhut-Vulkan. Unterwegs sieht man Lavaechsen, verschiedene Darwinfinken und Galápagos-Tauben. Vom Gipfel des Vulkans, manchmal von Galápagos-Habichten umkreist, eröffnet sich der Blick auf eine atemberaubende Mondlandschaft.

Etwa 5 km nördlich von Puerto Egas ist die *Playa Espumilla (16);* der Strand hat keinen Landesteg. Das Baden ist hier besonders schön. Hinter dem Strand befindet sich eine Lagune, an der sich das ganze Jahr über Flamingos und andere Stelzvögel aufhalten. Vor aggressiven Seelöwen-Machos, die keiner Herde angehören und denen man hier begegnen kann, sei gewarnt! Gehen Sie nicht zu dicht an die Tiere heran! Ein 2 km langer Wanderweg führt in

ecu066 Foto: peko

das Innere der Insel. Oft sieht man den Galápagos-Fliegentyrann und verschiedene Darwinfinken. Botaniker wird das breite Pflanzenspektrum der Transitionszone begeistern.

An der *Bucaneer Cove (17)*, am nordwestlichsten Zipfel der Insel, kann man ebenfalls an Land gehen, doch ist ein Kreuzen entlang der Kliffküste wesentlich reizvoller. Vom Boot aus sind unzählige Seevögel zu erblicken, die hier ihre Nistplätze haben.

Isla Rábida

- **Fläche: 5 km²**
- **max. Höhe: 367 m**

5 km südlich von Santiago liegt die Isla Rábida. Keine andere Insel zeigt eine derartig reiche Fülle an Lavaformen. Lavadecken und Tephra (Ergussgestein) bedecken im trockenen Inselinneren den Zentralkrater, dessen Hänge mit Palo-Santo-Hölzern überzogen sind.

Besucherstandort

Nach einer Nasslandung betritt man im Norden *Isla Rábida (18)*. Auf einem dunkelroten Strand, dessen Farbe sich eisenoxidhaltiger Vulkanschlacke verdankt, rekeln sich Seelöwen in der Sonne. Die Jungtiere sind immer neugierig auf den Besuch von Menschen, während die Elterntiere eher gelangweilt reagieren und höchstens ein Auge öffnen, wenn man ihnen zu nahe kommt oder ein Junges bedroht scheint.

In den nahen Croton-scouleri-Sträuchern nisten zur Saison die Braunen Pelikane, die man auf Rábida am besten beäugen kann. Ein schmaler Weg führt zur Salzwasserlagune hinter dem Strand, an der – mit etwas Glück – die scheuen Flamingos zu sehen sind. Von Norden kommend biegt ein Rundwanderweg von der Lagune nach links ab, der in die Trockenzone der Insel führt. *Scalesia* und Croton-Sträucher, in denen sich die Galápagos-Schlange versteckt, kennzeichnen das Landschaftbild. Entlang der Küste geht es wieder zurück zum Strand, vorbei an nistenden Blaufußtölpeln und anderen Seevögeln.

Rote Klippenkrabbe
auf der Isla Santiago

Isla Daphne

- **Fläche: 0,52 km²**
- **max. Höhe: 120 m**

Die zwei Inseln **Daphne Menor** und **Daphne Mayor** liegen ca. 10 km westlich der Isla Seymour.

Daphne Menor, die für den Tourismus nicht freigegeben ist, ist fast völlig erodiert, der zweigeteilte Tuffkrater von Daphne Mayor ist noch weitgehend erhalten. In ihm brüten vor allem die Blaufuß- und Maskentölpel. Neben diesen begegnet der Besucher weiteren Seevögeln wie dem Rotschnabel-Tropikvogel und der Gabelschwanz-Möwe. Mit etwas Glück sind Darwin- und Kaktus-Finken zu beobachten. Die Vegetation setzt sich zusammen aus Pionierpflanzen und Sesuvien sowie Opuntien und Palo-Santo-Hölzern.

Daphne Mayor darf nur mit einer **speziellen Erlaubnis** zu bestimmten Zeiten besucht werden, da die Insel ein wichtiger Brutplatz für viele Seevögel ist. Erkundigen Sie sich rechtzeitig!

Besucherstandort

Daphne Mayor (19) betritt man nach einer Trockenlandung im Süden der Insel. Ein Fußmarsch von ca. 30 Min. führt hinauf bis zum 120 m hohen Kraterrand. Links und rechts des steilen Weges nisten die Maskentölpel. **Seien Sie vorsichtig, und setzen Sie Ihre Schritte behutsam!** Das lockere Tuffgestein ist stark erosionsgefährdet, und Fehltritte können das Gelege der Vögel zerstören. Am und im Krater nisten unzählige Blaufußtölpel, die mit Feldstecher oder Teleobjektiv am ehesten „einzufangen“ sind. Der Aufenthalt auf dem Kraterrand dauert etwa 1½ Stunden.

Isla Seymour Norte

- **Fläche: 1,9 km²**
- **max. Höhe: 30 m**

Die Insel wird durch einen schmalen Kanal von der etwas weiter südlich gelegenen Insel Baltra getrennt. Genau wie diese bildet Seymour Norte ein Lavaplateau, das unterseeisch entstanden ist und im Verlauf der Jahrmillionen aus dem Meer herausgehoben wurde. Dominierende Pflanzen sind solche der Trockenzone, vor allem Palo Santos und Salzbüsche. Bekannt ist Seymour für seine großen Brutkolonien (Blaufußtölpel und Prachtfregattvögel).

Besucherstandort

Seymour Norte (20) hat einen Besucherstandort. Am Anfang eines 1,4 km langen Rundwanderweges, der direkt durch die Brutkolonien der Prachtfregattvögel und Blaufußtölpel führt, steht eine Trockenlandung auf schlüpfriger Lava. Während die *fragatas* einige Meter vom Weg entfernt in den Salzbüschen nisten und deshalb vor Touristen einigermaßen sicher sind, kommt es vor, dass die Tölpel ihr Nest direkt auf dem Weg errichten. Passen Sie also auf, und überschreiten Sie auf keinen Fall den Guano-Ring um das Nest! Fehlende Umsicht hat auf Seymour so manches Gelege zerstört! Auch wenn die Zeit für den Aufenthalt auf der Insel nur kurz bemessen ist, wird jeder Besucher bestimmt das „Skypointing“ (vgl. Tierwelt/Seevögel) mindestens eines Tölpel-Paares beobachten können, und mit Sicherheit wird ein Prachtfregattmann seinen leuchtend roten Kehlsack für so manche Kamera (und natürlich für seine Liebste) aufblasen. Auch Meerechsen, Gabelschwanzmöwen, gelbe Landleguane und Seelöwen bevölkern die Insel.

Seelöwe bei der Körperpflege

Isla Mosquera

- **Fläche: 0,07 km²**
- **max. Höhe: 2 m**

In unmittelbarer Nähe von Seymour liegt *Isla Mosquera (21)*. Die Insel ist ohne Wanderweg, dafür lädt der Strand, der eine Seelöwenkolonie beherbergt, zum Baden und Schnorcheln ein.

Isla Baltra

- **Fläche: 27 km²**
- **max. Höhe: 100 m**

Baltra (früher Seymour Sur), im Zweiten Weltkrieg US-Luftwaffenstützpunkt, ist heute der **wichtigste Flugplatz von Galápagos,** auf dem die meisten Archipel-Besucher ankommen. Mit einer Fähre setzt der Neuankömmling von Baltra über den Canal de Itabaca nach Santa Cruz über (vgl. Isla Santa Cruz/Puerto Ayora). Nicht wenige Kreuzfahrtschiffe nutzen die Ankerbucht von Baltra, um ihre Touren in unmittelbarer Nähe des Flughafens zu starten.

Isla Plaza Sur

- **Fläche: 0,2 km²**
- **max. Höhe: 24 m**

Las Islas Plazas sind zwei kleine Eilande direkt vor der Ostküste von Santa Cruz. Die südliche Insel wird von den

Booten angefahren. Ihr nördlicher flacher Küstenteil ist mit Lavagestein gesäumt, auf dem sich Robben sonnen. Den Süden der Insel bildet ein steiles Kliff, an dem sich die Wellen des Ozeans schäumend und krachend brechen. Spektakulär ist der Farbwechsel im Landschaftsbild der Insel im Verlauf eines Jahres: Der Rote Korallenstrauch bildet in der Trockenzeit einen roten Teppich, der nur durch vereinzelt herumstehende Baumkakteen unterbrochen wird; in der Regenzeit dagegen sind die Blätter saftig grün.

Besucherstandort

Im Norden der Insel befindet sich der einzige Besucherstandort auf *Isla Plaza Sur (24)*. Der Landungssteg ist von Seelöwen besetzt, die nicht immer sofort Platz machen, wenn „die Neuen" kommen. Ein Rundwanderweg beginnt in einem kleinen Opuntien-Wäldchen, in dem Landleguane leben. Er führt vorbei an Seelöwen-Kolonien nach Süden hinauf zum Kliff. Dort nisten Gabelschwanzmöwen, und Meerechsen liegen zwischen den Felsen in der Sonne. Vom Kliff aus sind viele Seevögel bei ihren Flugmanövern zu bestaunen. Vorsicht: Wagen Sie sich nicht zu weit vor, denn das Gestein am Kliffrand ist bröckelig! Nach einer Stunde geht es zurück zum Landungssteg.

Isla Santa Cruz

- **Fläche: 986 km²**
- **max. Höhe: 864 m**

Im Süden der **zweitgrößten Galápagos-Insel** liegt der **Hafen Puerto Ayora,** der Ausgangspunkt vieler Insel-Exkursionen ist. Hier befinden sich die **Charles Darwin Forschungsstation** und die Verwaltung des Nationalparks. Santa Cruz ist der **touristische und geografische Mittelpunkt des Galápagos-Archipels.**

Die Insel besteht aus einem alten Lavaplateau, auf dem sich kleine Tuffkegel im Nordosten der Insel erheben und einem jungen Schildvulkan, der im Cerro Crocker mit 864 m den höchsten Punkt bildet. Geologischer Höhepunkt der Insel ist ein langer Lavatunnel, der nur auf Hawaii seinesgleichen findet.

Auf Santa Cruz kommen sämtliche Vegetationszonen vor, die auf Galápagos ausgebildet sind.

Die Insel verfügt über viele Besucherstandorte und eignet sich aufgrund des umfangreichen Übernachtungsangebotes für längere Aufenthalte.

Puerto Ayora

Der Ort liegt in der Bahía de la Academia (Academy Bay) **auf der Insel-Südseite** und dient den meisten Besuchern als Basislager für ihre Insel-Exkursionen.

Das Städtchen hat etwa **12.000 Einwohner,** die von Fischfang und Tourismus leben. Neben Bars, Restaurants, Hotels und Diskotheken gibt es in Puerto Ayora eine Telefonzentrale, ein Postamt, ein Büro des staatlichen Fremdenverkehrsamtes CETUR, Büros der Fluggesellschaften TAME und EMETEBE, ein kleines Hospital, Kirchen und ... braune Pelikane. Puerto Ayora ist ein Ort, der schnell wächst und sich ununterbrochen verändert. Das betrifft selbstverständlich auch die touristische Infrastruktur und die Preissituation. Die nachfolgenden Informationen sind daher nur Anhaltspunkte – feste, aber bei weitem nicht unumstößliche.

- **Tel. Vorwahl: 05**

Touristeninformation

- In der Av. Ch. Darwin schräg gegenüber der Capitanía.
- Das Ingala-Büro befindet sich auf dem Weg nach Bellavista hinter der Tankstelle an der Av. J. Herrera. Eine kleine Sandpiste biegt links ab und führt zu den Gebäuden. Hier kann man sich über Abfahrtszeiten der Boote nach Isabela, San Cristóbal und Floreana erkundigen. Werktags geöffnet von 7–18 Uhr.
- In der **Capitanía** direkt am Hafen erhält man Informationen über Schiffe nach Guayaquil. Hier kann man auch vorsprechen, wenn es auf einer Kreuzfahrt Probleme mit Schiff oder Crew gegeben haben sollte. Schrecken Sie vor einer Beschwerde nicht zurück, und gehen Sie am besten mit der gesamten Reisegruppe in die Capitanía, um eventuell sogar einen Preisnachlass zu fordern!
- Die *Charles Darwin Station* liegt 1 km östlich von Puerto Ayora und ist über die Av. Ch. Darwin, die Hauptstraße des Ortes, zu erreichen. Sie verfügt über umfangreiche Infos, auch im Internet: www.fcdarwin.org.ec

Unterkunft

In Puerto Ayora gibt es zahlreiche Unterkünfte. Die folgende **Auswahl** beginnt mit den billigeren Hotels/Hostales. Überall wird man freundlich empfangen.

- *Hotel Elizabeth*
Einfach und sauber, Wäscheservice, Fahrradverleih, kalte Dusche.
- *Hostal Lirio del Mar*
Zimmer mit Bad 8 $ p.P.; mit Waschgelegenheit und Dachterrasse.
- *Hotel Fiesta*
Tel. 2526440; kleine Bungalows mit 2–4 Betten und DZ mit BP für ca. 10 $ p.P.; sehr nett und ruhig, Swimmingpool, Wäschedienst, Restaurant; auch schöne Tagestouren für etwa 50 $ werden vermittelt.
- *Hostal Salinas,* DZ 30 $
- *Hotel Estrella de Mar*
Tel. 2526080, 2524288, ruhige Lage an dem Sandweg, der an der Polizeistation abgeht; die vorderen drei Zimmer haben Blick auf das Meer und die Tierwelt der Bucht; ganz passable Ausstattung, EZ 46 $, DZ 65 $ inkl. Frühstück, BP, Meeresblick, Empfehlung.
Mail: estrellademar@islasantacruz.com
- *Hotel Lobo del Mar*
12 de Febrero, Tel. 2526188, EZ 74 $, DZ 97 $ inkl. Frühstück, Pool, Internet, Restaurant (Menü 10 $); Kontakt in Quito: Gangotena N26-34 y Santa Maria, Sector Orellana, Tel. 2502089, Mo bis Fr 9–17 Uhr, Tour 538 $ 4N/5T.
Mail: Reservas-uio@lobodemar.com.ec
Internet: www.lobodemar.com.ec
- *Hotel Finch Bay*
Tel. 2526297, 2526298, 02-2988200 (Quito); Hotel auf der anderen Seite der Bucht (kostenloser Transfer mit einer *panga* vom Bootssteg); das Hotel verfügt über einen wochentags einsamen Strand und großen Pool und wird von *Metropolitan Touring* in Quito als Basisstation für Tagesausflüge genutzt. Preisbeispiel 4 Tage mit VP und Exkursionen: 400 $ p.P. Internet: www.finchbayhotel.com
- *Hotel Ninfas*
Barrio Las Ninfas, Tel. 2526036, Fax 2526127; EZ 59 $, DZ 79 $ inkl. Frühstück; Kabel-TV, Pool, auch Touren können organisiert werden. Mail: galaven@pa.ga.pro.ec
- *Hostal Fernandina*
Av. 12 de Noviembre y Piqueros, Fax 2526122; EZ 85 $, DZ 109 $ mit Frühstück; Pool, Jacuzzi, Restaurant.
Mail: hotelfernandina@islasantacruz.com
Internet: www.hotelfernandina.com.ec

●*Hotel Silberstein*
Av. Darwin, Tel. 2269626, in Quito 02-2250553; EZ 119, DZ 173 $ mit Frühstück, etwas überteuert. Pool; im Hotel kann man auch gut speisen; die Agentur *Galextur* in Quito, die das Hotel managed, hat immer wieder lohnenswerte Pauschalangebote.
Mail: galextour@uio.satnet.net
Internet: www.hotelsilberstein.com

●*Hostal Mainao*
Calle Marta Zarnos e Indefatigable, gegenüber Salon Testigos de Jehová, Tel. 2527029, 2527117, EZ 85 $, DZ 102 $, Suite 169 $.
Internet: www.hotelmainao.com

Essen und Trinken

●*Café y Limón*
Av. Charles Darwin; Travellertreffpunkt in Puerto Ayora, offene Bar, moderate Preise, Internetzugang, sehr gute Atmosphäre, abends Tanz.

●*Restaurant Angermeyers Point*
Sehr gute Küche zu gehobenem Preis, aber in spektakulärer Lage direkt am Ufer der Academy Bay – Punta Estrada, schnell zu erreichen mit dem Wassertaxi. Tel. 2526452, 2527007, Di bis Sa 19–23 Uhr, So 12–18 Uhr.

●*Pizzeria Hernán*
Sehr gute Pizza und andere Speisen in dem beliebten, offenen Restaurant am Basketballplatz gegenüber dem Malecón. Ferner gute Säfte und Frühstück. Tel. 2526573. Mo bis So 8–22 Uhr. Mail: hernancafebar@hotmail.com

●*Restaurante Garrapata*
Av. Charles Darwin, zw. 12 de Febrero und Tomás de Berlanga, Tel. 2526264. Eines der besten und beliebtesten Restaurants im Ort, mittleres Preisniveau. Mo bis Sa 9–22.30 Uhr, So 17–22.30 Uhr.

- *Kiosko William*

Calle Tomás de Berlanga, leckere „encocadas" (Langusten oder Garnelen in Kokossoße), mittlere Preise.

- *Media Luna*

Av. Charles Darwin, in der Nähe des Hotels Gloria; Restaurant mit schöner Atmosphäre und guten Pizzas.

- *Restaurante Da Pippo*

Direkt daneben; gut.

- *Café El Chocolate*

Gegenüber der Bank; „super Frühstück sowie Hamburger, frische Fruchtsäfte, exzellentes Obstsalatmenü", schreibt ein Leser.

- *Las Ninfas*

Beliebter Treffpunkt von früh bis spät.

- Andere Reisende haben empfohlen: Restaurants *Casa Blanca* und *Los Gemelos*, Comedores *Viña del Mar* und *El Pescador*, *Sanduches* bei Los Tintoreras.

- *The Rock*

Schönes Straßencafé mit gutem Espresso an der Av. Charles Darwin.

Nachtleben

- In Puerto Ayora gibt es einige Diskotheken. Am Wochenende geht's meist mit der gesamten Bootscrew in die *Disco La Panga* oder ins *Café y Limón* (s.o.).

Flüge

- Die Anreise zur Hauptinsel erfolgt über den **Flughafen auf der Insel Baltra** im Norden von Santa Cruz (oder mit dem Schiff über den Hafen Puerto Ayora im Süden von Santa Cruz). Wer auf Baltra ankommt, zahlt nach Verlassen des Flugzeugs die Nationalparkgebühr. Übrigens: Fragen Sie nach dem schönen Stempel, ein Schmuckstück in jedem Reisepass (ohne Reisepass kommt niemand aus dem Flughafengebäude heraus).

Wer eine **organisierte Tour** macht, wird von einem Vertreter der Reiseagentur abgeholt und zum Bootssteg gefahren (15 Min. vom Flughafen).

Kommen Sie als **Individualreisender** an, müssen Sie zur Fährstation (15 Busminuten) fahren. Von dort setzt eine Fähre über den Canal de Itabaca nach Santa Cruz über. Ein Bus bringt den Besucher vom Norden der Insel in einer einstündigen Fahrt nach Puerto Ayora (40 km).

Der **Busterminal** für die Transfers über Bellavista und Santa Rosa zum Kanal von Itabaca (gegenüber der Insel Baltra) liegt ca. 2 km außerhalb von Puerto Ayora. Die Taxifahrt dorthin kostet 1 $. Von Baltra kommend wird man wiederum im Ort herausgelassen.

- Das *TAME-Büro* auf der Av. Ch. Darwin neben dem Residencial Los Amigos, an der Ecke 12 de Febrero, hat an den Werktagen von 7–12 und 14–16 Uhr sowie (unregelmäßig) an Samstagen von 7–12 Uhr geöffnet. Hier kann man auch Tickets kaufen.
- *Emetebe* fliegt täglich mit 5-Sitzern zwischen San Cristóbal, Baltra (weiter per Bus auf Santa Cruz) und Isabela. Preis pro Strecke ca. 90 $. Reservierung erforderlich. Das Büro liegt im Geschäftszentrum am Hafen.
- Grundsätzlich müssen Flüge zum Festland **48 Stunden vor Abflug rückbestätigt** werden. Eine Umbuchung oder der individuelle Kauf eines Rückflugtickets kann in dieser Zeit Schwierigkeiten bereiten, weil die Maschinen häufig voll besetzt sind.

Busse

- Die Insel-Busse fahren ins Hochland zu den Orten **Bellavista** und **Santa Rosa** (oder etwas weiter nach **Los Gemelos),** morgens geht es weiter bis zum Kanal bei Baltra. Will man aussteigen, gibt man dem Fahrer Bescheid.
- **Busse oder Camionetas** sind auch für kleine Gruppen zu **mieten.** Gerne wird ein Bus für den etwa vierstündigen Ausflug zu Los Gemelos und den Lava-Tunneln bei Bellavista gechartert.

ecu068 Foto: peko

Boote

● Private **Schnellboote,** sog. „Lanchas Rápidas", verkehren täglich zwischen Puerto Ayora (Abfahrt 14 Uhr) und Puerto Villamil/Isabela, Fahrtzeit ca. 2 Stunden, Preis 30 $. Ebenso tägliche Fahrten nach San Cristóbal. Tickets am Kiosk an der Mole. Ferner gibt es einen langsameren und unregelmäßigen Fährdienst der öffentlichen *INGALA.*

● Das *Ingala-Büro* (siehe Touristeninformation) erteilt Auskunft über Fahrten zu anderen bewohnten Inseln. So fährt täglich um 14 Uhr ein Boot nach Isabela, und zumindest dienstags und donnerstags um 14 Uhr eines nach San Cristóbal.

● Auch **Privatboote** steuern die Inseln an. Boote mit starkem Außenbordmotor legen die Strecke nach Isabela in 2½ Stunden zurück. Langsame Boote brauchen bis zu sieben Stunden.

● Im **Touristenbüro** kann man sich nach Bootstouren zu nahe gelegenen Buchten wie der Bahía Tortuga (zu Fuß in 50 Min. über die Verlängerung der Calle 19 gegenüber der Bushaltestelle zu erreichen) erkundigen. In der Nebensaison kann bei den Privaten ein besserer Preis ausgehandelt werden.

Fahrrad-Verleih

● Fahrradverleiher befinden sich in der Straße Tomás de Berlanga gegenüber dem Residencial Flamingo und in der Av. J. Herrera gegenüber dem Hospital. Die Preise variieren. Es werden Mountain-Bikes ausgeliehen; überprüfen Sie deren Zustand!

Baden

● Nicht nur die **Tortuga Bay** (siehe weiter unten) lädt zum Baden ein, in Puerto Ayora kann auch der schöne Strand im Ortsteil Estrada vor dem *Finch Bay Hotel* besucht werden. Mit dem Wassertaxi ist man in 5 Minuten an der Mole, läuft noch 10 Minuten einen befestigten Weg durch die Mangroven und gelangt an den stillen, weißen Sandstrand. Bei Ebbe ist das Wasser recht flach. Das Restaurant des *Finch Bay* kann auch von Tagesbesuchern genutzt werden.

● Idyllisch ist auch der kleine **Badestrand,** der vom ufernahen Hauptweg innerhalb der Charles Darwin Station abgeht (Schild).

Geldwechsel

● Die *Banco del Pacifico* mit der weißen Kuppel liegt unübersehbar auf der Av. Ch. Darwin. MasterCard wird akzeptiert. Geöffnet Mo bis Fr 8–17 Uhr, Sa nur vormittags.

● Es werden an mehreren Stellen auch **Dollar-Reiseschecks** gewechselt.

Reiseagenturen

● Entlang der Av. Ch. Darwin und der Av. J. Herrera gibt es **zahlreiche Reisebüros,** die Tagestouren und Kreuzfahrten in ihrem Angebot haben.

● Die *Agentur Galasam* ist sehr hilfsbereit bei der Suche nach freien Plätzen auf Booten. Empfohlen wurde uns auch die deutschsprachige *Moonrise Agencia de Viajes* an der Av. Darwin als „ehrlich und kompetent". Ein Reinfall hingegen ist Freddy's Travel Agency, so die Erfahrung von Reisenden.

Post

● Post von den Inseln ist mindestens 15 Tage unterwegs, ehe sie in Europa ankommt. Das Postamt befindet sich in dem Geschäftszentrum an der Hafenmole.

Telefon

● Die **Telefonzentrale von** *PACIFICTEL* ist an der Av. J. Herrera am Ende der Calle 21. Von hier können nationale und internationale **Telefongespräche** geführt **und Faxe** gesendet werden. Einen Faxversand- und Empfangsservice unterhält auch die Banco del Pacífico.

● Das *INGALA-Büro* übermittelt in Notfällen **Funksprüche** aufs Festland.

Internet

● **Internet-Cafés** finden sich an der Av. Charles Darwin und in den Seitenstraßen Charles Binford und Tomás de Berlanga; die Stunde

Verhaltensforscher Eibl-Eibesfeldt mit Landschildkröte

Surfen kostet meist 2 $, die Verbindungen funktionieren überraschend gut.

Einkaufen

- **Lebensmittel** kauft man am besten im Supermercado nahe der Mole hinter dem Postamt ein. Sie sind grundsätzlich spürbar teurer als auf dem Festland.
- T-Shirts und andere Souvenirs bekommt man in den vielen **T-Shirt-Shops.** Leider wird auch immer noch die seltene Schwarze Koralle verkauft, was offiziell verboten ist. Um diesem Handel entgegenzuwirken, bleibt nur der Boykott.
- Ein schönes Andenken dagegen sind **aus der Tagua-Nuss gefertigte Figuren** und Schmuck. Im Boot von *Johanna's* z.B. (linker Hand auf dem Weg zur Charles Darwin Station) findet man in Handarbeit gefertigte Ketten, Armbänder, Broschen u.v.m.
- **Postkarten**sammler werden auf Santa Cruz verwöhnt, weil eine große Auswahl in fast jedem Shop angeboten wird.
- Filme, Sonnencreme und was man/frau sonst noch braucht, gibt es inzwischen ebenfalls fast überall.

Sonstiges

- **Schnorchelausrüstungen** verkaufen viele Läden in Puerto Ayora.
- **Tauchequipment** erhält man nur in den Tauchschulen (siehe auch „Tauchen auf Galápagos").

Besucherstandorte

Santa Cruz hat **elf Besucherstandorte.** Zahlreiche Vogelarten und die riesigen Galápagos-Schildkröten gehören zu den Attraktionen der Insel.

Die *Playa de las Bachas (22)* an der Nordküste erreicht man nur mit dem Boot. Wer in Baltra seine Kreuzfahrt beginnt, startet häufig mit einem Besuch dieses Platzes. Am Strand halten sich zeitweise Meeresschildkröten auf, sowie Flamingos in einer Lagune. Ab 18 Uhr ist er gesperrt, um die Ruhe der Tiere zu gewährleisten. Das Schauspiel der Eiablage wird man also nicht verfolgen können.

Die Mangrovenbucht *Caleta Tortuga Negra (23)* wird von den Wasserschildkröten zur Paarung aufgesucht und ist ein sehr schöner Standort. Von Puerto Ayora kann eine Tagestour gemacht werden, die diesen Standort mit einschließt.

Eine andere Möglichkeit besteht darin, auf dem Rückweg einer mehrtägigen Tour mit einem panga (Beiboot) in das Mangrovendickicht hineinzufahren. Vom Boot aus sind auch Rochen und Weißspitzenhaie zu sehen. Am Ufer jagen außerdem Pelikane und Lavareiher. Ein Ausflug ist unbedingt lohnenswert.

Die *Charles Darwin Research Station (25)* wird von Wissenschaftlern aus aller Welt aufgesucht und ist auch für den Touristen eine wichtige Informationsquelle. Geöffnet ist sie an Werktagen von 8–16 Uhr (mit einer Pause von 12–13 Uhr) und Samstag von 8–12 Uhr. Die Station verfügt über ein Informationszentrum, ein Museum (Van Straelen Ausstellungszentrum) mit Fotos und Grafiken, die eindrucksvoll die Entwicklungsgeschichte von Galápagos erklären, ein Aufzuchtgehege für Galápagos-Schildkröten, das eigentlich nur mit Führer betreten werden soll, und eine Bibliothek. Liebling der Station ist *Lonesome George* („einsamer Georg"), ein über fünfzig Jahre altes Schildkrötenmännchen der Insel Pinta, für das eine Schildkrötenfrau gesucht wird.

Die Station ist entweder zu Fuß von Puerto Ayora (15 Min.) oder mit dem Boot von der Academy Bay aus zu erreichen. Der Kauf eines T-Shirts oder eines Hemds mit dem Emblem des Nationalparks unterstützt die Arbeit der Forschungsstation.

Südwestlich von Puerto Ayora liegt die *Tortuga Bay (26)*. Sie kann ohne Führer besucht werden. Ein ca. 5 Kilometer weiter Weg (gegenüber der Bushaltestelle nach Bella Vista) führt zum mangrovengesäumten Strand, der hier so weiß ist wie der einer echten Koralleninsel. Auch per Boot ist er anzusteuern (fragen Sie in der Capitanía nach). Pelikane und Silberreiher sind ständige Gäste, im Wasser tummeln sich mitunter ein paar Haie.

Der *Lavatunnel (27)* im Inselinneren kann ohne Führer besichtigt werden. Der Weg dorthin geht zunächst über die Straße nach Bellavista (ca. 7 km nördlich von Puerto Ayora). Bis hierher fährt ein Bus, dann gilt es, zu Fuß oder mit dem Fahrrad etwa 2 km weiter nach Osten zurückzulegen, bis zu dem Tunnel, der sich auf Privatgelände befindet **(Eintritt: 4 $).** Eine (Taschen-)Lampe ist vonnöten, denn der Tunnel ist zwar gut erschlossen, aber schlecht beleuchtet – die eigene Lampe erspart 1 $ Leihgebühr. Der Tunnel ist 880 m lang und über 10 m hoch und gehört zu den größten Lavatunneln der Welt. Vorsicht bei Ein- und Ausstieg: Das Gestein ist glitschig, feste Schuhe sind ratsam!

In das **Schildkrötenreservat** La Caseta oder *El Chato (28)* gelangt man am bequemsten mit einer in Puerto Ayora gebuchten Halbtagestour. Das erspart einem einen aufwendigen, individuellen Zugang und beinhaltet einen obligatorischen Führer zu den Reptilien. Die Agenturen wissen in aller Regel auch, ob und wie viele Schildkröten zur jeweiligen Jahreszeit an den Wasserstellen sind.

Das **Schildkrötenreservat „Butterfly Ranch"** liegt nahe bei Santa Rosa. 500 m südlich des Ortes geht – von Puerto Ayora kommend – links ein ca. 1 km langer, beschilderter Weg zur Ranch. Der Eintritt kostet 3 $.

Bei der Zeitplanung ist zu berücksichtigen, dass der Rückweg nach Santa Rosa bergauf geht und der letzte Bus um 17 Uhr fährt (im Übrigen wird es gegen 18 Uhr fast schlagartig dunkel).

Media Luna (29), der „Halbmond" im Hochland, ist ein Vulkankrater nördlich von Bella Vista. Ein schmaler Fußweg (5 km) führt durch die Miconia-Zone (bei gutem Wetter eröffnet sich ein wunderschöner Rundblick). Wer den Cerro Crocker (864 m) anvisiert (weitere 5 km), muss die Pampa-Zone durchwandern – denken Sie dabei an ausreichenden Wasservorrat!

„Die Zwillinge" *Los Gemelos (30)* erreicht man auf der Straße nach Baltra. Die riesigen Einsturztrichter liegen zu beiden Seiten der Straße nördlich von Santa Rosa (2 km). Entlang der Einsturztrichter führt jeweils ein Weg durch den Scalesia-Wald.

Die *Bahía Ballena (31)* und die *Conway Bay (32)*, an der Westküste von Santa Cruz gelegen, sind nur mit Boot und Führer erreichbar.

Isla Santa Fé

- **Fläche: 24 km²**
- **max. Höhe: 244 m**

Die Insel liegt ca. 20 km südöstlich von Santa Cruz und wird auf dem Weg nach San Cristóbal (und umgekehrt) und auf Tagestouren angefahren.

Auf dem Lavaplateau bestimmen Baumkakteen, Palo Santos und Scalesia die Landschaft.

Der gelbliche Landleguan ist auf der Insel endemisch, ebenso die Vegetarierin unter den Ratten, die gräulichbraune Galápagos-Reisratte, die man allerdings nur selten antrifft, da sie normalerweise nachts aktiv ist.

Besucherstandort

Das Boot läuft *Isla Santa Fé (33)* an der Nordostküste an, wo unzählige Seelöwen zur Begrüßung bereitstehen. Die Jungen sind verspielt und laden zu einem Bad ein. Ein 300 m langer Pfad (30 Min. Gehzeit) führt zu einem Opuntien-Wald. Hier trifft man auf Santa Fé-Landleguane. Ein anderer, 1,3 km langer Weg (1–2 Std. Gehzeit) führt durch Seelöwen-Kolonien zu dem 25 m hohen Kliff, von welchem neben den hier nistenden Galápagos-Tauben verschiedene Seevögel bei ihren Flugmanövern zu beobachten sind. Unterwegs macht man Bekanntschaft mit dem handzahmen Galápagos-Habicht. In der Landungsbucht besteht Gelegenheit, Seite an Seite mit Weißspitzenhaien und Adlerrochen *(Aetobatus narinari)* zu schnorcheln.

Isla San Cristóbal

- **Fläche: 558 km²**
- **max. Höhe: 896 m**

Die fünftgrößte Insel des Archipels liegt am östlichsten Ende der Galápagos-Kette. Im Südwesten liegen Puerto Baquerizo Moreno und ein alter erloschener Vulkan (896 m), dessen Hänge stark erodiert sind.

Auf San Cristóbal gibt es die reichsten **Süßwasservorkommen.** Der **See El Junco** im Hochland wird regelmäßig in der Regenzeit aufgefüllt und versorgt die gesamte Insel mit Trinkwasser.

Das Vegetationsbild, ursprünglich identisch mit dem der Insel Santa Cruz, hat sich durch die **landwirtschaftliche Nutzung** stark verändert. Importierte Guaven haben stellenweise den ursprünglichen Bewuchs verdrängt und bilden teils riesige Monokulturen im Hochland. Miconia und endemische Baumfarne finden sich nur noch an entlegenen Orten. Ganze Scalesia-Wälder wurden weiträumig zerstört.

Inzwischen versucht die Regierung unter der Leitung der Charles Darwin Forschungsstation durch Aufforstungsprogramme den ursprünglichen Charakter der Landschaft wiederherzustellen.

Auch die **Tierwelt** litt unter den anthropogenen Eingriffen. So gibt es z.B. im Nordosten der Insel nur noch wenige hundert Tiere der auf San Cristóbal endemischen Schildkrötenart. Galápagos-Habichte und -Reisratten sind gänzlich von der Insel verschwunden.

ecu069 Foto: peko

Große Seelöwen-Kolonien, verschiedene Stelzvögel, Fregattvögel, Blaufußtölpel und Rotfußtölpel, die sonst nur auf der schwer erreichbaren Insel Genovesa im Norden des Archipels vorkommen, leben in der Küstenzone. Auf der gesamten Insel anzutreffen ist die Spottdrossel.

Im Hochland der Insel wurden 2007 mit internationaler Unterstützung drei Windenergieanlagen errichtet. Dieser **erste Windpark Ecuadors** soll heute rund 50% des Stroms der Hauptstadtinsel erzeugen und damit den Dieseleinsatz in den alten Generatoren deutlich verringern. Es ist geplant, den Windpark künftig auch Touristen zugänglich zu machen. Ohnehin hat die Insel für Reisende mit mehrtägigem Aufenthalt einiges zu bieten. Auch wenn Puerto Baquerizo Moreno Verwaltungssitz der Inseln ist, so vollzieht sich seine Entwicklung doch deutlich im Schatten des seit 20 Jahren boomenden Puerto Ayora auf Santa Cruz. Seit Beginn des neuen Milleniums nun versucht San Cristóbal, stärker am Tourismus zu partizipieren. Die **Infrastruktur wurde ausgebaut,** sodass sie sich heute bereits mit Puerto Ayora messen kann. Eine neue Uferpromenda steht der auf Santa Cruz in nichts nach. Internet, Reiseagenturen, Tauchbasis, Hotels, Restaurants etc. finden sich ebenso, wenn auch nicht in der Fülle wie auf der Schwesterinsel im Zentralarchipel. Einige Politiker der Insel kommen jedoch auf dunkle Gedanken und verlangen in offenen Briefen, aus Galápagos ein „ecuadorianisches Cancún" zu machen, also einen Bade-

Nazcatölpel in Mangrovenbaum

ort mit Massentourismus wie in Mexiko. Es bleibt zu hoffen, dass die Vernunft hier wieder einkehrt.

Puerto Baquerizo Moreno

Im Südwesten der Isla San Cristóbal liegt Puerto Baquerizo Moreno, die **Hauptstadt der Provinz Galápagos.** Sie ist mit gut 5000 Einwohnern der zweitgrößte Ort auf dem Archipel. Seit dem Ausbau des Flughafens im Jahr 1988 hat sich Puerto Baquerizo Moreno dem Fremdenverkehr geöffnet, die Infrastruktur ist inzwischen gut.

Auch bei der Ankunft in San Cristóbal erhält man - nach geleisteter 100-$-Zahlung - die Tarjeta de Ingreso al Parque Nacional Galápagos Damit darf man sich im gesamten Nationalpark entsprechend den Vorschriften bewegen.

Die **Standardroute** der meisten von San Cristóbal aus operierenden Schiffe ist **bei einwöchigen Touren:** San Cristóbal - Española - Santa Cruz - Santa Fé - Plaza Sur - San Salvador - Bartolomé - Rábida - Seymour Norte - Santa Cruz - San Cristóbal, teils mit mehreren Besucherplätzen.

- **Tel. Vorwahl: 05**

Touristeninformation

- Das **Touristenbüro** auf San Cristóbal hat von 8.30–12 Uhr geöffnet. Es befindet sich an der Muelle. Hier kann man sich über Tagesausflüge in die Umgebung von Puerto Baquerizo Moreno erkundigen.
- **Informationen** zu Tagestouren und Kreuzfahrten können außerdem bei *Ana Mercedes,* in den Hotels Mar Azul und Chatham, im *Almacén Las Mellizas* und in der **Capitanía** (Tel. 2520225) eingeholt werden. Letztgenannte ist am besten unterrichtet, welches Schiff wann wohin fährt und ob ein Platz frei ist.
- Das *INGALA-Büro* informiert über Fahrten zu den Inseln Santa Cruz und Isabela.

Unterkunft

Unterkünfte und Verpflegung sind auf San Cristóbal insgesamt deutlich günstiger als auf Santa Cruz.

- *Hotel Islas Galápagos*
Calle Esmeraldas y Colón, Tel. 2520203, 2520162; EZ 30 $, DZ 55 $, heiße Duschen, TV, AC - Empfehlung.
- *Casa de Alicia Jiménez*
Barrio la Fragata, Tel. 2520182, nette Pension mit schönen großen Zimmern, 15 $ p.P. ohne Frühstück.
- **Zimmer ab 8 $ p.P.:** *Residencial Miramar,* im *Northia Hotel,* in den Cabañas *Don Jorge* und im Hotel *San Francisco.*
- Die **teureren Hotels** mit warmer Dusche sind die Hotels *Mar Azul* und *Chatham.*
- **Preislich dazwischen** liegen *Pension Orca, Flamingo* und *Hostal Galápagos.*

Essen und Trinken

- Viele **Restaurants** bieten zu vergleichbaren Preisen (4–5 $) Fleisch-, Fisch- und Meeresfrucht-Gerichte an. Wer billig essen will, frage nach der *menestra:* So bekommt man mittags und abends das Tagesgericht.
- Empfohlen wurden uns die *Cabañas El Grande* mit guten Shakes und Säften sowie der Surfer-Treff *Restaurant Rosita's* mit, so ein Leser, „legendären" Meeresfrüchten (Calle Villamil y Hernández).

Nachtleben

Zwei Diskotheken sorgen für abendliche Unterhaltung, das *Scalecia* und die *Terraza Yolita*.

Flugzeug

- *AEROGAL* und *TAME* fliegen **San Cristóbal** zusammen sechsmal wöchentlich an (s.a. „Anreise vom Festland Ecuador").

•*EMETEBE* fliegt **täglich zwischen San Cristóbal, Baltra** (weiter per Bus auf Santa Cruz) **und Isabela.** Preis pro Strecke 50–60 $, eine Reservierung ist erforderlich. Das Büro liegt an der Muelle, Tel. 2520339, 2520036.

Busse

•Öffentliche Busse fahren mehrmals täglich **nach Progreso** ins Hochland der Insel. Abfahrt ab der Bushaltestelle am Malecón. Fragen Sie den Busfahrer, wann der letzte Bus zurückfährt, denn in Progreso kann man nicht übernachten, und der „Busfahrplan" variiert von Saison zu Saison.
•Für Touristen eingerichtete Busse fahren nach Absprache. Tipp: eine vierstündige Bus-Exkursion ins Hochland und zur Lobrería (siehe Besucherstandorte).

Boote

•**Ingala-Boote** verkehren unregelmäßig **nach Santa Cruz und Isabela** (30 $).
•**Schnellboote,** „Lanchas Rápidas", fahren einmal täglich zwischen Puerto Ayora und Puerto Baquerizo Moreno (30 $, 2 Stunden).

Geldwechsel

•Es gibt **drei Banken** auf San Cristóbal, deren Öffnungszeiten Mo bis Fr von 9–16 Uhr sind. Hier kann man auch Dollar-Reiseschecks wechseln. Die MasterCard wird akzeptiert.

Einkaufen

•In Puerto Baquerizo Moreno gibt es kleine Geschäfte, die sich *supermercados* nennen und die jeden Inselbesucher/-bewohner mit dem Nötigsten versorgen.
•T-Shirts und Postkarten sind in T-Shirt-Shops und in einigen Souvenirläden erhältlich.

Sonstiges

•Das **Museum** auf San Cristóbal ist Mo bis Sa von 8.30–12 und 15.30–17.30 Uhr geöffnet. Hier harrt eine einsame Riesenschildkröte der Besucher, die da kommen mögen.
•Im **Centro de Interpretación** wird auf eindrucksvolle Weise audiovisuell und mit Hilfe von Schautafeln die Entstehungsgeschichte von Galápagos dargestellt.
•Die Gewässer um San Cristóbal bieten sehr schöne **Tauchgründe.**
•Bei der Ortschaft El Progreso im Hochland lässt sich eine **Plantage für ökologischen Kaffee** besuchen. Die *Hacienda El Cafetal* liegt zudem in einem schönen Waldgebiet (Eintritt in kleinen Gruppen, 5 $ p.P., Anmeldung unter: Tel. 05-2521003).

Besucherstandorte

Es gibt **sechs Besucherstandorte** auf San Cristóbal.

Der nordöstlichste Punkt der Insel, *Punta Pit (34),* ist der östlichste von Galápagos überhaupt und mit dem Boot zu erreichen. Hier werden den Geologen die Tuff-Formationen begeistern, und der Tölpel-Liebhaber hat die Möglichkeit, gleich alle drei auf Galápagos vorkommende Arten zu sehen. Das Wandern ist anstrengend und nur mit festem Schuhwerk anzugehen.

Im nördlichsten Inselteil liegt mit *Los Galápagos (35)* ein weiterer Besucherstandort mit der Möglichkeit, die Riesenschildkröten in Augenschein zu nehmen. Entweder fährt man mit dem Boot an die Nordbucht der Insel und spaziert (2–3 Std.) zu den Schildkröten hinauf, oder man nimmt die Straße von Puerto Baquerizo Moreno über El Progreso (8 km) zur Lagune El Junco (Busverbindung) und weiter in nordöstlicher Richtung. Fragen Sie in El Progreso und unterwegs nach dem Weg!

Die *Laguna El Junco (36)* bildet einen Maarsee (700 m) und ist eines der wenigen Süßwasserreservoirs der Inseln. Busse fahren in regelmäßigen Abständen von Puerto Baquerizo Moreno zum Fuß des Vulkans Cerro San Joaquín (896 m). Schneller und näher gelangt man mit dem Taxi an den See. Der Pflanzenfreund kann das breite Spektrum der Miconia-Zone studieren (an den Ufern des Sees wachsen die Binsen Juncos, denen die Lagune den Namen verdankt), auf dem See halten sich Teichhühner und Bahama-Enten auf. In der Trockenzeit ist der See oft von Nebel verdeckt, so dass man nur wenig von der Tierwelt zu Gesicht bekommt. Trotzdem lohnt ein Weg hinauf, schon der Vegetation wegen, die in dieser Zeit sehr farbenprächtig ist.

Im weiteren Verlauf der Straße nach Osten erreicht man die **Schildkröten-aufzuchtstation La Galapaguera,** den **Aussichtpunkt Mirador El Faro** und über einen 15-minütigen Fußweg am Ende der Straße den **traumhaften Strand** von Puerto Chino, wo man nach Voranmeldung beim Nationalpark auch zelten darf.

Der *Fregattvogelfelsen (37)* liegt keine 2 km nördlich von Puerto Baquerizo Moreno und kann ohne Führer über einen Rundwanderweg besucht werden. Wunderschön ist der Blick von der Anhöhe auf die Bucht und das Dorf. Beide Fregattvogelarten und der Blaufußtölpel brüten hier, auf den Felsen laufen überall Lavaechsen umher. Wohl infolge der touristischen Belästigung sind immer weniger *fragatas* anzutreffen. Zurück geht es durch die Trockenzone vorbei am Badestrand Playa Mann, wo der Pfad auf den Weg zum Dorf stößt.

Die *Isla Lobos (38)* weiter im Norden wird nach einer einstündigen Bootsfahrt von Puerto Baquerizo Moreno aus erreicht. Ein kurzer Wanderweg über 400 m führt vorbei an Blaufußtölpel- und Seelöwen-Kolonien.

Noch weiter nordwärts (zwei Bootsstunden von Puerto Baquerizo Moreno entfernt) liegt *Leon Dormido (39),* der „schlafende Löwe", besser bekannt unter dem Namen **Kicker's Rock.** Es gibt keine Anlegestelle, weil der Tuffkegel (durch Brandungserosion geteilt) steil aus dem Meer emporragt. Es bleibt nur eine kleine Kreuzfahrt, die in der Abendsonne besonders romantisch ist.

Der *Puerto Grande (40)* (auch Caleta Sappho) ist nur eine kleine Badebucht in der Nähe des Kicker Rock. Mangroven säumen die Küste, Wasservögel suchen nach Nahrung – Ruhe pur!

Nicht als Besucherstandort markiert, aber sehr schön ist die **Lobrería** auf San Cristóbal. Am Flughafen vorbei führt ein Weg (40 Min. Gehzeit) zu einem weiten weißen Strand, an dem sich eine große Seelöwen-Kolonie niedergelassen hat; zur entspannten Beobachtung dieser Tiere findet sich im ganzen Archipel bestimmt kein besserer Platz.

Isla Española

- **Fläche: 61 km²**
- **max. Höhe: 213 m**

Isla Española, die **südlichste Insel** von Galápagos, wird auf einer Tagestour nur von San Cristóbal aus angefahren. Ansonsten muss man schon eine mehrtägige Tour machen, um auf die Insel zu kommen. Geologisch gehört Española zu den ältesten Inseln des Archipels.

Man vermutet die Überreste eines alten Schildvulkans, der nahezu vollständig erodiert ist. Im Süden bildet die Insel eine Steilküste, die nach Norden abflacht. Einmalig ist die nur auf Española vorkommende Kolonie der Galápagos-Albatrosse. Blaufuß- und Maskentölpel nisten auf der Insel, Seelöwen liegen an den Stränden, Meerechsen kriechen im Bereich der Klippen umher.

Besucherstandorte

Es gibt **zwei Besucherstandorte** auf Española. Nach einer Nasslandung begeht man die Insel im Osten von der *Bahía Gardner (41)* her. An dem herrlichen Badestrand liegen Seelöwen in großen Kolonien. Neben ausgedehnten Strandwanderungen bietet sich der Besuch einer nahe gelegenen Insel zum Schnorcheln (gemeinsam mit Hundshaien) an. Vögel wie die hier endemische Hood-Spottdrossel und verschiedene Darwinfinken sind allgegenwärtig. Der Aufenthalt dauert etwa 3 Stunden.

Die *Punta Suárez (42)* ist die eigentliche Attraktion der Insel und vielleicht der Höhepunkt einer Galápagos-Tour. Eine Nasslandung im Westen der Insel bringt die Besucher an den Anfang eines 2 km langen Rundwanderweges (3 Std. Gehzeit), der vorbeiführt an Blaufuß- und Maskentölpel-Kolonien (Vorsicht: Tölpel nisten auf dem Weg!) zu einem schönen Strand, bevor man schließlich auf die Galápagos-Albatros-Kolonien stößt. Im Oktober, April und Mai vollführen die Pärchen ihren eindrucksvollen Brauttanz.

Das „Blasloch" ein Stück weiter, eine eingebrochene Basaltdecke mit Verbindung zum Meer, produziert eine 20 m hohe Wasserfontäne, in deren Umkreis sich unzählige Meerechsen aufhalten. Vom Kliff aus sind Seevögel zu sehen.

Isla Floreana

- **Fläche: 173 km²**
- **max. Höhe: 640 m**

Neben dem offiziellen Namen **Isla Santa María** hört man häufig noch den englischen Namen **Charles,** wenn von der sechstgrößten Insel des Archipels die Rede ist. Floreana gehört zu den vier bewohnten Inseln und hat eine sehr interessante (Besiedlungs-) Geschichte, nachzulesen in der Robinsonade der Kölnerin *M. Wittmer,* die ich jedem Galápagos-Besucher ans Herz lege (siehe Literatur im Anhang).

Die Insel besteht aus einer Vielzahl kleinerer und größerer Parasitärkrater, die der Landschaft ein sehr bewegtes Relief verleihen. Das Vegetationsbild ist geprägt durch ein reiches Pflanzenwachstum im Hochland und die typische Pflanzenformation der Trockenzone. Die Tierwelt von Floreana umfasst endemische Riesenschildkröten, Flamingos, Galápagos-Spottdrosseln und Galápagos-Habichte.

Puerto Velasco Ibarra

In Puerto Velasco Ibarra auf der Westseite der Isla Floreana wohnen die meisten der knapp 100 Bewohner von Floreana. Hier haben die *Wittmers* an der

Bahía Negra, einem schönen schwarzen Strand, ein **kleines Hotel mit Restaurant** errichtet, Tel. 2529506. Das Hotel fungiert zusätzlich als Post und hat einen kleinen Shop, in dem Postkarten und Bücher gekauft werden können. Wer das Buch von *Margret Wittmer* erwirbt, bekommt den Floreana-Poststempel. Margret Wittmer verstarb im Jahr 2000 in hohem Alter.

Auf Floreana sind ausgedehnte **Wanderungen** zu Fuß möglich, weiters besteht die Option, die Insel in Begleitung eines Führers auf einem Pferd zu durchstreifen. Die Kosten liegen zwischen 30 und 50 $.

Boote

- *INGALA* fährt nur noch unregelmäßig nach Santa Cruz (von Isabela kommend). Ansonsten wird man vielleicht von einem vorbeikommenden Boot, auf dem noch ein Platz frei ist, mitgenommen. Das Chartern eines Bootes für max. 6 Pers. kostet etwa 300 $.
- *Rolf Wittmer* bietet Kreuzfahrten und Transport nach Santa Cruz an.

Besucherstandorte

Auf der Insel gibt es derzeit **drei Besucherstandorte** (ein weiterer ist im Osten der Insel vorgesehen).

Die *Corona del Diablo (43)*, die „Teufelskrone", ist ein halb offener und versunkener Vulkankrater. Ein panga bringt den Besucher vom Boot zum Tauchplatz. Man schnorchelt und taucht mit Seelöwen und Haien um ein kleines Korallenriff, das von Myriaden tropischer Fische bewohnt ist **(Vorsicht: Starke Strömungen** können auftreten!).

Wer mit dem Beiboot eine Fahrt um die Teufelskrone unternimmt, begegnet Pelikanen, Rotschnabel-Tropikvögeln, Reihern und den auf den Felsen nistenden Lavamöwen.

Die Teufelskrone liegt nur wenige hundert Meter vor der *Punta Cormorant (44)*. Nach einer Nasslandung erreicht man den Strand, an dem sich häufig Seelöwen aufhalten und wo man viele kleine, grüne Olivinkristalle finden kann! Ein 400 m langer Weg stellt die Verbindung zu einem anderen weißen Strand her, wo die grüne Meeresschildkröte (in der Saison) bei Nacht ihre Eier ablegt. Beim Baden achte man auf Stachelrochen!

Zwischen den beiden Stränden hinter den Dünen befindet sich eine kleine Lagune mit Mangrovenbestand, an der hin und wieder Flamingos zu sehen sind. Die scheuen Tiere wechseln sehr oft ihren Standort und halten sich lieber an einem ruhigeren, unzugänglichen Plätzchen weiter im Osten der Insel auf. Verschiedene Watvögel wie Stelzenläufer, Austernfischer und Regenpfeifer bevölkern die Lagune, und mit etwas Glück bekommt man auch den Galápagos-Habicht zu sehen, der manchmal seine Kreise über dem Wasser zieht.

Die berühmte Posttonne - ein Holzfass - steht in der *Post Office Bay (45)*. Nach einer Nasslandung sind es drei Minuten zum Briefkasten der Weltumsegler. Dort kann man seine Karten einwerfen (die es bei den *Wittmers* in Puerto Velasco Ibarra zu kaufen gibt) und an das Heimatland adressierte mitnehmen. Etwa 300 m hinter der Tonne liegt eine Lavahöhle, die mit der Taschenlampe per Leitereinstieg erkundet werden kann.

Isla Genovesa

- **Fläche: 14 km²**
- **max. Höhe: 76 m**

Genovesa ist die einzige Insel im Norden des Archipels, die besucht werden kann. Aufgrund der relativ weiten Entfernung von den Ausgangspunkten der Kreuzfahrten, wird Genovesa meist nur im Rahmen längerer Kreuzfahrten ab 5 Tagen angelaufen. Da bei der Anreise mit dem Boot der Äquator überquert wird, findet an Bord fast immer eine **Äquatortaufe** statt.

Die beinahe kreisrunde, flache Insel bildet einen alten Schildvulkan mit kleiner Caldera, die ein Salzsee füllt. Im Süden der Insel formte eine starke Brandungserosion die Darwin Bay. Die sehr trockene Insel zeigt ein entsprechendes Vegetationsspektrum, das von Feigen-, Lavakakteen und anderen Pionierpflanzen bis zu Croton-Gebüschen und gelbblühenden Cordien reicht. Der weite Weg nach Tower lohnt sich vor allem wegen der großen Rotfußtölpel-Kolonien. Auch Bindenfregattvögel, Maskentölpel, Rotschnabel-Tropikvögel, Galápagos-Tauben, Gabelschwanzmöwen und Felskrabben sowie verschiedene Reiher und Sumpfohreulen teilen sich den Lebensraum der Isla Genovesa.

Besucherstandorte

Ankerplatz ist die Darwin Bay. Nach einer Trockenlandung geht es hinauf zu den *Prince Philip Steps (46)*. Der Aufstieg zum 25 m hohen Kliff ist steil. Kommt man oben an, führt der 1 km lange Rundweg vorbei an Maskentölpel-, Bindenfregatt- und Rotfußtölpel-Kolonien und durchquert ein kleines *Palo Santo*-Wäldchen (halten Sie nach der Sumpfohreule Ausschau!) bis hin zu einem großen Lavafeld, auf dem unzählige Galápagos-Wellenläufer (zur Saison) brüten.

Der Korallenstrand *Darwin Bay Beach (47)* wird über eine Nasslandung betreten. Ein knapp 1 km langer Weg führt vorbei an Seelöwen zu den am Strand nistenden Gabelschwanzmöwen. Im Salzgebüsch brüten Rotfußtölpel und Bindenfregattvögel, dazwischen bewegen sich einzelne Maskentölpel-Pärchen. In kleineren Seen an dem mit Mangroven bestandenen, gezeitenbeeinflussten Küstenabschnitt stößt man auf Lava- und Nachtreiher sowie Galápagos-Winkerkrabben. Am Wegende eröffnet sich von der Kliffkante ein schöner Blick über die Darwin Bay. Mit einem panga ist schließlich eine Fahrt entlang der Kliffküste möglich, so dass die Seevögel-Kolonien und die Insel von der Seeseite her in Augenschein genommen werden können.

ecu118 Foto: peko

Anhang

ecu114 Foto: peko

ecu117 Foto: peko

Schamane am Äquatordenkmal Quitsato

Martialische Werkstattkunst in Ibarra

Maximale Annäherung ...

Sprache

Die Landessprache Ecuadors ist **Spanisch** oder genauer gesagt das **castellano.** Es gibt keine Dialekte, doch bestehen Unterschiede in der Sprachmelodie zwischen der Küste und der Sierra. In der Sierra wird sehr langsam und deutlich, an der Küste schnell und undeutlich gesprochen, Wortendungen werden teilweise verschluckt.

Viele Indianer im Hochland der Sierra sind zweisprachig. Neben dem castellano sprechen sie das von den Inkas aufgezwungene **Quechua.** Dabei treten von Provinz zu Provinz verschiedene Dialekte auf, so dass sich Indianer aus verschiedenen Provinzen untereinander meist nur über das castellano verständigen können. In den Regenwäldern der Küste und vor allem im Oriente leben andere Ethnien, die ureigene Idiome sprechen.

In Reisebüchern über Ecuador ist oft zu lesen, dass der/die Reisende allein mit **Englisch** auskommt. Dem muss ich widersprechen: Wer ohne Spanischkenntnisse Ecuador bereist, der wird zwar auch „rumkommen", aber wer in die Lebenswirklichkeit des Landes und seiner Menschen eindringen will, der sollte schon ein bisschen Spanisch „mitbringen". Andererseits würde sich ein Ecuadorianer niemals über jemanden lustig machen, der die Sprache nicht versteht oder spricht. Zur Not wird die Verständigung mit Händen und Füßen versucht. Der/die Reisende sollte keine Hemmungen haben, sich der gleichen Form zu bedienen – kommunikative Bemühungen werden Ihnen Lob und Komplimente einbringen. In den großen Städten findet sich auch hin und wieder ein Englisch sprechender Latino.

Wer Zeit und Lust hat, kann v.a. in Quito und Baños günstige und dabei sehr gute **Spanischkurse** besuchen. Spanisch ist eine verhältnismäßig leicht zu erlernende Sprache, das Grundgerüst steht schnell, und es macht Spaß, sich mit den Menschen in Ecuador zu unterhalten, die ebenfalls große Freude an der Konversation mit *extranjeros* (Ausländern) haben.

Für die Sprachunkundigen bieten sich auch Reisegesellschaften mit mehrsprachigen Reiseleitern bzw. Führern an.

Buchtipps:
Aus der Reihe „Kauderwelsch" des Reise Know-How-Verlages:

- **„Spanisch für Ecuador – Wort für Wort"** wendet sich sowohl an Anfänger als auch an diejenigen, die Spanisch sprechen und mehr über typische Redewendungen und Umgangssprache in Ecuador erfahren möchten.
- In die Indio-Sprache Quechua weist **„Quechua für Peru-Reisende"** ein.

Zum Spanisch-Buch ist begleitendes **Tonmaterial** erhältlich.

Kleine Sprachhilfe

Die richtige **Aussprache** des Spanischen ist einfach zu erlernen.

Alphabetische Ausnahmen hat man sich schnell eingeprägt: Neben den eigenständigen Buchstaben **„ch"** nach dem „c" und dem **„ll"** nach dem „l" hat man sich lediglich das mit einer Tilde versehene **„ñ"** im spanischen ABC zu merken.

Regeln zur Aussprache

- **c** – wie „k" vor a, o, u und Mitlauten: **carro** „karro" (Auto), **costa** „kosta" (Küste); stimmlos wie „ß" vor e, i: **cerca** „ßerka" (nahe), **cine** „ßine" (Kino)
- **cc** – wie „kß": **occidental** „okßidental" (westlich)
- **ch** – wie stimmloses „tsch" in „watscheln": **chévere** „tscheevere" (toll), **chistoso** „chißtosso" (witzig)
- **g** – wie „g" vor a, o, u und vor Mitlauten: **gallo** „gaijo" (Hahn), **gobierno** „gobijerno" (Regierung); vor e, i wie „ch" in „Bauch": **gente** „chente" (Leute)
- **gu** – wie „g", vor e und i ist das u stumm: **agua** „agua" (Wasser), **guerra** „gerra" (Krieg), **guía** „giia" (Führer)
- **h** – ist stumm: **habitación** „abitasion" (Zimmer)
- **j** – wie „ch" in Bach: **jugar** „chugar" (spielen)
- **ll** – wie „j" in ja: **lleno** „jeno" (voll)
- **ñ** – wie „nj" in Anja: **cariño** „karinjo" (Zuneigung)
- **qu** – (nur vor e und i) wie „k" gesprochen, u ist stumm: **que** „ke" (was), **quiero** „kiero" (ich will)
- **r** – Zungenspitzen-r: **claro** „klaaro" (klar)
- **rr** – stark gerollt: **perro** „perro" (Hund)
- **s** – stimmlos wie „ß": **mesa** „meßa" (Tisch); vor stimmhaften Konsonanten wie „s" in Vase: **mismo** „miesmo" (selbst)
- **v** – wie „w" in Wind: **visa** „wisa" (Visum)
- **x** – wie „ks" in Keks: **éxito** „eksito" (Erfolg)
- **y** – wie „j" in jetzt: **yo** „ijo" (ich)
- **z** – stimmlos wie „ß": **zapato** „sapato" (Schuh)

Der bestimmte Artikel

Einzahl
männlich: **el** hombre (der Mann)
weiblich: **la** mujer (die Frau)
sächlich: **lo** mismo (das Gleiche)
(selten als Artikel benutzt)

Mehrzahl
männlich: **los** hombres (die Männer)
weiblich: **las** mujeres (die Frauen)
sächlich: nicht vorhanden

Der unbestimmte Artikel

Einzahl/Mehrzahl
männlich: **un/unos** hombre/s
(ein Mann/einige Männer)
weiblich: **una/s** mujer/es
(eine Frau/einige Frauen)

Bei Worten, die mit Selbstlaut enden, erfolgt die Mehrzahlbildung durch Anhängen eines **„s"**, bei Wörtern, die mit Mitlaut enden, durch Anhängen eines **„es"**.

Eigenschaftswörter

Eigenschaftswörter richten sich in Geschlecht und Zahl nach dem Hauptwort, auf das sie sich beziehen. Sie stehen anders als im Deutschen fast immer hinter dem Hauptwort und haben die Endungen:

Einzahl
weiblich: **-a** la montaña alta
(der hohe Berg)
männlich: **-o** el árbol alto
(der große Baum)

Mehrzahl
weiblich: **-as** las camisas nuevas
(die neuen Hemden)
männlich: **-os** los libros nuevos
(die neuen Bücher)

Enden Eigenschaftswörter auf **-e** oder einen Mitlaut, endet die Mehrzahl bei beiden Geschlechtern immer auf **-es,** beispielsweise amable (freundlich) – amables, joven (jung) – jovenes.

Persönliche Fürwörter

yo/ich – **tú**/du – **él**/er – **ella**/sie – **usted**/Sie (höfliche Anrede, Einzahl) – **nosotros**/wir (männlich) – **nosotras**/wir (weiblich) – **ustedes**/ihr – **ellos**/sie (männliche Mehrzahl) – **ellas**/sie (weibliche Mehrzahl) – **ustedes**/Sie (höfliche Anrede, Mehrzahl)

Wendungen, die weiterhelfen

Estoy buscando ... / Ich suche ...
Estoy buscando un banco.
Ich suche eine Bank.

¿Hay ...? / Gibt es ...?
¿Hay algo para comer?
Gibt es etwas zu essen?
¿Dónde hay ...? / Wo gibt es ...?
¿Donde hay un médico?
Wo gibt es einen Arzt?
¿Dónde está ...? / Wo ist ...?
¿Donde está la librería?
Wo ist die Buchhandlung?
¿Tiene (usted) ...? / Haben Sie ...?
¿Tiene usted sueltos?
Haben Sie Kleingeld?
¿Puedo tener ...? / Kann ich ... haben?
Quiero ... / Quisiera ...
Ich will ... / Ich möchte gern ...
¿Cuánto es (cuesta, vale) ...?
Wieviel kostet...?
Por favor / Gracias – Bitte / Danke
Buenos días – Guten Tag
Hasta luego – Bis bald
¿Qué es esto? – Was ist das?
¿Cómo? – Wie bitte?
¿Cómo se dice (en español)?
Wie sagt man (auf Spanisch)?

Fragewörter

¿cuándo?	wann?
¿por qué?	warum?
¿qué?	¿was?
¿cuál?	¿welche(r)?
¿quién?	wer?
¿cómo?	wie?
¿cuánto?	wieviel?
¿cuántos? (m.)	wie viele?
¿cuántas? (w.)	wie viele?
¿dónde?	wo?

Bindewörter

y	und
o	oder
pero	aber
aunque	obwohl
porque	weil
si	ob, wenn, falls
cuando	als, wann
como	wie, da
que	dass; welche (r, s)

Wichtige Eigenschaftswörter

cerca(no)	nah
lejos	weit
bajo	niedrig
alto	hoch
grande	groß
pequeño	klein
largo	lang
corto	kurz
claro	hell
oscuro	dunkel
frío	kalt
caliente	warm, heiß
bueno	gut
malo	schlecht
mucho	viel
poco	wenig
viejo	alt
joven	jung
barato	billlig
caro	teuer
rápido	schnell
lento	langsam

Zahlen

0	**cero**
1	**un, uno, una**
2	**dos**
3	**tres**
4	**cuatro**
5	**cinco**
6	**seis**
7	**siete**
8	**ocho**
9	**nueve**
10	**diez**
11	**once**
12	**doce**
13	**trece**
14	**catorce**
15	**quince**
16	**dieciséis**
17	**diecisiete**
18	**dieciocho**
19	**diecinueve**
20	**veinte**
30	**treinta**
40	**cuarenta**
50	**cincuenta**
60	**sesenta**

70	**setenta**
80	**ochenta**
90	**noventa**
100	**cien, ciento ...**
200	**doscientos**
500	**quinientos**
1000	**mil**
1.000.000	**un millón**

Zeitangaben

hoy	heute
mañana	morgen
pasado mañana	übermorgen
ayer	gestern
anteayer	vorgestern
temprano	früh
tarde	spät
todavía	noch
ya	schon
ahora	jetzt
enseguida	sofort
pronto	bald
a veces	manchmal
muchas veces	oft
siempre	immer
nunca	nie

Wochentage

lunes	Montag
martes	Dienstag
miércoles	Mittwoch
jueves	Donnerstag
viernes	Freitag
sábado	Samstag
domingo	Sonntag
fin de semana	Wochenende

Monate

enero	Januar
febrero	Februar
marzo	März
abril	April
mayo	Mai
junio	Juni
julio	Juli
agosto	August
septiembre	September
octubre	Oktober
noviembre	November
diciembre	Dezember

Literaturtipps

Allgemeines/ Hintergrundinformationen

- *Baumann, Peter*
Valdivia – Die Entdeckung der ältesten Kultur Amerikas. Hamburg 1978
- *Baumann, Peter* und *Patzelt, Erwin*
Menschen im Regenwald. Expedition Auca. Düsseldorf 1975
- *Beck, Hanno*
Alexander von Humboldts Amerikanische Reise. Stuttgart 1985
- *Brandenberger, Erna* (Hrsg.)
Erzählungen aus Spanisch Amerika: Ecuador. 15 Kurzgeschichten auf Spanisch und in deutscher Übersetzung. München 1992
- *Bruggmann, M.*
Die Anden. 1977
- *Bruggmann, M., Weisbard, S.*
Die Kultur der Inkas. 1980
- *Crespo, Greenfield & Matheus*
Birds of Ecuador. Ecuador 1990
- *Disselhof, H.D., Zerries, O.*
Das Imperium der Inkas und die indianischen Frühkulturen. 1972
- *Gabbert, Karin u.a.*
Jahrbuch Lateinamerika 29. Neue Optionen lateinamerikanischer Politik. Analysen und Berichte. Münster 2005. Verlag Westfälisches Dampfboot
- *Gartelmann, K.D.*
Ecuador. Quito, Ecuador 1986
- *Hemming, John*
The Conquest of the Incas. England 1987
- *Hualca Ruales, Hulio*
Fetisch und Fantosch. Ein absurd anmutendes Panorama ecuadorianischer Lebenswelten. Kurzroman, Bad Honnef 2000
- *Humboldt, Alexander von*
Reise in die Äquinoktialgegenden des Neuen Kontinents. Frankfurt/M. und Leipzig 1999
- *Kempken, Daniel A.*
Schlaglichter Ecuador. Highlights, Kuriositäten, Tipps, Geheimtipps. Norderstedt 2005
- *Korneffel, Peter*
Von Amazonien nach Galápagos. Streifzüge durch Ecuador. Spannende Reportagen des ZEIT-, FR- und MARE-Reporters, der sieben

Jahre in Ecuador lebte und für diese Arbeiten u.a. den Medienpreis Entwicklungspolitik 2001 erhielt. Bad Honnef 2005, 2. Auflage

- *McIntyre, Loren*
Die amerikanische Reise. Auf den Spuren Alexander von Humboldts. Hamburg 1990
- *Paffenholz, Julia* und *Jarrín, Raúl*
KulturSchock Ecuador. Handliche Reiselektüre für all jene, die mehr über das ecuadorianische Alltagsleben erfahren möchten. REISE KNOW-HOW Verlag, Bielefeld
- *Rohrbach, Carmen*
Der weite Himmel über den Anden. Zu Fuß zu den Indios in Ecuador. Einfühlsames, manchmal rührseliges Reisetagebuch einer großen Ecuador-Liebhaberin
- *Sauer, Walter*
Geologie von Ecuador. Stuttgart 1971
- *Sevilla, Roque und Acosta, Alberto (Hrsg.)*
Ecuador – Welt der Vielfalt. Hintergründige, aktuelle Beiträge aus Politik, Gesellschaft und Wirtschaft von Fachautoren in Ecuador und Deutschland. Bad Honnef 2005
- *Terán, Francisco*
Geografía del Ecuador. Libresa, Quito, Ecuador 1990

Galápagos-Inseln

- *Bittmann, W., Fugger, B.*
Reiseführer Natur, Galápagos. BLV, München 2002 (3. Auflage). Sehr zu empfehlen
- *Darwin, Charles*
Reise um die Welt 1831–36. Wissenschaftliche Buchgesellschaft WBG, Darmstadt 1986
- *Darwin, Charles*
Über die Entstehung der Arten durch natürliche Zuchtwahl. Wissenschaftliche Buchgesellschaft WBG, Darmstadt 1988
- *Eibl-Eibesfeldt, Irenäus*
Galapágos – Arche Noah im Pazifik. Piper, München 1991
- *Jackson, M. J.*
Galápagos, a Natural History Guide. University of Calgary Press, Kanada 1992
- *Melville, Herman*
Die verzauberten Inseln oder Encantadas. München 1982
- *Rohrbach, Carmen*
Inseln aus Feuer und Meer. Galápagos – Archipel der zahmen Tiere
- *Wittmer, Margret*
Postlagernd Floreana. Bastei-Lübbe, Bergisch-Gladbach 1995

Literatur für Bergwanderer

- *Berghold, Franz*
Bergmedizin heute. Bruckmann Verlag, München 1987. Standardwerk der Bergmedizin
- *Cruz, Marco*
Die Schneeberge Ecuadors. Quito 1983. Fotoband und kurzer Bergführer
- ders.
Montañas del Ecuador (span.). Groß-Bildband mit zahlreichen Informationen zu Biologie, Geologie und den Bergen
- *Decker, Robert* und *Barbara*
Die Urgewalt der Vulkane. Vom Pompeji zum Pinatubo. Seehamer Verlag, Weyarn 1997. Hervorragendes Buch über Vulkane weltweit
- *Fierro A., Carlos*
Una Guía de Aves para el Bosque Protector Pasochoa (span.). Hrsg. Fundación Natura. Quito 1991. Vogelführer zu Pasochoa
- *Rachowiecki, Rob* und *Wagenhauser, Betsy*
Climbing and Hiking in Ecuador (engl.). Bucks/England 1998. Bergwanderführer Ecuador
- *Rotter, Peter*
Ecuador. Trekking-Reiseführer. 1998
- *Schmudlach, Günter*
Bergführer Ecuador. Alpinverlag 2001. 1. Auflage. Neuer Bergführer aus der Schweiz mit guten Beschreibungen und hilfreichen Skizzen. Empfehlenswert
- *Serrano, Marcos* u.a.
Montañas del Sol. Quito 1994. Bergsteigerführer Ecuador
- *Whymper, Edward*
Travels amongst the Great Andes of the Equator. England 1987
- *Wissler, Gerhard*
Ich träumte von Ecuador. Mit dem Fahrrad über die Anden. Eigenverlag 1998, ISBN-10: 3-926622-32-6

Landkarten

Das **staatliche Kartenmaterial in Ecuador** ist relativ zuverlässig. Allerdings sind einige Gebiete so kartiert, dass sie sich auf mehrere Kartenblätter (1:50.000) verteilen. Braucht man z.B. für eine Besteigung des Cotopaxi geeignetes Kartenwerk, so müssen gleich vier Kartenblätter konsultiert werden. Es kommt auch vor, dass die gesuchte Karte vergriffen ist, dass in Karten neuere Straßenzüge nicht eingetragen sind oder Höhenangaben nicht genau sind.

Alle besseren Buchhandlungen besitzen Karten in verschiedenen Maßstäben. Die (relativ) besten topografischen Karten werden in Quito vom *IGM (Instituto Geográfico Militar)* auf dem Berg der Avenida Paz y Miño (zu erkennen an einem weißen Kuppelbau) bereitgestellt. Öffnungszeiten: Mo bis Do 8–15 und Fr 8–12 Uhr. Am Eingang hinterlässt man seinen Ausweis und bekommt einen Passierschein. Im Institut liegen die großen Kartenbücher aus.

Der chilenische Journalist *Oscar Valenzuela-Morales* hat in den vergangenen Jahren zahlreiche informative Karten über Ecuador veröffentlicht, wie eine Übersicht der „Nationalparks Ecuadors“, oder hervorragende Stadtrundgänge in Quito: „Paseos de Quito“.

Die **Übersichtskarte von Reise Know-How/world mapping project™** (Ecuador im Maßstab 1:650.000, Galápagos 1:1 Mio.) zeichnet sich durch ein klassifiziertes Straßennetz, Höhenlinien und -schichten, GPS-Tauglichkeit und einen ausführlichen Ortsindex aus.

HILFE!

Dieses Reisehandbuch ist gespickt mit unzähligen Adressen, Preisen, Tipps und Infos. Nur vor Ort kann überprüft werden, was noch stimmt, was sich verändert hat, ob Preise gestiegen oder gefallen sind, ob ein Hotel, ein Restaurant immer noch empfehlenswert ist oder nicht mehr, ob ein Ziel noch oder jetzt erreichbar ist, ob es eine lohnende Alternative gibt usw.

Unsere Autoren sind zwar stetig unterwegs und versuchen, alle zwei Jahre eine komplette Aktualisierung zu erstellen, aber auf die Mithilfe von Reisenden können sie nicht verzichten.

Darum: Schreiben Sie uns, was sich geändert hat, was besser sein könnte, was gestrichen bzw. ergänzt werden soll. Nur so bleibt dieses Buch immer aktuell und zuverlässig. Wenn sich die Infos direkt auf das Buch beziehen, würde die Seitenangabe uns die Arbeit sehr erleichtern. Gut verwertbare Informationen belohnt der Verlag mit einem Sprechführer Ihrer Wahl aus der über 200 Bände umfassenden Reihe „Kauderwelsch“.

Bitte schreiben Sie an:

Reise Know-How Verlag Peter Rump GmbH, Postfach 140666, D-33626 Bielefeld, oder per E-mail an: info@reise-know-how.de

Danke!

Reise-Gesundheits-Information Ecuador

Stand: August 2008/© Centrum für Reisemedizin 2008

Die nachstehenden Angaben dienen der Orientierung, was für eine geplante Reise in das Land an Gesundheitsvorsorgemaßnahmen zu berücksichtigen ist. Die Informationen wurden uns freundlicherweise vom Centrum für Reisemedizin zur Verfügung gestellt. Auf der Homepage **www.travelmed.de** werden diese Informationen stetig aktualisiert. Es lohnt sich, dort noch einmal nachzuschauen.

Klima

- Tropisch-heiße Küstenregion, im Norden ganzjährig feucht, im Süden extrem trocken; im Hochland gemäßigtes Klima; östliches Tiefland feuchtheiß; mittlere Temperatur in Guayaquil ganzjährig um 26°C, in Quito 15°C.

Einreise-Impfvorschriften

- **Bei Direktflug aus Europa sind keine Impfungen vorgeschrieben.**
- Bei einem vorherigen Zwischenaufenthalt (innerhalb der letzten 6 Tage vor Einreise) in einem der unten aufgeführten Länder (Gelbfieber-Endemiegebiete) wird bei Einreise eine gültige Gelbfieber-Impfbescheinigung verlangt (ausgenommen Kinder unter 1 Jahr). Gelbfieber-Impfnachweis ist auch bei Ausreise in endemische Gebiete erforderlich.

Nach Mitteilung des Gesundheitsministeriums besteht eine **Impfpflicht** für die vier östlichen Provinzen Napo, Orellana, Sucumbios und Morana Santiago. Diese Vorschrift gilt prinzipiell für inländische und ausländische Reisende, wird aber selten kontrolliert.

Gelbfieber-Impfbescheinigung erforderlich bei Einreise aus: Angola, Äquatorialguinea, Äthiopien, Benin, Bolivien, Brasilien, Burkina Faso, Burundi, Ecuador, Elfenbeinküste, Franz. Guayana, Gabun, Gambia, Ghana, Guinea, Guinea-Bissau, Guyana, Kamerun, Kenia, Kolumbien, Kongo, Rep., Kongo, Dem. Rep., Liberia, Mali, Mauretanien, Niger, Nigeria, Panama, Peru, Ruanda, Sao Tomé & Principe, Senegal, Sierra Leone, Somalia, Sudan, Suriname, Tanzania, Togo, Tschad, Uganda, Venezuela, Zentralafr. Republik

Empfohlener Impfschutz

- **Generell:** Standardimpfungen nach dem deutschen Impfkalender, speziell Tetanus, Diphtherie, Hepatitis A und Gelbfieber.
- **Je nach Reisestil und Aufenthaltsbedingungen** im Lande sind außerdem zu erwägen:

Impfschutz	Reisebedingung 1	Reisebedingung 2
Typhus	x	x
Hepatitis B [a]	x	
Tollwut [b]	x	

[a] bei Langzeitaufenthalten und engerem Kontakt mit der einheimischen Bevölkerung
[b] bei vorhersehbarem Umgang mit Tieren

- Reisebedingung 1: Reise durch das Landesinnere unter einfachen Bedingungen (Rucksack-/Trecking-/Individualreise) mit einfachen Quartieren/Hotels; Camping-Reisen, Langzeitaufenthalte, praktische Tätigkeit im Gesundheits- oder Sozialwesen, enger Kontakt zur einheimische Bevölkerung wahrscheinlich.

• Reisebedingung 2: Aufenthalt in Städten oder touristischen Zentren mit (organisierten) Ausflügen ins Landesinnere (Pauschalreise, Unterkunft und Verpflegung in Hotels bzw. Restaurants mittleren bis gehobenen Standards).

Wichtiger Hinweis: Welche Impfungen letztendlich vorzunehmen sind, ist abhängig vom aktuellen Infektionsrisiko vor Ort, von der Art und Dauer der geplanten Reise, vom Gesundheitszustand sowie dem eventuell noch vorhandenen Impfschutz des Reisenden. Da im Einzelfall unterschiedlichste Aspekte zu berücksichtigen sind, empfiehlt es sich immer, rechtzeitig (4–6 Wochen) vor der Reise eine persönliche Reise-Gesundheits-Beratung bei einem reisemedizinisch erfahrenen Arzt oder Apotheker in Anspruch zu nehmen.

Malaria

• **Risiko: ganzjährig.** Gebiete unterhalb 1500 m: hohes Risiko in den Küstenprovinzen Esmeraldas, Manabi und El Oro im Westen sowie in den Tälern von Napo und Pastaza der gleichnamigen Provinzen im Osten; mittleres Risiko in den Provinzen Cotopaxi, Loja, Los Rios sowie im restlichen Tiefland von Napo und Pastaza; geringes oder kein Risiko in den übrigen Landesteilen, Städten sowie auf den Galápagos-Inseln.

• **Vorbeugung:** Ein konsequenter Mückenschutz in den Abend- und Nachtstunden verringert das Malariarisiko erheblich **(Expositionsprophylaxe).** Die wichtigsten Maßnahmen sind: in der Dämmerung und nachts Aufenthalt in mückengeschützten Räumen (Räume mit Air Condition, Mücken fliegen nicht vom Warmen ins Kalte); beim Aufenthalt im Freien in Malariagebieten abends und nachts weitgehend körperbedeckende Kleidung (lange Ärmel, lange Hosen); Anwendung von insektenabwehrenden Mitteln an unbedeckten Hautstellen (Wade, Handgelenke, Nacken), Wirkungsdauer 2–4 Std. Im Wohnbereich Anwendung von insektenabtötenden Mitteln in Form von Aerosolen, Verdampfern, Kerzen, Räucherspiralen. Schlafen unter dem Moskitonetz (vor allem in Hochrisikogebieten).

Ergänzend ist die Einnahme von Anti-Malaria-Medikamenten **(Chemoprophylaxe)** zu empfehlen. Zu Art und Dauer der Chemoprophylaxe fragen Sie Ihren Arzt oder Apotheker, bzw. informieren Sie sich in einer qualifizierten reisemedizinischen Beratungsstelle. Malariamittel sind verschreibungspflichtig.

Ratschläge zur Reiseapotheke

• Vergessen Sie nicht, eine kleinere oder größere Reiseapotheke mitzunehmen (wenigstens Medikamente gegen Durchfall, Fieber, Sodbrennen und Schmerzen sowie Verbandstoff, Pflaster und Wunddesinfektion), damit Sie für kleinere Notfälle gerüstet sind. Nicht vergessen: Medikamente, die der Reisende ständig einnehmen muss!

Aktuelle Meldung

• **Gelbfieber:** Die Risikogebiete liegen im Tiefland östlich der Anden (Amazonasbecken). Impfschutz bei Reisen dorthin ist **dringend angeraten.** Die WHO empfiehlt die Impfung für alle dortigen Provinzen. Nach einer Mitteilung des ecuadorianischen Gesundheitsministeriums von 2008 besteht für einige dieser Provinzen eine **Impfpflicht,** die allerdings kaum kontrolliert wird. Nach Angaben der WHO sind die Städte Guayaquil und Quito sowie die Galápagos-Inseln frei von Gelbfieber.

Die Reiseführer von Reise

Reisehandbücher
Urlaubshandbücher
Reisesachbücher
PANORAMA
Edition RKH, Praxis

Agadir, Marrakesch, Südmarokko
Ägypten individuell
Ägypten/Niltal
Alaska ⇗ Kanada
Argentinien
Äthiopien
Australien – Auswandern
Australien, Osten und Zentrum
Australien, Westen und Zentrum

Baikal, See u. Region
Bangkok
Bolivien kompakt
Botswana
Brasilien
Brasilien kompakt

Cabo Verde
Chicago
Chile, Osterinsel
Chinas Osten
Costa Rica
Cuba

Djerba & Zarzis
Dominikanische Republik
Dubai, Emirat

Ecuador, Galápagos
El Hierro
Erste Hilfe unterwegs

Fahrrad-Weltführer
Florida
Fuerteventura

Georgien
Gomera
Gran Canaria
Guatemala

Havanna
Hawaii
Honduras
Hongkong, Macau, Kanton

Indien, der Norden
Indien, die schönsten Orte u. Regionen
Indien, der Süden
Iran

Japan
Jemen
Jordanien

Kalifornien und USA Südwesten
Kalifornien, Süden und Zentrum
Kambodscha
Kamerun
Kanada, USA
Kanadas Maritime Provinzen
Kanadas Osten, USA Nordosten
Kanadas Westen, Alaska
Kapstadt – Garden Route (Südafrika)
Kapverdische Inseln
Kenia
Kenia kompakt
Kerala (Indien)
Krügerpark – Kapstadt (Südafrika)
KwaZulu-Natal

Ladakh, Zanskar
Lanzarote
La Palma
Laos
Lateinamerika BikeBuch
Libyen

Malaysia, Singapur, Brunei
Marokko
Mexiko
Mexiko kompakt
Mongolei
Motorradreisen
Myanmar

Namibia
Namibia kompakt
Neuseeland BikeBuch
Neuseeland Outdoor
New York City
New York im Film

Oman
Outdoor-Praxis

Panama
Peru, Bolivien
Peru kompakt
Phuket (Thailand)

Rajasthan

San Francisco
Senegal, Gambia
Shanghai
Singapur
Sri Lanka
St. Lucia, St. Vincent, Grenada
Südafrika
Südafrika: Kapstadt – Garden Route
Südafrika: Krügerpark – Kapstadt
Südafrika: KwaZulu-Natal
Sydney, Naturparks
Syrien

Taiwan
Tansania, Sansibar
Teneriffa
Thailand
Thailands Süden
Tokyo, Kyoto, Yokohama
Transsib
Trinidad und Tobago
Tunesien
Türkei, Hotelführer
Türkei, Mittelmeerküste

Uganda, Ruanda
USA, als Gastschüler
USA, Kanada
USA, Canada BikeBuch
USA Nordosten, Kanada Osten
USA, der große Süden
USA Südwesten, Kalif., Baja California
USA, Südwesten, Natur u. Wandern
USA, der ganze Westen

Venezuela
Vereinigte Arabische Emirate
Vietnam

Westafrika – Sahel
Wo es keinen Arzt gibt

Yucatán, Chiapas (Mexiko)

Know-How auf einen Blick

PANORAMA

Australien
Cuba
Kambodscha
Mundo Maya
Rajasthans Palasthotels
Südafrika
Thailand
Thailands Bergvölker und Seenomaden
Tibet
Vietnam

Edition RKH

Abenteuer Anden
Auf Heiligen Spuren
Durchgedreht – Sieben Jahre im Sattel
Inder, Leben und Riten
Mona und Lisa
Myanmar – Land der Pagoden
Please wait to be seated
Rad ab!
Salzkarawane
Südwärts durch Lateinamerika
Suerte – 8 Monate durch Südamerika
Taiga Tour
USA – Unlimited Mileage

Praxis

Aktiv Marokko
All inclusive?
Australien: Outback/Bush
Australien: Reisen/Jobben
Auto durch Südamerika
Ayurveda erleben
Buddhismus erleben
Canyoning
Clever buchen/fliegen
Daoismus erleben
Drogen in Reiseländern
Essbare Früchte Asiens
Expeditionsmobil
Fernreisen, Fahrzeug
Fliegen ohne Angst
Frau allein unterwegs
Früchte Asiens
Fun u. Sport im Schnee
Geolog. Erscheinungen
GPS f. Auto, Motorrad
Handy global
Hinduismus erleben
Höhlen erkunden
Hund, Verreisen mit
Indien und Nepal, Wohnmobil
Japan: Reisen und Jobben
Kartenlesen
Konfuzianismus erleben
Kreuzfahrt-Handbuch
Küstensegeln
Langzeitreisen
Maya-Kultur erleben
Mountainbiking
Mushing/Hundeschlitten
Neuseeland: Reisen und Jobben
Nordkap Routenbuch
Orientierung mit Kompass und GPS
Panamericana
Paragliding-Handbuch
Pferdetrekking
Radreisen
Reisefotografie
Reisefotografie digital
Reisekochbuch
Reiserecht
Respektvoll reisen
Safari-Handbuch Afrika
Selbstdiagnose unterwegs
Shopping Guide USA
Sicherheit am Meer
Sonne, Wind, Reisewetter
Sprachen lernen
Südamerika, Auto
Survival-Handbuch Naturkatastrophen
Tango in Buenos Aires
Tauchen Kaltwasser
Tauchen Warmwasser
Transsib – Moskau-Peking
Trekking-Handbuch
Trekking/Amerika
Trekking/Asien Afrika, Neuseeland
Tropenreisen
Unterkunft/Mietwagen
USA Shopping Guide
Verreisen mit Hund
Volunteering
Vulkane besteigen
Wann wohin reisen?
Was kriecht u. krabbelt in den Tropen?
Wildnis-Ausrüstung
Wildnis-Backpacking
Wildnis-Küche
Winterwandern
Wohnmobil-Ausrüstung
Wohnmobil-Reisen
Wracktauchen
Wüstenfahren

KulturSchock

Afghanistan
Ägypten
Argentinien
Australien
Brasilien
China, Taiwan
Cuba
Ecuador
Familienmanagement im Ausland
Kl. Golfstaaten, Oman
Indien
Iran
Japan
Jemen
Kambodscha
Laos
Leben in fremden Kulturen
Marokko
Mexiko
Mumbai (Bombay)
Pakistan
Peru
Russland
Thailand
Thailands Bergvölker und Seenomaden
Türkei
USA
Vietnam
Vorderer Orient

Wo man unsere Reiseliteratur bekommt:
Jede Buchhandlung Deutschlands, der Schweiz, Österreichs und der Benelux-Staaten kann unsere Bücher beziehen. Wer sie dort nicht findet, kann alle Bücher über unsere **Internet-Shops** bestellen.
Auf den Homepages gibt es **Informationen** zu allen Titeln:

www.reise-know-how.de oder **www.reisebuch.de**

Anhang

Register

Der Autor

Wolfgang Falkenberg (Jahrgang 1962) ist Geograf und bereist seit vielen Jahren fremde Länder. In den letzten Jahren zog es ihn immer wieder ins nördliche Südamerika. Über die Galápagos-Inseln entwickelte sich schließlich seine Liebe zu Ecuador.

Dankeschön all den Lesern und Leserinnen, die mit ausführlichen, informativen, kritischen und freundlichen Zuschriften ganz wesentlich zur Überarbeitung und Aktualisierung dieses Reisehandbuches beigetragen haben! Danke auch den vielen „namenlosen" Reisenden, die man unterwegs trifft und die Anregungen geben und Tipps beisteuern.

Ein ganz besonderes Dankeschön gilt *Paola Andrade* und *Enrique Fanega* für die Überarbeitung des Buches für die 8. Auflage.

Kartenverzeichnis